Ulrike Götz

Sachkunde Finanzanlagen

Fachwissen zur Vorbereitung auf die IHK-Sachkundeprüfung
für die Finanzanlagenvermittlung nach § 34f GewO

Ulrike Götz

Sachkunde Finanzanlagen

Fachwissen zur Vorbereitung auf die
IHK-Sachkundeprüfung für die Finanzanlagenvermittlung nach § 34f GewO

3. Auflage

Verlag Versicherungswirtschaft ⟩⟩

Bibliografische Information der Deutschen Nationalbibliothek

Die Deutsche Nationalbibliothek verzeichnet diese Publikation in der Deutschen Nationalbibliografie; detaillierte bibliografische Daten sind im Internet über http://dnb.d-nb.de abrufbar.

 Beachten Sie bitte stets unseren Aktualisierungsservice auf unserer Homepage unter: **vvw.de** → **Service** → **Ergänzungen/Aktualisierungen** Dort halten wir für Sie wichtige und relevante Änderungen und Ergänzungen zum Download bereit.

Gleichstellungshinweis
Zur besseren Lesbarkeit wird auf geschlechtsspezifische Doppelnennungen verzichtet.

ISBN   978-3-96329-373-3

Vorwort

Nachfolgende Hinweise unterstützen Sie dabei, sich erfolgreich auf Ihre Prüfung vorzubereiten bzw. mit Hilfe dieses Buches Ihr bereits vorhandenes Fachwissen aufzufrischen.

Die Kapitelstruktur entspricht weitestgehend der Struktur des Rahmenplans „Geprüfter Finanzanlagenfachmann IHK / Geprüfte Finanzanlagenfachfrau IHK". Dies hat für Sie den Vorteil eines transparenten und durchgängigen roten Fadens. Diesen können Sie vor allem dann verwenden, wenn Sie dieses Buch nicht Seite für Seite, sondern modular nutzen möchten.

Die Wissensfragen am Ende jedes Kapitels sind aus urheberrechtlichen Gründen keine Original-IHK-Prüfungsaufgaben. Sie sind durch den in der Prüfung verwendeten Fragenstil (Einfachwahl- und Mehrfachwahlaufgaben) mit diesen vergleichbar und geben Ihnen Sicherheit für die Prüfung.

Die in diesem Buch verwendeten Fachbegriffe entsprechen nicht nur dem Branchensprachgebrauch, sondern sind ebenso wertvolle Grundlage für die Prüfung. Mittels hervorgehobener Infokästen finden Sie schnell und einfach die in den jeweiligen Kapiteln verwendeten Fachbegriffe. Ihr Prüfungstermin ist nicht mehr weit entfernt? Dann gehört das Fachbegriff-Vokabular auf jeden Fall zu Ihrer kurzfristigen Prüfungsvorbereitung.

Die Visualisierungen in Form von anschaulichen Grafiken und Tabellen erleichtern Ihnen das schnelle Erfassen der wichtigsten Zusammenhänge innerhalb der einzelnen Kapitel. Die Textpassagen liefern Ihnen das darüber hinausgehende benötigte Detailwissen.

Die gesetzlichen Grundlagen sind als hervorgehobene Hinweiskästchen transparent und themenspezifisch für Sie nachvollziehbar.

Die Inhalte dieses Buches decken die aktuellen Prüfungsinhalte zum Erscheinungstermin dieses Buches ab. Der Rahmenplan der IHK ist jedoch nicht abschließend, d. h. es können weitere Detailthemen aufgegriffen werden. Aus diesem Grund schaue ich hier an der einen oder anderen Stelle mit Ihnen auch mal über den Tellerrand des derzeitigen Rahmenplans hinaus.

Ich hoffe sehr, Sie lernen nicht nur für die Prüfung? Mein Ziel ist es, Ihnen zusätzlich spannendes und handlungsorientiertes Wissen für Ihren späteren Praxiseinsatz aus meiner jahrelangen Vertriebs- und Trainererfahrung zu bieten. Hierzu dienen unter anderem die entsprechenden Praxis-Tipps.

Inhaltsverzeichnis

1 Kundenberatung

Der Fokus dieses Buches liegt auf dem für die schriftlichen Prüfungsteile (Teilprüfungen 2 und 3 der IHK Sachkundeprüfung „Geprüfter/-te Finanzanlagenfachmann/-frau IHK") relevanten Fachwissen.

Dessen Anwendung ist darüber hinaus ein Teil des Beratungsgespräches der praktischen Prüfung (Teilprüfung 1 der IHK Sachkundeprüfung „Geprüfter/-te Finanzanlagenfachmann/-frau IHK").

Die nachfolgenden Kapitel sollen Ihnen einen Einstieg in die Prüfungsvorbereitung auf die praktische Prüfung geben.

Als Basis für das Prüfungs-Beratungsgespräch hat die IHK Fallvorgaben entwickelt, die im Internet veröffentlicht sind (https://www.dihk.de/de/themen-und-positionen/wirtschaftspolitik/gruendung-und-nachfolge-unternehmensfinanzierung/finanzanlagenvermittler-2708).

Die Gesprächsstruktur des Anlageberatungsgesprächs sollte aus den im Rahmenplan genannten Bausteinen bestehen und die Vorgaben der Finanzanlagenvermittlungsverordnung (siehe Kapitel 2.4.2 Finanzanlagenvermittlungsverordnung) berücksichtigen.

Die Prüfer entwickeln individuell zu jeder Fallvorgabe ein Anlegerprofil.

Aufgabe des Prüflings ist es, durch auf den Fall bezogene offene Fragen dieses Anlegerprofil herauszufinden, um eine geeignete Anlageempfehlung abgeben zu können.

Die nachfolgenden Grundlagen für die Kundenberatung können Sie als erste Prüfungsvorbereitung und als Tipps für Ihren ersten Praxiseinsatz in der Beratung von Finanzanlageprodukten nutzen.

1.1 Serviceerwartungen des Kunden

Die Serviceerwartungen des Kunden können wie folgt zusammengefasst werden:

- kundenorientiertes Verhalten
- qualifizierte Beratung
- dauerhafte Betreuung
- persönliche Serviceleistungen über Vertragsbestandteile hinaus

Insbesondere zu einem kundenorientierten Verhalten enthält die Finanzanlagenvermittlungsverordnung (FinVermV) grundsätzliche Anforderungen: Der Gewerbetreibende ist verpflichtet, seine Tätigkeit mit der erforderlichen Sachkenntnis, Sorgfalt und Gewissenhaftigkeit im bestmöglichen Interesse des Anlegers auszuüben (§ 11 FinVermV).

1.2 Besuchsvorbereitung und Kundenkontakte

Im Zusammenhang mit der Finanzanlage bieten sich viele Gesprächsanlässe, um das Kundeninteresse zu wecken.

Nachfolgend eine mögliche Auswahl:

- persönliche Vorstellung als Ansprechpartner für Finanzanlagen
- Bestandsaktionen
- aktuelle Ereignisse oder Gesetzesänderungen
- neue Produkte
- Portfolio-Optimierung (z. B. Anpassung der Auswahl an offenen Investmentvermögen im Depot)
- veränderte Marktbedingungen oder Kundensituation
- Angebot von Serviceleistungen
- Empfehlungen

In den Fallvorgaben der IHK ist der jeweilige Gesprächsansatz enthalten und beschrieben.

1.3 Kundengespräch

1.3.1 Kundensituation

Zur Klärung der Kundensituation gehören vor allem diese drei Aspekte:

- Fragen nach den notwendigen Kundendaten (Name, Alter, Familienstand u. a.)
- Bestandsaufnahme bestehender Finanzanlage- und Vermögensanlageprodukte
- Anliegen des Kunden erfragen und berücksichtigen (Vermögensaufbau, Anlage eines bestimmten Geldbetrages, zusätzliche Altersvorsorge u. ä.)

Die Klärung der Kundensituation dient erst einmal der Erfassung der Kundenangaben, d. h. fragen, fragen, fragen wie bspw.:

- Zur persönlichen Situation:
  - Wie ist Ihre familiäre Situation (verheiratet, Kinder …)?
  - In welchem Alter sind Ihre Kinder?
- Zur beruflichen Situation:
  - Wie ist Ihre berufliche Situation (angestellt, selbstständig, arbeitslos …)?
- Zur finanziellen Situation:
  - Welche Einkommensverhältnisse bestehen?
  - Welche regelmäßigen finanziellen Verpflichtungen bestehen?

- Welches Vermögen (insb. Barvermögen, Kapitalanlagen und Immobilienvermögen) besteht bereits und wie ist es angelegt?

- Was planen Sie mit dem angesparten Geld?

- Wofür möchten Sie neu sparen bzw. Geld anlegen?

- Zur steuerlichen Situation:

  - Welche steuerlichen Aspekte sind zu beachten?

  - Ist der Freistellungsauftrag schon ausgeschöpft oder welcher Betrag ist noch verfügbar (ergänzt um die Frage nach der Ausschöpfung des Freibetrages für Veräußerungsgewinne)?

1.3.2 Erstellung eines Kundenprofils

Als Nächstes geht es darum, den aktuellen Anlagebedarf und privaten Vorsorgebedarf mit dem Kunden im Detail zu klären und ihm seine Bedarfssituation in den verschiedenen Lebensphasen bewusst zu machen.

Bevor Sie Ihrem Kunden das passende Produkt anbieten können, ist die Erstellung eines Kundenprofils erforderlich. Dazu gehört die Klärung:

- der Anlageziele und -motive,

- der bisherigen Anlageerfahrung,

- der Risikotoleranz,

- der Liquiditätserfordernisse,

- der Renditeerwartung,

- des Anlagenhorizontes,

- der Lücken in der privaten Altersvorsorge,

- der steuerlichen Situation,

- der finanziellen Verhältnisse einschließlich der Verlusttragfähigkeit (Fähigkeit, Verluste aus der Finanzanlage tragen zu können).

Nachfolgend finden Sie einige Anregungen hierzu.

Anlegertyp

Als Einstieg zur Ermittlung und Priorisierung der grundsätzlichen Anlegerbedürfnisse können Sie das Vermögensanlagedreieck heranziehen (siehe Kapitel 2.2.1 Geldanlageformen).

Risikofähigkeit des Anlegers: bisherige Anlageerfahrung und vorhandene Vermögens- und Einkommensverhältnisse.

Welche Wertpapiergeschäfte hat der Anleger bisher getätigt und seit wann hat er mit einzelnen Produktkategorien Erfahrungen gesammelt? Das sind die wesentlichen Fragen, um die Anlageerfahrung des Anlegers konkret festzustellen.

Anlegergerechte Beratung heißt zu prüfen, ob sich der Kunde ein Risiko bei seiner Geldanlage überhaupt leisten kann.

Hierzu ist die Klärung folgender Fragen mit dem Kunden erforderlich:

- Über welches für Anlagezwecke frei verfügbare Monatseinkommen verfügen Sie?
- Über welches für Anlagezwecke frei verfügbares Vermögen verfügen Sie?
- Welchen Umfang hat Ihr Nettovermögen (inkl. Sparguthaben, Wertpapiere, Immobilien, sonstige Vermögenswerte, abzüglich Verbindlichkeiten)?

Risikotoleranz und Risikobereitschaft – das Anlageverhalten

„Welcher Anlegertyp entspricht Ihrem Anlageverhalten?" Das muss der Anleger entscheiden und kann dabei nur einen Typ auswählen (ansonsten gilt der Anlegertyp, der den niedrigeren Risiko- & Ertragsindikatoren entspricht). Hilfestellung geben dabei konkret formulierte Beispiele zu den Detailmerkmalen Anlageziel, Risiken, Chancen und Anlagedauer.

Anlegertyp	Anlageziel	Risiken	Chance	Anlage-dauer	Risiko-Ertrags-indikator
sicherheits-orientiert	die Substanzerhaltung der Anlage steht im Vordergrund	minimale Kursschwankungen	eine marktgerechte Verzinsung	eher kurz- bis mittelfristig	1/2
konservativ	die Sicherheit der Anlage ist wichtig, aber für die Renditevorteile werden Kursverluste in Kauf genommen	kurzfristig moderate Kursschwankungen sind möglich; mittel-/ langfristig ist ein Vermögensverlust unwahrscheinlich	eine marktgerechte Verzinsung, die in der Regel über der von Spar- und Festgeldanlagen liegt	eher mittel- bis langfristig	1/2/3/4
gewinn-orientiert	die Ertragserwartungen gehen über das marktübliche Zinsniveau hinaus	höhere Kursschwankungen aus Aktien-, Zins- und Währungsentwicklungen	Erwirtschaftung einer langfristig höheren Rendite	eher langfristig	1/2/3/4/5/6
risiko-bewusst	die Ertragserwartungen gehen deutlich über das marktübliche Zinsniveau hinaus; der Vermögenszuwachs resultiert vorrangig aus Marktchancen	nicht kalkulierbare Verlustrisiken	Erwirtschaftung einer langfristig hohen Rendite	langfristig	1/2/3/4/5/6/7

Abb. 1:   Wertpapierhandelsgesetz

Quelle: Allianz Global Investors KAG, Auszug aus Online-Formular „Frage nach Wertpapierhandelsgesetz (WpHG)" www.allianzglobalinvestors.de

Das Wertpapierhandelsgesetz schreibt nur die Rahmenbedingungen fest, gibt jedoch keine konkreten Vorgaben bezüglich Bezeichnung der einzelnen Anlegertypen.

Aus diesem Grund finden sich bei unterschiedlichen Kapitalverwaltungsgesellschaften und Banken auch unterschiedliche Bezeichnungen und Beschreibungen der einzelnen Anlegertypen.

Üblich ist eine Einteilung in bis zu 5 Anlegertypen.

Einige der häufigsten Bezeichnungen:

Anlegertyp 1 – sicherheitsorientiert

Anlegertyp 2 – ertragsorientiert, konservativ

Anlegertyp 3 – wachstumsorientiert, gewinnorientiert

Anlegertyp 4 – chancenorientiert, risikobewusst

Anlegertyp 5 – spekulativ

Die Zuordnung der Risiko-Ertrags-Indikatoren (Risiko-Ertragsprofil bezogen auf das Anlageprodukt) zu den einzelnen Anlegertypen ist ein erster Schritt zur Auswahl des passenden Investmentvermögens (Zielmarktanalyse).

Risiko-Ertrags-Indikatoren entsprechen einer Skala von 1–7:

■ 1 steht für ein hohes Sicherheitsbedürfnis (Ziel: Substanzerhalt), eine geringe Renditeerwartung (Ziel: marktgerechte Verzinsung auf Sparbuch- oder Festgeldniveau), geringe Risikobereitschaft (nur minimale Kursschwankungen werden toleriert) und eine kurze Anlagedauer

■ 7 bedeutet ein geringes Sicherheitsbedürfnis (Ziel: Marktchancen nutzen), eine hohe Renditeerwartung (Ziel: hohe Rendite über Kapitalmarktniveau), eine hohe Risikobereitschaft (Toleranzgrenze bis hin zum Totalverlust der Kapitaleinlage) und eine langfristige Anlagedauer

Darüber hinaus gilt in der Regel:

■ Bei einem langfristigen Anlagehorizont können sich kurzfristig mögliche Kursschwankungen wieder ausgleichen.

■ Je länger die Anlagedauer, umso höher der Zinssatz (in Bezug auf die Marktverzinsung).

■ Allgemeine Anlegerziele

Zu den allgemeinen Anlegerzielen gehören:

■ Vermögensaufbau durch regelmäßige Investitionen (Sparplan)

■ Vermögensanlage durch einmalige Geldanlage (Einmalanlage)

■ Vermögensnutzung durch regelmäßige Entnahmen (Entnahme- oder Auszahlplan)

■ Vermögensübertragung durch Vererbung und Schenkung

■ Im Detail gehe ich auf diese allgemeinen Anlegerziele im Kapitel 3.9 Anlageprogramme ein.

Individuelle Anlegerziele

Bewährt ist hier eine Strukturierung nach Anlagehorizont und Verwendungszweck.

Fragen Sie Ihren Kunden, wofür und bis wann er einen Vermögensaufbau betreiben möchte. Als Beispiel können ein neues Auto in 4 Jahren oder eine Europarundreise in 5 Jahren das individuelle Anlegerziel dienen.

Wofür dient die Vermögensanlage? Und wann wird das Geld für dieses individuelle Anlageziel konkret benötigt? Als Beispiel könnte Ihr Kunde auch Zinserträge als zusätzliches Einkommen ohne eine bestimmte Fälligkeit nennen.

Welcher Anlagebetrag soll der Vermögensnutzung dienen und wann und in welcher Ausgestaltung? Als Beispiel kommt hier die zusätzliche private Rente durch monatliche Auszahlungen ab Rentenbeginn unter Substanzerhalt des Kapitals in Frage.

Wann ist eine Vermögensübertragung geplant? Einige Kunden wollen mit „warmen Händen" schenken oder ihr Erbe unter steuerlichen Gesichtspunkten rechtzeitig ordnen.

Beispiel

Hierzu ein Beispiel, wie sich die Kundenaussagen zu seinen individuellen Anlegerzielen auf einem „weißen Blatt Papier" darstellen lassen:

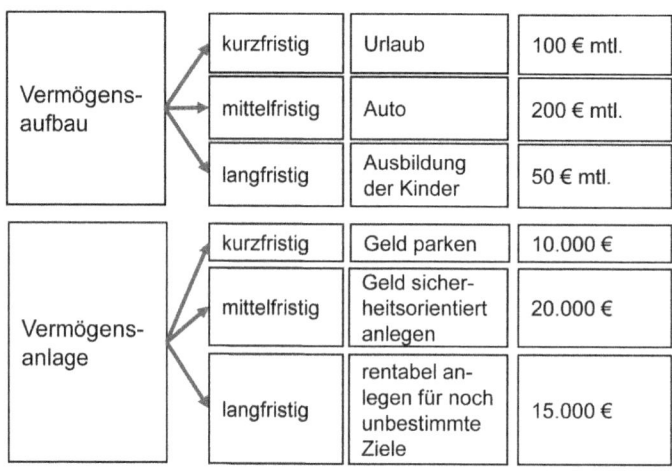

Abb. 2: Vermögensaufbau und Vermögensanlage

Aktuelle Bedarfsanalyse und langfristige Planung

Zu jedem Anlageberatungsgespräch mit einem Neukunden gehört eine umfassende Bedarfsermittlung/-analyse. Nicht nur, weil das der Anlegerschutz durch viele Regulierungen vorschreibt, sondern vor allem, weil es für Anleger und Verkäufer wichtige Anhaltspunkte bietet, miteinander vertrauensvoll und nachhaltig ins Geschäft zu kommen.

Aber auch für Bestandskunden gilt: Ziele ändern sich. In der Regel macht es spätestens nach 2 Jahren Sinn, mit dem Kunden das Gespräch zu suchen, um herauszufinden, ob sich seine Ziele verändert haben und die Vermögensstruktur ggf. angepasst werden sollte.

Unter dem Aspekt „Welchen finanziellen Bedarf werde ich voraussichtlich in den verschiedenen Phasen meines Lebens haben?" ist es vorteilhaft, sich rechtzeitig Gedanken zu machen und sich kurzfristige, mittelfristige und langfristige Ziele zu setzen. Ein typisches Kurzfristziel könnte der nächste Urlaub sein. Mittelfristig könnte an den Erwerb eines neuen Autos gedacht werden. Die gesicherte Ausbildung der Kinder oder die eigene Altersvorsorge sind klassische Langfristziele. Der Anleger entscheidet, welche Prioritäten er setzen möchte, welche Ziele er unbedingt erreichen will und welche ihm weniger wichtig sind.

Natürlich führt jede Planung nur dann wirklich zum Erfolg, wenn für jedes gewählte Ziel ein realistischer Zeitrahmen gesetzt wird, d. h. die vorhandenen Einkommens- und Vermögensverhältnisse einbezogen werden und natürlich der Plan danach auch in die Tat umgesetzt wird.

Beispiel

Abb. 3: Lebensplanung: Ein Beispiel

Bereits vorhandene Geldanlagen sind in die Planung mit einzubeziehen. Vielleicht stehen die Mittel für das Erreichen des Kurzfristziels (zum Beispiel in Form eines Sparguthabens) bereits zur Verfügung?

Sollte bereits Immobilienvermögen vorhanden sein, macht ein weiteres offenes Immobilien-Sondervermögen i. d. R. keinen Sinn, da damit die Risikostreuung bei der Anlage vernachlässigt würde.

Die steuerliche Situation kommt insbesondere nach der Ausschöpfung des Sparerpauschbetrags ins Spiel. Im Zweifelsfall sollte man immer auf den Steuerberater verweisen.

Zuerst gilt es, die existenzbedrohenden Risiken abzudecken (Produktbereich: Versicherungen) und Reserven für Unvorhergesehenes („Notgroschen") zu bilden. Erst danach folgen die eigentliche Geldanlage und der Vermögensaufbau.

> So selbstverständlich es klingt, aber ist es überhaupt so einfach, sein Leben mit Zielen durchzuplanen? Und wer macht das regelmäßig? Sicher nicht jeder Anleger. Da helfen entsprechende Fragestellungen seitens des Verkäufers. Und ein Bild sagt oft mehr als tausend Worte: Nutzen Sie das Bild des Lebensphasenmodells, um den finanziellen Bedarf für die Ziele und Wünsche des Anlegers zu ermitteln und aufzuzeigen.
>
> Überprüfen Sie doch einmal Ihre eigene Lebensplanung. So können Sie sich am besten in Ihren Kunden hineinversetzen: Worauf ist zu achten? Was wird leicht vergessen? Was sind die Herausforderungen?

1.3.3 Kundenbedarf und anlegergerechte Lösungen

Im nächsten Schritt der Kundenberatung geht es um die Empfehlung einer bedarfsgerechten Lösung. Hierbei sind die Ermittlungen der Kundensituation und des Kundenprofils zu berücksichtigen.

Merkmale einer bedarfsgerechten Lösung sind:

- Prioritäten des Kunden für die Anlage berücksichtigen (z. B. Sicherheit)
- Finanzielle Lücken in der Lebensphasenplanung schließen (z. B. zusätzliche private Altersvorsorge mit Finanzanlageprodukten)
- Kundennutzen herausstellen

Die für den Geschäftsabschluss erforderliche Depoteröffnung bzw. die entsprechenden Kauf- oder Verkaufsaufträge sind gemeinsam mit dem Kunden zu gestalten. Nähere Informationen hierzu finden Sie auch im Kapitel 3.7 Eröffnung, Gestaltung und Führung von Depots.

Insbesondere in dieser Schlussphase der Kundenberatung ist auf ein rechtskonformes Verhalten zu achten, bspw. bei der Erstellung der Geeignetheitserklärung. Ausführliche Hinweise hierzu finden Sie im Kapitel 2.4.2 Finanzanlagenvermittlungsverordnung (FinVermV).

1.3.4 Gesprächsführung und Systematik

In der praktischen Prüfung wird von Ihnen eine kundenorientierte Gesprächsführung mit Struktur und Systematik erwartet.

Die Gesprächsführung im Sinne dieser IHK-Prüfung wird im Rahmenplan wie folgt beschrieben:

1. Situationsgerecht gestaltete Gesprächseröffnung:

    ▪ Begrüßung

    ▪ Vorstellung der eigenen Person (statusbezogene Informationspflicht)

    ▪ Information zu Gesellschafts-, Vermittler- und Beraterstatus (für welche Gesellschaft werden Produkte vermittelt, und handelt es sich um eine provisions- oder honorarbasierte Beratung bzw. Vermittlung)

    ▪ Bezugnahme auf den Gesprächsanlass

    ▪ Servicehinweis (bspw., dass auf Wunsch des Kunden der Verkaufsprospekt kostenlos in Papierform zur Verfügung gestellt werden kann)

    ▪ Schaffung eines angenehmen Gesprächsklimas

2. Partnerorientierte Kundengesprächsführung:

    ▪ Kundenorientierte Sprache, wie bspw. der Verzicht auf unnötige Fachbegriffe

    ▪ Auf Kundensituation eingehen

    ▪ Kundennutzen herausstellen

    ▪ Kundenbezogene Beispiele verwenden

    ▪ Aktiv zuhören, d. h. Aussagen des Kunden ggf. hinterfragen

    ▪ Verkaufshilfen gesprächsfördernd einsetzen

    ▪ Visualisierungen

    ▪ Arbeits- und kundenorientierte Sitzposition

    ▪ Kundensignale beachten

3. Einwände und Argumente des Kunden beachten:

    ▪ Verständnis zeigen und nachfragen

    ▪ Hilfestellung geben

    ▪ Kundenwünsche ernst nehmen

4. Gesprächszusammenfassung vornehmen:

    ▪ Kundennutzen wiederholen und herausstellen

    ▪ Übereinstimmungen herstellen

5. Gestaltung des Gesprächsabschlusses:

    ▪ Kundenentscheidung als mögliche Lösung bestätigen

    ▪ Folgetermin vereinbaren (Cross- bzw. Upselling)

- Empfehlungen einholen (bei Kontaktaufnahme bitte die Vorgaben des Datenschutzes beachten)

In der praktischen Prüfung wird von Ihnen erwartet, dass Sie das Gespräch bis einschließlich zu einer ersten Anlageempfehlung führen. Somit ist eine klare Gesprächsstruktur auch eine wertvolle Unterstützung bei Ihrem erforderlichen Zeitmanagement, denn das Prüfungs-Beratungsgespräch dauert nur 20 Minuten.

1.4 Kundenbetreuung

Bei der laufenden Kundenbetreuung schließt sich der Kreis. Das heißt, die Gesprächsanlässe, die bereits zur Kundenkontaktaufnahme genutzt wurden, bieten auch wertvolle Ansätze für die weitere Kundenbetreuung.

Beispiel

Diese Serviceleistungen kommen bspw. für die laufende Kundenbetreuung in Frage:

- Information über Gesetzesänderungen
- Erreichbarkeit
- Beratung bei veränderter Beratungssituation bzw. Anlegerprofil
- Beratung bei Marktveränderungen
- Anlageberatung aus „einer Hand"
- Ordnen der Anlageunterlagen
- Information über zukünftige Betreuung

Überprüfen Sie regelmäßig zusammen mit Ihren Kunden, ob die ursprünglichen Anlegerziele noch der aktuellen Lebensplanung entsprechen.

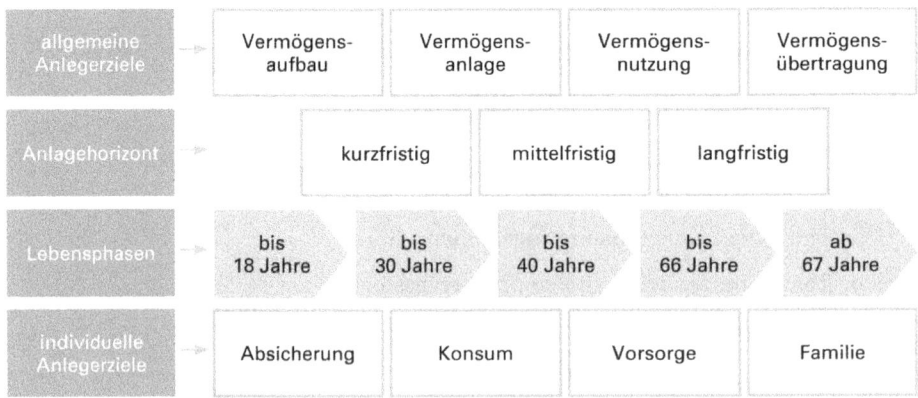

Abb. 4: Finanzielles Lebensphasenmodell

Die Mühe lohnt sich:

- für den Anleger: kompetente Rundum-Betreuung aus einer Hand

- für den Berater/Vermittler: Neugeschäft, Zusatzgeschäft, Bestandssicherung, Kundenbindung

Stellen Sie sich doch einmal Ihre eigenen Lebensphasen mit konkreten Beispielen zusammen. Die Zeitspanne der einzelnen Lebensphasen können Sie dabei selbstverständlich individuell anpassen oder eine zusätzliche Lebensphase einfügen.

Das Wichtigste zusammengefasst:

Die Kundenberatung umfasst neben der Besuchsvor- und -nachbereitung und dem eigentlichen Kundengespräch selbst, auch einen „roten Faden" für die Gesprächsführung.

Sie kennen nun:

■ mögliche Serviceerwartungen des Kunden

■ Gesprächsanlässe für die Besuchsvorbereitung, um das Kundeninteresse zu wecken

■ Fragestellungen, um die Kundensituation zu analysieren

■ Eckpunkte der aktuellen und langfristigen Anlagebedarfsklärung wie Anlegertyp, Risikotragfähigkeit und Risikobereitschaft des Kunden sowie allgemeine und individuelle Anlegerziele

■ Merkmale bedarfsgerechter Lösungen

■ Systematik für die Gesprächsführung

■ Ansätze für die laufende (Bestands-)Kundenbetreuung

Sie verstehen diese Rahmenbedingungen der Kundenberatung als Ergänzung zu Ihren bereits vorhandenen Erfahrungen und Kenntnissen in der Kundenberatung.

Sie nutzen Ihre Beratungskompetenz für erfolgreiche und nachhaltige Geschäftsabschlüsse und die Vertrauensbildung zu Ihren Kunden.

2 Kenntnisse für Beratung und Vertrieb von Finanzanlageprodukten

2.1 Wirtschaftliche Grundlagen

Es ist Donnerstagmorgen, der 10.3.2016, und alle warten gespannt auf die heutige Entscheidung der EZB. Und dann kommt sie: Der Leitzins wird auf Null Prozent gesenkt und, die Banken müssen für ihre Einlagen bei der EZB zukünftig 0,4 % Strafzinsen, d.h. negative Zinsen zahlen, anstatt dass sie für ihr Geld Zinsen von der EZB erhalten. Viele Sparer stellen sich nun die Frage, ob auch sie Strafzinsen für Spar- und Termingeldguthaben an ihre Bank zahlen müssen. Wer dagegen gerade einen Immobilienkauf und die dazu gehörende Finanzierung plant, darf sich freuen. Denn die Bauzinsen befinden sich weiterhin auf einem historischen Tiefstand.

Was bedeutet dies für Fondsanleger? Der Aktienfondsanleger kann bspw. profitieren. Denn das Ziel der EZB ist es, die Banken dazu zu bewegen, mehr günstige Kredite an ihre Kunden zu vergeben, um die Wirtschaft anzukurbeln. Würde das geschehen, wäre dies ein positives Signal für den Aktienmarkt. Doch wie funktioniert dieser Mechanismus genau, und welche weiteren wirtschaftlichen Einflussfaktoren wirken auf die Finanzmärkte ein?

Sie sehen, schon sind wir mittendrin in den wirtschaftlichen Grundlagen und ihren Auswirkungen auf Finanzanlagen. Die Kenntnisse hierüber sind das Fundament zum Verständnis der Geschehnisse an den Finanzmärkten und liefern Ihnen interessantes Hintergrundwissen und spannende Gesprächsaufhänger mit Ihren Kunden.

Konjunktur   Preisbildung   Angebot und Nachfrage
Magisches Viereck der Wirtschaftspolitik   Deflation
Bruttoinlandsprodukt   Mindestreserve   Leitzins
Basiszins   Offenmarktgeschäfte   Konjunkturphasen
Außenbeitrag   Inflationsrate   Ständige Fazilitäten
Arbeitslosigkeit   Geldpolitik   Refinanzierungsgeschäfte
Expansion, Boom, Rezession, Depression

Abb. 5:   *Fachbegriffe: wirtschaftliche Grundlagen*

Welche dieser Begriffe kennen Sie bereits? Oder haben Sie davon gehört oder gelesen? Was stellen Sie sich unter dem einen oder anderen Begriff vor? Am Ende dieses Kapitels haben Sie mit Ihren Kenntnissen zu diesen Fachbegriffen die ersten Punkte für Ihre Finanzanlagenfachmann-/fachfrau-Prüfung in der Tasche.

Praxistipp:

Interessante Informationsquellen zur aktuellen wirtschaftlichen Situation in Deutschland:

Statistisches Bundesamt: https://www.destatis.de/DE/Themen/Wirtschaft/Konjunkturindikatoren/_inhalt.html

Institut für Weltwirtschaft: www.ifw-kiel.de

Die in diesem Kapitel dargestellten wirtschaftlichen Grundlagen sollen Ihnen ein solides Basiswissen vermitteln. Sie erheben keinen Anspruch auf ein umfassendes volkswirtschaftliches Wissen, sondern sollen vorhandenes Allgemeinwissen auffrischen. Dazu werde ich unter anderem auf prüfungsrelevante volkswirtschaftliche Grundmodelle eingehen, die sich in der aktuellen Praxis durchaus komplexer darstellen können, als hier betrachtet.

2.1.1 Markt und Beteiligte

Wie funktioniert ein Markt im Allgemeinen und welche Beteiligten spielen welche Rolle?

Ursprünglich fanden wirtschaftliche Aktivitäten auf den ersten Märkten, den Tauschmärkten, nach dem Prinzip „Ware gegen Ware" statt. Mit zunehmenden Handelsaktivitäten über den eigenen regionalen Markt hinaus stieg der Bedarf nach einem geeigneten Wertaufbewahrungsmittel. Denn welchen Wert hat bspw. eine Kartoffel gegenüber einem Ballen Stoff? Ein Wertaufbewahrungsmittel muss sich selbst durch Knappheit und Wertbeständigkeit auszeichnen. Am Ende entstand hieraus unser heutiges Geld, bspw. in Form des Euro als Landeswährung. Ein Markt muss heute kein realer Marktplatz mehr sein, sondern besteht bspw. als Onlineshop oder als virtueller Markt (Beispiel: Computerhandel von Wertpapieren).

Markt
Ein Ort, an dem Angebot und Nachfrage nach einem Handelsgut (Ware, Geld oder Dienstleistung) aufeinandertreffen und sich ein Preis für das jeweilige Handelsgut bildet.

Wie funktioniert ein Markt, d. h. welche Voraussetzungen müssen erfüllt sein?

Für einen funktionierenden Markt sind grundsätzlich nachfolgende Voraussetzungen notwendig:

- mindestens 1 Anbieter (Verkäufer von Waren, Dienstleistungen oder Geld)
- mindestens 1 Nachfrager (Käufer von Waren, Dienstleistungen oder Geld)
- 1 Handelsgut
- Tausch-/Zahlungsmittel

■ 1 Intermediär (Mittler) wie bspw. ein Kredit- oder Finanzinstitut (z. B. Bank) als Finanzintermediär, d. h. Vermittler oder Kapitalsammelstelle am Kapitalmarkt

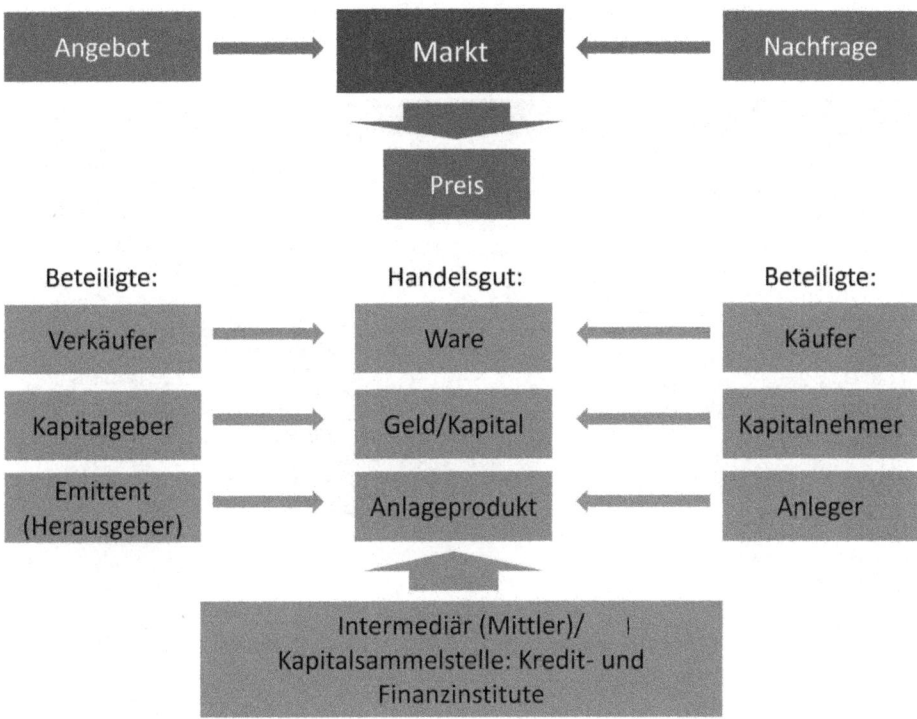

Abb. 6:   Markt und Beteiligte

Auch im Zusammenhang mit Finanzanlagen spielen Angebot und Nachfrage eine Rolle. Preise sind hier Börsenkurse, Anteilspreise von offenen Investmentvermögen oder Zinssätze. Die Marktbeteiligten sind Banken, Kapitalverwaltungsgesellschaften (Anbieter von Investmentvermögen) auf der einen und auf der anderen Seite die Sparer oder Kapitalanleger. Am Kapitalmarkt werden Anleihen (verzinsliche Wertpapiere mit fester Laufzeit) und Aktien (Wertpapiere in Form von Unternehmensanteilen an Aktiengesellschaften) gegen Überlassung von Geld/Kapital gehandelt. Die Herausgeber (Emittenten) dieser Wertpapiere sind einerseits Anbieter von Wertpapieren (Anlageprodukt) und gleichzeitig Nachfrager nach Kapital/Geld. Der Anleger wiederum ist Nachfrager nach dem Wertpapier und gleichzeitig Anbieter von Geld/Kapital. Die wirtschaftlichen Rahmenbedingungen nehmen Einfluss auf die Kurse und das Zinsniveau sowie das Verhalten oder den Kapitalbedarf der Marktteilnehmer. Dazu erfahren Sie später mehr.

Welche unterschiedlichen Arten von Märkten gibt es?

Es gibt eine ganze Reihe unterschiedlicher Märkte, die sich nach verschiedenen Bereichen voneinander abgrenzen lassen. Die folgende Grafik gibt Ihnen eine Übersicht über die unterschiedlichen Märkte und deren Unterscheidungsmerkmale.

Unterscheidung nach der Art des Handelsgutes	Unterscheidung nach nationalen bzw. internationalen Gesichtspunkten	Unterscheidung nach der Funktion des Marktes	Unterscheidung nach Organisationsformen	Unterscheidung nach Markttyp (Zugang zum Markt)
Geldmarkt: Bereitstellung von kurzfristigem Kapital	**Globaler Markt:** beispielsweise europaweit oder weltweit	**Beschaffungsmarkt:** d.h. woher kommt die Ware ? = Importmarkt	**umfassend organisiert:** Beispiele: Börse oder Messen	**freier Markt:** keine Zugangsbeschränkungen für die Marktteilnehmer. Beispiel: Freiverkehr als Marktsegment des Kapitalmarktes
Kapitalmarkt: Bereitstellung von mittel- bis langfristigem Kapital	**Binnenmarkt:** innerhalb der Landesgrenzen von einzelnen Staaten, Bundesländern oder Städten	**Absatzmarkt:** d.h. wo kann ich diese Ware verkaufen? = Exportmarkt	**wenig oder gar nicht organisiert:** Märkte an denen Angebot und Nachfrage eher zufällig zusammentreffen wie bspw. in einem Ladengeschäft oder auf einem Flohmarkt	**regulierter (beschränkter) Markt:** Der Marktzugang ist an Voraussetzungen gebunden, wie beispielsweise ein Mindestkapital. Beispiel: Regulierter Markt (auch EU-regulierter Markt) als gesetzlich geregeltes Börsensegment des Kapitalmarktes, dessen Zulassungsvoraussetzungen (u.a. im Börsengesetz geregelt) und Folgepflichten gesetzlich festgelegt sind.
Immobilienmarkt: An- und Verkauf von Grundstücken und Gebäuden				
Devisenmarkt: An- und Verkauf von Währungen				
Konsumgütermarkt: Handel mit Waren für den Endverbraucher				
Investitionsgütermarkt: Handel mit Gütern, die für die Herstellung anderer Güter benötigt werden				
Arbeitsmarkt: Angebot und Nachfrage menschlicher Arbeitskraft				

Abb. 7:   Arten von Märkten

Wie funktioniert die Preisbildung?

Bestimmt haben Sie schon von der Grundregel „Angebot und Nachfrage bestimmen den Preis" gehört. Stellen Sie sich dazu vereinfacht eine Waage vor: Nimmt die Nachfrage bei gleichbleibendem Angebot zu, steigt der Preis. Steigt das Angebot bei rückläufiger Nachfrage, sinkt der Preis.

Steigende Preise, wenn die Nachfrage größer als das Angebot ist.

Sinkende Preise, wenn das Angebot die Nachfrage übersteigt.

niedriger   höher

Preis

Angebot

Nachfrage

niedriger   höher

Preis

Nachfrage

Angebot

Abb. 8:   Preiswaage

Käufer- und Verkäufermarkt
Bei einem Verkäufermarkt übersteigt die Nachfrage das Angebot. Das bedeutet, der Verkäufer bestimmt den Preis. Bei einem Käufermarkt verhält es sich umgekehrt: das Angebot übersteigt die Nachfrage, und der Käufer bestimmt den Preis.

Monopol, Oligopol und Polypol
Von einem Monopol spricht man, wenn nur ein Anbieter vorhanden ist. Ein Oligopol bedeutet, dass es nur wenige Anbieter gibt. Bei vielen Anbietern spricht man von einem Polypol. Während der Monopolist die Macht hat, die Absatzmenge und den Preis zu bestimmen, haben bei einem Polypol die einzelnen Anbieter so gut wie keinen Einfluss mehr auf den Marktpreis.

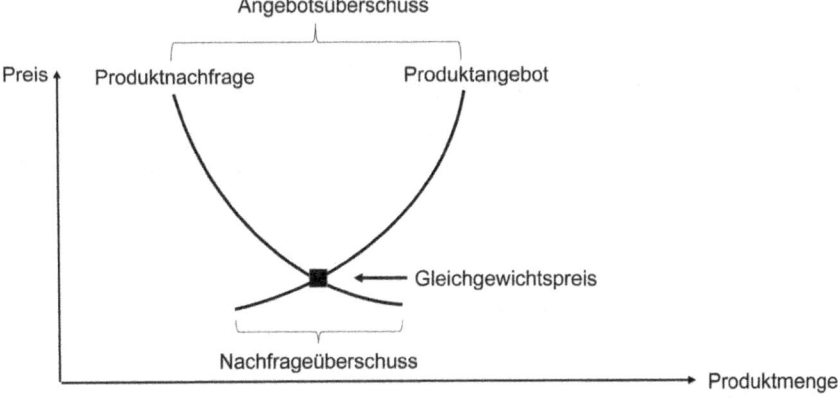

Abb. 9:   Der Gleichgewichtspreis

Die Kurve der Produktnachfrage ist von rechts nach links zu lesen

und besagt, dass bei niedrigen Preisen grundsätzlich eine höhere Gütermenge nachgefragt wird und umgekehrt bei höheren Preisen die Nachfrage sinkt.

Die Kurve des Produktangebotes ist von links nach rechts zu lesen und besagt, dass es sich für den Anbieter lohnt, bei steigenden Preisen durch erhöhte Nachfrage auch die Produktionsmenge zu erhöhen. Als Gleichgewichtspreis wird der Preis bezeichnet, bei dem die angebotenen Güter genau der Menge der zu diesem Preis nachgefragten Gütern entspricht.

Doch Angebot und Nachfrage haben so ihre eigene Dynamik. Sehen Sie hier, wie sich mögliche Veränderungen auf die jeweils andere Seite auswirken können:

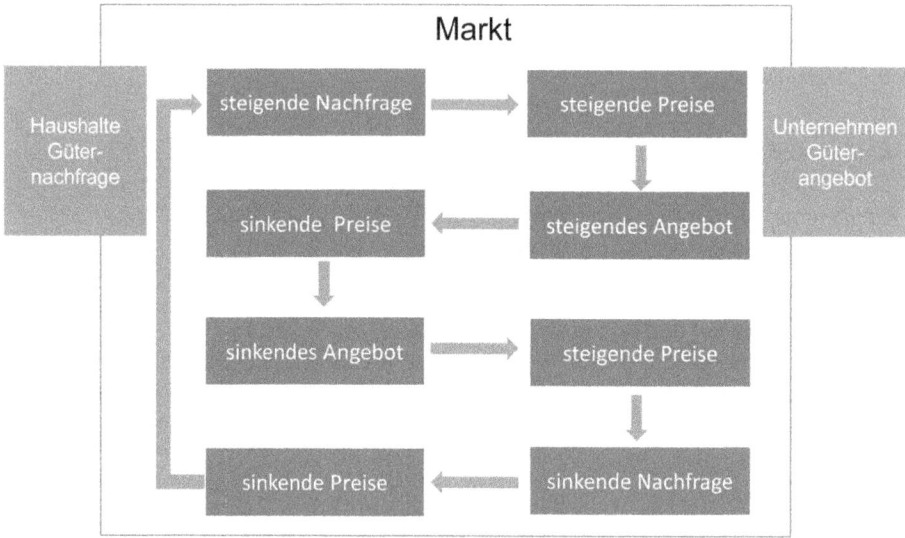

Abb. 10: Prozess der Preisbildung

Wer sind die Marktbeteiligten einer Volkswirtschaft?

Die Volkswirtschaftslehre betrachtet das gesamte wirtschaftliche Geschehen in einer Volkswirtschaft (z. B. Deutschland) und die übergeordneten Zusammenhänge. Dabei wird unterschieden zwischen der Mikroökonomie, d. h. der Betrachtung einzelner Teilnehmereinheiten, und der Makroökonomie, d. h. den Beziehungen aller Marktteilnehmer zueinander.

Als Wirtschaftskreislauf wird ein Modell bezeichnet, mit dem die wesentlichen Güter- und Geldbewegungen innerhalb einer Volkswirtschaft dargestellt werden. Die beiden Wertströme (Güter- und Geldstrom) fließen in entgegengesetzte Richtungen, da die Güter mit Geld bezahlt werden und umgekehrt Geld die Gegenleistung für die

Güter ist. Die einzelnen Wirtschaftseinheiten werden als Sektoren bezeichnet. Der einfache Wirtschaftskreislauf betrachtet die Zusammenhänge zwischen den Sektoren **Unternehmen** und **Privathaushalten**. Im erweiterten Wirtschaftskreislauf kommen die Sektoren **Banken, Staat** und das **Ausland** dazu. Der erweiterte Wirtschaftskreislauf ist wichtig für das Verständnis der volkswirtschaftlichen Grundlagen und Abläufe und stellt darüber hinaus den Ursprung der Geldpolitik dar. Als Geldpolitik wird allgemein die Steuerung der Versorgung der Volkswirtschaft mit dem Zahlungsmittel Geld verstanden. Unsere heutige globale Wirtschaftswelt bedarf der entsprechenden Versorgung mit Geld (Geldmenge, d. h. Geld in den Händen von Nichtbanken), einer stabilen Landeswährung und eines angemessenen Preisniveaus im jeweiligen Währungsgebiet. Die Politik sorgt für die entsprechenden Regeln und Erleichterungen in der Handelsabwicklung. Die Notenbanken wie die Europäische Zentralbank sorgen für die ausreichende Geldversorgung und Währungsstabilität in ihrem jeweiligen Wirtschafts- bzw. Währungsgebiet.

Wie funktioniert der einfache Wirtschaftskreislauf?

Nachfolgend zunächst die Darstellung zum einfachen Wirtschaftskreislauf.

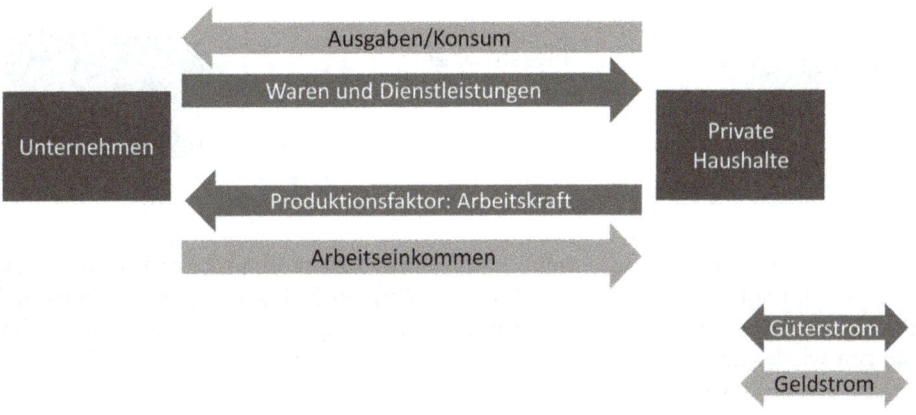

Abb. 11:   Einfacher Wirtschaftskreislauf

Der einfache Wirtschaftskreislauf betrachtet alleine den Güterstrom von Waren und Dienstleistungen bzw. den Produktionsfaktor Arbeitskraft gegen die Geldströme Ausgaben und Konsum bzw. Arbeitseinkommen zwischen Unternehmen und privaten Haushalten.

Wie funktioniert die volkswirtschaftliche Kapitalbildung durch Sparen?

Apropos Konsum. Was passiert eigentlich mit dem Geld das nicht für den Konsum verwendet wird, sondern von den Haushalten – bspw. in Form von Einlagen bei Banken – gespart wird?

Dieser Konsumverzicht spielt tatsächlich eine zentrale und wichtige Rolle bei der Kapitalbildung im volkswirtschaftlichen Sinn. Um wachsen zu können, benötigt eine Volkswirtschaft Kapital für immer wieder neue Investitionen, wie bspw. in Produktionsanlagen oder Fabrikhallen.

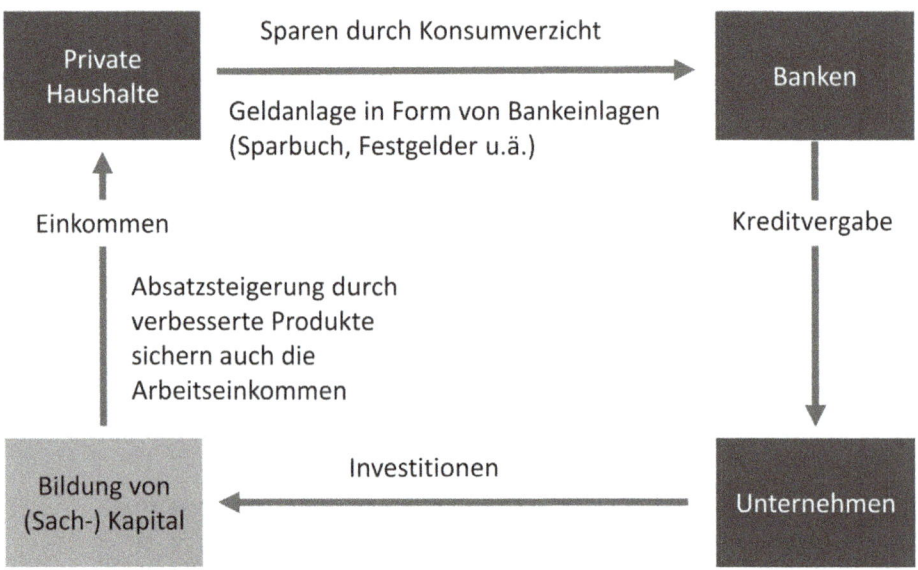

Abb. 12:   Kapitalbildung durch Sparen

Am Anfang der Kapitalbildung steht der Konsumverzicht der privaten Haushalte aus erzieltem Einkommen in Form von Sparen. Wird ein Teil des gesparten Geldes auf Bankkonten angelegt, wie bspw. Sparbücher oder Festgeldkonten, dann können die Banken wiederum einen Teil hiervon für neue Kreditvergaben nutzen. Erfolgt die Kreditvergabe an Unternehmen, die dieses Geld für Neuinvestitionen in ihre Produkte und Produktionsanlagen nutzen, dann hat sich neues volkswirtschaftliches (Sach-) Kapital gebildet. Dieses ermöglicht Absatzsicherung und Absatzsteigerung durch verbesserte und marktfähigere Produkte. Es werden Arbeitsplätze gesichert oder neu geschaffen und somit Arbeitseinkommen gesichert.

Später gehe ich noch detaillierter auf die Rolle der Europäischen Zentralbank ein, die als „Bank der Banken" fungiert, wenn die Banken bspw. eine weitere „Geldquelle" für die Kreditvergabe benötigen. Übrigens haben auch die Unternehmen durchaus Alternativen zur Kreditaufnahme bei ihrer Bank. Und damit sind wir mittendrin in der Funktionsweise der Kapitalmärkte, an denen sich Unternehmen ebenfalls mit Geld für ihre Investitionen durch die Ausgabe von Aktien oder Anleihen versorgen können. Hierzu mehr im Kapitel 3.1 Märkte für Finanzanlagen.

Die Banken haben neben der Kreditvergabe noch weitere Aufgaben im Finanzsystem.

Welche Aufgaben und Funktionen haben Kredit- und Finanzinstitute?

Bankgeschäfte	Vertrauensfunktion	Informationsfunktion	Transformations-aufgaben
Zahlungsverkehr			Betrags- und Losgrößentrans-formation
Kreditgeschäft			Fristen- und Zeittransformation
Depotgeschäft			
Einlagengeschäft			Risiko-transformation
			Markt-transformation

Abb. 13:   Aufgaben und Funktionen der Kredit- und Finanzinstitute

Neben der Abwicklung des baren und unbaren **Zahlungsverkehrs** gehören zu den Bankgeschäften gemäß § 1 Abs. 1 Kreditwesengesetz (KWG) insbesondere die Annahme fremder Gelder als Einlage mit und ohne Zinsvergütung (**Einlagengeschäft**), die Gewährung von Gelddarlehen (**Kreditgeschäft**) und die Verwahrung und die Verwaltung von Wertpapieren für andere (**Depotgeschäft**).

Der Bankkunde legt sein Geld bei einer Bank im Vertrauen darauf an, dass diese sein Geld sorgfältig verwaltet. Im Rahmen dieser **Vertrauensfunktion** bilden die Banken Rücklagen und lassen Sorgfalt auch bei der Kreditvergabe walten, beispielweise in Form von umfassenden Bonitäts- und Kreditwürdigkeitsprüfungen (Kann der Darlehensnehmer die vereinbarten Zins- und Darlehenstilgungsleistungen über die Gesamtlaufzeit erbringen?).

Banken übernehmen an vielen Stellen die Informationsbeschaffung für ihre Kunden (**Informationsfunktion**), z. B. in der Anlageberatung oder im Investmentbanking (Unternehmensverkäufe u. ä.).

Wenn aus einer Summe von vielen kleinen Anlagebeträgen große Kreditbeträge vergeben werden oder umgekehrt aus wenigen großen Anlagebeträgen viele kleine Kreditbeträge vergeben werden, dann handelt es sich um die **Betrags- und Losgrößentransformation**.

Da Anleger und Kreditnehmer unterschiedliche Laufzeitwünsche haben, übernehmen Banken im Rahmen der **Fristen- und Zeittransformation** den Ausgleich der unterschiedlichen Vorstellungen. Aufgrund der großen Anzahl von Kunden ist dies möglich.

21

Anleger haben eine unterschiedliche Risikobereitschaft und Kreditnehmer weisen unterschiedliche Bonitäten auf. Durch die Kreditvergabe an eine Vielzahl von Kreditnehmern und die Hereinnahme von Kreditsicherheiten erreicht die Bank im Rahmen der **Risikotransformation** eine breite Risikostreuung.

Auch die regional unterschiedliche Kreditnachfrage auf der einen und die Geldanlage auf der anderen Seite können Banken im Rahmen der **Markttransformation** bundesweit umleiten.

Doch nun zurück zum Wirtschaftskreislauf. Da wir nun bereits die Banken ins Spiel gebracht haben, schauen wir uns als Nächstes den erweiterten Wirtschaftskreislauf an.

Wie funktioniert der erweiterte Wirtschaftskreislauf?

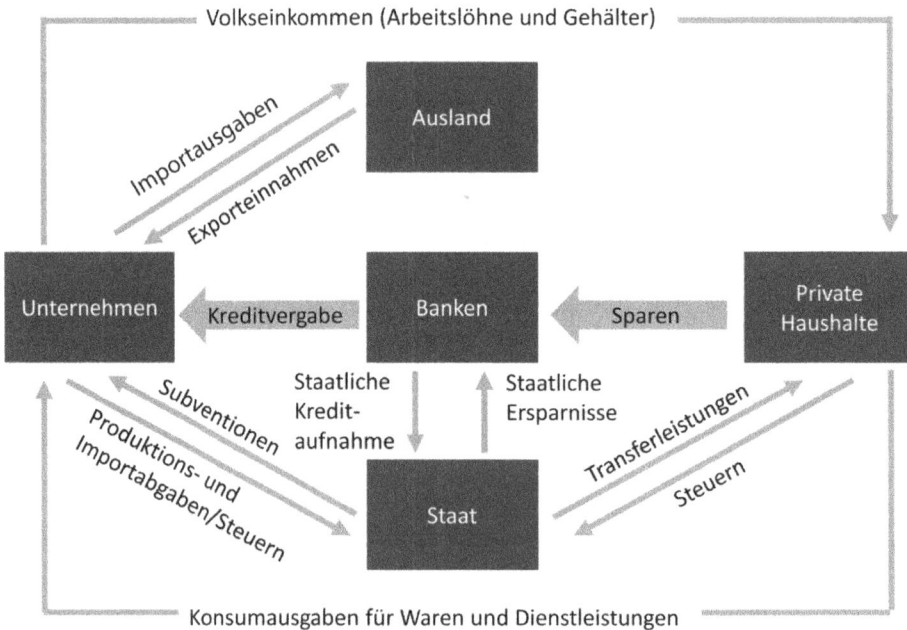

Abb. 14: *Erweiterter Wirtschaftskreislauf (Geldströme)*

Der erweiterte Wirtschaftskreislauf stellt weitere Geldströme dar:

■ Werden Waren ins Ausland exportiert, so entstehen Exporteinnahmen (Geldforderung gegenüber dem Ausland). Umgekehrt entstehen durch die Einfuhr von Waren aus dem Ausland ins Inland Importausgaben (Geldverbindlichkeiten gegenüber dem Ausland).

■ Der Staat kann die Wirtschaft mit **Subventionen** (für Unternehmen) oder **Transferleistungen** (frür private Haushalte) ankurbeln. Für diese Leistungen sind keine Gegenleistungen erforderlich. Auf der anderen Seite erhebt der Staat **Steuern** oder verlangt Abgaben, bspw. auf Importe. Der Staat ist selbst auch Anleger, Arbeitgeber, Auftraggeber und kann sich durch Kreditaufnahme verschulden.

Welche Faktoren beeinflussen die Aktivitäten der Marktteilnehmer und damit die wirtschaftliche Entwicklung einer Volkswirtschaft?

Dazu gehören:

- politische Einflussfaktoren:

  - allgemeine politische Stabilität eines Landes oder einer Region

  - Bildungspolitik, Arbeitsmarktpolitik, Umweltpolitik und die Wirtschaftspolitik der verantwortlichen Landesregierung

- konjunkturelle Einflussfaktoren:

  - unternehmerisches Handeln der Unternehmen, d. h. bspw. die Bereitschaft zu Neuinvestitionen

  - Konjunkturphasen

Weitere Einflussfaktoren können sein:

- Demographischer Wandel (Demografie): die Altersstrukturveränderung der Bevölkerung und ein damit verbundenes verändertes Konsumverhalten.

- Technischer Fortschritt, der im Zusammenhang mit der Bildungspolitik stehen kann.

- Umweltbedingungen oder vorhandene bzw. nicht vorhandene natürliche Ressourcen haben einen Einfluss auf die Wirtschaft.

- Die psychologische Stimmungslage ergibt sich in der Regel aus einem Zusammenspiel der hier aufgelisteten Einflussfaktoren.

2.1.2 Wirtschaftspolitik

Das magische Viereck der Wirtschaftspolitik

- Der Stabilitäts- und Wachstumspakt (Stabilitätsgesetz) aus dem Jahre 1967 hat vier wirtschaftspolitische Ziele definiert. Die Idee ist ein antizyklisches Handeln in den unterschiedlichen Wirtschaftssituationen. Die Herausforderung dabei ist es, bspw. Staatsausgaben zur Ankurbelung der Wirtschaft rechtzeitig wieder zu reduzieren.

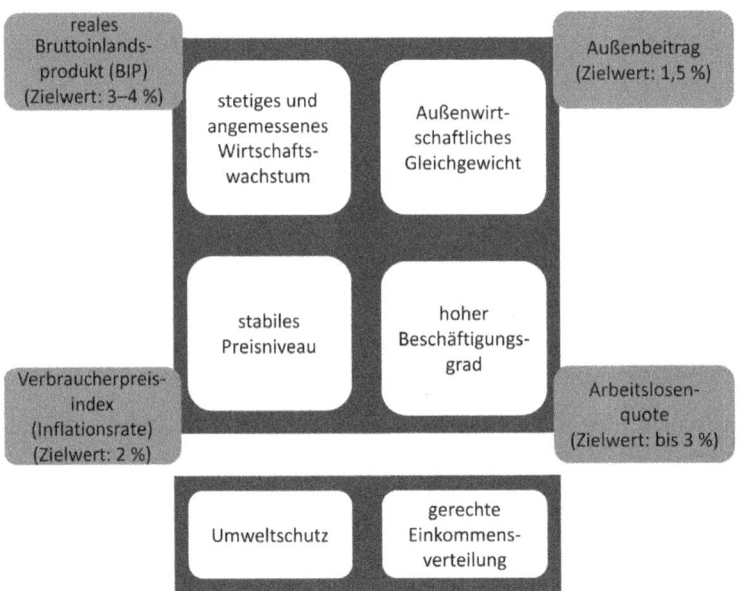

Abb. 15: Magisches Viereck der Wirtschaftspolitik

- Das magische Viereck der Wirtschaftspolitik stellt ein Idealbild dar, denn alle wirtschaftspolitischen Ziele sind kaum gleichzeitig zu erreichen und stehen teilweise in einem Zielkonflikt zueinander.

- So bedeutet ein Wirtschaftswachstum gleichzeitig ein steigendes Preisniveau, da sich von den Produktgebern aufgrund der zunehmenden Nachfrage auch steigende Preise durchsetzen lassen.

- Jedem wirtschaftspolitischen Ziel kann ein Indikator zugeordnet werden, der die jeweilige Zielerreichung messbar macht.

- In der modernen Volkswirtschaftslehre sind zwei weitere Aspekte für die Wirtschaftspolitik von Bedeutung. Diese machen aus dem Viereck ein Sechseck. Gemeint sind der Umweltschutz und eine gerechte Einkommensverteilung.

Das Bruttoinlandsprodukt (BIP)

- Das **Bruttoinlandsprodukt** misst die Summe aller Güter und Dienstleistungen abzüglich eventueller Vorleistungen, die innerhalb eines bestimmten Zeitraums (i. d. R. 1 Jahr) in den Grenzen einer Volkswirtschaft hergestellt werden. Dies wird auch als **Inlandsprinzip** bezeichnet, da die Frage „Wo werden die Leistungen erbracht?" unabhängig davon, wer die Leistungen erbracht hat, im Mittelpunkt steht. Das **reale Bruttoinlandsprodukt** berücksichtigt nur die Menge der produzierten bzw. verkauften Güter und Dienstleistungen ohne Preisveränderungen. Dazu wird der Wert aller verkauften Güter mit den Preisen eines sogenannten Basisjahres verglichen. Im Gegensatz hierzu enthält das **nominale Bruttoinlandsprodukt** die aktuellen Preisentwicklungen. Da die Berücksichtigung des aktuellen Preisniveaus eine verzerrende Wirkung auf die tatsächlich erbrachte Wirtschaftsleistung hat, ist das reale Bruttoinlandsprodukt der Indikator für das nationale Wirtschaftswachstum.

> **Bruttoinlandsprodukt (BIP)**
> *Das BIP ist die Summe aller Güter und Dienstleistungen von In- und Ausländern, abzüglich der Vorleistungen (d. h. Waren, die für den Endverbrauch und nicht als Vorleistung für die Produktion anderer Waren gedacht sind) in einem bestimmten Zeitraum – in der Regel 1 Jahr –, die innerhalb der Landesgrenzen einer Volkswirtschaft hergestellt werden (Inlandsprinzip).*

Beim Bruttonationalprodukt werden dagegen nur die Leistungen von Inländern, egal wo diese ihre wirtschaftliche Leistung erbracht haben, betrachtet.

> **Bruttonationalprodukt (früher: Bruttosozialprodukt)**
> *Das Bruttonationalprodukt misst den Wert aller Waren und Dienstleistungen, die innerhalb eines bestimmten Zeitraums von Inländern im In- oder Ausland hergestellt werden. Es entspricht dem Einkommen aus Erwerbstätigkeit und Kapitalvermögen (Zinsen, Dividenden u. a.), das Inländern zugeflossen ist. Es gilt als Einkommensindikator einer Volkswirtschaft.*

Dies wird auch als Inländerprinzip bezeichnet, da die Frage „Wer hat die Leistung erbracht?" im Mittelpunkt steht.

> **Inländer**
> *Inländer sind Menschen und Unternehmen, die ihren Wohnort oder Unternehmenssitz im Inland haben, unabhängig von der Staatsangehörigkeit.*

Verbraucherpreisindex (VPI)/Inflationsrate

- Der Verbraucherpreisindex ergibt sich aus dem Wert einer repräsentativen Auswahl von Waren und Dienstleistungen. Dieser so genannte **Warenkorb** setzt sich aus rund 600 unterschiedlich gewichteten Waren und Dienstleistungen und ca. 300.000 Einzelpreisen zusammen. Die Berechnung erfolgt in regelmäßigen Zeitabständen. Die Veränderung gegenüber dem vorherigen Zeitraum ergibt den **Verbraucherpreisindex** bzw. die **Inflationsrate** in Prozent.

Verbraucherpreisindex / Inflationsrate
Als Verbraucherpreisindex (umgangssprachlich Inflationsrate) wird eine anhaltende Steigerung des allgemeinen Verbraucherpreisniveaus bezeichnet. Der Anstieg einzelner Preise ist noch keine Inflation. Die Auswirkung einer Inflation ist ein Kaufkraftverlust bzw. eine Geldentwertung.

■ Anhaltend steigende Preise werden als **Inflation** bezeichnet.

Vorteil für:	Nachteil für:
• Kreditnehmer • Anleger in Sach- und Substanzwerte wie Aktien, Immobilien oder Rohstoffe (z.B. Gold)	• Sparer und Anleger von gering verzinsten geldwerten Anlageformen (Sparbuch, Festgeld, Anleihen) • Bezieher fester Einkommen

Abb. 16: Inflation

■ Von Nachteil ist die Inflation für Sparer und Inhaber geldwerter Anlageformen (Sparbuch, Festgelder, verzinsliche Wertpapiere (Anleihen)). Steigt die Inflationsrate noch dazu über das aktuelle Zinsniveau, dann bedeutet dies einen zusätzlichen Wertverlust.

■ Umgekehrt wirkt sich eine Inflation für Kreditnehmer positiv aus. Denn auch ihr Kredit wird „weniger wert". Davon profitieren nicht nur private Haushalte oder Unternehmen, sondern auch hoch verschuldete Staaten mit einer hohen Inflationsrate.

■ Anlagealternativen sind Sachwerte wie bspw. Aktien, Aktienfonds, direkte Immobilienanlagen, offene oder geschlossene Immobilien-Sondervermögen oder Rohstoffe. Durch die Inflation kann ihr nominaler Wert steigen. Ob dagegen auch der reale Wert steigt, hängt von den weiteren preisbildenden Faktoren wie insbesondere Angebot und Nachfrage ab. Außerdem sind bei diesen Anlagen ggf. höhere Risiken als bei den oben genannten geldwerten Anlageformen zu beachten und in die Anlageentscheidung mit einzubeziehen.

Deflation
Die Preise sinken über einen längeren Zeitraum während des Konjunkturabschwungs oder der Depression durch Marktsättigung und sinkende Nachfrage aufgrund der unsicheren Wirtschaftslage. Die negativen Auswirkungen sinkender Preise sind u. a. sinkende Unternehmensgewinne und in Folge Gefährdung und Abbau von Arbeitsplätzen und somit rückläufiger Konsum auf der Seite der Privathaushalte.

Außenbeitrag

■ Das außenwirtschaftliche Gleichgewicht bezeichnet das Gleichgewicht zwischen Export (Warenausfuhr ins Ausland und Geldforderungen gegenüber dem Ausland) und Import (Wareneinfuhr aus dem Ausland und Zahlungsverpflichtungen gegenüber dem Ausland).

■ Außenbeitrag = Export abzgl. Import

■ Ein positiver Außenbeitrag bedeutet einen Exportüberschuss. Da die Nachfrage aus dem Ausland ein Antriebsmotor für das Wirtschaftswachstum darstellt, ist der Zielwert ein leicht positiver Außenbeitrag.

Außenbeitragsquote
Die Außenbeitragsquote setzt den Außenbeitrag ins Verhältnis zum Wirtschaftswachstum und berechnet sich nach der Formel:
$$\frac{\text{Außenbeitrag}}{\text{nominales BIP}} = X\ 100$$

In der modernen Volkswirtschaftslehre ist zwischenzeitlich aus dem Viereck ein Vieleck geworden und bspw. um die Ziele Umweltschutz und gerechte Einkommensverteilung erweitert worden. Allerdings fehlen hier aussagekräftige Indikatoren.

Arbeitslosigkeit

Um die Arbeitslosenquote beurteilen und daraus Entscheidungen für Gegenmaßnahmen ableiten zu können, ist ein Blick hinter die Kulissen erforderlich. Es gibt verschiedene Arten von Arbeitslosigkeit, und kurzfristig ist Arbeitslosigkeit sogar unvermeidlich.

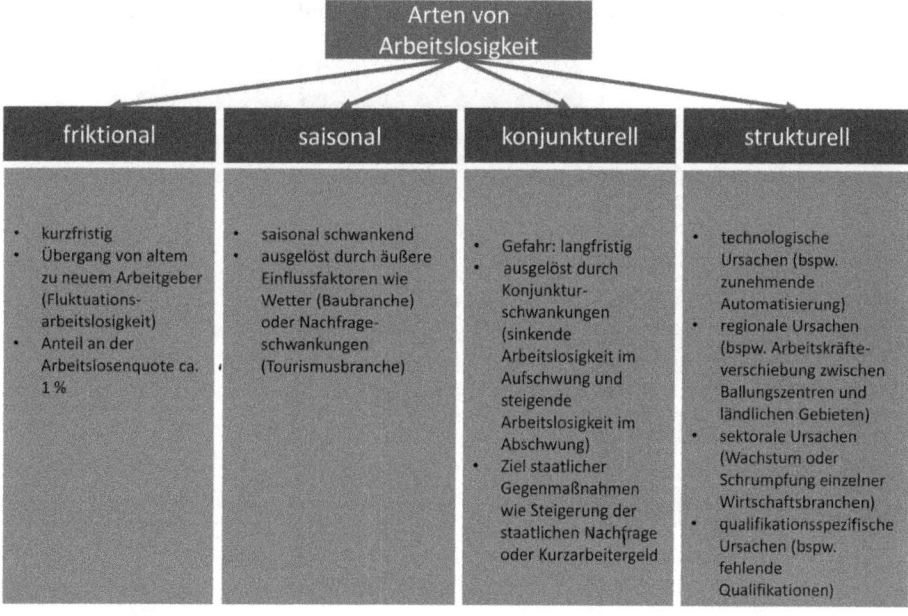

Abb. 17: Arbeitslosigkeit

2.1.3 Konjunktur

Die wirtschaftliche Entwicklung in Konjunkturphasen.

Die Konjunktur weist Schwankungen auf und verläuft in 4 Konjunkturphasen.

> **Konjunktur**
> *Als Konjunktur werden die in mehr oder weniger regelmäßigen Zeitabständen auftretenden Schwankungen der wirtschaftlichen Aktivitäten (Güterproduktion, Beschäftigung, Preise u. a.) einer Volkswirtschaft bezeichnet.*

Gemessen wird der Konjunkturverlauf anhand des Bruttoinlandsproduktes.

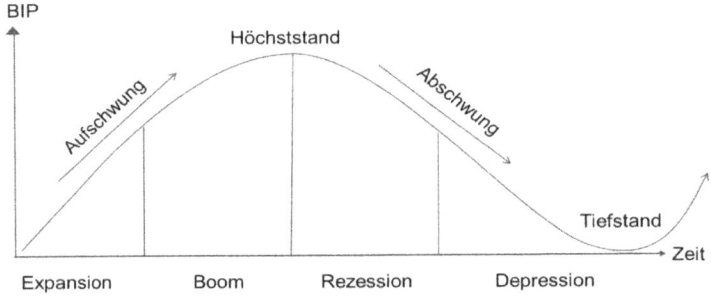

Abb. 18:   Konjunkturphasen

Wie wirken sich die Konjunkturphasen auf die wirtschaftlichen Aktivitäten aus?

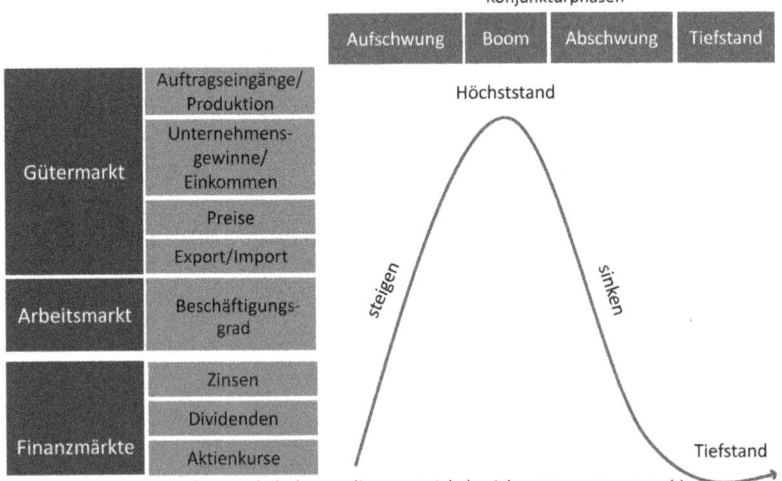

Ausnahme Anleihekurse: diese entwickeln sich entgegengesetzt, d.h.
im Abschwung bei steigenden Marktzinsen fallen die Kurse bestehender
(niedriger verzinster) Anleihen! Auch die Sparquote und Geldmenge
entwickeln sich entgegengesetzt.

Abb. 19:   Zusammenhang Konjunktur und wirtschaftliche Aktivitäten

Grundsätzlich gilt, dass der Verlauf der wirschaftlichen Aktivitäten dem Verlauf der Konjunkturphase entspricht, d. h. bspw., dass im Konjunkuraufschwung die Produktion, die Unternehmensgewinne und die Einkommen steigen, während sie im Konjunkturabschwung sinken.

Eine Ausnahme stellen die Anleihekurse (Details siehe Kapitel 2.2.3 börsennotierte Finanzanlagen), Sparquote und Geldmenge dar. Diese verlaufen quasi antizyklisch.

Was sind die Auswirkungen der Aufschwungphase?

- Der Aufschwung, d. h. eine wirtschaftliche Erholung, folgt auf eine Depressionsphase.

- Die Auftragseingänge steigen.

- Die Produktion wird gesteigert verbunden mit steigenden Umsatzzahlen.

- Neue Arbeitsplätze werden geschaffen: die Beschäftigungszahlen steigen (dies entspricht sinkenden Arbeitslosenzahlen).

- Steigende private und staatliche Nachfrage führen zu steigenden Preisen, die wiederum zu steigenden Unternehmensgewinnen, Neuinvestitionen, Einkommenssteigerungen und erhöhten Dividendenzahlungen führen.

- Die steigende Kreditnachfrage (Konsum und Investitionen) führt zu steigenden Zinsen.

- Die positiven Unternehmensaussichten lassen Aktienkurse steigen.

- Die Anleihekurse fallen dagegen durch die sinkende Nachfrage nach bestehenden Anleihen mit einer unter dem Marktzinsniveau liegenden Verzinsung.

- Das Bedürfnis zu sparen (Sparquote) sinkt.

- Die EZB fährt ihre geldmengenerhöhenden Maßnahmen zurück (Geldmenge sinkt).

Was sind die Auswirkungen des Booms?

- Zunächst eine weitere wirtschaftliche Expansion.

- Wirtschaftswachstum ebenso wie Preise (Inflation), Beschäftigungszahlen u. a. auf Höchststand.

- Zunehmende Marktsättigung spürbar und erster Rückgang der Nachfrage.

Was sind die Auswirkungen der Abschwungphase?

- Die Konsumenten können sich zunehmend die hohen Preise nicht mehr leisten.

- Mit der sinkenden Nachfrage gehen auch die Umsätze der Unternehmen zurück.

- Die Gewinne, Einkommen, Produktionszahlen, Beschäftigung und die Preise sinken.

- Insolvenzen und Unternehmenskonkurse nehmen zu.

- An den Finanzmärkten sinken die Zinsen und die Aktienkurse, wogegen die Anleihekurse steigen (Zinsniveau bestehender Anleihen über Marktniveau).

- Aus Angst vor Arbeitsplatzverlust und weiterem Nachfragerückgang geht die Nachfrage zurück. Das ist auch begründet im Abwarten auf noch weiter sinkende Preise.

- Das Bedürfnis zu sparen (Sparquote) steigt.

- Die EZB versucht, mit geldmengenerhöhenden Maßnahmen gegenzusteuern und Investitionen zu erleichtern (Geldmenge steigt).

Was sind die Auswirkungen des Tiefstands?

- Der wirtschaftliche Abschwung verstärkt sich weiter und erreicht seinen Tiefstand. Die wirtschaftlichen Aktivitäten kommen nahezu zum Stillstand.

- Es besteht hohe Deflationsgefahr.

- Die Zinsen werden weiter gesenkt, um Neuinvestionen für die Wirtschaft bezahlbar zu machen und zu fördern.

Lassen sich wirtschaftliche Entwicklungen vorhersagen?

Eine „Glaskugel der Wahrsager" gibt es nicht, allerdings geben Konjunkturindikatoren messbare Hinweise auf die Konjunkturphasen.

- **Frühindikatoren** zeigen mit einem gewissen zeitlichen Vorlauf die zukünftig zu erwartende konjunkturelle Entwicklung auf.

- **Präsenzindikatoren** sind die Bestandsaufnahme des gegenwärtigen Zustandes der wirtschaftlichen Aktivitäten.

- **Spätindikatoren** zeigen mit einem gewissen zeitlichen Nachlauf die konjunkturelle Entwicklung.

Abb. 20:   Konjunkturindikatoren

Welche Einflussmaßnahmen hat der Staat auf die konjunkturelle Entwicklung?

Der Staat kann im Rahmen seiner Wirtschaftspolitik verschiedene Maßnahmen ergreifen, um die Konjunktur zu beleben oder eine Überhitzung zu vermeiden.

Nachfolgend sehen Sie die staatlichen Maßnahmen zur Konjunkturbelebung:

- **Infrastrukturmaßnahmen**: Erhöhung der Staatsausgaben bspw. durch Investitionen in den Straßenbau

- **Subventionen** (staatliche Finanzhilfen an Unternehmen ohne direkte Gegenleistungen): bspw. Förderprogramme für Unternehmensgründungen oder Förderung bestimmter Branchen (Solarförderung u. a.)

- **Transferleistungen** (staatliche Finanzhilfen an Privathaushalte ohne direkte Gegenleistungen) wie bspw. erweiterte Sozialleistungen (Kindergeld, Hartz IV u. a.)

- **Steuersenkungen**: bspw. zeitlich begrenzte Steuersenkungen oder erhöhte Abschreibungsmöglichkeiten

Wie funktioniert der Export als Konjunkturmotor?

In den letzten Jahren belegte Deutschland immer wieder die oberen Plätze der erfolgreichsten Export-Nationen und erzielte neben China auch immer wieder den Titel des Exportweltmeisters. Darin zeigt sich die Bedeutung des Exports für die deutsche Wirtschaft. Ebenso wird der Export immer wieder als der Motor für die positive konjunkturelle Entwicklung in Deutschland genannt. Das unterscheidet uns von den meisten anderen EU-Staaten, worauf ich im Kapitel 2.1.4 Die Europäische Zentralbank (EZB) noch einmal näher eingehen werde.

So kann der Export zum Konjunkturmotor einer Volkswirtschaft werden:

- Wenn im Verlauf eines Konjunkturaufschwungs zunächst die Inlandsnachfrage steigt, steigen die Preise im Inland. Kommt das Angebot der Nachfrage nicht mehr nach, können die fehlenden Waren oder Dienstleistungen aus dem Ausland eingeführt werden. Zunächst steigen also die Importzahlen.

- Handelt es sich um einen internationalen Konjunkturaufschwung, und befinden sich die ausländischen Volkswirtschaften in einer ähnlichen Situation, dann steigt auch die Nachfrage aus dem Ausland nach unseren inländischen Waren und Dienstleistungen.

- Dies stabilisiert die Nachfragesituation und das wirtschaftliche Wachstum.

Welchen Einfluss hat der Wert des Euro auf den Export bzw. den Import?

Dieser Zusammenhang lässt sich sehr gut mit Hilfe des Ölpreises darstellen, denn dieser wird international einheitlich in US-Dollar notiert.

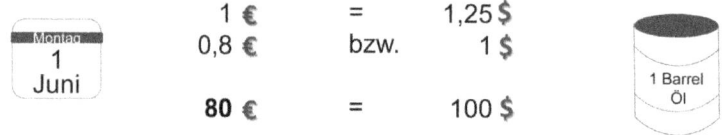

Ein schwacher Euro gegenüber dem US-Dollar erhöht den Preis für 1 Barrel Öl

Alleine durch den gestiegenen Wert des Euro hat sich der Preis für 1 Barrel Öl verbilligt.

Abb. 21: Auswirkung Wechselkurs auf Preisniveau

Der Wert einer Währung entwickelt sich ebenfalls durch Angebot und Nachfrage. Wird die Nachfrage, bspw. durch Währungsinterventionen der Nationalbanken (in Europa: EZB, in den USA: FED), gesteigert, spricht man von einer Aufwertung. Devisengeschäfte zählen deshalb auch zu den geldpolitischen Steuerungsinstrumenten von Zentralbanken.

Ab- und Aufwertung
Als Aufwertung wird die Wertsteigerung einer Währung (bspw. Euro) gegenüber einer anderen Währung (bspw. US-Dollar) bezeichnet. Umgekehrt verhält es sich mit der Abwertung, d. h. dem Wertverlust einer Währung gegenüber einer anderen Währung.

Ein starker Euro gegenüber dem Dollar verbilligt die Einfuhrkosten für Öl und hat somit positive Auswirkungen auf das inländische Preisniveau.

Eine gegenüber anderen Volkswirtschaften starke Währung hat umgekehrt den Nachteil, dass sich die Waren für ausländische Käufer verteuern. Handelt es sich hier um wichtige ausländische Handelspartner, hat dies entsprechende negative Auswirkungen auf die Exportzahlen.

2.1.4 Die Europäische Zentralbank (EZB)

Wer und was ist die EZB?

Die Europäische Zentralbank ist die Zentralbank des Euroraums, d. h. der Mitgliedstaaten der Europäischen Union, die den Euro als Landeswährung eingeführt haben. Sie besitzt eine eigene Rechtspersönlichkeit. Sie ist politisch unabhängig und somit an keine Weisungen der europäischen Regierungen gebunden.

Sie teilt sich ihre Aufgaben mit den ebenfalls unabhängigen nationalen Zentralbanken (in Deutschland: Deutsche Bundesbank).

Zentralbank
Eine Zentralbank ist eine öffentliche Institution, die für die Währung eines Landes oder mehrerer Länder zuständig ist. Sie ist verantwortlich für die Geldversorgung und betreibt Geldpolitik durch Festlegung der Zinssätze für die Anlage oder das Ausleihen von Zentralbankgeld. Sie ist keine Geschäftsbank, bei der Privatkunden Konten eröffnen können. Sie ist vielmehr die Bank der Geschäftsbanken. Die Zentralbank ist Teil der Bankenaufsicht.

Das oberste Beschlussorgan der EZB ist der EZB-Rat. Er setzt sich aus den 6 Mitgliedern des Direktoriums und der Präsidenten der nationalen Zentralbanken der Mitgliedstaaten, die den Euro eingeführt haben, zusammen.

> **Eurosystem**
> *Die EZB und die nationalen Zentralbanken der EU-Mitgliedstaaten, die den Euro einge-führt haben, bilden zusammen das so genannte Eurosystem. Daneben existiert das so ge-nannte Europäische System der Zentralbanken, das auch die nationalen Zentralbanken der EU-Mitgliedstaaten umfasst, die den Euro noch nicht eingeführt haben.*

Der EZB-Rat legt die Geldpolitik (z. B. Festlegung der Leitzinsen) für den Euroraum fest. Er tagt in der Regel 2 x im Monat am Hauptsitz der EZB in Frankfurt am Main. Bei diesen Tagungen werden die wirtschaftlichen und monetären Entwicklungen im Euroraum bewertet. Alle 6 Wochen werden die geldpolitischen Beschlüsse gefasst und im Rahmen einer Pressekonferenz veröffentlicht.

Auch die Ausgabe von Euro-Banknoten und die Genehmigung der Anzahl der Eu-ro-Münzen, die von den einzelnen Eurostaaten ausgegeben werden, müssen von der EZB genehmigt werden. Die EZB darf keine Kredite oder Vergünstigungen an die Regierungen der Euro-Staaten gewähren.

Wie finanziert sich die EZB?

Das Kapital der EZB stammt von den nationalen Zentralbanken aller Mitgliedstaaten der Europäischen Union (EU). Die Bevölkerungszahl und das Bruttoinlandsprodukt bestimmen, wie viel Kapital die einzelnen Notenbanken der EZB zur Verfügung stel-len müssen. Alle 5 Jahre und immer, wenn ein neues Land der EU beitritt, erfolgt eine Anpassung der Kapitalanteile.

Welche Ziele und Aufgaben verfolgt die EZB?

Die obersten Ziele (gemäß Artikel 127 Abs. 1 des AEU-Vertrages) sind:

- die Gewährleistung der **Preisstabilität im Euroraum** (stabile Inflationsrate nahe 2 %) und

- die Erhaltung der **Kaufkraft (Wert) des Euro.**

Die grundlegenden Hauptaufgaben (gemäß Artikel 127 Abs. 2 des AEU-Vertrages) sind:

- Festlegung und Ausführung der **Geldpolitik** innerhalb des Euro-Währungsgebietes

- Durchführung von **Devisengeschäften**

- Verwaltung der **Währungsreserven** der Mitgliedstaaten des Eurogebietes

- Förderung und Sicherstellung des reibungslosen **Funktionierens der Zahlungs-systeme**

- Mitwirkung bei der Aufsicht über Kreditinstitute des Euro-Währungsgebietes (Arti-kel 127 Abs. 6 des AEU-Vertrages und Verordnung (EU) Nr. 1024/2013 des Rates)

Die weiteren Aufgaben sind:

- Genehmigung der Ausgabe von **Euro-Banknoten** und **Menge der Euro-Geld-münzen** (die Prägung der Münzen obliegt den nationalen Zentralbanken)

- Erhebung und Aufbereitung von **Statistiken** zur Wahrnehmung ihrer Aufgaben

- Mitwirkung bei der **Finanzstabilität** und **Aufsichtsfragen**

- **Internationale und europäische Zusammenarbeit** mit relevanten Organen, Einrichtungen und Foren zur Wahrnehmung ihrer Aufgaben

---

Harmonisierter Verbraucherpreisindex (HVPI)

Das Statistische Amt der EU ermittelt den HVPI sowohl für die EU als auch für den Euroraum. Die EZB nutzt den Index für den Euroraum, um die Erreichung ihres Inflationszieles (2 % p. a.) zu überprüfen.

Wie funktioniert die Geldpolitik der EZB?

Die EZB versorgt die Geschäftsbanken mit Geld, das diese in Umlauf bringen. Das Guthaben, das die Geschäftsbanken bei der EZB unterhalten, nennt man Zentralbankgeld. Das Geld in den Händen von Nichtbanken ist die Geldmenge. Die EZB steuert die Geldmenge, indem sie die Geschäftsbanken mit mehr oder weniger Liquidität, d. h. Geld, versorgt.

Die EZB stellt mit ihrer Geldpolitik nicht nur die Liquiditätsversorgung der Banken sicher, sondern verfolgt damit auch das Ziel, die Kreditvergabe durch die Geschäftsbanken zu erleichtern oder einzuschränken. Dies steuert sie vor allem über ihre Zinspolitik (Preis für das Zentralbankgeld).

Zentralbankguthaben
Ist das Geld, das Geschäftsbanken auf ihren Konten bei der EZB unterhalten zuzüglich dem im Umlauf befindlichen Bargeld.

Nichtbanken beschaffen sich Geld von den Geschäftsbanken entweder über die Aufnahme eines Kredits oder verfügen über ihre Kontoguthaben (bar und unbar). Der Teil, der in den Konsum oder in Investitionen geht, fließt auf diesen Wegen in den Wirtschaftskreislauf ein.

Nichtbanken
Nichtbanken sind private Haushalte, private Organisationen ohne Erwerbscharakter wie bspw. Vereine, öffentliche Haushalte und alle Wirtschaftsunternehmen, die keine Banken sind.

Die Wirksamkeit der Geldpolitik der EZB hängt jedoch in starkem Maße davon ab, ob die Geschäftsbanken tatsächlich ihre Kreditvergabepolitik ausweiten oder einschränken. Denn eine Verpflichtung hierzu besteht nicht. Die Banken können das Geld der Zentralbank auch nutzen, um bspw. ihre eigenen Kapitalreserven aufzufüllen. Aus diesem Grund zeigt die Geldpolitik der EZB meist erst nach 2–3 Jahren Wirkung auf die Wirtschaft.

Wie setzt sich die Geldmenge zusammen?

Die Geldmenge setzt sich aus insgesamt 4 Teilmengen zusammen.

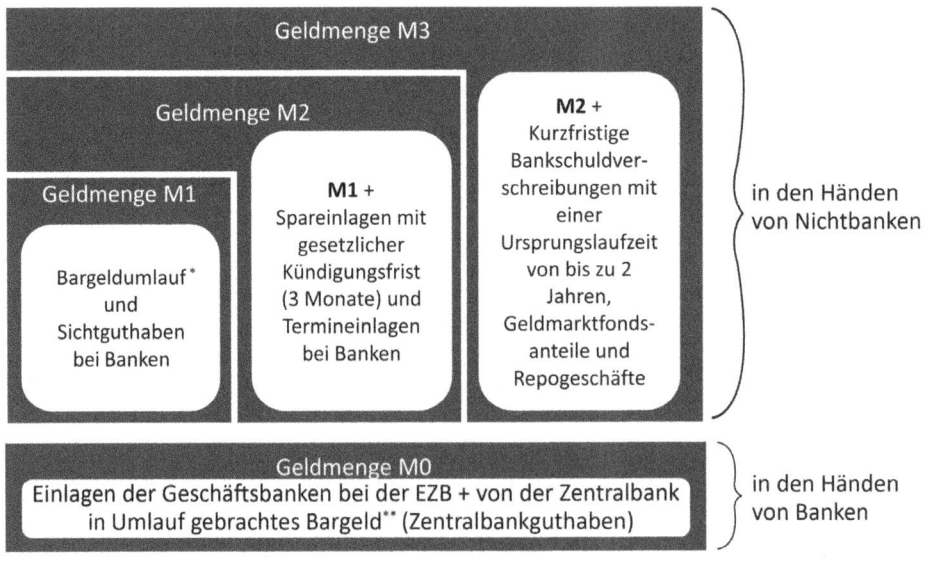

*   außerhalb des Bankensektors
** innerhalb des Bankensektors

Abb. 22:   Geldmenge

Für die Geldpolitik der EZB ist die Geldmenge M3 ausschlaggebend. Dieses Geld beeinflusst die kurzfristige Nachfrage am Markt und kann somit preissteigernde oder -senkende Effekte in der Wirtschaft auslösen.

> **Repogeschäfte**
> *Repogeschäfte sind Wertpapiergeschäfte mit einer Rückkaufsvereinbarung (auch Pensionsgeschäfte genannt). Es handelt sich um kurzfristige Kreditgeschäfte in Form eines Wertpapierverkaufs gegen Geldzahlung und der Verpflichtung, diese Wertpapiere nach der vereinbarten Laufzeit zurückzunehmen. In Bezug auf die Geldmenge finden diese Geschäfte zwischen den Geschäftsbanken und ihren Kunden statt.*

Ebenso ist die Geldmenge M3 der ausschlaggebende Indikator dafür, ob und wie die Geldpolitik der EZB greift. Im Bedarfsfall nimmt sie mit den ihr zur Verfügung stehenden geldpolitischen Instrumenten Einfluss auf diese Geldmenge.

Geldmenge
Die Geldmenge ist der volkswirtschaftliche Bestand an Geld in den Händen von Nichtban-
ken (private Haushalte, private Organisationen ohne Erwerbscharakter wie bspw. Vereine,
öffentliche Haushalte und alle Wirtschaftsunternehmen, die keine Banken sind).

Welche geldpolitischen Instrumente stehen der EZB für ihre Geldpolitik zur Verfügung?

Die EZB nimmt mit ihren geldpolitischen Instrumenten, bspw. über die Veränderung der Leitzinsen, Einfluss auf das Wirtschaftsgeschehen und die Entwicklung des Preisniveaus.

Der EZB stehen nachfolgende geldpolitische Instrumente zur Verfügung:

- Offenmarktgeschäfte
- Ständige Fazilitäten
- Mindestreserven
- Sondermaßnahmen

Leitzinsen
Leitzinsen sind einseitig von der EZB festgesetzte Zinssätze für ihre Geschäfte mit den Ge-
schäftsbanken. Sie beeinflussen unmittelbar die Geldaufnahme (sog. Refinanzierung) oder
Geldanlage der Geschäftsbanken bei der EZB. Die Leitzinsen wirken sich auch auf den Geld-
markt aus, an dem sich Banken untereinander kurzfristig Liquidität zur Verfügung stellen.
Der wichtigste Leitzins der EZB ist der Zinssatz für die Hauptrefinanzierungsgeschäfte.

Offenmarktgeschäfte

Bei Offenmarktgeschäften handelt es sich vereinfacht beschrieben um den An- und Verkauf von notenbankfähigen Wertpapieren, die am Finanzmarkt (= offener Markt) gehandelt werden und an dem alle zugelassenen Geschäftspartner des Eurosystems teilnehmen können.

Notenbankfähige Sicherheiten
Für Kreditgeschäfte mit der EZB müssen die Geschäftspartner ausreichende Sicherheiten
stellen. Diese notenbankfähigen Sicherheiten müssen bestimmte Qualitätsvoraussetzun-
gen (z. B. Bonität der Emittenten) erfüllen.

Hintergrund bei den Wertpapierankäufen ist es, die Geschäftsbanken mit Zentralbankgeld zu versorgen. Umgekehrt entziehen Wertpapierverkäufe seitens der EZB den Banken Zentralbankguthaben. Die Refinanzierungsgeschäfte (Bezeichnung für die Kreditvergabe an Banken) können befristet in Form von Repogeschäften oder unbefristet abgeschlossen werden. Welches Instrument in welchem Umfang innerhalb der Offenmarktgeschäfte bereitgestellt wird, liegt in der Entscheidung der EZB.

Die Ziele der Offenmarktgeschäfte sind:

- Einflussnahme auf die kurzfristigen Zinssätze und die Liquidität am Interbankenmarkt (Geldmarkt)

- Liquiditätsabschöpfung (Reduzierung der Geldmenge) durch den Verkauf von Wertpapieren bzw. umgekehrt Liquiditätszuführung (Erhöhung der Geldmenge) durch den Ankauf von Wertpapieren

- Ausgleich von unerwarteten Liquiditätsschwankungen der Banken durch ad hoc durchgeführte Offenmarktgeschäfte

- Strukturelle Organisation von bspw. längerfristiger Liquiditätsversorgung des Interbankenmarktes

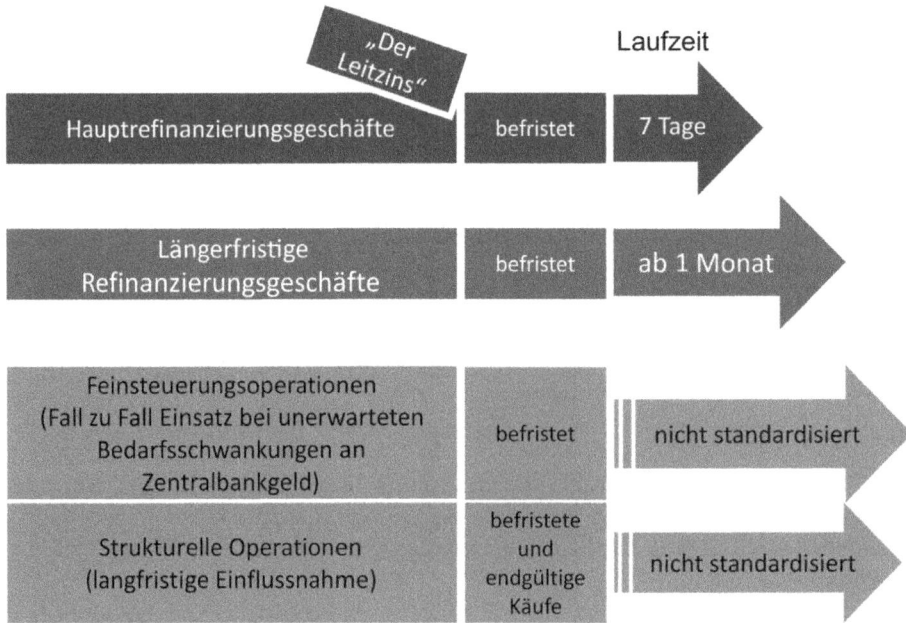

Abb. 23: Instrumente der Offenmarktgeschäfte

Nachfolgend die zwei wichtigsten Instrumente der Offenmarktgeschäfte im Detail:

- **Hauptrefinanzierungsgeschäfte**: Das Volumen dieser Geschäfte wird von der EZB festgelegt. Diese berücksichtigt neben ihrem eigentlichen geldpolitischen Ziel dabei auch, ob sich der Bedarf der Geschäftsbanken an Zentralbankgeld, bspw. aufgrund des Bargeldbedarfs für das Weihnachtsgeschäft, verändert hat. Der Zinssatz für das Hauptrefinanzierungsgeschäft ist der wichtigste Leitzins im Euroraum. Hebt der EZB-Rat die Leitzinsen an, wird dies oft als „Straffung" der Geldpolitik bezeichnet, da das Zentralbankgeld damit verteuert wird. Bei einer Zinssenkung ist von einer „Lockerung" die Rede.

- **Längerfristige Refinanzierungsgeschäfte**: Die längerfristigen Refinanzierungsgeschäfte dienen dazu, dem Bankensystem längerfristig Zentralbankgeld zur Verfügung zu stellen.

Refinanzierung

Damit Banken die Wirtschaft mit Geld versorgen können (Bargeld oder Kreditvergabe) müssen sie selbst über das entsprechende Kapital verfügen. Dazu gehört vor
allem die Beschaffung von Zentralbankgeld über die Zentralbanken (auch Notenbanken genannt). Diesen Refinanzierungsbedarf nutzt die EZB für ihre Geldpolitik
und wickelt die Refinanzierung in der Regel über Offenmarktgeschäfte ab.

Ständige Fazilitäten

Ständige Fazilitäten sind „Möglichkeiten" der Geschäftsbanken, sich von der EZB
über Nacht benötigte Liquidität auszuleihen oder überschüssige Liquidität anzulegen.
Die Initiative für die Inanspruchnahme dieser Möglichkeiten liegt bei den Geschäftsbanken. Die Geschäftsbanken haben alternativ zur EZB die Möglichkeit, sich direkt
untereinander über den Geldmarkt mit Liquidität zu versorgen bzw. Liquidität anzulegen. Ausschlaggebend dafür, welche Möglichkeit in Anspruch genommen wird, ist
hierbei unter anderem die Höhe der angebotenen bzw. zu zahlenden Zinssätze.

Dementsprechend gibt es zwei Arten von ständigen Fazilitäten:

- **Einlagenfazilitäten**: „Über-Nacht"-Anlagemöglichkeit

- **Spitzenrefinanzierungsfazilitäten**: „Über-Nacht"-Kreditaufnahmemöglichkeiten

Diese Geschäfte haben eine Laufzeit bis zum nächsten Geschäftstag und werden deshalb auch als „Über-Nacht-Geschäfte" bezeichnet. Die hierfür geltenden Zinssätze
zählen ebenfalls zu den so genannten Leitzinsen. Der Zinssatz für die Einlagenfazili-
tät ist die Untergrenze für Tagesgeld am Geldmarkt. Der Zinssatz für die Spitzenrefi-
nanzierungsfazilität ist die Obergrenze für Tagesgelder am Geldmarkt.

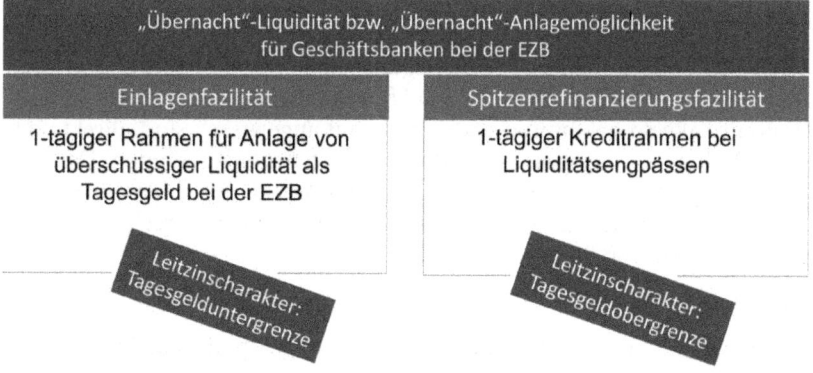

Abb. 24: Ständige Fazilitäten

EONIA (Euro Over Night Index Average)

Dieser Zinssatz wird zwischen Banken für unbesicherte, auf Euro lautende „Über-Nacht"-Kredite am Geldmarkt gezahlt und ist der aktuelle Referenzzinssatz für Tagesgelder. Vereinfacht ausgedrückt ist es ein gewichteter Durchschnittszinssatz, der sich aus den einzelnen Kreditabschlüssen des Tages ergibt. Die tägliche Berechnung des EONIA übernimmt die EZB. Ab Ende 2021 wird der EONIA vom €STR (Euro Short Term Rate) abgelöst.

Referenzzinssätze unterstützen die Zentralbanken bei der Wahrnehmung ihrer Aufgaben. Referenzzinssätze wie bspw. der EONIA oder der EURIBOR müssen dazu verlässlich und frei von Verzerrungen sein. Derzeit werden die europäischen Referenzzinssätze reformiert. Dies geht überwiegend auf die **EU-Benchmarkrichtlinie** zurück, die ab Anfang 2021 vorschreibt, dass nur noch solche Referenzzinssätze bei zinsabhängigen Produkten und Finanzinstrumenten unterlegt werden dürfen, die gemäß dieser Richtlinie als robust, zuverlässig, repräsentativ und nicht manipulierbar gelten. Referenzzinssätze, die auf echten Transaktionsdaten beruhen, gelten als weniger manipulationsanfällig. Da der EONIA und auch der EURIBOR (s. Kap. 3.1.1. Geldmarkt) nur zum Teil auf echten Transaktionsdaten beruhen, müssen diese reformiert werden. Dazu hat die EZB einerseits einen eigenen Referenzzinssatz entwickelt, den €STR, der seit 2. Oktober 2019 angeboten wird und ab 2021 den EONIA ersetzen wird. Für den EURIBOR wird ab 2021 eine neue Berechnungsmethode eingeführt, die dann zu einem größeren Teil als bisher auch tatsächliche Transaktionsdaten berücksichtigt.

€STR (Euro Short Term Rate)

Der €STR ist ein neuer Geldmarkt-Referenzzinssatz, der seit 1. Oktober 2019 von der EZB berechnet wird. Er ist entstanden als Konsequenz aus dem so genannten LIBOR-Skandal (Zinsmanipulation durch Banken). Die Berechnung basiert auf allen im Rahmen der Geldmarktstatistik gemeldeten Transaktionen aller Banken. Er wird Ende 2020 den EONIA als Referenzzins für Tagesgelder ablösen.

Mindestreserve

Die Pflicht der Geschäftsbanken zur Hinterlegung einer Mindestreserve auf ihren Zentralbankkonten bezweckt, dass die Geschäftsbanken dauerhaft einen stabilen Bedarf an Zentralbankgeld haben und dadurch darauf angewiesen sind, direkt oder indirekt an den Refinanzierungsgeschäften des Eurosystems teilzunehmen. Der vorgeschriebene Umfang an Mindestreserven (Stand seit Oktober 2013) beträgt 1 % der Verbindlichkeiten der Banken gegenüber ihren Kunden unter Anrechnung eines Freibetrages in Höhe von 100.000 €.

Sondermaßnahmen

In besonderen Krisensituationen stehen der EZB weitere geldpolitische Instrumente zur Verfügung.

- **Vollzuteilungspolitik** anstelle der sonst üblichen Teilzuteilungspolitik (Tenderverfahren) bei den Offenmarktgeschäften

- **Erweiterung des Sicherheitenrahmens**: Lockerung der Anforderungen an zentralbankfähige Sicherheiten bei Refinanzierungsgeschäften

- **längerfristige Refinanzierungsgeschäfte:** hiermit soll die Kreditvergabe durch Banken an Kreditinstitute im Euro-Währungsgebiet über ein Zeitfenster von bspw. 2 Jahren verbessert werden. Als Reaktion auf die COVID-19-Pandemie wurden die Bedingungen weiter gelockert und der Zinssatz für diese Geschäfte weiter gesenkt.

- **Ankaufprogramme**: Ankauf von besicherten Wertpapieren über Banken: Anleihen privater und öffentlicher Emittenten (Beispiel ist das Ankaufprogramm der EZB in Form eines Quantitative Easing (QE), d.h. die Wirtschaft wird über die Anleihekäufe der EZB direkt mit Kapital versorgt. Wichtig hierbei: Die EZB investiert in die Wertpapiere über den Kapitalmarkt wie jeder andere Anleger auch. Eine direkte Unternehmens- oder Staatsfinanzierung ist der EZB verboten). Ziel ist, das Wirtschaftswachstum im EURO-Währungsgebiet zu stützen und mittelfristig eine Inflation von 2 % zu stabilisieren.

- **Forward Guidance**: Hierbei handelt es sich um eine Kommunikationsstrategie, bei der Informationen über die langfristige Ausrichtung der Geldpolitik veröffentlicht werden.

Tenderverfahren

Im Prinzip handelt es sich bei einem Tenderverfahren um eine Versteigerung. Die EZB setzt die Rahmenbedingungen fest, bspw. wieviel Zentralbankgeld sie den Geschäftsbanken zur Verfügung stellen will und zu welchem Mindestzinssatz. Danach können die Geschäftsbanken Gebote abgeben (Menge und Zinssatz). Die EZB erteilt dann je nach Detailbedingungen des Tenderverfahrens den Zuschlag für die gewünschten Teilgeldbeträge.

Wie wirken sich die geldpolitischen Maßnahmen auf die Geldmenge aus?

Nachfolgend sehen Sie die Auswirkungen der einzelnen geldpolitischen Maßnahmen auf die Geldmenge und somit auf die Inflation. Steigende Geldmenge bedeutet, dass der Wirtschaft über die Geschäftsbanken mehr Geld für Konsum und Investitionen zur Verfügung gestellt wird. Mit dem daraus möglichen Wirtschaftswachstum sind Preissteigerungen und somit Inflation verbunden. Umgekehrt verhält es sich mit einer sinkenden Geldmenge.

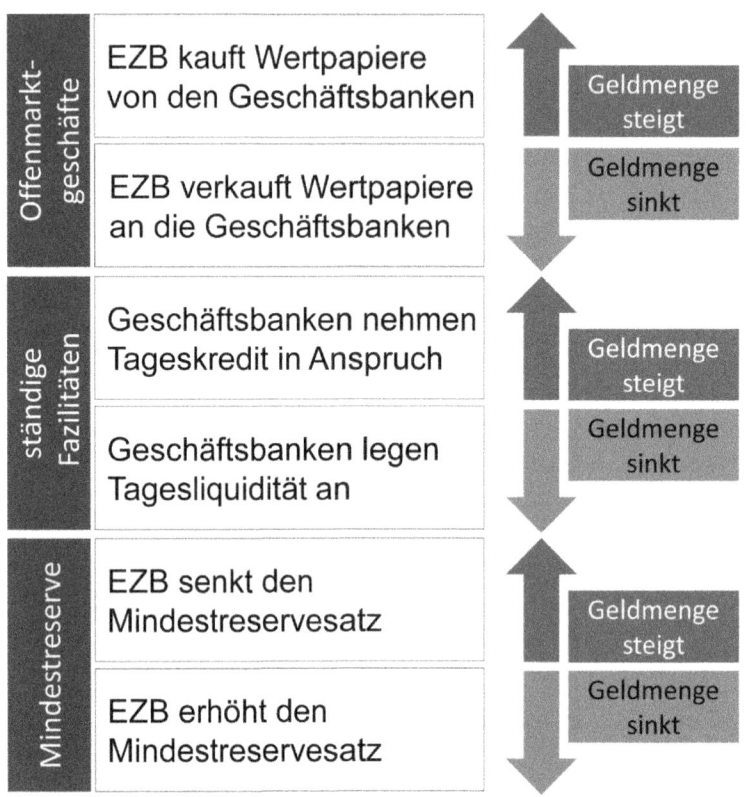

Abb. 25: Geldpolitik und Geldmenge

Geschäftsbanken, die mit der EZB zusammenarbeiten können, werden auch als Geschäftspartner bezeichnet. Geschäftspartner sind alle Finanzinstitute, die u. a. der Mindestreservepflicht und der Überwachung durch eine nationale Aufsichtsbehörde (in Deutschland: Bundesanstalt für Finanzdienstleistungsaufsicht BaFin) unterliegen.

Wie setzt die EZB ihre Geldpolitik in Abhängigkeit von der jeweiligen Konjunkturphase im Euroraum ein?

Die geldpolitischen Instrumente der EZB besitzen unterschiedliche Wirkungskraft.

Dazu kommt, dass die EZB in Europa mit einer durchaus komplexen Situation konfrontiert ist. Während mit Deutschland eine Volkswirtschaft mit einem nachhaltigen und anhaltenden Wirtschaftswachstum zum Euroraum gehört, kämpfen am anderen Ende zahlreiche, vor allem südeuropäische Staaten mit Wirtschaftsproblemen und einer entsprechenden Deflationsgefahr. Maßnahmen der EZB zielen derzeit vor allem auf die Stabilisierung des Preisniveaus und der Inflation in den wirtschaftlich schwachen Ländern des Euroraums. Eigentlich müsste sich die EZB in Bezug auf die Konjunkturlage in Deutschland genau entgegengesetzt zu ihrer aktuellen Geldpolitik verhalten. Da die EZB keine „Zweiklassen"-Geldpolitik verfolgen kann, können auch die deutschen Banken das historisch niedrige Leitzinsniveau nutzen, was die deutsche Wirtschaft weiter ankurbelt.

Die beiden geldpolitischen Grundausrichtungen der EZB werden wie folgt bezeichnet:

- **Expansive Geldpolitik**
  - Einsatz in der Rezession
  - Zinssenkungen zur Erhöhung der Geldmenge und Kreditvergabemöglichkeiten
  - Ziel: Unternehmen und Privathaushalte können sich günstige Kredite bei den Banken beschaffen, was die gesamtwirtschaftliche Nachfrage und in Folge die Produktion und Beschäftigung steigert und einen Wirtschaftsaufschwung fördert

- **Restriktive Geldpolitik**:
  - Einsatz in einer Expansion mit Übergang zum Boom
  - Zinserhöhung zur Verknappung der Geldmenge
  - Ziel: Die Inflationsrate soll wieder auf den von der EZB verfolgten Zielwert gesenkt und Preisstabilität hergestellt werden. Die Refinanzierung der Geschäftsbanken verteuert sich ebenso wie die Kredite an Unternehmen und Privathaushalte. Die Nachfrage nach Krediten sinkt und Konsum und Investitionen werden zurückgestellt.

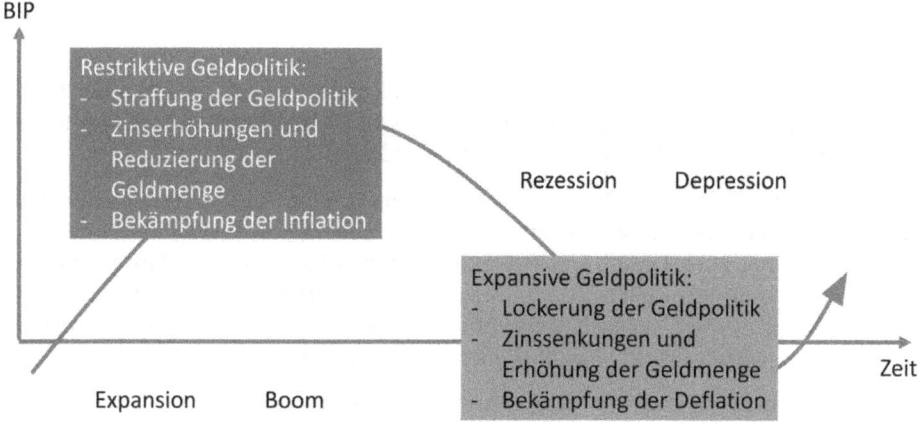

Abb. 26: Geldpolitik in unterschiedlichen Konjunkturphasen

Die Maßnahmen der EZB sind keine Garantie für deren Wirksamkeit. In welchem Umfang Zinsveränderungen der EZB von den Geschäftsbanken an deren Kunden weitergegeben werden, ist Sache der Geschäftsbanken. Außerdem können die allgemeinen Wirtschaftsaussichten die tatsächliche Investitionspolitik der Unternehmen und das Konsumverhalten der privaten und öffentlichen Haushalte stärker beeinflussen als die Maßnahmen der EZB. Auch unvorhersehbare Einflussfaktoren aus dem nationalen und internationalen politischen Umfeld können die geldpolitischen Maßnahmen der EZB verstärken oder ausbremsen.

Was bedeutet die Umlaufgeschwindigkeit des Geldes im Zusammenhang mit der Geldmenge?

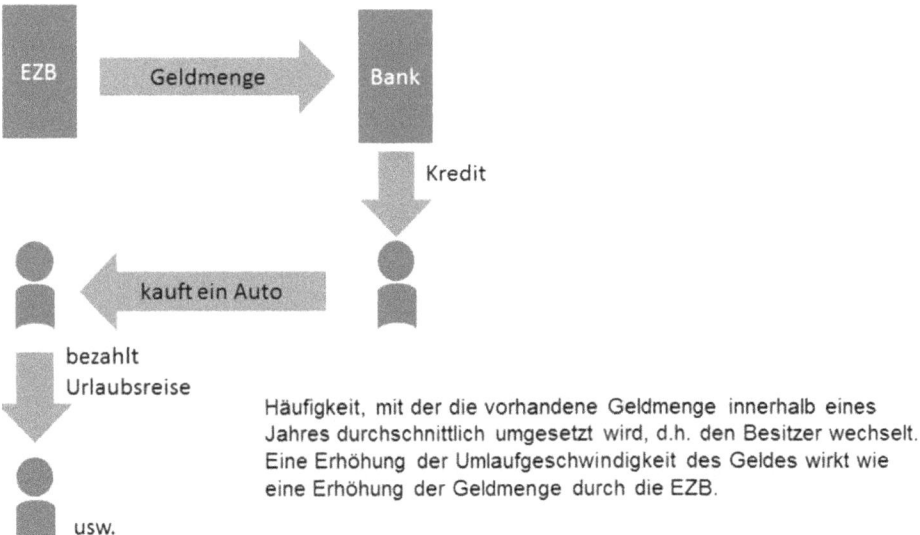

Abb. 27: Umlaufgeschwindigkeit des Geldes

Ob ihre Geldpolitik erfolgreich ist, kann die EZB nicht nur am Volumen der Geldmenge in den Händen der Nichtbanken feststellen. Vielmehr ist eine weitere Kennzahl wichtig: die Umlaufgeschwindigkeit des Geldes.

Einmal in den Händen einer Nichtbank angekommen, wird Geld weiter investiert bzw. ausgegeben. Der Privathaushalt kauft sich ein neues Auto, der Autohändler finanziert damit seinen nächsten Urlaub, das Reiseunternehmen kann in neue Büroausstattungen investieren und so weiter. Je schneller das Geld innerhalb eines bestimmten Zeitraums den Eigentümer wechselt, umso höher ist dadurch die Umlaufgeschwindigkeit des Geldes. Und diese wirkt wie eine Geldmengenerhöhung.

Wie funktioniert die Auf- und Abwertung des Euro durch die EZB?

Die EZB kann im Rahmen ihrer Devisengeschäfte Euro kaufen oder verkaufen und so den Wert des Euro aktiv beeinflussen.

Eine Aufwertung des Euro bedeutet, dass der Euro gegenüber anderen Währungen mehr wert wird. Dadurch werden vom Euroraum importierte ausländische Waren günstiger. Im Gegenzug verteuern sich allerdings die aus dem Euroraum exportierten

Waren und Dienstleistungen, da umgekehrt die ausländischen Geschäftspartner weniger Euro für ihre Währung erhalten.

Eine Abwertung des Euro verteuert die Importe und verbilligt exportierte Waren und Dienstleistungen im Ausland.

Somit ist die Auf- bzw. Abwertung des Euro eine weitere geldpolitische Möglichkeit, auf das Preisniveau im Euroraum Einfluss zu nehmen.

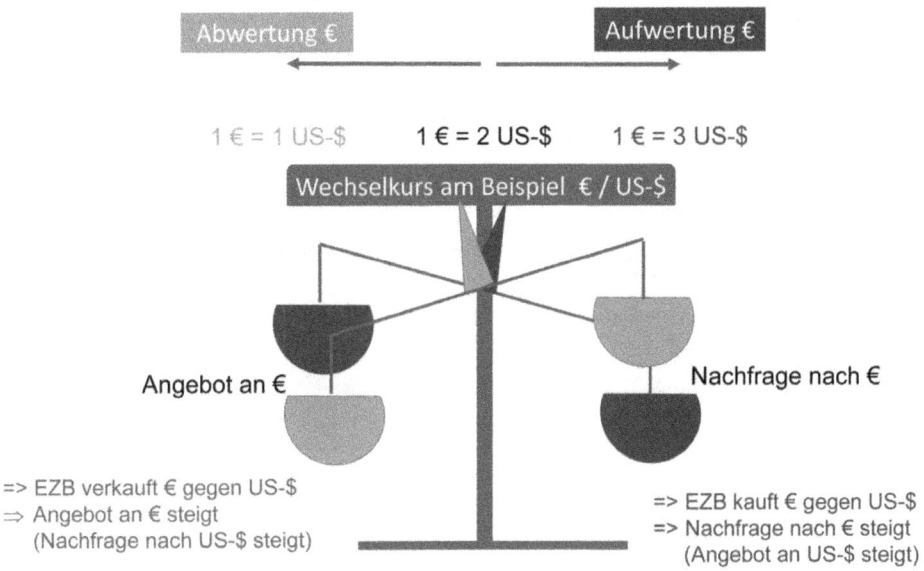

Abb. 28:   Auf- und Abwertung des Euro durch die EZB

2.1.5   Basisrisiken der Wertpapieranlage

Ein Grund, warum wirtschaftliche Grundlagen bei der Finanzanlagenvermittlung eine Bedeutung haben, ist, dass sie auch Teil der Basisrisiken einer Wertpapieranlage sind. **Basisrisiken** bedeuten, dass diese Risiken grundsätzlich auf alle Arten von Wertpapieren zutreffen, wenn auch in unterschiedlicher Ausprägung.

Der Umfang der Basisrisiken ist zwar gesetzlich nicht festgelegt, entspricht jedoch der allgemeinen branchenüblichen Definition und basiert letztlich auch auf der Auflistung im Rahmenplan „Geprüfte-/r Finanzanlagenfachmann/-fachfrau IHK".

Nachfolgend finden Sie eine Auflistung und Beschreibung der Basisrisiken der Wertpapieranlage.

Konjunkturrisiko	Das Risiko von Konjunkturschwankungen und deren Auswirkungen auf die Kurs- und Zinsentwicklung
Inflationsrisiko (Kaufkraft- verlustrisiko)	Das Risiko des Wertverlustes geldwerter Anlagen
Länder- und Transferrisiko	Das Risiko, dass ausländische Schuldner aufgrund von staatlichen Devisenbeschränkungen keine Erträge/ Tilgungen mehr ins Ausland transferieren können
Währungsrisiko	Das Risiko, durch Devisenkursveränderungen Wertverluste zu erleiden (nur bei fremden Währungen)
Volatilität	Risikokennzahl für das Kursschwankungsrisiko innerhalb des Betrachtungszeitraums
Liquiditätsrisiko	Das Risiko, dass der Anleger nicht mehr jederzeit zu marktgerechten Preisen verkaufen kann
Psychologisches Marktrisiko	Das Risiko irrationaler Einflussfaktoren (Meinungen, Gerüchte) auf die Kursentwicklung
Steuerliche Risiken	Das Risiko, dass Steuerabzüge den Ertrag und den Wert der Wertpapiere schmälern
Risiko bei kreditfinanzierten Wertpapierkäufen	Das Risiko, bei Kursverlusten trotzdem den vollen Wertpapierkredit tilgen zu müssen.

Abb. 29:   Basisrisiken der Wertpapieranlage

Das Wichtigste zusammengefasst:

Wirtschaftliche Grundlagen sind die Basis zum Verständnis der Welt der Finanzanlagen.

Sie kennen nun:

- Märkte und Beteiligte und weitere volkswirtschaftliche Grundmodelle, wie bspw. die Preisbildung, die Kapitalbildung durch Sparen und den einfachen und erweiterten Wirtschaftskreislauf

- Wirtschaftspolitische Ziele (stetiges Wachstum, hoher Beschäftigungsgrad, ausgeglichener Außenhandel, angemessenes Preisniveau) und deren Indikatoren (Bruttoinlandsprodukt, Inflationsrate, Außenbeitrag und Arbeitslosenquote)

- Konjunkturphasen und ihre Auswirkungen auf die wirtschaftlichen Aktivitäten, Zinsen oder Aktien- und Anleihekurse

- Die EZB und ihre Geldpolitik mit den damit verbundenen Aufgaben, Zielen (Stabilisierung des Preisniveaus im Euro-Währungsgebiet und Werterhalt des Euro), geldpolitischen Instrumenten (Mindestreserve, Offenmarktgeschäfte, Ständige Fazilitäten und Sondermaßnahmen), Strategien (expansiv/restriktiv) und den Auswirkungen von Leitzinsen und der Geldmengensteuerung

- Basisrisiken der Wertpapieranlagen

Sie verstehen Ihr wirtschaftliches Basiswissen als Grundlage für die Beratung Ihrer Kunden hinsichtlich Chancen und Risiken der Finanzanlage.

Sie nutzen Ihr wirtschaftliches Verständnis in Ihrer täglichen Arbeit und können Ihr Wissen, bspw. beim Stöbern durch die aktuelle Tagespresse, anwenden und weiter vertiefen. Auch die Qualität Ihrer Beratung können Sie mit Hilfe Ihres neuen Wissens erweitern.

Im nächsten Kapitel steigen wir in die Welt der Finanzanlagen ein.

Dabei stelle ich Ihnen auch ein einfaches Grundmodell vor, um die grundsätzlichen Anlagekriterien von Anlegern herauszufinden: das magische Dreieck der Vermögensanlage.

Als Finanzanlagenvermittler dürfen Sie zwar einige der im Folgenden vorgestellten Finanzanlagen (bspw. Aktien oder Anleihen) nicht direkt vermitteln (außer Sie besitzen darüber hinaus eine Zulassung nach § 32 KWG und unterliegen der Aufsicht der BaFin), allerdings zählen diese zum Anlageuniversum offener Investmentvermögen. Diese wiederum zählen zu den Finanzanlagen, die Sie als Finanzanlagenvermittler mit der entsprechenden Teilerlaubnis direkt vermitteln dürfen.

Somit liefert Ihnen das nachfolgende Kapitel die Grundlagen für das Verständnis, mit welchen Instrumenten die Fondsmanager (Verwalter offener Investmentvermögen) arbeiten, und das für Ihren erfolgreichen Verkauf notwendige Hintergrundwissen zu den verschiedenen Arten von offenen Investmentvermögen. Die verschiedenen Arten von offenen Investmentvermögen stelle ich Ihnen dann in Kapitel 3 Offene Investmentvermögen vor.

▶ Aufgaben zum Kapitel 2.1 Wirtschaftliche Grundlagen

Ihr Wissen auf dem Prüfstand:

1. Welche Aussagen zur Preisbildung treffen zu? (MC)
   a) Angebot und Nachfrage bestimmen den Preis.
   b) Steigende Nachfrage bei gleichbleibendem Angebot führt zu fallenden Preisen.
   c) Steigende Preise können zu sinkender Nachfrage führen.
   d) Steigende Preise erhöhen die Nachfrage.
   e) Sinkende Preise erhöhen das Angebot.

2. Welche Ströme werden im Wirtschaftskreislauf dargestellt? (MC)
   a) Güterströme
   b) Haushaltsströme
   c) Kreditströme
   d) Geldströme
   e) Subventionsströme

3. Welche Ziele gehören gemäß Stabilitätspakt zur Wirtschaftspolitik? (MC)
   a) angemessene Außenbeitragsquote
   b) stetiges Wirtschaftswachstum
   c) expansives Preisniveau
   d) stabiles Beschäftigungswachstum
   e) außenwirtschaftliches Gleichgewicht
   f) hoher Beschäftigungsgrad

4. Welche Aussagen zu den Indikatoren der wirtschaftspolitischen Ziele sind richtig zugeordnet? (MC)
   a) Das Bruttoinländerprodukt misst das Wirtschaftswachstum.
   b) Die Arbeitslosenquote misst den Beschäftigungsgrad.
   c) Die Außenbeitragsquote entspricht dem Wirtschaftswachstum.
   d) Die Inflationsrate ist Indikator für das Preisniveau.

5. Welcher Indikator dient als Maßstab für den Konjunkturverlauf? (SC)
   a) Arbeitslosenquote
   b) Außenbeitragsquote
   c) Inflationsrate
   d) Verbraucherpreisindex
   e) Bruttoinlandsprodukt

6. Welche Auswirkungen sind typisch für die Rezession? (MC)
   a) Rückgang der Investitionen
   b) höchste Arbeitslosenquote
   c) sinkende Gewinne
   d) starke Preiserhöhungen
   e) steigende Beschäftigungszahlen
   f) Konsumrückgang

7. Welche Maßnahmen kann der Staat zum Ankurbeln der Wirtschaft ergreifen? (MC)
   a) Abbau und Kürzung von Subventionen
   b) Investition in Infrastrukturmaßnahmen
   c) Aussetzung von steuerlichen Abschreibungsvergünstigungen
   d) Steuererhöhungen
   e) Steuersenkungen
   f) Verringerung der staatlichen Ausgaben

8. Welche Aufgaben bzw. Ziele gehören zur EZB? (MC)
   a) Sicherung der Preisstabilität in Europa
   b) Transferaufgaben im Euro-Zahlungssystem
   c) Festlegung der Geldpolitik
   d) Durchführung von Devisengeschäften
   e) Sicherung der Preisstabilität im Euro-Währungsgebiet
   f) Festlegung der Wirtschaftspolitik für Europa

9. Welche geldpolitischen Instrumente stehen der EZB zur Verfügung? (MC)
   a) Mindestreserve
   b) Offenmarktgeschäft
   c) Laufende Fazilitäten
   d) Geldmarktgeschäfte
   e) Ständige Fazilitäten
   f) Geldmengenreserve

10. Welche Merkmale kennzeichnen eine expansive Geldpolitik der EZB? (MC)
    a) Erhöhung der Geldmenge
    b) Senkung der Geldmenge
    c) Senkung der Leitzinsen
    d) Erhöhung der Mindestreserve
    e) Erhöhung der Leitzinsen

11. Welche Aussage beschreibt das Bonitätsrisiko richtig? (SC)
    a) Das Risiko mangelnder Zahlungsfähigkeit des Emittenten
    b) Das Risiko mangelnder Zahlungsfähigkeit des Anlegers
    c) Das Risiko mangelnder Zuverlässigkeit der depotführenden Stelle
    d) Das Risiko ungeregelter Vermögensverhältnisse des Vermittlers

12. Welche Aussage trifft auf das Währungsrisiko zu? (SC)
    a) Das Risiko, bei auf Euro lautenden Anleihen durch Währungsschwankungen Verluste zu erleiden
    b) Das Risiko durch mangelnde Bonität ausländischer Emittenten
    c) Das Risiko zu geringer Währungsreserven des Emittenten
    d) Das Risiko, bei Fremdwährungsanleihen durch Devisenkursschwankungen Verluste zu erleiden

2.2 Grundlagen über Finanzinstrumente und Kategorien von Finanzanlagen

Die Finanzanlageprodukte umfassen vor allem 3 Gruppen von Finanzanlagen:

■ Finanzanlageprodukte in Form von Einlagen bei Banken

■ nicht börsennotierte Finanzanlageprodukte und

■ börsennotierte Finanzanlageprodukte

In der Gesetzgebung findet sich darüber hinaus der Begriff der Finanzinstrumente, den ich Ihnen gleich zu Beginn des nächsten Unterkapitels erläutern werde. Er umfasst u. a. die börsennotierten und nicht börsennotierten Finanzanlageprodukte, nicht jedoch die Finanzanlagen in Form von Einlagen bei Banken.

2.2.1 Geldanlageformen

Finanzinstrumente

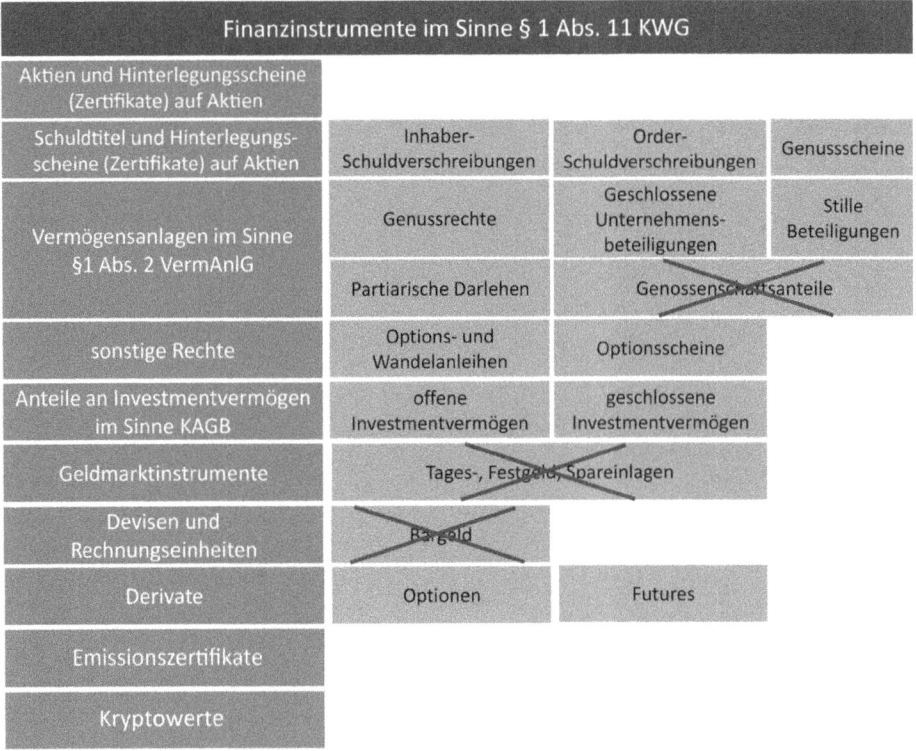

Abb. 30: Finanzinstrumente im Sinne § 1 Abs. 11 KWG

Finanzinstrumente gemäß § 1 Abs. 11 des Kreditwesengesetzes (KWG) sind:

1. *Aktien und andere Anteile an in- oder ausländischen juristischen Personen, Personengesellschaften und sonstigen Unternehmen, soweit sie Aktien vergleichbar sind, sowie Hinterlegungsscheine, die Aktien oder Aktien vergleichbare Anteile vertreten.*

2. *Vermögensanlagen im Sinne des § 1 Abs. 2 des Vermögensanlagengesetzes mit Ausnahme von Anteilen an einer Genossenschaft im Sinne des § 1 Genossenschaftsgesetz*

3. *Schuldtitel, insbesondere Genussscheine, Inhaberschuldverschreibungen, Orderschuldverschreibungen und diesen Schuldtiteln vergleichbare Rechte, die ihrer Art nach auf den Kapitalmärkten handelbar sind, mit Ausnahme von Zahlungsinstrumenten sowie Hinterlegungsscheine, die diese Schuldtitel vertreten.*

4. *Sonstige Rechte, die zum Erwerb oder zur Veräußerung von Rechten nach den Nummern 1 bis 3 berechtigen oder zu einer Barzahlung führen, die in Abhängigkeit von solchen Rechten, von Währungen, Zinssätzen oder anderen Erträgen, von Waren, Indices oder Messgrößen bestimmt wird*

5. *Anteile an Investmentvermögen im Sinne des § 1 Abs. 1 des Kapitalanlagegesetzbuches*

6. *Geldmarktinstrumente*

7. *Devisen oder Rechnungseinheiten sowie*

8. *Derivate*

9. *Emissionszertifikate*

10. *Kryptowerte*

Der Gesetzgeber macht es Ihnen zugegebenermaßen nicht leicht, wenn er solche prüfungsrelevanten Oberbegriffe mit jeder Menge weiterer Fachbegriffe erklärt. Deshalb ein paar ergänzende Erläuterungen zu den oben genannten Finanzinstrumenten.

Zu 1.: Sämtliche von inländischen Aktiengesellschaften und Kommanditgesellschaften auf Aktien nach dem Aktiengesetz (AktG) begebenen Aktien fallen unter die Regelung. Zu Aktien und Aktienzertifikaten finden Sie weitere Details im Kapitel 2.2.3 Börsennotierte Finanzanlagen.

Hinterlegungsscheine/Zertifikate

Hinterlegungsscheine – auch Zertifikate genannt – im Sinne des KWG sind Wertpapiere, die auf dem Kapitalmarkt handelbar sind, ein Eigentumsrecht an Wertpapieren von Emittenten mit Sitz im Ausland verbriefen, zum Handel auf einem organisierten Markt zugelassen sind und unabhängig von den Wertpapieren des jeweiligen gebietsfremden Emittenten gehandelt werden können.

Zertifikate, die bspw. Aktien oder Schuldtitel (Basiswerte) vertreten, verschaffen dem Inhaber zwar die wirtschaftliche Stellung eines Aktien- oder Anleiheinhabers, rechtlich ist jedoch ein Dritter (die herausgebende Bank des Zertifikates) Inhaber des Basiswertes. Der Inhaber des Zertifikats hat kein originäres Mitgliedschaftsrecht, sondern in der Regel nur einen schuldrechtlichen Anspruch darauf, dass das Mitgliedschaftsrecht nur nach seinem Willen ausgeübt wird.

Zu 2.: Vermögensanlagen sind nicht in Wertpapiere verbriefte und nicht als Anteile an Investmentvermögen im Sinne des § 1 Abs. 1 KAGB ausgestaltete:

- Anteile, die eine Beteiligung am Ergebnis eines Unternehmens gewähren,

- Anteile an einem Vermögen, das der Emittent oder ein Dritter in eigenem Namen für fremde Rechnung hält oder verwaltet (Treuhandvermögen),

- Genussrechte,

- Namensschuldverschreibungen.

Zu Vermögensanlagen finden Sie weitere Details im Kapitel 5 Vermögensanlagen.

Genussrechte oder Genussscheine
Genussrechte sind nicht gesellschaftsrechtlich begründete Ansprüche gegen die Gesellschaft, die dem Inhaber auf der Basis einer schuldrechtlichen Vereinbarung neben einer Verzinsung weitere Rechte gewähren sollen, die typischerweise einem Gesellschafter (des Emittenten des Genussrechts) kraft des einschlägigen Gesellschaftsrechts zustehen; im Gegenzug sind Genussrechte im Falle der Insolvenz oder der Liquidation des Emittenten nachrangig zu bedienen. Genussscheine sind die verbriefte und somit handelbare Form der Genussrechte.

Zu 3.: Schuldtitel sind standardisierte und handelbare schuldrechtliche Ansprüche vermögensrechtlichen Inhalts, d. h. sie stellen keine Beteiligung an Unternehmen dar, sondern verbriefen eine Kapitalanlage beim Herausgeber (Emittent) mit einer vereinbarten Verzinsung und einem Kapitalrückzahlungstermin. Zu Schuldtiteln finden Sie weitere Details im Kapitel 2.2.3 Börsennotierte Finanzanlagen.

Schuldtitel
Der Begriff Schuldtitel ist ein von vielen synonym für verzinsliche Wertpapiere verwendeter Oberbegriff. Weitere Bezeichnungen sind Anleihen, Obligationen, Rentenpapiere und Schuldverschreibungen. Darüber hinaus gibt es Schuldtitel in vielen verschiedenen Ausgestaltungen, wie bspw. Bundesanleihen, Inhaberschuldverschreibungen, Unternehmensanleihen oder Orderschuldverschreibungen. Die Bezeichnungen sind abgeleitet von der Art des Herausgebers (Emittent) oder der Art der Übertragbarkeit.

Zu 4.: Unter Sonstige Rechte fallen alle standardisierten Optionen, wie bspw. Optionsscheine und Schuldverschreibungen mit Options- oder Wandlungsrechten auf Aktien (Options- und Wandelanleihen) oder Aktienanleihen.

Da der Produktbereich Sonstige Rechte und Derivate nicht zum Umfang der Erlaubnis zur Finanzanlagenvermittlung fällt, wird in diesem Buch nicht näher auf diesen Produktbereich eingegangen. Im Kapitel 3 Offene Investmentvermögen finden vereinzelte Produkte nochmal Erwähnung im Zusammenhang mit den Anlageformen, in die ein offenes Investmentvermögen investieren darf, und im Rahmen der Betrachtung der damit verbundenen Risiken.

Zu 5.: Ein Investmentvermögen ist jeder Organismus für gemeinsame Anlagen, der von einer Anzahl von Anlegern (mehr als ein Anleger) Kapital einsammelt, um es gemäß einer festgelegten Anlagestrategie zum Nutzen dieser Anleger zu investieren und der kein operatives Unternehmen außerhalb des Finanzsektors ist. Weitere Informationen finden Sie in den Kapiteln 3. Offene Investmentvermögen und 4. Geschlossene Investmentvermögen.

Zu 6.: Geldmarktinstrumente sind alle Gattungen von Forderungen, die üblicherweise auf dem Geldmarkt gehandelt werden, mit Ausnahme von Zahlungsinstrumenten (Schecks, Wechsel u. ä.).

Zu 7.: Devisen sind auf fremde Währung lautende ausländische Zahlungsmittel mit Ausnahme von Bargeld. Hierzu gehören vor allem Bankguthaben in Fremdwährung, aber auch Wechsel, Schecks und Zahlungsanweisungen. Rechnungseinheiten sind im Gegensatz zu Devisen keine gesetzlichen Zahlungsmittel. Sie sind diesen jedoch gleichgestellt.

Beispiel

Beispiele sind die Sonderziehungsrechte des Internationalen Währungsfonds (IWF) – eine Art Kunstwährung, die sich aus einem Korb verschiedener Währungen zusammensetzt – oder privatrechtlich ausgegebene Komplementärwährungen wie bspw. Bitcoins.

Zu 8.: Derivate sind vom Grundsatz her als Kauf, Tausch oder anderweitig ausgestaltete Festgeschäfte oder Optionsgeschäfte anzusehen, die zeitlich verzögert in der Zukunft zu erfüllen sind und deren Wert sich unmittelbar oder mittelbar vom Preis oder Maß eines dem Derivat zugrunde liegenden Basiswertes (z. B. eines Wertpapieres oder Börsenindex) ableitet (Termingeschäfte). Sie werden zur Absicherung von Marktrisiken, aber auch zur Spekulation eingesetzt.

Weitere Informationen zu den Finanzinstrumenten hat auch die Bundesanstalt für Finanzdienstleistungsaufsicht BaFin in einem Merkblatt auf ihrer Internetseite veröffentlicht:

www.bafin.de Home/ Daten und Dokumente/ Merkblatt Finanzinstrumente und Merkblatt Finanzinstrumente (Derivate)

Anlagen auf Bankkonten, wie bspw. Spareinlagen oder Tages- und Festgelder, sind keine Finanzinstrumente, zählen aber zu den Finanzanlagen.

Sie fragen sich gerade, worin eigentlich der Unterschied zwischen den beiden Begriffen Finanzinstrumente und Finanzanlagen liegt? Der Begriff Finanzinstrumente findet sich im Kreditwesengesetz (KWG) und im Wertpapierhandelsgesetzbuch (WpHG) und definiert den in diesen Gesetzen und im Sinne dieser Gesetze verwendeten Begriff. Mit Finanzanlagen sind dagegen grundsätzlich alle Anlageformen gemeint, in die ein Anleger sein Geld investieren kann. Unter die Finanzanlagenvermittlung fallen die Finanzanlagen offene und geschlossene Investmentvermögen sowie die Vermögensanlagen. Diese Produkte wiederum können aber ihrerseits in

Finanzinstrumente oder auch Bankeinlagen investieren. Als Finanzanlagenvermittler sollten Sie deshalb über das entsprechende Produktwissen verfügen, auch wenn Sie nicht alle Finanzinstrumente oder Finanzanlagen vermitteln dürfen.

Zu 9.: Emissionszertifikate sind Berechtigungen nach § 3 Nr. 3 des Treibhausgas-Emissionshandelsgesetzes, Emissionsreduktionseinheiten nach § 2 Nr. 20 des Projekt-Mechanismen-Gesetzes und zertifizierte Emissionsreduktionen nach § 2 Nr. 21 des Projekt-Mechanismen-Gesetzes, soweit diese jeweils im Emissionshandelsregister gehalten werden dürfen.

Zu 10.: Kryptowerte sind digitale Werte, die von keiner Zentralbank oder öffentlichen Stelle emittiert werden. Sie besitzen keinen gesetzlichen Status als Währung oder Geld. Sie könne dennoch von privaten oder juristischen Personen aufgrund einer Vereinbarung als Tausch- oder Zahlungsmittel akzeptiert werden und auch Anlagezwecken dienen. Die Übertragung, Speicherung und der Handel erfolgen ausschließlich auf elektronischem Weg. Das derzeit wohl bekannteste Beispiel ist der Bitcoin. Auch dem Bitcoin ähnliche sog. Blockchain-Einheiten fallen unter den Begriff der Kryptowerte. Es handelt sich bei den Kryptowerten um hoch riskante und spekulative Investments, die dem Totalverlustrisiko unterliegen.

Geschlossene Investmentvermögen und Vermögensanlagen finden Sie im Detail in den Kapiteln 4 und 5 beschrieben.

Finanzanlagen in Form von Bankeinlagen und börsennotierte bzw. nicht börsennotierte Finanzanlagen stelle ich Ihnen in den nun folgenden Textpassagen vor.

Doch zunächst beschreibe ich Ihnen die Merkmale, nach denen sich Finanzanlageprodukte voneinander abgrenzen lassen:

- Das magische Dreieck der Vermögensanlage

- Laufzeit / Verfügbarkeit / Liquidität

- Ertrag (Zins, Dividenden, Kursgewinne, Zinszahlungstermine)

- Sicherheit: Chancen und Risiken (Bonität, Währung, Inflation, Kursschwankungen)

- (Standard-)Kosten

- Emittenten

- Einlagen- und Institutssicherung

Das magische Dreieck der Vermögensanlage

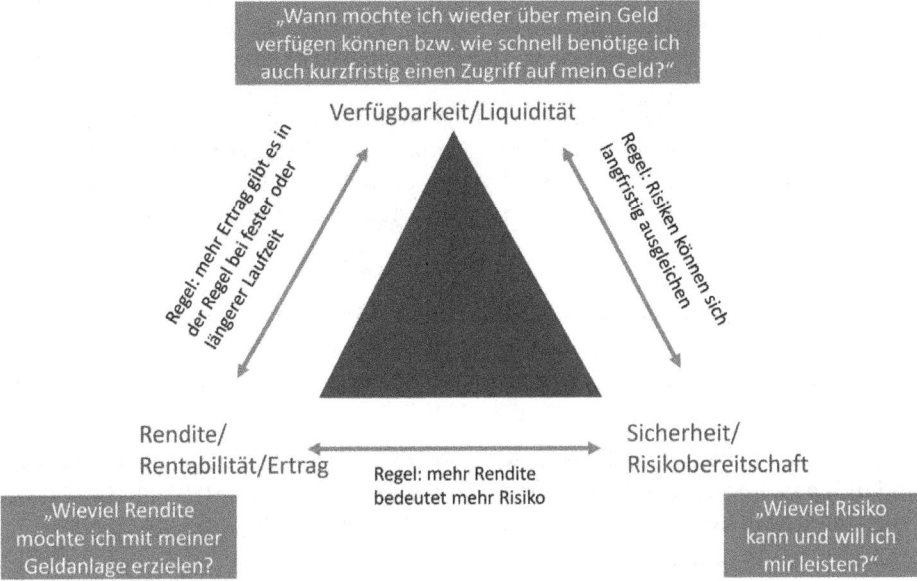

Abb. 31: *Das magische Dreieck der Vermögensanlage*

„Das magische Dreieck der Vermögensanlage" verdeutlicht die grundlegenden Anlagekriterien Liquidität (Verfügbarkeit), die Rentabilität (Rendite/Ertrag). und die Sicherheit (Risikobereitschaft):

- **Sicherheit** ist das Bedürfnis, das eingesetzte Kapital zu erhalten und Risiken zu vermeiden.

- **Rentabilität** ist die Summe für die einzelnen Ertragskomponenten einer Finanzanlage (z. B. Zinsen, Kursgewinne) abzüglich der mit der Anlage verbundenen Kosten. Bei offenen Investmentvermögen spricht man von der Wertentwicklung.

- **Liquidität** ist die Möglichkeit, investiertes Kapital möglichst schnell wieder in frei verfügbares Bargeld oder Bankguthaben umwandeln zu können.

Mit diesem Dreieck beziehen Sie den Anleger von Anfang an in die Anlageentscheidung mit ein, die letztlich sowieso beim Anleger liegen muss. Diese Verantwortung geben viele Anleger aber nur zu gerne an ihren Berater ab. Der Gesetzgeber sieht den Berater bzw. Finanzanlagenvermittler als Informationsgeber und allenfalls in der Vorauswahl der für den Anleger geeigneten Finanzanlageprodukte.

> Berücksichtigen Sie dabei, dass Ihr Kunde sich vielleicht zum ersten Mal wirklich Gedanken über seine Risikobereitschaft macht. Erläutern Sie die im Dreieck verwendeten Begriffe daher entsprechend kundenorientiert.

Doch zurück zum magischen Vermögensanlagedreieck. Bevor Sie oder Ihr Kunde eine Einschätzung treffen können, welche Finanzanlage zu ihm passt, gilt es herauszufinden, welche grundsätzlichen Erwartungen Ihr Kunde an seine persönliche Vermögensanlage stellt und vor allem, welche Prioritäten er innerhalb des Dreiecks setzt.

> Nutzen Sie das Bild des Vermögensanlagedreiecks, um die Entscheidung Ihres Kunden visuell festzuhalten und kommen Sie im Verlauf des Gesprächs wieder auf die anfänglich gesetzten Prioritäten zurück, und vermerken Sie bspw. die getroffene Anlageentscheidung oder -empfehlung. Ein Bild sagt bekanntlich mehr als tausend Worte.

Die Priorisierung ist deshalb so wichtig, da die im Vermögensanlagedreieck beschriebenen Anlagekriterien in einem Spannungsfeld zueinander stehen, d. h. alle drei Kriterien sind nicht gleichzeitig in gleichem Maße durch eine einzige Anlageform erreichbar.

Eine perfekte Anlageform, die jederzeit verfügbar ist, bei höchstmöglicher Rendite und die keine Risiken beinhaltet, das ist der Wunsch des Anlegertyps „gieriger Feigling". Tatsächlich bestehen die nachfolgenden Spannungsfelder:

- Sicherheit kostet Rendite
- (überdurchschnittliche) Renditen sind mit (überdurchschnittlichen) Risiken verbunden
- Liquidität kostet in der Regel Ertrag
- Rendite braucht Zeit

> **Rendite**
> *Die Erträge einer Geldanlage können sich zusammensetzen aus Zinsen, Dividenden und / oder Kursgewinnen. Auf ein Jahr bezogen und in % zum Anlagebetrag ergibt sich die Rendite.*

Ein weiterer Vorteil des Vermögensanlagedreiecks ist, dass Sie auch erste Grundzüge der Anlegermentalität Ihres Kunden erkennen können:

- Legt er den Schwerpunkt auf Sicherheit? Diesem Anleger ist der Erhalt seines Kapitals wichtig. Zur Vermeidung von Risiken ist er bereit, auf Ertrag zu verzichten. Bankeinlagen eignen sich für diesen Anlegertyp besonders.
- Legt er den Schwerpunkt auf Ertrag? Dieser Anleger möchte Erträge auch über dem allgemeinen Marktniveau erzielen. Je höher seine Ertragserwartung, umso höher muss allerdings auch seine Risikobereitschaft sein.
- Legt er den Schwerpunkt auf Liquidität? Für diesen Anleger sind Anlageformen mit festen Laufzeiten eher ungeeignet. Dies schließt nicht aus, dass am Ende aus seiner Anlage doch ein langfristiges Investment geworden ist.

Praxistipp:

Die Priorisierung dieser Anlagekriterien kann sich im Laufe des Lebens ändern. Veränderte Lebenssituationen oder zwischenzeitlich gesammelte Erfahrungen mit dem Thema Finanzanlage können zu einer neuen Priorisierung führen. Hinterfragen Sie deshalb bei jedem Anlagegespräch die früher gesetzten Prioritäten, und passen Sie die Vermögensanlage Ihres Kunden daraufhin mit ihm zusammen an die veränderte Situation an.

Laufzeit / Verfügbarkeit / Liquidität

Laufzeit ist der Zeitraum von der Ausgabe (Emission) eines Wertpapiers bis zu seiner Fälligkeit (Rückzahlung des Anlagebetrages)

kurzfristig

mittelfristig

langfristig oder unbegrenzt

Verfügbarkeit (Liquidität) gibt an, wie schnell eine Geldanlageform wieder in Bargeld oder Bankguthaben umgewandelt werden kann

- täglich/wöchentlich/monatlich …
- mit/ohne Kündigungsfrist
- fester/variabler Rückzahlungszeitpunkt

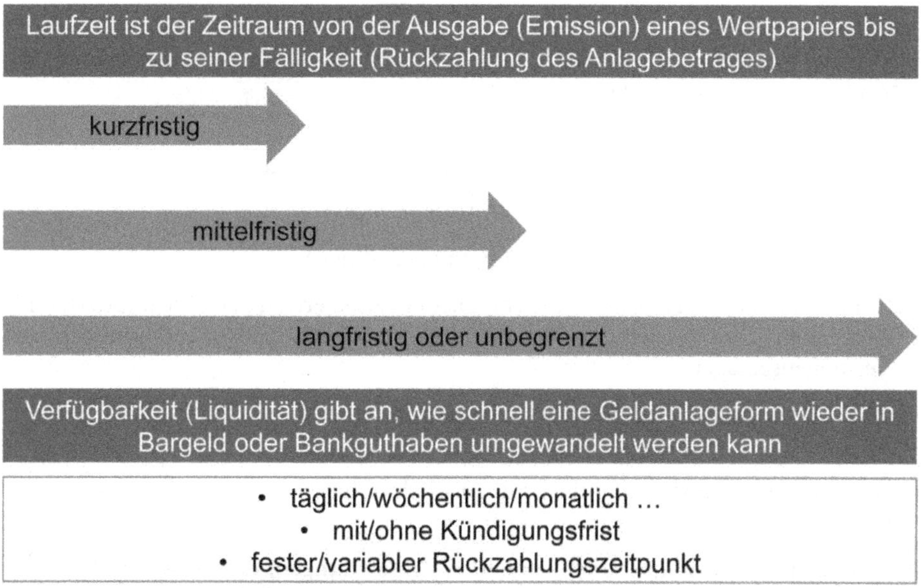

Abb. 32: Begriffsabgrenzung: Laufzeit, Verfügbarkeit und Liquidität

Die **Laufzeit** einer Finanzanlage:

- Kann fest oder variabel sein

- Ist der Zeitraum von der Ausgabe (Emission) eines Wertpapiers bis zu dessen Fälligkeit (Kapitalrückzahlung an die Anleger):

  - Ursprüngliche Laufzeit: Zeitraum zwischen Ausgabe und Fälligkeit

  - Restlaufzeit: Zeitraum zwischen einem späteren Kaufzeitpunkt bis zur Fälligkeit

- Kann unbefristet sein, wie im Falle von Aktien und offenen Investmentvermögen (Ausnahme: Laufzeitfonds): die Laufzeit ergibt sich aus dem individuellen Kauf- und Verkaufszeitpunkt des Anlegers

Die **Verfügbarkeit** und **Liquidität** werden beeinflusst durch:

- Feste oder variable Laufzeiten
- Kündigungsfristen
- Mögliche oder nicht mögliche vorzeitige Verfügungen
- Kosten beim Verkauf
- Kursgewinnchancen oder Kursverlustrisiken beim Verkauf

Ertrag

Ertrag
Als Ertrag wird das Entgelt für die Kapitalüberlassung bezeichnet, welches der Emittent oder Produktgeber an den Anleger zahlt.

Je nach Art der Finanzanlage handelt es sich beim Ertrag um:

- Zinsen (festgelegter Prozentsatz des Anlagebetrages)
- Dividenden (mögliche Gewinnbeteiligung bei Aktien)
- Kurs- bzw. Veräußerungsgewinne (möglicher Zusatzertrag bei börsennotierten Finanzanlagen, wie Aktien oder Anleihen, aber auch bei Investmentvermögen und Vermögensanlagen)

Beim Zinsertrag wird zwischen drei verschiedenen Arten von Zinszahlungen unterschieden:

- **Nominalverzinsung**: laufende, bspw. jährliche Zinszahlungen auf den Anlagebetrag.
- **Aufzinsung**: es erfolgen keine laufenden Zinszahlungen, die Zinsen und Zinseszinsen für die Gesamtlaufzeit werden bei Fälligkeit zuzüglich zum ursprünglichen Anlagebetrag ausbezahlt.
- **Abzinsung**: es erfolgen keine laufenden Zinszahlungen, die Zinsen und ggf. auch Zinseszinsen, die während der Laufzeit zu entrichten wären, werden vom Nominalwert (= Kaufpreis) abgezogen. Die Kapitalrückzahlung erfolgt am Laufzeitende zu 100 %, d. h. inklusive der Zinsen und Zinseszinsen.

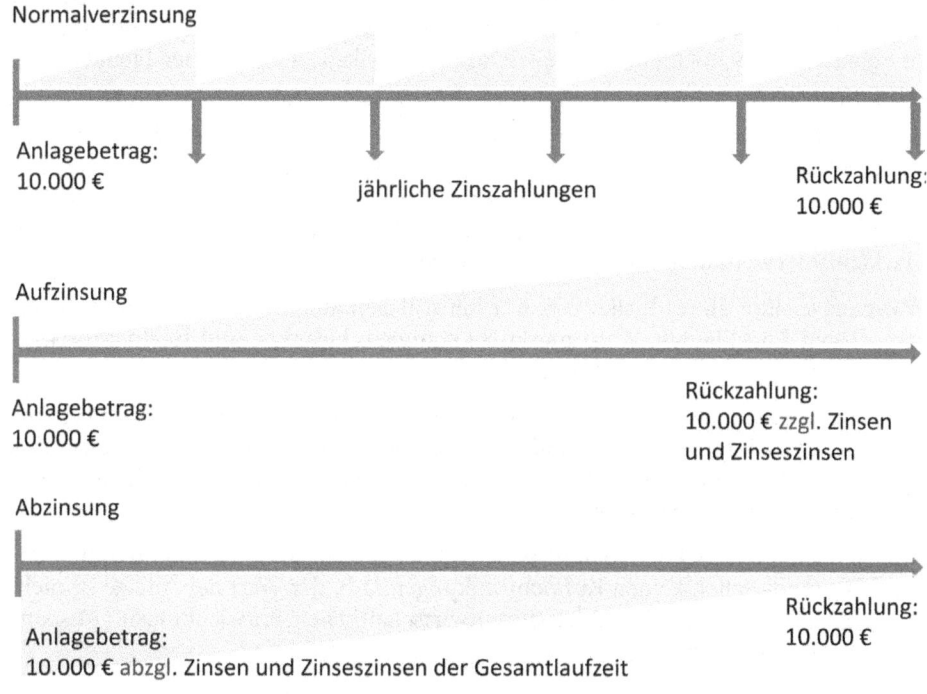

Abb. 33: Zinszahlungsarten

► Exkurs: Zinseszinseffekt

Werden die jährlichen Zinsen bei einer verzinslichen Anlage wieder angelegt und werden auf diesen wieder angelegten Betrag ebenfalls Zinsen gezahlt, so bezeichnet man dies als Zinseszinseffekt.

Nachfolgend ein Beispiel für den Zinseszinseffekt:

Ein Anleger legt 10.000 € an und erhält dafür nach einem Jahr bei einer Verzinsung von 2 % 200 €. Diese legt er wieder an. Im Folgejahr werden dann 10.200 € mit 2 % verzinst, woraus sich eine Zinszahlung in Höhe von 204 € ergibt.

Faustformel für den Zinseszinseffekt mit Hilfe der Zahl „72"

- Ein Anlagebetrag mit 1 % Zinsen (und Zinseszinsen) verdoppelt sich in 72 Jahren
- Ein Anlagebetrag mit 2 % Zinsen (und Zinseszinsen) verdoppelt sich in 36 Jahren
- Ein Anlagebetrag mit 4 % Zinsen (und Zinseszinsen) verdoppelt sich in 18 Jahren ◄

Sicherheit: Chancen und Risiken

Die mit der Finanzanlage verbundenen Chancen (z. B. auf Kursgewinne) sind ebenso wichtig wie die mit ihr verbundenen Risiken.

Die Basisrisiken der Wertpapieranlage haben Sie bereits kennen gelernt. Einige davon sind besonders relevant bzw. sind je nach Finanzanlage um weitere spezielle Risiken zu ergänzen. Hier noch einmal die wichtigsten Risiken, die mit einer Finanzanlage verbunden sind:

Bonitätsrisiko: Unter Bonität versteht man die Fähigkeit eines Schuldners (im Falle der Bankeinlagen: die Bank), seinen Zins- und Tilgungsverpflichtungen vereinbarungsgemäß nachzukommen. Je schlechter die Bonität, umso höher das Risiko. Allerdings sind solche bonitätsschwachen Schuldner i.d.R. bereit, gegenüber dem Marktzinsniveau höhere Zinsen als „Risikoprämie" zu zahlen.

Währungsrisiko: dieses Risiko tritt nur bei Anlagen auf, die auf eine fremde Währung (Nicht-Euro) lauten. Währungskurse können schwanken und zu einem zusätzlichen Ertrag aber auch Verlust führen.

Inflationsrisiko: Dieses Risiko der Geldentwertung tritt bei geldwerten Anlageformen, wie es auch Bankeinlagen sind, auf. Die Differenz aus dem vereinbarten Zinssatz und der Inflationsrate ergibt den Realzins. Bei einem negativen Realzins nimmt der Geldwert des Anlagebetrages ab.

Kursschwankungsrisiko: Bankeinlagen unterliegen aufgrund des fehlenden Börsenhandels grundsätzlich keinen Kursschwankungen, d.h. der Wert der Anlage ist nicht von Angebot und Nachfrage oder gesamtwirtschaftlichen Entwicklungen (Ausnahme: Inflation) abhängig.

Diese Risiken sind bei den verschiedenen Finanzanlagen unterschiedlich ausgeprägt, wie Sie in den noch folgenden Einzelbetrachtungen erkennen werden.

(Standard-) Kosten

Zu den üblichen Standardkosten gehören:

- Kauf- und Verkaufsprovision (Transaktionskosten)
- Depotführungsgebühr
- Ausgabeaufschlag
- weitere produktabhängige Kosten oder Gebühren

Emittenten

Finanzanlagen können von unterschiedlichen Institutionen herausgegeben werden, den so genannten Emittenten:

- Bei Aktien sind dies Aktienunternehmen
- Anleihen (auch verzinsliche Wertpapiere, oder Schuldtitel genannt) werden von Unternehmen, Finanzinstituten, öffentlichen Körperschaften (Gemeinden) oder auch Staaten herausgegeben

Für den Erfolg der Finanzanlage spielt die Bonität des Emittenten eine wichtige Rolle.

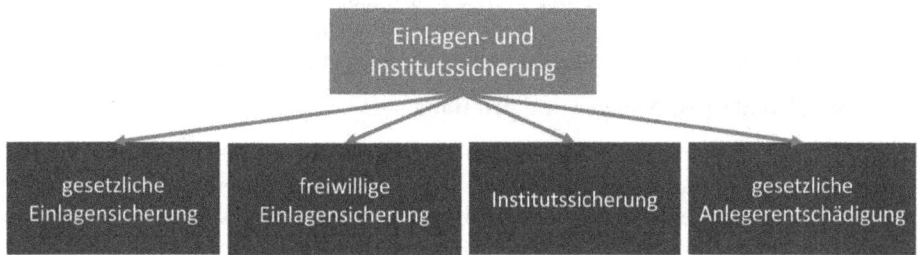

Abb. 34: *Einlagen- und Institutssicherung*

Einlagen- und Institutssicherung

Die Sicherung privater Bankeinlagen ist teils gesetzlich und teils freiwillig geregelt und umfasst die 4 in der Grafik genannten Bereiche.

> **Einlagensicherung**
> *Die gesetzliche bzw. freiwillige Einlagensicherung dient der Sicherung der Einlagen privater Anleger bei Kreditinstituten im Falle einer Insolvenz.*

Gemäß **Kreditwesengesetz** (KWG) muss das Kreditinstitut dem Kunden Angaben darüber machen, ob es einer Einlagensicherung angehört (§ 23a KWG). Diese Verpflichtung besteht zum Zeitpunkt der Kontoeröffnung und muss regelmäßig, d.h. einmal jährlich wiederholt werden. Die Aufklärung muss neben einem entsprechenden Preisaushang schriftlich in Form des so genannten **Informationsbogens** erfolgen.

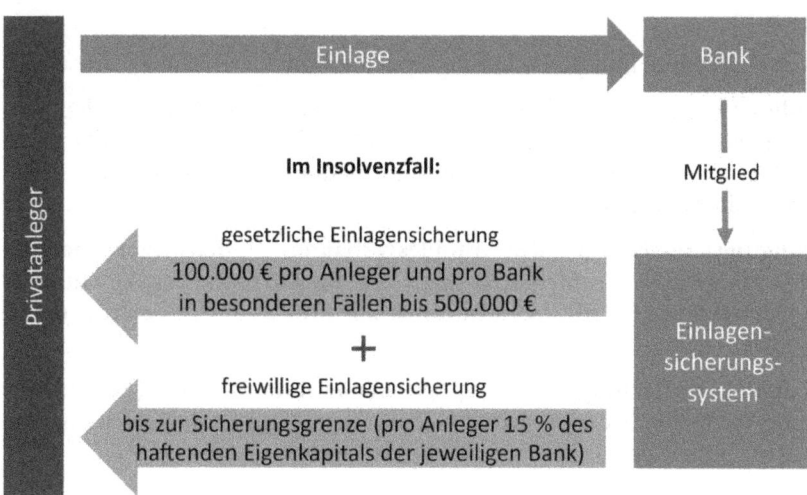

Abb. 35: *Einlagensicherung*

63

Die **gesetzliche Einlagensicherung** ist in § 5 Abs. 2 des **Einlagensicherungsgesetzes** (EinSiG) geregelt. Es gilt für alle Kreditinstitute, einschließlich Sparkassen und Genossenschaftsbanken. Der gesetzliche Sicherungsanspruch umfasst:

- **bis zu 100.000 € pro Anleger und pro Bank**

- Erweiterte Sicherung **für 6 Monate ab Gutschrift bis zu 500.000 € in Ausnahmefällen** (z. B. Verkaufserlös aus einem Immobilienverkauf, Auszahlung von Versicherungsleistungen, Beträge, die an bestimmte soziale, gesetzlich vorgesehene Lebensereignisse, wie bspw. Heirat, Scheidung oder Renteneintritt, geknüpft sind.

- Gesicherte Einlagen sind Konten (Sicht-, Spar- und Termineinlagen) und Namensschuldverschreibungen von Banken (Sparbriefe), die auf Euro oder eine andere Währung lauten.

- Nicht gesichert sind Inhaber- (z. B. Zertifikate) und Orderschuldverschreibungen.

- Anleger müssen innerhalb von 7 Arbeitstagen entschädigt werden.

- Für Kunden von Instituten aus anderen Ländern des Europäischen Wirtschaftsraumes, die Zweigstellen im Sinne des KWG in Deutschland betreiben, gilt, dass die Entschädigung aus dem deutschen Einlagensicherungssystem ausbezahlt wird.

▶ Exkurs: Einlagensicherungssysteme

Einlagensicherungssysteme sind die Einrichtungen, die für die Finanzierung und Zahlung der Einlagensicherung und Anlegerentschädigung verantwortlich sind. Sie werden von der BaFin hinsichtlich der Einhaltung der gesetzlichen Vorschriften überwacht.

Die Einlagensicherungssysteme finanzieren sich über jährliche Beiträge ihrer Mitgliedsinstitute. Im Bedarfsfall können darüber hinausgehende Sonderbeiträge erhoben werden.

Gesetzlich anerkannte Einlagensicherungssysteme sind:

Entschädigungseinrichtung deutscher Banken (EdB): Tochtergesellschaft des Bundesverbandes deutscher Banken (BdB). Mitglieder sind eigenständig tätige Privatbanken und Bausparkassen. Mehr Informationen finden Sie im Internet unter: www.edb-banken.de

Entschädigungseinrichtung des Bundesverbandes Öffentlicher Banken Deutschlands (EdÖ): Tochtergesellschaft des Bundesverbandes Öffentlicher Banken Deutschlands (VÖB). Mehr Informationen finden Sie im Internet unter: www.voeb.de

Entschädigungseinrichtung der Wertpapierhandelsunternehmen (EdW): Mitglieder sind Wertpapierhandelsunternehmen wie bspw. Kapitalanlagegesellschaften. Mehr Informationen finden Sie im Internet unter: www.e-d-w.de

Deutscher Sparkassen- und Giroverband (DSGV): Dieser Verband stellt gleichzeitig auch die Institutssicherung für die ihm angeschlossenen Unternehmen sicher. Mehr Informationen finden Sie im Internet unter: www.dsgv.de

BVR-Institutssicherung GmbH (BVR-ISG): Mitglieder sind u. a. genossenschaftliche Volks- und Raiffeisenbanken, Sparda Banken und die Apotheker- und Ärztebank. Mehr Informationen finden Sie im Internet unter: www.bvr-instituts sicherung.de ◀

Die **freiwillige Einlagensicherung** ergänzt die gesetzliche Einlagensicherung und umfasst:

- Einlagen, die über der gesetzlich gesicherten Grenze von 100.000 € liegen

- bis zur jeweiligen **Sicherungsgrenze (pro Anleger 15 % des haftenden Eigenkapitals der jeweiligen Bank)**. Da das Mindesteigenkapital einer Bank in Deutschland bei 5 Millionen Euro liegt, sind entsprechend pro Kunde 750.000 Euro geschützt. Das tatsächliche Eigenkapital liegt deutlich darüber, wodurch entsprechend auch höhere Einlagebeträge der Kunden durch die freiwillige Einlagensicherung geschützt sind.

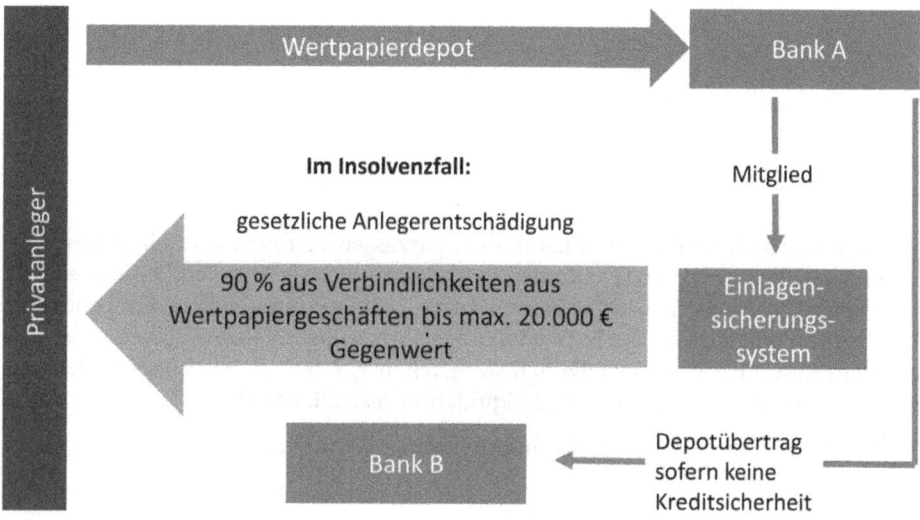

Abb. 36: Die gesetzliche Anlegerentschädigung

Die gesetzliche Anlegerentschädigung ist in § 4 Abs. 2 des Anlegerentschädigungsgesetzes (AnlEntG) geregelt und gilt im Zusammenhang mit Verbindlichkeiten (Forderungen des Kunden gegenüber seiner Bank) aus Wertpapiergeschäften. Hierbei handelt es sich um Gelder, die Anlegern im Zusammenhang mit Wertpapiergeschäften geschuldet werden. Dazu gehören bspw. Zinsen, Dividenden, Ausschüttungen oder Verkaufserlöse.

Ein Entschädigungsanspruch besteht nicht, soweit Einlagen oder Gelder nicht auf die Währung eines EU-Mitgliedstaates oder auf Euro lauten.

Wertpapiere und Anteile offener oder geschlossener Investmentvermögen sind keine Einlagen. Sie sind und bleiben Kundeneigentum auch im Insolvenzfall der depotführenden Bank. Deshalb unterliegen sie nicht der Einlagensicherung und können im Insolvenzfall einfach auf ein Depot bei einer anderen Bank übertragen werden. Eine Ausnahme gilt nur für den Fall, dass es sich bei dem Depot um eine Kreditsicherheit für einen bei der insolventen Bank aufgenommenen Kredit handelt.

Abb. 37: Die Institutssicherung

Sparkassen, Landesbanken und Landesbausparkassen verfügen über ein institutsbezogenes Sicherungssystem (Deutscher Sparkassen- und Giroverband DSGV), ebenso wie die genossenschaftlich organisierten Volks- und Raiffeisenbanken. Für genossenschaftliche Banken stellt die Entschädigungseinrichtung BVR-ISG sicher, dass Mitgliedsinstitute, die in finanzielle Schwierigkeiten geraten, durch Bürgschaften der anderen Institute vor Insolvenz und Liquidation geschützt sind.

Mehr Informationen finden Sie im Internet unter: www.bvr.de

Institutssicherung
Unter der Institutssicherung versteht man die Existenzsicherung von Bank- oder Sparkasseninstituten. Dies ist kein reiner Schutz der Kundengelder, sondern sichert die Existenz der angeschlossenen Institute selbst. Für private Kreditinstitute besteht eine solche Institutssicherung nicht.

Weitere Informationen finden Sie auch bei der BaFin im Internet unter: www.bafin. de Home / Verbraucherschutz / BaFin & Verbraucherschutz / Schieflage von Banken oder Versicherern / Einlagensicherung und Anlegerentschädigung / Häufige Fragen zur Einlagensicherung und Anlegerentschädigung.

Finanzanlagen in Form von Bankeinlagen

Finanzanlageprodukte in Form von Bankeinlagen sind das klassische Sparbuch (Spareinlagen), Tages- und Termingelder (inkl. Festgeld), der Sparvertrag und Sparbriefe. Sie sind einfach gestaltet, weisen eine hohe Sicherheit auf und bieten aktuell (Stand Mai 2021) so gut wie keinen Ertrag. Aktuell werden von den Banken sogar Strafzinsen analog zur EZB-Geldpolitik auch von Privatkunden erhoben (abhängig von Anlagebetrag). Aus diesem Grund lohnt sich eine Anlageberatung zu ertragreicheren Alternativen vorbehaltlich der persönlichen Risikobereitschaft.

> **Notgroschen**
> *Bankeinlagen in Form von Sparguthaben sind eine bewährte Anlagealternative für einen kurzfristig verfügbaren „Notgroschen". Als Faustformel gilt: ca. 2–3 Netto-Monatsgehälter.*

Nachfolgend sehen Sie einen Überblick der Bankeinlagen.

Sichteinlagen		Guthaben auf Girokonten
Tagesgeldeinlagen	Tagesgeld	täglich fällige Geldeinlagen
Termineinlagen	Festgeld	befristete Geldeinlagen (mind. 1 Monat)
Spareinlagen	Sparbuch	unbefristete Geldeinlage
Sparvertrag		langfristige Geldanlage mit festen monatlichen Sparraten
Sparbrief		Namensschuldverschreibung mit fester Laufzeit

Abb. 38: Finanzanlagen in Form von Bankeinlagen

Finanzanlagen in Form von Bankeinlagen sind grundsätzlich geeignet für Anleger, die viel Wert auf Sicherheit legen und dafür Einschränkungen bei der Liquidität und der Rentabilität in Kauf nehmen.

Sehen Sie nachfolgend, welche Merkmale von Finanzanlagen auf die einzelnen Bankeinlagen zutreffen.

Spareinlagen (Sparbuch)

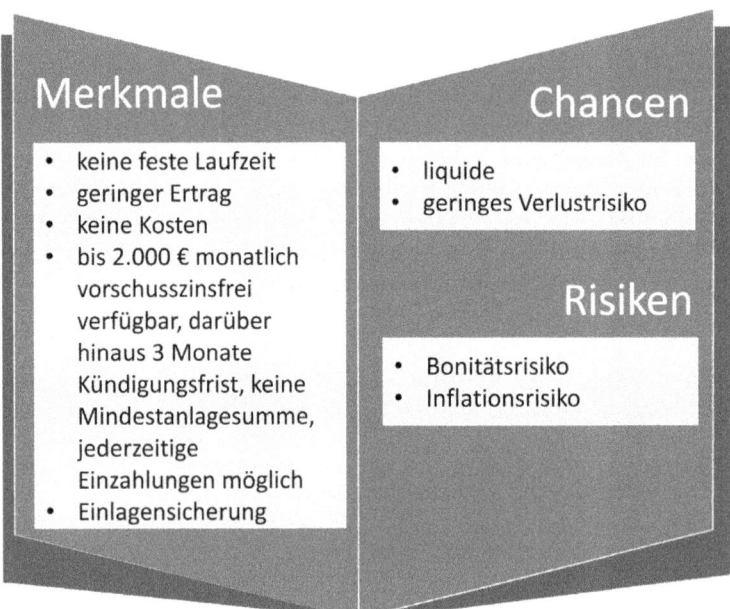

Merkmale

- keine feste Laufzeit
- geringer Ertrag
- keine Kosten
- bis 2.000 € monatlich vorschusszinsfrei verfügbar, darüber hinaus 3 Monate Kündigungsfrist, keine Mindestanlagesumme, jederzeitige Einzahlungen möglich
- Einlagensicherung

Chancen

- liquide
- geringes Verlustrisiko

Risiken

- Bonitätsrisiko
- Inflationsrisiko

Abb. 39: Das Sparbuch

Es gibt verschiedene Arten von Spareinlagen:

- mit gesetzlicher Kündigungsfrist von 3 Monaten
- mit vereinbarter Kündigungsfrist von mehr als 3 Monaten
- prämienbegünstigte Spareinlagen (diese werden als allgemeine Sparverträge oder Ratensparverträge bezeichnet).

Die Zinszahlung beim Sparbuch erfolgt jährlich zum Jahresende. Der Zinssatz ist variabel und kann sich jederzeit ändern.

Tagesgelder

Abb. 40: Tagesgelder

Bei Tagesgeldern wird der Zinssatz täglich neu festgeschrieben und ist u. a. abhängig von der Höhe des Anlagebetrages. Oft gilt ein Mindestanlagebetrag. Eine Kündigungsfrist gibt es nicht.

Termineinlagen (Festgelder)

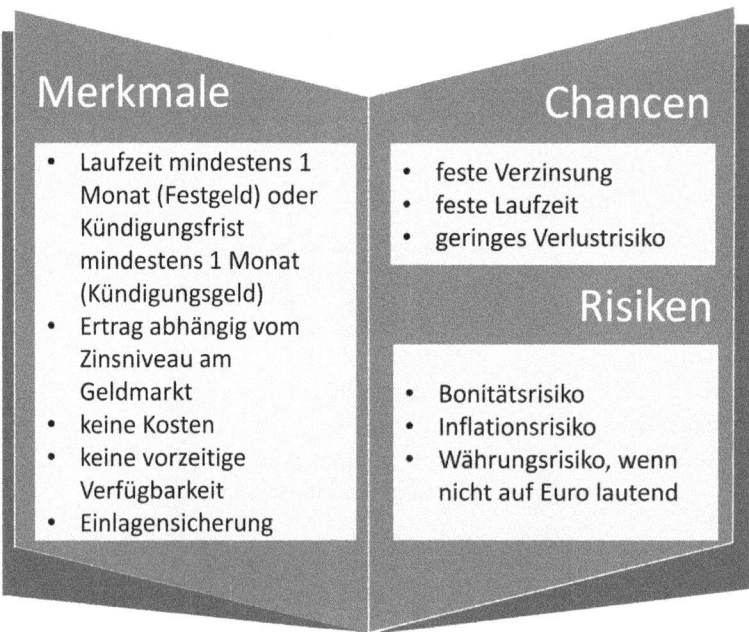

Merkmale

- Laufzeit mindestens 1 Monat (Festgeld) oder Kündigungsfrist mindestens 1 Monat (Kündigungsgeld)
- Ertrag abhängig vom Zinsniveau am Geldmarkt
- keine Kosten
- keine vorzeitige Verfügbarkeit
- Einlagensicherung

Chancen

- feste Verzinsung
- feste Laufzeit
- geringes Verlustrisiko

Risiken

- Bonitätsrisiko
- Inflationsrisiko
- Währungsrisiko, wenn nicht auf Euro lautend

Abb. 41:   Termineinlagen

Termineinlagen sind vor allem Festgelder. Der Zinssatz wird für die vereinbarte Laufzeit fest vereinbart. Der Nachteil ist die fehlende vorzeitige Verfügbarkeit über den Anlagebetrag. Auch Einzahlungen während der Laufzeit sind nicht möglich. Allerdings kann – sofern der eventuelle Mindestanlagebetrag erfüllt ist – einfach ein weiteres Festgeldkonto mit einer neuen vereinbarten festen Laufzeit eröffnet werden.

Anstelle der Laufzeit kann auch eine feste Kündigungsfrist vereinbart werden. In diesem Fall spricht man von so genannten Kündigungsgeldern.

In der Praxis ist das Festgeld üblich.

Sparvertrag

Ist eine Bonus- oder Prämienzahlung vereinbart, so sollten die jeweiligen Auszahlungsbedingungen des Produktanbieters beachtet werden. In der Regel wird ein Bonus oder eine Prämie erst am Laufzeitende und auch nur dann bezahlt, wenn der Anleger den Sparvertrag nicht vorzeitig gekündigt oder eine vorzeitige Verfügung getätigt hat.

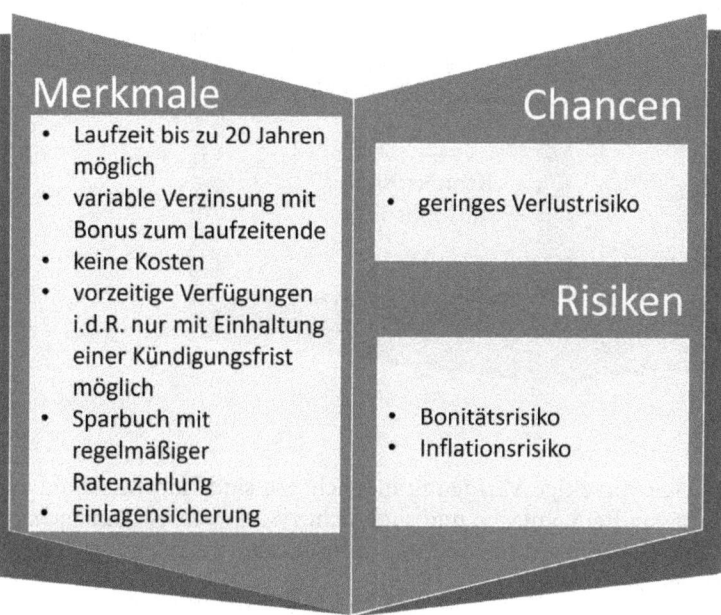

Abb. 42: Sparvertrag

Sparbrief

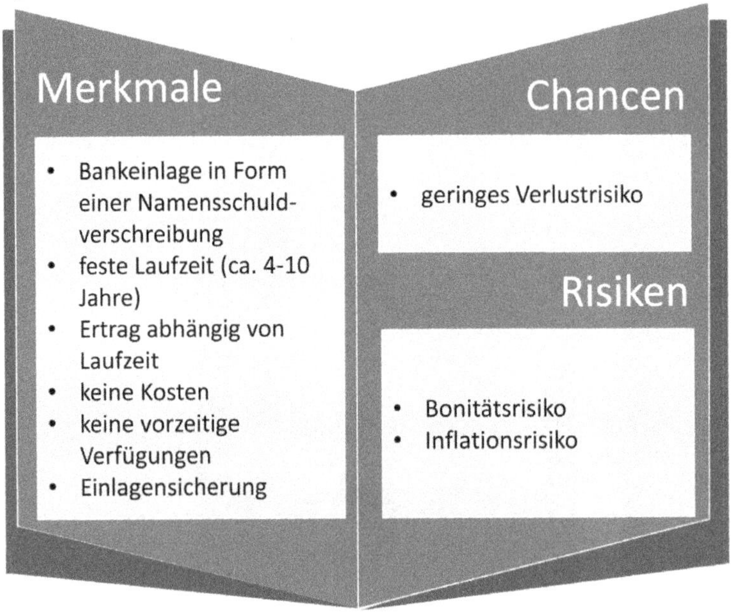

Merkmale

- Bankeinlage in Form einer Namensschuldverschreibung
- feste Laufzeit (ca. 4-10 Jahre)
- Ertrag abhängig von Laufzeit
- keine Kosten
- keine vorzeitige Verfügungen
- Einlagensicherung

Chancen

- geringes Verlustrisiko

Risiken

- Bonitätsrisiko
- Inflationsrisiko

Abb. 43: Sparbrief

Beim Sparbrief ist keine vorzeitige Verfügung möglich. Sie sind Namensschuldverschreibungen in Form von Bankeinlagen und sind nicht zu verwechseln mit anderen Namensschuldverschreibungen, die zu den Vermögensanlagen gehören (siehe Kapitel 5 Vermögensanlagen).

2.2.2 Nicht börsennotierte Finanzanlagen

Welche Arten von nicht börsennotierten Finanzanlagen gibt es?

Nicht börsennotierte Finanzanlagen werden, wie der Name schon sagt, an keiner Börse gehandelt. Sie können nur direkt über den Produktanbieter erworben werden und in manchen Fällen über einen so genannten Zweitmarkt.

Zu den nicht börsennotieren Finanzanlagen gehören:

- offene Investmentvermögen (sofern diese ausschließlich über die Kapitalverwaltungsgesellschaft ausgegeben und zurückgenommen werden)

- geschlossene Investmentvermögen und

- Vermögensanlagen

Diese Finanzanlagen werden noch ausführlicher in den Kapiteln 3 Offene Investmentvermögen, 4 Geschlossene Investmentvermögen und 5 Vermögensanlagen im Sinne des Vermögensanlagengesetzes dargestellt.

Offene Investmentvermögen bündeln das Geld vieler Anleger in einem Sondervermögen. Das Geld der Anleger wird je nach Anlagestrategie in verschiedene Vermögensgegenstände investiert. Das Volumen des Sondervermögens, die Anzahl der Anleger und ausgegebenen Investmentanteile sowie die Laufzeit sind offen, d. h. nicht begrenzt. Das Sondervermögen wird professionell von der Kapitalverwaltungsgesellschaft und deren Fondsmanagement verwaltet und von einer unabhängigen Verwahrstelle verwahrt.

Die Erträge sind abhängig vom Anlageschwerpunkt des offenen Investmentvermögens. Die Verfügbarkeit ist durch die gesetzlichen Rücknahmeregeln gewährleistet, und bei den meisten offenen Investmentvermögen ist eine börsentägliche Rückgabe möglich. Die Risiken sind ebenfalls abhängig vom Anlageschwerpunkt. Hervorzuheben ist die gesetzlich vorgeschriebene Risikostreuung.

Die gesetzliche Grundlage ist das Kapitalanlagegesetzbuch (KAGB).

Geschlossene Investmentvermögen bündeln ebenfalls das Geld vieler Anleger und investieren es in die vorgesehenen Vermögensgegenstände. Diese sind Sachwerte, wie bspw. Immobilien, Schiffe, Flugzeuge oder erneuerbare Energien. Das Volumen des Sondervermögens und die Anzahl der Investitionsobjekte sind begrenzt und werden während der festgelegten Laufzeit nicht verändert. Nach einer so genannten Platzierungsphase wird das Investmentvermögen geschlossen, d. h. es können keine weiteren Anleger investieren. Ein geschlossenes Investmentvermögen ist eine unternehmerische Beteiligung mit allen Chancen bis hin zum Risiko des Totalverlustes des Kapitals. Dafür erhält der Anleger laufende Ausschüttungen, hat ein Stimmrecht auf der Gesellschafterversammlung und wird am Verkaufserlös bei Liquidation der Vermögensgegenstände beteiligt.

Die Erträge hängen von der Art der Sachwerte ab, in die investiert wurde. Die Verfügbarkeit ist eingeschränkt, da es vor der Liquidationsphase kein Kündigungsrecht gibt. Ob sich die Anteile am Zweitmarkt verkaufen lassen und ob dies zu einem fairen Preis erfolgen kann, hängt von Angebot und Nachfrage ab. Die Risiken hängen auch hier vom jeweiligen Investitionsobjekt ab. Der Anleger ist als Gesellschafter in vollem Umfang an den Chancen und Risiken beteiligt.

Die gesetzliche Grundlage ist das Kapitalanlagegesetzbuch (KAGB).

Vermögensanlagen im Sinne des § 1 Abs. 2 Vermögensanlagengesetzes sind nicht in Wertpapiere im Sinne des Wertpapierprospektgesetzes verbriefte und nicht als Anteile an Investmentvermögen im Sinne des § 1 Abs. 1 KAGB ausgestaltete:

- Anteile, die eine Beteiligung am Ergebnis eines Unternehmens gewähren (z. B. stille Beteiligungen oder Beteiligungen an einer Offenen Handelsgesellschaft (OHG) oder einer Gesellschaft des bürgerlichen Rechts (BGB-Gesellschaft))

- Anteile an einem Vermögen, das der Emittent oder ein Dritter in eigenem Namen für fremde Rechnung hält oder verwaltet (Treuhandvermögen)

- Partiarische Darlehen

- Nachrangdarlehen

- Genussrechte

- Namensschuldverschreibungen und

- Sonstige Anlagen, die einen Anspruch auf Verzinsung und Rückzahlung gewähren oder im Austausch für die zeitweise Überlassung von Geld einen vermögenswerten, auf Barausgleich gerichteten Anspruch vermitteln (z. B. Direktinvestments in Sachwerte wie Container oder Gold) …

… sofern die Annahme der Gelder nicht als Einlagengeschäft zu qualifizieren ist.

Die Erträge hängen stark von der jeweiligen Art der Vermögensanlage ab. Genauso verhält es sich mit den Risiken. Insbesondere im Insolvenzfall weisen Vermögensanlagen zum Teil erhöhte Risiken durch die oft nur nachrangige Bedienung (das heißt, dass der Anleger einer Vermögensanlage erst nach allen anderen Gläubigern aus der Konkursmasse berücksichtigt wird) und das hohe Totalverlustrisiko auf. Der Gesetzgeber hat aus diesem Grund durch die beiden gesetzlichen Grundlagen umfassende Neuregulierungen zum Schutz der Anleger eingeführt.

Die gesetzliche Grundlage ist das Vermögensanlagengesetz (VermAnlG) sowie das Kleinanlegerschutzgesetz (siehe Kapitel 5.4.1 Vermögensanlagengesetz).

2.2.3 Börsennotierte Finanzanlagen

Börsennotierte Finanzanlagen im Sinne der Finanzanlagenvermittlung und der dazu gehörigen Sachkundeprüfung sind:

- verzinsliche Wertpapiere

- Aktien

- Exchange Traded Funds (ETFs) und

- Zertifikate

Wertpapier
Ein Wertpapier ist eine Urkunde, in der ein privates Vermögensrecht so verbrieft ist, dass zur Ausübung des Rechts der Besitz an der Urkunde erforderlich ist. Wertpapiere im Sinne des Wertpapierhandelsgesetzes WpHG sind, auch wenn keine Urkunden über sie ausgestellt sind, alle Gattungen von übertragbaren Wertpapieren, die ihrer Art nach auf den Finanzmärkten handelbar sind.

Zu den Finanzmärkten, an denen Wertpapiere gehandelt werden, gehören insbesondere die Teilmärkte Aktien- und Rentenmarkt. Wie der Name schon vermuten lässt, werden am Aktienmarkt Aktien und am Rentenmarkt Rentenpapiere also verzinsliche Wertpapiere gehandelt.

Aktienmarkt und Rentenmarkt werden zusammen als Kapitalmarkt bezeichnet. Mehr Informationen zu den Teilmärkten des Finanzmarktes finden Sie im Kapitel 3.1. Märkte für Finanzanlagen.

Börsennotierte Wertpapiere erfüllen zwei Funktionen:

■ Für den Anleger sind sie eine (kurzfristige) Geld- oder (mittel- bis langfristige) Kapitalanlage. Der Anleger von Aktien wird auch Teilhaber oder Aktionär genannt. Der Anleger in verzinsliche Wertpapiere wird auch Gläubiger genannt.

■ Für den Emittenten (Herausgeber der Wertpapiere, wird auch Schuldner genannt) stellt die Herausgabe (Emission) von Wertpapieren eine alternative Eigen- bzw. Fremdkapitalbeschaffung über den Kapitalmarkt, anstelle einer Finanzierung über ein Darlehen bei einer Bank dar.

Börsennotierte Finanzanlagen umfassen diejenigen Finanzanlagen, die zu den börsennotierten Wertpapieren gehören. Ich werde deshalb im Folgenden immer wieder auch den Begriff der börsennotierten Wertpapiere synonym für die prüfungsrelevanten börsennotierten Finanzanlagen verwenden.

Wertpapiere lassen sich ganz allgemein in drei Gruppen aufteilen.

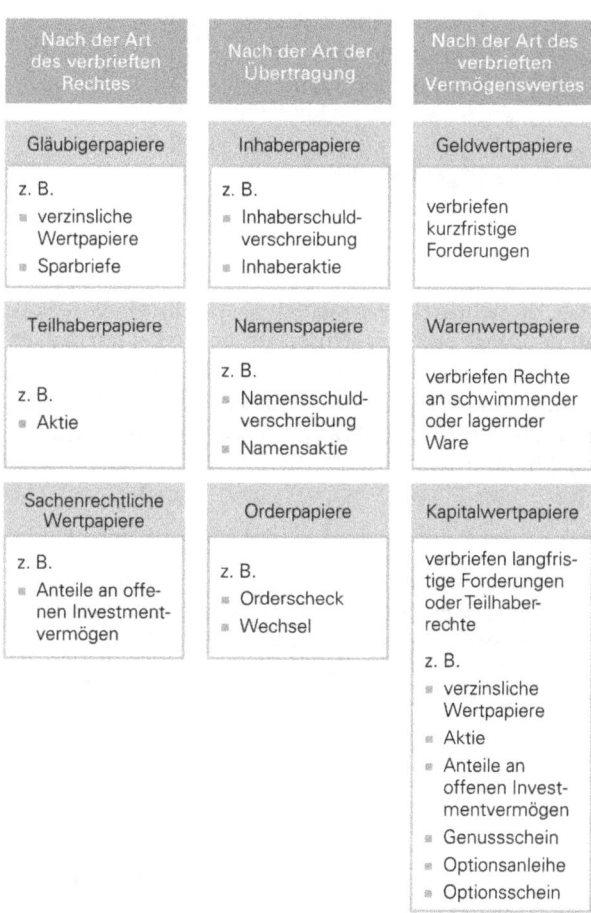

Nach der Art des verbrieften Rechtes	Nach der Art der Übertragung	Nach der Art des verbrieften Vermögenswertes
Gläubigerpapiere	**Inhaberpapiere**	**Geldwertpapiere**
z. B. ■ verzinsliche Wertpapiere ■ Sparbriefe	z. B. ■ Inhaberschuldverschreibung ■ Inhaberaktie	verbriefen kurzfristige Forderungen
Teilhaberpapiere	**Namenspapiere**	**Warenwertpapiere**
z. B. ■ Aktie	z. B. ■ Namensschuldverschreibung ■ Namensaktie	verbriefen Rechte an schwimmender oder lagernder Ware
Sachenrechtliche Wertpapiere	**Orderpapiere**	**Kapitalwertpapiere**
z. B. ■ Anteile an offenen Investmentvermögen	z. B. ■ Orderscheck ■ Wechsel	verbriefen langfristige Forderungen oder Teilhaberrechte z. B. ■ verzinsliche Wertpapiere ■ Aktie ■ Anteile an offenen Investmentvermögen ■ Genussschein ■ Optionsanleihe ■ Optionsschein

Abb. 44: Einteilung von Wertpapieren

Verzinsliche Wertpapiere

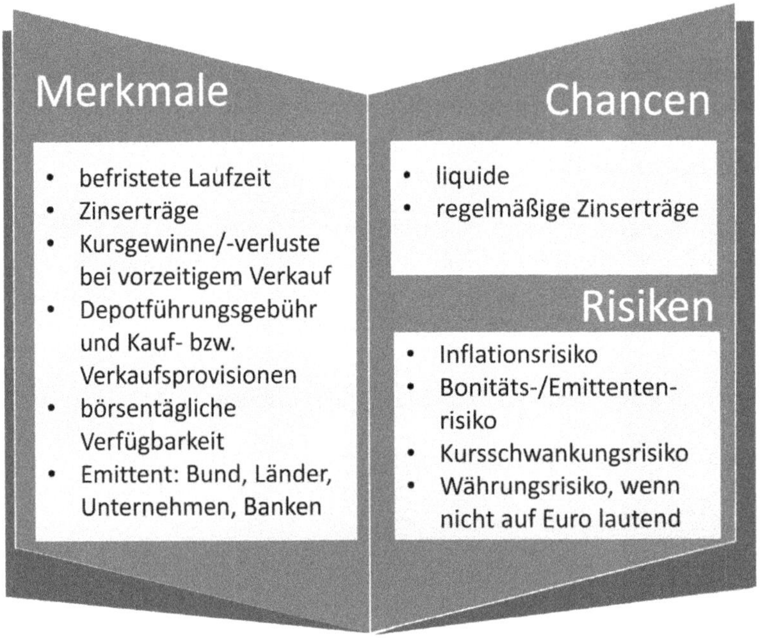

Abb. 45: Verzinsliche Wertpapiere

Der Anleger wird Gläubiger, d. h. er stellt dem Emittenten (Schuldner) als Kreditgeber Fremdkapital zur Verfügung. Dafür erhält er Zinsen (in der Regel normalverzinst), die sich am Marktniveau des Rentenmarktes und der Bonität des Emittenten orientierten. Am vereinbarten und somit feststehenden Laufzeitende erhält der Anleger vom Emittenten den durch das verzinsliche Wertpapier verbrieften Rückzahlungsbetrag (Nominalwert) zurückbezahlt.

Schuldverschreibung
Schuldverschreibung ist eine weitere Bezeichnung für ein verzinsliches Wertpapier und wird von einem Unternehmen als Schuldner herausgegeben. Der Anleger ist Gläubiger und erhält als Gegenleistung für sein investiertes Kapital die vereinbarten Zinszahlungen vom Schuldner. Schuldverschreibungen verbriefen Forderungsrechte, stellen jedoch im Gegensatz zu Aktien keine Mitgliedschafts- oder Teilhaberrechte am Unternehmen des Schuldners dar.

Die Zinszahlung ist fest vereinbart, unabhängig von der Gewinnsituation des Emittenten. Sind die verzinslichen Wertpapiere an der Börse notiert, dann ist ein vorzeitiger Verkauf über die Börse jederzeit börsentäglich möglich. Dabei können je nach Kurs der Anleihe Veräußerungsverluste oder -gewinne entstehen.

Verzinsliche Wertpapiere verbriefen verschiedene Forderungen / Rechte:

- das Recht auf Zinszahlung und

- das Recht auf Rückzahlung des eingesetzten Kapitals (Tilgung)

Emittent/Emittentenrisiko
Als Emittent wird der Herausgeber eines verzinslichen Wertpapiers bezeichnet. Bei verzinslichen Wertpapieren besteht ein Emittentenrisiko, d. h. kann der Emittent seinen Zins- und Rückzahlungsverpflichtungen nicht mehr nachkommen, verliert der Anleger unter Umständen einen Teil seines Anlagekapitals oder sein gesamtes Anlagekapital. Der Begriff Emittentenrisiko ist ein synonymer Begriff für das Bonitätsrisiko.

Verzinsliche Wertpapiere können nicht nur von unterschiedlichen Emittenten herausgegeben werden, sondern bieten auch darüber hinaus einige Gestaltungsmöglichkeiten:

Emittenten	Verzinsung	Laufzeit	Rückzahlung (Tilgung)	Währung	Übertragung der Rechte
Öffentliche Hand					
Kreditinstitute	▪ festverzinsliche Anleihen ▪ variabel verzinsliche Anleihen ▪ unverzinsliche Anleihen	▪ kurzfristige Anleihen ▪ mittelfristige Anleihen ▪ langfristige Anleihen	▪ gesamtfällige Anleihen ▪ Annuitäten-Anleihen ▪ Auslosungsanleihen	▪ EURO ▪ Fremdwährungsanleihe z. B. US-$	▪ Inhaberschuldverschreibung ▪ Namensschuldverschreibung ▪ Orderschuldverschreibung
(Industrie-) Unternehmen					
ausländische Emittenten					

Abb. 46: Die Gestaltungsmöglichkeiten bei Anleihen

Emittenten

Zu den Emittenten gehören:

- die öffentliche Hand: die Bundesrepublik Deutschland (der „Bund"), die Bundesländer sowie Städte und Gemeinden

- Kreditinstitute: Geschäftsbanken, private Hypothekenbanken, Landesbanken oder Sparkassen

- Industrieunternehmen: Unternehmen in privatem oder öffentlichem Eigentum

- Ausländische Emittenten: ausländische Staaten, Städte, Kreditinstitute, Wirtschaftsunternehmen oder internationale Institutionen, wie bspw. die Weltbank.

▶ Exkurs: Bezeichnungen für verzinsliche Wertpapiere:

Für verzinsliche Wertpapiere werden viele Begriffe synonym verwendet. Bei manchen handelt es sich um unterschiedlich (meist in Gesetzen) verwendete Oberbegriffe, andere ergeben sich aus der Art des Emittenten oder der Ausgestaltung der Anleihe.

Abb. 47: *Bezeichnungen von verzinslichen Wertpapieren*

Schuldtitel: vom KWG verwendeter Oberbegriff im Zusammenhang mit Finanzinstrumenten.

Anleihen, Rentenpapiere, Schuldverschreibungen, Obligationen oder **Bonds** (engl. für Anleihen): weitere allgemeine Oberbegriffe

Bundesanleihen, Bundesobligationen, Bundeswertpapiere: Emittent ist der Bund (deutscher Staat)

Staatsanleihen: allgemeiner Begriff für von Staaten (in- und ausländisch) ausgegebene verzinsliche Wertpapiere

Bankanleihen/Bankschuldverschreibungen: Emittenten sind Banken

Unternehmensanleihen: Emittenten sind Industrieunternehmen

Hypothekenanleihen/-pfandbriefe: Emittenten sind Hypothekenbanken

Floating Rate Notes („Floater"): engl. Bezeichnung für variabel verzinste Anleihen. Der Emittent legt in den Anleihebedingungen bestimmte Zinszeiträume fest, an deren Ende er Zinsen zahlt und zu denen er den Zinssatz für die nächste Zinsperiode festlegt. Der Zinsberechnung liegen in der Regel bestimmte Referenzzinssätze, wie bspw. der Euribor*, zugrunde, abzüglich eines vom Emittenten festgelegten Abschlages.

Zerobonds: engl. Bezeichnung für abgezinste Nullkupon-Anleihen. Bei diesen Anleihen erfolgt keine Zinszahlung während der Laufzeit. Dafür zahlt der Anleger bei Kauf einen Kurs unter 100 % und erhält dann am Laufzeitende sein Kapital zu 100 % zurückbezahlt. Die Differenz ist sein Zinsertrag. Der Kursabschlag hängt von der Laufzeit, der Bonität des Emittenten und dem Kapitalmarktzinsniveau ab. Durch den Kursabschlag kann es bei Marktzinsveränderungen durch eine Hebelwirkung zu erhöhten Kursschwankungen kommen. Auch muss der Anleger den steuerlichen Aspekt beachten: am Laufzeitende wird der komplette Kursvorteil steuerpflichtig. Der Vorteil für den Emittenten liegt in der Zinsstundung.

High-Yield-Bonds: engl. Bezeichnung für hochverzinste Anleihen von Emittenten mit geringer Bonität.

Inlandsanleihen: Anleihen, die ein Emittent in seinem Heimatland emittiert.

Auslandsanleihen: Anleihen, die der Emittent in einem Land emittiert, das nicht sein Heimatland ist und wenn die Anleihe auch auf die Währung dieses Landes lautet und dort gehandelt und börsennotiert wird. Der deutsche Anleger muss bei Auslandsanleihen das Währungsrisiko beachten, da die Zins- und Kapitalrückzahlungen in der fremden, d. h. Nicht-Euro-Währung erfolgen.

Euro-Auslandsanleihen: Anleihen, die von ausländischen Emittenten in Deutschland emittiert werden und auf Euro lauten. Die Zins- und Kapitalrückzahlung erfolgt ebenfalls in Euro, so dass für den deutschen Anleger kein Währungsrisiko besteht.

Euroanleihen (Eurobonds): Internationale Anleihen, die über ein internationales Bankenkonsortium für Emittenten mit einem internationalen Ruf emittiert werden, auf eine international anerkannte Währung lauten und weltweit in mehreren Ländern außerhalb des Heimatlandes des Emittenten gehandelt werden.

Inhaberschuldverschreibungen: Die Inhaberschuldverschreibung verbrieft eine Forderung gegen einen Emittenten, wobei der Besitzer nicht namentlich benannt wird. Jeder, der die Inhaberschuldverschreibung besitzt, kann diese durch formlose Einigung und Übergabe auf einen anderen übertragen.

Namensschuldverschreibungen: Namensschuldverschreibungen lauten auf den Namen des Gläubigers. Eine Übertragung ist nur im Rahmen einer Abtretung möglich. Deshalb finden sich unter den börsennotierten Anleihen keine solchen Schuldverschreibungen.

Orderschuldverschreibungen: Neben der Einigung und der Übergabe ist bei der Orderschuldverschreibung für die Übertragung der mit ihr verbundenen Rechte zusätzlich ein Indossament (schriftlicher Übertragungsvermerk auf der Orderschuldverschreibung; „in dossa" (ital.) bedeutet auf Deutsch „auf dem Rücken") erforderlich. ◄

Verzinsung

Festzins: i. d. R. ein fest (bzw. abgestuft fallender oder steigender) über die gesamte Laufzeit vereinbarter Nominalzinssatz.

Variabler Zinssatz: der Zinssatz ist nicht fest vereinbart und kann sich über die Laufzeit mehrfach ändern. Die Grundlage bildet in der Regel ein so genannter Referenzzinssatz, wie bspw. der Euribor˚.

Keine Verzinsung: hiermit sind die Zero-Bonds (Nullkupon-Anleihen) gemeint, die ohne eine laufende Zinszahlung ausgestattet sind. Der Ertrag des Anlegers wird durch den reduzierten Ausgabekurs erzielt.

▶ Exkurs: Zinsstrukturkurve

Die Zinsstrukturkurve zeichnet den Verlauf der Zinsenwicklung über zunehmend längere Laufzeiten von Anleihen auf. Der Normalfall ist, dass für längere Laufzeiten auch höhere Zinsen erzielt werden können.

Zum Ende eines konjunkturellen Wirtschaftsaufschwungs und im Boom kann es zu einem so genannten inversen Verlauf der Zinsstrukturkurve kommen, d. h. hier werden für längere Laufzeiten geringere Zinsen und für kürzere Laufzeiten höhere Zinsen erzielt. Bei der Laufzeitenauswahl kann es für einen Anleger interessant sein, zunächst in Anleihen mit kurzer Laufzeit zu investieren, wenn mit steigenden Zinsen gerechnet wird. Dann kann er später in länger laufende und höher verzinste Anleihen wechseln. ◀

Zinszahlungsarten

Es gibt 3 Arten von Zinszahlungsvarianten:

- **normalverzinst**, d. h. die Zinszahlung erfolgt laufend zu einem fest vereinbarten Termin (i. d. R. jährlich)

- **aufgezinst**, d. h. die Zinszahlung erfolgt erst am Laufzeitende und zwar in Form von Zinsen und Zinseszinsen in einer Summe zuzüglich zum Anlagebetrag

- **abgezinst**, d. h. der Anleger zahlt beim Kauf der Anleihe nur den Anleihe-Nennbetrag abzüglich Zinsen und Zinseszinsen. Am Laufzeitende erhält er dann sein beim Kauf eingesetztes Kapital zuzüglich Zinsen und Zinseszinsen wieder.

▶ Exkurs: Zinsberechnung

Soll der Zinsertrag eines Jahres berechnet werden, so kann man die nachfolgende vereinfachte Formel dafür wählen:

$$\text{Zinsen} = \frac{\text{Kapital X Zinssatz}}{100}$$

Zinssätze werden immer als „p.a." (pro Jahr) angegeben, weshalb die Prozentangabe in der obigen Formel entfallen kann.

Beispiel:

Wieviel Zinsen erhalten Sie im Jahr für eine Bundesanleihe, die mit 2 % p.a. verzinst wird und von der Sie 10.000 € (Nominalwert) besitzen?

$$\frac{10.000 \text{ € X } 2}{100} = 200 \text{ € Zinsen p.a.}$$

Soll der Zinsertrag auf Tagesbasis errechnet werden, so ist die nachfolgende Formel anzuwenden:

Kapital X Zinssatz X Anzahl der Tage

$$\text{Zinsen} = \frac{\text{Kapital X Zinssatz X Anzahl der Tage}}{100 \text{ X } 360}$$

Diese Formel wird üblicherweise von Banken bspw. bei der Berechnung des Zinsertrages für ein Festgeld oder ein Sparbuch angewendet. Ein Monat wird dabei mit 30 Tagen berechnet, unabhängig davon ob es sich tatsächlich um einen Monat mit mehr oder weniger Tagen handelt.

Beispiel:

Wieviel Zinsen erhalten Sie auf ein Festgeld über 20.000 €, das Sie für 3 Monate zu einem Zinssatz von 0,5 % p.a. vereinbart haben?

$$\frac{20.000 \text{ X } 0,5 \text{ X } 90}{100 \text{ X } 360} = 25 \text{ €}$$

◀

Laufzeit

Bei der Laufzeit einer Anleihe unterscheidet man drei Laufzeitgruppen:

- kurzfristig, d. h. Anleihen mit einer (Rest-)Laufzeit von ca. bis zu 2 Jahren
- mittelfristig, d. h. Anleihen mit einer (Rest-)Laufzeit von ca. 2–8 Jahren
- langfristig, d. h. Anleihen mit einer (Rest-)Laufzeit von ca. mehr als 8 Jahren

Diese Laufzeiten sind gesetzlich nicht festgelegt und daher nur als Orientierungswerte gedacht.

Rückzahlung/Tilgung

Eine Anleihe kann vom Emittenten wie vereinbart oder außerplanmäßig durch eine vorzeitige Kündigung der Anleihe zurückgezahlt, d. h. getilgt werden.

Bei einer **gesamtfälligen Anleihe** wird der Nennwert in einer Summe am Ende der Laufzeit zurückgezahlt. Dieser Zeitpunkt wird vom Emittenten festgelegt und ist dem Anleger dementsprechend bekannt.

Bei einer **Auslosungsanleihe** wird das Kapital zu unterschiedlichen Zeitpunkten zurückbezahlt. Der Emittent ermittelt über ein Auslosungsverfahren diejenigen Wertpapierurkunden, die am nächsten Rückzahlungstermin getilgt werden. Für den Anleger besteht dann das Risiko, eine gleichwertig verzinste neue Anleihe am Markt zu finden.

Der Emittent kann sich in den Anleihebedingungen die außerplanmäßige vorzeitige Rückzahlung durch **Kündigung** der Anleihe vorbehalten. Auch hier trägt der Anleger das Risiko, einen entsprechenden Ersatz am Markt zu finden.

Weitere Formen von verzinslichen Wertpapieren

Bundeswertpapiere (börsennotiert)

Mittels der Ausgabe von Bundeswertpapieren kann sich der bundesdeutsche Staat (Bund) Kapital am Rentenmarkt beschaffen. Die Deutsche Bank übernimmt als „Hausbank" des Bundes die Abwicklung der Anleiheemission.

Die börsennotierten Bundeswertpapiere gibt es als Bundesanleihen oder Bundesobligationen. Die Neuauflage von Finanzierungsschätzen und Bundesschatzbriefen wurde ab 1. 1. 2013 eingestellt.

Börsennotierte Bundeswertpapiere sind geeignet für den sicherheitsorientierten Anleger, der auf einen Emittenten mit sehr hoher Bonität Wert legt, sich eine marktgerechte Verzinsung für seine mittel- (Bundesobligationen) bis langfristige (Bundesanleihen) Kapitalanlage wünscht und dabei auf eine hohe Liquidität nicht verzichten möchte.

Geldanlage- form	Bundesanleihe („Bunds")	Bundesobligation („Bobls")
Laufzeit	i. d. R. 10–30 Jahre	5 Jahre
Ertrag	fester Zinssatz entsprechend dem Marktzinsniveau mit jährlicher Zinszahlung	
Kosten	Depotführungsgebühr und ggf. Kauf-/Verkaufsprovision	
Verfügbarkeit	jederzeit börsentäglich möglich	
Risiken	Kursrisiko bei vorzeitigem Verkauf	
Sonstiges	▪ Mindestanlagebetrag ist vom Kreditinstitut abhängig, das mit dem Kauf beauftragt wird	

Abb. 48: Börsennotierte Bundeswertpapiere

Pfandbriefe

Pfandbriefe sind gedeckte Schuldverschreibungen, d. h. sie sind durch bestimmte Werte zusätzlich abgesichert. Beispielsweise sind Hypothekenpfandbriefe durch die Hypotheken der Kunden der Hypothekenbank abgesichert.

High-Yield-Anleihen

Bei High-Yield-Anleihen handelt es sich um so genannte **Hochzinsanleihen**. Die hohe Verzinsung ergibt sich aus dem Risikoaufschlag in Form eines gegenüber dem Marktzinsniveau erhöhten Nominalzinssatzes, den die Emittenten mit vergleichsweise schlechter Bonität (Einstufung erfolgt durch Ratingagenturen) an den Anleger zahlen müssen. Bei Emittenten mit besonders schlechter Bonität wird auch der Begriff **„Junk Bond"** (Schrottanleihe) synonym verwendet.

▶ Exkurs: Rating von Anleihen

Die Einschätzung der Emittentenbonität ist für den privaten Anleger fast unmöglich, da er kaum Zugang zu den entsprechenden Unternehmensinformationen hat und in der Regel auch kein ausgebildeter Kapitalmarktexperte ist. Internationale Rating Agenturen (Moody's, Standard & Poor's, Fitch) übernehmen diese Bewertung und vergeben Ratings bezüglich der Wahrscheinlichkeit, ob ein Emittent seinen Zins- und Rückzahlungsverpflichtungen vereinbarungsgemäß und in vollem Umfang nachkommen kann. Unternehmen und ihre Anleihen werden mit Ratingsymbolen versehen. In der Regel sind dies Buchstaben, wie bspw.:

Beispiel

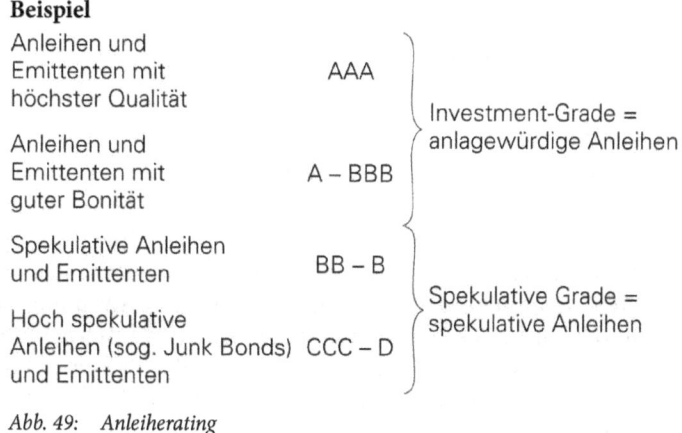

Abb. 49:   Anleiherating

Diese Ratings haben bei der Neuemission von Anleihen Einfluss auf die Zinsgestaltung, und Veränderungen während der Anleihelaufzeit können sich auf den laufenden Anleihekurs auswirken. Ein Rating ist immer eine rückwirkende Betrachtung und kann keine nachhaltige Aussage für die zukünftige Entwicklung treffen. ◀

Verzinsliche Wertpapiere mit Sonderrechten

Wandel-anleihen	Options-anleihen	Gewinn-schuldver-schreibungen	Inflations-geschützte Anleihe
verzinsliche Anleihe	verzinsliche Anleihe	verzinsliche Anleihe	verzinsliche Anleihe
oder	und	und/oder	und
Umtausch in Aktien	Recht auf Bezug von Aktien	zusätzliche dividenden-bezogene Verzinsung (Beteiligung an Unterneh-mensgewinn)	Inflations-schutz

Abb. 50: Verzinsliche Wertpapiere mit Sonderrechten

Wandelanleihen/Wandelobligationen

Wandelanleihen (engl. convertible bonds) beinhalten das Recht auf Umtausch der Anleihe in Aktien des Emittenten. Dies muss innerhalb der Wandlungsfrist erfolgen. Auch das Wandlungsverhältnis Anleihe zu Aktien ist in den Anleihebedingungen von Anfang an festgelegt. Übt der Anleger sein Wandlungsrecht aus, so verfallen ab diesem Zeitpunkt alle anderen Ansprüche aus der Wandelanleihe. Mit Ausübung des Wandlungsrechts wird aus dem bisherigen Gläubiger ein Teilhaber am Unternehmen, und der Anleger erwirbt mit den Aktien auch die entsprechenden Rechte eines Aktionärs, wie bspw. das Recht auf Dividendenzahlung oder Teilnahme an der Hauptversammlung des Unternehmens.

Verzichtet der Anleger / Gläubiger auf sein Wandlungsrecht, erhält er am Ende der Anleihelaufzeit den Anleihenbetrag zu 100 % zurück.

Der laufende Kurs der Wandelanleihe hängt wesentlich auch vom Kurs der dem Wandlungsrecht zugrunde liegenden Aktie ab.

Emittenten von Wandelanleihen sind Aktiengesellschaften.

Optionsanleihe

Ähnlich wie bei der Wandelanleihe ist auch mit der Optionsanleihe ein Bezugsrecht auf Aktien verbunden. Allerdings bleibt bei Ausübung dieses Bezugsrechtes die Anleihe weiterhin bestehen. Dies ist möglich, da das Bezugsrecht separat über einen Optionsschein verbrieft ist. Der Anleger erwirbt mit Kauf der Optionsanleihe somit eigentlich zwei Wertpapiere. Bei Ausübung der Option wird der Anleger zusätzlich Aktionär, bleibt aber auch weiterhin über die Anleihe Gläubiger des Unternehmens.

Gewinnschuldverschreibungen

Diese Anleihen verbriefen zusätzlich oder anstelle des Zinsanspruches eine Beteiligung am Gewinn des Emittenten. Der Regelfall ist eine feste Nominalverzinsung gekoppelt mit einer dividendenabhängigen Zusatzverzinsung.

Inflationsgeschützte Anleihen

Ein regelmäßig unterschätztes Risiko bei der Anlage in verzinsliche Wertpapiere ist, dass es sich um eine Geldwertanlage handelt, die bei steigender Inflation an realem Wert (Kaufkraft) verliert. Eine hohe Verzinsung bietet hier keinen umfassenden Schutz für den Anleger, denn diese kann durch die Geldentwertung zunichte gemacht werden.

Inflationsgeschützte Anleihen (engl. Inflation-Indexed-Securities) werden auch Anleihen mit Sachwertschutz oder Realzinsanleihen genannt. Sie koppeln die Anleihezahlungen (Zinsen und Rückzahlungskapital) an einen Preisindex (bspw. an den vom statistischen Bundesamt veröffentlichten Verbraucherpreisindex / Inflationsrate).

Spezielle Risiken bei verzinslichen Wertpapieren

Bonitätsrisiko	Risiko der Zahlungsunfähigkeit des Emittenten
Zinsänderungsrisiko / Kursänderungsrisiko während der Laufzeit	Risiko der Marktzinsveränderungen während der Anleihelaufzeit und das damit verbundene Kursrisiko für bestehende Anleihen
Kündigungsrisiko	Risiko, dass der Emittent sein Recht entsprechend der Anleihebedingungen zur vorzeitigen Kündigung ausübt
Auslosungsrisiko	Risiko, dass der Rückzahlungszeitpunkt aufgrund des Auslosungsverfahrens früher eintritt und zu einer Verschlechterung der Rendite führt
Risiken bei einzelnen Anleiheformen	Risiko, das mit den speziellen Ausgestaltungen von weiteren Anleiheformen (insbesondere Zero Bonds, Wandelanleihen, u. a.) zusammenhängt

Abb. 51: Spezielle Risiken bei verzinslichen Wertpapieren

Bonitätsrisiko

Wird ein Emittent zeitweise oder dauerhaft zahlungsunfähig, kann sich dies zunächst auf die Zinszahlungen und später auf die Rückzahlung der Anleihe auswirken.

Die Ursachen können beim Emittenten liegen oder die Folge gesamtwirtschaftlicher Entwicklungen sein:

- Konjunkturabschwung: anhaltend sinkende Nachfrage und sinkende Gewinne können zu Liquiditätsengpässen und später auch zur kompletten Zahlungsunfähigkeit des Emittenten führen

- Unternehmensspezifische Veränderungen bzw. negative Branchenentwicklungen

- Staatsdefizite

- Politische Entwicklungen mit Einfluss auf die Wirtschaft (bspw. Verhängungen von Import-Strafzöllen) oder sogar ein Staatsbankrott

Die Folgen von Bonitätsverschlechterungen des Emittenten sind in der Regel auch fallende Kurse bei den von ihm ausgegebenen Anleihen.

Je länger die Restlaufzeit einer Anleihe ist, umso wichtiger ist die Beachtung dieses Risikos und sollte für den Anleger eines der wichtigsten Entscheidungskriterien sein. Allerdings hat umgekehrt eine gute Bonität und die damit verbundene erhöhte Sicherheit auch ihren Preis. Ein Emittent mit hoher Bonität kann auch schon mal eine Anleihe mit einer Verzinsung unterhalb des Marktzinsniveaus herausgeben.

Abb. 52: Bonität der Emittenten

Zinsänderungsrisiko

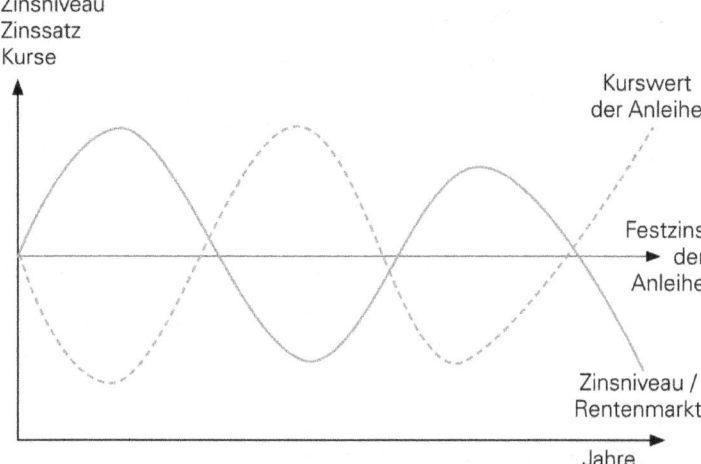

Abb. 53: Der Zusammenhang zwischen Anleihekurs und Marktzinsniveau

Die Marktzinsen unterliegen einem ständigen Veränderungsprozess und haben einen großen Einfluss auf die Kurse bereits emittierter Anleihen.

Je stärker die Zinsveränderung, umso stärker ihre Auswirkung auf die Anleihekurse.

Ursachen von Marktzinsveränderungen können sein:

- Haushaltspolitik des Staates
- Geldpolitik der EZB
- Konjunkturentwicklung
- Inflation / Deflation
- Ausländische Marktzinsentwicklungen

Im Wirtschaftsteil einer Tageszeitung können sich folgende Marktbeschreibungen finden:

- „Der Rentenmarkt tendiert freundlich" bedeutet steigende Anleihekurse bei fallendem Marktzinsniveau
- „Der Rentenmarkt tendiert leichter" bedeutet fallende Anleihekurse bei steigendem Marktzinsniveau

Wie stark eine Anleihe auf Marktzinsveränderungen reagiert, hängt neben ihrer Nominalverzinsung vor allem von ihrer Restlaufzeit ab:

- Je kürzer die Restlaufzeit einer Anleihe, umso weniger Kursveränderung verursacht eine Marktzinsveränderung.

- Liegt der Nominalzins einer Anleihe über dem Marktzinsniveau, steigt der Anleihekurs bei fallenden Marktzinsen. Liegt er darunter, besteht das Risiko von Kursverlusten bei weiteren Marktzinssteigerungen.

Die gute Nachricht für den Anleger von verzinsten Anleihen mit fest vereinbarter Laufzeit: sie bleiben von Kursverlusten verschont, wenn sie ihre Anleihe einfach bis zum Laufzeitende behalten. Denn dann ist der Emittent zur Rückzahlung der Anleihe wie vereinbart – in der Regel zu 100 % – gemäß den Anleihebedingungen verpflichtet.

▶ Exkurs: Was bedeutet „pari"?

Im Zusammenhang mit der Kursnotierung einer Anleihe gibt es verschiedene Zusätze:

„pari":   Der Anleihekurs beträgt 100 % und entspricht damit dem Rückzahlungskurs dieser Anleihe. Nominalverzinsung dieser Anleihe entspricht in der Regel dem Marktzinsniveau.

„unter pari":   Der Anleihekurs liegt unter 100 % und die Nominalverzinsung der Anleihe wird in der Regel unter dem Marktzinsniveau liegen.

„über pari":   Der Anleihekurs liegt über 100 % und die Nominalverzinsung der Anleihe wird in der Regel über dem Marktzinsniveau liegen.   ◀

Weitere Informationen zu börsennotierten verzinslichen Wertpapieren und dem Rentenmarkt finden Sie im Kapitel 3.1.2 Rentenmarkt.

Aktien

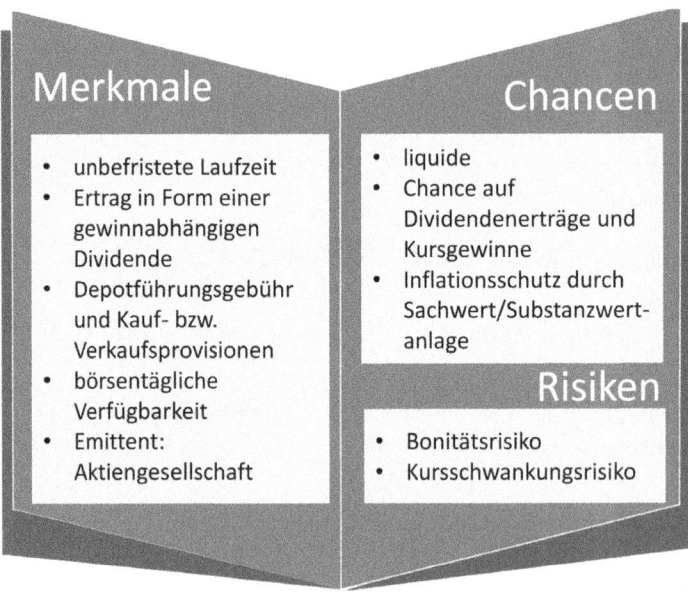

Abb. 54: Aktien

Aktien werden von Aktiengesellschaften (AG) herausgegeben, um sich im bilanziellen Sinne Eigenkapital zu beschaffen.

Aktien

Eine Aktie verbrieft einen Anteil am Grundkapital einer Aktiengesellschaft mit den dazu gehörenden Teilhaberrechten (bspw. Recht auf Dividendenzahlung und Teilnahme an der Hauptversammlung). Der Aktionär ist Teilhaber und kein Gläubiger des Unternehmens.

Der Aktienanleger wird Aktionär und Teilhaber an der Aktiengesellschaft. Je nach Art der Aktie erwirbt er das Recht auf Dividendenzahlung (Beteiligung am Unternehmensgewinn) und Mitspracherechte (Teilnahme an der Hauptversammlung der Aktiengesellschaft mit dem entsprechenden Stimmrecht). Nachdem die Aktie emittiert (herausgegeben) wurde, bestimmen Angebot und Nachfrage und weitere Einflussfaktoren ihren Kurswert. Dieser muss nicht mit dem tatsächlichen Wert des Unternehmensanteils übereinstimmen.

Der Aktionär haftet bis zur Höhe seiner Einlage, d. h. er kann im schlimmsten Fall (Konkurs des Aktienunternehmens) sein komplettes Kapital verlieren.

Die Rechte des Aktionärs

Vermögensrechte:

- Beteiligung am Gewinn (**Dividendenzahlung**), sofern ein solcher anfällt

- Anteil am **Liquidationserlös** im Konkursfall

Darüber hinaus hat der Aktionär die Chance auf Kursgewinne.

Auch wenn die Höhe der Dividendenzahlung nicht garantiert werden kann, legen einige Unternehmen Wert auf eine regelmäßige und hohe Dividendenzahlung an ihre Aktionäre. Kennzahl hierfür ist die Dividendenrendite, die ich Ihnen im Kapitel 3.1.3 Aktienmarkt noch näher erläutern werde. Ertragsorientierte Anleger können entsprechend auf Unternehmen mit einer hohen Dividendenrendite in der Vergangenheit setzen.

Verwaltungsrechte:

- **Teilnahme** an der **Hauptversammlung** der Aktiengesellschaft

  Zur Hauptversammlung werden die Aktionäre i. d. R. einmal jährlich nach Ende des Geschäftsjahres eingeladen. Aufgabe der Hauptversammlung ist es bspw., über die Verwendung des Bilanzgewinns zu entscheiden. Die depotführende Stelle des Anlegers informiert diesen über den Termin und die Tagesordnung und kann ihm auch Vorschläge zur Ausübung seines Stimmrechts machen. Auch die erforderliche Eintrittskarte wird dem Anleger durch seine depotführende Stelle ausgestellt.

- **Auskunftsrecht** im Rahmen der Hauptversammlung über rechtliche und geschäftliche Angelegenheiten des Unternehmens

Der Vorstand einer Aktiengesellschaft ist verpflichtet, im Rahmen der Hauptversammlung Rechenschaft über die festgelegten Tagesordnungspunkte und somit auch über seine Tätigkeit abzugeben. Sie muss gewissenhaft und wahrheitsgemäß erfolgen (Ausnahme: Betriebsgeheimnisse).

- **Stimmrecht** zur Beteiligung an den Beschlussfassungen der Hauptversammlung (grundsätzlich gilt: 1 Aktie = 1 Stimmrecht)

Der Aktionär kann sein Stimmrecht bspw. auch an seine depotführende Bank übertragen. Dies geschieht mittels einer Vollmacht, die mit verbindlichen Weisungen für die Ausübung des Stimmrechts ausgestattet werden kann. Die Vollmacht kann jederzeit vom Aktionär widerrufen werden. Erteilt der Aktionär keine konkreten Weisungen, entscheidet die Bank nach eigenem Ermessen.

▶ Exkurs: Das Bezugsrecht

Die Aktiengesellschaft kann sich über die Ausgabe neuer, sog. junger Aktien neues Eigenkapital beschaffen. Aus diesem Grund spricht man in diesem Fall von einer Kapitalerhöhung.

Eine solche Kapitalerhöhung kann die Aktiengesellschaft bspw. für Neuinvestitionen nutzen.

Den jungen Aktien steht im folgenden Geschäftsjahr zunächst keine oder nur eine geringere Dividendenzahlung zu. Aus diesem Grund liegt der Ausgabepreis der jungen Aktien unter dem aktuellen Börsenkurs der Altaktien.

Für die Altaktionäre entstehen 2 Nachteile:

- durch die erhöhte Anzahl der Aktien schrumpft ihr Anteil am Grundkapital der Aktiengesellschaft, wenn sie nicht entsprechende junge Aktien nachkaufen

- durch die nunmehr höhere Anzahl an Aktien sinkt das Gewicht ihrer Stimmrechte auf der nächsten Hauptversammlung.

Aus diesem Grund erhalten die Altaktionäre im Falle einer Kapitalerhöhung ein **Bezugsrecht** zum Bezug der jungen Aktien.

Grundsätzlich erhält jede Aktie ein Bezugsrecht. Allerdings werden für den Erwerb einer jungen Aktie i.d.R. mehrere Bezugsrechte benötigt. Der Altaktionär muss somit Bezugsrechte zukaufen oder kann überschüssige über die Börse verkaufen. Es gibt also einen sog. Bezugsrechtshandel. Der Preis des Bezugsrechts orientiert sich an einem theoretisch errechneten Wert des Bezugsrechts und darüber hinaus nach Angebot und Nachfrage.

Nachfolgend sehen Sie die Möglichkeiten des Altaktionärs hinsichtlich der Verwendung seiner Bezugsrechte:

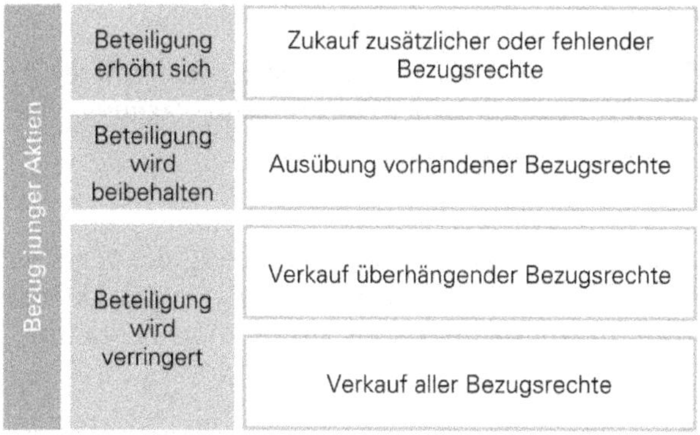

Bezug junger Aktien	Beteiligung erhöht sich	Zukauf zusätzlicher oder fehlender Bezugsrechte
	Beteiligung wird beibehalten	Ausübung vorhandener Bezugsrechte
	Beteiligung wird verringert	Verkauf überhängender Bezugsrechte
		Verkauf aller Bezugsrechte

Abb. 55: Das Bezugsrecht ◄

Die Aktienarten

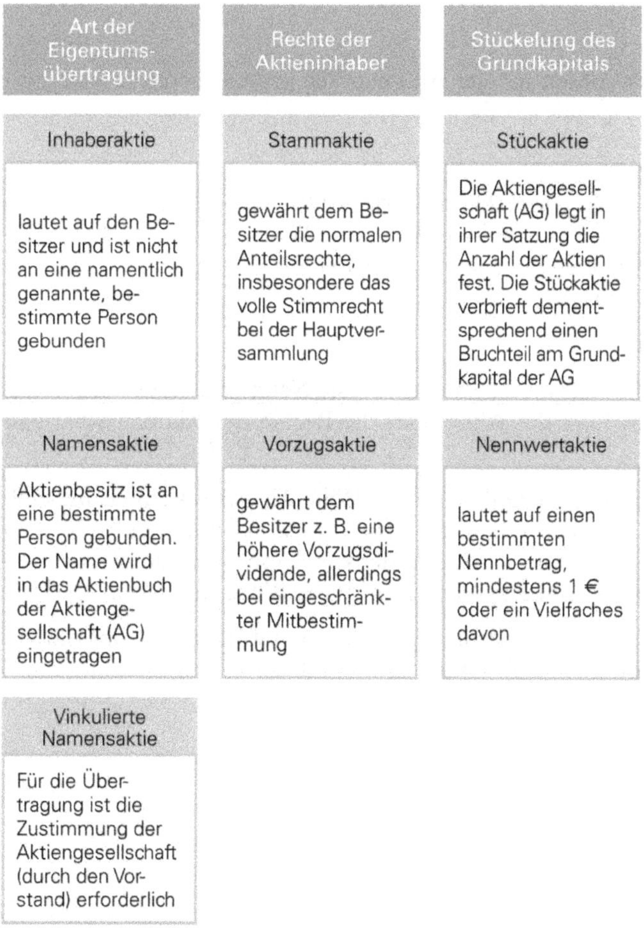

Art der Eigentumsübertragung	Rechte der Aktieninhaber	Stückelung des Grundkapitals
Inhaberaktie	**Stammaktie**	**Stückaktie**
lautet auf den Besitzer und ist nicht an eine namentlich genannte, bestimmte Person gebunden	gewährt dem Besitzer die normalen Anteilsrechte, insbesondere das volle Stimmrecht bei der Hauptversammlung	Die Aktiengesellschaft (AG) legt in ihrer Satzung die Anzahl der Aktien fest. Die Stückaktie verbrieft dementsprechend einen Bruchteil am Grundkapital der AG
Namensaktie	**Vorzugsaktie**	**Nennwertaktie**
Aktienbesitz ist an eine bestimmte Person gebunden. Der Name wird in das Aktienbuch der Aktiengesellschaft (AG) eingetragen	gewährt dem Besitzer z. B. eine höhere Vorzugsdividende, allerdings bei eingeschränkter Mitbestimmung	lautet auf einen bestimmten Nennbetrag, mindestens 1 € oder ein Vielfaches davon
Vinkulierte Namensaktie		
Für die Übertragung ist die Zustimmung der Aktiengesellschaft (durch den Vorstand) erforderlich		

Abb. 56: Die Aktienarten

Inhaberaktien

Sie sind die gebräuchlichste Form bei deutschen Aktiengesellschaften und die Regelform nach dem Aktiengesetz. Ihr Vorteil liegt in der Eigentumsübertragung ohne besondere Formalitäten (Einigung und Übergabe).

Namensaktien

Sie ist international die gebräuchlichste Form. Durch den Eintrag des Namens des Aktionärs (dies kann eine natürliche oder juristische Person sein) in das Aktienbuch ist der Aktiengesellschaft zu jedem Zeitpunkt der Kreis ihrer Aktionäre bekannt.

Vinkulierte Namensaktien

Diese Form wird häufig von Versicherungs-, Medien- oder Luftfahrtgesellschaften gewählt. Bei dieser Aktienart muss das Aktienunternehmen der Eigentumsübertragung auf einen neuen Aktionär zustimmen und hat so Einfluss auf eine Veränderung der Aktionärsstruktur.

Stammaktien

Bei dieser Normalform der Aktien hat der Aktionär alle gesetzlichen und satzungsmäßigen Rechte.

Vorzugsaktien

Gegen die Gewährung gewisser Vorrechte muss der Aktionär bei dieser Aktienform in der Regel auf sein Stimmrecht verzichten. Vorrechte können hinsichtlich der Gewinnbeteiligung (erhöhte Dividende), aber auch bei der Verteilung des Liquidationserlöses im Konkursfall gewährt werden.

Nennwert- oder Stückaktien

Eine deutsche Aktiengesellschaft muss festlegen, ob sie Nennwert- oder Stückaktien ausgeben möchte. Auf den Kurs der Aktie oder die Rechte des Aktionärs hat dies keine Auswirkungen.

Der Nennwert ist eine rechnerische Größe, die die Höhe des Anteils am Grundkapital der Aktiengesellschaft darstellt. Dieser Nennwert muss auf mindestens 1 € oder ein Vielfaches davon lauten. Der tatsächliche Aktienkurs kann vom Nennwert abweichen, da sich der Kurs aus Angebot und Nachfrage an der Börse entwickelt.

Auch die Stückaktie verbrieft einen bestimmten Anteil am Grundkapital der Aktiengesellschaft. Der Anteil wird hier als Bruchteil am Grundkapital ausgedrückt.

Spezielle Risiken der Aktienanlage

Spezielle Risiken der Aktienanlage		
Unternehmerisches Risiko (Insolvenzrisiko)	Kursänderungsrisiko	Dividendenrisiko
Psychologie der Marktteilnehmer	Risiko der Kursprognose (Timing)	Risiko eines Zulassungswiderrufs (Delisting)

Abb. 57: Spezielle Risiken der Aktienanlage

Unternehmerisches Risiko (Insolvenzrisiko)

Als Mitinhaber an der Aktiengesellschaft sind die Aktionäre von der wirtschaftlichen Entwicklung der Gesellschaft abhängig. Im Insolvenzfall droht ein Totalverlust des angelegten Kapitals, und die Aktionäre werden erst nach den Gläubigern am Liquidationserlös beteiligt.

Kursänderungsrisiko

Die Kursschwankungen bei Aktien sind nicht vorhersehbar. Insbesondere kurzfristig kann es zu erheblichen Kursveränderungen kommen. Die Risikoquelle ist zum einen der Markt (sog. **systematisches Risiko**) und zum anderen das Unternehmen (sog. **unsystematisches Risiko**).

Dividendenrisiko

Ob und in welcher Höhe Dividenden gezahlt werden, ist nicht garantiert oder fest vereinbart. Ausschlaggebend für die Dividendenzahlung ist die Ertragslage und Dividendenpolitik (Ausschüttung an die Aktionäre oder Reinvestition ins Unternehmen) der Aktiengesellschaft.

Psychologie der Marktteilnehmer

Die Stimmung der Marktteilnehmer hat vor allem kurzfristig einen erheblichen Einfluss auf die Kursentwicklung von Aktien. Steigt die Stimmung nachhaltig, spricht man von einer **Hausse** oder einem Bullenmarkt (der Bulle ist das Symbol für steigende Aktienkurse). Verschlechtert sich die Stimmung nachhaltig, spricht man von einer **Baisse** oder einem Bärenmarkt (der Bär ist das Symbol für fallende Aktienkurse).

Risiko der Kursprognose (Timing)

Die große Herausforderung für den Anleger besteht darin, den richtigen Einstiegs- bzw. Ausstiegszeitpunkt (Timing) für seine Aktienanlage zu finden. Es gibt zwar verschiedene Analysemodelle, die versuchen, aus Marktentwicklungen der Vergangenheit auf zukünftige Entwicklungen zu schließen, jedoch gibt es immer wieder unvorhersehbare oder sehr seltene Ereignisse (im Fachjargon oft als schwarze Schwäne bezeichnet). Diese führen dann zum Scheitern der bisherigen Modellannahmen. Das perfekte Timing gibt es somit nicht. Wer sich informiert, kann vielmehr den für ihn günstigsten Einstiegszeitpunkt finden. Viel wichtiger ist der passende Anlagehorizont, um Gewinne entstehen zu lassen oder Verluste auszusitzen.

Risiko eines Zulassungswiderrufs (Delisting)

Wird eine Aktie vom Börsenhandel ausgeschlossen, weil sie die vorgeschriebenen Anforderungen nicht erfüllt oder entscheidet sich die Aktiengesellschaft selbst, diesen Schritt vorzunehmen, weil sie die vorgeschriebenen Anforderungen nicht mehr erfüllen will, so wird die Handelbarkeit (sog. **Fungibilität**) dieser Aktien erheblich eingeschränkt und bedeutet ein Liquiditäts- und Kursrisiko für den Anleger.

Chancen der Aktienanlage

Leider nutzen in Deutschland nur vergleichsweise wenige Anleger die auf lange Sicht möglichen Chancen einer Aktienanlage. Dabei geht es gar nicht um die Anlage des gesamten Vermögens, sondern vor allem um die Chancen schon kleiner Aktienbeimischungen im Depot für den Anleger.

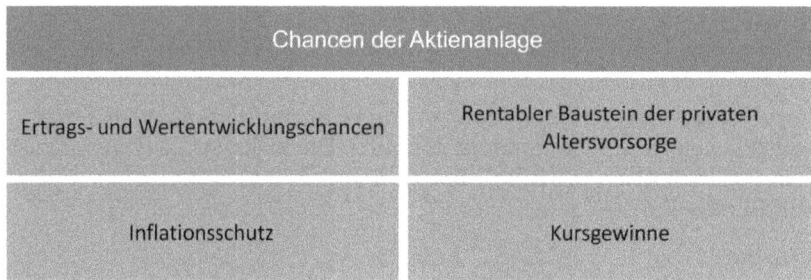

Abb. 58: Chancen der Aktienanlage

Ertrags- und Wertentwicklungschancen

Die Ertrags- und Wertentwicklungschancen bei Aktien ergeben sich einerseits aus der Gewinnbeteiligung am Aktienunternehmen in Form von möglichen jährlichen Dividendenzahlungen und andererseits aus den möglichen Kursgewinnen. Um die hohe Rentabilität einer Aktie nutzen zu können, sollte der Anleger Folgendes beachten:

- eine ausreichende Streuung (Investition in mindestens 5–10 verschiedene Aktien verschiedener Branchen) seiner Aktiendirektanlage oder gleich die Investition in einen risikogestreuten Aktienfonds. Dabei sollte der Anleger auf die anfallenden Gebühren für den Kauf bzw. Verkauf und die Depotführung achten.

- einen langfristigen Anlagehorizont (mind. 5–10 Jahre), denn in der Vergangenheit konnten sich Kursschwankungen über die Zeit wieder ausgleichen.

Rentabler Baustein der privaten Altersvorsorge und des Vermögensaufbaus

Werden die oben genannten Punkte vom Anleger beachtet, so eignet sich die Aktienanlage als Baustein für viele Anlageziele, wie bspw. die zusätzliche kapitalmarktorientierte private Altersvorsorge oder ganz allgemein für einen frühzeitigen Vermögensaufbau.

Inflationsschutz

Aktien sind Substanz- bzw. Sachwerte, da der Anleger in ein Aktienunternehmen investiert. Auf diese Weise werden Aktien zu einer weitestgehend vor Inflation geschützten Anlage.

Kursgewinne

Natürlich gehören Kursverluste zu den Risiken der Aktienanlage. Aber auf der anderen Seite stehen eben auch die möglichen hohen Kursgewinne. Wichtig ist, dass der Anleger sich Gedanken über seine ganz individuelle Risikoneigung macht. Kommt er zu dem Schluss, langfristig die Risiken einer Aktienanlage tragen zu können und zu wollen, steht ihm die Tür zu den Chancen der Aktienanlage offen.

> Tipp: Der persönliche Anlagehorizont des Anlegers ist entscheidend für das Timing der Aktienanlage. Beim Kauf kann der richtige Weg ein schrittweiser Einstieg in den Aktienmarkt sein, d. h. der zur Verfügung stehende Anlagebetrag wird auf bspw. 4 Kauftermine übers Jahr verteilt. Zum Ende der geplanten Laufzeit (Aktien selbst haben keine feste Laufzeit) kann ein rechtzeitiges Umschichten in risikoärmere Anlagen und die damit verbundene Sicherung und Mitnahme von erzielten Kursgewinnen empfehlenswert sein.

Es empfiehlt sich, seine Aktienanlage und die damit verbundene Zielsetzung regelmäßig zu überprüfen. Zugegebenermaßen sollte der Anleger dazu über ein gewisses Know-how über den Aktienmarkt und seine Aktieninvestitionen verfügen. Ist dies nicht der Fall, können Aktienfonds, die von einem professionellen Fondsmanagement verwaltet werden, eine gute Alternative darstellen. Mehr dazu im Kapitel 3.3.1 Aktienfonds.

▶ **Exkurs: Weitere Fachbegriffe rund um die Aktienanlage**

Behavioral Finance

Als Behavioral Finance bezeichnet man eine Wissenschaft zur Erforschung des Anlegerverhaltens. Ziel ist es, das Handeln von Anlegern verhaltenspsychologisch (engl. behavioral) zu erklären.

Entscheidet der Anleger bei seinen finanziellen Entscheidungen tatsächlich nur aufgrund rationalen Faktoren? Wie sieht es mit den verhaltenspsychologischen Einflussfaktoren der individuellen Prägung durch Erziehung, Erfahrung und Emotionen aus? Oder der systemischen Prägung durch das kulturelle Umfeld? Kann der Anleger all dies wirklich bei seinen finanziellen Entscheidungen ausblenden? Als Mensch bewertet er seine Mitmenschen und Situationen nach seinen individuellen Erfahrungen und Sichtweisen und ist in der Regel alles andere als rational oder neutral. Bei seinen Finanzen soll nun plötzlich klarer Sachverstand herrschen?

Die Antwort der Anhänger von Behavioral Finance lautet ganz klar: nein. Sie kommen vielmehr zu dem Ergebnis, dass der Anleger in der Regel nicht nur die Maximierung seiner wirtschaftlichen Gewinne vor Augen hat.

Home Bias

Bestimmt kennen Sie den Grundsatz: „my home is my castle". Auch Anleger neigen dazu, statt einer breiten internationalen Streuung, lieber überwiegend in Aktienunternehmen ihres Heimatlandes zu investieren oder diese zumindest höher zu gewichten.

Auch ärgern sich Anleger viel mehr über erlittene Kursverluste und ihre damit verbundene Fehlentscheidung, als sich über erzielte Kursgewinne zu freuen. Die Folge: Steigen die Kurse, wird viel zu früh verkauft. Fallen die Kurse, wird solange mit einem Verkauf gewartet, bis der Kursverlust noch größer ausfällt. Somit wird viel häufiger auf dem Tiefstand verkauft als auf dem Höchststand gekauft.

Die Lösung ist, sich entsprechend anders zu verhalten.

Heuristik

Der „Pi-Mal-Daumen-Effekt": Menschen treffen Entscheidungen häufig auf Grundlage einer einfachen, schnellen und stabilen Daumenregel. Die Entscheidung auf der Grundlage der Analyse aller Möglichkeiten ist eher selten.

Herdentrieb

„The trend is my friend" findet sich auch in der Behavioral Finance wieder. Wir Menschen orientieren uns gerne an Vorbildern. So auch bei unseren finanziellen Entscheidungen. Auch an den Börsen gibt es „Gurus", denen man zum Nachweis der eigenen Kompetenz einfach folgen muss. Der Haken: jeder Trend ist irgendwann Standard und wird durch einen neuen Trend ersetzt. Der Anleger reagiert hierauf allerdings meist zu spät und verpasst somit den rechtzeitigen Ausstieg aus dem alten und rechtzeitigen Einstieg in den neuen Trend. ◀

Der Aktienkurs

Auch die grundsätzlichen Einflussfaktoren der Aktienmarktentwicklung werde ich Ihnen noch näher im Kapitel 3.1.3 Aktienmarkt beschreiben.

Grundsätzlich lässt sich sagen, dass der Aktienkurs die Gewinnerwartung des Unternehmens widerspiegelt, die von der Stimmung der Marktteilnehmer und von Angebot und Nachfrage abhängt.

Der Aktienhandel findet heute überwiegend über ein vollelektronisches System mit der Bezeichnung „Xetra" (Exchange Electronic Trading) statt.

Market-Maker-Prinzip

Market-Maker („Marktmacher") sind verpflichtet, verbindliche Kauf- und Verkaufskurse anzubieten, zu denen sie zu einem Handel bereit sind. So wird auch bei niedrigen Aktienumsätzen der Handel sichergestellt, und der Anleger kann zu marktgerechten Preisen kaufen oder verkaufen.

Der Privatanleger kann börsennotierte Aktien über seine depotführende Bank kaufen oder verkaufen, die zur Best Execution verpflichtet ist.

▶ Exkurs: Best Execution

Banken und Finanzdienstleistungsunternehmen müssen gemäß der EU-Richtlinie MiFID die bestmögliche Ausführung einer Wertpapierorder (Kauf- oder Verkaufsauftrag) in Bezug auf Preis, Kosten sowie weitere Qualitätskriterien, wie bspw. die Ausführungswahrscheinlichkeit, gewährleisten.

Der Anleger hat aber alternativ die Möglichkeit, ein (Kurs-)Limit für die Ausführung seiner Order festzulegen. Wird das Limit nicht erreicht, so wird auch die Order nicht ausgeführt, und der Anleger kann seine Entscheidung neu überlegen.

◀

Anlegermotive für die Aktienanlage

Zu den Anlegermotiven für die Aktienanlage gehören vor allem:

- Ertrag: Dividendenzahlungen und Kursgewinne

- Sachwertanlage: Aktien zählen grundsätzlich zu den Sachwerten und unterliegen damit kaum einem Geldwertverlust (Inflation).

- Spekulation: Aktienkurse können erheblich schwanken und bieten auch kurzfristig hohe Kursgewinne.

- Mitbestimmung: Durch die Verwaltungsrechte hat der Aktionär Stimmrechte und somit ein Mitbestimmungsrecht.

Aktien	Unternehmensanleihen
▪ Anleger = Teilhaber / Miteigentümer an der Aktiengesellschaft	▪ Anleger = Gläubiger der Aktiengesellschaft
▪ Aktienkapital = Eigenkapital	▪ Anleihekapital = Fremdkapital
▪ Gewinnbeteiligung = Dividende	▪ Rückzahlungsanspruch
▪ Dividendenzahlung setzt Gewinnerzielung voraus	▪ keine Gewinnbeteiligung, dafür fester Zinsanspruch
▪ Aktie = Sachwertanlage	▪ Anleihe = Geldwertanlage
▪ i. d. R. höhere Kursschwankungen (und somit höhere Risiken / Chancen) als die Unternehmensanleihe	▪ wesentliche Risiken sind das Bonitätsrisiko und das Zinsänderungsrisiko während der Laufzeit
▪ wesentliche Risiken sind die wirtschaftliche Entwicklung des Unternehmens und die Marktentwicklung	▪ mittelfristige Vermögensanlage
▪ langfristige Vermögensanlage	

Abb. 59: Vergleich Aktien und Unternehmensanleihe

Tipps für die Aktienanlage:

- „Nicht alle Eier in einen Korb": breite Streuung über mindestens 5–10 verschiedene Aktien und Branchen

- Gebühren beachten und vergleichen

- Empfohlener Mindestanlagebetrag für ein Aktiendirektinvestment sind 10.000 €, um eine kostenoptimierte breite Streuung zu ermöglichen

- Empfohlener langfristiger Anlagehorizont von mindestens 10 Jahren

- Gewinne regelmäßig realisieren im Rahmen der vom Anleger individuell zu bestimmenden Gewinnziele

- Bei fallenden Kursen: Abwarten und nachkaufen, sofern die Unternehmensdaten weiterhin positiv ausfallen. Ansonsten gilt: rechtzeitig verkaufen – unabhängig von der allgemeinen Marktentwicklung

- Privatanleger sollten den Aktienkauf auf Kredit vermeiden, denn bei Kursverlusten verlangt der Kreditgeber oft zusätzliche Sicherheiten oder den vorzeitigen Verkauf der Aktien

- Kauf- und Verkaufsaufträge limitieren

- „Hin und her macht Taschen leer": zu häufiges Umschichten verursacht hohe Kosten

- Alle Infoquellen (Geschäftsbericht, Tagespresse, Nachrichten, fundierte Beratung) nutzen und nur kaufen, wovon man überzeugt ist und was der eigenen Risikobereitschaft entspricht

- Die Aktienanlage mit anderen Anlageformen (bspw. verzinsliche Wertpapiere oder Termingelder) kombinieren, um kurzfristige Liquiditätsengpässe überbrücken und auch mittelfristige (1–5 Jahre) Anlageziele und Wünsche realisieren zu können

Exchange Traded Funds (ETFs)

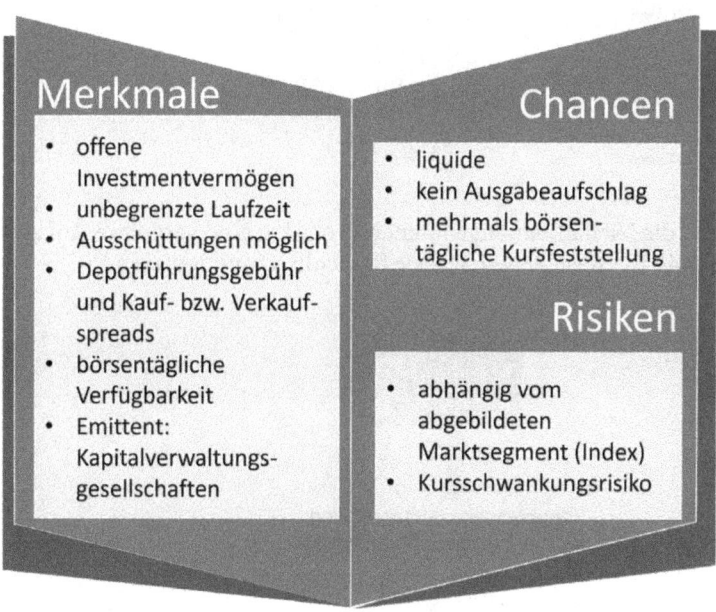

Abb. 60: *Exchange Traded Funds (ETFs)*

Exchange Traded Funds (ETFs) sind börsengehandelte offene Investmentvermögen, die in der Regel einen Marktindex, wie bspw. den Deutschen Aktienindex (DAX®), nachbilden. Der Anleger profitiert von in der Regel günstigeren Kosten, da aufgrund der Index-Nachbildung keine aktiven Anlageentscheidungen von einem Fondsmanagement (sog. Passives Fondsmanagement) notwendig sind. Durch den ausschließlichen Handel über die Börse entfällt auch der Ausgabeaufschlag. Allerdings sind übliche Handelsspannen (sog. spreads) für den Börsenhandel zwischen Kauf und Verkauf zu beachten. Hinter ETFs steht eine einfache Anlageidee: die Wertentwicklung dieser Investmentvermögen entspricht der Marktentwicklung des abgebildeten Index. Dies gilt allerdings sowohl für positive als auch für die negativen Kursbewegungen.

Weitere Informationen zu ETFs finden Sie im Kapitel 3.3.14 Exchange Traded Funds.

Zertifikate

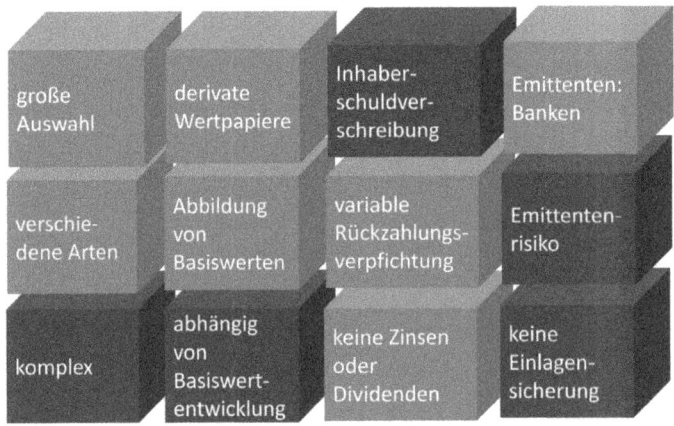

Abb. 61: Merkmale von Zertifikaten

Zertifikate sind durch die Vielfalt der angebotenen Produkte eine komplexe Anlageform, weshalb es wichtig ist zu verstehen, wie sie tatsächlich funktionieren.

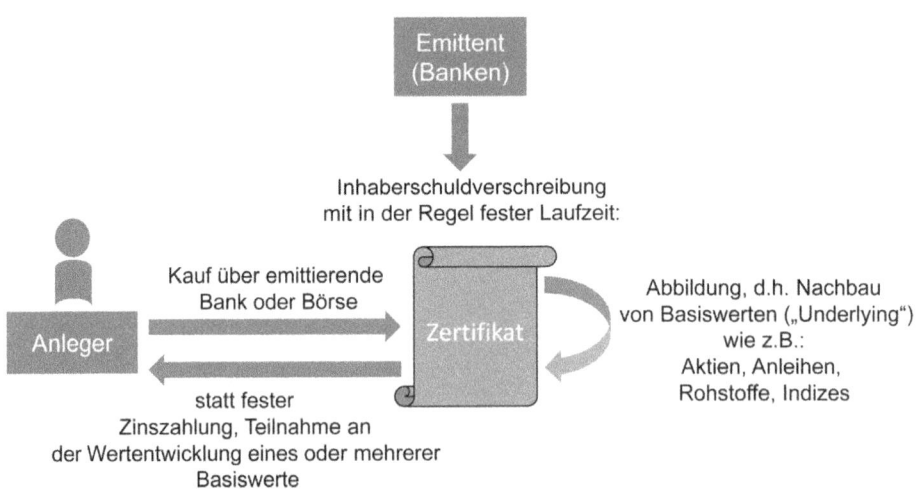

Abb. 62: Funktionsweise von Zertifikaten

Zertifikate sind derivate Wertpapiere, d. h. sie bilden die Wertentwicklung eines oder mehrerer Basiswerte ab. Basiswerte von Zertifikaten können sein:

- Aktien

- Anleihen

- Indizes

- Offene Investmentvermögen

- Rohstoffe

- Termingeschäfte

- Währungen

Derivat
Ein Derivat ist ein Anlageprodukt, dessen Preis und Wertentwicklung von der Preisentwicklung eines anderen Anlageproduktes (dem so genannten Basiswert) abhängig ist. Während der Laufzeit des Derivates wird der Basiswert nicht verändert und das bedeutet eine Spekulation auf die zukünftige Preisentwicklung des Basiswertes. Diese Spekulation kann auf steigende oder fallende Preise ausgerichtet sein und verlangt auf jeden Fall eine gute Marktkenntnis und eine eigene Marktmeinung des Anlegers.

Rechtlich sind Zertifikate Inhaberschuldverschreibungen und werden von Banken herausgegeben. Anstelle der sonst bei Anleihen üblichen Zinszahlungen und der Kapitalrückzahlung am Laufzeitende treten hier sehr individuelle Ausgestaltungen. Diese Ausgestaltungen haben zum Ziel, auf verschiedene Marktentwicklungen wie bspw. steigende, sich seitwärts bewegende oder sinkende Kursentwicklungen zu setzen. Dies setzt eine entsprechende eigene Marktmeinung des Anlegers voraus, um die hiermit verbundenen Chancen und Risiken richtig einschätzen zu können.

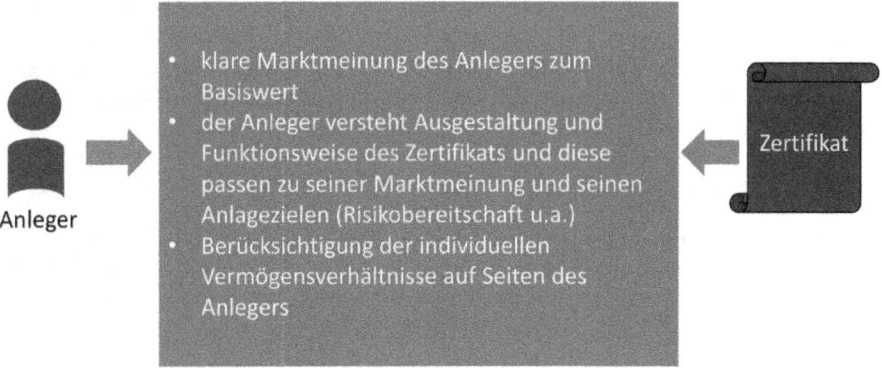

Abb. 63: Kriterien der Zertifikateauswahl

Damit der Anleger einschätzen kann, worauf er sich einlässt, müssen die Anbieter von Zertifikaten dem Anleger ein Produktinformationsblatt zur Verfügung stellen, welches die wesentlichen Informationen rund um die Ausgestaltung und Funktionsweise des jeweiligen Zertifikates enthält. Der Gesetzgeber lässt den Zertifikateemittenten einen weitreichenden Spielraum. Bei der Ausgestaltung ist somit auch kaum ein Zertifikat mit dem anderen vergleichbar. Bevor sich der Anleger für ein Zertifikat entscheidet, sollte er vor allem die Regelungen zum Umfang der Beteiligung an der Wertentwicklung des Basiswertes, der Gebührenstruktur und weiterer Bedingungen (bspw. kann ein Zertifikat auf einen Schlag – sog. Knockout – wertlos werden, wenn bestimmte Preisbarrieren des Basiswertes erreicht werden) beachten und auch im Detail verstehen.

Praxistipp:

Nicht nur für Zertifikate, aber hier ganz besonders gilt: wenn der Anleger die Funktionsweise sowie die Chancen und Risiken des angebotenen Produktes nicht verstehen und einschätzen kann, sollte er dieses auch nicht erwerben und sich die Zeit für die Suche nach Alternativen nehmen. Einfach mal so aus dem Bauch heraus sollte keine Geldanlageentscheidung getroffen werden.

Zertifikate unterliegen nicht der Einlagensicherung. Der Anleger wird Gläubiger der herausgebenden Bank und trägt das entsprechende Emittentenrisiko.

An den Basiswerten selbst erlangt der Anleger keine Rechte, da er durch den derivaten Charakter des Zertifikates nur indirekt investiert hat. Das bezieht vor allem auch eventuelle Dividenden oder Zinsen ein. Diese bleiben beim Emittenten und werden nicht an den Anleger weitergegeben.

Die rechtliche Grundlage für Zertifikate bilden:

- Das Bürgerliche Gesetzbuch (BGB) und das Schuldverschreibungsgesetz hinsichtlich der gesetzlichen Regelungen für Schuldverschreibungen
- Das Wertpapierhandelsgesetz (WpHG) und das Wertpapierprospektgesetz hinsichtlich der Erstellung von Verkaufsunterlagen, die der BaFin vorzulegen sind, und der Zulassung des Zertifikates von der BaFin zum öffentlichen Vertrieb. Ebenso besteht die Verpflichtung zur Veröffentlichung eines Produktinformationsblattes.

Preisfeststellung bei Zertifikaten

Zunächst wird der Preis bei Erstausgabe (Emission) des Zertifikates vom Emittenten festgelegt. Dieser ergibt sich grundsätzlich in Abhängigkeit vom Wert des Basiswertes zzgl. eines Kostenaufschlages (Agio) zur Deckung der Emissionskosten. Auch während der Laufzeit des Zertifikates ergibt sich der Preis aus dem rechnerischen Wert des Zertifikates auf Basis des Basiswertes zzgl. der laufenden Kosten (Abzug ggf. erst zum Zeitpunkt der Rückzahlung). Das Angebot und die Nachfragen haben keinen Einfluss auf den Preis eines Zertifikates.

Die Komplexität und die sehr große Anzahl verschiedener Zertifikate erfordern einen Anleger, der sich gut mit Zertifikaten und Marktentwicklungen auskennt. Dann findet er hier Möglichkeiten, nicht einfach nur in eine Aktie oder eine Aktienauswahl und deren steigende Kurse zu investieren, sondern findet weiter differenzierte Möglichkeiten, auch von seitwärts laufenden oder sinkenden Kursentwicklungen zu profitieren. Das erhöhte Risiko von Zertifikaten liegt darin, dass die Marktentwicklung anders verläuft als erwartet und der Anleger dies durch die Ausgestaltung oder Laufzeitbegrenzung des Zertifikates nicht einfach aussitzen kann.

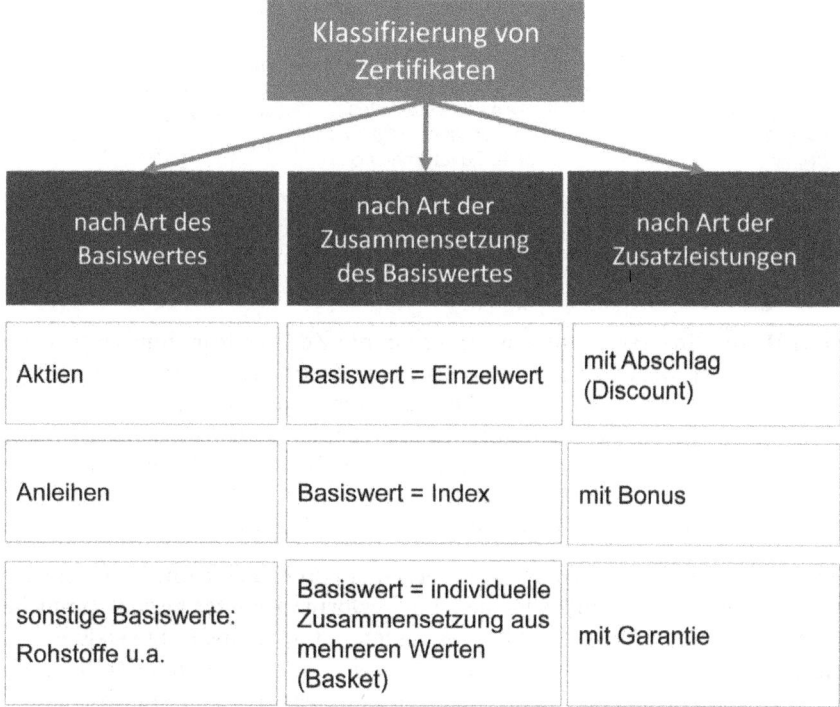

Abb. 64: Klassifizierung von Zertifikaten

Zertifikate lassen sich zunächst grundsätzlich klassifizieren je nach Art der Zusammensetzung des Basiswertes und nach Art der Zusatzleistungen.

Hieraus leiten sich dann in der Regel auch die weiteren Bezeichnungen der einzelnen Zertifikate ab.

Art	Markterwartung	Vorteile	Nachteile
Indexzertifikat	steigende Kurse	unbegrenzte Teilnahme an Kurssteigerungen	unbegrenzte Teilnahme an Kursverlusten
Discount-zertifikat	seitwärts bewegende bis leicht steigende Kurse	• Gewinne auch bei Seitwärtsbewegungen • Rabatt als Risikopuffer	• Verluste bei stark steigenden oder fallenden Kursen • Gewinndeckelung
Express-zertifikat	seitwärts bewegende bis leicht steigende Kurse	• Gewinne auch bei Seitwärtsbewegungen • vorzeitige Rückzahlung zum Nennwert (Kaufpreis des Zertifikates ohne Kosten) zzgl. einer Zusatzzahlung	• Verluste wenn das definierte Kursniveau des Basiswertes zu keinem Zeitpunkt erreicht wird • Gewinnbegrenzung

Abb. 65: Arten von Zertifikaten (Teil 1)

Zu den wichtigsten Zertifikatearten gehören:

Index-Zertifikate: Eine vergleichsweise transparente Zertifikateart hinsichtlich der Preisbildung des Zertifikates, da der Basiswert dieses Zertifikates ein festgelegter Börsenindex ist. Diese Zertifikateart ist für Anleger interessant, die steigende Kurse erwarten. Das Index-Zertifikat bildet den Index in einem festgelegten Bezugsverhältnis ab, d. h. bei einem Bezugsverhältnis von 1:100 auf den Deutschen Aktienindex DAX° beträgt der Wert des Zertifikates 100 €, wenn der DAX° bei 10.000 Punkten steht. Fällt der DAX° auf 9.500 Punkte, so sinkt der Preis des Zertifikates auf 95 €.

Beim Vergleich von Indexzertifikaten ist zu beachten, ob es sich beim Basiswert um einen Performance- oder Kursindex handelt. Ein **Performanceindex** bezieht sämtliche Dividendenzahlungen und Erlöse aus Bezugsrechten mit in die Indexentwicklung ein. Ein **Kursindex** bildet dagegen nur die reine Kursentwicklung der im Index enthaltenen Wertpapiere ab, einschließlich der bei Dividendenzahlungen üblichen Kursabschläge.

Bezugsrecht
Ein Aktienunternehmen kann sich mit der Ausgabe neuer Aktien im Rahmen einer Kapitalerhöhung neues Eigenkapital über den Aktienmarkt besorgen. Die Altaktionäre erhalten ein Bezugsrecht, d. h. ein Recht, neue Aktien im Verhältnis zu ihrem bisherigen Aktienanteil am Grundkapital des Aktienunternehmens zu erwerben. Das Bezugsrecht muss nicht in Anspruch genommen und kann über die Börse verkauft werden.
Das Bezugsrecht soll den Verlust ausgleichen, der dadurch entsteht, dass sich der Gesamtwert aller bisher ausgegebenen Aktien (dieser wird auch als Marktkapitalisierung eines Aktienunternehmens bezeichnet) aufgrund der Kapitalerhöhung auf eine höhere Zahl Aktien verteilt.

Expresszertifikate: Bei Expresszertifikaten wird zu bestimmten Stichtagen (Beobachtungstagen) überprüft, ob der Kurs des Basiswertes auf oder über einem bestimmten Kursniveau (z. B. Emissionskurs) liegt. Ist die dem jeweiligen Expresszertifikat zugrunde liegende Bedingung erfüllt, wird das Express-Zertifikat vorzeitig fällig (daher kommt die Bezeichnung „Express"). Dafür erhält der Anleger neben dem Nennwert des Zertifikates einen weiteren festgelegten Betrag. Ein Verlustrisiko besteht, wenn das erforderliche Kursniveau des Basiswertes während der Laufzeit des Zertifikates nicht erreicht oder gehalten wird, vor allem wenn eine bestimmte Kursschwelle unterschritten wird. Die Details hierzu sind dem jeweiligen Produktinformationsblatt des Zertifikates zu entnehmen.

Discountzertifikate: Discount heißt hier ein Rabatt (Discount) auf den aktuellen Kurs des Basiswertes. Der Preis des Zertifikates ist durch eine maximierte Beteiligung an Kurssteigerungen des Basiswertes (Deckel oder engl. Cap) begrenzt. Liegt der Kurs des Basiswertes am Laufzeitende auf oder über dem Cap, erhält der Anleger diesen Cap und nimmt jedoch an darüber liegenden Kurssteigerungen nicht teil. Liegt der Kurs des Basiswertes am Laufzeitende unterhalb des Caps, so erhält der Anleger eine Rückzahlung in Höhe des aktuellen Basiswert-Kurses. Gegenüber einer Aktien-Direktanlage hat der Discount-Zertifikate-Anleger in diesem Fall den Vorteil eines geringeren – rabattierten – Einstiegspreises. Der Rabatt hat also eine gewisse Verlustrisiko verringernde Wirkung.

Discountzertifikate eigenen sich vor allem für Anleger, die eher mit einer gewissen Seitwärtsentwicklung bezüglich des Basiswertes rechnen.

▶ Exkurs: Weitere Derivate

Aktienanleihen

Bei Aktienanleihen erhält der Anleger unabhängig von der Wertentwicklung des Basiswertes (Aktien, Aktienindex) zusätzlich eine laufende Verzinsung. Art und Höhe der Rückzahlung sind abhängig vom Kurs des Basiswertes am Ende der Laufzeit. Liegt der Börsenkurs des Basiswertes am Fälligkeitstag bei oder über dem Basispreis, so erhält der Anleger 100 % des Nominalbetrages zurückbezahlt. Liegt der Börsenkurs dagegen unter dem Basispreis, so erhält der Anleger in der Regel die Aktien ausgeliefert bzw. in sein Depot eingebucht. Aktienanleihen sind überdurchschnittlich verzinst, allerdings ohne Kapitalerhaltungsgarantie, sondern vielmehr mit einem entsprechend erhöhten Kapitalverlustrisiko für den Anleger verbunden.

Optionsscheine

Optionsscheine werden zusammen mit einer Optionsanleihe ausgegeben und berechtigen zum Bezug bspw. von Aktien (Basiswert) innerhalb einer festgelegten Zeitspanne zu einem vorher festgelegten Preis. Optionsanleihe und Optionsschein können jeweils für sich separat an der Börse gehandelt werden. Die Kursentwicklung des Basiswertes wirkt sich bei einem Optionsschein in der Regel überproportional auf den Kurs des Optionsscheins aus. Dadurch sind Optionsscheine als sehr spekulativ einzustufen. ◀

Art	Markterwartung	Vorteile	Nachteile
Bonus-zertifikat	seitwärts bewe-gende oder steigende Kurse	• Gewinne auch bei Seit-wärtsbewegungen • unbegrenzte Teilnahme an Kursgewinnen	• Verluste bei fallenden Kursen • Berühren oder Unterschreiten der Barriere führt zu Bonusverlust
Garantie-/ Kapitalschutz-zertifikat	steigende Kurse	• vergleichsweise sicheres Zertifikat, wenn kein vorzeitiger Verkauf geplant ist • am Laufzeitende mindestens Rückzahlung des Nennwertes (oder vereinbarten Teil-betrages) des Zertifikates	• Kapitalschutz bezieht sich nicht auf Kosten • Wert des Zertifikates kann während der Laufzeit unter den Kaufpreis fallen und bei vorzeitigem Verkauf zu einem Verlust führen

Abb. 66: Arten von Zertifikaten (Teil 2)

Bonuszertifikate: Bei Bonuszertifikaten erhält der Anleger am Laufzeitende zusätz-lich zum Auszahlungsbetrag (Wert des Basiswertes) einen festgelegten Bonus. Der Basiswert darf während der Laufzeit des Zertifikates allerdings nicht die so genannte Barriere (Kursschwelle des Basiswertes nach unten) berühren oder unterschreiten. In diesem Fall verfällt der Bonusanspruch unwiderruflich. Der Anleger hat aber bis zum Laufzeitende die Chance, dass sich der Wert des Basiswertes wieder erholt und er so einen Verlust vermeiden kann.

Garantie- und Kapitalschutzzertifikate: je nach Ausgestaltung wird dem Anleger am Laufzeitende das eingesetzte Kapital (ohne beim Kauf entstandene Kosten) ganz oder teilweise zurückbezahlt. Diese Garantie hat jedoch ihren Preis: der Anleger wird nicht in vollem Umfang an der Wertentwicklung des Basiswertes beteiligt, und die Garantie greift in vollem Umfang nur zum Laufzeitende. Der Anleger sollte somit einen der Lauf-zeit des Zertifikates entsprechenden langfristigen Anlagehorizont mitbringen.

▶ Exkurs: Wo werden Zertifikate gehandelt?

Zertifikate können über die Frankfurter Börse (Scoach (www.scoach.de) und das Zertifikate-Handelssegment der Stuttgarter Börse EUWAX (www.boerse-stutt-gart.de) oder direkt (außerbörslich) über die emittierende Bank (OTC (Over the counter)-Handel) gehandelt werden. In beiden Fällen benötigt der Anleger ein Wertpapierdepot (Konto zur Verwahrung von Wertpapieren) bei einer Bank und ein Verrechnungskonto (bspw. sein Girokonto). Daneben gibt es natürlich auch den Weg des Onlinehandels.

Beim OTC-Handel ermittelt der Emittent fortlaufend die Preise. Der Emittent verpflichtet sich, die Zertifikate zum ermittelten Preis zu kaufen oder zu verkaufen. In der Regel ist der außerbörsliche Handel günstiger als über eine Börse. Die Handelszeiten können ausgeweitet sein. Allerdings gibt es auch Einschränkungen, wie bspw. die fehlende Möglichkeit so genannter Limit-Orders.

An den Börsen ermöglichen die elektronische Preisermittlung und die hohen Handelsvolumen eine sehr schnelle Orderausführung.

Die meisten Zertifikate haben eine feste Laufzeit. Durch den Börsenhandel können sie jederzeit börsentäglich verkauft werden. Allerdings ist dabei zu beachten, dass dadurch je nach Zertifikat ein Bonus- oder Garantieanspruch verloren gehen kann. Auf der Kostenseite ist der so genannte **„Spread"** zu beachten. Hier handelt es sich um eine Handelsspanne für den Aufwand der Handelsabwicklung, d. h. eine Differenz zwischen dem Ankaufskurs (Briefkurs) und dem Verkaufskurs (Geldkurs). Der Ankaufskurs ist in der Regel höher als der Verkaufskurs. ◄

Zertifikate bieten einige **Vorteile**:

■ Der Transparenzvorteil bezieht sich auf die Nachvollziehbarkeit des Zertifikatepreises durch die feststehenden zugrunde liegenden Basiswerte.

■ Der Liquiditätsvorteil ergibt sich aus der Möglichkeit zum börslichen und außerbörslichen Handel.

■ Die große Auswahl ergibt sich durch die Ausgestaltungsmöglichkeiten auf steigende, sich seitwärts bewegende oder fallende Märkte einer großen Anzahl von möglichen Basiswerten.

■ Der Kostenvorteil besteht in der im Vergleich zu anderen Anlageformen günstigen Kostenstruktur. Dabei ist allerdings der Nachteil zu berücksichtigen, dass keine Zinsen oder Dividenden an den Anleger gezahlt oder weitergereicht werden.

■ Durch die Nachbildung eines oder mehrerer Basiswerte partizipiert der Anleger an deren Wertentwicklung, d. h. er wird daran beteiligt.

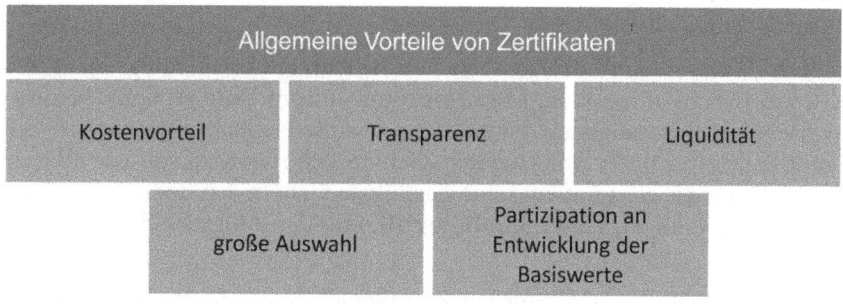

Abb. 67: Allgemeine Vorteile von Zertifikaten

Die **Risiken** dürfen dabei aber nicht unberücksichtigt bleiben.

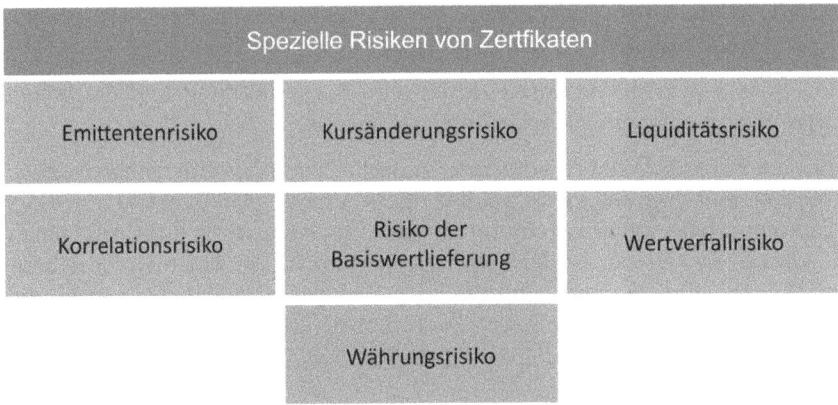

Abb. 68:   *Spezielle Risiken von Zertfikaten*

Die in der Grafik dargestellten speziellen Risiken von Zertifikaten beziehen sich auf Zertifikate allgemein. Die darüber hinaus bestehenden speziellen Risiken einzelner Zertifikatearten habe ich Ihnen zugeordnet zu den jeweiligen Zertifikatearten bereits beschrieben.

Das **Emittentenrisiko** ist das wichtigste Risiko. Da Zertifikate Inhaberschuldverschreibungen sind, besteht für den Anleger das Risiko des Teil- oder Totalverlustes seines eingesetzten Kapitals im Falle der Insolvenz des Emittenten. Auch wenn die Emittenten von Zertifikaten Banken sind, ist der Anleger vor einer Insolvenz dieser Emittenten nicht geschützt. Dies hat die Pleite von Lehman Brothers in den USA während der Finanzmarktkrise 2008 / 2009 gezeigt. Die Inhaber von Zertifikaten, die Lehman Brothers emittiert hatte, gingen weitestgehend leer aus.

Das **Kursänderungsrisiko** besteht vor allem dann, wenn der Basiswert eine hohe Volatilität (Kursschwankungsbreite) aufweist. Denn der Zertifikatepreis hängt von der Entwicklung des Basiswertes ab. Da der Zertifikateinhaber keine Dividendenzahlungen oder sonstige Erträge aus den Basiswerten erhält, kann er eventuelle Verluste nicht ausgleichen oder abschwächen.

Liquidität zählt zwar zu den Vorteilen von Zertifikaten. Sie ist allerdings nur dann gegeben, wenn es sich um einen liquiden Markt mit entsprechend großem Handelsvolumen (Beispiel: Börsenhandel) handelt. Beim außerbörslichen Handel ist die emittierende Bank zwar zur Preisfeststellung, nicht jedoch zum Kauf von Zertifikaten verpflichtet. Auch muss der Emittent seine Zertifikate nicht in den Börsenhandel geben. Insofern kann dann auch ein **Liquiditätsrisiko** für den Anleger bei Zertifikaten bestehen.

Vom **Korrelationsrisiko** spricht man bei Zertifikaten, wenn die Preisentwicklung des Zertifikates von vielen Faktoren beeinflusst wird, die zu Abweichungen von der

Wertentwicklung des Basiswertes führen können und die im Voraus nicht berechenbar sind. Die Änderung des Zinsniveaus, der Markterwartung, Wechselkursrisiken und vom Emittenten einbehaltene Dividenden oder Bezugsrechtserlöse können zu solchen Abweichungen führen.

Bei Einzelwertzertifikaten besteht das **Risiko der Basiswertlieferung**. Entwickelt sich der Basiswert negativ, so kann der Emittent zum Laufzeitende anstelle eines Geldbetrages den Basiswert selbst an den Anleger ausliefern. Der Anleger muss sich nun selbst um die Verwahrung des Basiswertes kümmern und trägt direkt das weitere Kursrisiko.

Das **Wertverfallrisiko** beschreibt das Risiko, wenn sich aus der Kursentwicklung des Basiswertes ein Verlust beim Zertifikat ergibt. Ohne Kapitalschutz trägt der Anleger dieses Risiko alleine. Und selbst wenn ein Kapitalschutz zu den Zertifikateausgestaltungen gehört, gilt dieser meist nur zum Laufzeitende.

Ein **Währungsrisiko** kann bei Zertifikaten bestehen, deren Basiswert in einer Fremdwährung (Nicht-Euro) notiert ist. Bei nicht währungsgesicherten Zertifikaten trägt der Anleger das Wechselkursrisiko im Verkaufsfall oder am Laufzeitende. Selbst bei währungsgesicherten Zertifikaten kann es zu versteckten Kosten kommen, die vom Anleger zu tragen sind.

Das Wichtigste zusammengefasst:

Für Anleger und Berater gilt: „Kaufe bzw. verkaufe nur das, was Du auch verstehst!"

Sie kennen:

- Merkmale von Einlagen bei Banken: Sparbuch, Tages- und Festgelder, Sparbriefe

- Das Vermögensanlagedreieck mit seinen Spannungsfeldern Sicherheit, Rendite und Liquidität

- Die gesetzliche und freiwillige Einlagen- und Institutssicherung

- Merkmale der nicht börsennotierten Geldanlagen: offene und geschlossene Investmentvermögen und Vermögensanlagen

- Merkmale der börsennotieren Geldanlagen: Aktien, Anleihen, ETFs

- Wesentliche Funktionsweise von Zertifikaten

Sie begreifen Ihr Basiswissen zu den Geldanlageformen als Teil der vom Gesetzgeber vorgeschriebenen Geeignetheitsprüfung „Kenne Deine Produkte" bei der Anlageberatung (mehr dazu im Kapitel 2.4 Rechtliche Grundlagen für die Finanzanlagenberatung und -vermittlung).

Sie verstehen die in diesem Kapitel dargestellten Geldanlageformen als Anlageformen, in die auch Fondsmanager offener Investmentvermögen investieren können.

Nun haben Sie die wichtigsten Produkte kennen gelernt, in die auch offene Investmentvermögen investieren können, und gewinnen langsam immer mehr Sicherheit und Wissen für die Merkmale, Chancen und Risiken hinter den einzelnen Anlageprodukten.

In den nachfolgenden Kapiteln erhalten Sie umfassendes Grundlagenwissen zu den rechtlichen Grundlagen. Die allgemeinen rechtlichen Grundlagen beinhalten sicherlich einiges, was Ihnen bereits bekannt ist. Denn diese Grundlagen gelten auch für andere Finanzdienstleistungen bzw. sind Grundlagen des allgemeinen Vertragsrechts.

▶ **Aufgaben zum Kapitel 2.2 Grundlagen über Finanzinstrumente und Kategorien von Finanzanlagen**

Ihr Wissen auf dem Prüfstand:

1. Welche der Aussagen treffen auf Anlagekriterien des Vermögensanlagedreiecks zu (MC)?

   a) Sicherheit ist das Bedürfnis, das eingesetzte Kapital zu vermehren.

   b) Liquidität ist das Bedürfnis, das investierte Kapital gewinnbringend anzulegen.

   c) Sicherheit ist das Bedürfnis, das eingesetzte Kapital risikofrei zu erhalten.

   d) Rentabilität steht für die Ertrags- und Wertentwicklungschancen der Kapitalanlage.

   e) Liquidität ist die Möglichkeit, über das eingesetzte Kapital kurzfristig wieder verfügen zu können.

   f) Rentabilität ist die Möglichkeit, die Kapitalanlage in regelmäßige Rentenzahlungen umzuwandeln.

2. Ihr Kunde (ledig, 40 Jahre) hat schon ein kleines Vermögen aufgebaut und ausreichend fürs Alter und weitere Existenzrisiken vorgesorgt. Eine kleine Erbschaft möchte er deshalb in etwas „richtig Spannendes" investieren.

   Welches Anlagekriterium des Vermögensanlagedreiecks steht bei diesem Kunden im Vordergrund? (SC)

   a) Sicherheit

   b) Vermögensnutzung

   c) Rentabilität

   d) Steuervorteile sichern

   e) Liquidität

3. Welche Aussage zu Geldanlagen in Form von Bankeinlagen trifft zu? (SC)

   a) Spareinlagen sind Festgelder mit unbefristeter Anlagedauer

   b) Festgelder sind Termineinlagen mit befristeter Laufzeit von mindestens einem Monat

   c) Tagesgelder sind Festgelder mit variabler Verzinsung

   d) Sparverträge sind Festgelder mit festen monatlichen Sparraten

4. Welcher Vorteil trifft auf Sparbriefe zu? (SC)

   a) Feste Zinsvereinbarung bei hoher Sicherheit

   b) Kurzfristige Verfügbarkeit bei attraktiver Verzinsung

   c) Langfristige Anlagedauer bei variablem Zinssatz

   d) Monatliche Zuzahlungsmöglichkeiten bei gleichbleibendem Zinssatz

5. Welche Merkmale treffen auf den Zinseszinseffekt zu? (MC)

   a) Der wirtschaftliche Zinseszinseffekt tritt ein, wenn der Sparer die Zinsen abhebt und für den Konsum nutzt

   b) Der Zinseszinseffekt steigert die durchschnittliche Rendite der Anlage

   c) Der Zinseszinseffekt tritt ein, wenn die fälligen Zinsen wieder angelegt werden

   d) Der Zinseszinseffekt senkt die Oportunitätskosten im Zusammenhang mit der Rendite der Anlage

6. Berechnen Sie die Zinsen in Euro für eine mit 2,50 % p. a. verzinste Anlage mit einer Laufzeit von 9 Monaten für einen Anlagebetrag in Höhe von 15.000 € (runden Sie ggf. kaufmännisch). (SC)

   a) 3.375,00 €

   b) 375,00 €

   c) 281,25 €

   d) 31,25 €

   e) 9,38 €

7. Welche Finanzanlagen sind oder können nicht börsennotierte Finanzanlagen sein? (MC)

   a) Genussrechte

   b) Offene Investmentvermögen

   c) Geschlossene Investmentvermögen

   d) Genussscheine

   e) Anleihen

   f) Aktien

8. Welches der folgenden Finanzanlagen ist ein börsennotiertes verzinsliches Wertpapier? (SC)

   a) Sparbrief

   b) Genussrecht

   c) Bundesanleihe

   d) Genossenschaftsanteil

   e) Aktie

9. Welche Merkmale treffen auf Bundesanleihen zu? (MC)

   a) Hohes Emittentenrisiko

   b) Kapitalmarktabhängiges Zinsniveau

   c) Emittenten sind Bund, Landesbanken und die EZB

   d) Hohe Verfügbarkeit durch börsentäglichen Handel

   e) Feste Laufzeit ohne vorherige Verfügbarkeit

10. Welche Merkmale treffen auf Aktien zu? (MC)

    a) Emittenten sind Banken

    b) Kostenlose Verwahrung beim Emittenten

    c) Hohe Verfügbarkeit

    d) Feste Laufzeit

    e) Geringes Risiko

    f) Chance auf hohe Rendite

11. Wer ist der Emittent von Exchange Traded Funds (ETFs)? (SC)

    a) Banken

    b) Bund, Länder und Gemeinden

    c) Aktiengesellschaften

    d) BaFin

    e) Kapitalverwaltungsgesellschaften

12. Welche Aussagen zu Zertifikaten treffen zu? (MC)

    a) Garantiezertifikate bieten eine garantierte Höchstrendite

    b) Discount-Zertifikate können mit einem Preisabschlag bei Emission gekauft werden

    c) Indexzertifikate investieren in indexierte Wertpapiere

    d) Garantiezertifikate bieten eine Kapitalerhaltgarantie zum Laufzeitende

    e) Bonuszertifikate bieten eine jährliche Zusatzverzinsung

    f) Garantiezertifikate bieten eine Kapitalgarantie während der gesamten Laufzeit

2.3 Allgemeine rechtliche Grundlagen

2.3.1 Vertragsrecht

Welche grundsätzlichen Vertragsarten gibt es?

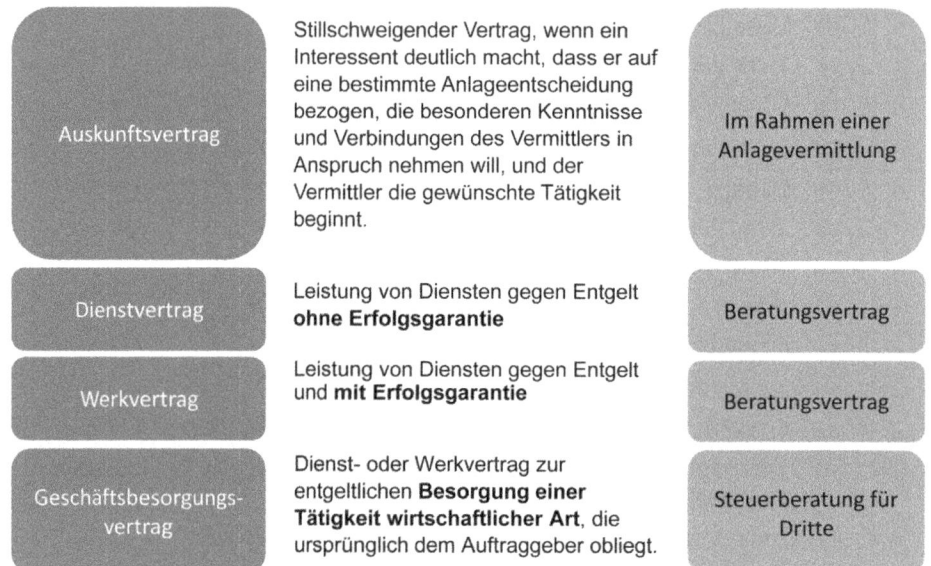

Abb. 69: Vertragsarten

Die Grafik enthält die wichtigsten und bei Finanzdienstleistungen vorkommenden Verträge.

Beim Beratungsvertrag, wie bspw. über eine Honorarberatung, ist zu prüfen, ob der Kunde bei einer fehlerhaften Beratungsleistung lediglich einen Schadensersatz verlangen kann (Dienstvertrag) oder ob der Berater tatsächlich in vollem Umfang für das vereinbarte Beratungsziel (Anlageerfolg) haftet und nur dann sein Beratungshonorar erhält.

Welche Merkmale weisen Verträge zugunsten Dritter auf?

Mit einem solchen Vertrag wird ein Dritter begünstigt.

Dabei gibt es zwei Ausgestaltungsmöglichkeiten:

- Vertrag zugunsten Dritter mit sofortigem Rechtserwerb, d. h. der Begünstigte wird sofort Gläubiger, bspw. eines Kontoguthabens.

- Vertrag zugunsten Dritter mit späterem Rechtserwerb, d. h. erst mit Eintreten einer bestimmten Voraussetzung, wie bspw. der Volljährigkeit des Begünstigten, wird dieser zum Gläubiger.

Darüber hinaus kann der Vertrag zugunsten Dritter in der Form abgeschlossen werden, dass der Begünstigende diesen widerrufen oder auch nicht widerrufen kann.

Ist die Begünstigung des Dritten auf den Todesfall des Begünstigenden bezogen, ist zu beachten, dass dieser Vertrag von den Erben widerrufen werden kann, solange der Begünstigte seine Ansprüche, bspw. gegenüber einer Bank, noch nicht geltend gemacht hat. Es ist deshalb empfehlenswert zu prüfen, ob eine testamentarische Regelung die bessere Variante ist.

Wie kommen Verträge zustande?

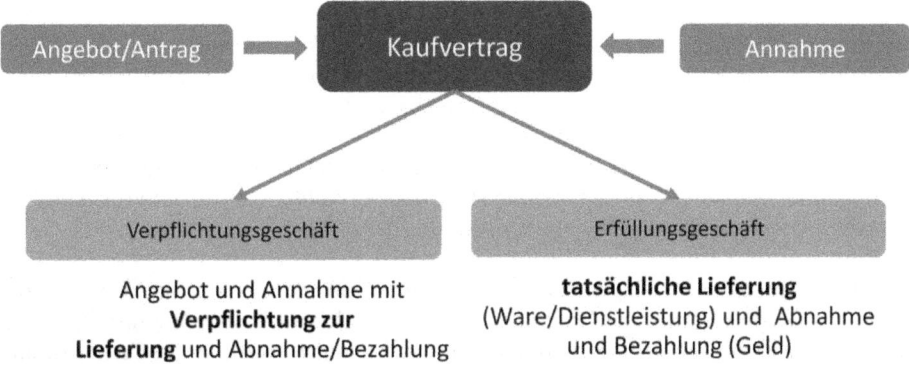

Abb. 70: *Zustandekommen von Verträgen*

Damit ein Vertrag zustande kommt, muss es einen Antrag (Angebot) und eine Annahme des Angebotes geben. Dies setzt voraus, dass:

- deckungsgleiche Willenserklärungen abgegeben werden,
- die Annahme innerhalb der vereinbarten Annahmefrist erfolgt,
- sofern ein Widerruf möglich ist, ein solcher nicht erfolgt ist.

Eine weitere grundsätzliche Voraussetzung für rechtlich wirksame Verträge sind die Rechts- und Geschäftsfähigkeit, die ich Ihnen im nächsten Kapitel im Detail beschreiben werde.

Wer kann gesetzlicher Vertreter von Geschäftsunfähigen oder beschränkt geschäftsfähigen natürlichen Personen sein?

Gesetzliche Vertreter können sein:

- Eltern
- Vormund
- Betreuer

Der Minderjährige bedarf zu einer Willenserklärung, durch die er nicht lediglich einen recht-lichen Vorteil erlangt, der Einwilligung seines gesetzlichen Vertreters (§ 107 BGB).

Schließt der Minderjährige einen Vertrag ohne die erforderliche Einwilligung des gesetzlichen Vertreters ab, so hängt die Wirksamkeit des Vertrages von der Genehmigung des Vertreters ab (§ 108 BGB).

Das Familiengericht muss zwar teilweise seine Zustimmung geben, ist aber selbst kein gesetzlicher Vertreter. Ebenso sind andere Familienangehörige (außer sie sind als Vormund oder Betreuer bestellt) keine gesetzlichen Vertreter.

Vertretung durch Eltern

Die elterliche Sorge umfasst die Vertretung des Kindes. Die Eltern vertreten das Kind gemein-schaftlich; ist eine Willenserklärung gegenüber dem Kind abzugeben, so genügt die Abgabe gegenüber einem Elternteil. Ein Elternteil vertritt das Kind allein, soweit er die elterliche Sorge allein ausübt oder ihm die Entscheidung nach § 1628 BGB (gerichtliche Entscheidung bei Mei-nungsverschiedenheiten der Eltern) übertragen ist. Bei Gefahr im Verzug ist jeder Elternteil dazu berechtigt, alle Rechtshandlungen vorzunehmen, die zum Wohl des Kindes notwendig sind; der andere Elternteil ist unverzüglich zu unterrichten (§ 1629 BGB).

Bei einem Konto- oder Depoteröffnungsantrag gilt der Grundsatz der Gesamtvertre-tung, d. h. es sind immer die Unterschriften beider Eltern (Ausnahme: nur ein sorge-berechtigter Elternteil) erforderlich. Dies gilt unabhängig davon, ob die Eltern zusam-men oder getrennt leben oder geschieden sind. Bei Lebensgemeinschaften muss eine gemeinsame Sorgerechtserklärung für die gemeinsame Vertretung abgegeben werden.

> **Tipp für die IHK-Prüfung zum / zur Finanzanlagenfachmann/-frau:**
>
> Die Eltern können sich bei Unterzeichnung eines Konto- oder Depoteröffnungs-auftrages für zukünftige Verfügungen gegenseitig bevollmächtigen, im Namen des anderen zu handeln. In der IHK-Prüfung wird grundsätzlich die gesetzliche Ursprungsregelung abgefragt.

Die **Einzelvertretung** gilt in nachfolgenden Fällen:

- Tod oder fehlende volle Geschäftsfähigkeit eines Elternteils
- Das Familiengericht hat eine Einzelvertretung genehmigt (**Sorgerechtsbeschluss**),
- Bei unverheirateten Müttern, sofern keine gemeinsame Sorgerechtserklärung vor-liegt. Das Jugendamt stellt ggf. eine Negativerklärung als Einzelvertretungsnach-weis aus.

> **Praxistipp:**
>
> Wurde ein Konto oder ein Depot von den Eltern auf den Namen des noch min-derjährigen Kindes eröffnet und wird dieses voll geschäftsfähig, so hat dies um-gehend Folgen für die Verfügungsberechtigung über das Konto. Mit dem 18. Ge-burtstag wird der Volljährige zum alleinigen Kontoinhaber und kann ab sofort

alleine über sein Konto und ein eventuelles Guthaben verfügen. Die Eltern sind nur noch verfügungsberechtigt, wenn ihnen ihr Kind eine Vollmacht erteilt. Dies vergessen viele Eltern, wenn sie bspw. aus steuerlichen Gründen (auch Kinder haben Anspruch auf den Sparerpauschbetrag zur Vermeidung des Abzugs von Abgeltungssteuer) einen Teil ihres Vermögens auf Konten ihrer noch minderjährigen Kinder übertragen.

Vormund minderjähriger Personen

Ein Minderjähriger erhält einen Vormund, wenn er nicht unter elterlicher Sorge steht oder wenn die Eltern weder in den die Person noch in den das Vermögen betreffenden Angelegenheiten zur Vertretung des Minderjährigen berechtigt sind.

Ein Minderjähriger erhält einen Vormund auch dann, wenn sein Familienstand nicht zu ermitteln ist (§ 1773 BGB).

Die unter Vormundschaft stehenden Minderjährigen werden als Mündel bezeichnet.

▶ Exkurs: Mündel und Mündelsicherheit

Ein Mündel ist eine natürliche minderjährige Person, die somit noch nicht voll geschäftsfähig ist und die gemäß § 1773 BGB nicht unter elterlicher Sorge steht (Bsp.: Eltern sind verstorben) oder deren Eltern weder in den die Person noch in den das Vermögen betreffenden Angelegenheiten zur Vertretung des Minderjährigen berechtigt sind (Bsp.: selbst noch minderjährige Eltern).

Der gesetzliche Vertreter eines Mündels wird als Vormund bezeichnet. Die Vormundschaft eines Mündels endet mit dem 18. Geburtstag des Mündels und dem damit verbundenen Eintritt in die volle Geschäftsfähigkeit.

Das Vermögen eines Mündels darf vom Vormund nur **mündelsicher** angelegt werden (§ 1807 ff. BGB). Mündelsicher bedeutet:

- sicher gestellte Verzinsung

- weitestgehender Ausschluss von Wertverlusten

Anlageformen können vom Gesetzgeber oder per richterlicher Entscheidung als mündelsicher erklärt und anerkannt werden. Dazu gehören u. a.:

- festverzinsliche deutsche Staatsanleihen (z. B. Bundesanleihen mit einer positiven Verzinsung)

- Tages- und Festgelder sowie Sparkonten bei Banken und Sparkassen, die einem Einlagensicherungssystem angehören

- Pfandbriefe

Übrigens sind sowohl der Kauf als auch der Verkauf separat genehmigungspflichtig, sofern die Anlageform nicht per Gesetz als mündelsicher erklärt ist. Das Verlustrisiko ist bei diesen genehmigungspflichtigen Anlageformen vom Vormund zu tragen. ◀

Betreuer volljähriger Personen

Kann ein Volljähriger aufgrund einer psychischen Krankheit oder einer körperlichen, geistigen oder seelischen Behinderung seine Angelegenheiten ganz oder teilweise nicht besorgen, so bestellt das Betreuungsgericht auf seinen Antrag oder von Amts wegen für ihn einen Betreuer. Den Antrag kann auch ein Geschäftsunfähiger stellen. Soweit der Volljährige aufgrund einer körperlichen Behinderung seine Angelegenheiten nicht besorgen kann, darf der Betreuer nur auf Antrag des Volljährigen bestellt werden, es sei denn, dass dieser seinen Willen nicht kundtun kann. Gegen den freien Willen des Volljährigen darf ein Betreuer nicht bestellt werden (§ 1896 BGB).

Auch volljährige Personen können beschränkt geschäftsfähig sein. Das Betreuungsgericht legt den Aufgabenbereich des Betreuers als gesetzlicher Vertreter fest.

Soweit dies zur Abwendung einer erheblichen Gefahr für die Person oder das Vermögen des Betreuten erforderlich ist, ordnet das Betreuungsgericht an, dass der Betreute zu einer Willenserklärung, die den Aufgabenkreis des Betreuers betrifft, dessen Einwilligung bedarf (Einwilligungsvorbehalt) (§ 1903 BGB).

Gibt der Betreute Willenserklärungen ab, die einem Einwilligungsvorbehalt unterliegen, so bleiben diese bis zur Einwilligung durch den Betreuer schwebend unwirksam. Willenserklärungen, die dem Betreuten lediglich einen rechtlichen Vorteil bringen oder eine geringfügige Angelegenheit des täglichen Lebens betreffen, bedürfen wie bei allen beschränkt Geschäftsfähigen keiner separaten Zustimmung durch den gesetzlichen Vertreter.

Welche Geschäfte mit Minderjährigen unterliegen der Genehmigung des Familiengerichtes?

Bei bestimmten gesetzlich festgelegten Rechtsgeschäften ist neben der Zustimmung der sorgeberechtigten Eltern bzw. des Vormunds auch die Genehmigung des Familiengerichtes erforderlich (§ 1643 BGB). Für diese Geschäfte wird diese Genehmigung benötigt:

- Geschäfte über Grundstücke, Schiffe oder Schiffsbauwerke (§ 1821 BGB)

- zu einem Rechtsgeschäft, durch das der Mündel zu einer Verfügung über sein Vermögen im Ganzen oder über eine ihm angefallene Erbschaft oder über seinen künftigen gesetzlichen Erbteil oder seinen künftigen Pflichtteil verpflichtet wird sowie zu einer Verfügung über den Anteil des Mündels an einer Erbschaft (§ 1822 Nr. 1 BGB)

- zu einem Vertrag, der auf den entgeltlichen Erwerb oder die Veräußerung eines Erwerbsgeschäfts gerichtet ist sowie zu einem Gesellschaftsvertrag, der zum Betrieb eines Erwerbsgeschäfts eingegangen wird (§ 1822 Nr. 3 BGB)

- zu einem Miet- oder Pachtvertrag oder einem anderen Vertrag, durch den der Mündel zu wiederkehrenden Leistungen verpflichtet wird, wenn das Vertragsverhältnis länger als ein Jahr nach dem Eintritt der Volljährigkeit des Mündels fortdauern soll (§ 1822 Nr. 5 BGB)

- zur Kreditaufnahme auf den Namens des Minderjährigen / Mündels (§ 1822 Nr. 8 BGB)

- zur Ausstellung einer Schuldverschreibung auf den Inhaber oder zur Eingehung einer Verbindlichkeit aus einem Wechsel oder einem anderen Papier, das durch Indossament übertragen werden kann (§ 1822 Nr. 9 BGB)

- zur Übernahme einer fremden Verbindlichkeit, insbesondere zur Eingehung einer Bürgschaft (§ 1822 Nr. 10 BGB)

- zur Erteilung einer Prokura (§ 1822 Nr. 11 BGB)

- Ermächtigung zum selbstständigen Betrieb eines Erwerbsgeschäfts (§ 112 BGB)

Praxistipp:

Investment-Sparpläne stellen zwar Verträge mit wiederkehrenden Leistungen (monatliche Sparraten) dar, allerdings sind diese nicht verpflichtend und können jederzeit eingestellt werden. Aus diesem Grund fallen Investment-Sparpläne nicht unter die Genehmigungspflicht durch das Familiengericht.

Was ist bei Geschäften mit Minderjährigen im Rahmen deren beruflicher Tätigkeit zu beachten?

Für **Geschäfte im Rahmen des selbstständigen Betriebes** eines Erwerbsgeschäftes gilt:

Ermächtigt der gesetzliche Vertreter mit Genehmigung des Familiengerichts den Minderjährigen zum selbstständigen Betrieb eines Erwerbsgeschäfts, so ist der Minderjährige für solche Rechtsgeschäfte unbeschränkt geschäftsfähig, welche der Geschäftsbetrieb mit sich bringt. Ausgenommen sind Rechtsgeschäfte, zu denen der Vertreter der Genehmigung des Familiengerichts bedarf.

Die Ermächtigung kann von dem Vertreter nur mit Genehmigung des Familiengerichts zurückgenommen werden (§ 112 BGB).

Für **Geschäfte im Rahmen eines Dienst- und Arbeitsverhältnisses** gilt:

Ermächtigt der gesetzliche Vertreter den Minderjährigen, in den Dienst oder in Arbeit zu treten, so ist der Minderjährige für solche Rechtsgeschäfte unbeschränkt geschäftsfähig, welche die Eingehung oder Aufhebung eines Dienst- oder Arbeitsverhältnisses der gestatteten Art oder die Erfüllung der sich aus einem solchen Verhältnis ergebenden Verpflichtungen betreffen. Ausgenommen sind Verträge, zu denen der Vertreter der Genehmigung des Familiengerichts bedarf.

Die Ermächtigung kann von dem Vertreter zurückgenommen oder eingeschränkt werden.

Ist der gesetzliche Vertreter ein Vormund, so kann die Ermächtigung, wenn sie von ihm verweigert wird, auf Antrag des Minderjährigen durch das Familiengericht ersetzt werden. Das Familiengericht hat die Ermächtigung zu ersetzen, wenn sie im Interesse des Mündels liegt (§ 113 BGB).

Die Ermächtigung muss in Form einer Mitunterschrift der Vertretungsberechtigten unter den **Dienst- oder Arbeitsvertrag** erfolgen.

Möchte der Minderjährige in diesem Fall einen VL-Sparplan für die von seinem Arbeitgeber gezahlten vermögenswirksamen Leistungen abschließen, so bedarf er hierzu nicht mehr der zusätzlichen Zustimmung seiner Eltern oder seines Vormunds.

Für **Geschäfte im Rahmen eines Ausbildungsverhältnisses** gilt, dass die Vertretungsberechtigten den Ausbildungsvertrag als Ermächtigung mit unterschreiben müssen.

Für den Ausbildungsvertrag gilt nach herrschender Meinung (gesetzlich ist dies nicht eindeutig geregelt), dass die Eltern auch Rechtsgeschäften im direkten Zusammenhang mit dem Ausbildungsverhältnis (dies gilt auch für die Anlage vermögenswirksamer Leistungen) durch ihre Unterschrift separat zustimmen müssen.

2.3.2 Geschäftsfähigkeit

Nachfolgend zunächst eine Übersicht zur Rechts- und Geschäftsfähigkeit natürlicher Personen.

Abb. 71: Rechts- und Geschäftsfähigkeit

Rechtsfähigkeit

Rechtsfähigkeit ist die Fähigkeit, Träger von Rechten und Pflichten zu sein.

Die Rechtsfähigkeit des Menschen beginnt mit der Vollendung der Geburt (§ 1 BGB).

Die Rechtsfähigkeit des Menschen endet mit dem Tod.

Im Gesellschaftsrecht wird unterschieden zwischen der vollen Rechtsfähigkeit und der Teilrechtsfähigkeit:

- privatrechtlich juristische Personen (im Handelsregister eingetragene Aktiengesellschaften und GmbHs, im Vereinsregister eingetragene Vereine und im Genossenschaftsregister eingetragene Genossenschaften) sind von ihrer Registereintragung bis zu ihrer Auflösung voll rechtsfähig (rechtskräftige Verträge und Haftung mit dem Gesellschaftsvermögen).

- Teilrechtsfähig sind Personenhandelsgesellschaften (Kommanditgesellschaft (KG), Offene Handelsgesellschaft (OHG) und die Gesellschaft bürgerlichen Rechts (BGB-Gesellschaft)), d.h. es können auf ihren Namen rechtskräftige Verträge abgeschlossen werden. Der Haftung unterliegen in diesem Fall der oder die persönlich haftenden Gesellschafter.

Nicht rechtsfähig sind dagegen bspw. Erbengemeinschaften.

Geschäftsfähigkeit

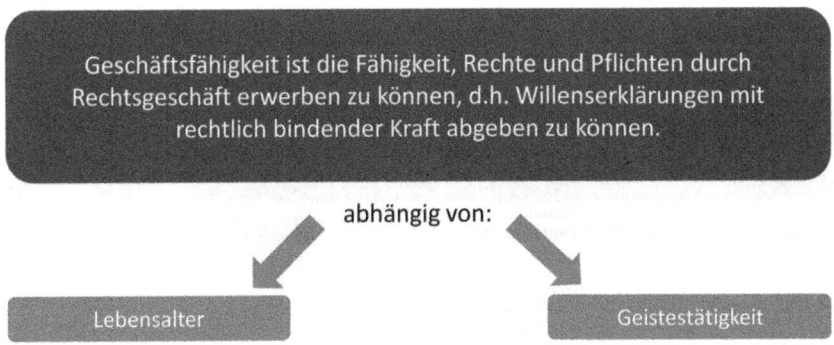

Abb. 72: *Geschäftsfähigkeit*

Bei der Geschäftsfähigkeit unterscheidet das Bürgerliche Gesetzbuch (BGB) zwischen:

- (voll) geschäftsfähig (§ 2 BGB)

- beschränkt geschäftsfähig (§ 106 BGB)

- geschäftsunfähig (§§ 104,105 BGB)

Beschränkt Geschäftsfähige können teilgeschäftsfähig sein (§§ 112, 113 BGB). Dies gilt für den Fall, wenn der gesetzliche Vertreter (i.d.R. die sorgeberechtigten Eltern) mit Zustimmung des Familiengerichtes dem beschränkt Geschäftsfähigen den Betrieb eines Erwerbsgeschäfts erlaubt. Die Teilgeschäftsfähigkeit (Rechte und Pflichten entsprechen der vollen Geschäftsfähigkeit) gilt dann für alle Rechtsgeschäfte im Zusammenhang mit dem Geschäftsbetrieb.

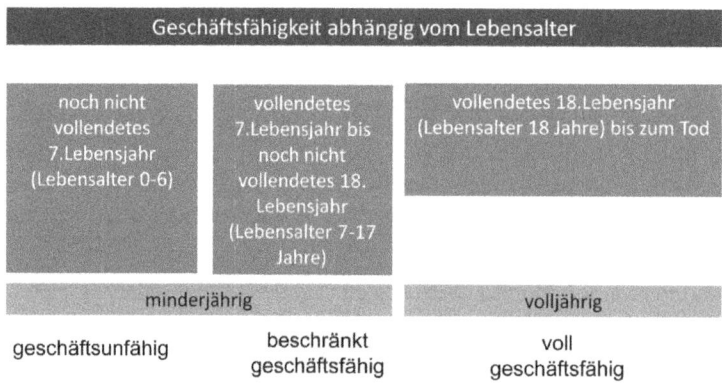

Abb. 73: *Geschäftsfähigkeit – abhängig vom Lebensalter*

Die in der Grafik etwas sperrig anmutenden Formulierungen wie „noch nicht vollendetes 7. Lebensjahr" entsprechen dem gesetzlichen Sprachgebrauch. Umgangssprachlich wird eher das Lebensalter verwendet.

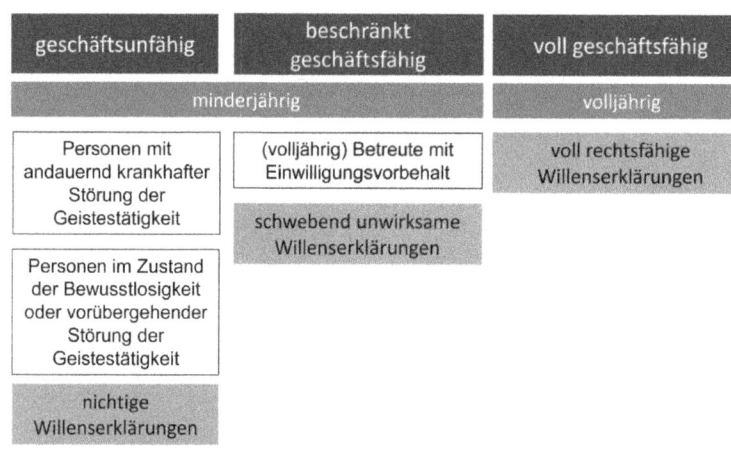

Abb. 74: *Geschäftsfähigkeit – abhängig von der Geistestätigkeit*

Ein vorübergehender Zustand der Bewusstlosigkeit liegt bspw. unter Hypnose oder bei einem Alkohol- oder Drogenrausch vor. Auch ein epileptischer Anfall kann zur vorübergehenden Geschäftsunfähigkeit führen.

Willenserklärungen von **Geschäftsunfähigen** sind von Anfang an **nichtig** und können auch nicht durch eine nachträgliche Zustimmung der gesetzlichen Vertreter rechtswirksam gemacht werden.

Die Geschäftsfähigkeit kann auch durch eine Entmündigung ganz oder teilweise entfallen oder beschränkt werden.

Beschränkt Geschäftsfähige können Rechtsgeschäfte nur mit Einwilligung des gesetzlichen Vertreters abschließen (Ausnahmen werden im Verlauf dieses Kapitels noch näher beschrieben).

Finanzanlagen werden dabei generell als durch den gesetzlichen Vertreter genehmigungspflichtig eingestuft. Denn bei der Führung eines Kontos entstehen nicht nur Rechte, sondern es besteht bspw. auch die Pflicht zur Zahlung von Kontoführungsgebühren. Deshalb gilt hier der Grundsatz, dass die gesetzlichen Vertreter immer einer Konto- oder Depoteröffnung zustimmen müssen.

Der Vertrag eines beschränkt Geschäftsfähigen gilt bis zur Einwilligung des Vertreters als schwebend unwirksam. Die nachträgliche Genehmigung kann nur gegenüber dem Vertragspartner (bspw. der kontoführenden Bank) und vom Vertreter selbst erklärt werden. Die Genehmigung kann nur bis zum Ablauf von 2 Wochen nach dem Empfang der Aufforderung zur Abgabe der Einwilligung erklärt werden. Wird die Einwilligung nicht erklärt, so gilt sie als verweigert.

Wird ein Minderjähriger zwischenzeitlich volljährig, so tritt seine Genehmigung an die Stelle der Genehmigung des Vertreters. Nur dann wird der ehemals schwebend unwirksame Vertrag wirksam. Ohne jegliche Art der Genehmigung geschieht dies nicht automatisch mit Volljährigkeit.

Wie wird die Geschäftsfähigkeit bei der Kontoeröffnung überprüft?

Dies geschieht im Rahmen der **Legitimationsprüfung**, die im Rahmen einer Konto- oder Depoteröffnung gesetzlich vorgeschrieben ist. Bei einer fehlenden (vollen) Geschäftsfähigkeit sind nicht nur die ursprüngliche Konto- oder Depoteröffnung nichtig, sondern auch die Folgeverträge, wie bspw. ein Kaufauftrag für Anteile offener Investmentvermögen.

In welchen Schritten kommt ein Vertrag mit einem unter Betreuung stehenden Vertragspartner zustande?

Die Bestellung eines Betreuers hat zunächst noch keine Auswirkung auf die Geschäftsfähigkeit. Es kommt vielmehr auf den Umfang und den Aufgabenbereich der Betreuung an. Bei einem zusätzlich angeordneten Einwilligungsvorbehalt bedürfen Willenserklärungen des Betreuten innerhalb des Aufgabenbereiches der Betreuung (z.B. bei Vermögensangelegenheiten) der zusätzlichen Einwilligung des Betreuers. Vertragspartner ist der Betreute. Eine Kontoeröffnung erfolgt in folgenden Schritten:

1. Kontoeröffnung durch den Betreuten auf dessen Namen

2. Einwilligungserklärung durch den Betreuer

Als gesetzlicher Vertreter kann der Betreuer die erforderliche Einwilligung gemäß Datenschutzgrundverordnung (DSGVO) abgeben. Eine Kontoeröffnung auf den Namen des Betreuers oder die Eröffnung als Treuhandkonto sind nicht zulässig.

Das Wichtigste zusammengefasst:

Die Rechts- und Geschäftsfähigkeit ist Basis einer voll rechtskräftigen Willenserklärung.

Sie kennen:

- Vertragsarten und das Zustandekommen von Verträgen

- gesetzliche Definition der Rechtsfähigkeit

- Arten von Geschäftsfähigkeit (geschäftsunfähig, beschränkt geschäftsfähig, volle Geschäftsfähigkeit) und ihre Abhängigkeit vom Lebensalter und der so genannten Geistestätigkeit

Sie verstehen die formellen Auswirkungen der Prüfung der Rechts- und Geschäftsfähigkeit, wie bspw. die Legitimationsprüfung bei einer Kontoeröffnung.

Nutzen Sie Ihre Kenntnisse über die allgemeinen rechtlichen Grundlagen bei der Depotkontoeröffnung oder dem Abschluss eines Investment-Sparplans.

Neben den in diesem Kapitel dargestellten, allgemeinen Rechtsgrundlagen, die grundsätzlich für alle Arten von Verträgen gelten, sind bei der Finanzanlagenvermittlung weitere gesetzliche Grundlagen zu beachten. Diese dienen überwiegend dem Verbraucherschutz.

Das nächste Kapitel beinhaltet mit der Finanzanlagenvermittlungsverordnung einen weiteren Prüfungsschwerpunkt in der Teilprüfung 2 des „Geprüfter/e Finanzanlagenfachmann/-frau IHK".

▶ Aufgaben zum Kapitel 2.3 Allgemeine rechtliche Grundlagen

Ihr Wissen auf dem Prüfstand:

1. Von welchen Kriterien hängt die Geschäftsfähigkeit ab? (MC)
   a) Lebensalter
   b) Rechtsfähigkeit
   c) Geistestätigkeit
   d) Mündelsicherheit

2. Wer ist beschränkt geschäftsfähig? (MC)
   a) Ein unter Vormundschaft stehender 5-jähriger
   b) Ein unter Betreuung stehender Volljähriger
   c) Alle Minderjährige bis zum Lebensalter von 17 Jahren
   d) Minderjährige, die das 7. Lebensjahr vollendet und das 18. Lebensjahr noch nicht vollendet haben
   e) Volljährige ab dem vollendeten 18. Lebensjahr

3. Eine natürliche Person steht in Angelegenheiten, die ihr Vermögen betreffen, unter Betreuung. Was bedeutet dies? (MC)
   a) Der Kunde ist volljährig
   b) Der Kunde ist minderjährig
   c) Geldanlagen bedürfen der Zustimmung des Familiengerichtes
   d) Der Kunde ist geschäftsunfähig
   e) Der Kunde ist beschränkt geschäftsfähig
   f) Der Kauf von Investmentanteilen unterliegt dem Einwilligungsvorbehalt des Betreuers

4. Was bedeutet Rechtsfähigkeit? (SC)
   a) Die Fähigkeit, Träger von Rechten und Pflichten zu sein
   b) Die Fähigkeit, Rechte und Pflichten durch den Abschluss von rechtswirksamen Verträgen erwerben zu können
   c) Die Fähigkeit, Anlageentscheidungen treffen zu können
   d) Die Fähigkeit, sich in Rechtsangelegenheiten gut auszukennen
   e) Volle Geschäftsfähigkeit

5. Welche Aussagen beschreiben die Mündelsicherheit richtig? (MC)
   a) Einlagengesicherte Bankeinlagen sind per Gesetz mündelsicher
   b) Mündelsicherheit setzt eine sichere Verzinsung bei geringstmöglichen Risiken voraus
   c) Die sorgeberechtigten Eltern von Minderjährigen dürfen nur mündelsichere Anlagen für ihre Kinder tätigen
   d) Mündelsichere Anlagen für Minderjährige bedürfen immer der Zustimmung des Familiengerichts

2.4 Rechtliche Grundlagen für die Finanzanlagenberatung und -vermittlung sowie Honorar-Finanzanlagenberatung

Produktgeber, Depotbanken und Verwahrstellen	offene und geschlossene Investment-vermögen	Aufsicht, Zulassung und Rechtsstellung	Beratung	Geschäfts-abschluss
Kapitalanlage-gesetzbuch (KAGB)	Kapitalanlage-gesetzbuch (KAGB)	Kreditwesen-gesetz (KWG)	Wertpapier-handelsgesetz (WpHG)	Kapitalanlage-gesetzbuch (KAGB)
Kreditwesen-gesetz (KWG)	Investment-steuergesetz (InvStG)	Gewerbe-ordnung (GO)	Finanzanlagen-vermittlungs-verordnung (FinVermV)	Geldwäsche-gesetz (GwG)
	Einkommen-steuergesetz (EStG)			Abgaben-ordnung (AO)
	Altersvorsorge-zertifizierungs-gesetz (AltZertG)		Gesetz gegen den unlauteren Wettbewerb (UWG)	Bürgerliches Gesetzbuch (BGB)
	5. Vermögens-bildungsgesetz (5.VermBG)			Datenschutz-grundverordnung (DSGVO)

Abb. 75: Rechtsgrundlagen im Überblick

Die Finanzanlagenberatung und -vermittlung sowie die Honorar- Finanzanlagenberatung basieren auf umfassenden gesetzlichen Grundlagen. Die Grafik berücksichtigt zunächst die allgemein geltenden Gesetze im Zusammenhang mit der Beratung und Vermittlung von Finanzanlagen. Auf weitere produktspezifische Gesetze gehe ich in den Produktkapiteln 3, 4 und 5 ein.

2.4.1 Wertpapierhandelsgesetz (WpHG)

Das Wertpapierhandelsgesetz (WpHG) beinhaltet seit 1.1.2018 die Regelungen der MiFID II. Die MiFID II hat insbesondere neue Regelungen zu den nachfolgenden Themen mit sich gebracht:

- detailliertere Informationspflicht gegenüber dem Kunden, bspw. zu Kosten und deren Auswirkungen auf die Rendite der Anlage

- Detaillierung des Begriffs der „unabhängig erbrachten Anlageberatung"

- Zuwendungen sind nur noch erlaubt, wenn durch sie die Qualität der jeweiligen Dienstleistung verbessert wird; MiFID II beinhaltet dazu konkrete Kriterien mit Regelbeispielen.

- Spezielle Regelungen für Kosten im Zusammenhang mit Analysen von Dritten

- Zielmarktbestimmung für Produkte, die für den Vertrieb an Kunden konzipiert werden mit entsprechenden Auswirkungen auf den Vertrieb

Welche Regelungen enthält das WpHG?

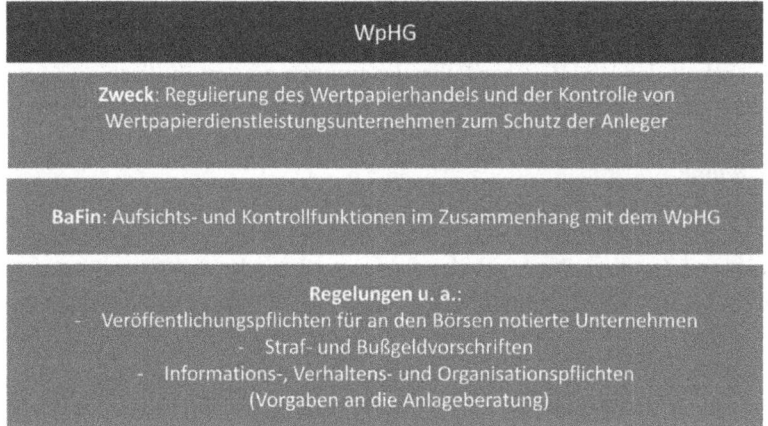

Abb. 76: Das Wertpapierhandelsgesetz (WpHG)

Das WpHG enthält nachfolgende Regelungen für Wertpapierdienstleistungsunternehmen und deren Mitarbeiter:

- zur Erbringung von Wertpapierdienstleistungen und Wertpapiernebendienstleistungen (Informations-, Verhaltens- und Organisationspflichten u. a.)

- zum missbräuchlichen Verhalten (Insidergeschäfte) im börslichen und außerbörslichen Handel mit Finanzinstrumenten

- zur Vermarktung, dem Vertrieb und dem Verkauf von Finanzinstrumenten und strukturierten Einlagen

- zur Überwachung von Unternehmensabschlüssen und zur Veröffentlichung von Finanzberichten von Unternehmen, die den Vorschriften dieses Gesetzes unterliegen

- zu Veränderungen der Stimmrechtsanteile von Aktionären an börsennotierten Gesellschaften

- zu Zuständigkeiten und Befugnissen der Bundesanstalt für Finanzdienstleistungsaufsicht (BaFin) und zur Ahndung von Verstößen hinsichtlich der Vorschriften dieses Gesetzes

- zu Straf- und Bußgeldvorschriften

> **Wertpapierdienstleistungen und Wertpapiernebendienstleistungen**
>
> *Wertpapierdienstleistungen sind bspw. der Kauf und Verkauf von Wertpapieren im Auftrag von Dritten oder die Anlageberatung und -vermittlung. Wertpapiernebendienstleistung ist bspw. das Depotgeschäft, d. h. die Verwahrung und Verwaltung von Wertpapieren und den damit verbundenen Dienstleistungen.*

Darüber hinaus enthält das WpHG Begriffsbestimmungen zu den in diesem Gesetz verwendeten Begriffen.

> **Insiderinformationen**
>
> *Insiderinformationen sind nicht öffentlich bekannte, präzise Informationen, die direkt oder indirekt einen oder mehrere Emittenten oder ein oder mehrere Finanzinstrumente betreffen und die, wenn sie öffentlich bekannt würden, geeignet wären, den Kurs dieser Finanzinstrumente oder den Kurs damit verbundener derivater Finanzinstrumente erheblich zu beeinflussen.*

Seit 3. Juli 2016 ist die Marktmissbrauchsverordnung (MAR) Nr. 596 / 2014 des Europäischen Parlaments und des Rates in Deutschland in Kraft. Sie hat Regelungen des WpHG zu Insidergeschäften, der Ad-hoc-Publizität, dem Director's Dealing und dem Verbot der Marktmanipulation ersetzt.

> **Insidergeschäft**
>
> *Ein Insidergeschäft liegt vor, wenn eine Person über Insiderinformationen verfügt und unter Nutzung derselben für eigene oder fremde Rechnung direkt oder indirekt Finanzinstrumente, auf die sich die Informationen beziehen, erwirbt oder veräußert.*

Für Anlageberater, die nicht gewerblich tätig sind, sondern bspw. Mitarbeiter einer Bank sind, stellen die Regelungen des WpHG die Grundlage für den Beratungsprozess dar. Dieser entspricht dem Beratungsprozess, der auch für gewerbliche Finanzanlagenberater in der Finanzanlagenvermittlungsverordnung (FinVermV) vorgeschrieben ist. Wie dieser Beratungsprozess im Detail aussieht, lernen Sie im Kapitel 2.4.2 Finanzanlagenvermittlungsverordnung (FinVermV) kennen.

Anforderungen an die Ausgestaltung von Finanzinstrumenten, die zum Verkauf an Kunden konzipiert werden

Vielleicht haben Sie schon einmal von den nachfolgenden Prinzipien gehört, die auf die Anforderungen des WpHG an eine kundenorientierte Anlageberatung zurückzuführen sind:

- „Kenne Deinen Kunden" ist das Prinzip der **anlegergerechten** Beratung im Hinblick auf die Ziele, Wünsche, finanziellen Möglichkeiten, Risikotoleranz und Erfahrungen des Kunden.

- „Kenne Deine Produkte" ist das Prinzip der **anlagegerechten Beratung** im Hinblick auf die Chancen, Risiken und Kosten der empfohlenen Anlageform.

Nur wenn beides zusammenpasst und im Wesentlichen übereinstimmt, handelt es sich um eine für den Kunden geeignete Anlage.

Im WpHG finden sich erweiterte Vorgaben im Zusammenhang mit der Ausgestaltung und Vertrieb von Finanzinstrumenten, die zum Verkauf an Kunden konzipiert sind. Hier ist insbesondere der neue Begriff des „**Zielmarktes**" zu beachten.

§ 63 Absatz 4 und 5 WpHG:

„(4) Ein Wertpapierdienstleistungsunternehmen, das Finanzinstrumente zum Verkauf an Kunden konzipiert, muss sicherstellen, dass diese Finanzinstrumente so ausgestaltet sind, dass

1. *sie den Bedürfnissen eines bestimmten Zielmarktes im Sinne des § 80 Absatz 9 entsprechen und*

2. *die Strategie für den Vertrieb der Finanzinstrumente mit diesem Zielmarkt vereinbar ist.*

   Das Wertpapierdienstleistungsunternehmen muss zumutbare Schritte unternehmen, um zu gewährleisten, dass das Finanzinstrument an den bestimmten Zielmarkt vertrieben wird.

(5) Ein Wertpapierdienstleistungsunternehmen muss die von ihm angebotenen oder empfohlenen Finanzinstrumente verstehen. Es muss deren Vereinbarkeit mit den Bedürfnissen der Kunden, denen gegenüber des Wertpapierdienstleistungen erbringt, beurteilen, auch unter Berücksichtigung des in § 80 Absatz 9 genannten Zielmarktes, und sicherstellen, dass es Finanzinstrumente nur anbietet oder empfiehlt, wenn dies im Interesse der Kunden liegt."

§ 80 Abs. 9 WpHG

„Ein Wertpapierdienstleistungsunternehmen, das Finanzinstrumente zum Verkauf konzipiert, hat ein Verfahren für die Freigabe jedes einzelnen Finanzinstruments und jeder wesentlichen Anpassung bestehender Finanzinstrumente zu unterhalten, zu betreiben und zu überprüfen, bevor das Finanzinstrument an Kunden vermarktet oder vertrieben wird (Produktfreigabeverfahren). Das Verfahren muss sicherstellen, dass für jedes Finanzinstrument für Endkunden innerhalb der jeweiligen Kundengattung ein bestimmter Zielmarkt festgelegt wird. Dabei sind alle einschlägigen Risiken für den Zielmarkt zu bewerten. Darüber hinaus ist sicherzustellen, dass die beabsichtigte Vertriebsstrategie dem nach Satz 2 bestimmten Zielmarkt entspricht.

Information über Honorar- oder provisionsbasierte Beratung

Gemäß § 64 Abs. 1 WpHG muss der Kunde rechtzeitig vor der Beratung und in verständlicher Form darüber informiert werden:

1. ob die Anlageberatung unabhängig erbracht wird (**Unabhängige Honorar-Anlageberatung**) oder nicht;

2. ob sich die Anlageberatung auf eine umfangreiche oder eine eher beschränkte Analyse verschiedener Arten von Finanzinstrumenten stützt, insbesondere, ob die Palette an Finanzinstrumenten auf Finanzinstrumente beschränkt ist, die von Anbietern oder Emittenten stammen, die in einer engen Verbindung zum Wertpapierdienstleistungsunternehmen stehen oder zu denen in sonstiger Weise rechtliche oder wirtschaftliche Verbindungen bestehen, die so eng sind, dass das Risiko besteht, dass die Unabhängigkeit der Anlageberatung beeinträchtigt wird, und

3. ob das Wertpapierdienstleistungsunternehmen dem Kunden regelmäßig eine Beurteilung der Geeignetheit der empfohlenen Finanzinstrumente zur Verfügung stellt.

Kunden im Sinne des WpHG

Kunden im Sinne dieses Gesetzes sind alle natürlichen oder juristischen Personen, für die Wertpapierdienstleistungsunternehmen Wertpapierdienstleistungen oder Wertpapiernebendienstleistungen erbringen oder anbahnen (§ 67 Abs. 1 WpHG).

Professionelle Kunden im Sinne des WpHG sind gemäß § 67 Abs. 2 WpHG Kunden, bei denen das Wertpapierdienstleistungsunternehmen davon ausgehen kann, dass sie über ausreichende Erfahrungen, Kenntnisse und Sachverstand verfügen, um ihre Anlageentscheidungen zu treffen und die damit verbundenen Risiken angemessen beurteilen zu können.

Professionelle Kunden sind insbesondere:

- Unternehmen, die bspw. als Wertpapierdienstleistungsunternehmen, Versicherungsunternehmen, Börsenhändler, sonstige von der BaFin zugelassene und beaufsichtigte Unternehmen oder sonstige institutionelle Anleger tätig sind

- Nationale und regionale Regierungen sowie Stellen der öffentlichen Schuldenverwaltung

- Zentralbanken, internationale und überstaatliche Einrichtungen wie die Weltbank, der Internationale Währungsfonds, die Europäische Zentralbank, die Europäische Investmentbank und andere vergleichbare internationale Organisationen

- andere zulassungs- oder aufsichtspflichtige institutionelle Anleger, deren Haupttätigkeit in der Investition in Finanzinstrumente besteht, und Einrichtungen, die die Verbriefung von Vermögenswerten und andere Finanzierungsgeschäfte betreiben.

Ein professioneller Kunde kann mit dem Wertpapierdienstleistungsunternehmen eine Einstufung als Privatkunde vereinbaren. Die Vereinbarung über die Änderung der Einstufung bedarf der Schriftform. Soll die Änderung nicht alle Wertpapierdienstleistungen, Wertpapiernebendienstleistungen und Finanzinstrumente betreffen, ist dies ausdrücklich festzulegen (§ 67 Abs. 5 WpHG).

Als **geeignete Gegenparteien** wird eine Teilmenge der professionellen Kunden bezeichnet, die Wertpapierdienstleistungsunternehmen, Versicherungsunternehmen, Pensionsfonds, Börsenhändler und sonstige institutionelle Anleger umfasst.

Privatkunden im Sinne des WpHG sind gemäß § 67 Abs. 3 WpHG alle Kunden, die keine professionellen Kunden sind.

Ein Privatkunde kann auf Antrag oder durch Festlegung des Wertpapierdienstleistungsunternehmens als professioneller Kunde eingestuft werden. Der Änderung der Einstufung hat eine Bewertung durch das Wertpapierdienstleistungsunternehmen vorauszugehen, ob der Kunde aufgrund seiner Erfahrungen, Kenntnisse und seines Sachverstandes in der Lage ist, generell oder für eine bestimmte Art von Geschäften eine Anlageentscheidung zu treffen und die damit verbundenen Risiken angemessen zu beurteilen. Eine Änderung der Einstufung kommt nur in Betracht, wenn der Privatkunde mindestens zwei der drei folgenden Kriterien erfüllt:

1. *der Kunde hat an dem Markt, an dem die Finanzinstrumente gehandelt werden, für die er als professioneller Kunde eingestuft werden soll, während des letzten Jahres durchschnittlich zehn Geschäfte von erheblichem Umfang im Quartal getätigt;*

2. *der Kunde verfügt über Bankguthaben und Finanzinstrumente im Wert von mehr als 500.000 €;*

3. *der Kunde hat mindestens für ein Jahr einen Beruf am Kapitalmarkt ausgeübt, der Kenntnisse über die in Betracht kommenden Geschäfte, Wertpapierdienstleistungen und Wertpapiernebendienstleistungen voraussetzt.*

Das Wertpapierdienstleistungsunternehmen muss den Privatkunden schriftlich darauf hinweisen, dass mit der Änderung der Einstufung die Schutzvorschriften dieses Gesetzes für Privatkunden nicht mehr gelten. Der Kunde muss schriftlich bestätigen, dass er diesen Hinweis zur Kenntnis genommen hat (§ 67 Abs. 6 WpHG).

Die Geeignetheitsprüfung und die Geeignetheitserklärung

Bei der **Geeignetheitsprüfung** tritt die „Risikotoleranz" an die Stelle des früher verwendeten Begriffs der „Risikobereitschaft".

Gemäß § 64 Abs. 3 WpHG umfasst die Geeignetheitsprüfung die Informationen des Kunden über:

- **Kenntnisse und Erfahrungen** des Kunden in Bezug auf Geschäfte mit bestimmten Arten von Finanzinstrumenten oder Wertpapierdienstleistungen sowie Art, Umfang und Häufigkeit von Wertpapiergeschäften

- die finanziellen Verhältnisse (Einkommen, Vermögen, Verpflichtungen) des Kunden, einschließlich seiner Fähigkeit, Verluste zu tragen (**Verlusttragfähigkeit**), und

- seine **Anlageziele**, einschließlich seiner **Risikotoleranz** und der **Anlagezweck**

- **Alter** des Kunden (wegen Anlagehorizont)

- Bildungsstand und Beruf sowie **Beschäftigungssituation** (Arbeitsplatzrisiko, Renteneintritt und Auswirkungen auf die finanziellen Verhältnisse und Anlageziele)

- Berücksichtigung einer **Liquiditätssicherung**

- Anlage des **Gesamtvermögens** (zusätzliche Schutzwürdigkeit) oder nur eines Teil des Gesamtvermögens

Die Geeignetheitsprüfung ist Voraussetzung für die Empfehlung eines Finanzinstrumentes. Empfehlungen müssen für den Kunden geeignet sein und insbesondere seiner Risikotoleranz und seiner Fähigkeit, Verluste zu tragen, entsprechen. Näheres zur Geeignetheit und den im Zusammenhang mit der Beurteilung der Geeignetheit geltenden Pflichten regeln die Artikel 54 und 55 der Delegierten Verordnung (EU) 2017 / 565.

Die **Geeignetheitserklärung** ist gemäß § 64 Abs. 4 WpHG eine Erklärung über die Geeignetheit der Empfehlung und ersetzt das frühere Beratungsprotokoll. Die Geeignetheitserklärung muss dem Privatkunden auf einem dauerhaften Datenträger **vor Vertragsabschluss** zur Verfügung gestellt werden. Veränderungen sind bei jeder Folgeberatung zu erfragen. Die Geeignetheitserklärung muss dokumentieren:

- die erbrachte Beratung und wie diese auf die Bedürfnisse und Anlageziele des Anlegers abgestimmt wurde

- sowie ein Überblick über die erteilten Empfehlungen und wie diese zum Anleger und seinen persönlichen Umstände und Ziele passen (Begründung der Geeignetheit)

- den wahrscheinlichen Bedarf fortlaufender Beobachtung und Erforderlichkeit späterer Folgeberatung (z. B. Wiederherstellung ursprüngliche Vermögensaufteilung über verschiedene Anlageklassen)

Weitere Details regelt Artikel 54 Absatz 12 der Delegierten Verordnung (EU) 2017/565.

Kommt der Kauf oder Verkauf eines Finanzinstruments durch den Einsatz eines Fernkommunikationsmittels zustande, das die vorherige Übermittlung der Geeignetheitserklärung nicht erlaubt, so darf die Geeignetheitserklärung ausnahmsweise unmittelbar nach Vertragsabschluss zur Verfügung gestellt werden. Voraussetzungen hierfür sind, dass der Kunden:

- zugestimmt hat, dass ihm die Geeignetheitserklärung unverzüglich nach Vertragsschluss zur Verfügung gestellt wird

- angeboten bekommen hat, die Ausführung des Geschäftes zu verschieben, damit der Kunde die Möglichkeit hat, die Geeignetheitserklärung vorher zu erhalten.

Zuwendungen

Honorar-Anlageberater und Vermögensverwalter dürfen generell keine Zuwendungen annehmen bzw. müssen diese an ihren Kunden auskehren (weitergeben). Provisionsbasierte Finanzanlagevermittler dürfen Zuwendungen (Provisionen, Gebühren, sonstige Geldleistungen und alle nicht monetären Vorteile) nicht annehmen oder an Dritte gewähren, die nicht Kunden der Dienstleistung sind oder nicht im Auftrag des Kunden tätig werden, es sei denn:

- die Zuwendung ist darauf ausgelegt, die Qualität der für den Kunden erbrachten Dienstleistung zu verbessern und steht der ordnungsgemäßen Erbringung der Dienstleistung im bestmöglichen Interesse des Kunden nicht entgegen und

- Existenz, Art und Umfang der Zuwendung oder, soweit sich der Umfang noch nicht bestimmen lässt, die Art und Weise seiner Berechnung wird dem Kunden vor der Erbringung der Wertpapierdienstleistung oder Wertpapiernebendienstleistung in umfassender, zutreffender und verständlicher Weise unmissverständlich offengelegt.

§ 70 Abs. 1 WpHG

„... Wertpapierdienstleistungsunternehmen müssen nachweisen können, dass jegliche von ihnen erhaltenen oder gewährten Zuwendungen dazu bestimmt sind, die Qualität der jeweiligen Dienstleistung für den Kunden zu verbessern. Konnte ein Wertpapierdienstleistungsunternehmen den Umfang der Zuwendung noch nicht bestimmen und hat es dem Kunden statt dessen die Art und Weise der Berechnung offengelegt, so muss es den Kunden nachträglich auch über den genauen Betrag der Zuwendung, die es erhalten oder gewährt hat, unterrichten. Solange das Wertpapierdienstleistungsunternehmen im Zusammenhang mit den für die betreffenden Kunden erbrachten Wertpapierdienstleistungen fortlaufend Zuwendungen erhält, muss es seine Kunden mindestens einmal jährlich individuell über die tatsächliche Höhe der angenommenen oder gewährten Zuwendungen unterrichten.“

Auch die Bereitstellung von Analysen durch Dritte an das Wertpapierdienstleistungsunternehmen (Kapitalverwaltungsgesellschaft u. a.) können unter bestimmten Voraussetzungen (§ 70 Abs. 2–5 WpHG) Zuwendungen darstellen.

2.4.2 Finanzanlagenvermittlungsverordnung (FinVermV)

Mit der am 1.8.2020 in Kraft getretenen Neuregelung der FinVermV gelten die seit Anfang 2018 für BaFin-regulierte Vermittler geltenden Neuregelungen der europäischen Finanzmarktrichtlinie 2014/65/EU (MiFID II) auch für gewerbliche Vermittler. Darüber hinaus erfolgten Anpassungen an den Wortlaut der neu gefassten Versicherungsvermittlungsverordnung.

Derzeit ist wieder vollkommen offen, ob und wann es zu einer Neuregelung der Aufsicht für 34f- und 34h-Vermittler kommen soll. In Folge würde die FinVermV ins WpHG integriert und die Regulierung wäre dann im Kreditwesengesetz (KWG) und nicht mehr in de Gewerbeordnung geregelt. Die Sachkundeprüfung würde davon unabhängig, auch weiterhin in der Verantwortung der IHK liegen.

Der Gesetzgeber hat bei der Neufassung der FinVermV stark mit der Verweistechnik gearbeitet, d.h. insbesondere viele Hinweise auf Regelungen der Delegierten-Verordnung (EU) 2017/565 aufgeführt, ohne diese im Detail im Verordnungstext aufzuführen. Dies bedeutet eine erschwerte Lesbarkeit nicht nur für den juristischen Laien. Denn viele umfassende Artikel der Delegierten-Verordnung sind auf Wertpapierdienstleistungsunternehmen ausgerichtet und die Umsetzungspraxis nach August 2020 wird zeigen, wie diese konkret auf die FinVermV „entsprechend anzuwenden" sind. Sie finden in diesem Kapitel einige der wichtigsten Verweise.

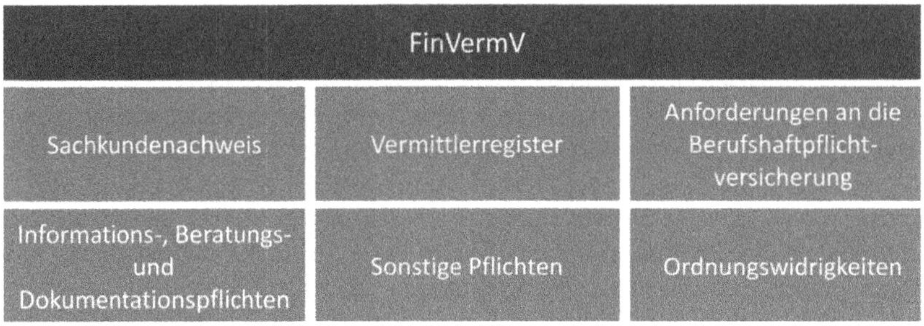

Abb. 77: Die Finanzanlagenvermittlungsverordnung (FinVermV)

Die Rechtsgrundlagen für die Erlaubnis- und Registrierungspflicht für Finanzanlagenvermittler sind die §§ 34f und h der Gewerbeordnung (GewO). Die Finanzanlagenvermittlungsverordnung (FinVermV) enthält die konkretisierenden Regelungen. In den Vorschriften wird zum Teil auch auf Regelungen des Vermögensanlagengesetzes (VermAnlG), des Kreditwesengesetzes (KWG) und des Kapitalanlagegesetzbuchs (KAGB) Bezug genommen. Dazu später mehr an den betreffenden Stellen.

Der Sachkundenachweis

§ 34f bzw. h GewO schreiben für die Erlaubniserteilung u. a. einen Sachkundenachweis vor. Dieser kann durch die Sachkundeprüfung der IHK zum / zur „Geprüften Finanzanlagenfachmann/-frau IHK" oder durch den Nachweis gleichgestellter Berufsqualifikationen erbracht werden.

Auch Beschäftigte des gewerbetreibenden Finanzanlagenvermittlers müssen einen Sachkundenachweis erbringen.

Gewerbetreibender
Der Begriff des Gewerbetreibenden wird insbesondere in der FinVermV verwendet und bezeichnet den gewerblich tätigen Finanzanlagenvermittler oder Honorar-Finanzanlagenberater.

Die Sachkundeprüfung umfasst die nachfolgenden erforderlichen fachspezifischen Produkt- und Beratungskenntnisse:

- Teilprüfung 1: Kundenberatung (praktische Prüfung)
- Teilprüfung 2: Kenntnisse für Beratung und Vertrieb von Finanzanlageprodukten (schriftliche Prüfung)
- Teilprüfung 3: Offene Investmentvermögen im Sinne des § 1 Abs. 4 KAGB (schriftliche Teilprüfung)
- Teilprüfung 4: Geschlossene Investmentvermögen im Sinne des § 1 Abs. 5 KAGB (schriftliche Teilprüfung)

- Teilprüfung 5: Vermögensanlagen im Sinne des § 1 Abs. 2 Vermögensanlagengesetz (schriftliche Teilprüfung)

Die schriftliche Prüfung kann auf Antrag des Prüflings auf die einzelnen Kategorien von Finanzanlagen (Bsp.: nur Teilprüfung 3 ohne Teilprüfung 4 und 5) beschränkt werden.

Die inhaltlichen Anforderungen enthält der Rahmenplan.

Prüfungstipp:

Nutzen Sie den Rahmenplan für Ihre Prüfungsvorbereitung. Er liefert einerseits prüfungsrelevante Fachbegriffe und gibt andererseits anhand der Lerninhalte und Schwierigkeitsgrade (Taxonomie) den Detaillierungsgrad der Prüfungsaufgaben an. Beachten Sie dabei, dass der Rahmenplan zwar den Prüfungsrahmen darstellt, die IHK jedoch auch darüber hinausgehende Details abfragen kann.

Vermittlerregister

Das Register für Finanzanlagenvermittler (§ 34f GewO) bzw. Honorar- Finanzanlagenberater (§ 34h GewO) wird bei den regional zuständigen Industrie- und Handelskammern (Registerbehörde) geführt.

Das Register soll der Allgemeinheit, vor allem Anlegern und Versicherungsunternehmen, die Überprüfung der Zulassung sowie des Umfangs der zugelassenen Tätigkeit der Eintragungspflichtigen ermöglichen.

Es werden folgende Angaben gespeichert (§ 6 FinVermV):

- Name, Vorname, Firmen der Personenhandelsgesellschaften, in denen der Eintragungspflichtige als geschäftsführender Gesellschafter tätig ist

- Geburtsdatum

- Angabe, dass eine Erlaubnis nach § 34f oder h GewO vorliegt

- Umfang der Erlaubnis

- Bezeichnung und Anschrift der zuständigen Erlaubnisbehörde und der zuständigen Registerbehörde

- Betriebliche Anschrift

- Registrierungsnummer

- Name, Vorname und Geburtsdatum der vom Eintragungspflichtigen beschäftigten Personen, die unmittelbar bei der Beratung und Vermittlung mitwirken

Der Eintragungspflichtige hat der zuständigen Erlaubnisbehörde unverzüglich nach Aufnahme seiner Tätigkeit die notwendigen Angaben zu machen. Ebenso hat er Änderungen der Angaben unverzüglich mitzuteilen. Die zuständige Erlaubnisbehörde leitet die Angaben unverzüglich der Registerbehörde weiter (§ 7 Abs. 1 FinVermV).

Der Eintragungspflichtige hat auch die Angaben zu seinen Beschäftigten sowie ggf. Änderungen zu diesen Angaben an die Erlaubnisbehörde zu melden.

Anforderungen an die Berufshaftpflichtversicherung

Die Berufshaftpflichtversicherung in Form einer Vermögensschadenshaftpflichtversicherung (VHS) muss bei einem zum Geschäftsbetrieb im Inland zugelassenen Versicherungsunternehmen abgeschlossen werden.

Die FinVermV regelt die Höhe der Mindestversicherungssumme für jeden Versicherungsfall und für alle Versicherungsfälle eines Jahres, unabhängig vom Umfang der Erlaubnis.

Aktuelle Deckungssummen (Stand: 1.8.2020):

1.276.000 € pro Versicherungsfall

1.919.000 € für alle Versicherungsfälle eines Jahres

Die frühere Anpassungsklausel, die eine Anpassung der Mindestversicherungssumme alle fünf Jahre vorgesehen hat, wurde gestrichen. Die Mindestversicherungssummen für Finanzanlagenvermittler sind im Vergleich zu anderen Berufshaftpflichtversicherungen bereits sehr hoch und somit bestand kein Bedarf mehr zur Beibehaltung der Klausel. Eine anlassbezogene Anpassung der Mindestversicherungssummen wird künftig durch eine entsprechende Änderung der FinVermV erfolgen.

Informations-, Beratungs- und Dokumentationspflichten

Die Verhaltenspflichten der FinVermV setzen sich zusammen aus:

- allgemeine Verhaltenspflicht (§ 11 FinVermV)
- Vermeidung, Regelung und Offenlegung von Interessenkonflikten, Vergütung (§ 11a FinVermV)
- statusbezogene Informationspflichten (§ 12 FinVermV)
- Information des Anlegers über Vergütungen und Zuwendungen (§ 12a FinVermV)
- Information des Anlegers über Risiken, Kosten, Nebenkosten und Interessenkonflikte (§ 13 FinVermV)
- redliche, eindeutige und nicht irreführende Informationen und Werbung (§ 14 FinVermV)
- Bereitstellung des Informationsblatts (§ 15 FinVermV)
- Einholung von Informationen über den Anleger; Pflicht zur Empfehlung geeigneter Finanzanlagen (§ 16 FinVermV)
- Einholung einer Selbstauskunft vom Anleger bei Vermögensanlagen (§ 16 Abs. 3a FinVermV)
- Offenlegung von Zuwendungen durch Gewerbetreibende nach § 34f GewO (§ 17 FinVermV)

- Offenlegung und Auskehr von Zuwendungen durch Gewerbetreibende nach § 34h GewO (§ 17a FinVermV)

- Anfertigung einer Geeignetheitserklärung (§ 18 FinVermV)

- Aufzeichnung telefonischer Vermittlungs- und Beratungsgespräche und sonstiger elektronischer Kommunikation (§ 18a FinVermV)

- Beachtung der Vorschriften für Beschäftigte (§ 19 FinVermV)

Prüfungstipp

Werfen Sie doch einmal einen Blick in den Originaltext der FinVermV.

Die FinVermV ist ein Schwerpunktthema der Teilprüfung 2 und in vielen Prüfungsfragen finden sich die Originalformulierungen wieder.

Allgemeine Verhaltenspflicht (§ 11 FinVermV)

Abb. 78: Allgemeine Verhaltenspflicht

Der Gewerbetreibende ist verpflichtet, seine Tätigkeit mit der erforderlichen Sachkenntnis, Sorgfalt und Gewissenhaftigkeit im bestmöglichen Interesse des Anlegers auszuüben.

Prüfungstipp

Hier ein Beispiel, wie nah eine Prüfungsaufgabe am Originaltext der FinVermV ausgerichtet sein kann (es handelt sich nachfolgend um keine Originalprüfungsaufgabe, jedoch ist der Aufgabenstil an den Prüfungsstil der IHK angelehnt):

Welche allgemeinen Verhaltenspflichten muss der Gewerbetreibende gemäß FinVermV beachten?

a) Fachkunde, Vielfalt, Geeignetheit, im bestmöglichen Interesse des Anlegers

b) Sachkunde, Sorgfalt, Gewissenhaftigkeit, im bestmöglichen Interesse des Anlegers

c) Sachkunde, Fairness, Aufrichtigkeit, im bestmöglichen Interesse von Produktgeber und Kunde

d) Kundenorientierung, Erfahrung, Sorgfalt, Redlichkeit

Richtige Antwort: b)

Vorschriften für Beschäftigte (§ 19 FinVermV)

Der Gewerbetreibende hat sicherzustellen, dass auch seine Beschäftigten die Pflichten nach den §§ 11–18a FinVermV (Informations-, Beratungs- und Dokumentationspflichten) erfüllen.

Führt ein Beschäftigter des Gewerbetreibenden die Beratung durch, so hat der Beschäftigte die Geeignetheitserklärung dem Anleger zur Verfügung zu stellen.

Um eine Beratung durchführen zu dürfen, muss der Beschäftigte des Gewerbetreibenden die Anforderungen des § 34f bzw. 34h GewO erfüllen:

- Sachkundenachweis
- Zuverlässigkeit

Die Registrierung von Beschäftigten muss durch den Gewerbetreibenden vorgenommen werden. Außerdem muss der Sachkundenachweis des Beschäftigten im gleichen Umfang wie der des Gewerbetreibenden bestehen. Das bedeutet umgekehrt: besitzt ein Gewerbetreibender keine Erlaubnis nach § 34f bzw. 34h GewO, so darf er auch keine Beschäftigten – unabhängig davon, ob diese eine Erlaubnis besitzen – mit der Anlageberatung beauftragen.

Unzulässigkeit der Annahme von Geldern und Anteilen von Anlegern

Der Gewerbetreibende ist nicht befugt, sich im Zusammenhang mit der Finanzanlagenberatung oder -vermittlung bzw. der Honorar-Finanzanlagenberatung Eigentum oder Besitz an den Geldern oder Anteilen von Anlegern zu verschaffen.

Prüfungspflicht (§ 24 FinVermV)

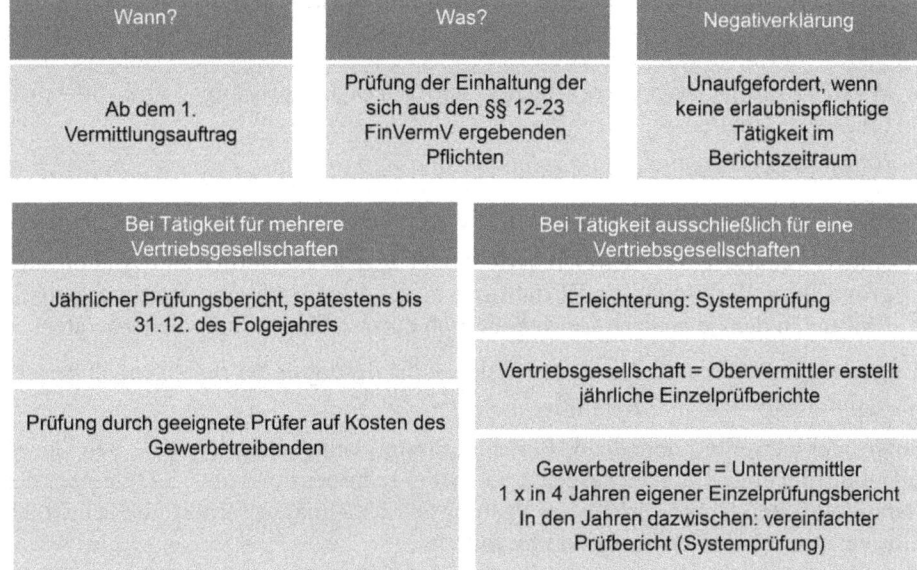

Abb. 79: Prüfungspflichten

Der Gewerbetreibende hat gem. § 24 FinVermV regelmäßig einen Nachweis über die Einhaltung der Vorschriften der FinVermV in Form eines Prüfungsberichtes zu erbringen. Ist der Gewerbetreibende ausschließlich für eine Vertriebsgesellschaft tätig, so sieht die FinVermV eine Erleichterung in Form eines Sammelprüfungsberichtes vor.

Bezüglich des Einzelprüfungsberichtes gilt:

Der Gewerbetreibende hat:

1. *Auf seine Kosten die Einhaltung der sich aus den §§ 12 bis 23 FinVermV ergebenden Verpflichtungen für jedes Kalenderjahr durch einen geeigneten Prüfer prüfen zu lassen und*

2. *der für die Erlaubniserteilung zuständigen Behörde den Prüfungsbericht spätestens zum 31. Dezember des darauffolgenden Jahres zu übermitteln (§ 24 Abs. 1 FinVermV).*

Sofern der Gewerbetreibende ausschließlich für eine Vertriebsgesellschaft tätig ist, gilt Folgendes:

■ Jährliche Vorlage eines **Sammelprüfungsberichtes** (erstellt durch die Vertriebsgesellschaft = „Obervermittler"), der die Angemessenheit und Wirksamkeit des internen Kontrollsystems der Vertriebsgesellschaft zur Einhaltung der Verpflichtungen aus den §§ 12 bis 23 FinVermV durch die angeschlossenen Gewerbetreibenden bestätigt.

- Spätestens nach 4 Jahren (der Termin wird willkürlich von der Aufsichtsbehörde festgelegt) hat der Gewerbetreibende einen Einzelprüfungsbericht abzugeben.

Geeignete Prüfer sind:

- Wirtschafsprüfer, vereidigte Buchprüfer, Wirtschaftsprüfungs- und Buchprüfungsgesellschaften

- Prüfungsverbände

Zusätzlich geeignete Prüfer sind:

- Andere Personen, die öffentlich bestellt oder zugelassen worden sind und die aufgrund ihrer Vorbildung und Erfahrung in der Lage sind, eine ordnungsgemäße Prüfung in dem jeweiligen Gewerbebetrieb durchzuführen (z. B. Steuerberater)

Ungeeignete Prüfer sind Personen, bei denen die Besorgnis der Befangenheit besteht (z. B. durch familiäre Verbindung).

Sofern der Gewerbetreibende im Berichtszeitraum keine nach § 34f bzw. 34h GewO erlaubnispflichtige Tätigkeit ausgeübt hat, hat er spätestens bis zum 31. Dezember des darauffolgenden Jahres anstelle des Prüfungsberichts unaufgefordert und schriftlich eine entsprechende **Erklärung** zu übermitteln.

Ordnungswidrigkeiten (§ 26 FinVermV)

Nach § 26 FinVermV handelt ordnungswidrig, wer **vorsätzlich** oder **fahrlässig** u. a.:

- Statusbezogene Informationen nicht, nicht richtig oder nicht rechtzeitig macht

- Produktinformationsblätter nicht, nicht richtig, nicht vollständig oder nicht rechtzeitig zur Verfügung stellt

- Informationen über den Kunden nicht, nicht richtig, nicht vollständig oder nicht rechtzeitig einholt

- im Rahmen der Anlageberatung eine für den Anleger ungeeignete Finanzanlage empfiehlt

- eine Geeignetheitserklärung nicht, nicht richtig, nicht vollständig oder nicht rechtzeitig zur Verfügung stellt

- sich Eigentum oder Besitz an Geldern oder Anteilen des Anlegers verschafft

- einen Prüfungsbericht nicht, nicht richtig, nicht vollständig oder nicht rechtzeitig übermittelt

Die Konsequenzen sind **Bußgelder** oder sogar der **Entzug der Erlaubnis**. Detailregelungen hierzu finden sich im § 144 Abs. 2 Nr. 6 GewO.

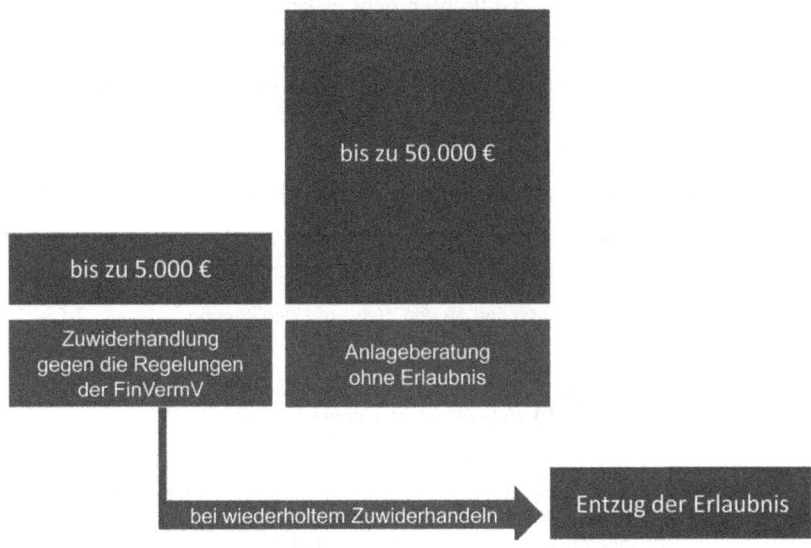

Abb. 80:   Bußgelder bei Ordnungswidrigkeiten

2.4.2.1   Statusbezogene Informationspflichten (§§ 12, 12a FinVermV)

Was?
Name und Vorname sowie die Firma der Personenhandelsgesellschaft, in der der Eintragungspflichtige als geschäftsführender Gesellschafter ist
Betriebliche Anschrift und weitere Kontaktdaten (Telefonnummer, E-Mail-Adresse oder Faxnummer)
Register-Eintragung als Finanzanlagenvermittler (§ 34f GewO) oder Honorar-Finanzanlagenberater (§ 34h GewO) und wie sich die Eintragung überprüfen lässt
Emittenten und Anbieter, zu deren Finanzanlagen er Vermittlungs- und Beratungsleistungen anbietet
Anschrift seiner Erlaubnisbehörde sowie Registrierungsnummer

Wann?	Wie?
Vor der ersten Anlageberatung/-vermittlung	Klar und verständlich in Textform
	Mündliche Angaben, nur wenn der Kunde dies wünscht => nach Vertragsabschluss müssen die Information unverzüglich in Textform nachgereicht werden

Abb. 81:   Statusbezogene Informationspflichten

Bei den statusbezogenen Informationspflichten geht es um Informationen über den Gewerbetreibenden, die dieser dem Anleger zu machen hat.

Die Überreichung einer klassischen Visitenkarte reicht hier in der Regel aufgrund der Fülle der Informationen nicht mehr aus. Ein separates DIN A4-Blatt, das die notwendigen Angaben enthält, ist die Alternative.

Information des Anlegers über Vergütungen und Zuwendungen (§ 12a FinVermV)

Was?
Angaben über Vergütung und Art und Weise der Berechnung
Ob er vom Anleger eine Vergütung (Honorar) verlangt und in welcher Art und Weise diese berechnet wird
oder
Ob im Zusammenhang mit der Anlageberatung oder -vermittlung Zuwendungen von Dritten (z.B. Provisionen) angenommen oder behalten werden dürfen

Wann?	Wie?
Rechtzeitig vor Beginn der Anlageberatung oder -vermittlung und vor Abschluss des Beratungsvertrages	In verständlicher Textform

Abb. 82:   Information über Vergütungen und Zuwendungen

Die FinVermV enthält zum Thema Vergütungen und Zuwendungen mehrere Vorschriften. Der hier beschriebene § 12a FinVermV bezieht sich zunächst auf die grundlegende Information des Anlegers über Vergütungen und Zuwendungen:

- Arbeitet der Gewerbetreibende auf Honorar- oder auf Provisionsbasis?

- In welcher Art und Weise wird diese berechnet?

In den nachfolgend erläuterten §§ 17 und 17a FinVermV wird dann detailliert geregelt, wie die Offenlegung der Zuwendungen durch den Gewerbetreibenden zu erfolgen hat. § 17 FinVermV bezieht sich auf den Gewerbetreibenden nach § 34f GewO und § 17a FinVermV auf den Gewerbetreibenden nach § 34h GewO.

2.4.2.2 Einholung von Informationen über den Anleger (§ 16 FinVermV)

Zu den einzuholenden Informationen gehören:

1. **Finanzielle Verhältnisse, einschließlich seiner Fähigkeit, Verluste zu tragen (Verlusttragfähigkeit):**

   - Grundlage und Höhe regelmäßiger Einkommen und regelmäßiger finanzieller Verpflichtungen

   - Vorhandene Vermögenswerte, insbesondere Barvermögen, Kapitalanlagen und Immobilienvermögen

2. **Anlageziele des Kunden, einschließlich seiner Risikotoleranz:**

   - Anlagedauer

   - Risikobereitschaft des Anlegers

   - Zweck der Anlage

3. **Kenntnisse und Erfahrungen des Anlegers in Bezug auf bestimmte Arten von Finanzanlagen:**

   - die Arten von Finanzanlagen, mit denen der Anleger vertraut ist

   - Art, Umfang, Häufigkeit und Zeitraum zurückliegender Geschäfte des Anlegers mit Finanzanlagen

   - Ausbildung sowie gegenwärtige und relevante frühere berufliche Tätigkeiten des Anlegers.

Zusätzliche Informationspflicht bei Vermögensanlagen: Selbstauskunft des Anlegers

Gemäß § 16 Abs. 3a FinVermV hat der Gewerbetreibende vor Vermittlung des Vertragsabschlusses über eine Vermögensanlage im Sinne des § 2a VermAnlG (Schwarmfinanzierungsausnahmen) vom Anleger eine Selbstauskunft über dessen Vermögen und Einkommen einzuholen. Dies ist erforderlich, damit der Gewerbetreibende überprüfen kann, ob der Gesamtbetrag der Vermögensanlagen bei ein und demselben Emittenten, die vom Anleger erworben werden, die gesetzlichen Anlagehöchstbeträge nicht übersteigt.

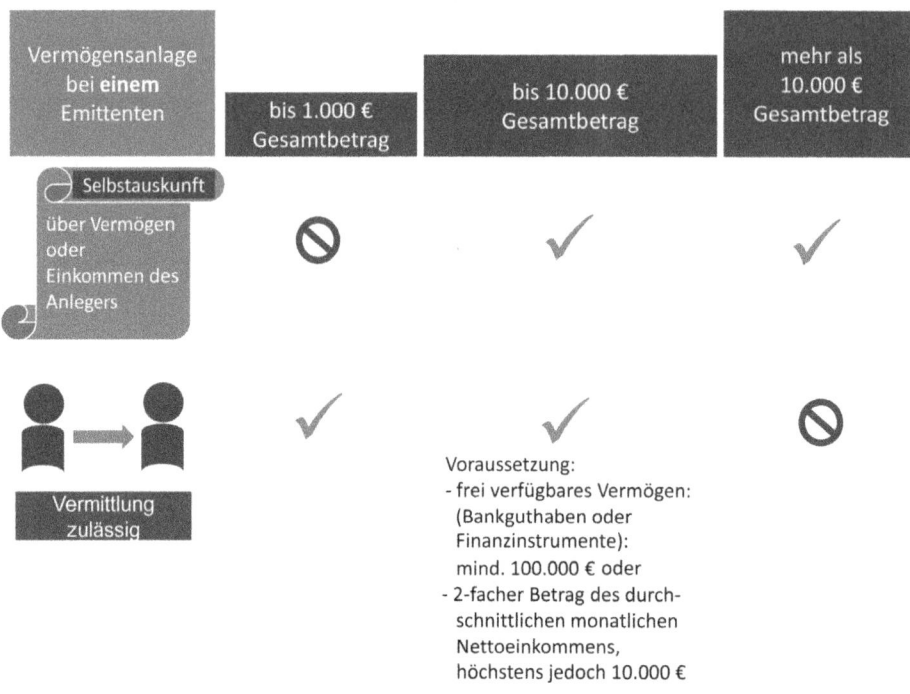

Abb. 83: Selbstauskunft des Kunden bei Vermögensanlagen

Als Bagatellbetrag, bei dem eine Vermittlung ohne Selbstauskunft möglich ist, gilt ein Gesamtanlagebetrag bis 1.000 €. Bei einem Gesamtanlagebetrag bis zu 10.000 € sind gesetzliche Voraussetzungen hinsichtlich der Vermittlung zu beachten. Für einen Gesamtanlagebetrag über 10.000 € ist eine Vermittlung von Vermögensanlagen beim selben Emittenten nicht zulässig.

Für einen Gesamtanlagebetrag zwischen 1.000 und 10.000 € gelten für eine zulässige Vermittlung zwei alternative Voraussetzungen:

■ der Anleger muss mittels der Selbstauskunft ein frei verfügbares Vermögen in Form von Bankguthaben und Finanzinstrumenten von mindestens 100.000 € nachweisen **oder**

■ der zweifache Betrag seines durchschnittlichen monatlichen Nettoeinkommens gilt als Obergrenze für den Gesamtanlagebetrag (max. 10.000 €)

Beispiel: durchschnittliches monatliches Nettoeinkommen

1. 3.000 €, d.h. zulässiger Gesamtanlagebetrag max. 6.000 €

2. 6.000 €, d.h. zulässiger Gesamtanlagebetrag max. 10.000 €

2.4.2.3 Pflicht zur Empfehlung geeigneter Finanzanlagen (§ 16 FinVermV)

Nach Einholung der Informationen über den Anleger muss der Finanzanlagenvermittler die Geeignetheitsprüfung durchführen.

Wie sich die Geeignetheit beurteilt, sehen Sie in der nachfolgenden Grafik.

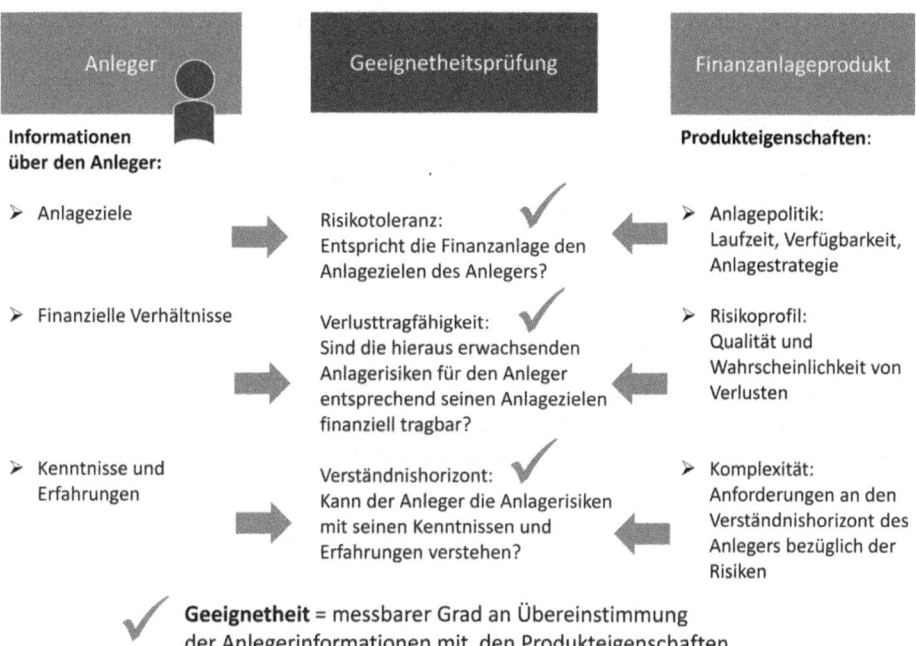

Abb. 84: *Die Geeignetheitsprüfung*

Sofern der Anleger diese Informationen ganz oder teilweise verweigert, darf ihm der Gewerbetreibende im Rahmen der Anlageberatung keine Finanzanlagen empfehlen. In diesem Fall ist nur noch ein Geschäftsabschluss im Rahmen einer Anlagevermittlung zulässig.

> **Geeignetheit**
> *Geeignetheit ist der messbare Grad an Übereinstimmung der Anlageziele, finanziellen Verhältnisse und Kenntnisse und Erfahrungen des Anlegers mit der Anlagepolitik, dem Risikoprofil und der Komplexität des Finanzanlageproduktes. Die Geeignetheit ist Voraussetzung für eine Anlageempfehlung im Rahmen der Anlageberatung.*

Die Geeignetheit ist insbesondere auf seine Risikotoleranz und Verlusttragfähigkeit abzustimmen. Die Geeignetheitsprüfung bedeutet, dass dem Anleger nur Finanzanlagen empfohlen werden dürfen, die nach den eingeholten Informationen für ihn geeignet sind. Verweigert der Anleger die notwendigen Informationen, so darf der

Gewerbetreibende im Rahmen der Anlageberatung keine Finanzanlage empfehlen. In diesem Fall ist nur noch ein Geschäftsabschluss im Rahmen einer Anlagevermittlung zulässig.

Die Pflicht zur Geeignetheitserklärung gilt nicht gegenüber professionellen Kunden im Sinne des § 67 Abs. 2 WpHG.

Die Verpflichtung, dem Anleger regelmäßig Geeignetheitsberichte zur Verfügung zu stellen, besteht nur in den Fällen, in denen der Gewerbetreibende dem Anleger eine regelmäßige Beurteilung der Geeignetheit der empfohlenen Finanzanlagen angeboten hat.

Zielmarktbestimmung

Der Gewerbetreibende hat den nach § 80 Abs. 9 WpHG bestimmten Zielmarkt zu berücksichtigen und mit dem jeweiligen Anleger abzugleichen. Zielmarkt bedeutet hier: Der Produktgeber legt fest, für welche Art von Anleger und welche Anlegerziele sein Produkt geeignet ist. Der Zielmarkt entspricht somit dem geeigneten Anlegerkreis für diese Anlage.

Der Gewerbetreibende hat bei der Anlageberatung:

- alle zumutbaren Schritte zu unternehmen, um sich die erforderlichen Informationen einschließlich der Bestimmung des Zielmarktes von dem die Finanzanlage konzipierenden Wertpapierdienstleistungsunternehmen oder dem Emittenten zu beschaffen

- und die Merkmale sowie den Zielmarkt der Finanzanlage zu verstehen.

- Er hat die Vereinbarkeit der Finanzanlage mit den Bedürfnissen des Anlegers unter Berücksichtigung des Zielmarktes zu beurteilen und sicherzustellen, dass er Finanzanlagen nur empfiehlt, wenn dies im Interesse des Anlegers ist (Zielmarktabgleich).

- In begründeten Ausnahmefällen ist es grundsätzlich auch zulässig, Anlagen außerhalb des Zielmarktes zu vertreiben. Dies kann in begründeten Fällen unter dem Gesichtspunkt der Diversifikation (Risikostreuung) sogar im bestmöglichen Interesse des Anlegers sein.

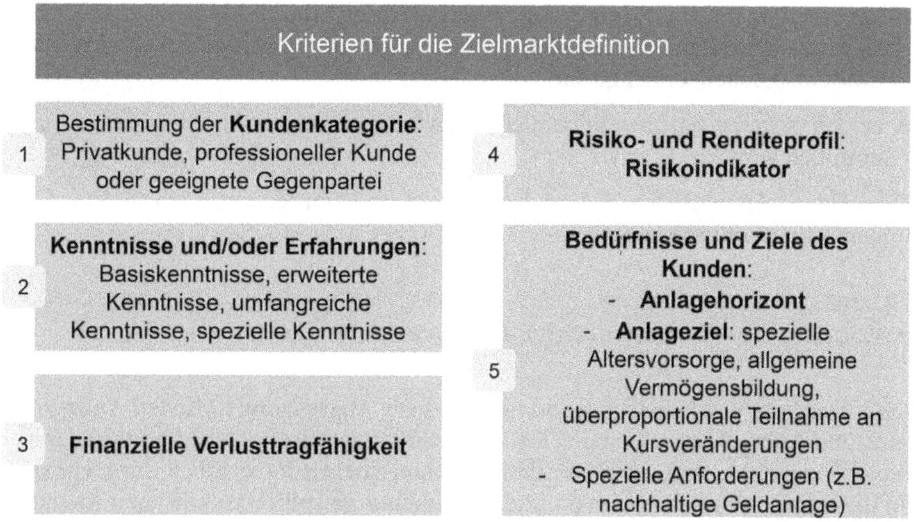

Kriterien für die Zielmarktdefinition

1 Bestimmung der **Kundenkategorie**: Privatkunde, professioneller Kunde oder geeignete Gegenpartei

4 **Risiko- und Renditeprofil**: **Risikoindikator**

2 **Kenntnisse und/oder Erfahrungen**: Basiskenntnisse, erweiterte Kenntnisse, umfangreiche Kenntnisse, spezielle Kenntnisse

3 **Finanzielle Verlusttragfähigkeit**

5 **Bedürfnisse und Ziele des Kunden**:
- **Anlagehorizont**
- **Anlageziel**: spezielle Altersvorsorge, allgemeine Vermögensbildung, überproportionale Teilnahme an Kursveränderungen
- Spezielle Anforderungen (z.B. nachhaltige Geldanlage)

Abb. 85:   Zielmarktkriterien

Quelle: BVI/Bankenverband: Gemeinsamer Mindeststandard zur Zielmarktbestimmung für Wertpapiere (orientiert an den Guidelines der EU-Wertpapieraufsicht ESMA)

Die Angemessenheitsprüfung im Rahmen der Anlagevermittlung

Vor einer Anlagevermittlung hat der Gewerbetreibende vom Anleger nur

- Informationen über seine Kenntnisse und Erfahrungen in Bezug auf Finanzanlagen

einzuholen und im Anschluss eine Angemessenheitsprüfung durchzuführen

Angemessenheit

Die Angemessenheit beurteilt sich gemäß § 16 Abs. 3 FinVermV danach, ob der Anleger über die erforderlichen Kenntnisse und Erfahrungen verfügt, um die Risiken im Zusammenhang mit der Art der Finanzanlage angemessen beurteilen zu können. Die Angemessenheitsprüfung ist im Rahmen der Anlagevermittlung vorgeschrieben.

Gelangt der Gewerbetreibende zum Ergebnis, dass die vom Anleger gewünschte Finanzanlage für den Anleger nicht angemessen ist, so hat er den Anleger vor der Anlagevermittlung darauf hinzuweisen. Erhält er vom Anleger keine Informationen, so muss er den Anleger darauf hinweisen, dass eine Angemessenheitsprüfung nicht möglich ist. In beiden Fällen darf dennoch eine Anlagevermittlung hinsichtlich der vom Anleger gewünschten Finanzanlage erfolgen.

Die Angemessenheitsprüfung im Rahmen der Anlagevermittlung kann gemäß § 16 Abs. 5 FinVermV entfallen, soweit der Gewerbetreibende:

■ auf Veranlassung des Kunden Anlagevermittlung in Bezug auf Anteile oder Aktien an Investmentvermögen, die den Anforderungen der so genannten OGAW-Richtlinie entsprechen, erbringt und

■ er den Kunden darüber informiert, dass keine Angemessenheitsprüfung vorgenommen wird.

Dieses bloße Annehmen und Ausführen einer Kundenorder wird auch als reines Ausführungsgeschäft bezeichnet.

> **Order**
> *Als Order wird ein Wertpapier-Kauf- oder Verkaufsauftrag bezeichnet.*

Die Grundlage für die nachfolgend beschriebene Abgrenzung zwischen Anlageberatung und Anlagevermittlung u. a. legt das Kreditwesengesetz (siehe Kapitel 2.4.3 Kreditwesengesetz) fest. Auch die FinVermV unterscheidet hinsichtlich ihrer Vorgaben an die Informations-, Beratungs- und Dokumentationspflichten zwischen Anlageberatung, Anlagevermittlung und dem reinen Ausführungsgeschäft.

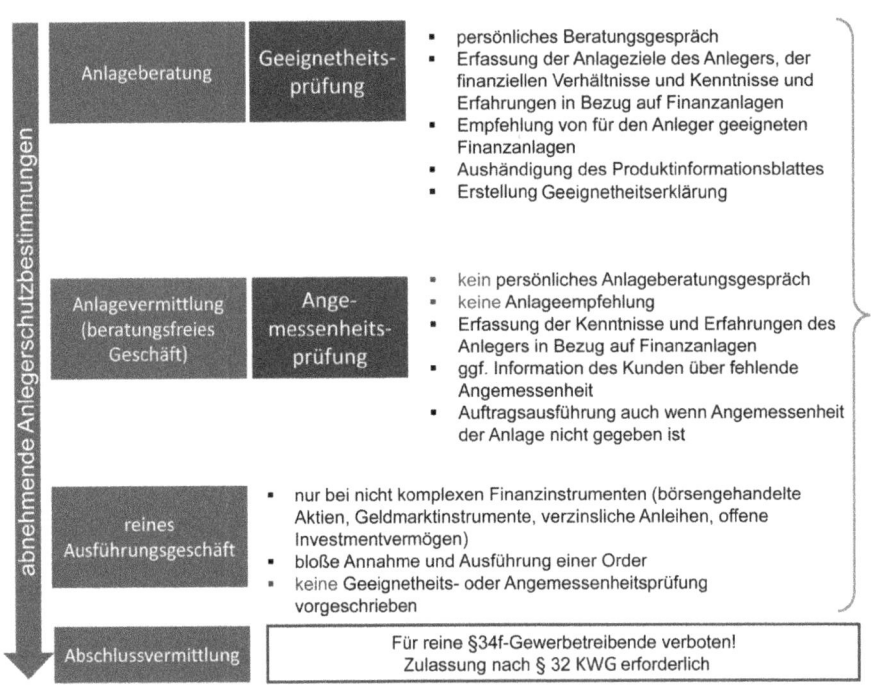

Abb. 86: *Die Anlegerschutzbestimmungen der FinVermV im Überblick*

Die Abgrenzung zwischen dem reinen Ausführungsgeschäft und der für den Finanzanlagenvermittler (§ 34f GewO) bzw. Honorar-Finanzanlagenberater (§ 34h GewO) verbotenen Abschlussvermittlung liegt darin, dass das reine Ausführungsgeschäft mittels Kundenunterschrift ausgeführt wird, während bei der Abschlussvermittlung der Berater / Vermittler mit seiner Unterschrift im Kundenauftrag die Order zur Ausführung bringt.

2.4.2.4 Offenlegung von Zuwendungen

Offenlegung von Zuwendungen durch Gewerbetreibende (§ 34f GewO) (§ 17 FinVermV)

Was?
Verbot: Der Gewerbetreibende darf im Zusammenhang mit der Vermittlung von und Beratung über Finanzanlagen **keine** Zuwendungen von Dritten annehmen oder an Dritte gewähren, die nicht Kunden dieser Dienstleistung sind.

Voraussetzungen für zulässige Zuwendungen:

Offenlegung der Existenz, Art und Umfang der Zuwendung oder, soweit sich der Umfang noch nicht bestimmten lässt, die Art und Weise der Berechnung
die Zuwendung steht der ordnungsgemäßen Vermittlung und Beratung im Interesse des Anlegers nicht entgegen und wirkt sich nicht nachteilig auf die Qualität der Vermittlung und Beratung aus.

Wann?	Wie?
vor Abschluss des Vertrages	in umfassender, zutreffender und verständlicher Weise

Abb. 87: Offenlegung von Zuwendungen (§ 34f GewO)

Gebühren und Entgelte, die die Vermittlung von und die Beratung über Finanzanlagen erst ermöglichen oder dafür notwendig sind und die in ihrer Art nach nicht geeignet sind, die Erfüllung der allgemeinen Verhaltenspflichten zu gefährden, sind vom in der Grafik genannten Verbot ausgenommen.

Zuwendungen
Zuwendungen im Sinne der FinVermV sind Provisionen, Gebühren oder sonstige Geldleistungen sowie alle geldwerten Vorteile, die der Gewerbetreibende vom Emittenten, Anbieter einer Finanzanlage oder von einem sonstigen Dritten für deren Vermittlung oder Beratung erhält oder an Dritte gewährt.

Offenlegung und Auskehr von Zuwendungen durch Gewerbetreibende (§ 34h GewO) (§ 17a FinVermV)

Für Honorar-Finanzanlagenberater gelten die nachfolgenden Detailvorschriften hinsichtlich der Zuwendungen.

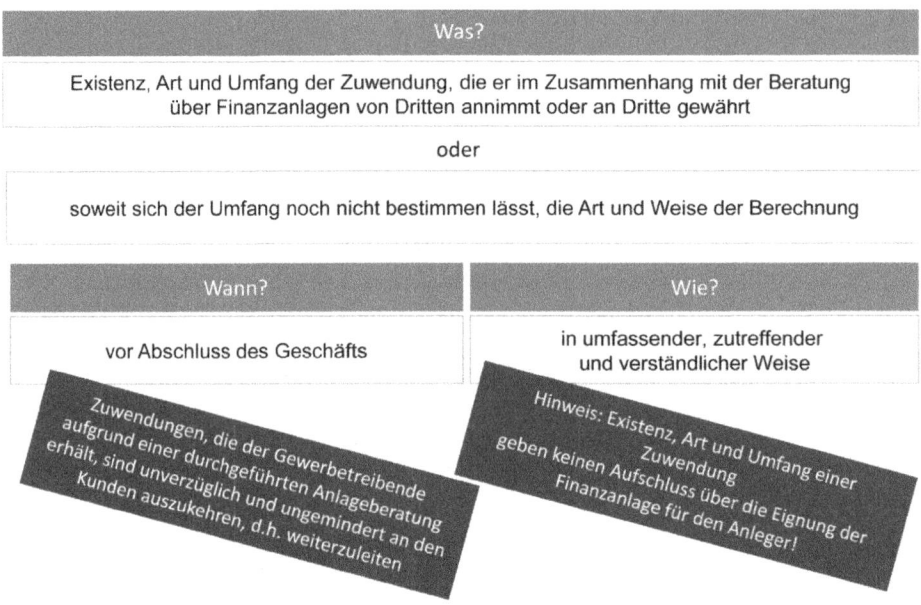

Abb. 88:   Offenlegung und Auskehr von Zuwendungen (§ 34h GewO)

2.4.2.5   Bereitstellung des Informationsblattes (§ 15 FinVermV)

Für **Vermögensanlagen** gilt gemäß § 15 FinVermV, dass der Gewerbetreibende dem Anleger:

- im Fall einer Anlageberatung über Vermögensanlagen im Sinne des § 1 Abs. 2 VermAnlG

- rechtzeitig vor Abschluss eines Geschäfts

- über jede Vermögensanlage, auf die sich eine Kaufempfehlung bezieht

das **Vermögensanlagen-Informationsblatt**, sofern ein solches nach § 13 VermAnlG zu erstellen ist, zur Verfügung zu stellen hat.

Für den Vertrieb von **offenen und geschlossenen Investmentvermögen** im Sinne des KAGB gilt gemäß § 297 Abs. 1 bis 7 und Abs. 9 KAGB:

- rechtzeitig vor Vertragsabschluss

- sind die nachfolgenden Verkaufsunterlagen:

  - **wesentlichen Anlegerinformationen** in der geltenden Fassung

- **auf Verlangen** der **Verkaufsprospekt** sowie der letzte veröffentlichte **Jahres- und Halbjahresbericht**

- die Anlagebedingungen und ggf. die Satzung oder der Gesellschaftsvertrag und der Treuhandvertrag mit dem Treuhandkommanditisten sind dem Verkaufsprospekt beizufügen

- kostenlos zur Verfügung zu stellen.

Zur Verfügung stellen bedeutet im Sinne des KAGB:

- auf einem dauerhaften Datenträger oder einer Internetseite oder

- in Papierform.

2.4.2.6 Information des Anlegers über Risiken, Kosten und Nebenkosten (§§ 13, 14 FinVermV)

Der Anleger ist rechtzeitig vor Geschäftsabschluss in verständlicher Form angemessen über Risiken der Finanzanlage, die vorgeschlagenen Anlagestrategien, und alle Kosten und Nebenkosten zu informieren, damit er nach vernünftigem Ermessen die Art und die Risiken der ihm angebotenen oder von im nachgefragten Finanzanlagen verstehen und auf dieser Grundlage seine Anlageentscheidung treffen kann.

Die Informationen können auch in standardisierter Form (wesentliche Anlegerinformationen WAI) zur Verfügung gestellt werden.

Hinsichtlich **der Finanzanlagen** und der **vorgeschlagenen Anlagestrategie** unter Berücksichtigung des Zielmarktes müssen folgende Informationen enthalten sein:

- geeignete Leitlinien zur Anlage in die Finanzanlagen oder zu den einzelnen Anlagestrategien,

- geeignete Warnhinweise zu den Risiken, die mit dieser Art von Finanzanlagen oder zu den einzelnen Anlagestrategien verbunden sind, und

- ob die Art der Finanzanlage für Privatkunden oder für professionelle Kunden bestimmt ist.

Hinsichtlich der Risiken sind diese Angaben erforderlich:

- Hebelwirkung und ihre Effekte, sowie das Risiko des Totalverlustes,

- Ausmaß der Preisschwankungen (Volatilität) und etwaige Marktbeschränkungen,

- mögliche finanzielle und sonstige Verpflichtungen für den Anleger einschließlich Eventualverbindlichkeiten, die zu den Erwerbskosten der Finanzanlage hinzukommen.

Die Informationen über alle Kosten und Nebenkosten müssen enthalten:

- Kosten und Nebenkosten in Bezug auf die Anlagevermittlung und -beratung,

- Kosten der vermittelten oder empfohlenen Finanzanlage,

- Zahlungsmöglichkeiten des Anlegers einschließlich etwaiger Zahlungen durch Dritte.

Der Gewerbetreibende kann zur Erfüllung seiner Informationspflichten hinsichtlich der Anlagestrategie, der Risiken und der Kosten und Nebenkosten die Informationen verwenden, die ihm das die Finanzanlage konzipierende Wertpapierdienstleistungsunternehmen (z.B. Kapitalverwaltungsgesellschaft), der Emittent oder das depotverwaltende Institut zur Verfügung stellt. Seine Informationspflicht gilt auch dann als erfüllt, wenn dem Anleger diese Informationen direkt durch den Produktgeber zur Verfügung gestellt werden. Diese Regelungen gelten nicht für die Informationspflicht zu Kosten und Nebenkosten der Anlagevermittlung oder Anlageberatung. Diese müssen immer durch den Gewerbetreibenden selbst zur Verfügung gestellt werden, da dem Produktgeber hierüber keine Informationen vorliegen.

Hinsichtlich Art, Inhalt, Gestaltung und Zeitpunkt der Informationen sind auch die Art. 46 (Allgemeine Anforderungen an Kundeninformationen), 47 Abs. 1 (Informationen über die Wertpapierfirma und ihre Dienstleistungen für Kunden und potenzielle Kunden), 48 (Informationen über Finanzinstrumente), 50 (Informationen über Kosten und Nebenkosten) und 53 (Unabhängige Anlageberatung) der Delegierten Verordnung (EU) 2017/565 anzuwenden.

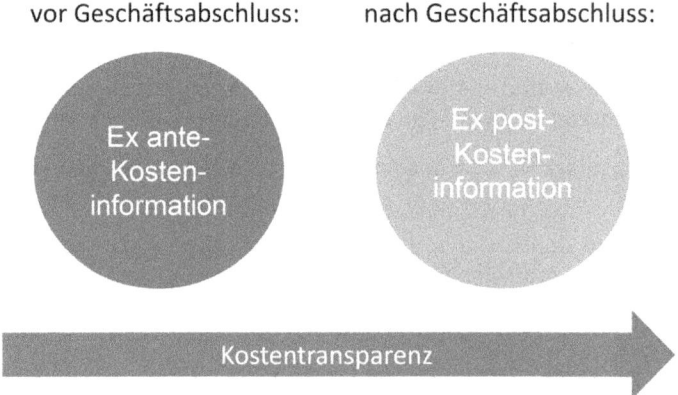

Abb. 89: *Kosteninformation ex ante und ex post*

Die Informationen über Kosten und Nebenkosten müssen dem Anleger sowohl vor Geschäftsabschluss (EX-ante-Kosteninformation) als auch regelmäßig, mindestens jedoch jährlich, während der Laufzeit der Anlage nach Geschäftsabschluss (EX-post-Kosteninformation) zur Verfügung gestellt werden. Dies gilt für alle Kosten, die nicht durch ein zugrunde liegendes Marktrisiko verursacht werden, u.a.

- alle Kosten und Nebenkosten, die für die Erbringung der Wertpapierdienstleistungen erbracht werden,

■ alle Kosten und Nebenkosten im Zusammenhang mit der Konzeption und Verwaltung der Finanzinstrumente.

Die Darstellung muss in zusammengefasster Weise (Addition der Einzelbeträge zu einer Gesamtsumme als Geldbetrag und in Prozent) erfolgen, damit der Anleger sowohl die Gesamtkosten als auch die kumulative Wirkung der Kosten auf die Rendite der Anlage verstehen kann. Auf Verlangen des Anlegers muss der Gewerbetreibende eine Aufstellung, die nach den einzelnen Posten aufgegliedert ist, zur Verfügung stellen.

Ein vertrieblicher Hinweis an dieser Stelle: Bei der kumulativen Darstellung ist zu beachten, dass es sich hierbei zunächst um eine Art Schätzung der wahrscheinlichen Gesamtkosten für die vom Anleger geplante Anlagedauer handelt. Erst die jährlichen Kosteninformationen enthalten dann die tatsächlich angefallenen Kosten für das jeweils vergangene Anlagejahr. Da dem Anleger eine solche kumulative Vorabaufstellung bisher nicht zur Verfügung gestellt werden musste, kann dies zunächst zu einer entsprechenden Kostendiskussion mit dem Anleger führen. Hier ist der Finanzanlagenvermittler gefordert, einerseits sachlich auf die selbstverständliche gesetzliche Kostentransparenz hinzuweisen, andererseits aber auch die damit verbundenen Leistungen einschließlich seiner eigenen Beratungsleistungen herauszustellen. Ist dem Anleger die Leistung für diesen Preis nicht wert, so ist die Fondsanlage letztlich für ihn nicht die geeignete Anlageform.

Die Verpflichtung zur rechtzeitigen Vornahme der **EX-ante-Kostenoffenlegung** ist in folgenden Fällen zu erfüllen:

■ wenn dem Kunden Finanzinstrumente empfohlen oder angeboten wurden oder

■ wenn die Pflicht besteht, dem Kunden OGAW-KIIDs oder PRIPs-KIDs zukommen zu lassen.

■ Auf Basis der Informationen des Produktgebers (Emittent) und der Depotbank.

Werden Kosten und Nebenkosten auf Ex-ante-Basis berechnet, so werden tatsächlich entstandene Kosten als Näherungswert für die erwarteten Kosten herangezogen. Sind die tatsächlichen Kosten nicht bekannt, so sind nachvollziehbare Schätzungen dieser Kosten vorzunehmen. Die Ex-ante-Annahmen sind auf Grundlage der Ex-post-Erfahrungen bei Bedarf anzupassen.

Die jährlichen **Ex-post-Kostenoffenlegungen** sind zur Verfügung zu stellen,

■ sofern das Finanzinstrument empfohlen oder angeboten wurde bzw.

■ sofern dem Kunden in Bezug auf das Finanzinstrument das KID/KIID zur Verfügung gestellt wurde **und**

■ mit dem Kunden im Laufe des Jahres eine laufende Geschäftsbeziehung unterhalten wurde

■ laufend wiederkehrend nach Geschäftsabschluss, d.h. mindestens 1 x jährlich.

Die Ex-post-Informationen beruhen auf angefallenen Kosten und werden individualisiert zur Verfügung gestellt (auf Basis der Information des Produktgebers und der Depotbank).

Vermittlerspezifische Kosten (z. B. zusätzlich in Rechnung gestelltes Honorar) müssen eigenhändig ausgewiesen werden, da diese dem Emittenten bzw. der Depotbank nicht bekannt sind.

Bei beiden Kosteninformationen ist dem Kunden darüber hinaus eine Veranschaulichung der kumulativen Wirkung auf die Renditekosten zukommen zu lassen.

Bei Altanlagen (Anteilerwerb vor dem 1.8.2020) ist keine Ex-post-Kosteninformation erforderlich.

2.4.2.7 Anfertigung einer Geeignetheitserklärung (§ 18 FinVermV)

Mit der neuen FinVermV wird ab 1.8.2020 das Beratungsprotokoll durch die Geeignetheitserklärung ersetzt. Der inhaltliche Schwerpunkt liegt zukünftig auf der Begründung der Anlageempfehlung. Diese muss individuell ausfallen und darlegen, wie die Empfehlung auf die persönlichen Umstände des Anlegers abgestimmt ist.

Anfertigung einer Geeignetheitserklärung (§ 18 FinVermV neu i.V.m. Art. 54 Abs. 12 (Eignungsbeurteilung und Eignungsberichte)) der Delegierten-Verordnung (EU) 2017/565:

Bei Anlegern, die Privatkunden im Sinne des § 67 Abs. 3 WpHG sind, muss der Gewerbetreibende vor Vertragsabschluss **eine Erklärung über die Geeignetheit der im Rahmen der Anlageberatung gegebenen Empfehlung (Geeignetheitserklärung)** zur Verfügung stellen. Diese muss die erbrachte Anlageberatung nennen (erteilte Ratschläge und Empfehlungen) und erläutern, wie sie auf die Präferenzen, Anlageziele und die sonstigen Merkmale (bspw. Anlagedauer, Kenntnisse und Erfahrungen des Kunden sowie seine Risikobereitschaft und Verlusttragfähigkeit) des Anlegers abgestimmt wurde.

Wird für die Anlageberatung ein **Fernkommunikationsmittel** gewählt (bspw. Telefon), das die Übermittlung der Geeignetheitserklärung vor Vertragsabschluss nicht erlaubt, darf der Gewerbetreibende die **Geeignetheitserklärung ausnahmsweise unverzüglich nach dem Vertragsabschluss zur Verfügung stellen, wenn**

- **der Anleger dem zugestimmt hat und**

- **der Gewerbetreibende dem Anleger angeboten hat, die Weiterleitung des Auftrags an die depotführende Bank zu verschieben,**

damit der Anleger die Möglichkeit hat, die Geeignetheitserklärung zuvor zu erhalten.

Die Geeignetheitserklärung muss darüber hinaus einen Hinweis enthalten, ob es die empfohlene Finanzanlage erforderlich macht, dass der Kunde deren Bestimmungen regelmäßig überprüfen lässt. Sofern der Gewerbetreibende dem Anleger anbietet, dass er die **Geeignetheit der empfohlenen Finanzanlage regelmäßig beurteilt**, ist er verpflichtet, dem Anleger regelmäßig Berichte über die Geeignetheit der Anlage zur Verfügung zu stellen. Die Anschlussberichte brauchen sich lediglich auf Veränderungen hinsichtlich der betreffenden Finanzinstrumente und/oder Umstände des Kunden zu beziehen.

2.4.2.8 Vermeidung, Regelung und Offenlegung von Interessenkonflikten, Vergütung (§ 11a FinVermV)

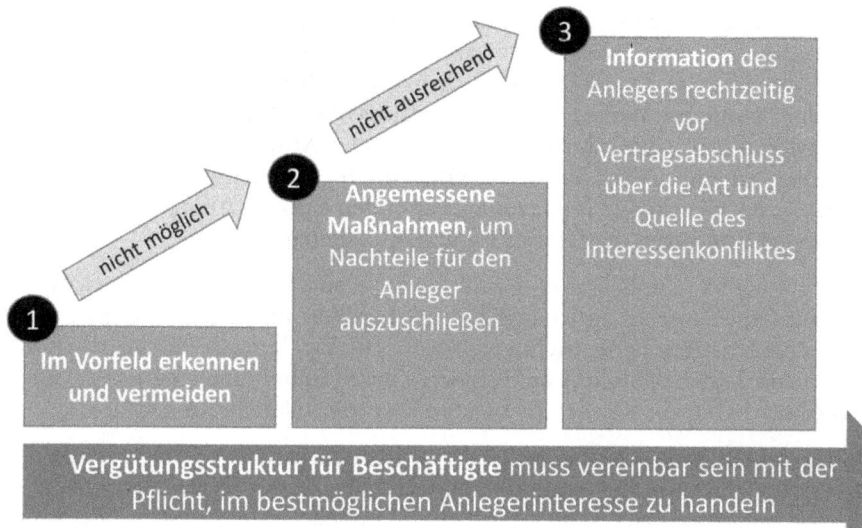

Abb. 90: Interessenkonflikte

Der Gewerbetreibende hat dem Anleger rechtzeitig vor Abschluss eines Geschäfts auf **Interessenkonflikte** hinzuweisen, die in Ausübung der Finanzanlagenvermittlung oder Honorar-Finanzanlageberatung zwischen ihm oder seinen Mitarbeitern und den Anlegern oder zwischen den Anlegern stehen können.

Die Praxis wird zeigen, welche Auswirkungen die neuen Regelungen der FinVermV zur Interessenskollisionsvermeidung für Gewerbetreibende haben werden. Es geht hier v.a. um die Erfassung von Abläufen, die Interessenkonflikte beinhalten können, aber auch um das Abstellen vermeidbarer Interessenkonflikte.

Im Detail sehen die Neuregelungen wie folgt aus:

- Der Gewerbetreibende muss **angemessene Maßnahmen treffen, um Interessenkonflikte zu erkennen und zu vermeiden**. Gemeint sind Interessenkonflikte, die zwischen dem Gewerbetreibenden und den bei der Vermittlung und Beratung mitwirkenden Beschäftigten einerseits und den Anlegern andererseits auftreten können.

- Ist ein Interessenkonflikt nicht zu vermeiden, so ist dieser durch angemessene Maßnahmen so zu regeln, **dass das Risiko der Beeinträchtigung von Anlegerinteressen vermieden wird**.

- Reichen die Maßnahmen nicht aus, um nach vernünftigem Ermessen zu gewährleisten, dass eine Beeinträchtigung der Anlegerinteressen vermieden wird, so muss der Gewerbetreibende dem Anleger **die allgemeine Art oder die Quellen von Interessenkonflikten rechtzeitig vor Geschäftsabschluss eindeutig offen legen.** Diese Mitteilung muss den Anleger in die Lage versetzen, seine Anlageentscheidung in voller Kenntnis der Sachlage zu treffen.

- Der Gewerbetreibende darf seine Beschäftigten nicht in einer Weise vergüten oder bewerten, die mit ihrer Pflicht, im bestmöglichen Interesse des Anlegers zu handeln, unvereinbar ist. **Er darf keine Vorkehrungen durch Vergütung, Verkaufsziele oder in anderer Weise treffen, durch die Anreize für ihn selbst oder seine Beschäftigten geschaffen werden könnten, einem Anleger eine bestimmte Finanzanlage zu empfehlen, obwohl er eine andere, den Bedürfnissen des Anlegers besser entsprechende Finanzanlage anbieten kann (= Anlegerinteresse vor den eigenen Interessen der Beschäftigten/Gewerbetreibenden).**

- Die Vergütung und ähnliche Anreize dürfen nicht ausschließlich oder vorwiegend auf quantitativen wirtschaftlichen Kriterien beruhen und müssen angemessene qualitative Kriterien berücksichtigen, welche die Erfüllung der gesetzlichen Regelungen, die faire Behandlung der Kunden – kurz-, mittel- und langfristig – sowie die Qualität der für die Kunden erbrachten Dienstleistungen widerspiegeln.

Bei Interessenkonflikten, die daraus entstehen können, dass der Gewerbetreibende Anlageberatung oder Anlagevermittlung nur für einen oder wenige Emittenten oder Anbieter einer Finanzanlage anbietet, gilt die Mitteilung über mögliche Interessenkonflikte durch die Erteilung der statusbezogenen Informationen als erfüllt.

2.4.2.9 Aufzeichnung telefonischer Vermittlungs- und Beratungsgespräche und sonstiger elektronischer Kommunikation (§ 18a FinVermV)

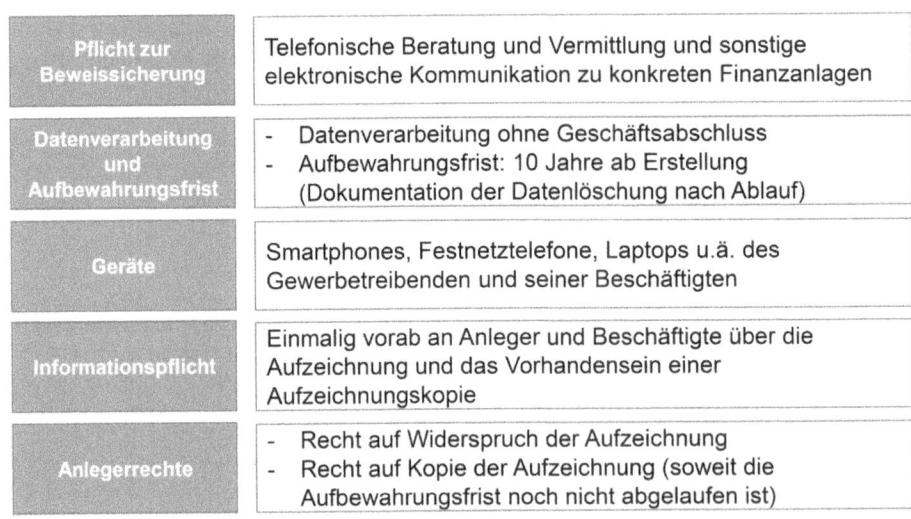

Pflicht zur Beweissicherung	Telefonische Beratung und Vermittlung und sonstige elektronische Kommunikation zu konkreten Finanzanlagen
Datenverarbeitung und Aufbewahrungsfrist	- Datenverarbeitung ohne Geschäftsabschluss - Aufbewahrungsfrist: 10 Jahre ab Erstellung (Dokumentation der Datenlöschung nach Ablauf)
Geräte	Smartphones, Festnetztelefone, Laptops u.ä. des Gewerbetreibenden und seiner Beschäftigten
Informationspflicht	Einmalig vorab an Anleger und Beschäftigte über die Aufzeichnung und das Vorhandensein einer Aufzeichnungskopie
Anlegerrechte	- Recht auf Widerspruch der Aufzeichnung - Recht auf Kopie der Aufzeichnung (soweit die Aufbewahrungsfrist noch nicht abgelaufen ist)

Abb. 91: Taping

Für telefonische Beratungen und weitere elektronische Kommunikationswege, wie bspw. Skype, sieht die neue FinVermV eine **Aufzeichnungspflicht** vor. In diesem Zusammenhang sind technische und organisatorische Maßnahmen vom Gewerbetreibenden zu ergreifen, die eine ggf. erhebliche finanzielle Belastung darstellen können. Als weitere Herausforderung stellt sich das Anlegerbedürfnis nach Datenschutz dar und das damit verbundene notwendige Vertrauensverhältnis zwischen Anleger und aufzeichnendem Gewerbetreibenden.

Der Gewerbetreibende ist verpflichtet, zum Zwecke der Beweissicherung die Inhalte von Telefongesprächen und sonstiger elektronischer Kommunikation aufzuzeichnen, sobald sie sich auf die Vermittlung von oder die Beratung zu Finanzanlagen beziehen. Die Aufzeichnung hat insbesondere diejenigen Gesprächsteile zu umfassen, in welchen die angebotene Dienstleistung der Anlageberatung oder der Anlagevermittlung und die Risiken, die Ertragschancen oder die Ausgestaltung von bestimmten Finanzanlagen oder Gattungen von Finanzanlagen erörtert werden. Die Datenverarbeitung hierzu ist zulässig, auch wenn es nicht zum Abschluss eines Vertrages kommt.

Der Gewerbetreibende hat sicherzustellen, dass alle angemessenen technischen und organisatorischen Maßnahmen hierfür ergriffen werden. Das umfasst auch die Geräte (z.B. Smartphone, Festnetztelefon oder Laptop) seiner Beschäftigten. Diese dürfen aufzeichnungspflichtige Telefongespräche und sonstige elektronische Kommunikation nur dann über ihre privaten Geräte oder sonstige private Kommunikationsmittel führen, wenn der Gewerbetreibende deren Benutzung gestattet hat und er die Aufzeichnungen mit Zustimmung der Beschäftigten anfertigen oder nach Abschluss des Gesprächs auf einen eigenen Datenspeicher kopieren kann.

Der Gewerbetreibende muss sicherstellen, dass seine Beschäftigten auch die Pflicht zur Aufzeichnung von Telefongesprächen und sonstiger elektronischer Kommunikation einhalten.

Des Weiteren besteht eine **Informationspflicht,** d.h. der Gewerbetreibende hat den Anleger sowie seine Beschäftigten vorab in geeigneter Weise über die Aufzeichnung von Telefongesprächen und sonstiger elektronischer Kommunikation zu informieren:

- dass die Gespräche und Kommunikation aufgezeichnet werden

- dass eine Kopie der Aufzeichnungen über diese Gespräche und Kommunikation mit dem Kunden auf Anfrage über den Zeitraum der Aufbewahrungsfrist (zehn Jahre) zur Verfügung stehen wird (Aufbewahrungszeitraum beginnt mit dem Erstellungszeitpunkt).

Die Informationen über die Aufzeichnung sind in der Sprache, die auch sonst gegenüber dem Kunden verwendet wird, zu erstellen.

Eine einmalige Information vor der erstmaligen Durchführung von Telefongesprächen oder sonstiger elektronischer Kommunikation ist ausreichend. Bei fehlender Vorabinformation oder Widerspruch des Anlegers darf der Gewerbetreibende keine telefonische oder mittels sonstiger Kommunikation veranlasste Anlagevermittlung oder Anlageberatung erbringen.

Die Aufzeichnungen sind gegen nachträgliche Verfälschung und unbefugte Verwendung zu sichern und dürfen nicht für andere Zwecke genutzt werden, insbesondere nicht zur Überwachung der Beschäftigten durch den Gewerbetreibenden.

Eine **Auswertung der Aufzeichnungen** darf nur erfolgen:

- zur Erfüllung eines Auftrages des Anlegers durch einen oder mehrere vom Gewerbetreibenden zu benennenden Beschäftigten,

- zum Zweck der Überwachung des Gewerbetreibenden durch die zuständige Stelle oder deren Beauftragte,

- durch einen Prüfer im Rahmen seiner Zuständigkeit für die Prüfung gemäß § 24 FinVermV,

- durch eine Strafverfolgungsbehörde.

Der **Anleger** hat folgende **Rechte**:

- Recht auf Widerspruch gegen die Aufzeichnungen (eine Anlagenberatung/-vermittlung ist dann auf telefonischem oder elektronischem Weg nicht zulässig)

- Recht auf Kopie der Aufzeichnungen bis zum Ablauf der Aufbewahrungsfrist

Nach Ablauf der Aufbewahrungsfrist sind die Aufzeichnungen zu löschen und zu vernichten. Dies ist entsprechend zu dokumentieren.

Ziel der Pflicht zur Aufzeichnung von Telefongesprächen und sonstiger elektronischer Kommunikation ist die Stärkung des Anlegerschutzes, die Verbesserung der Marktüberwachung und die Schaffung von Rechtssicherheit im Interesse der Finanzanlagenvermittler und der Anleger. Die Aufzeichnung dient dem Zweck der Beweissicherung und soll insbesondere dokumentieren, ob der Anleger über die Chancen, Risiken und Eigenschaften einer empfohlenen Finanzanlage informiert wurde.

Von der Aufzeichnungspflicht ausgenommen sind telefonische Terminabsprachen, Anbahnungsgespräche und Gespräche, die nicht die Beratung zu oder Vermittlung von einzelnen oder mehreren konkreten Finanzanlagen zum Inhalt haben (keine Aufzeichnungspflicht somit für Versicherungsprodukte oder Darlehen). Sofern der Gewerbetreibende sowohl aufzeichnungspflichtige Finanzanlagenvermittlung als auch nicht aufzeichnungspflichtige Versicherungs- oder Immobiliardarlehensvermittlung betreibt, lässt sich der aufzeichnungspflichtige Zeitraum ggf. nicht in jedem Fall genau bestimmen.

Aufzeichnungspflicht und Aufbewahrung (§§ 22/23 FinVermV)

Der Gewerbetreibende hat von der Annahme des Auftrages an entsprechend § 22 FinVermV Aufzeichnungen zu machen sowie Unterlagen und Belege übersichtlich zu sammeln.

Aus den Aufzeichnungen und Unterlagen müssen ersichtlich sein:

- Name und Anschrift des Anlegers

- Nachweis, dass die statusbezogenen Informationspflichten, die Informationen des Anlegers über Vergütungen und Zuwendungen, die Information des Anlegers über Risiken, Kosten, Nebenkosten und Interessenkonflikte, die Bereitstellung des Informationsblattes, die Offenlegung von Zuwendungen (§ 34f Vermittler) bzw. Offenlegung und Auskehr von Zuwendungen (§ 34h Vermittler) rechtzeitig und vollständig mitgeteilt wurden

- Dass die Einholung von Informationen über den Anleger rechtzeitig und vollständig erfolgte und über geeignete Finanzanlagen beraten wurde

- Nachweis über die Auskehr von Zuwendungen

- Nachweis über die Geeignetheitserklärung und deren Aushändigung an den Anleger

- Die Gesamtzahl der in einem Kalenderjahr durchgeführten Anlageberatungen und die Anzahl der Anlageberatungen, in deren Zusammenhang der Gewerbetreibende (§ 34h-Vermittler) Zuwendungen von Dritten angenommen oder an Dritte gewährt hat

- Sofern der Gewerbetreibende regelmäßig Eignungsbeurteilungen vornimmt: die Vereinbarungen mit dem Anleger, die die Rechte und Pflichten der Vertragsparteien sowie die sonstigen Bedingungen festlegen, zu denen der Gewerbetreibende Anlagevermittlung oder Anlageberatung erbringt.

- Der Nachweis, dass Maßnahmen zur Erkennung und Vermeidung von Interessenskonflikten getroffen wurden.

- Der Nachweis, dass die Mitteilung über Interessenkonflikte rechtzeitig und vollständig erfolgt ist.

- Der Nachweis, dass durch die Vergütung und Bewertung keine Anreize geschaffen wurden, die mit der Pflicht, im bestmöglichen Interesse des Anlegers zu handeln, unvereinbar sind.

Darüber hinaus gelten die sonstigen Vorschriften über Aufzeichnungen und Buchführungspflichten eines Gewerbetreibenden.

Die Aufbewahrung muss auf einem dauerhaften Datenträger in den Geschäftsräumen des Gewerbetreibenden erfolgen. Die Frist beginnt mit dem Schluss des Kalenderjahres, in dem der letzte aufzeichnungspflichtige Vorgang für den jeweiligen Auftrag angefallen ist.

Es gilt entsprechend § 23 FinVermV eine Aufbewahrungsfrist von zehn Jahren für alle hier genannten Aufzeichnungen entsprechend § 22 FinVermV sowie die Aufzeichnungen telefonischer Vermittlungs- und Beratungsgespräche und sonstiger elektronischer Kommunikation entsprechend § 18a FinVermV.

2.4.3 Kreditwesengesetz (KWG)

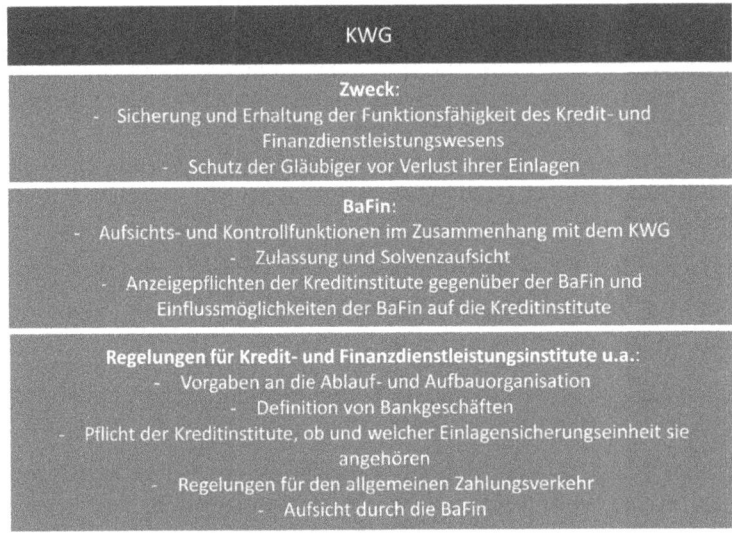

Abb. 92: Das Kreditwesengesetz (KWG)

Das Kreditwesengesetz spielt eine zentrale Rolle für den Bankensektor als Teil einer Volkswirtschaft. Waren es früher reine Wirtschaftskrisen, die das Funktionieren einer Volkswirtschaft gefährdet haben, so sind es in der modernen, globalen Wirtschaftswelt immer häufiger auch Finanzmarktkrisen, wie zuletzt 2008 / 2009.

Das Kreditwesengesetz soll aus diesem Grund die **Funktionsfähigkeit des Kredit- und Finanzdienstleistungswesens in Deutschland sichern und erhalten** und ist daher die gesetzliche Grundlage für Kreditinstitute, Finanzdienstleistungsunternehmen und andere Finanzunternehmen.

Neben den umfassenden Regelungen für die Kreditinstitute enthält das KWG umfassende Regelungen zu den Aufgaben der Bundesanstalt für Finanzdienstleistungsaufsicht (BaFin).

Welche Regelungen zur BaFin enthält das KWG?

Die Bundesanstalt für Finanzdienstleistungsaufsicht (BaFin) hat Missständen im Kredit- und Finanzdienstleistungswesen entgegenzuwirken, welche die Sicherheit der den Instituten anvertrauten Vermögenswerte gefährden, die ordnungsmäßige Durchführung der Bankgeschäfte oder Finanzdienstleistungen beeinträchtigen oder erhebliche Nachteile für die Gesamtwirtschaft herbeiführen können (§ 6 Abs. 2 KWG).

Die Bundesanstalt hat bei der Ausübung ihrer Aufgaben in angemessener Weise die möglichen Auswirkungen ihrer Entscheidungen auf die Stabilität des Finanzsystems in den jeweils betroffenen Staaten des Europäischen Wirtschaftsraums zu berücksichtigen (§ 6 Abs. 4 KWG).

Das KWG enthält insbesondere die in der Grafik genannten und nachfolgend näher beschriebenen Regelungen.

Zulassung durch die BaFin zum Geschäftsbetrieb:

Wer im Inland gewerbsmäßig oder in einem Umfang, der einen in kaufmännischer Weise eingerichteten Geschäftsbetrieb erfordert, Bankgeschäfte betreiben oder Finanzdienstleistungen erbringen will, bedarf der schriftlichen Erlaubnis der Aufsichtsbehörde (§ 32 Abs. 1 KWG).

Solvenzaufsicht durch die BaFin:

Im Rahmen der Beaufsichtigung beurteilt die Aufsichtsbehörde die Regelungen, Strategien, Verfahren und Prozesse, die ein Institut zur Einhaltung der aufsichtlichen Anforderungen geschaffen hat, und beurteilt

1. die Risiken, denen es ausgesetzt ist oder sein könnte, insbesondere auch die Risiken, die unter Berücksichtigung der Art, des Umfangs und der Komplexität der Geschäftstätigkeit eines Instituts bei Stresstests festgestellt wurden, sowie

2. die Risiken, die es nach Maßgabe der Ermittlung und Messung des Systemrisikos für das Finanzsystem darstellt.

Die Bundesanstalt arbeitet hierbei mit der Deutschen Bundesbank zusammen (§ 6b Abs. 1 KWG).

Auf die Rolle der BaFin beim Verbraucherschutz gehe ich im Kapitel 2.7.1 Grundlagen des Verbraucherschutzes nochmals näher ein.

Regelungen für das Einlagen- und Depotgeschäft zielen auf den Schutz der Gläubiger, wie bspw. Bankkunden oder Geldanlegern von Instituten, ab, die den Regelungen des KWG unterliegen. Dazu gehört gemäß § 23a KWG die Pflicht zur Angabe, ob und wenn ja, welchem Einlagensicherungssystem das Kreditinstitut, welches Bankgeschäfte betreibt oder Finanzdienstleistungen erbringt, angehört. Diese Information muss Einlegern im Preisaushang und/oder in Form eines **Informationsbogens zur Einlagensicherung** zur Verfügung gestellt werden.

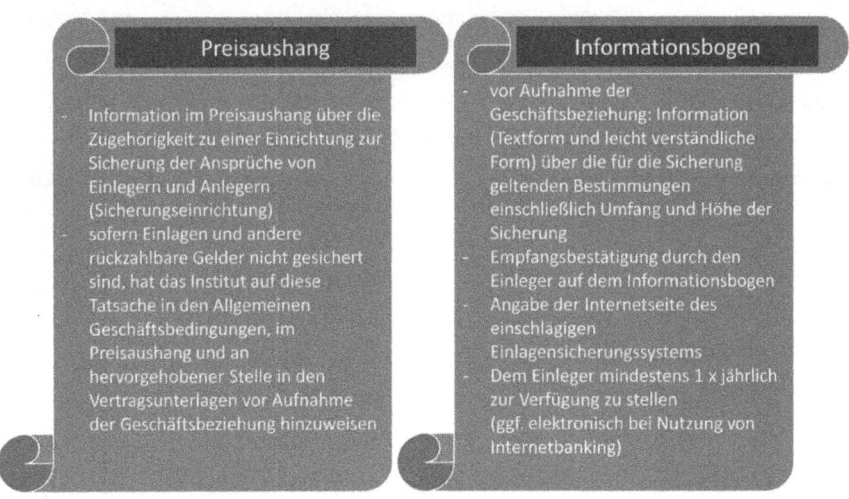

Abb. 93: Informationen über (Einlagen-)Sicherungssysteme

Die Bestätigung, dass es sich bei den Einlagen um entschädigungsfähige Einlagen handelt, erhalten die Einleger auf ihren Kontoauszügen, einschließlich eines Verweises auf den Informationsbogen.

Scheidet ein Institut aus einer Sicherungseinrichtung aus, hat es die Kunden, die nicht Institute sind, sowie die Bundesanstalt für Finanzdienstleistungsaufsicht (BaFin) und die Deutsche Bundesbank hierüber unverzüglich in Textform zu unterrichten.

Nachfolgend finden Sie die KWG-Anforderungen an den Informationsbogen

Einlagen bei (Name des Kreditinstituts einfügen) sind geschützt durch:	[Name des einschlägigen Einlagensicherungssystems einfügen] (1)
Sicherungsobergrenze:	100.000 € pro Einleger pro Kreditinstitut (2) [durch entsprechenden Betrag ersetzen, falls die Währung nicht auf Euro lautet] [Wenn zutreffend:] Die folgenden Marken sind Teil Ihres Kreditinstituts [alle Marken einfügen, die unter derselben Lizenz tätig sind]
Falls Sie mehrere Einlagen bei demselben Kreditinstitut haben:	Alle Ihre Einlagen bei demselben Kreditinstitut werden „aufaddiert", und die Gesamtsumme unterliegt der Obergrenze von 100.000 € [durch entsprechenden Betrag ersetzen, falls die Währung nicht auf Euro lautet] (2)
Falls Sie ein Gemeinschaftskonto mit einer oder mehreren anderen Personen haben:	Die Obergrenze von 100.000 € [durch entsprechenden Betrag ersetzen, falls die Währung nicht auf Euro lautet] gilt für jeden einzelnen Einleger (3)
Erstattungsfrist bei Ausfall eines Kreditinstituts:	7 Arbeitstage
Währung der Erstattung:	Euro [gegebenenfalls durch andere Währung ersetzen]
Kontaktdaten:	[Kontaktdaten des einschlägigen Einlagensicherungssystems einfügen (Adresse, Telefon, E-Mail usw.)]
Weitere Informationen:	[Website des einschlägigen Einlagensicherungssystems einfügen]
Empfangsbestätigung durch den Einleger:	

Zusätzliche Informationen (für alle oder einige der nachstehenden Punkte)

(1)

[Nur wenn zutreffend:] Ihr Kreditinstitut ist Teil eines institutsbezogenen Sicherungssystems, das als Einlagensicherungssystem amtlich anerkannt ist. Das heißt, alle Institute, die Mitglied dieses Einlagensicherungssystems sind, unterstützen sich gegenseitig, um eine Insolvenz zu vermeiden. Im Falle einer Insolvenz werden Ihre Einlagen bis zu 100.000 € [durch entsprechenden Betrag ersetzen, falls die Währung nicht auf Euro lautet] erstattet.

[Nur wenn zutreffend:] Ihre Einlage wird von einem gesetzlichen Einlagensicherungssystem gedeckt. Im Falle einer Insolvenz Ihres Kreditinstituts werden Ihre Einlagen in jedem Fall bis zu 100.000 € [durch entsprechenden Betrag ersetzen, falls die Währung nicht auf Euro lautet] erstattet.

[Nur wenn zutreffend:] Ihre Einlage wird von einem gesetzlichen Einlagensicherungssystem und einem vertraglichen Einlagensicherungssystem gedeckt. Im Falle einer Insolvenz Ihres Kreditinstituts werden Ihre Einlagen in jedem Fall bis zu 100.000 € [durch entsprechenden Betrag ersetzen, falls die Währung nicht auf Euro lautet] erstattet.

[Nur wenn zutreffend:] Ihre Einlage wird von einem gesetzlichen Einlagensicherungssystem gedeckt. Außerdem ist Ihr Kreditinstitut Teil eines institutsbezogenen Sicherungssystems, in dem sich alle Mitglieder gegenseitig unterstützen, um eine Insolvenz zu vermeiden. Im Falle einer Insolvenz werden Ihre Einlagen bis zu 100.000 € [durch entsprechenden Betrag ersetzen, falls die Währung nicht auf Euro lautet] vom Einlagensicherungssystem erstattet.

(2)

Sollte eine Einlage nicht verfügbar sein, weil ein Kreditinstitut seinen finanziellen Verpflichtungen nicht nachkommen kann, so werden die Einleger von dem Einlagensicherungssystem entschädigt. Die betreffende Deckungssumme beträgt maximal 100.000 € [durch entsprechenden Betrag ersetzen, falls die Währung nicht auf Euro lautet] pro Kreditinstitut. Das heißt, dass bei der Ermittlung dieser Summe alle bei demselben Kreditinstitut gehaltenen Einlagen addiert werden. Hält ein Einleger bspw. 90.000 € auf einem Sparkonto und 20.000 € auf einem Girokonto, so werden ihm lediglich 100.000 € erstattet.

[Nur wenn zutreffend:] Diese Methode wird auch angewandt, wenn ein Kreditinstitut unter unterschiedlichen Marken auftritt. Die [Name des kontoführenden Kreditinstituts einfügen] ist auch unter dem Namen [alle anderen Marken desselben Kreditinstituts einfügen] tätig. Das heißt, dass die Gesamtsumme aller Einlagen bei einem oder mehreren dieser Marken in Höhe von bis zu 100.000 € gedeckt ist.

(3)

Bei Gemeinschaftskonten gilt die Obergrenze von 100.000 € für jeden Einleger.

[Nur wenn zutreffend:] Einlagen auf einem Konto, über das zwei oder mehrere Personen als Mitglieder einer Personengesellschaft oder Sozietät, einer Vereinigung oder eines ähnlichen Zusammenschlusses ohne Rechtspersönlichkeit verfügen können, werden bei der Berechnung der Obergrenze von 100.000 € [durch entsprechenden Betrag ersetzen, falls die Währung nicht auf € lautet] allerdings zusammengefasst und als Einlage eines einzigen Einlegers behandelt.

In den Fällen des § 8 Absatz 2 bis 4 des Einlagensicherungsgesetzes sind Einlagen über 100.000 € hinaus [durch entsprechenden Betrag ersetzen, falls die Währung nicht auf Euro lautet] gesichert. Weitere Informationen sind erhältlich über [Website des einschlägigen Einlagensicherungssystems einfügen].

(4)

Erstattung [ist anzupassen]

Das zuständige Einlagensicherungssystem ist [Name, Adresse, Telefon, E-Mail und Website einfügen]. Es wird Ihnen Ihre Einlagen (bis zu 100.000 Euro [durch entsprechenden Betrag ersetzen, falls die Währung nicht auf Euro lautet]) spätestens innerhalb 20 Arbeitstagen bis zum 31. Mai 2016 bzw. 7 Arbeitstagen ab dem 1. Juni 2016 erstatten.

Haben Sie die Erstattung innerhalb dieser Fristen nicht erhalten, sollten Sie mit dem Einlagensicherungssystem Kontakt aufnehmen, da der Gültigkeitszeitraum für Erstattungsforderungen nach einer bestimmten Frist abgelaufen sein kann. Weitere Informationen sind erhältlich über [Website des zuständigen Einlagensicherungssystems einfügen].

Weitere wichtige Informationen

Einlagen von Privatkunden und Unternehmen sind im Allgemeinen durch Einlagensicherungssysteme gedeckt. Für bestimmte Einlagen geltende Ausnahmen werden auf der Website des zuständigen Einlagensicherungssystems mitgeteilt. Ihr Kreditinstitut wird Sie auf Anfrage auch darüber informieren, ob bestimmte Produkte gedeckt sind oder nicht. Wenn Einlagen entschädigungsfähig sind, wird das Kreditinstitut dies auch auf dem Kontoauszug bestätigen.

Quelle: KWG Anhang 1 Informationsbogen für den Einleger

Was bedeutet die Bereichsausnahme des KWG?

Mit der zunehmenden Standardisierung der Anlageprodukte Investmentvermögen im Sinne des Kapitalanlagegesetzbuchs und Vermögensanlagen im Sinne des Vermögensanlagengesetzes und da die Produktgeber bereits der Aufsicht der BaFin unterliegen, hat der Gesetzgeber die Bereichsausnahme eingeführt.

Bereichsausnahme

Die Bereichsausnahme definiert den Unternehmens- oder Personenkreis, der nicht unter die Regelungen des KWG fällt.

Erfüllt ein Unternehmen oder eine Person die Voraussetzung der Bereichsausnahme, so benötigt es/sie keine Erlaubnis zur Vermittlung von Investmentvermögen und Vermögensanlagen durch die BaFin, sondern nur eine Gewerbeerlaubnis gemäß § 34f Gewerbeordnung (GewO). Darüber hinaus gelten anstelle der Verhaltens-, Dokumentations- und Informationspflichten für die Anlageberatung gemäß WpHG die entsprechenden Regelungen der Finanzanlagenvermittlungsverordnung bzw. des Vermögensanlagengesetzes und der Kleinanlegerschutzverordnung.

So sieht die **Bereichsausnahme für gewerbliche Vermittler/Berater gem. § 34f GewO** aus:

(§ 2 Abs. 6 Ziffer 8 KWG)

„Unternehmen, die als Finanzdienstleistungen für andere ausschließlich die Anlageberatung und die Anlagevermittlung zwischen Kunden und

a) inländischen Instituten,

b) Instituten oder Finanzunternehmen mit Sitz in einem anderen Staat des Europäischen Wirtschaftsraums,

c) Unternehmen, die auf Grund einer Rechtsverordnung nach § 53c gleichgestellt oder freigestellt sind,

d) Kapitalverwaltungsgesellschaften, extern verwalteten Investmentgesellschaften, EU-Verwaltungsgesellschaften oder ausländischen AIF-Verwaltungsgesellschaften oder

e) Anbietern oder Emittenten von Vermögensanlagen im Sinne des § 1 Abs. 2 des Vermögensanlagengesetzes

betreiben, sofern sich diese Finanzdienstleistungen auf Anteile oder Aktien an inländischen Investmentvermögen, die von einer Kapitalverwaltungsgesellschaft ausgegeben werden … oder auf Anteile oder Aktien an EU-Investmentvermögen oder ausländischen AIF, die nach dem Kapitalanlagegesetzbuch vertrieben werden dürfen, … oder auf Vermögensanlagen im Sinne des § 1 Abs. 2 des Vermögensanlagengesetzes beschränken und die Unternehmen nicht befugt sind, sich bei der Erbringung dieser Finanzdienstleistungen Eigentum oder Besitz an Geldern oder Anteilen von Kunden zu verschaffen, es sei denn, das Unternehmen beantragt und erhält eine entsprechende Erlaubnis nach § 32 Abs. 1; Anteile oder Aktien an Hedgefonds im Sinne von § 283 des Kapitalanlagegesetzbuchs gelten nicht als Anteile an Investmentvermögen im Sinne dieser Vorschrift."

So sieht die **Bereichsausnahme für gebundene Vermittler** aus:

Ein Unternehmen, das keine Bankgeschäfte im Sinne des § 1 Abs. 1 Satz 2 KWG betreibt und als Finanzdienstleistungen nur die Anlagevermittlung, das Platzierungsgeschäft oder die Anlageberatung ausschließlich für Rechnung und unter der Haftung eines CRR-Kreditinstituts oder eines Wertpapierhandelsunternehmens, das seinen Sitz im Inland hat …, erbringt (vertraglich gebundener Vermittler), gilt nicht als Finanzdienstleistungsinstitut, sondern als Finanzunternehmen, wenn das CRR-Kreditinstitut oder Wertpapierhandelsunternehmen als das haftende Unternehmen dies der Bundesanstalt anzeigt. Die Tätigkeit des vertraglich gebundenen Vermittlers wird dem haftenden Unternehmen zugerechnet… (§ 2 Abs. 10 KWG).

Insbesondere Banken und Versicherungen nutzen diese Möglichkeit, um ihre Vermittler bzw. verbundenen Vertriebskanäle unter ihr Haftungsdach zu nehmen. Damit ist der Vermittler allerdings an die konzerneigenen Produkte gebunden. Das Finanzdienstleistungsinstitut, das das Haftungsdach stellt, muss die an ihn gebundenen Vermittler an die BaFin melden.

> Sobald der gewerbliche Vermittler / Berater auch andere Anlageprodukte als Investmentvermögen und Vermögensanlagen vermitteln möchte, muss er sich den Regelungen des KWG unterwerfen und benötigt eine Erlaubnis nach § 32 KWG und unterliegt der Registrierungspflicht und Aufsicht der BaFin. Gleiches gilt, wenn er als gebundener Vermittler Produkte außerhalb der Produktpalette seines Haftungsdachgebers vermitteln möchte.

► **Exkurs: Institutssystematik im Sinne des § 1 KWG**

Nicht nur im KWG, sondern auch in weiteren Gesetzen finden sich sowohl unterschiedliche Bezeichnungen für Wertpapiere, Finanzinstrumente & Co. als auch unterschiedliche Bezeichnungen für die Institute der Finanzbranche. Die Deutsche Bundesbank hat hierzu eine Grafik erstellt: „Institutssystematik nach § 1 KWG" (https://www.bundesbank.de / Redaktion / DE / Downloads / Aufgaben / Bankenaufsicht / Gesetze_Verordnungen_Richtlinien / institutssystematik_nach_1_kwg. pdf?__blob=publicationFile). Nachfolgend erläutere ich Ihnen die wichtigsten Begrifflichkeiten in diesem Zusammenhang:

Kreditinstitute sind Unternehmen, die Bankgeschäfte gewerbsmäßig oder in einem Umfang betreiben, der einen in kaufmännischer Weise eingerichteten Geschäftsbetrieb erfordert.

Finanzdienstleistungsinstitute sind Unternehmen, die Finanzdienstleistungen für andere gewerbsmäßig oder in einem Umfang erbringen, der einen in kaufmännischer Weise eingerichteten Geschäftsbetrieb erfordert, und die keine Kreditinstitute sind. Finanzdienstleistungen sind gemäß § 1 Abs. 1a KWG (dort finden Sie übrigens auch Erläuterungen zu den nachfolgenden Oberbegriffen) u. a.:

- Anlagevermittlung
- Anlageberatung
- Abschlussvermittlung
- Eigenhandel
- Finanzportfolioverwaltung
- Platzierungsgeschäft
- Sortengeschäft
- Factoring
- Finanzierungsleasing
- Anlageverwaltung

CRR-Kreditinstitute (vormals: Einlagenkreditinstitut) sind Kreditinstitute, die ausschließlich Einlagen- und Kreditgeschäfte betreiben.

Depotbanken und **Verwahrstellen** verwahren Wertpapiere.

Wertpapierhandelsbanken handeln mit Wertpapieren und erbringen Bankgeschäfte nur in eingeschränktem Umfang.

Kapitalverwaltungsgesellschaften zählen zu den Kreditinstituten und unterliegen neben den Regelungen des KWG zusätzlich den Anforderungen des Kapitalanlagegesetzbuches (KAGB). Sie sind die Produktgeber von offenen und geschlossenen Investmentvermögen.

Der Begriff der **Finanzunternehmen** dient der Abgrenzung verschiedener Unternehmen der Finanzbranche. Demnach sind Finanzunternehmen Unternehmen, die keine Kreditinstitute oder Finanzdienstleistungsinstitute sind. ◄

Was unterscheidet die Begriffe Anlageberatung, Anlagevermittlung und Abschlussvermittlung voneinander?

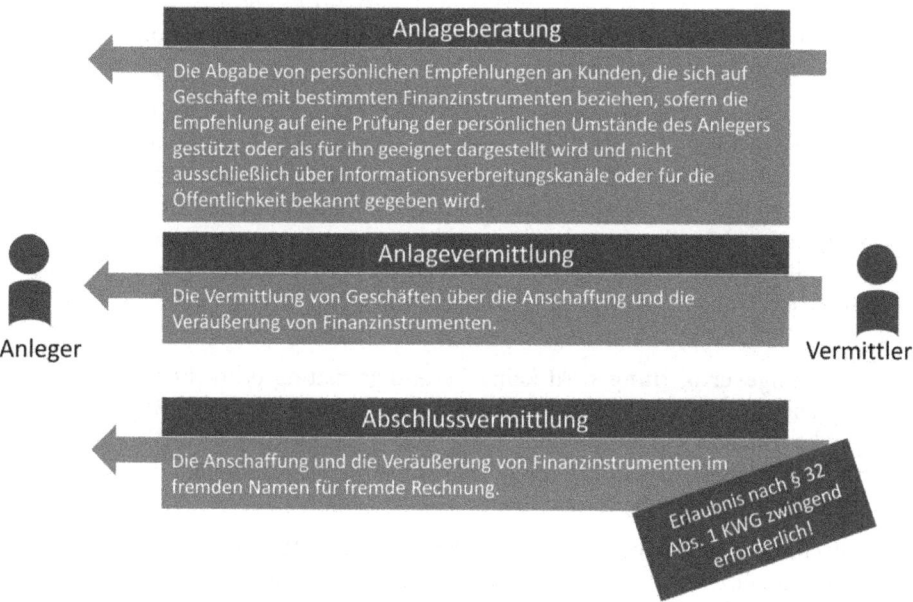

Abb. 94: *Anlageberatung, Anlagevermittlung oder Abschlussvermittlung*

Die Anlageberatung, Anlagevermittlung und die Abschlussvermittlung sind erlaubnispflichtige Finanzdienstleistungen.

Diese Erlaubnis kann im Rahmen des § 32 Abs. 1 KWG oder des § 34f bzw. § 34h GewO von den jeweiligen Erlaubnisbehörden (BaFin für KWG und Gewerbeaufsichtsamt bzw. IHK für die GewO) erteilt werden. Dabei ist zu beachten, dass die Abschlussvermittlung für reine § 34f-Finanzanlagenvermittler verboten ist.

Die **Anlageberatung** setzt die Abgabe einer persönlichen Empfehlung voraus, die auf einer so genannten Geeignetheitsprüfung beruhen muss.

Bei der Empfehlung muss es sich um eine auf den Kunden zugeschnittene Beratung bezüglich eines konkreten Finanzinstrumentes, d. h. nicht nur allgemein auf bspw. ein Aktieninvestment, handeln.

Allerdings ist die bloße Information über ein Anlageprodukt noch keine Anlageempfehlung. Auch die Empfehlung an einen nicht individuell bestimmbaren Personenkreis, bspw. über eine Zeitung oder Ähnliches, ist keine Anlageberatung.

Begriff Anlageberatung im Sinne des WpHG neue Fassung 2018

Die Anlageberatung im Sinne des WpHG umfasst die Abgabe von persönlichen Empfehlungen an Kunden, die sich auf Geschäfte mit bestimmten Finanzinstrumenten beziehen, sofern die Empfehlung auf eine Prüfung der persönlichen Umstände des Anlegers (Geeignetheitsprüfung) gestützt oder als für ihn geeignet dargestellt wird und nicht ausschließlich über Informationsverbreitungskanäle oder für die Öffentlichkeit bekannt gegeben wird.

Die gesetzliche Grundlage bildet § 2 Abs. 8 Nr. 10 WpHG in Verbindung mit Artikel 9 der Delegierten Verordnung (EU) 2017/565.

Die Konsequenz: Anlageberater müssen bei jeder gesendeten E-Mail oder einem Newsletter prüfen, ob der Kunde dies als persönliche Empfehlung verstehen könnte. Ist dies der Fall, müssen die entsprechenden Anforderungen an die Anlageberatung beachtet werden (z. B. vorherige Geeignetheitsprüfung). Eine Empfehlung wird nicht als persönliche Empfehlung betrachtet, wenn sie ausschließlich für die Öffentlichkeit abgegeben wird (z. B. durch Veröffentlichung auf einer Internetseite).

Bei der **Anlagevermittlung** wird keine Beratungsleistung erbracht und keine Anlageempfehlung seitens des Vermittlers ausgesprochen. Der in der Regel erfahrene Anleger kommt mit einem konkreten, eigenen Anlageauftrag zum Vermittler. Der Vermittler übermittelt als Bote die Willenserklärung des Kunden an den Veräußerer bzw. Erwerber der Finanzinstrumente.

Die **Abschlussvermittlung** besteht ausschließlich aus dem Kauf und Verkauf von Finanzinstrumenten in fremdem Namen und für fremde Rechnung. Der Vermittler handelt im fremden Namen, wenn er bei der Abgabe seiner Willenserklärung deutlich macht, dass er diese nicht für sich selbst, sondern als Vertreter seines Kunden abgibt. Der Vermittler handelt für fremde Rechnung, wenn seine im Namen des Kunden abgeschlossenen Geschäfte auch wirtschaftlich den Kunden betreffen. Dies ist der Fall, wenn der Vermittler mit Vertretungsvollmacht für den Kunden handelt und somit die im Namen des Kunden abgeschlossenen Geschäfte diesen binden. Wer aufgrund einer Vollmacht des Kunden im Namen des Kunden Finanzinstrumente anschafft oder veräußert, erfüllt den Tatbestand der Abschlussvermittlung.

BaFin-Merkblätter

Die BaFin stellt auf ihrer Internetseite www.bafin.de unter dem Menüpunkt „Daten & Dokumente" zahlreiche Merkblätter rund um den Finanzmarkt und seine gesetzlichen Regelungen zur Verfügung. So bspw. auch das Merkblatt „Hinweise zum Tatbestand der Anlagevermittlung" oder das Merkblatt „Finanzdienstleistungen". Hierbei wird auf die gesetzlichen Grundlagen Bezug genommen. Darüber hinaus gibt es weitere Erläuterungen der verwendeten Begriffe oder dargestellten Sachverhalte.

2.4.4 Geldwäschegesetz (GwG)

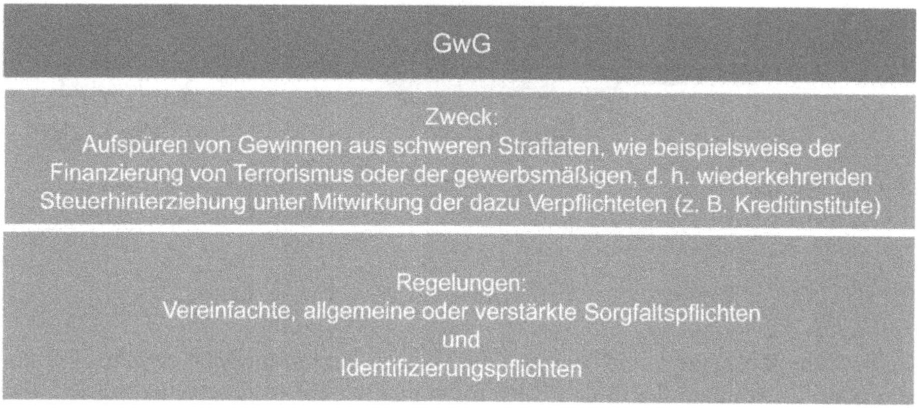

GwG

Zweck:
Aufspüren von Gewinnen aus schweren Straftaten, wie beispielsweise der Finanzierung von Terrorismus oder der gewerbsmäßigen, d. h. wiederkehrenden Steuerhinterziehung unter Mitwirkung der dazu Verpflichteten (z. B. Kreditinstitute)

Regelungen:
Vereinfachte, allgemeine oder verstärkte Sorgfaltspflichten
und
Identifizierungspflichten

Abb. 95: Das Geldwäschegesetz (GwG)

Das Geldwäschegesetz ist ein Gesetz über das Aufspüren von Gewinnen aus schweren Straftaten. Es verfolgt das Ziel, finanzielle Transaktionen mit kriminellem Hintergrund, wie insbesondere Geldwäsche und Terrorismusfinanzierung, aufzudecken und zu bekämpfen. Auch die gewerbsmäßige (mehrjährig, d. h. Vermögensvorteil mit der Absicht der Wiederholung) Steuerhinterziehung gehört hierzu

Mit Wirkung vom 26. Juni 2017 wurde das GwG aufgrund der Vierten EU-Geldwäscherichtlinie novelliert. Dies bedeutet u. a. eine Erweiterung um den risikobasierten Ansatz, der über den Umfang vereinfachter oder verstärkter Sorgfaltspflichten mit entscheidet.

> **Transaktionen**
> *Transaktionen im Sinne des § 1 Abs. 5 GwG sind eine oder, soweit zwischen ihnen eine Verbindung zu bestehen scheint, mehrere Handlungen, die eine Geldbewegung oder eine sonstige Vermögensverschiebung bezwecken oder bewirken. Dem Bargeld ist das elektronische Geld gleichgestellt.*

Um dieses Ziel zu erreichen, steht die Transparenz der Geschäftsbeziehung und jeder einzelnen Finanztransaktion im Vordergrund.

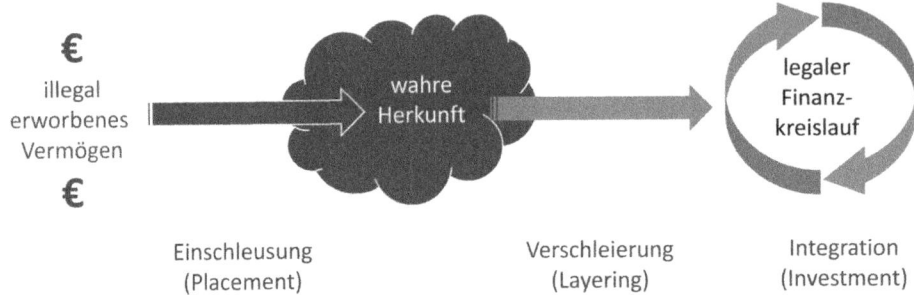

Abb. 96:   *Was ist Geldwäsche?*

Geldwäsche stellt eine Verschleierung der wahren Herkunft illegal erzielter Vermögen oder Einnahmen, die in den legalen Finanzkreislauf eingeschleust werden, dar. Nicht jeder Geschäftsvorgang ist allerdings auf den ersten Blick als Geldwäsche zu erkennen, vor allem wenn es sich um grenzüberschreitende Transaktionen handelt.

Die Sorgfalts- und Identifizierungspflichten des GwG sollen die geforderte Transparenz von Finanztransaktionen sicherstellen.

Als Finanzanlagenvermittler sind Sie zur Mitwirkung an der Geldwäscheprävention verpflichtet. Hauptverantwortlich ist der Verpflichtete (z. B. Kapitalverwaltungsgesellschaft), der einen Teil der Geldwäschepflichten zur Umsetzung an Sie übertragen kann.

▶ Exkurs: Verpflichtete

Als Verpflichtete bezeichnet das GwG Unternehmen oder Personen, die unmittelbar für die Einhaltung der Vorschriften des GwG verantwortlich sind.

Dazu gehören u. a. Kreditinstitute, Finanzdienstleistungsinstitute, Versicherungsunternehmen, Kapitalverwaltungsgesellschaften, Anbieter von Kryptowährungen, Wirtschaftsprüfer, Steuerberater, Güterhändler (neu seit 2017) und Immobilienmakler (neu seit 2017). Unter bestimmten Voraussetzung gehören auch Notare und Rechtsanwälte zu den Verpflichteten.

Ein Güterhändler im Sinne des GwG ist jede Person, die gewerblich Güter veräußert, unabhängig davon, in wessen Namen oder auf wessen Rechnung sie handelt. Güterhändler müssen über ein wirksames Risikomanagement verfügen, soweit sie im Rahmen einer Transaktion Barzahlungen über mindestens 10.000 Euro tätigen oder entgegennehmen. Bei den Gütern handelt es sich vor allem um den Handel mit hochwertigen Gütern. Gemeint sind damit Gegenstände, die sich aufgrund ihres Preises, ihrer Beschaffenheit, ihres Verkehrswertes oder hinsichtlich des Gebrauchs von Gebrauchsgegenständen des Alltags abheben:

■ Edelmetalle wie Gold, Silber und Platin,

■ Edelsteine,

■ Schmuck und Uhren,

- Kunstgegenstände und Antiquitäten,

- Kraftfahrzeuge, Schiffe und Motorboote sowie Luftfahrzeuge.

Auch Immobilienmakler, die gewerblich den Kauf oder Verkauf von Grundstücken oder grundstücksgleichen Rechten vermitteln, müssen Vorschriften des GwG beachten (ab Netto-Kaltmiete von 10.000 €).

Auch als Finanzanlagenvermittler/-berater müssen Sie bei der Finanzanlagenvermittlung die Ihnen übertragenen Sorgfalts und Identifizierungspflichten nach GwG beachten. Unter bestimmten Voraussetzungen zählen Finanzanlagevermittler seit Anfang 2020 selbst zu den direkt Verpflichteten.

Im Februar 2021 wurde im Rahmen der europäischen „6. Geldwäscherichtlinie" das Gesetz zur Verbesserung der strafrechtlichen Bekämpfung der Geldwäsche vom Bundesrat verabschiedet. Im Geldwäschegesetz wird keine eigene Änderung vorgenommen, sondern nur ein Verweis auf das neue Gesetz. Die Auswirkungen betreffen die Verpflichteten und stellen nun den sog. „all-crimes approach" als Aufgabe des Enumerationsprinzips zur Bestimmung der geldwäscherelevanten Vortatbestände in den Mittelpunkt.

Bisher galt, dass sich derjenige strafbar machte, der einen Gegenstand, der aus bestimmten rechtswidrigen Taten (Vortat, wie bspw. bestimmte Straftaten (Unterschlagung, Betrug, Bestechung etc.)) herrührt, verbirgt, dessen Herkunft verschleiert oder die Ermittlung der Herkunft, das Auffinden, die Einziehung oder die Sicherstellung eines solchen Gegenstandes vereitelt oder gefährdet.

Zukünftig macht sich derjenige strafbar, der einen Tatertrag, ein Tatprodukt oder einen an dessen Stelle getretenen anderen Vermögensgegenstand verbirgt, in der Absicht, dessen Auffinden, dessen Einziehung oder die Ermittlung von dessen Herkunft zu vereiteln, umtauscht, überträgt oder verbringt, sich oder einem Dritten verschafft oder verwahrt oder für sich oder einen Dritten verwendet, wenn er dessen Herkunft zu dem Zeitpunkt gekannt hat, zu dem er ihn erlangt hat. **Aus welcher Straftat der Tatertrag, das Tatprodukt oder der an dessen Stelle getretene andere Vermögensgegenstand stammt, ist nunmehr irrelevant.** Ein Vermögensgegenstand umfasst Vermögensgegenstände aller Art, egal ob sie körperlich, nichtkörperlich, digital oder verbrieft durch Urkunden sind. **Alle Verbrechen und Vergehen sind damit taugliche Vortaten einer Geldwäsche.**

Für die Verpflichteten bedeutet dies nun im Rahmen ihrer Sorgfaltspflicht, dass sie eine Meldung an die Zentralstelle für Finanztransaktionsuntersuchungen (FIU) machen müssen, wenn Tatsachen vorliegen, die darauf hindeuten, dass ein Vermögensgegenstand, der mit einer Geschäftsbeziehung im Zusammenhang steht, aus einer strafbaren Handlung stammt, die eine Vortat der Geldwäsche darstellen könnte. Vor dem Hintergrund, dass nun alle Straftaten eine Vortat der Geldwäsche sein können, bedeutet dies eine erhebliche Erweiterung dieser Meldepflicht. Die Meldepflicht besteht unabhängig vom Wert des Vermögensgegenstandes. Dies erfordert eine entsprechende Anpassung der internen Sicherungsmaßnahmen auf Seiten der Verpflichteten. ◀

Sorgfaltspflichten

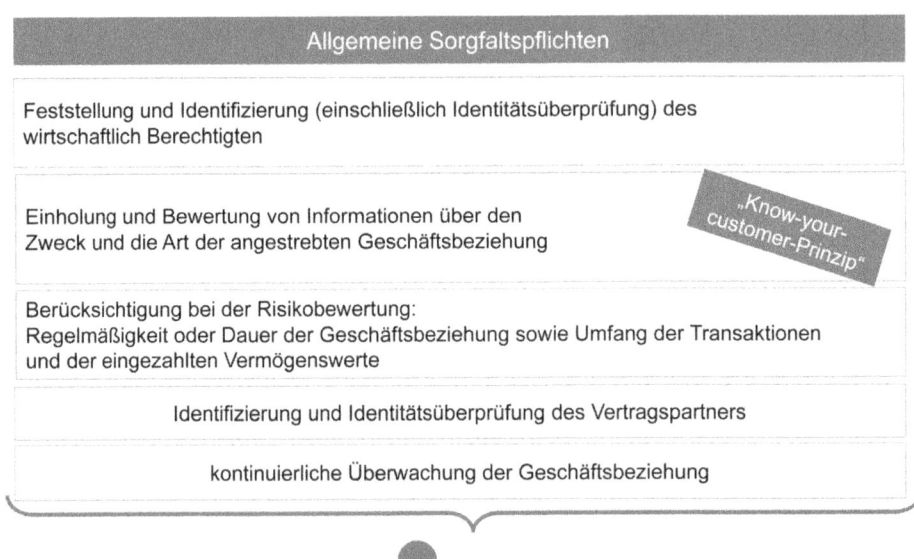

Abb. 97: *Allgemeine Sorgfaltspflichten gemäß GwG*

Die **allgemeinen Sorgfaltspflichten** gemäß § 3 GwG stellen den Normalfall dar, wenn weder eine geringere noch eine erhöhte Risikosituation vorliegt.

Bei der Einholung der Informationen vom Vertragspartner (Kunde) über Art und Zweck der Geschäftsverbindung sind die im späteren Verlauf dieses Kapitels noch beschriebenen Risikofaktoren (potenziell geringes oder erhöhtes Geldwäscherisiko) gemäß Anlage 1 und 2 GwG zu beachten. Außerdem sind Informationen einzuholen über:

- die Höhe der von Kunden eingezahlten Vermögenswerte oder den Umfang der ausgeführten Transaktionen sowie

- die Regelmäßigkeit oder die Dauer der Geschäftsbeziehung.

Verpflichtete müssen gegenüber den Aufsichtsbehörden darlegen, dass der Umfang der getroffenen Maßnahmen im Hinblick auf die Risiken der Geldwäsche und der Terrorismusfinanzierung angemessen ist.

Die allgemeinen Sorgfaltspflichten sind mit Ausnahme der kontinuierlichen Überwachung der Geschäftsverbindung auch vom Finanzanlagenvermittler zu beachten.

Wirtschaftlich Berechtigter
Ein wirtschaftlich Berechtigter im Sinne des § 3 GwG ist eine natürliche Person, in deren Eigentum das Geld oder unter deren Kontrolle der Vertragspartner letztlich steht, oder die natürlich Person, auf deren Veranlassung eine Transaktion durchgeführt oder eine Geschäftsbeziehung begründet wird.

Die Identifizierung des wirtschaftlich Berechtigten soll Strohmanngeschäften entgegenwirken. Ziel ist es herauszufinden, wer der tatsächliche (rechtliche) Eigentümer des Geldes ist. Bei Unternehmen ist dies die Person, die eine entsprechende Kontrollfunktion über die Finanzen hat.

Die kontinuierliche Überwachung der Geschäftsbeziehung und das Vorhandensein eines Geldwäschebeauftragten als interne Sicherungsmaßnahme sind Aufgabe des produktgebenden Kreditinstitutes. Bei der Überwachung der Geschäftsbeziehung geht es vor allem um die Überwachung der Transaktionen, die im Verlauf der Geschäftsbeziehung durchgeführt werden. Diese müssen mit den vorhandenen Dokumenten und Informationen über den Vertragspartner oder wirtschaftlich Berechtigten sowie mit den Informationen über die Herkunft der Vermögenswerte übereinstimmen. Dazu müssen Dokumente, Daten oder Informationen – soweit risikoangemessen – in angemessenem Zeitabstand aktualisiert werden.

▶ Exkurs: Transparenzregister für wirtschaftlich Berechtigte von i.d.R. juristischen Personen des privaten Rechts, eingetragenen Personengesellschaften und sog. Trusts.

Bei Unternehmen sind wirtschaftlich Berechtigte alle natürlichen Personen, die entweder mehr als 25 % der Unternehmensanteile oder mehr als 25 % der Stimmrechte ausüben.

Der wirtschaftlich Berechtigte muss bei einer Kontoeröffnung oder bei Bargeldzahlungen erfasst werden. Mit dieser Einzelfallerfassung ist es aber nicht getan. Alle von Geldwäschemöglichkeiten betroffenen Unternehmen (juristische Personen und in Register eingetragene Personengesellschaften) müssen seit 1. Oktober 2017 Angaben zu ihrer Eigentümerstruktur und zu ihren wirtschaftlich Berechtigten und deren Staatsangehörigkeit an das in diesem Zusammenhang neu gebildete Transparenzregister übermitteln. Änderungen sind unverzüglich an das Transparenzregister zu melden.

Der zur Einhaltung der Vorschriften des GwG Verpflichtete kann das Transparenzregister zur Ermittlung des wirtschaftlich Berechtigten bei Unternehmen nutzen. Das Transparenzregister stellt allerdings keine Gewähr für die Vollständigkeit und Richtigkeit der Daten dar. Dies bedeutet, dass auch über das Transparenzregister hinaus Angaben zum wirtschaftlich Berechtigten vom Unternehmen eingeholt werden müssen. ◀

Vereinfachte Sorgfaltspflichten	Verstärkte Sorgfaltspflichten
Voraussetzungen: • potenziell geringeres Risiko gemäß Risikofaktoren der Anlage 1 GwG beim Vertragspartner • kein Vorliegen von Voraussetzungen der verstärkten Sorgfaltspflichten	Voraussetzungen: • potenziell höheres Risiko gemäß Risikofaktoren der Anlage 2 GwG beim Vertragspartner oder wirtschaftlich Berechtigten • bei politisch exponierten Personen (PEP) und deren Familienangehörigen
Umfang der Maßnahmen, die zur Erfüllung der allgemeinen Sorgfaltspflichten zu treffen sind können angemessen reduziert werden	Beachtung der allgemeinen Sorgfaltspflichten
Vereinfachte Identitätsüberprüfung	Zusatzpflichten:
	verstärkte kontinuierliche Überwachung der Geschäftsbeziehung
Die Verpflichteten müssen in jedem Fall die Überprüfung von Transaktionen und die Überwachung von Geschäftsbeziehungen in einem Umfang sicherstellen, der es ihnen ermöglicht, ungewöhnliche oder verdächtige Transaktionen zu erkennen und zu melden.	Einholung der Zustimmung zum Vertragsabschluss von einem Mitglied der Führungsebene
	Klärung der Herkunft der Vermögenswerte mit angemessenen Mitteln

Abb. 98:   Vereinfachte und verstärkte Sorgfaltspflichten

Die **vereinfachten Sorgfaltspflichten** gemäß § 5 GwG gelten nur unter den gesetzlich vorgesehenen Voraussetzungen, wie bspw. potenziell geringes Geldwäscherisiko. Ein solches kann bspw. bei einem Notaranderkonto angenommen werden (unter Beachtung der Anlage 1 GwG). Hiermit wickelt ein Notar die Finanzströme seiner Klienten in deren Auftrag und im Rahmen seines Berufsstandes ab.

Die **verstärkten Sorgfaltspflichten** gemäß § 6 GwG gelten vor allem bei politisch exponierten Personen (PEP), aber auch bei potenziell erhöhtem Risiko (bspw. bei Transaktionen mit Partnern, die in Hochrisiko-Ländern agieren oder wenn ein Transaktionswert außergewöhnlich hoch erscheint). Es sind die allgemeinen Sorgfaltspflichten zuzüglich weiterer Pflichten zu beachten:

- verstärkte kontinuierliche Überwachung der Geschäftsbeziehung durch die konto- bzw. depotführende Stelle

- bei Vertragsabschluss ist die Zustimmung eines Vorgesetzen (im Unternehmen: leitender Fachvorgesetzter, der Geldwäschebeauftragte oder der Leiter der Compliance) erforderlich

- Die Herkunft der Vermögensgegenstände muss mit angemessenen Mitteln, d. h. Fragen an den Vertragspartner, aufgeklärt werden. Der Vertragspartner hat in diesem Fall eine Auskunftspflicht.

▶ Exkurs: Politisch exponierte Personen (PEP)

Eine politisch exponierte Person (PEP) im Sinne des § 1 Abs. 12 GwG ist jede natürliche Person, die ein hochrangiges, wichtiges, öffentliches Amt auf internationaler, europäischer oder nationaler Ebene ausübt oder ausgeübt hat oder ein öffentliches Amt unterhalb der nationalen Ebene, dessen politische Bedeutung vergleichbar ist, ausübt oder ausgeübt hat. Zu den politisch exponierten Personen gehören insbesondere:

- Staatschefs, Regierungschefs, Minister, Mitglieder der Europäischen Kommission, stellvertretende Minister und Staatssekretäre,

- Parlamentsabgeordnete und Mitglieder vergleichbarer Gesetzgebungsorgane,

- Mitglieder der Führungsgremien politischer Parteien,

- Mitglieder von obersten Gerichtshöfen, Verfassungsgerichtshöfen oder sonstigen hohen Gerichten, gegen deren Entscheidungen im Regelfall kein Rechtsmittel mehr eingelegt werden kann,

- Mitglieder der Leitungsorgane von Rechnungshöfen,

- Mitglieder der Leitungsorgane von Zentralbanken,

- Botschafter, Geschäftsträger und Verteidigungsattachés,

- Mitglieder der Verwaltungs-, Leitungs- und Aufsichtsorgane staatseigener Unternehmen,

- Direktoren, stellvertretende Direktoren, Mitglieder des Leitungsorgans oder sonstige Leiter mit vergleichbarer Funktion in einer zwischenstaatlichen internationalen oder europäischen Organisation.

- Unmittelbare Familienmitglieder, d.h. ein naher Angehöriger einer politisch exponierten Person, wie insbesondere der Ehepartner oder eingetragene Lebenspartner, ein Kind und dessen Ehepartner oder eingetragener Lebenspartner und jedes Elternteil.

Eine Person, die seit mindestens einem Jahr keine wichtigen öffentlichen Ämter im Sinne der o.g. Funktionen ausgeübt hat, ist nicht mehr als politisch exponiert zu betrachten. ◀

Was umfasst der intensivierte risikobasierte Ansatz des GwG?

Der risikobasierte Ansatz des novellierten GwG besagt, dass bei höheren Risiken mehr getan werden muss, um diese zu minimieren, während bei geringen Risiken vereinfachte Maßnahmen ausreichen. So soll schneller und effektiver auf die sich bei den Geldwäschern und Terrorismusfinanzierern wandelnden Methoden reagiert werden können.

Gemäß § 4 Abs. 1 und 2 GwG müssen die Verpflichteten zur Verhinderung von Geldwäsche und von Terrorismusfinanzierung über ein wirksames Risikomanagement verfügen, das im Hinblick auf Art und Umfang ihrer Geschäftätigkeit angemessen ist. Das Risikomanagement umfasst eine Risikoanalyse sowie interne Sicherungsmaßnahmen.

Die Risikoanalyse umfasst gemäß § 5 GwG:

- Ermittlung und Bewertung derjenigen Risiken der Geldwäsche und der Terrorismusfinanzierung, die für Geschäfte bestehen, die vom Verpflichteten betrieben werden

- Berücksichtigung der in den Anlagen 1 und 2 GwG genannten Risikofaktoren sowie der Informationen, die auf Grundlage der nationalen Risikoanalyse zur Verfügung gestellt werden

- Abhängigkeit des Umfangs der Risikoanalyse von Art und Umfang der Geschäfttätigkeit der Verpflichteten

- Dokumentation der Risikoanalyse

- regelmäßig Überprüfung und Aktualisierung der Risikoanalyse

- auf Verlangen, der Aufsichtsbehörde die jeweils aktuelle Fassung der Risikoanalyse zur Verfügung zu stellen

Die internen Sicherungsmaßnahmen umfassen gemäß § 6 GwG:

- die Ausarbeitung von internen Grundsätzen, Verfahren und Kontrollen in Bezug auf

  - den Umgang mit Risiken

  - die Sorgfalts- und Identifizierungspflichten

  - die Erfüllung der Meldepflicht bei Verdachtsmomenten

  - die Aufzeichnung von Informationen und die Aufbewahrung von Dokumenten und

  - die Einhaltung der sonstigen geldwäscherechtlichen Vorschriften,

- die Bestellung eines Geldwäschebeauftragten und seines Stellvertreters,

- die Schaffung und Fortentwicklung geeigneter Maßnahmen zur Verhinderung des Missbrauchs von neuen Produkten und Technologien zur Begehung von Geldwäsche und von Terrorismusfinanzierung oder für Zwecke der Begünstigung der Anonymität von Geschäftsbeziehungen oder von Transaktionen,

- die Überprüfung der Mitarbeiter auf ihre Zuverlässigkeit durch geeignete Maßnahmen, insbesondere durch Personalkontroll- und Beurteilungssysteme der Verpflichteten,

- die erstmalige und laufende Unterrichtung der Mitarbeiter in Bezug auf Typologien und aktuelle Methoden der Geldwäsche und der Terrorismusfinanzierung sowie die insoweit einschlägigen Vorschriften und Pflichten, einschließlich Datenschutzbestimmungen, und

- die Überprüfung der zuvor genannten Grundsätze und Verfahren durch eine unabhängige Prüfung, soweit diese Überprüfung angesichts der Art und des Umfangs der Geschäftstätigkeit angemessen ist.

Anlage 1 GwG Faktoren für ein potenziell geringes Risiko

Die Liste ist eine nicht abschließende Aufzählung von Faktoren und möglichen Anzeichen für ein potenziell geringeres Risiko nach § 14 (vereinfachte Sorgfaltspflichten):

1. *Faktoren bezüglich des Kundenrisikos:*

   a) *öffentliche, an einer Börse notierte Unternehmen, die (aufgrund von Börsenordnungen oder von Gesetzes wegen oder aufgrund durchsetzbarer Instrumente) solchen Offenlegungspflichten unterliegen, die Anforderungen an die Gewährleistung einer angemessenen Transparenz hinsichtlich des wirtschaftlichen Eigentümers auferlegen,*

   b) *öffentliche Verwaltungen oder Unternehmen,*

   c) *Kunden mit Wohnsitz in geografischen Gebieten mit geringerem Risiko nach Nummer 3.*

2. *Faktoren bezüglich des Produkt-, Dienstleistungs-, Transaktions- oder Vertriebskanalrisikos:*

   a) *Lebensversicherungspolicen mit niedriger Prämie,*

   b) *Versicherungspolicen für Rentenversicherungsverträge, sofern die Verträge weder eine Rückkaufklausel enthalten noch als Sicherheit für Darlehen dienen können,*

   c) *Rentensysteme und Pensionspläne oder vergleichbare Systeme, die den Arbeitnehmern Altersversorgungsleistungen bieten, wobei die Beiträge vom Gehalt abgezogen werden und die Regeln des Systems den Begünstigten nicht gestatten, ihre Rechte zu übertragen,*

   d) *Finanzprodukte oder -dienste, die bestimmten Kunden angemessen definierte und begrenzte Dienstleistungen mit dem Ziel der Einbindung in das Finanzsystem („financial inclusion") anbieten,*

   e) *Produkte, bei denen die Risiken der Geldwäsche und der Terrorismusfinanzierung durch andere Faktoren, wie etwa Beschränkungen der elektronischen Geldbörse oder die Transparenz der Eigentumsverhältnisse, gesteuert werden (z. B. bestimmte Arten von E-Geld).*

3. *Faktoren bezüglich des geografischen Risikos:*

   a) *Mitgliedstaaten,*

   b) *Drittstaaten mit gut funktionierenden Systemen zur Verhinderung, Aufdeckung und Bekämpfung von Geldwäsche und von Terrorismusfinanzierung,*

   c) *Drittstaaten, in denen Korruption und andere kriminelle Tätigkeiten laut glaubwürdigen Quellen schwach ausgeprägt sind,*

   d) *Drittstaaten, deren Anforderungen an die Verhinderung, Aufdeckung und Bekämpfung von Geldwäsche und von Terrorismusfinanzierung laut glaubwürdigen Quellen (z. B. gegenseitige Evaluierungen, detaillierte Bewertungsberichte oder veröffentlichte Follow-up-Berichte) den überarbeiteten FATF (Financial Action Task Force)-Empfehlungen entsprechen und die diese Anforderungen wirksam umsetzen.*

Anlage 2 GwG Faktoren für ein potenziell erhöhtes Risiko

Die Liste ist eine nicht erschöpfende Aufzählung von Faktoren und möglichen Anzeichen für ein potenziell höheres Risiko nach § 15 (verstärkte Sorgfaltspflichten):

1. *Faktoren bezüglich des Kundenrisikos:*

   a) *außergewöhnliche Umstände der Geschäftsbeziehung,*

   b) *Kunden, die in geografischen Gebieten mit hohem Risiko gemäß Nummer 3 ansässig sind,*

   c) *juristische Personen oder Rechtsvereinbarungen, die als Instrumente für die private Vermögensverwaltung dienen,*

   d) *Unternehmen mit nominellen Anteilseignern oder als Inhaberpapiere emittierten Aktien,*

   e) *bargeldintensive Unternehmen,*

   f) *angesichts der Art der Geschäftstätigkeit als ungewöhnlich oder übermäßig kompliziert erscheinende Eigentumsstruktur des Unternehmens;*

2. *Faktoren bezüglich des Produkt-, Dienstleistungs-, Transaktions- oder Vertriebskanalrisikos:*

   a) *Betreuung vermögender Privatkunden,*

   b) *Produkte oder Transaktionen, die Anonymität begünstigen könnten,*

   c) *Geschäftsbeziehungen oder Transaktionen ohne persönliche Kontakte und ohne bestimmte Sicherungsmaßnahmen, wie z. B. elektronische Unterschriften,*

   d) *Eingang von Zahlungen unbekannter oder nicht verbundener Dritter,*

   e) *neue Produkte und neue Geschäftsmodelle einschließlich neuer Vertriebsmechanismen sowie Nutzung neuer oder in der Entwicklung begriffener Technologien für neue oder bereits bestehende Produkte;*

3. *Faktoren bezüglich des geografischen Risikos:*

   a) *unbeschadet des Artikels 9 der Richtlinie (EU) 2015/849 ermittelte Länder, deren Finanzsysteme laut glaubwürdigen Quellen (z. B. gegenseitige Evaluierungen, detaillierte Bewertungsberichte oder veröffentlichte Follow-up-Berichte) nicht über hinreichende Systeme zur Verhinderung, Aufdeckung und Bekämpfung von Geldwäsche und Terrorismusfinanzierung verfügen,*

   b) *Drittstaaten, in denen Korruption oder andere kriminelle Tätigkeiten laut glaubwürdigen Quellen signifikant stark ausgeprägt sind,*

   c) *Staaten, gegen die bspw. die Europäische Union oder die Vereinten Nationen Sanktionen, Embargos oder ähnliche Maßnahmen verhängt hat oder haben,*

   d) *Staaten, die terroristische Aktivitäten finanziell oder anderweitig unterstützen oder in denen bekannte terroristische Organisationen aktiv sind.*

Identifizierungspflichten

Identifizierung im Sinne des GwG besteht aus:

1. *der Feststellung der Identität durch Erheben von Angaben und*

2. *der Überprüfung der Identität*

(§ 1 Abs. 3 GwG)

Die Identifizierung ist Teil der Sorgfaltspflichten und hinsichtlich der zu erhebenden Angaben und deren Überprüfung (§ 13 GwG) im GwG geregelt.

Das GwG unterscheidet bei der Identifzierungspflicht zwischen dem Vertragspartner und dem wirtschaftlich Berechtigten.

Identifizierung des Vertragspartners	Identifizierung des wirtschaftlich Berechtigten
Feststellung der Identität (Erheben von Angaben)	Feststellung der Identität (Erheben von Angaben)
Überprüfung der Identität (Verifizierung/ Glaubhaftmachung der Angaben)	Überprüfung der Identität (Verifizierung/ Glaubhaftmachung der Angaben)
Zeitpunkt der Identifizierung: grundsätzlich vor Begründung der Geschäftsbeziehung	Zeitpunkt der Identifizierung: grundsätzlich vor Begründung der Geschäftsbeziehung
zu erhebende Angaben bei natürlichen Personen	zu erhebende Angaben bei natürlichen Personen
- Name (alle Vornamen und Nachname) - Geburtsort - Geburtsdatum - Staatsangehörigkeit - Wohnanschrift oder postalische Anschrift, sofern keine Wohnanschrift	Mindestangabe: Name (alle Vornamen und Nachname) mögliche Zusatzangaben: Geburtsort, Geburtsdatum und Wohnanschrift Weitere Angaben aufgrund Geldwäscherisiko im Einzelfall
Überprüfung anhand gültigem Personalausweis oder Reisepass	Nachweispflicht des Vertragspartners mit Offenlegung des wirtschaftlich Berechtigten
Art, Nummer und ausstellende Behörde des zur Überprüfung der Identität vorgelegten Dokuments	Art, Nummer und ausstellende Behörde des zur Überprüfung der Identität vorgelegten Dokuments (Personalausweis oder Reisepass)

Abb. 99: *Identifizierungspflicht gemäß GwG*

Während der Umfang und die Art der Überprüfung beim Vertragspartner genau festgelegt sind, lässt der Gesetzgeber beim wirtschaftlich Berechtigten einen gewissen Ermessungsspielraum beim Umfang der zu erhebenden Angaben zu.

Bei der Anschrift ist immer die Wohnsitzanschrift und nicht ein Postfach oder eine c/o-Adresse zu erheben. Allerdings kann abweichend eine postalische Adresse angegeben werden, unter der der Vertragspartner erreichbar ist.

Bei der Identifizierung hat der Vertragspartner eine Mitwirkungspflicht. Verweigert er Angaben zur Identifizierung, kann keine Geschäftsbeziehung eingegangen werden.

§ 11 GwG (Identifizierung)

(5) Bei einem wirtschaftlich Berechtigten hat der Verpflichtete abweichend von Absatz 4 (Identifizierungsumfang Vertragspartner) zur Feststellung der Identität zumindest dessen Name und, soweit dies in Ansehung des im Einzelfall bestehenden Risikos der Geldwäsche oder der Terrorismusfinanzierung angemessen ist, weitere Identifizierungsmerkmale zu erheben. Ge-

burtsdatum, Geburtsort und Anschrift des wirtschaftlich Berechtigten dürfen unabhängig vom festgestellten Risiko erhoben werden. Der Verpflichtete hat sich durch risikoangemessene Maßnahmen zu vergewissern, dass die zur Identifizierung erhobenen Angaben zutreffend sind; dabei darf sich der Verpflichtete nicht ausschließlich auf die Angaben im Transparenzregister verlassen.

(6) Der Vertragspartner eines Verpflichteten hat dem Verpflichteten die Informationen und Unterlagen zur Verfügung zu stellen, die zur Identifizierung erforderlich sind. Ergeben sich im Laufe der Geschäftsbeziehung Änderungen, hat er diese Änderungen unverzüglich dem Verpflichteten anzuzeigen. Der Vertragspartner hat gegenüber dem Verpflichteten offenzulegen, ob er die Geschäftsbeziehung oder die Transaktion für einen wirtschaftlich Berechtigten begründen, fortsetzen oder durchführen will. Mit der Offenlegung hat er dem Verpflichteten auch die Identität des wirtschaftlich Berechtigten nachzuweisen.

Welche Anforderungen werden an die Identitätsüberprüfung gestellt?

Das novellierte Geldwäschegesetz unterscheidet bei der Identifizierung nicht mehr zwischen anwesenden und nicht anwesenden Personen. Die Abwesenheit ist nur noch ein zu berücksichtigender Risikofaktor (Anlage 2 GwG). Es existiert nunmehr ein einheitlicher Katalog von zulässigen Identifizierungsmitteln und Verfahren. So kann bspw. das Videoidentifizierungsverfahren von Unternehmen genutzt werden. Dabei sind die Anforderungen gemäß BaFin-Rundschreiben 3–2017 zu beachten.

Der Verpflichtet ist berechtigt und verpflichtet, vollständige Kopien der Dokumente und Unterlagen anzufertigen, die zur Überprüfung der Identität vorgelegt oder herangezogen werden. Alternativ können die Dokumente und Unterlagen auch optisch digitalisiert erfasst werden (Scan).

Zur Überprüfung der Identität ist ein gültiges Legitimationspapier vorzulegen, d. h.:

- ein gültiger amtlicher Ausweis, der ein Lichtbild des Inhabers enthält, hierunter zählen Personalausweis, Reisepass, Kinderausweis oder Pass- oder Ausweisersatz (kein Führerschein),

- ein elektronischer Identitätsnachweises nach § 18 des Personalausweisgesetzes oder nach § 78 Absatz 5 des Aufenthaltsgesetzes,

- ein qualifizierte elektronische Signatur,

- ein vom Auswärtigen Amt ausgestellter Dienst-, Ministerial- oder Diplomatenpass.

- Ausländische Staatsbürger sind grundsätzlich nur anhand von gültigen Ausweisen oder Reisepässen ihres Heimatlandes oder Pass-/Ausweisersatzpapieren zu identifizieren, mit denen die Pass- und Ausweispflichten in Deutschland erfüllt werden.

Die **Identifizierung bei Abwesenheit** ist anhand nachfolgender Unterlagen in Form einer selbst vorgenommenen „Fernidentifizierung" zulässig:

- Vorlage eines amtlichen Original-Ausweises des Vertragspartners

- beglaubigte Kopie des Ausweises (bei deutschen Ausweisen durch einen Notar oder das Einwohnermeldeamt)

- Elektronischer Identitätsnachweis nach § 18 des Personalausweisgesetzes

- qualifizierte elektronische Signatur

- Einschaltung eines zuverlässigen Dritten, z. B. mittels des Postident-Verfahrens der Deutschen Post

Wann müssen die Sorgfaltspflichten gemäß GwG beachtet werden?

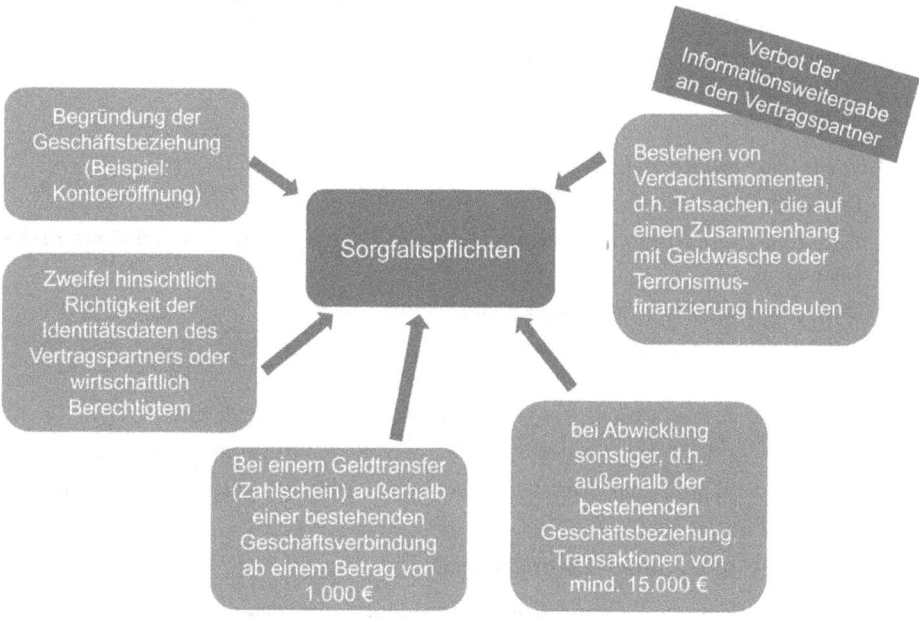

Abb. 100: Pflichtenauslösende Anlässe

Die Identifizierung muss immer vor Begründung der Geschäftsbeziehung erfolgen. Eine Ausnahme, d. h. Identifizierung nach Begründung der Geschäftsbeziehung ist nur in Fällen mit vereinfachten Sorgfaltspflichten zulässig.

Von einer Identifizierung kann abgesehen werden, wenn der Verpflichtete die zu identifizierende Person bereits bei früherer Gelegenheit im Rahmen der Erfüllung seiner Sorgfaltspflichten identifiziert hat und die dabei erhobenen Angaben aufgezeichnet hat. Muss der Verpflichtete aufgrund der äußeren Umstände Zweifel hegen, ob die bei der früheren Identifizierung erhobenen Angaben weiterhin zutreffend sind, hat er eine erneute Identifizierung durchzuführen.

Bei Zweifel an der Richtigkeit der gemachten Angaben und generell bei Verdachtsmomenten für eine Geldwäsche oder Terrorismusfinanzierung oder bei Verdacht auf Verletzung der Offenlegungspflicht eines wirtschaftlich Berechtigten ist der Geldwäschebeauftragte zu informieren.

Zu beachten ist hierbei, dass eine Informationsweitergabe über den Verdacht an den Vertragspartner verboten ist. Dies geschieht einerseits zum Schutz des Mitarbeiters und andererseits, um den Kunden nicht zu warnen. Der Geldwäschebeauftragte wird seinerseits die eventuell erforderliche Meldung an die Zentralstelle für Finanztransaktionsuntersuchungen bei der Generalzolldirektion (Bundesfinanzministerium) prüfen und vornehmen.

Die Sorgfaltspflichten sind auch und erneut im Falle der Durchführung einer außerhalb einer bestehenden Geschäftsbeziehung anfallenden Transaktion (auch unbar wie bspw. durch die Annahme von Edelmetallen oder Wertpapieren) im Wert von 15.000 € oder mehr zu beachten. Dies gilt auch, wenn mehrere Transaktionen durchgeführt werden, die zusammen einen Betrag im Wert von 15.000 € oder mehr ergeben (sog. **Smurfing**).

Beispiele von Verdachtsfällen

- Der Kunde kann keine Nachweise für seine Identität vorlegen.
- Die Art des Geschäfts passt nicht zu den vermuteten wirtschaftlichen Verhältnissen des Kunden.
- Zweifel an der Echtheit von vorgelegten Dokumenten.
- Der Kunde tritt plötzlich bei weiterer Recherche von seinem Wunsch nach Kontoeröffnung zurück.
- Der Kunde weicht Nachfragen aus, macht unverständliche Angaben.
- Zahlungsverpflichtungen werden durch Dritte erfüllt („Strohmanngeschäfte").
- Es handelt sich um ein „untypisches" oder ein „wirtschaftlich unsinniges" Geschäft.

Aufzeichnungs- und Aufbewahrungspflicht

Gemäß § 8 GWG müssen sowohl Kopien der Identifizierungsunterlagen als auch die jeweilige Risikoanalyse und die Entscheidungsgründe zur Risikobewertung beim jeweiligen Geschäftsvorfall nicht nur aufgezeichnet, sondern auch aufbewahrt werden

Welche Aufgabe hat die Zentralstelle für Finanztransaktionsuntersuchungen (zentrale Meldestelle)?

Die Zentralstelle für Finanztransaktionsuntersuchungen (Financial Intelligence Unit (FIU). Sie ist Teil der Generaldirektion, die wiederum zum Geschäftsbereich des Bundesministeriums der Finanzen gehört. Sie hat nachfolgende Aufgaben:

- Filterfunktion zur Entlastung der Strafverfolgungsbehörden, d. h. sie prüft die bei ihr eingereichten Geldwäsche-Verdachtsmeldungen und entscheidet, welche tatsächlich an die Strafverfolgungsbehörden weitergeleitet werden (Weiterleitungsfunktion).
- Datensammlung und -zusammenführung
- Koordinierungsfunktion gegenüber anderen zuständigen inländischen Behörden, insbesondere den Aufsichtsbehörden der Länder
- Kompetenzen beim Anhalten von Transaktionen und Vermögensgegenständen

Ab 1.1.2024 gilt eine Registrierungspflicht für alle Verpflichteten nach GwG.

▶ Exkurs: Das „Whistleblowing"-Verfahren

Im Rahmen der internen Sicherungsmaßnahmen beim Risikomanagement schreibt die EU-Richtlinie Artikel 61 (3) den EU-Mitgliedstaaten vor, dass die Verpflichteten über angemessene Verfahren verfügen müssen, über die ihre Angestellten oder Personen in einer vergleichbaren Position Verstöße intern über einen speziellen, unabhängigen und anonymen Kanal melden können und die in einem angemessenen Verhältnis zu Art und Größe des betreffenden Verpflichteten stehen.

Dies wurde auch im neuen Geldwäschegesetz umgesetzt:

„Die Verpflichteten haben im Hinblick auf ihre Art und Größe angemessene Vorkehrungen zu treffen, damit es ihren Mitarbeitern und Personen in einer vergleichbaren Position unter Wahrung der Vertraulichkeit ihrer Identität möglich ist, Verstöße gegen geldwäscherechtliche Vorschriften geeigneten Stellen zu berichten." (§ 6 Abs. 5 GwG)

Die internen „Whistleblowing"-Stellen geben Mitarbeiterinnen und Mitarbeitern von Verpflichteten die Möglichkeit, unter Wahrung der Vertraulichkeit Hinweise auf Geldwäscheverstöße bzw. Verdachtsmomente zu geben. ◀

Was sind die Konsequenzen bei Nichterfüllbarkeit der Sorgfaltspflichten?

Können die allgemeinen oder die verstärkten Sorgfaltspflichten mit Ausnahme der kontinuierlichen Überwachung ganz oder teilweise nachhaltig nicht erfüllt werden, so hat dies nachfolgende Konsequenzen:

- die Geschäftsbeziehung darf nicht begründet oder fortgeführt werden
- die Transaktion darf nicht ausgeführt werden
- ggf. eine Verdachtsmeldung an den Geldwäschebeauftragten

Insbesondere bei einer möglicherweise erforderlichen Beendigung der Geschäftsbeziehung muss die Verhältnismäßigkeit abgewägt werden. Handelt es sich nur um eine kurzfristige Sorgfaltspflichtverletzung kann die Geschäftsverbindung durchaus bestehen bleiben.

Welche Konsequenzen hat ein Verstoß gegen das GwG?

Verstoßen verpflichtete oder betroffene Unternehmen gegen die Pflichten des GwG, so können schwerwiegende, wiederholte oder systematische Verstöße mit einem Bußgeld von bis zu 1 Million Euro oder einem Bußgeld bis zum 2-fachen des wirtschaftliche Vorteils, den das Unternehmen aus dem Verstoß erlangt hat, erhoben werden.

Bei Kreditinstituten kann sich der Maximalbetrag bis auf 5 Millionen Euro oder bis zu 10 % ihres Vorjahresumsatzes erhöhen.

Dazu kommt, dass die Aufsichtsbehörden unanfechtbar gewordene Bußgeldentscheidungen auf ihrer Internetseite veröffentlichen dürfen und werden. Neben den unter Umständen existenzgefährdenden Bußgeldern soll diese Veröffentlichung zur Einhaltung der Vorschriften des GwG anhalten.

2.4.5 Finanzmarktrichtlinie MiFID

MiFID ist die Abkürzung für Markets in Financial Instruments Directive, woraus sich wiederum der deutsche Begriff Finanzmarktrichtlinie ableitet.

Die MiFID regelt und harmonisiert europaweit den Wertpapierhandel und die Standards für den Anlegerschutz. Die Vorgaben der MiFID I wurden in die nationale Gesetzgebung umgesetzt und müssen mit jeder Weiterentwicklung (MiFID II usw.) ebenfalls in nationale Gesetze umgesetzt werden.

Die Finanzmarktrichtlinie enthält u. a. Regelungen zur Harmonisierung des europaweiten Wertpapierhandels, einheitliche Verhaltens- und Transparenzpflichten zur Verbesserung des europaweiten Anlegerschutzes sowie Vorgaben, die den Wettbewerb zwischen den europäischen Börsen fördern sollen.

Nachfolgend sehen Sie einige der wichtigsten Auswirkungen der 2007 in Kraft getretenen MiFID I mit ihren entsprechenden Umsetzungen in nationale Gesetze:

- Wertpapierhandelsgesetz: WpHG-Verfahren („WpHG-Bogen"), Geeignetheitsprüfung

- Finanzanlagenvermittlungsverordnung (FinVermV): Informations-, Beratungs- und Dokumentationspflichten analog WpHG für gewerbliche Finanzanlagenvermittler

- Börsengesetz: umfassende Änderungen, da dieses Gesetz insbesondere den Börsenhandel regelt

- Kreditwesengesetz: Definition Finanzdienstleistungsinstitute und Erlaubnispflicht für Finanzdienstleistungen, wie zur Vermittlung von Finanzinstrumenten

- Gewerbeordnung: wurde mit dem § 34f um den Finanzanlagenvermittler (im Sinne der gewerbsmäßigen Vermittlung von Finanzanlagen) ergänzt

- Vermögensanlagengesetz: Einführung der Verkaufsprospektpflicht für geschlossene Unternehmensbeteiligungen

Zwischenzeitlich haben sich die Marktstrukturen auf den Finanzmärkten weiter verändert und hinzu sind auch die Folgen der Finanzmarktkrise 2008 / 2009 gekommen.

2014 wurde deshalb die MiFID II beschlossen und ist seit Januar 2018 (WpHG) und August 2020 (FinVermV) in nationales Recht umgesetzt (2. Finanzmarktnovellierungsgesetz). Sie soll die Markttransparenz, Effizienz und Integrität der Finanzmärkte weiter erhöhen und enthält neue Vorgaben für den Handel mit Finanzinstrumente und auch geänderte Vorschriften für Akteure am Finanzmarkt hinsichtlich des Vertriebs von Finanzinstrumenten an Anleger. Ein Großteil der Änderungen betrifft das

Wertpapierhandelsgesetz (WpHG), da es das wichtigste Regelwerk für den Handel mit Finanzinstrumenten ist (siehe hierzu auch Kapitel 2.4.1 Wertpapierhandelsgesetz (WpHG)). Aber auch andere Kapitalmarktgesetze, wie insbesondere die Finanzanlagenvermittlungsverordnung (FinVermV), das Börsengesetz und das Kreditwesengesetz (KWG), wurden an die Vorgaben der MiFID II angepasst.

Nachfolgend ein Überblick über die wichtigsten Neuerungen, soweit sie Auswirkungen auch auf die Finanzanlagenvermittlung haben:

Nebeneinander von Honorar- und Provisionsberatung: Vermittler von Finanzprodukten müssen künftig EU-weit offenlegen, ob sie unabhängig beraten (neue Berufsbezeichnung im WpHG: Unabhängiger Honorar-Anlageberater) oder auf Provisionsbasis tätig sind. Die Wahlfreiheit, ob der Vermittler/Berater unabhängig oder auf Provisionsbasis arbeitet, bleibt bestehen. Dabei müssen die neuen Anforderungen an eine unabhängige Beratung (u. a. Honorar vom Anleger und dafür Verzicht auf Provision durch den Produktgeber) oder provisionsbasierte Beratung (Provisionen müssen die Qualität der jeweiligen Dienstleistung verbessern. Detaillierte Informationen hierzu enthält die Wertpapierdienstleistungs-Verhaltens- und Organisationsverordnung (WpDVermOV)) beachtet werden.

- **Zielmarktbestimmung**: Produktüberwachungspflichten (**Product Governance**): Vermögensverwalter müssen bereits bei der Erstellung sicherstellen (Produktfreigabeverfahren), dass Produkte und Dienstleistungen mit den Bedürfnissen, Merkmalen und Zielen eines bestimmten Zielmarktes übereinstimmen und die Vertriebsstrategien dem bestimmten Zielmarkt entsprechen. Der Produktgeber muss den Zielmarkt anhand festgelegter Kriterien bestimmen (Kundenkategorie (Privatkunde, professioneller Kunde oder geeignete Gegenpartei), Kenntnisse und Erfahrungen der Kunden, sowie deren Finanzsituation und Risikotragfähigkeit, Risikotoleranz, Anlageziele und Bedürfnisse) Dies soll sicherstellen, dass die Finanzinstrumente so beschaffen sind, dass sie den Bedürfnissen der Endkunden im Zielmarkt entsprechen. Daraus sollen auch Kundengruppen bestimmt werden, mit deren Profil das Finanzinstrument nicht vereinbar ist. Dazu gehört eine laufende Überwachung durch den Vertreiber, ob Ereignisse, wie bspw. eine Veränderung der Volatilität, eingetreten sind, die das Risiko für den bestimmten Zielmarkt wesentlich beeinflussen können. Da die Produktgeber diese Zielmarktbestimmungs-Kriterien oft nur sehr allgemein berücksichtigen können, muss der Vertrieb den Zielmarkt gegebenenfalls anhand seiner Kundenstrurktur näher konkretisieren.

- **Kostentransparenz**: mit der Umsetzung von MiFID II müssen Kosten, die mit dem Kauf und Verkauf von Finanzinstrumenten verbunden sind, noch transparenter aufgeschlüsselt und mit den Auswirkungen auf die Rendite dargestellt werden:

  - vor Erbringung der Dienstleistung (ex ante) und

  - jährlich nachträglich mit tatsächlich angefallen Kosten (ex post)

  - Angaben in % und in €

  - einschließlich der Transaktionskosten auf Fondsebene

- unmissverständlich und mit Erläuterungen

- standardisierbar hinsichtlich Anlagebetrag (z. B. 10.000 €) und Anlagedauer (1, 3 und 5 Jahre)

- **Zuwendungen**: Es gilt ein Verbot im Zusammenhang mit unabhängiger Beratung und Vermögensverwaltung. Für Zuwendungen im Zusammenhang mit einer provisionsbasierten Beratung muss den Zuwendungen eine Qualitätsverbesserung für den Kunden gegenüberstehen. Wie die Kosten, müssen auch die Zuwendungen ex ante und ex post ausgewiesen werden. Das Wertpapierdienstleistungsunternehmen muss nachweisen können, dass von ihr erhaltene oder gewährte Zuwendungen (z. B. Provisionen) dazu bestimmt sind, die Qualität der jeweiligen Dienstleistung für den Kunden zu verbessern (Beispiel: breites Angebot an Finanzinstrumenten bei provisionsbasierter Beratung mit regelmäßigen Informationen über Wertentwicklungen).

Analysen / Research: Zuwendungen oder nicht?

Für Analysen (Research) von Dritten gibt es ebenfalls neue und spezielle Regelungen. Sie stellen Zuwendungen dar, die nur dann zulässig sind, wenn der Kunde dadurch eine Qualitätsverbesserung seiner Dienstleistung erhält. Analysen von Dritten stellen nur dann keine Zuwendungen dar, wenn sie gegen eine Gegenleistung des Unternehmens aus dessen eigenen Mitteln erfolgen oder vom Kunden über ein separates Analysekonto bezahlt werden. Viele Produktanbieter überprüfen derzeit ihren zukünftigen Bedarf und Umgang mit Analysen von Dritten.

Die Komplexität der neuen Anforderungen der MiFID II erfordert eine Anpassung weiterer nationaler Rechtsverordnungen, wie bspw. der oben erwähnten WpDVErVO. Arbeitsabläufe werden geändert und angepasst werden müssen. Dabei sind die europäischen Durchführungsbestimmungen derzeit noch nicht abschließend konkretisiert und müssen sowohl von der Europäischen Wertpapier- und Marktaufsichtsbehörde (ESMA) als auch von der BaFin noch zu klären sein.

Äquivalenzprüfung und Kosten-Nutzen-Analyse bei Umschichtungen

Insbesondere bei der provisionsbasierten Beratung muss der Berater prüfen, ob er eine Empfehlung mit einem weniger komplexen und kostengünstigeren Finanzinstrument anbieten kann (Äquivalenzprüfung / Suitability-Prüfung). Zu berücksichtigen sind dabei die Produkte, die zum jeweiligen Produktuniversum des Beraters gehören. Komplexere und teurere Produkte sind im Beratungsprotokoll/Geeignetheitserklärung begründungspflichtig.

Ähnlich verhält es sich bei der Kosten-Nutzen-Analyse bei Umschichtungen. Der Produktgeber muss gegenüber Wirtschaftsprüfern und der Aufsicht zeigen können, warum die Vorteile einer Umschichtung die Kosten überwiegen. Die Umschichtungsentscheidung soll sachlich und inhaltlich im Beratungsprotokoll/Geeignetheitserklärung dokumentiert werden.

Das Wichtigste zusammengefasst:

Der Gesetzgeber hat im Zusammenhang mit dem Verbraucher- und Anleger-schutz ein umfassendes Regelwerk geschaffen, das über zahlreiche Gesetze ver-teilt ist.

Sie kennen:

■ Das Wertpapierhandelsgesetz (WpHG)

■ Die Bereichsausnahme des Kreditwesengesetzes

■ Den Unterschied zwischen Anlageberatung, Anlagevermittlung und Ab-schlussvermittlung

■ Zweck und Pflichten des Geldwäschegesetzes (GwG)

■ Die Finanzmarktrichtlinie MiFID

■ Die Informations-, Beratungs- und Dokumentationspflichten für gewerbe-treibende Finanzanlagenvermittler gemäß der Finanzanlagenvermittlungs-verordnung (FinVermV)

Sie erkennen die Vorteile der rechtlichen Grundlagen für haftungssicheres Be-ratungsgeschäft.

Setzen Sie die rechtlichen Grundlagen für die Finanzanlagenvermittlung als Qua-litätssicherung und vertrauensbildende Grundlage für eine langfristige Kunden-bindung ein.

Vor allem der in der Finanzanlagenvermittlungsverordnung beschriebene gesetzliche Beratungsprozess gibt Ihnen als Finanzanlagenvermittler Sicherheit und den notwen-digen roten Faden für Ihre Beratungsgespräche.

Im nächsten Kapitel geht es nun um Ihre eigene Rechtsstellung als Vermittler bzw. Berater.

▶ Aufgaben zum Kapitel 2.4 Rechtliche Grundlagen für die Finanzanlagen-beratung und -vermittlung sowie Honorar-Finanzanlagenberatung

Ihr Wissen auf dem Prüfstand:

1. Welche Ziele verfolgt das WpHG? (MC)
   a) Förderung von Insidergeschäften
   b) Vorgaben an die Anlageberatung zum Schutz der Anleger
   c) Schutz der Gläubiger von Kreditinstituten vor Vermögensverlusten
   d) Sicherung der Funktionsfähigkeit der Kreditwirtschaft
   e) Regulierung des Wertpapierhandels

2. Welche Finanzdienstleistungen von Anlageberatern unterliegen der Erlaub-nispflicht des KWG? (MC)
   a) Anlageberatung
   b) Anlagevermittlung
   c) Vermögensaufbau
   d) Vermögensanlage
   e) Abschlussvermittlung
   f) Vermögensnutzung

3. Welche Sorgfaltspflichten schreibt das Geldwäschegesetz vor? (MC)
   a) Prüfung der Geschäftsfähigkeit
   b) Geeignetheitsprüfung
   c) Identifizierung des Kunden bei Geschäftsbegründung
   d) „Know your customer"-Prinzip
   e) Erstellung eines Key Information Document

4. Welche Ausweispapiere gelten als gesetzlich anerkannte Legitimationspapie-re? (MC)
   a) Schülerausweis
   b) Erbschein
   c) Reisepass
   d) Führerschein
   e) Personalausweis
   f) Mitarbeiterausweis

5. Welche Produkteigenschaften müssen weitestgehend für eine Produktempfehlung im Rahmen der Geeignetheitsprüfung mit den Informationen über den Anleger übereinstimmen? (MC)

    a) Die Risikotoleranz des Anlegers mit der Anlagepolitik des Anlageproduktes

    b) Die Risikobereitschaft des Anlegers mit der Risikofähigkeit des Emittenten

    c) Der Verständnishorizont des Anlegers mit dem Verständnishorizont des Vermittlers

    d) Die finanziellen Verhältnisse des Anlegers mit der Risikotoleranz des Emittenten

    e) Der Verständnishorizont des Anlegers mit der Komplexität des Anlageproduktes

    f) Die Verlusttragfähigkeit des Anlegers mit dem Risikoprofil des Anlageproduktes

6. Welche allgemeine Verhaltensweise wird bei einer Anlageberatung von der FinVermV gefordert? (SC)

    a) Loyalität gegenüber dem Arbeitgeber

    b) Beratung im Sinne des Produktanbieters

    c) Gewinnmaximierung für den Finanzanlagenvermittler

    d) Gewissenhaftigkeit im Interesse des Anlegers

7. Welche Informationen über Ihren Kunden müssen Ihnen vorliegen, wenn Sie ihn im Sinne der FinVermV korrekt beraten wollen? (MC)

    a) finanzielle Verhältnisse, Erfahrungen mit Kapitalanlagen

    b) Anlageziele des Kunden

    c) geplante Erbfolge im Falle des Todes des Kunden

    d) Name und Anschrift des Arbeitgebers des Kunden

8. Vervollständigen Sie bitte den folgenden Satz korrekt. (SC)

    Handelt ein Finanzanlagenvermittler bei der Kundenberatung vorsätzlich oder fahrlässig falsch, ...

    a) ... so hat er keine Konsequenzen zu befürchten.

    b) ... so übernimmt die Haftpflichtversicherung des Kunden bis zu einem Betrag von 50.000 € den Schaden.

    c) ... so können dem Verursacher Bußgelder in der Höhe von bis zu 50.000 € auferlegt werden.

    d) ... so wird der Schaden durch den entsprechenden Sicherungsfonds des Kreditinstitutes übernommen.

9. Worum handelt es sich bei den statusbezogenen Informationspflichten? (SC)
   a) Informationen über den Gewerbetreibenden
   b) Informationen über den Kunden
   c) Informationen über das Anlageprodukt
   d) Informationen über den Produktanbieter

10. Welche Kundeninformationen sind im Rahmen der Angemessenheitsprüfung erforderlich? (SC)
    a) Informationen über finanzielle und persönliche Verhältnisse
    b) Informationen über Erfahrungen und Kenntnisse
    c) Informationen über Risikobereitschaft und Risikofähigkeit
    d) Informationen über Einkommen und Ausgaben

11. Welche Regelungen zur Kosteninformation sind nach FinVermV zu beachten? (MC)
    e) Ex-ante-Kosteninformation vor Geschäftsabschluss
    f) Ex-post-Kosteninformation jährlich bei bestehender Geschäftsverbindung
    g) Ex-ante-Kosteninformation nach Geschäftsabschluss
    h) Ex-post-Kosteninformation, wenn diese dem Kunden zugesagt wurden
    i) Ex-ante-Kosteninformation mit individualisierter Kostenaufstellung

12. Zu welchem Zweck enthält die FinVermV Regelungen zur Aufzeichnung von telefonischen Beratungsgesprächen? (SC)
    a) Aufsichtspflicht für Beschäftigte
    b) Grundlage für die Erstellung der Geeignetheitserklärung
    c) Beratung im bestmöglichen Anlegerinteresse
    d) Beweissicherung
    e) Arbeitserleichterung für Prüfer

13. Wer ist zur Auswertung von Aufzeichnungen im Rahmen von telefonischen Beratungsgesprächen direkt berechtigt? (MC)
    a) Strafverfolgungsbehörde
    b) Anleger
    c) Prüfer im Rahmen der Prüfung nach § 24 FinVermV
    d) Steuerberater
    e) Gewerbetreibende zur Überwachung seiner Beschäftigten

14. Welche Voraussetzungen gelten, damit der Gewerbetreibende dem Anleger im Falle einer Anlageberatung mittels Fernkommunikationsmittel, die Geeignetheitserklärung nach Vertragsabschluss zur Verfügung stellen darf? (MC)

    a) Spätestens innerhalb von 1 Woche

    b) Mit Zustimmung des Anlegers

    c) Unbegrenzt ohne Beachtung von Fristen

    d) Angebot, die Weiterleitung des Auftrages zu verschieben

    e) Angebot, das Widerrufsrecht zu verlängern

15. Welche Aufzeichnungsfrist gilt für die Aufzeichnungen, die im Rahmen der FinVermV vorgeschrieben sind? (SC)

    a) 1 Jahr

    b) 5 Jahre

    c) 10 Jahre

    d) 20 Jahre

    e) Unbegrenzt

2.5 Vermittlerrecht

2.5.1 Rechtsstellung

§ 34f GewO Finanzanlagenvermittler

Wer im Umfang der Bereichsausnahme des § 2 Abs. 6 Satz 1 Nr. 8 KWG gewerbsmäßig zu:

1. *Anteilen oder Aktien an inländischen offenen Investmentvermögen, offenen EU-Investmentvermögen oder ausländischen offenen Investmentvermögen, die nach dem KAGB vertrieben werden dürfen,*

2. *Anteilen oder Aktien an inländischen geschlossenen Investmentvermögen, geschlossenen EU-Investmentvermögen oder ausländischen geschlossenen Investmentvermögen, die nach dem KAGB vertrieben werden dürfen,*

3. *Vermögensanlagen im Sinne des § 1 Abs. 2 des VermAnlG*

Anlagevermittlung oder Anlageberatung im Sinne des KWG erbringen will (Finanzanlagenvermittler), bedarf der Erlaubnis der zuständigen Behörde.

Abb. 101: Pflichten gemäß §§ 34f und h GewO

Gewerbetreibende sind verpflichtet, sich unmittelbar nach Aufnahme der Tätigkeit über die für die Erlaubniserteilung zuständige Behörde entsprechend dem Umfang ihrer Erlaubnis in das Register eintragen zu lassen. Ebenso sind Änderungen bezüglich der gespeicherten Daten unverzüglich der Registerbehörde zu melden.

Gewerbetreibende haben darüber hinaus die Pflicht, unmittelbar bei der Beratung oder Vermittlung mitwirkende Beschäftigte unverzüglich nach deren Aufnahme der Tätigkeit bei der Registerbehörde zu melden und eintragen zu lassen. Auch hier sind Änderungen bezüglich der gespeicherten Daten unverzüglich der Registerbehörde zu melden.

Geordnete Vermögensverhältnisse liegen vor, wenn kein Insolvenzverfahren über den Antragsteller eröffnet wurde und kein Eintrag im Verzeichnis des Insolvenz- oder Vollstreckungsgerichts (Schuldnerverzeichnis) vorliegt.

Die erforderliche Zuverlässigkeit besitzt in der Regel nicht wer in den letzten 5 Jahren vor Antragstellung wegen:

- eines Verbrechens oder

- wegen Diebstahls, Unterschlagung, Erpressung, Betrugs, Untreue, Geldwäsche, Urkundenfälschung, Hehlerei, Wuchers oder einer Insolvenzstraftat

rechtskräftig verurteilt wurde.

§ 34h GewO Honorar-Finanzanlagenberater

Hinsichtlich der Registrierungs- und Erlaubnispflichten gelten die gleichen Regelungen wie für die Finanzanlagenvermittlung nach § 34f GewO.

Der Gewerbetreibende nach § 34h GewO darf nicht gleichzeitig ein Gewerbe nach § 34f GewO ausüben.

Honorar-Finanzanlagenberater müssen ihrer Empfehlung eine hinreichende Anzahl von auf dem Markt angebotenen Finanzanlagen zu Grunde legen, die von ihrer Erlaubnis umfasst sind und die nach Art und Anbieter oder Emittenten hinreichend gestreut und nicht beschränkt sind auf Anbieter oder Emittenten, die in einer engen Verbindung zu ihnen stehen oder zu denen in sonstiger Weise wirtschaftliche Verflechtungen bestehen.

Honorar-Finanzanlagenberater dürfen sich die Erbringung der Beratung nur durch den Anleger vergüten lassen. Sie dürfen Zuwendungen eines Dritten, der nicht Anleger ist oder von dem Anleger zur Beratung beauftragt worden ist, im Zusammenhang mit der Beratung, insbesondere auf Grund einer Vermittlung als Folge der Beratung, nicht annehmen, es sei denn, die empfohlene Finanzanlage oder eine in gleicher Weise geeignete Finanzanlage ist ohne Zuwendung nicht erhältlich. Zuwendungen sind in diesem Fall unverzüglich nach Erhalt und ungemindert an den Kunden auszukehren (§ 34h Abs. 2 und 3 GewO).

2.5.2 Berufsvereinigungen / Berufsverbände

Berufsvereinigungen und Verbände bieten neben ihrer Funktion als Interessenvertreter des jeweiligen Berufsstandes oder der verschiedenen Branchen bspw. auch Privatanlegern auf ihren Internetseiten umfassende Informationen und oft auch kostenlos bestellbare Unterlagen oder hilfreiche Newsletter.

VOTUM Verband unabhängiger Finanzdienstleistungs- Unternehmen in Europa e.V.

Dieser Berufsverband ist die Interessenvertretung der europaweit tätigen unabhängigen Finanzdienstleistungs-Unternehmen. Die Mitgliedsunternehmen von VOTUM repräsentieren mehr als 80.000 Finanzdienstleister.

Der Verband wurde 1995 gegründet und zählt zu seinen Mitgliedern neben den Marktführern der unabhängigen Allfinanzvermittler auch weitere namhafte Vertriebsunternehmen und auch die maßgeblichen Produktgebergesellschaften für dieses Marktsegment.

Das VOTUM-Gütesiegel wurde als Leitbild einer qualifizierten Beratung von den Verbandsmitgliedern entwickelt. Es legt verbindliche Qualitätskriterien für die Kundenberatung und -betreuung fest, die die aktuellen gesetzlichen Anforderungen übertreffen. Mehr Informationen finden Sie unter: www.votum-verband.de

Bundesverband Finanzdienstleistung e. V. (AfW)

Der AfW – Bundesverband Finanzdienstleistung e. V. – ist der führende Berufsverband unabhängiger Finanzdienstleister.

Er wurde 1992 gegründet und repräsentiert ca. 30.000 Versicherungs- und Kapitalanlagenvermittler durch seine rund 1.400 Mitgliedsunternehmen.

Er ist als Interessenverband beim Deutschen Bundestag und beim Europäischen Parlament akkreditiert. Der AfW kümmert sich ausschließlich um die Interessen seiner Mitglieder.

Berufsbildungswerk der Deutschen Versicherungswirtschaft (BWV) e. V. (Berufsbildungsverband der deutschen Versicherungswirtschaft)

Das Bildungsnetzwerk Versicherungswirtschaft mit seinen Partnern BWV Bildungsverband, BWV Regional und DVA ist fester und integraler Bestandteil der beruflichen Qualifikation in der Assekuranz.

Die historischen Wurzeln dieses Bildungsnetzwerkes gehen bis ins Jahr 1945 zurück.

Die Leistungen des BWV e. V. werden erbracht für:

- Versicherungs- und Finanzdienstleistungsunternehmen, ihre Mitarbeiterinnen, Mitarbeiter und Auszubildende

- Vermittlerinnen und Vermittler

- Maklerinnen und Makler

- Vertriebspartner von Versicherungsunternehmen sowie deren Mitarbeiterinnen und Mitarbeiter

- Partner, mit denen der Verband in Bildungsfragen zusammenarbeitet

- Interessierte an der Branche

Mehr Informationen finden Sie unter: www.bwv.de

Bundesverband Investment und Asset Management e. V. (BVI)

Der BVI Bundesverband Investment und Asset Management e. V. ist der Deutsche Fondsverband und vertritt die Interessen seiner Mitglieder (insbesondere inländische Kapitalverwaltungsgesellschaften) gegenüber Politik und Regulatoren.

Der BVI ist:

- Kompetenzzentrum, d. h. erste Anlaufstelle und Berater bei Entwicklung und Anwendung regulatorischer Vorgaben

■ zentraler Ansprechpartner für Politik und Medien bei allen Fragen zur Kapital-anlageregulierung

■ Vermittler zwischen Investmentwirtschaft und Politik sowie Forum für Austausch innerhalb der Branche

Zugleich engagiert sich der BVI für bessere Rahmenbedingungen für Anleger.

Quelle: www.bvi.de / bvi / wir-ueber-uns

Mitglied des BVI können u. a. Kapitalverwaltungsgesellschaften nach dem KAGB, Investmentgesellschaften nach dem KAGB mit Sitz in Deutschland sowie EU- und ausländische Verwaltungsgesellschaften nach dem KAGB werden. Zudem können Unternehmen und Privatpersonen, denen eine ordentliche Mitgliedschaft nicht mög-lich ist, auch Informationsmitglied ohne Stimmrecht im BVI werden.

Mehr Informationen finden Sie unter: www.bvi.de

▶ Exkurs: bsi Bundesverband Sachwerte und Investmentvermögen e. V.

Der bsi Bundesverband Sachwerte und Investmentvermögen e. V. ist die Interes-senvertretung der Unternehmen, die Sachwerte verwaltet und deren Tätigkeit im direkten Zusammenhang mit dem Kapitalanlagegesetzbuch (KAGB) steht. Dazu zählen Kapitalverwaltungsgesellschaften (KVG), Verwahrstellen, Auslagerungs-unternehmen sowie rechtliche, steuerliche und betriebswirtschaftliche Berater. Der bsi repräsentiert die Sachwertinvestmentbranche gegenüber Politik und Öf-fentlichkeit und ist originärer Ansprechpartner für die Finanzaufsicht. Der Ver-band begleitet für seine Mitglieder Gesetzgebungs- und Verordnungsverfahren auf nationaler und europäischer Ebene. Darüber hinaus erarbeitet der bsi mit seinen Mitgliedern Branchenstandards, wie z. B. Musteranlagebedingungen oder einen Musterverwahrstellenvertrag.

Quelle: www.sachwerteverband.de / bsi / profil ◀

Der bsi steht für mehr

■ Information über Sachwertinvestments

■ Transparenz bei Anbietern und Investmentvermögen

■ Qualität durch hohe Standards für die Aufnahme von Mitgliedern

Mehr Informationen finden Sie unter: www.sachwerteverband.de

2.5.3 Arbeitnehmervertretungen

Hiermit sind die Gewerkschaften gemeint. Aufgrund der fehlenden Prüfungsrelevanz gehe ich in diesem Buch nicht näher auf die Aufgaben von Gewerkschaften ein.

Das Wichtigste zusammengefasst:

Die Berufsbezeichnungen Finanzanlagenvermittler und Honorar-Finanzanlagenberater sind geschützt und erfordern den Nachweis der entsprechenden Sachkunde.

Sie kennen:

- Ihre Rechtsstellung als § 34f GewO Finanzanlagenvermittler bzw. § 34h GewO Honorar-Finanzanlagenberater und die damit verbundenen Registrier- und Erlaubnispflichten

- Berufsvereinigungen

- Die Branchenverbände Bundesverband Investment und Asset Management e. V. (BVI) für offene Investmentvermögen und den bsi Bundesverband Sachwerte und Investmentvermögen e. V. für geschlossene Investmentvermögen

Sie begreifen die erforderlichen Pflichten als vertrauensbildende Maßnahme für Ihren Berufsstand gegenüber Ihren Kunden.

Nutzen Sie die Branchenverbände als Informationsquelle für sich und Ihre Kunden.

Im nächsten Kapitel sollten Sie auf viele alte Bekannte stoßen. Denn das Wettbewerbsrecht, vertreten durch das Gesetz gegen den unlauteren Wettbewerb (UWG), gilt nicht nur für Finanzanlagen.

▶ Aufgaben zum Kapitel 2.5 Vermittlerrecht

Ihr Wissen auf dem Prüfstand:

1. Welche Aussagen zur Registrierungspflicht treffen zu? (MC)
   a) Registrierung unmittelbar nach Aufnahme der Tätigkeit
   b) Registrierung von Beschäftigten durch den Gewerbetreibenden
   c) Registrierung als Beschäftigter vor dem ersten Beratungsgespräch
   d) Registrierung nach bestandener Sachkundeprüfung durch den Vertriebspartner

2. Welche Voraussetzungen gelten im Zusammenhang mit der Erlaubnispflicht? (MC)
   a) Abschluss einer fondsgebundenen Rentenversicherung
   b) Zuverlässigkeit und geordnete Vermögensverhältnisse
   c) Abschluss einer Vermögensschadenshaftpflichtversicherung
   d) Geordnete Kundendatenarchivierung und fairer Wettbewerb
   e) Sachkundeprüfung
   f) Genehmigung durch die BaFin

3. Wie heißt die Organisation, die die Interessen der offenen Investmentfondsgesellschaften vertritt? (SC)
   a) Branchenverband der deutschen Fondsanleger (BdF)
   b) Dachverband offener und geschlossener Fondsgesellschaften (DVogF)
   c) Bundesverband Investment und Asset Management e. V. (BVI)
   d) Deutsche Dachorganisation der Investmentanbieter (DDI)

4. Wer führt das Versicherungsvermittlerregister? (SC)
   a) Finanzämter der Länder
   b) zuständige Industrie- und Handelskammern
   c) Gewerbeaufsichtsämter
   d) Verbraucherschutzverbände

5. Welche Voraussetzungen muss ein Finanzanlagenvermittler erfüllen, um eine Erlaubnis gemäß § 34f GewO zu erhalten? (MC)
   a) geordnete Vermögensverhältnisse
   b) abgeschlossenes Studium
   c) mindestens fünf Jahre praktische Erfahrung in der Beratung
   d) Sachkunde
   e) Berufshaftpflichtversicherung
   f) Vollständige Zeugnisse vorheriger Arbeitgeber

2.6 Wettbewerbsrecht

2.6.1 Allgemeine Wettbewerbsgrundsätze

Als Grundsätze des Wettbewerbs werden allgemein angesehen:

- die Wettbewerbsfreiheit

- die Wahrung guter kaufmännischer Sitten (Vertrauenssicherung)

- der Anspruch auf Unterlassung und Schadensersatzpflicht

- die Firmenwahrheit und -klarheit

- Angabe der Titel- und Berufsbezeichnung

Wettbewerbsfreiheit bedeutet, dass der Anbieter das Recht hat, seine Produkte oder Neuerungen frei zu bewerben. Demgegenüber stehen die möglichen Kunden, die aus einem vielfältigen Angebot ihre Auswahl treffen können.

Der Produktanbieter soll gemäß § 817 BGB die guten Sitten berücksichtigen, d. h. vor allem das Gerechtigkeits- und Anstandsgefühl von Menschen nicht verletzen. Verbraucher haben dabei einen Anspruch auf Unterlassung und der Anbieter, der gegen diesen Grundsatz verstößt, eine Schadensersatzpflicht.

Unter Firmenwahrheit und -klarheit versteht man, dass die Firmierung den Geschäftsgegenstand klar, vollständig und richtig erkennen lässt. Das Führen von Titel- und Berufsbezeichnungen, die einen falschen Eindruck über die Aufgaben, Zuständigkeiten und Vollmachten des Vermittlers / Beraters (Firmenvertreter) hervorrufen können, ist unzulässig. Der Vertreter darf im Geschäftsverkehr nur die ihm aufgrund des Vertretungsverhältnisses ausdrücklich verliehenen Titel führen.

Werbegrundsätze gemäß Finanzanlagenvermittlungsverordnung

Die FinVermV schreibt eine **redliche, eindeutige** und **nicht irreführende** Information und Werbung in Bezug auf die Finanzanlagenvermittlung vor.

Alle Informationen einschließlich Werbemitteilungen, die der Gewerbetreibende dem Anleger zugänglich macht, müssen redlich, eindeutig und nicht irreführend sein. Wichtige Aussagen oder Warnungen dürfen nicht verschleiert oder abgeschwächt dargestellt werden. Werbemitteilungen müssen eindeutig als solche erkennbar sein.

Für die vom Gewerbetreibenden verwendete oder veranlasste Werbung in Textform für den Erwerb von Anteilen oder Aktien an Investmentvermögen im Sinne des § 1 Abs. 1 KAGB gilt § 302 Abs. 1–6 KAGB (Werbung).

Enthält eine Werbemitteilung eine Willenserklärung, die unmittelbar auf die Herbeiführung eines Vertragsabschlusses über eine Finanzanlage gerichtet ist, oder eine Aufforderung an den Anleger, ein solches Angebot abzugeben und ist die Art und Weise der Antwort bzw. ein Antwortformular vorgegeben, so sind in dieser Werbemitteilung die Informationen für den Anleger über Risiken, Kosten, Nebenkosten und Interessenkonflikte (gemäß § 13 Abs. 2 und 3 FinVermV) anzugeben, soweit diese für den Vertragsabschluss relevant sind.

Der Gewerbetreibende darf den Namen der BaFin nicht in einer Weise nennen, die so verstanden werden kann, dass die Finanzanlagen (hier: geschlossene Investmentvermögen und Ver-

mögensanlagen) von der BaFin gebilligt oder genehmigt werden oder worden sind (§ 14 Fin-VermV).

Regelungen zur Werbung gemäß Kapitalanlagegesetzbuch

Insbesondere darf Werbung, die eine Aufforderung zum Erwerb von Anteilen eines Investment-vermögens ... enthält, keine Aussagen treffen, die im Widerspruch zu Informationen des Ver-kaufsprospektes ... und den wesentlichen Anlegerinformationen stehen oder die Bedeutung dieser Informationen herabstufen ... Bei schriftlicher Werbung ist darauf hinzuweisen, dass ein Verkaufsprospekt existiert und ... die wesentlichen Anlegerinformationen verfügbar sind ... und welche Zugangsmöglichkeiten bestehen (Auszug aus § 302 Abs. 1 und 2 KAGB).

Darüber hinaus finden sich dort besondere Vorschriften für bestimmte Fondsarten. Die schriftliche Werbung muss einen Hinweis auf die Anlageschwerpunkte enthalten:

- Nennung des Ausstellers, wenn gemäß Vertragsbedingungen mehr als 35 % des Sondervermögens in Schuldverschreibungen des Bundes, in einem Land, den Europäischen Gemeinschaften, in einem Mitgliedsstaat der Europäischen Union oder seiner Gebietskörperschaften u. ä. investiert werden können.

- Hinweis auf die Anlagestrategie, wenn diese die Nachbildung eines anerkannten Wertpapierindex oder die hauptsächliche Investition in Derivate vorsieht.

- ausdrücklicher Risikohinweis bei Dach-Hedgefonds auf die besonderen Risiken (z. B. Totalverlustrisiko).

Bezüglich der Werbung nach FinVermV sind zusätzlich Art. 36 und 44 der Delegierten Verordnung EU 2017/565 bezüglich der Anforderungen an Werbemitteilungen und an faire, klare und nicht irreführende Informationen des Anlegers zu beachten.

Für alle Informationen einschließlich Marketingmitteilungen, die an Kleinanleger oder professionelle Kunden sowie potentielle Kleinanleger oder potentielle Kunden gerichtet sind, sind gemäß der o.g. Artikel der Delegierten Verordnung EU 2017/565 u.a. die nachfolgenden Bedingungen zu beachten:

- Die Informationen sind zutreffend und weisen stets redlich und deutlich auf etwaige Risiken hin, wenn sie Bezugnahmen auf mögliche Vorteile enthalten

- Die Risikohinweise sind in einer Schriftgröße aufzuführen, die auch für andere maßgebliche Informationen verwendet wird. Eine grafische Gestaltung muss sicherstellen, dass die Risikoangaben leicht zu erkennen sind.

- Verständliche Darstellung

- Durch die Informationen werden wichtige Punkte, Aussagen oder Warnungen nicht verschleiert, abgeschwächt oder unverständlich gemacht

- Mitbewerbervergleiche (einschließlich Mitbewerberprodukte) sind aussagekräftig, redlich und ausgewogen darzustellen unter Angabe der herangezogenen Informationsquellen

- Angaben zu früheren Wertentwicklungen (mindestens fünf Jahre, in denen das Finanzinstrument angeboten wurde bzw. mindestens vollständige Zwölfmonatszeiträume) müssen insbesondere einen Hinweis darauf enthalten, dass diese kein verlässlicher Indikator für zukünftige Wertentwicklungen sind.

- Beziehen sich die Informationen auf eine bestimmte steuerliche Behandlung, so ist deutlich anzugeben, dass diese von den persönlichen Verhältnissen des jeweiligen Kunden abhängt und künftigen steuerlichen Änderungen unterworfen sein kann.

2.6.2 Gesetz gegen den unlauteren Wettbewerb (UWG)

Das Gesetz gegen den unlauteren Wettbewerb (UWG) regelt, in welchem Rahmen der „Kampf um die Kunden" geführt werden darf. Unlauter können Sie sich umgangssprachlich als unfair merken.

Das Ziel des UWG ist der Schutz der Verbraucher, Mitbewerber und sonstiger Marktteilnehmer (alle anderen Anbieter und Nachfrager von Waren und Dienstleistungen) vor unlauteren geschäftlichen Handlungen.

Darüber hinaus hat die Allgemeinheit einen gesetzlichen Anspruch auf einen unverfälschten Wettbewerb und kann von den Anbietern ein faires und kaufmännisch korrektes Verhalten erwarten.

Das UWG untersagt auch werbliche geschäftliche Handlungen, die einen Rechtsbruch darstellen. Dazu gehört u.a. die Rechts- und Steuerberatung, die nur von Rechtsanwälten und Steuerberatern erbracht werden darf. Als Finanzanlagenvermittler dürfen Sie Ihre Kunden zwar über steuerliche Regelungen im Zusammenhang mit der Besteuerung von Finanzanlagen (Abgeltungssteuer u.a.) und den Freistellungsauftrag informieren. Sie dürfen darüber hinaus aber nicht steuergestaltend oder -beratend (steuerliche Handlungsempfehlungen) tätig werden.

Welche Generalklausel gilt und welche geschäftlichen Handlungen gegenüber Verbrauchern sind grundsätzlich unzulässig (§ 3 UWG)?

Die Generalklausel des UWG besagt, dass unlautere geschäftliche Handlungen unzulässig sind.

Das UWG enthält eine so genannte „Schwarze-Liste" zu den unzulässigen geschäftlichen Handlungen. Diese findet sich im Anhang zu § 3 Abs. 3 UWG.

Danach sind u.a. grundsätzlich unzulässig:

- Die Verwendung von Gütezeichen oder Qualitätskennzeichen ohne die erforderliche Genehmigung

- Die unwahre Angabe, bestimmte Waren oder Dienstleistungen seien nur für einen sehr kurzen Zeitraum verfügbar, um den Verbraucher zu einer sofortigen Entscheidung zu veranlassen

- Die unwahre Angabe oder das Erwecken des unzutreffenden Eindrucks, gesetzlich bestehende Rechte stellten eine Besonderheit des Angebotes dar (Werben mit Selbstverständlichkeiten wie bspw. dem gesetzlichen Widerrufsrecht)

- Das Angebot einer Ware oder Dienstleistung als „gratis", „umsonst" oder „kostenfrei", wenn hierfür gleichwohl Kosten zu tragen sind (z.B. Werbung mit kostenloser Beratung, wenn diese Teil einer erhöhten Vertriebsprovision für Beratungsleistungen ist)

- Bei Verkaufsförderungsmaßnahmen wie Preisnachlässen, Zugaben oder Geschenken die Bedingungen für ihre Inanspruchnahme nicht klar und eindeutig angibt

- Bei Preisausschreiben oder Gewinnspielen mit Werbecharakter die Teilnahmebedingungen nicht klar und eindeutig angibt.

- Werbung mit Selbstverständlichkeiten: Wenn der Verbraucher den Eindruck bekommen kann, dass er etwas Besonderes erhält, was er bei gleicher Ware/Dienstleistung beim Mitbewerber nicht geboten bekommt, dann handelt es sich um eine Selbstverständlichkeit. Hierfür greift dann ein Werbeverbot („... unzulässige geschäftliche Handlungen sind ... die unwahre Angaben oder das Erwecken des unzutreffenden Eindrucks, gesetzlich bestehende Rechte stellen eine Besonderheit des Angebotes dar ..." § 3 Abs. 3 UWG in Verbindung mit Nr. 10 des Anhangs zu § 3 UwG).

Auch das Versprechen von Geld und Sachwerten kann als unzulässig gewertet werden.

Alleinstellungswerbung

Alleinstellung, d.h. der Werbende nimmt für sein Unternehmen, seine Waren oder Leistungen eine Spitzenleistung (Größter, Erster, Bester ...) in Anspruch. Entscheidend ist, wie das angesprochene Publikum die aufgestellte Behauptung versteht.

Wer sein Geschäft als das „größte" bezeichnet, muss die Wettbewerber in der Regel nach dem räumlichen Umfang oder branchenabhängig auch nach Umsatz, Angebotsvielfalt oder Auflagenhöhe übertreffen.

Der Begriff „Erster" kann sowohl auf das Alter („älteste") als auch auf die Qualität („beste") bezogen werden.

Der entsprechende Vorsprung – der im Zweifel vom Werbenden zu beweisen ist – muss deutlich und nachhaltig sein und eine gewisse Stetigkeit und Dauer haben.

Unzulässig ist auch die Werbung mit und Durchführung von Rechts- und Steuerberatung.

Abb. 102: Überblick über das Gesetz gegen den unlauteren Wettbewerb (UWG)

Nachfolgend sehen Sie zunächst die Regelungen des UWG bezogen auf den Verbraucherschutz.

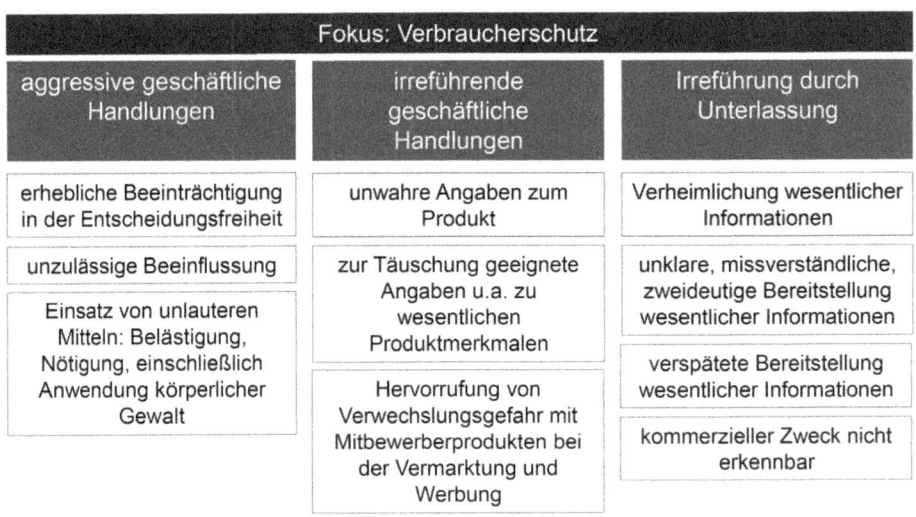

Abb. 103: Das UWG mit Fokus Verbraucherschutz

Schutz vor aggressiven geschäftlichen Handlungen (§ 4a UWG)

Der Verbraucher und sonstige Marktteilnehmer sollen ihre geschäftliche Entscheidungsfreiheit behalten und vor unangemessenen Mitteln der Beeinflussung vor, bei und nach Abschluss eines Vertrages geschützt werden.

Eine geschäftliche Handlung ist aggressiv, wenn sie die Entscheidungsfreiheit des Verbrauchers oder sonstiger Marktteilnehmer erheblich beeinträchtigt durch:

- Belästigung
- Nötigung einschließlich der Anwendung körperlicher Gewalt oder
- unzulässiger Beeinflussung (Unternehmer nutzt seine Marktposition zur Ausübung von Druck aus, die die informierte Entscheidungsfähigkeit des Verbrauchers oder sonstigen Marktteilnehmers wesentlich einschränkt).

Die Feststellung, ob eine geschäftliche Handlung in diesem Sinne aggressiv ist, ist abzustellen auf:

- Zeitpunkt, Ort, Art und Dauer der Handlung
- die Verwendung drohender oder beleidigender Formulierungen oder Verhaltensweisen
- die bewusste Ausnutzung von Unglückssituationen (insbesondere geschäftliche Unerfahrenheit, Leichtgläubigkeit, Angst oder Zwangslage des Verbrauchers)
- belastende und unverhältnismäßige Hindernisse nichtvertraglicher Art, die den Verbraucher oder sonstige Marktteilnehmer an der Ausübung seiner vertraglichen Rechte hindert (fehlendes Kündigungsrecht oder Anbieterwechselrecht)
- Drohung mit rechtlich unzulässigen Handlungen

Schutz vor irreführenden geschäftlichen Handlungen (§ 5 UWG)

Eine geschäftliche Handlung ist irreführend, wenn sie:

- unwahre Angaben enthält oder
- sonstige zur Täuschung geeignete Angaben über u.a. folgende Umstände:
  - wesentliche Merkmale der Ware oder Dienstleistung (Verfügbarkeit, Art, Ausführung, Vorteile, Risiken, Zusammensetzung, Menge, Beschaffenheit u.a.)
  - den Anlass des Verkaufs wie das Vorhandensein eines besonderen Preisvorteils, den Preis oder die Art und Weise, wie dieser berechnet wird
  - die Person, Identität des Unternehmers, Rechte des geistigen Eigentums, Zulassung, Auszeichnungen u.a.
  - Rechte des Verbrauchers
- Im Zusammenhang mit der Vermarktung oder vergleichender Werbung eine Verwechslungsgefahr mit einer anderen Ware oder Dienstleistung oder mit einer geschützten Marke hervorruft.

Schutz vor Irreführung durch Unterlassung (§ 5a UWG)

Bei der Beurteilung, ob eine geschäftliche Handlung irreführend ist, ist auch das Verschweigen und Vorenthalten von wesentlichen Informationen, die zur Entscheidungsfindung wichtig sind, einzubeziehen.

Irreführend ist eine Werbung, die vom Beworbenen missverstanden werden kann.

Irreführend bezieht sich nicht nur auf Aussagen an sich, sondern auch auf deren Darstellung. So darf Wichtiges nicht kleingedruckt werden.

Als Vorenthalten gilt auch:

- das Verheimlichen wesentlicher Informationen,
- die Bereitstellung wesentlicher Informationen in unklarer, unverständlicher oder zweideutiger Weise,
- die nicht rechtzeitige Bereitstellung wesentlicher Informationen.

Unlauter handelt in diesem Zusammenhang auch, wer den kommerziellen Zweck einer geschäftlichen Handlung nicht kenntlich macht, sofern sich dieser nicht unmittelbar aus den Umständen ergibt.

Die nachfolgenden Regelungen betreffen den Mitbewerberschutz.

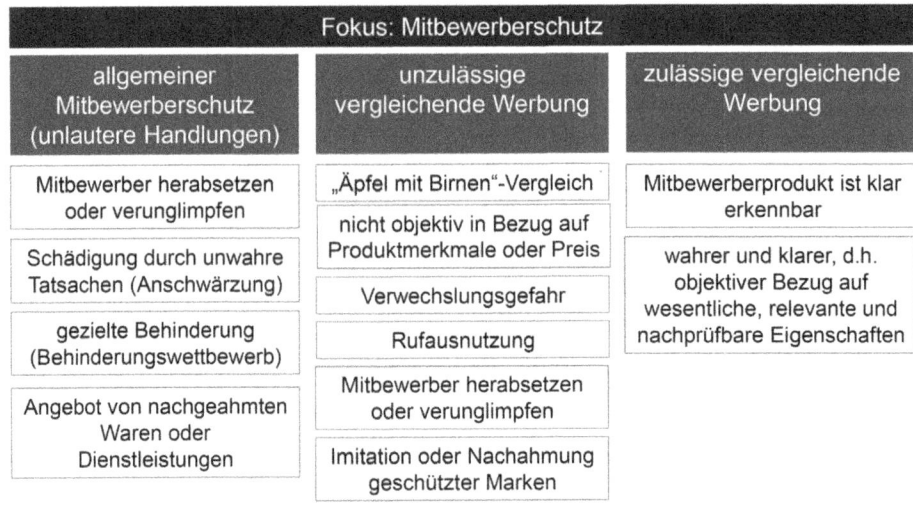

Abb. 104: UWG mit Fokus Mitbewerberschutz

Was umfasst der allgemeine Mitbewerberschutz (§ 4 UWG)?

Unlauter gegenüber Mitbewerbern handelt wer:

- Kennzeichen, Waren, Dienstleistungen, Tätigkeiten oder persönliche und geschäftliche Verhältnisse eines Mitbewerbers herabsetzt oder verunglimpft (verunglimpfen)

- unwahre Tatsachen behauptet oder verbreitet, die den Mitbewerber schädigen können (anschwärzen)

- Waren oder Dienstleistungen anbietet, die eine Nachahmung der Waren oder Dienstleistungen eines Mitbewerbers sind, sofern es sich um eine vermeidbare Täuschung handelt oder er die Wertschätzung der nachgeahmten Waren oder Dienstleistungen unangemessen ausnutzt sowie die zur Nachahmung erforderlichen Kenntnisse unredlich erworben hat (Nachahmung)

- Mitbewerber gezielt behindert (Behinderungswettbewerb)

Wann ist vergleichende Werbung zulässig und wann unzulässig (§ 6 UWG)?

Vergleichende Werbung
Das UWG definiert vergleichende Werbung als jede Werbung, die unmittelbar oder mittelbar einen Mitbewerber oder die von einem Mitbewerber angebotenen Waren oder Dienstleistungen erkennbar macht.

Unzulässig ist vergleichende Werbung, wenn der Vergleich:

- sich nicht auf Waren oder Dienstleistungen für den gleichen Bedarf oder dieselbe Zweckbestimmung bezieht („Äpfel mit Birnen"-Vergleich)

- nicht objektiv auf eine oder mehrere wesentliche, relevante, nachprüfbare und typische Eigenschaften oder den Preis dieser Ware oder Dienstleistung bezogen ist

- im geschäftlichen Verkehr zu einer Verwechslungsgefahr führt

- den Ruf des von einem Mitbewerber verwendeten Kennzeichens in unlauterer Weise ausnutzt oder beeinträchtigt (Rufausnutzung)

- die Waren, Dienstleistungen, Tätigkeiten oder persönlichen oder geschäftlichen Verhältnisse eines Mitbewerbers herabsetzt oder verunglimpft

- eine Ware oder Dienstleistung als Imitation oder Nachahmung einer geschützten Marke darstellt.

Unzulässig wird eine vergleichende Werbung auch durch das Ausnutzen fremden Ansehens, wie bspw. einer Aufsichtsbehörde wie der BaFin. Deshalb darf mit der Vertriebszulassung eines Finanzproduktes durch die BaFin nicht geworben werden, weil dies einerseits für alle Finanzprodukte als Vertriebsvoraussetzung gilt und andererseits keine Aussagekraft über den Erfolg einer Anlage hat.

Entsprechend ist eine vergleichende Werbung zulässig, wenn

- sie wahr und klar erkennbar ist

- das Mitbewerberprodukt klar erkennbar ist.

Hier sehen Sie die Regelungen des UWG zum Schutz aller Marktteilnehmer.

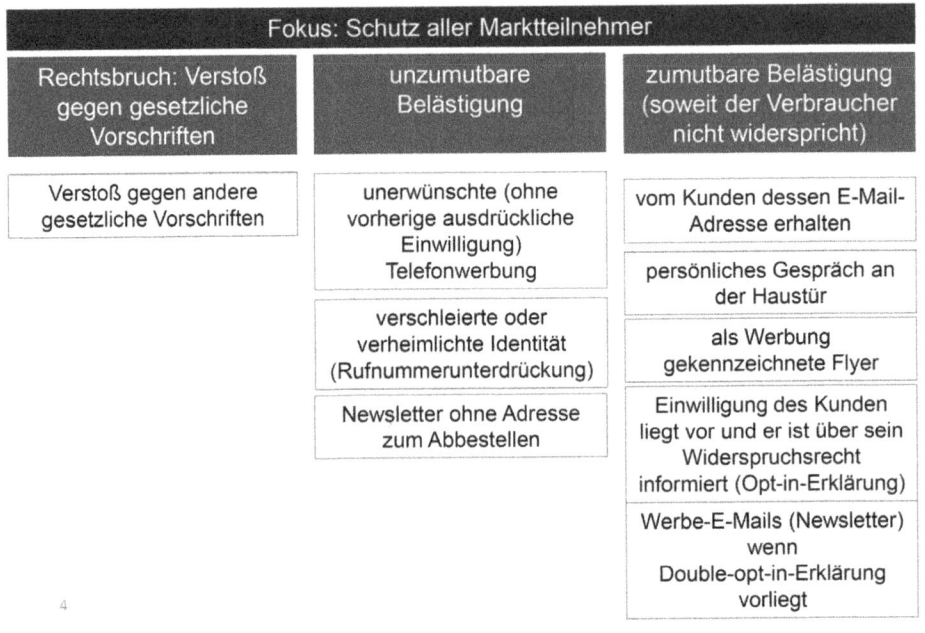

Abb. 105: *UWG mit Fokus Schutz aller Marktteilnehmer*

Wann handelt es sich um eine zumutbare und wann um eine unzumutbare Belästigung (§ 7 UWG)?

Eine Werbung gilt als unzumutbare Belästigung insbesondere dann, wenn erkennbar ist, dass der angesprochene Marktteilnehmer diese Werbung nicht wünscht.

Eine **unzumutbare Belästigung** ist immer anzunehmen:

- bei Werbung mit einem Telefonanruf gegenüber einem Verbraucher oder einem sonstigen Marktteilnehmer ohne dessen vorherige ausdrückliche Einwilligung
- bei Werbung mit einer Nachricht (z.B. Newsletter) mit einer verschleierten oder verheimlichten Identität des Absenders (z.B. Rufnummernunterdrückung) oder bei der keine gültige Adresse zum Abbestellen der Nachrichten angegeben ist.

Die Neu-Akquise (auch zu neuen Produkten bei Bestandskunden, mit denen bisher keine derartigen Geschäfte getätigt wurden) per Telefon bei privaten Neu- oder Bestandskunden ist eine unzumutbare Belästigung und daher verboten.

Zumutbar sind dagegen Anrufe zwecks Angebot von Produktverbesserungen bei Bestandskunden (ganz sicher gehen Sie, wenn der Kunde bspw. handschriftlich seine Handynummer auf dem Depoteröffnungsantrag vermerkt).

Bei einer Werbung unter Verwendung elektronischer Post handelt es sich um eine zumutbare Belästigung, wenn:

- der Unternehmer im Zusammenhang mit dem Verkauf einer Ware oder Dienstleistung von dem Kunden dessen elektronische Postadresse erhalten hat.

- der Unternehmer die Adresse zur Direktwerbung für eigene ähnliche Waren oder Dienstleistungen verwendet

- der Kunde der Verwendung nicht widersprochen hat

- der Kunde bei Erhebung der Adresse und bei jeder Verwendung klar und deutlich darauf hingewiesen wird, dass er der Verwendung jederzeit widersprechen kann, ohne das hierfür andere als die Übermittlungskosten nach den Basistarifen entstehen.

Bei einem Newsletter ist mindestens das **OPT-in-Verfahren** zu beachten. Darüber hinaus muss jederzeit eine Möglichkeit durch die Angabe einer entsprechenden Adresse oder E-Mail-Adresse bestehen, den Newsletter wieder abzubestellen.

Opt-in und Double-Opt-in-Verfahren

Bei E-Mail-Werbung und Newslettern gilt das so genannte Opt-in-Verfahren (engl. to opt in something bedeutet, sich für etwas zu entscheiden). Danach muss der Endverbraucher explizit, d.h. ausdrücklich seine Einwilligung zur Kontaktaufnahme per E-Mail geben, da sich anderenfalls der Unternehmer bei einer nicht erlaubten Kontaktaufnahme wettbewerbswidrig verhält und abgemahnt werden kann.

Die Gerichte fordern darüber hinaus immer häufiger das so genannte **Double-Opt-in-Verfahren**. Der Einwilligende muss dabei für eine Anmeldung zu einem Newsletter die Einwilligung nochmals bestätigen, bevor der Newsletter-Versand an den Neukunden zulässig wird. Nur so kann gewährleistet werden, dass auch wirklich der Verbraucher die Einwilligung erteilt hat und die zunächst erklärte (Single-)Opt-in nicht von einem Dritten stammt.

Die Zusendung von Flyern, wenn diese eindeutig als Werbung gekennzeichnet sind, zählt ebenfalls als zumutbare Belästigung.

Im persönlichen Gespräch (unabhängig, ob dies im Büro des Vermittlers oder beim Kunden stattfindet) darf der Kunde unverändert auf Lösungen für seine gesamte Vorsorge- und Vermögensplanung angesprochen werden.

Praxistipp

Wenn Sie von einem Ihrer Kunden eine Empfehlungsadresse erhalten haben, so dürfen Sie diese Person ebenfalls nur mit deren ausdrücklicher vorheriger Einwilligung telefonisch kontaktieren. Ein schriftlicher Kontakt ist dagegen zulässig. Oder Sie bitten Ihren Kunden, den ersten persönlichen Kontakt herzustellen.

Das Wichtigste zusammengefasst:

Der Wettbewerb zwischen Produktanbietern und gegenüber dem Verbraucher unterliegt klaren gesetzlichen Regelungen, die den Wettbewerb ermöglichen und Mitbewerber und Verbraucher schützen sollen.

Sie kennen:

- Allgemeine Wettbewerbsgrundsätze

- Werbegrundsätze gemäß der Finanzanlagenvermittlungsverordnung: redlich, eindeutig und nicht irreführend

- Mindestangaben (Hinweise auf den Verkaufsprospekt und die Anlageschwerpunkte) in der Werbung für offene Investmentvermögen gemäß KAGB

- Das Gesetz gegen den unlauteren Wettbewerb (UWG) mit seinen wichtigsten Regelungen hinsichtlich zulässiger und unzulässiger Handlungen, Werbung, Belästigungen und Zumutungen im Wettbewerb

- Sie verstehen die Regelungen rund um Werbung als Grundlage des fairen Wettbewerbs.

Wenden Sie die zulässigen und erlaubten Möglichkeiten erfolgreich in Ihren eigenen Flyern oder Newslettern und bei der Kundenansprache an.

Als letztes prüfungsrelevantes Thema der Teilprüfung 2 finden Sie in nachfolgendem Kapitel die wichtigsten Regelungen zum Verbraucherschutz hinsichtlich der Grundlagen, der Schlichtungsstellen und des Datenschutzes.

▶ Aufgaben zum Kapitel 2.6 Wettbewerbsrecht

Ihr Wissen auf dem Prüfstand:

1. Die Finanzanlagenvermittlungsverordnung sieht bestimmte Grundsätze für die Werbung vor. Welche der folgenden Aussagen entsprechen dieser Verordnung? (SC)

   a) Werbung muss vergleichend, verständlich und plakativ sein.

   b) Werbung muss lauter, zumutbar und nicht irrführend sein.

   c) Werbung muss redlich, eindeutig und nicht irreführend sein.

   d) Werbung muss geschmackvoll, ansprechend und inhaltsvoll sein.

2. Welche der folgenden werblichen Handlungen sind grundsätzlich unzulässig? (MC)

   a) Druckausübung auf den Verbraucher

   b) vergleichende Werbung

   c) Angabe von Gebühren und Preisen

   d) Versprechen von Geld- und Sachwerten

3. Welche der folgenden geschäftlichen Handlungen sind irreführend und als solche in der Werbung verboten? (MC)

   a) Werbung mit unwahren Aussagen

   b) vergleichende Werbung mit einem Mitbewerber

   c) Telefonwerbung ohne vorherige Kundeneinwilligung

   d) Werbung mit Selbstverständlichkeiten

   e) Wichtiges kleingedruckt

   f) Werbung innerhalb der Geschäftsräume

4. Welche der folgenden Handlungen erfüllen die Voraussetzungen einer unzumutbaren Belästigung? (MC)

   a) Ansprache eines Kunden an dessen Haustür

   b) Telefonwerbung ohne vorherige Einwilligung des Verbrauchers

   c) Telefonwerbung mit vorheriger Einwilligung des Verbrauchers

   d) persönliche Ansprache des Kunden in den Verkaufsräumen des Vermittlers

   e) Rufnummernunterdrückung bei telefonischer Kontaktaufnahme

   f) Zusendung eines Newsletters ohne Angabe einer Adresse zum Abbestellen

5. Welches Gesetz schützt sowohl Verbraucher als auch Mitbewerber vor missbräuchlicher Werbung? (SC)

    a) Kreditwesengesetz (KWG)

    b) Gesetz gegen den unlauteren Wettbewerb (UWG)

    c) Bundeskontrollgesetz für Werbung (BfW)

    d) Gewerbeordnung (GewO)

6. Welche geschäftlichen Handlungen verstoßen gegen den Wettbewerbsschutz für Verbraucher? (MC)

    a) vergleichende Werbung

    b) aggressive geschäftliche Handlungen

    c) irreführende geschäftliche Handlungen

    d) unzugängliche Werbung

    e) unvermutete Belästigung

2.7 Verbraucherschutz

2.7.1 Grundlagen des Verbraucherschutzes

Welche Gesetze regeln den Verbraucherschutz?

Die **allgemeinen Geschäftsbedingungen (AGBs)** stellen die Bedingungen eines Vertrages dar, die allgemein und unabhängig von weiteren individuellen Vereinbarungen gelten.

Allgemeine Geschäftsbedingungen sind gemäß §§ 305–310 BGB ein zentraler Bestandteil der Grundlagen des Verbraucherschutzes.

Verbraucher
Verbraucher ist gemäß § 13 BGB jede natürliche Person, die ein Rechtsgeschäft abschließt, dessen Zweck weder ihrer gewerblichen noch ihrer selbstständigen beruflichen Tätigkeit zugerechnet werden kann.

Die Vorschriften des Verbraucherschutzes sollen den Verbraucher schützen. Ein Unternehmer kann sich deshalb nicht auf den Verbraucherschutz berufen.

Unternehmer
Ein Unternehmer ist gemäß § 14 BGB eine natürliche oder juristische Person oder eine rechtsfähige Personengesellschaft, die bei Abschluss eines Rechtsgeschäfts in Ausübung ihrer gewerblichen oder selbstständigen beruflichen Tätigkeit handelt.

Das **Gesetz gegen den unlauteren Wettbewerb (UWG)** dient natürlich auch dem Verbraucherschutz.

Als drittes Gesetz im Verbraucherschutz-Bunde gehört das **Bürgerliche Gesetzbuch (BGB)** mit seinen Regelungen zum gesetzlichen Widerrufsrecht dazu. Diese Regelungen zum gesetzlichen Widerrufsrecht werden von den entsprechenden Regelungen für offene Investmentvermögen des Kapitalanlagegesetzbuches (KAGB) ergänzt.

Welche Widerrufsrechte gelten für Verbraucher im Zusammenhang mit Finanzanlagen?

Zunächst unterscheidet der Gesetzgeber zwischen:

- Fernabsatzgeschäften
- Außerhalb von Geschäftsräumen geschlossenen Verträgen

Bei innerhalb von Geschäftsräumen – des Vermittlers – geschlossenen Verträgen gibt es kein Widerrufsrecht.

Voraussetzungen:
- Vertragsabschluss in den Geschäftsräumen des Finanzanlagenvermittlers, wenn der Verbraucher unmittelbar zuvor außerhalb der Geschäftsräume des Finanzanlagenvermittlers persönlich und individuell angesprochen wurde
- der Vertrag wurde auf einem Ausflug geschlossen, der vom Finanzanlagenvermittler organisiert wurde, um beim Verbraucher für den Produktverkauf und entsprechende Vertragsabschlüsse zu werben

Ausnahme: zufällige Erstansprache

Abb. 106: Außerhalb von Geschäftsräumen geschlossene Verträge (vormals: Haustürgeschäfte)

Außerhalb von Geschäftsräumen geschlossene Verträge hießen früher Haustürgeschäfte. Solche Verträge werden unter gleichzeitiger körperlicher Anwesenheit beider Vertragspartner an einem Ort, der kein Geschäftsraum des Finanzanlagenvermittlers ist, geschlossen. Die gesetzliche Grundlage ist § 312b Abs. 1 BGB.

Eine zufällige Erstansprache stellt bspw. die Ansprache auf einer Veranstaltung, die nicht vom Finanzanlagenvermittler organisiert wurde, dar.

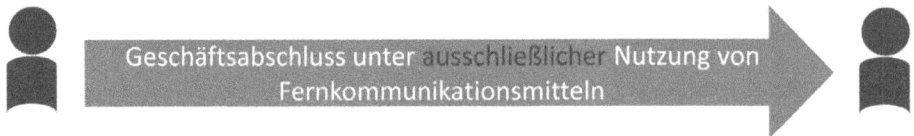

Finanzanlagenvermittler   Kunde

Abb. 107: Fernabsatzgeschäfte (Fernabsatzverträge)

Fernabsatzgeschäfte sind Verträge (Fernabsatzverträge) über die Lieferung von Waren oder über die Erbringung von Dienstleistungen (einschließlich Finanzdienstleistungen), die zwischen einem Unternehmer (Bsp.: Finanzanlagenvermittler) und einem Verbraucher unter ausschließlicher Verwendung von Fernkommunikationsmitteln abgeschlossen wurden.

§ 312c BGB

*Fernabsatzverträge sind Verträge, bei denen der Unternehmer oder eine in seinem Namen oder Auftrag handelnde Person und der Verbraucher für die Vertragsverhandlungen und den Vertragsschluss **ausschließlich** Fernkommunikationsmittel verwenden, es sei denn, dass der Vertragsschluss nicht im Rahmen eines für den Fernabsatz organisierten Vertriebs- oder Dienstleistungssystems erfolgt.*

Fernkommunikationsmittel im Sinne dieses Gesetzes sind alle Kommunikationsmittel, die zur Anbahnung oder zum Abschluss eines Vertrags eingesetzt werden können, ohne dass die Vertragsparteien gleichzeitig körperlich anwesend sind, wie Briefe, Kataloge, Telefonanrufe, Telekopien, E-Mails, über den Mobilfunkdienst versendete Nachrichten (SMS) sowie Rundfunk und Telemedien.

Für Depotkonten und geschlossene Investmentvermögen gelten die nachfolgenden Widerrufsfristen gemäß § 355 BGB:

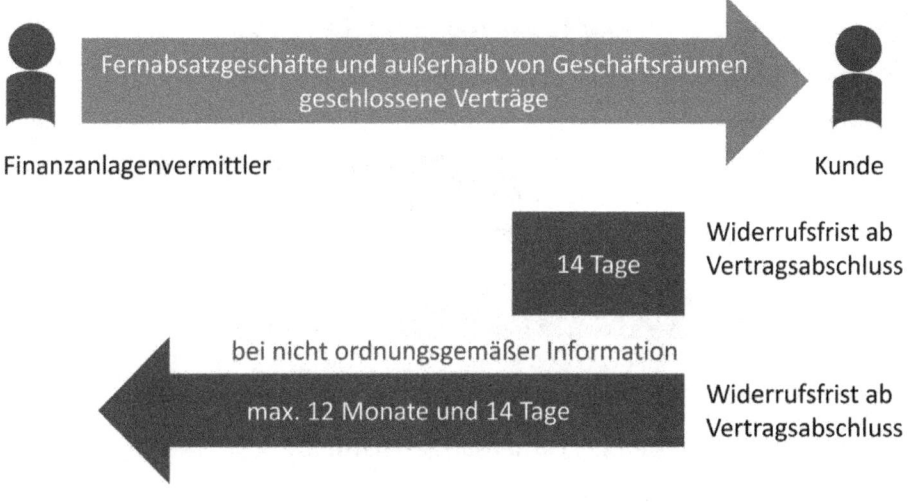

Abb. 108: *Widerrufsrecht gemäß BGB*

Hiervon abweichend gilt für offene Investmentvermögen das Widerrufsrecht gemäß § 305 KAGB:

„Erfolgt der Kauf oder Verkauf von Anteilen an Investmentvermögen durch mündliche Verhandlungen außerhalb der ständigen Geschäftsräume desjenigen, der die Anteile verkauft oder den Verkauf vermittelt hat, so kann der Käufer seine Erklärung über den Kauf binnen einer Frist von zwei Wochen der Verwaltungsgesellschaft gegenüber in Textform widerrufen (Widerrufsrecht); dies gilt auch dann, wenn derjenige, der Anteile verkauft oder den Verkauf vermittelt, keine ständigen Geschäftsräume hat.

Handelt es sich um ein Fernabsatzgeschäft i. S. d. § 312c des Bürgerlichen Gesetzbuchs, so ist bei einer Erbringung von Finanzdienstleistungen, deren Preis auf dem Finanzmarkt von Schwankungen abhängt, ein Widerruf nach den Vorschriften über Fernabsatzverträge ausgeschlossen.

Zur Wahrung der Frist genügt die rechtzeitige Absendung der Widerrufserklärung. Die Widerrufsfrist beginnt erst zu laufen, wenn die Durchschrift des Antrags auf Vertragsschluss dem Käufer ausgehändigt oder ihm eine Kaufabrechnung übersandt worden ist und in der Durchschrift oder der Kaufabrechnung eine Belehrung über das Widerrufsrecht wie die vorliegende enthalten ist. Ist der Fristbeginn streitig, trifft die Beweislast den Verkäufer.

Das Recht zum Widerruf besteht nicht, wenn der Verkäufer nachweist, dass der Käufer kein Verbraucher im Sinne des § 13 des Bürgerlichen Gesetzbuchs ist.

Ist der Widerruf erfolgt und hat der Käufer bereits Zahlungen geleistet, so ist die Verwaltungsgesellschaft verpflichtet, dem Käufer, gegebenenfalls Zug um Zug gegen Rückübertragung der erworbenen Anteile oder Aktien, die bezahlten Kosten und einen Betrag auszuzahlen, der dem Wert der Anteile am Tage nach dem Eingang der Widerrufserklärung entspricht.

Auf das Recht zum Widerruf kann nicht verzichtet werden."

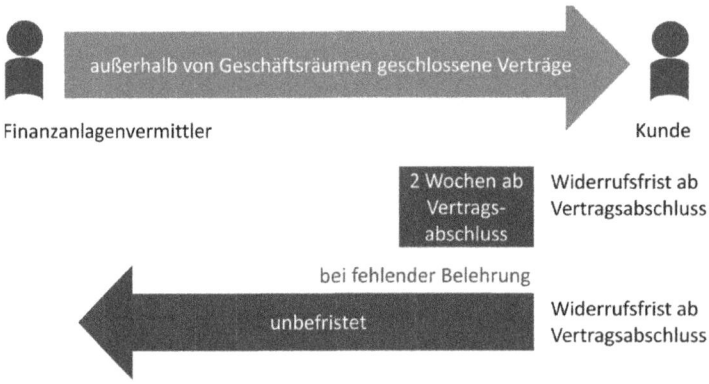

Kein Widerrufsrecht bei Fernabsatzgeschäften!

Abb. 109: Widerrufsrecht gemäß KAGB

▶ Exkurs: Fristangaben

Gesetzliche Fristen werden mal in Tagen und mal in Wochen ausgedrückt. Da stellt sich für den juristischen Laien die Frage: Was ist der Unterschied zwischen bspw. 14 Tagen und 2 Wochen? Laut § 188 BGB endet eine nach Tagen bestimmte Frist mit dem Ablauf des letzten Tages der Frist („an den Fingern abgezählt"). Eine Frist, die nach Wochen oder Monaten bestimmt ist, endet auf den Tag, der durch seine Benennung dem Tag des Fristbeginns entspricht („Mittwoch in 2 Wochen").

Wie unterscheiden sich direkter und indirekter Verbraucherschutz?

Der direkte Verbraucherschutz regelt Verbraucherrechte, die der Verbraucher selbst und direkt gegenüber seinen Vertragspartnern in Anspruch nehmen kann.

Der indirekte Verbraucherschutz stellt dem Verbraucher einen Verbraucherinteressensvertreter (hier: BaFin und Gewerbeaufsicht) zur Seite bzw. regelt die Gestaltung von Werbung und Informationen rund um Finanzanlagen.

Abb. 110: Direkter und indirekter Verbraucherschutz

Welche Rolle spielt die BaFin beim Verbraucherschutz?

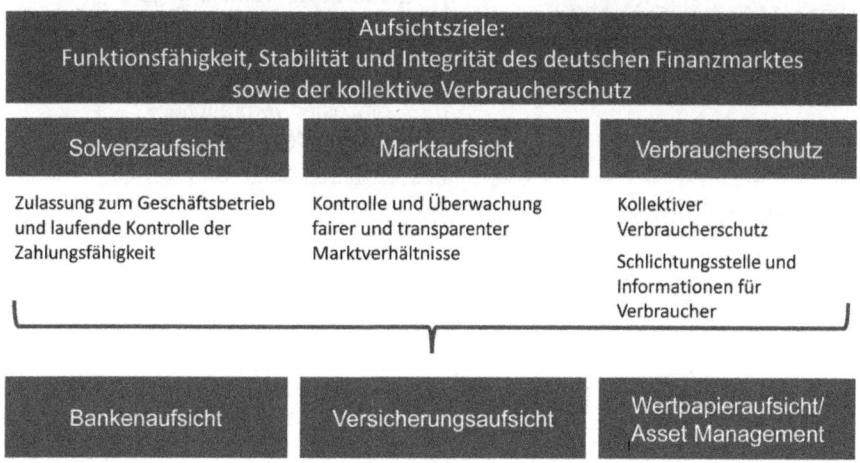

Abb. 111: BaFin

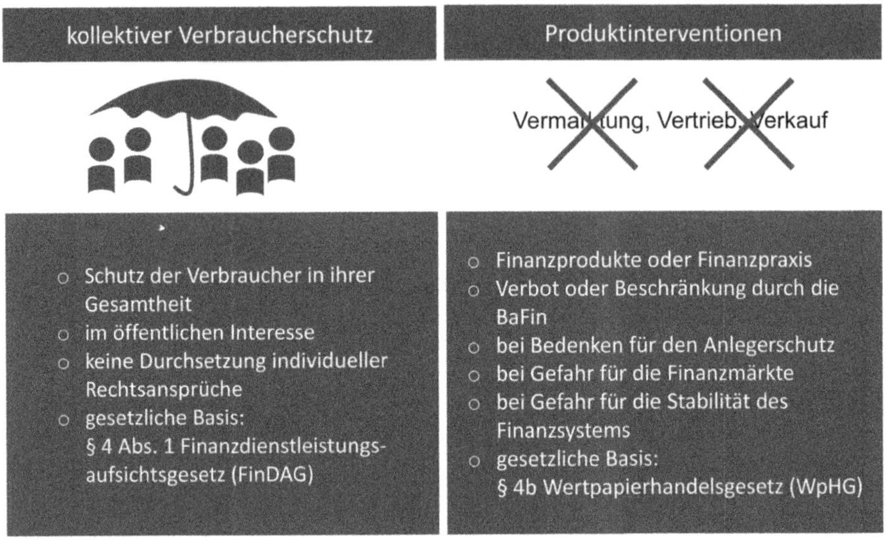

kollektiver Verbraucherschutz	Produktinterventionen
	 Vermarktung, Vertrieb, Verkauf
o Schutz der Verbraucher in ihrer Gesamtheit o im öffentlichen Interesse o keine Durchsetzung individueller Rechtsansprüche o gesetzliche Basis: § 4 Abs. 1 Finanzdienstleistungs-aufsichtsgesetz (FinDAG)	o Finanzprodukte oder Finanzpraxis o Verbot oder Beschränkung durch die BaFin o bei Bedenken für den Anlegerschutz o bei Gefahr für die Finanzmärkte o bei Gefahr für die Stabilität des Finanzsystems o gesetzliche Basis: § 4b Wertpapierhandelsgesetz (WpHG)

Abb. 112: Indirekter Verbraucherschutz durch die BaFin

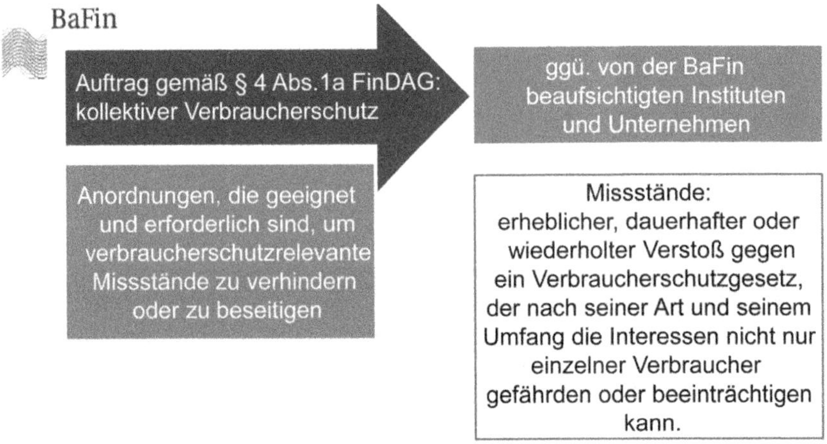

BaFin

Auftrag gemäß § 4 Abs.1a FinDAG: kollektiver Verbraucherschutz

ggü. von der BaFin beaufsichtigten Instituten und Unternehmen

Anordnungen, die geeignet und erforderlich sind, um verbraucherschutzrelevante Missstände zu verhindern oder zu beseitigen

Missstände:
erheblicher, dauerhafter oder wiederholter Verstoß gegen ein Verbraucherschutzgesetz, der nach seiner Art und seinem Umfang die Interessen nicht nur einzelner Verbraucher gefährden oder beeinträchtigen kann.

Abb. 113: Kollektiver Verbraucherschutz

2.7.2 Schlichtungsstellen

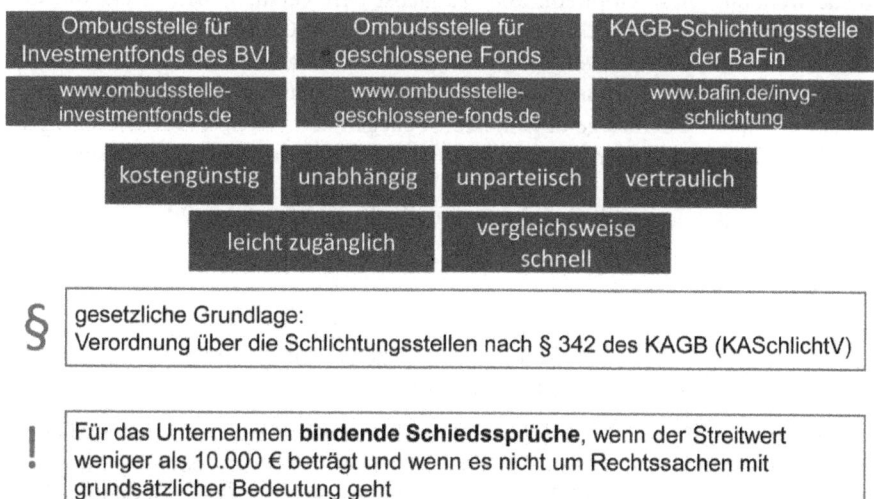

Abb. 114: Schlichtungsstellen

Schlichtungsstellen werden auch als Ombudsstellen bezeichnet und haben die Aufgabe, außergerichtlich eine Streitbeilegung von Verbraucherstreitigkeiten gem. § 342 Abs. 3 KAGB zu erwirken.

Das Schlichtungsverfahren ist auf eine einvernehmliche Lösung von Konflikten ausgerichtet.

Ziel ist es, Verbrauchern i. S. d. § 13 des Bürgerlichen Gesetzbuches (BGB) unter Mitwirkung einer unabhängigen Instanz eine leicht zugängliche, kostengünstige, effiziente und vergleichsweise schnelle Möglichkeit zur Streitbeilegung im Zusammenhang mit Vorschriften nach dem Kapitalanlagegesetzbuch zu eröffnen.

Das Verfahren vor der Schlichtungsstelle ist für den Antragsteller kostenfrei. Auslagen wie z. B. Porto oder Anwaltskosten werden ihnen aber nicht erstattet.

Verbindliche Entscheidungen zugunsten des Verbrauchers (bindend gegenüber den Gesellschaften) gelten bis zu einem Gesamtwert von 10.000 €, wenn es nicht um Rechtssachen von grundsätzlicher Bedeutung geht.

Bei Verbraucherbeschwerden über 10.000 € oder bei denen zu grundsätzlichen Fragen Stellung bezogen wird, hat der Schiedsspruch lediglich Empfehlungscharakter

Die Verjährung ist während der Dauer des Schlichtungsverfahrens gehemmt.

Die Ombudsstelle für Investmentfonds des BVI

Die Ombudsstelle für Investmentfonds ist seit 1. September 2011 zuständig für Streitigkeiten mit Unternehmen, die sich diesem Schlichtungsverfahren angeschlossen haben. Bei Meinungsverschiedenheiten zu Investmentvermögen oder Dienstleistungen von

KVGs nach dem KAGB können sich Privatanleger bzw. Verbraucher an diese Schlichtungsstelle wenden. Diese empfiehlt aber zunächst den Versuch, sich direkt mit der betroffenen KVG zu einigen. Unabhängige und neutrale Ombudsmänner (die auch weiblich sein können) unterbreiten den beteiligten Parteien auf Grundlage ihrer schriftlichen Eingaben einen Schlichtungsvorschlag, der ihre Meinungsverschiedenheit unter Berücksichtigung der Rechtslage angemessen beilegen soll. Weitere Verfahrensregeln finden sich in der Verfahrensordnung der Ombudsstelle für Investmentfonds des BVI.

Den Schlichtungsstellen ist keine allgemeine Rechtsberatung erlaubt.

2.7.3 Datenschutz

Unternehmen, Mitarbeiter und auch Finanzanlagenvermittler müssen die gesetzlichen Grundlagen für den Datenschutz beachten.

Die gesetzliche Grundlage bilden die **EU-Datenschutzgrundverordnung (DSGVO)** und das **Bundesdatenschutzgesetz (BDSG)**. Die DSGVO ist seit dem 25. Mai 2018 in der gesamten Europäischen Union verbindlich anzuwenden. Sie enthält allerdings einige sog. Öffnungsklauseln, d.h. Stellen, an denen die Regelungen offen gehalten wurden, damit diese auf nationaler Ebene konkretisiert werden können. Diese Konkretisierungen und auch ein paar Ergänzungen enthält in Deutschland das Bundesdatenschutzgesetz. Die DSGVO hat im Falle von Änderungen immer Vorrang vor dem BDSG (§ 1 Abs. 5 BDSG). Das BDSG ist somit kein eigenständiges und umfassendes Gesetz mehr, sondern lediglich in Verbindung mit der DSGVO anzuwenden.

Das Bundesdatenschutzgesetz ist in mehrere Teile unterteilt. Für Sie relevant sind insbesondere Teil 1 mit allgemeinen Bestimmungen und Teil 2 mit den Konkretisierungen und Ergänzungen zur DSGVO.

Was sind Gegenstand und Ziele der DSGVO?

Die DSGVO enthält Vorschriften zum Schutz natürlicher Personen bei der Verarbeitung personenbezogener Daten und zum freien Verkehr solcher Daten. Sie schützt die Grundrechte und Grundfreiheiten natürlicher Personen und insbesondere deren Recht auf Schutz personenbezogener Daten. Der freie Verkehr **personenbezogener Daten** in der Europäischen Union darf aus Gründen des Schutzes natürlicher Personen bei der Verarbeitung personenbezogener Daten weder eingeschränkt noch verboten werden. (Artikel 1 DSGVO)

Personenbezogene Daten, Art. 4 Nr. 1 DSGVO
Personenbezogene Daten sind alle Informationen, die sich auf eine identifizierte oder identifizierbare natürliche Person (auch betroffene Person oder Betroffener genannt) beziehen. Als identifizierbar wird eine natürliche Person angesehen, die direkt oder indirekt, insbesondere mittels Zuordnung zu einer Kennung wie einem Namen, zu einer Kennnummer, zu Standortdaten, zu einer Online-Kennung oder zu einem oder mehreren besonderen Merkmalen identifiziert werden kann, die Ausdruck der physischen, physiologischen, genetischen, psychischen, wirtschaftlichen, kulturellen oder sozialen Identität dieser natürlichen Person sind.

Ein zentraler Punkt ist die Einwilligung des Betroffenen zur Speicherung und Verarbeitung seiner personenbezogenen Daten.

> **Einwilligung, Art. 4 Nr. 11 DSGVO**
> *Die DSGVO definiert als Einwilligung, jede freiwillig für den bestimmten Fall, in informierter Weise und unmissverständlich abgegebene Willenserklärung in Form einer Erklärung oder einer sonstigen eindeutigen bestätigenden Handlung, mit der die betroffene Person zu verstehen gibt, dass sie mit der Verarbeitung der sie betreffenden personenbezogener Daten einverstanden ist.*

Und auch der Begriff der Verarbeitung ist in der DSGVO genau definiert.

> **Verarbeitung, Art. 4 Nr. 2 DSGVO**
> *Als Verarbeitung gilt jeder mit oder ohne Hilfe automatisierter Verfahren ausgeführter Vorgang oder jede solche Vorgangsreihe im Zusammenhang mit personenbezogenen Daten wie das Erheben, das Erfassen, die Organisation, das Ordnen, die Speicherung, die Anpassung oder Veränderung, das Auslesen, das Abfragen oder die Verknüpfung, die Einschränkung, das Löschen oder die Vernichtung.*

Hier sehen Sie einen Überblick der Grundsätze der Verarbeitung personenbezogener Daten nach DSGVO.

Rechtmäßigkeit, Verarbeitung nach Treu und Glauben	die Datenverarbeitung erfolgt nur so und in dem Umfang, wie es bei der Datenerhebung ggü. dem Betroffenen angegeben wurde (Transparenz)
Zweckbindung	Datenerhebung nur für den festgelegten, eindeutigen und legitimen Zweck
Datenminimierung	dem Zweck angemessen und auf das für den Zweck der Datenverarbeitung notwendige Maß beschränkt
Richtigkeit	sachlich richtige Daten und erforderlichenfalls auf dem neuesten Stand (ggf. löschen oder berichtigen)
Speicherbegrenzung	Datenspeicherung in einer Form, die die Identifizierung des Betroffenen nur so lange ermöglicht, wie es der Datenverarbeitungszweck erfordert.
Integrität und Vertraulichkeit	Datenverarbeitung in einer technischen und organisatorischen Weise, die eine angemessene Datensicherheit gewährleistet, einschließlich Schutz vor unbefugter oder unrechtmäßiger Verarbeitung oder unbeabsichtigtem Verlust
Rechenschaftspflicht	der Verantwortliche muss die Einhaltung dieser Grundsätze nachweisen können

Abb. 115: Grundsätze der Verarbeitung personenbezogener Daten nach DSGVO

Der Datenschutz umfasst sowohl Pflichten auf Seiten der Unternehmen als auch Rechte auf Seiten des Betroffenen (z.B. deren Kunden).

Nachfolgend sehen Sie zunächst die Rechte des Betroffenen.

Informationsrecht	über Zweck der Datenverarbeitung
Auskunftsrecht	auf Antrag des Betroffenen über gespeicherte Daten, deren Herkunft und Weitergabe an Dritte sowie potenzielle Löschungsfristen bzw. Speicherdauer
Recht auf Berichtigung und Löschung	Recht auf „Vergessenwerden" sowie Einschränkung der Verarbeitung (Ausnahme: zwingende gesetzliche Aufbewahrungsfristen)
Data Portability	Recht auf Datenmitnahme bzw. -übertragung
Anrufung des Bundesdatenschutzbeauftragen	bei besonderen Risiken hinsichtlich der technischen Maßnahmen (z.B. Nutzung neuer Techniken wie Fingerabdruckscan)
Widerspruchsrecht	in Bezug auf Einwilligung zur Datenverarbeitung

Abb. 116: Rechte des Betroffenen

Die nächste Grafik informiert Sie über die Pflichten der für den Datenschutz Verantwortlichen.

Dokumentationspflicht	Erstellung Verzeichnis von Verarbeitungstätigkeiten
Informationspflicht	bei Erhebung von personenbezogenen Daten gegenüber dem Betroffenen in Form einer Datenschutzerklärung
Meldepflicht	bei Datenverlust und Verletzung des Datenschutz
Datenschutzbeauftragter	bei Unternehmen ab 10 Beschäftigten oder Verarbeitung von besonders sensiblen Kundendaten
techn. und organisatorische Maßnahmen	je sensibler die Daten, desto höher die Anforderung an die „TOM"
Datenschutzfolgeabschätzung	bei besonderen Risiken hinsichtlich der technischen Maßnahmen (z.B. Nutzung neuer Techniken wie Fingerabdruckscan)
Datenminimierung	(siehe Grundsätze)
Zweckbindung	(siehe Grundsätze)

Abb. 117: Pflichten der Verantwortlichen

Was ist der Unterschied zwischen anonymisierten und pseudonymisierten Daten?

Einer der Gründe für Unternehmen, Daten zu erheben, kann die Kundenpflege und -bindung sein. Hierbei helfen Analysen zum Kundenverhalten. Schnell stellt sich dabei die Fragen nach dem notwendigen Datenschutz.

Denn einer der Grundsätze des Datenschutzes ist die Datenminimierung. Hilfreiche Fragestellungen hierzu sind:

- Ist es notwendig, alle Kundendaten zu erheben, oder ist ein teilweiser Verzicht möglich?

- Werden die Daten nur für den angegebenen Zweck benötigt?

- Muss jeder Berechtigte diese Daten einsehen können, oder kann dies auf einzelne Berechtigte beschränkt werden?

Personenbezogene Daten lassen sich darüber hinaus auch durch eine **Anonymisierung** oder **Pseudonymisierung** minimieren. Außerdem lässt sich dadurch die Sicherheit der Verarbeitung personenbezogener Daten erhöhen.

Pseudonymisierte Daten lassen sich durch Heranziehung zusätzlicher Informationen wieder einer natürlichen Person zuordnen. Deshalb gelten auch für pseudonymisierte Daten die Regelungen des Datenschutzes.

Pseudonymisierung, Art. 1 Nr. 5 DSGVO
Hierunter versteht die DSGVO die Verarbeitung personenbezogener Daten in einer Weise, dass die personenbezogenen Daten ohne Hinzuziehung zusätzlicher Informationen nicht mehr einer spezifischen betroffenen Person zugeordnet werden können, sofern diese zusätzlichen Informationen gesondert aufbewahrt werden und technischen und organisatorischen Maßnahmen unterliegen, die gewährleisten, dass die personenbezogenen Daten nicht einer identifizierten oder indentifizierbaren natürlichen Person zugewiesen werden.

Marketing- und Vertriebsstrategien lassen sich auch mit anonymisierten Daten ohne die Namen der Betroffenen weitestgehend planen.

Anonymisierung
Anonymisierung bedeutet, dass sich die betroffene Person nicht mehr identifizieren lässt. Aus diesem Grund unterliegen anonymisierte Daten auch nicht mehr dem Datenschutz der DSGVO.

Welche Rolle spielt der Datenschutzbeauftragte?

Ein Datenschutzbeauftragter (DSB) wirkt im Unternehmen auf die Einhaltung des Datenschutzes hin. Die Person kann Mitarbeiter des Unternehmens sein oder als externer Datenschutzbeauftragter bestellt werden.

Wann Unternehmen einen Datenschutzbeauftragten benennen müssen, regelt die DSGVO in Art. 37. Das BDSG ergänzt in § 38 BDSG diese Regelungen:

- Mindestens 10 Personen sind ständig mit der automatisierten Verarbeitung (d.h. mittels Computer) personenbezogener Daten beschäftigt

- Es werden Datenverarbeitungen vorgenommen, die einer Datenschutz-Folgeabschätzung nach Art. 35 DSGVO unterliegen

- Es werden geschäftsmäßig personenbezogene Daten verarbeitet zum Zweck der (anonymisierten) Übermittlung oder der Markt- oder Meinungsforschung.

Wer überwacht die Anwendung der Vorschriften über den Datenschutz?

Die nach Landesrecht zuständige Datenschutzaufsichtsbehörde (**Aufsichtsbehörde der Länder**) überprüft gemäß § 40 BDSG im Einzelfall die Einhaltung der Datenschutzbestimmungen der nichtöffentlichen Stellen (d.h. keine Behörden, sondern privatrechtliche Unternehmen; für Behörden gelten gesonderte Regelungen) und führt ein Register, in dem die Datenverarbeitungsverfahren der meldepflichtigen Unternehmen registriert werden.

Die Aufsichtsbehörden beraten und unterstützen die Datenschutzbeauftragten mit Rücksicht auf deren typische Bedürfnisse. Sie können die Abberufung der oder des Datenschutzbeauftragen verlangen, wenn sie oder er die zur Erfüllung ihrer oder seiner Aufgaben erforderliche Fachkunde nicht besitzt oder ein schwerwiegender Interessenkonflikt vorliegt.

Die oder der **Bundesbeauftragte für den Datenschutz** und die Informationsfreiheit (**Bundesbeauftragte**) ist eine oberste Bundesbehörde mit Sitz in Bonn (§ 8 BDSG).

Das Wichtigste zusammengefasst:

Der Verbraucherschutz genießt auf europäischer und nationaler Ebene einen hohen Stellenwert im Geschäftsleben.

Sie kennen:

- Die gesetzlichen Grundlagen des Verbraucherschutzes: Allgemeine Geschäftsbedingungen, Bürgerliches Gesetzbuch (BGß) und das UWG

- Den Unterschied zwischen Fernabsatzgeschäften und den außerhalb von Geschäftsräumen geschlossenen Verträgen und deren Auswirkung auf Widerrufsmöglichkeiten und -fristen

- Das Widerrufsrecht gemäß KAGB für offene Investmentvermögen

- Den Unterschied zwischen direktem und indirektem Verbraucherschutz

- Die Rolle der BaFin beim Verbraucherschutz

- Schlichtungsstellen nach KAGB für die außergerichtliche Einigung bei Verbraucherstreitigkeiten rund um Investmentvermögen

- Rechte und Pflichten rund um den Datenschutz gemäß der EU-Datenschutzverordnung (DSGVO) und dem Bundesdatenschutzgesetz (BDSG)

Sie verstehen den Verbraucherschutz als Fundament der Geschäftsbeziehung mit Ihren Kunden.

Beachten Sie die Vorgaben des Verbraucherschutzes und geben Sie Ihren Kunden Sicherheit durch die für ihn geltenden Vorteile.

Damit verfügen Sie über das notwendige Prüfungswissen bezüglich der allgemeinen Kenntnisse für die Beratung und den Vertrieb von Finanzanlageprodukten.

Das folgende Kapitel beschäftigt sich mit der ersten prüfungsrelevanten Produktkategorie, den offenen Investmentvermögen. Auf unternehmensspezifische Produktmerkmale wird hier nicht eingegangen, da diese nicht prüfungsrelevant sind. Stattdessen erhalten Sie Informationen über die grundsätzlichen Produktmerkmale, steuerlichen Grundlagen, staatlichen Förderungen sowie Regelungen des Kapitalanlagegesetzbuches. Einen über die Prüfung hinaus gehenden praktischen Bezug dieses Fachwissens können Sie für sich herstellen, wenn Sie ab und zu einen Blick in die Verkaufsunterlagen der Produkte Ihres Produktgebers werfen.

▶ Aufgaben zum Kapitel 2.7 Verbraucherschutz

Ihr Wissen auf dem Prüfstand:

1. Sie besuchen Ihren Kunden Herrn Kaiser in seinen Privaträumen und schließen mit ihm einen Vertrag über ein Fondsdepot ab. Alle wesentlichen Anlegerinformationen werden ihm ausgehändigt. 10 Tage nach diesem Termin ruft Sie Herr Kaiser an und möchte diesen Vertrag auflösen. Welche der folgenden Aussagen sind in diesem Fall korrekt? (MC)

   a) Der Vertrag kann nicht aufgelöst werden, weil hier grundsätzlich die Vertragstreue beider Parteien gilt.

   b) Herr Kaiser kann den Vertrag vor Ablauf einer dreiwöchigen Widerrufsfrist mündlich bei Ihnen auflösen.

   c) Herr Kaiser kann den Vertrag auflösen, da sein Widerruf innerhalb von 14 Tagen nach Erhalt der wesentlichen Anlegerinformationen erfolgt.

   d) Ein Widerruf ist aufgrund der Aushändigung der wesentlichen Anlegerinformationen nicht mehr möglich.

   e) Herr Kaisers Widerruf ist möglich, wenn er einen schriftlichen Widerruf an die Kapitalverwaltungsgesellschaft sendet.

2. Welches sind Aufsichtsbereiche der Bundesanstalt für Finanzdienstleistungsaufsicht (BaFin)? (MC)

   a) Verbraucheraufsicht

   b) Versicherungsaufsicht

   c) Bankenaufsicht

   d) Kommunalaufsicht

   e) Wertpapieraufsicht

   f) Steuer- und Abgabenaufsicht

3. Welches sind die wesentlichen Aufgaben der BaFin? (SC)

   a) Marktaufsicht, Solvenzaufsicht und Anlegerschutz

   b) Rechtsaufsicht, Anlegerberatung und Vermittlertätigkeit

   c) Gesetzgebung, Strafverfolgung und Anlegerschutz

   d) Anlageberatung, Anlegerberatung und rechtliche Anlegervertretung

4. Unter welcher Aufsicht stehen Kapitalverwaltungsgesellschaften sowie die offenen und geschlossenen Publikumsinvestmentvermögen? (SC)

   a) Kreditaufsicht

   b) Versicherungsaufsicht

   c) Wertpapieraufsicht

   d) Kommunalaufsicht

   e) Fondsaufsicht

5. Welche Aufgaben erfüllen Schlichtungsstellen? (MC)

   a) Sie beraten und vertreten den Verbraucher in rechtlichen Angelegenheiten.

   b) Sie versuchen, bei Verbraucherstreitigkeiten außergerichtlich zu schlichten.

   c) Sie vertreten die Anliegen der Verbraucher gegen ein Entgelt.

   d) Sie sind unabhängig von den Streitparteien und leicht zugänglich.

6. Welche Grundsätze gelten für die Verarbeitung personenbezogener Daten? (MC)

   a) Die Datenerhebung darf nur für den festgelegten und eindeutigen Zweck erfolgen.

   b) Personenbezogene Kundendaten dürfen ohne Zustimmung des Kunden an Dritte weitergegeben werden, sofern diese dem Datenschutz unterliegen.

   c) Wenn der Betroffene zustimmt, dürfen Daten in unbegrenztem Umfang gespeichert werden.

   d) Der Verantwortliche muss die Einhaltung der Datenschutzgrundsätze nachweisen können.

   e) Für die Sicherung der Kundendaten müssen entsprechende technische und organisatorische Maßnahmen gewährleistet sein.

   f) Der Kunde hat lediglich bei berechtigtem Interesse das Recht, Informationen über seine gespeicherten Daten zu erhalten.

7. Welche Datenschutzrechte hat ein Betroffener? (MC)

   a) Auskunftsrecht

   b) Dokumentationsrecht

   c) Widerspruchsrecht

   d) Melderecht bei Datenverlust

   e) Recht auf Berichtigung

   f) Recht auf Datennutzung

8. Welche Pflichten schreibt die DSGVO dem Verantwortlichen für den Datenschutz vor? (MC)

   a) Datenmaximierung

   b) Meldepflicht bei Kundenverlust

   c) Datenschutzfolgeabschätzung

   d) Datenschutzbeauftragter

   e) Datenschutzerklärung gegenüber dem Betroffenen

   f) Zweckfindung

3 Offene Investmentvermögen

3.1 Märkte für Finanzanlagen

Ihr Kunde – Inhaber eines mittelständischen Unternehmens – erzählt Ihnen von seinen aktuellen Investitionsplänen für seine Firma. Für das nächste Jahr plant er den Bau einer neuen Produktionshalle. Ein Teil soll durch eigene Mittel finanziert werden, für den anderen Teil ist er noch auf der Suche nach Kapitalgebern. Der erste Weg führte zu seiner Hausbank. Das Kreditangebot ist mit einem attraktiven Zinsangebot, aber auch mit einigen Auflagen hinsichtlich der Besicherung ausgestattet. Nun prüft er die Möglichkeit einer Fremdkapitalbeschaffung über den Finanzmarkt, genauer gesagt den Rentenmarkt. Da sein Unternehmen über ein gutes Bonitätsrating verfügt, kann er eine verzinsliche Anleihe zum aktuellen Marktzinsniveau auflegen. Das lässt sich günstiger als das Angebot seiner Bank gestalten, zumal er hierfür keine Sicherheiten hinterlegen muss und noch dazu in die Anleihebedingungen eine jederzeitige Rückzahlungsmöglichkeit einfügen kann. Wie bei einem Bankkredit sind die Anleihekäufer nur Gläubiger für den investierten Kapitalbetrag. Wäre Ihr Kunde Inhaber einer Aktiengesellschaft, hätte er eine weitere Kapitalbeschaffungsmöglichkeit am Finanzmarkt. Er könnte neue Aktien im Rahmen einer so genannten Kapitalerhöhung herausgeben. Dadurch würde er allerdings kein Fremd-, sondern Eigenkapital für sein Unternehmen erhalten und die Aktionäre wären Teilhaber an seinem Unternehmen mit den entsprechenden Gewinn- und Mitspracherechten. Dafür müsste er das Kapital nicht zu einem bestimmten Zeitpunkt zurückzahlen. Seine Hausbank würde trotzdem mitverdienen, da sie die Anleihe oder die Aktien für ihn an den Markt bringen würde.

> **Finanzmarkt**
> *Finanzmarkt ist die übergeordnete Bezeichnung für alle Märkte, auf denen mit Kapital (Geld) gehandelt wird.*
> *Märkte, die zum Finanzmarkt gehören sind Teil eines Finanzsystems, über das sich Institutionen wie bspw. der Staat oder private Unternehmen finanzieren, d.h. sich Kapital für Investitionen beschaffen können. Diesen Kapitalsuchenden stehen die Kapitalgeber, die Anleger gegenüber.*

Nun haben Sie schon einmal hinter die Kulissen der Finanzmärkte geschaut, quasi auf die andere Seite der Finanzanlagen. Sie kennen die Gründe und die verschiedenen Möglichkeiten eines Unternehmens, um sich mit frischem Kapital einzudecken.

Doch mit welchen Produkten haben Sie es an den Finanzmärkten zu tun? Ein paar haben Sie schon im vorherigen Kapitel kennen gelernt: Aktien, Anleihen oder ETFs.

Tauchen wir nun gemeinsam ab in die Tiefen der Finanzmarktanlagen. Am Ende dieses Kapitels kennen Sie die Finanzanlagen, in die Fondsmanager offener Investmentvermögen investieren können. Sie stellen die Basis dar, auf der das breite Angebot offener Investmentvermögen steht.

Verschaffen Sie sich zunächst einen Überblick über die Finanzmärkte und über einige Fachbegriffe, von denen Sie teilweise bestimmt schon gehört haben.

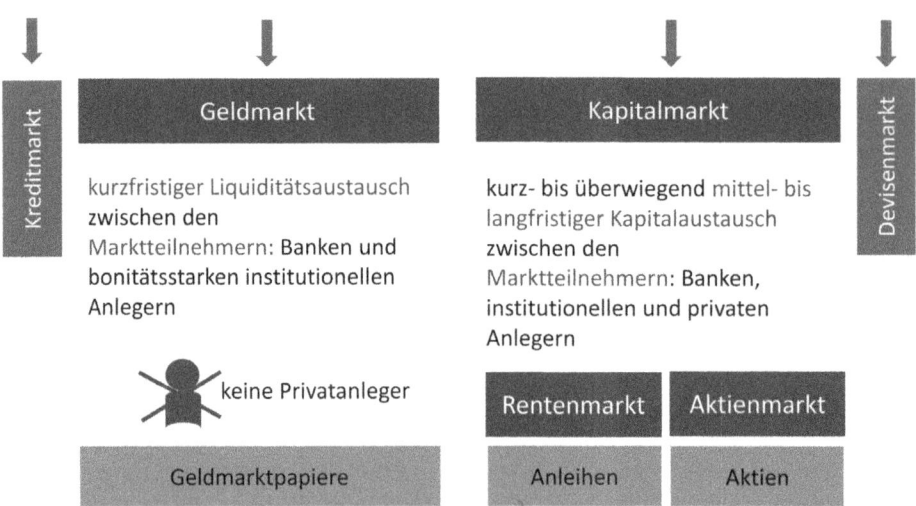

Abb. 118: Finanzmärkte

Der Finanzmarkt unterteilt sich in verschiedene Teilmärkte, daher auch die Bezeichnung als Finanzmärkte (Oberbegriff).

Für Ihre IHK-Prüfung zum / zur Finanzanlagenfachmann/-frau spielen der Kreditmarkt und der Devisenmarkt lediglich eine untergeordnete Rolle. Daher werde ich im Laufe dieses Buches nicht näher auf diese Teilmärkte eingehen. Hier nur eine grundsätzliche Erläuterung.

Der Kreditmarkt ist ein Markt, an dem Kreditverträge angeboten werden. Am Devisenmarkt werden Währungen gehandelt.

Die Finanzmärkte dienen:

- der **Kapitalbeschaffung**: Die Herausgeber von Wertpapieren (Emittenten) beschaffen sich Eigen- oder Fremdkapital von privaten oder institutionellen Anlegern. Der Anleger erhält für sein Kapital die mit den erworbenen Wertpapieren verbundenen Rechte (bspw. Anspruch auf Zins- und Kapitalrückzahlung oder Dividendenzahlung).

- dem **Kapitalaustausch**: Gehandelt wird mit neu herausgegebenen Wertpapieren und bereits herausgegebenen Wertpapieren. An den Wertpapierbörsen werden das Angebot der Verkäufer und die Nachfrage der Käufer laufend ins Gleichgewicht gebracht und die entsprechenden Börsenkurse berechnet. Der Wertpapierhandel erfolgt über Kreditinstitute und Finanzdienstleistungsinstitute (Wertpapierhandelsunternehmen u. a.).

- der **Kapitalbewertung**: Kauf und Verkaufsentscheidungen der Marktteilnehmer erfordern transparente Informationen. Diese sind neben den aktuellen Börsenkursen und -umsätzen auch die Publikationen (Veröffentlichung von Unternehmensinformationen) und Daten zu den Unternehmen und deren an der Börse gehandelten Wertpapieren.

Börsen sind wichtige nationale und internationale Stimmungsbilder für die wirtschaftliche und konjunkturelle Entwicklung der jeweiligen Volkswirtschaften.

Börse

Der Begriff Börse bezeichnet Märkte, an denen regelmäßig handelbare Güter ausgetauscht werden. Die Waren müssen dazu nicht selbst vor Ort sein. Beispiele für Börsen sind die Devisenbörsen (Handel mit ausländischen Währungen), Warenbörsen (Handel mit Rohstoffen u. ä.) und die Wertpapierbörsen (Handel mit Wertpapieren wie Aktien oder Anleihen).

Die **Börsenkurse** werden wie bei jedem funktionierenden und geregelten Markt durch Angebot und Nachfrage beeinflusst und spiegeln die aktuelle Marktsituation wider.

Die **Börsenaufsicht** an den Wertpapierbörsen wird von drei Institutionen wahrgenommen:

- Bundesanstalt für Finanzdienstleistungsaufsicht (BaFin)

- Börsenaufsichtsbehörden der Bundesländer, in denen Wertpapierbörsen bestehen

- Handelsüberwachungsstellen der jeweiligen Wertpapierbörsen

Überwacht werden vor allem die Beachtung der Verbote von Insidergeschäften, Kurs- und Marktpreismanipulationen.

Ein Börsenindex (plural: Börsenindizes) ist das Spiegelbild eines bestimmten und vorher genau definierten Börsenmarktsegmentes (z. B. Aktienindex oder Rohstoffindex). Der Index bezieht sich auf einen festen Ausgangszeitpunkt und eine feste Basis (z. B. Kurse am 30. Dezember 2000 als Basis 100). Danach erfolgt eine Gewichtung der einzelnen Wertpapiere und es werden u. a. Regeln für die Aufnahme bzw. den Ausschluss aus dem Index festgelegt. Indizes werden von verschiedenen Indexanbietern angeboten, wie bspw. der Deutsche Aktienindex DAX° von der Deutschen Börse AG.

Index

Ein (Wertpapier-)Index ist der Oberbegriff für Aktien- und Rentenindizes. Er spiegelt die Gesamtverfassung eines Marktes oder Marktsegmentes wider. Wertpapierindizes werden in der Regel auch als Erfolgsmaßstäbe (Benchmarks) für offene Investmentvermögen eingesetzt.

Performance-Index

Bei einem Performance-Index werden im Gegensatz zum Preis-Index die Erträge (z. B. Dividenden oder Zinsen) reinvestiert, d. h. wieder angelegt. Ein Performance-Index gibt dadurch ein umfassendes Bild über die Wertentwicklung der zugrunde liegenden Wertpapiere.

Beispiele sind der DAX° (den DAX° gibt es zwar auch als Kursindex, der in der Öffentlichkeit genannte DAX° ist jedoch der DAX° Performance-Index) oder der REXP.

Kurs-(Preis-)Index

Die laufenden Erträge bleiben bei einem Kurs- oder Preis-Index unberücksichtigt. Ein Kurs-Index ist eine reine Kursbetrachtung des Marktsegmentes, das von ihm abgebildet wird.

Beispiele sind der REX und der EURO STOXX 50˙.

Voraussetzungen für funktionierende Börsen sind:

- regelmäßiger, d.h. börsentäglicher Handel
- Kursfeststellung nach festen Regeln
- Handel mit von der jeweiligen Börse zum Handel zugelassenen Handelsobjekten (z.B. Wertpapiere)
- Marktplatz für eine hohe Anzahl von Käufern und Verkäufern

Die gesetzlichen Regelungen für die Wertpapierbörsen finden sich im Börsengesetz und in der Börsenordnung.

▶ Exkurs: Finanzmarktkrise

Die letzte Finanzmarktkrise liegt zwar schon etwas zurück, ist aber noch immer ein Maßstab und Beispiel für mögliche zukünftige Finanzmarktkrisen.

Die Finanzmarktkrise 2008 / 2009 nahm 2007 ihren Anfang am Immobilienmarkt der Vereinigten Staaten von Amerika. Niedrige Zinsen – und hier haben wir bereits eine erste Parallele zur aktuellen Marktsituation des Jahres 2016 – über einen längeren Zeitraum führten zu verstärkten Bauaktivitäten und einer Spekulationsblase am Immobilienmarkt. Die Immobilienpreise verdoppelten sich teilweise innerhalb von nur 5 Jahren.

Mit dem plötzlichen Anstieg der Zinsen konnten viele finanzschwache Kreditnehmer ihren Verpflichtungen aus ihren Kreditverträgen nicht mehr nachkommen und mussten ihre Immobilien zwangsweise verkaufen. Diese Verkäufe erfolgten aufgrund der Notsituation in der Regel weit unter dem tatsächlichen Wert und vor allem weit unter dem ursprünglichen Kaufpreis der Immobilien. Die Folge war ein einsetzender Preisverfall am gesamten US-amerikanischen Immobilienmarkt. Dies brachte weitere Marktteilnehmer ins Trudeln. Die US-Hypothekenbanken, deren Hauptgeschäftsfeld die Immobilienfinanzierung ist, sahen sich nicht nur unterschätzter Kreditausfälle gegenüber. In den Jahren vor der Krise hatten viele Hypothekenbanken neu entwickelte Finanzinstrumente genutzt, die es ihnen ermöglicht hatten, die Ausfallrisiken weltweit auf andere Investoren und Marktteilnehmer zu verteilen. Und so konnte die zunächst auf die USA begrenzte Kreditmarktkrise zu einer weltweiten Finanzmarktkrise werden.

Der Konkurs der renommierten US-Investmentbank Lehmann Brothers im September 2008 und die erforderliche Fast-Verstaatlichung (die US-Regierung übernahm durch eine Milliarden-Investition 80 % der Unternehmensanteile) des weltgrößten Versicherungsunternehmens American International Group (AIG) lösten weltweit Turbulenzen an den Aktien- und Rentenmärkten in massivem Umfang aus. Lehmann Brothers war einer der weltweit größten Zertifikateanbieter. Die Zertifikate wurden durch die Insolvenz des Emittenten mit einem Schlag wertlos.

Auch der Geldmarkt wurde in Folge in Mitleidenschaft gezogen, und die Finanzmarktkrise wurde zur Bankenkrise. Die Banken verloren zunehmend das Vertrauen untereinander, da keiner mehr wusste, wer in welchem Maße von einer Insolvenz oder Verstaatlichung betroffen sein könnte. Doch ohne Vertrauen der Banken untereinander konnte der Geldmarkt als wichtige Liquiditätsausgleichsquelle für das Banksystem nicht mehr funktionieren. Erstmals wiesen sogar Geldmarktfonds Verluste auf, und der Geldmarkt kam gänzlich zum Stillstand. Diese Bankenkrise erforderte Rettungspläne der Regierungen und die Zentralbanken mussten Liquiditätsengpässe durch ein erhöhtes Volumen an Zentralbankgeld schließen.

Da nicht alle Staaten die dazu notwendige Finanzkraft für die weitestgehend aus Steuermitteln finanzierten Rettungsmaßnahmen besaßen, weitete sich die Bankenkrise im europäischen Wirtschaftsraum auch zu einer Eurokrise aus. Insbesondere bereits vor der Krise überschuldete EU-Staaten (z. B. Griechenland und weitere südeuropäische Staaten) brachten und bringen die Gemeinschaftswährung Euro zum Wanken, und so genannte Euro-Rettungsschirme versuchten, das Schlimmste zu verhindern.   ◄

3.1.1 Geldmarkt

Abb. 119: Funktionsweise des Geldmarktes

Wie funktioniert der Geldmarkt?

Der Geldmarkt ist ein Markt für kurzfristige Geldanlagen, auf dem die Marktteilnehmer Liquidität anbieten und nachfragen.

Marktteilnehmer sind ausschließlich institutionelle Anleger, d. h. Banken, Versicherungen, Notenbanken (EZB, Bundesbank), Kapitalanlagegesellschaften (Herausgeber von offenen Investmentvermögen) und Unternehmen mit sehr guter Bonität.

Privatanleger können nicht direkt in den Geldmarkt investieren. Sie können von den Möglichkeiten und dem Zinsniveau des Geldmarktes über die Einlageprodukte der Banken oder über einen Geldmarktfonds profitieren.

Die Geldmarktzinsen sind von der hohen Bonität der Marktteilnehmer, den Laufzeiten, den Leitzinsen der EZB, den hohen Anlagevolumen („Großanleger") und wie immer von Angebot und Nachfrage abhängig.

Risiken sind das – wenn auch geringe – Ausfallrisiko der Marktteilnehmer und das Zinsänderungsrisiko.

▶ Exkurs: Euribor° (Euro Interbank Offered Rate)

Euribor° ist der Zinssatz, den europäische Banken mit Sitz in der europäischen Währungsunion (Eurozone) untereinander für befristete Kapitaleinlagen mit einer festgelegten Laufzeit von 1 Woche, 1, 3, 6 und 12 Monaten (insgesamt somit 5 Laufzeitstufen) verlangen (www.euribor-rates.eu).

Der Euribor° wird im Wirtschaftsteil ausgewählter Tageszeitungen täglich veröffentlicht.

Er gilt als **Referenzzinssatz**, d. h. „Richtwert" für:

- kurzfristige Kredite bis zu 12 Monaten Laufzeit

- variabel verzinste Euro-Anleihen

- Spareinlagen und Festgelder

Er repräsentiert den Durchschnitt aus den Zinssätzen, zu denen sich ausgewählte (die Auswahl erfolgt durch den Beratungsausschuss der Europäischen Bankenunion) europäische Banken (auch Panel-Banken genannt) mit höchster Bonität untereinander für einen festgelegten Zeitraum unbesicherte Euro-Kredite gewähren. Allerdings werden bis jetzt dazu keine tatsächlichen Transaktionsdaten einbezogen, sondern lediglich die Einschätzungen der Banken aufgrund ihrer theoretischen Beobachtung der Marktsituation. Um Manipulationen zu erschweren, müssen ab 2021 zumindest teilweise die tatsächlichen Transaktionen einbezogen werden. Dies fordert die EU-Benchmarkverordnung. ◀

Welche Anlageformen gibt es für die Marktteilnehmer am Geldmarkt?

Zum einen wird mit Geld in Form von unverbrieften Tages- und Termingeldern mit Laufzeiten von in der Regel bis zu 12 Monaten gehandelt.

Verbriefung

Verbriefung bedeutet die Umwandlung von Forderungen in handelbare Wertpapiere. Der Kreditgläubiger kann aus einem Kreditvertrag ein handelbares Wertpapier machen, durch das die Forderung leichter von einem Gläubiger auf einen anderen Gläubiger übertragen werden kann. Der Erwerber des Wertpapiers trägt das Risiko von Marktpreis- d. h. Kursschwankungen und das mögliche Risiko des Kreditausfalls. Als Ausgleich dafür erhält er eine Verzinsung.

Darüber hinaus wird mit verbrieften Produkten, den **Geldmarktinstrumenten** (auch **Geldmarktpapiere** oder **Geldmarkttitel**) gehandelt.

Dazu gehören bspw.:

- Schatzwechsel zur Finanzierung der öffentlichen Hand
- Commercial Papers (CP): unbesicherte Inhaberschuldverschreibungen zur Finanzierung von Unternehmen
- Certificates of Deposits (CD): Inhaberschuldverschreibungen, die von Kreditinstituten zur Kapitalbeschaffung ausgegeben werden

---

Geldmarktinstrumente

Geldmarktinstrumente sind gemäß § 1 Abs. 11 Satz 2 Kreditwesengesetz (KWG) alle Arten von Forderungen, die auf dem Geldmarkt gehandelt werden. Darüber hinaus müssen sie standardisiert und übertragbar sein.

Zahlungsinstrumente, d. h. Zahlungsmittel, wie Bargeld oder Schecks, sind keine Geldmarktinstrumente.

Welche weiteren Merkmale weist der Geldmarkt auf?

Anlagemotive	Sicherheit und Liquidität
Chancen	hohe Emittentenbonität
Risiken	geringe Rendite, geringes Emittentenrisiko, Zinsänderungsrisiko
Benchmark/ Index	Euribor®
Emittenten	Notenbanken, Banken, Versicherungen, öffentliche Hand, Unternehmen
Einflussfaktoren auf die Kursbildung	Angebot von und Nachfrage nach Liquidität, Leitzinsen der EZB
Volatilität	geringe Kursschwankungen
Bonität	abhängig vom Emittenten, i.d.R. hoch

Abb. 120: Merkmale des Geldmarktes

Anlagen am Geldmarkt stehen für kurzfristig wieder verfügbare Liquidität und zeichnen sich durch eine hohe Bonität der Emittenten aus. Das geringe Kursschwankungsrisiko ist ebenfalls ein wesentliches Merkmal.

Wie können Privatanleger vom Geldmarkt profitieren?

Sie können indirekt über die Einlageprodukte der Banken (Sparbuch, Tagesgeld, Festgelder, Sparbriefe mit kurzer Laufzeit) oder über einen Geldmarktfonds von den Möglichkeiten des Geldmarktes profitieren.

Die Chancen des Geldmarktes liegen in den Großanlegerkonditionen hinsichtlich einer geldmarktorientierten Verzinsung, den in der Regel sehr geringen Kosten und der kurzen Laufzeiten bzw. Verfügungsmöglichkeiten des eingesetzten Kapitals.

Wie unterscheidet sich der Kapitalmarkt vom Geldmarkt?

Wie Sie schon bei der Darstellung der Finanzmärkte sehen konnten, unterscheiden sich diese beiden Marktsegmente einerseits hinsichtlich der Laufzeitstruktur und andererseits hinsichtlich der Emittenten und Produkte und somit zweier unterschiedlicher Zielrichtungen:

- Der Geldmarkt ist der Markt für kurzfristigen Liquiditätsausgleich.
- Der Kapitalmarkt ist der Markt für die kurz- bis langfristige Fremdkapitalbeschaffung (Rentenmarkt) bzw. Eigenkapitalbeschaffung (Aktienmarkt).

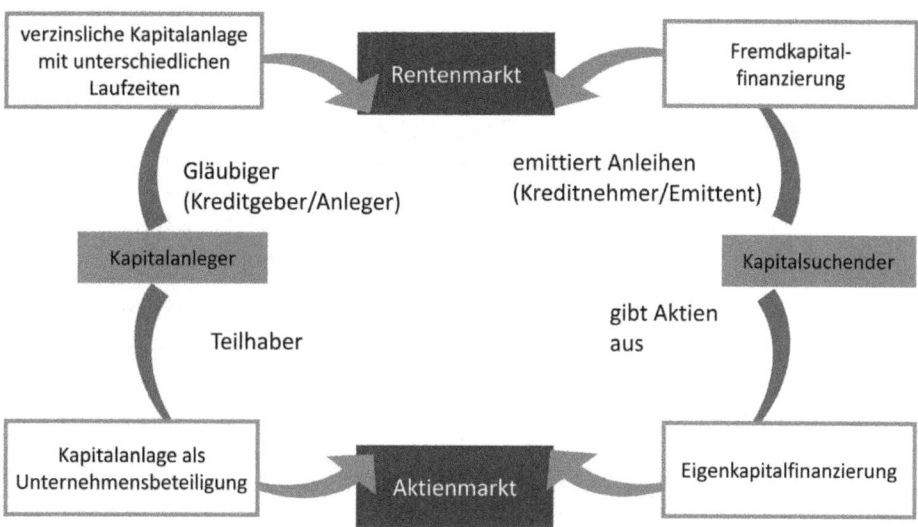

Abb. 121: Der Kapitalmarkt

Die Unternehmen, die sich über den Rentenmarkt Kapital beschaffen, können unterschiedliche Rechtsformen haben. Sie müssen lediglich die jeweiligen Marktstandards erfüllen.

Am Aktienmarkt sind Kapitalsuchende börsennotierte Unternehmen in der Rechtsform einer Aktiengesellschaft (AG).

Ein weiterer Unterschied zum Geldmarkt: Am Kapitalmarkt können auch Privatanleger direkt investieren.

Der Kapitalmarkt unterliegt klaren Regelungen und hat teilweise sehr hohe Qualitätsanforderungen an die Emittenten. Die europaweit geltenden Regulierungen bieten dem Kapitalmarktanleger je nach Marktsegment und dem damit verbundenen Transparenzstandard eine entsprechende Informationssicherheit.

▶ Exkurs: Marktsegmente und Transparenzstandards des europäischen Kapitalmarktes

EU-regulierter Markt	Gesetzliche Vorgaben u.a.:	Zusätzliche Vorgaben u.a.:
Prime Standard / **General Standard**	■ Ad-hoc-Publizität ■ Offenlegung Director's Dealings ■ Meldung von Beteiligungs-schwellen und bei Kontroll-wechsel ■ Insiderregeln ■ Jahresabschluss und Zwischenbe-richte nach IFRS*	■ Unter-nehmens-kalender ■ Analysten-konferenz ■ Quartalsbe-richte in engl. Sprache
Börsenregulier-ter Markt (Open Market)		
Scale / **Quotation Board** / **Basic Board**	■ Insiderregeln ■ Marktmiss-brauch ■ Jahresabschluss	■ Jahresab-schluss nach HGB ■ Unter-nehmens-portrait und wesentliche Unter-nehmens-nachrichten

(Vertikale Achse links: Zunehmende Transparenz ↑; Vertikale Achse rechts: Abnehmende Regulierung ↓)

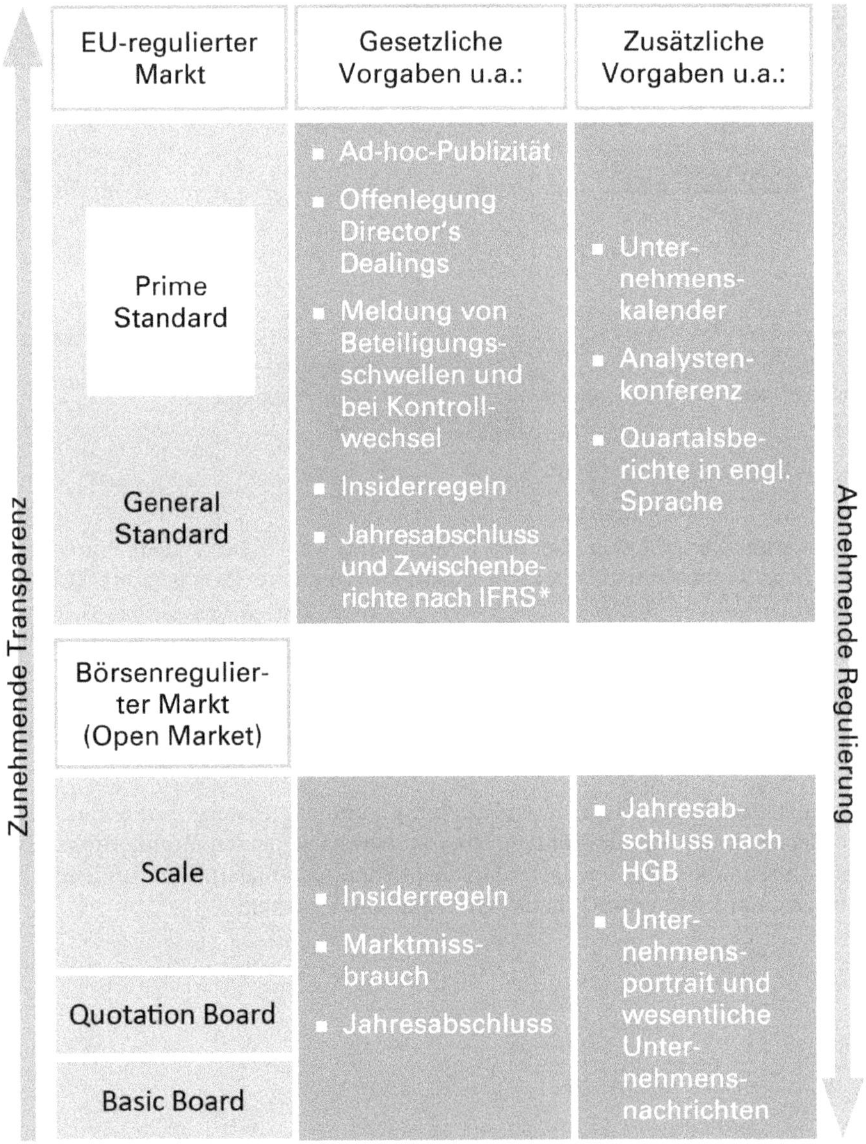

* International Financial Reporting Standards (IFRS) sind internationale Rechnungslegungsvorschriften für Unternehmen

Abb. 122: Transparenzstandards des europäischen Kapitalmarktes, angelehnt an die Informationen der Deutschen Börse AG

Die Marktsegmente unterscheiden sich vor allem durch ihre jeweiligen Zulassungsbedingungen und den Transparenzgrad (sog. Publizitätsvorschriften, d. h. Informationsveröffentlichungspflichten). Die unterschiedlichen Marktregulierungen beziehen sich bspw. auf den Umfang der Jahresabschlüsse und die Kommunikation zu kursbestimmenden Unternehmensentwicklungen. Marktsegmente mit geringerer Regulierung sollen kleinen und noch jungen Unternehmen den Kapitalmarktzugang erleichtern. Ein Marktsegment mit hohem Regulierungsgrad schützt die Investoren.

EU-regulierter Markt

Das Zulassungsverfahren zu diesem Marktsegment ist gesetzlich geregelt. Unternehmen dieses Marktsegmentes unterliegen den höchsten europäischen Transparenzanforderungen. Innerhalb des EU-regulierten Marktes wird hinsichtlich der Transparenzstandards zwischen dem Prime Standard und dem General Standard unterschieden.

General Standard

Die Aufnahme in den General Standard erfolgt automatisch, wenn eine Aktie zum EU-regulierten Marktsegment zugelassen wird. Dieser Standard ist ausreichend, wenn überwiegend nationale Investoren gesucht werden.

Prime Standard

Die Unternehmen des Prime Standard müssen zusätzlich zum General Standard internationale Transparenzstandards erfüllen, um auch für ausländische Investoren interessant zu sein. Der Prime Standard ist die Voraussetzung für die Aufnahme in einen der Indizes der Deutschen Börse, wie bspw. dem DAX. Wertpapiergeschäfte des Vorstandes und der Führungskräfte müssen offengelegt werden (engl. Directors Dealing).

Börsenregulierter Markt (Open Market)

Der Open Market (frühere Bezeichnung: Freimarkt) ist privatrechtlich geregelt und weist vergleichsweise geringe Standards und Regulierungen auf. Anstelle des WpHG gelten hier die Allgemeinen Geschäftsbedingungen der Deutsche Börse AG. Damit ist er vor allem für kleine, mittelgroße und noch junge Unternehmen ein einfacher und kostengünstiger Kapitalmarktzugang. In diesem Marktsegment werden auch ausländische Aktien, verzinsliche Anleihen in- und ausländischer Emittenten, Zertifikate und Optionsscheine gehandelt. Anleger sollte sich hier Zeit für eine solide Informationsbeschaffung lassen. Am börsenregulierten Markt wird hinsichtlich der Transparenzstandards zwischen Scale und dem Quotation Board unterschieden.

Scale

Scale ist das für Aktien von kleinen und mittelgroßen Unternehmen (KMU) aus dem deutschen und europäischen Mittelstand Teilsegment des Open Market. Es öffnet diesen Unternehmen die Möglichkeit, sich durch die auf sie zugeschnittenen Einbeziehungsvoraussetzungen, Eigenkapital von nationalen und internationalen Investoren zu beschaffen.

Basic Board

Basic Board ist das Teilsegment für Unternehmen, die die Anforderungen von Scale nicht erfüllen und dennoch an der Frankfurter Börse gelistet werden möchten. Die Pflicht zur Veröffentlichung ihrer Finanzberichte gilt auch für diese Unternehmen.

Quotation Board

In das Quotation Board werden alle Unternehmen einbezogen, deren Aktien bereits an einem anderen internationalen oder nationalen Handelsplatz zugelassen wurden und die die Einbeziehung in den Open Market beantragen. ◀

3.1.2 Rentenmarkt

Wie funktioniert der Rentenmarkt?

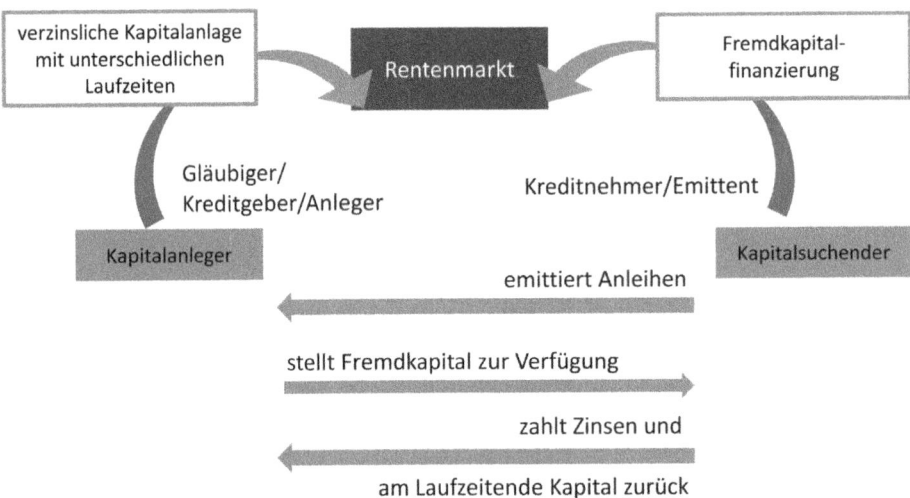

Abb. 123: Der Rentenmarkt

Der Rentenmarkt ist ein Teilmarkt des Kapitalmarktes. Er ist der Markt für den Handel mit börsennotierten Anleihen. Anleihen verbriefen vor allem zwei wesentlichen Forderungen:

- Recht auf Zinszahlung (Entgelt für die Kapitalüberlassung)
- Recht auf Kapitalrückzahlung (Tilgung)

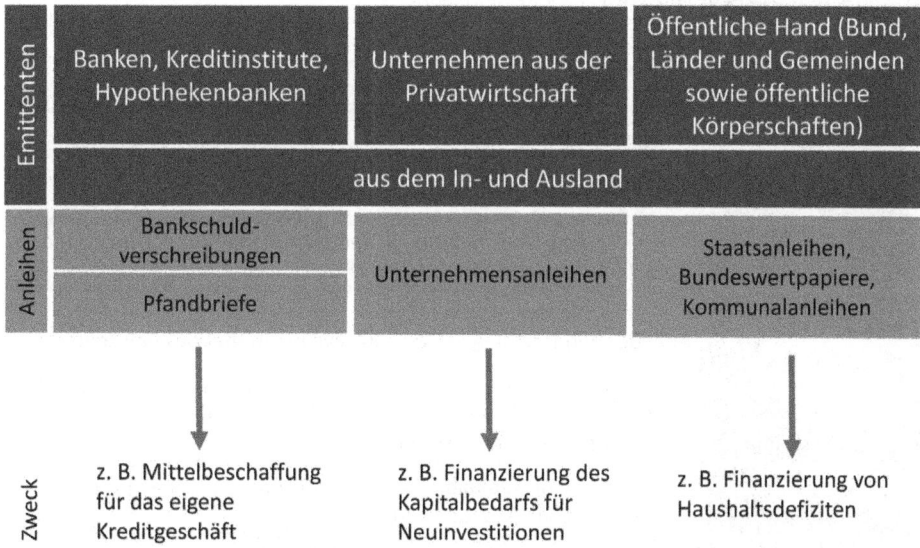

Abb. 124: *Anleiheformen und Anleiheemittenten am Rentenmarkt*

Die Kapitalbeschaffung über den Rentenmarkt bietet Unternehmen, Kreditinstituten und der öffentlichen Hand eine Alternative zum Bankkredit als Finanzierungsmöglichkeit für ihre Investitionsvorhaben. Die Emittenten müssen am Rentenmarkt keine Sicherheiten stellen und können die Anleihebedingungen (Zinssatz, Laufzeit, Kündigungsmöglichkeiten für den Emittenten u. a.) selbst festlegen.

Für den Anleihezinssatz gelten zwei grundsätzliche Regeln:

1. Je besser die Bonität, d.h. Zahlungsfähigkeit des Emittenten, umso günstiger kann er sich Kapital über den Rentenmarkt beschaffen.

2. Das allgemeine Marktzinsniveau ist Orientierung für die Verzinsung, um Nachfrage und Kapitalgeber zu finden.

Welche Anlageformen und Anleiheemittenten bietet der Rentenmarkt?

Die unterschiedlichen Bezeichnungen für Anleihen bzw. verzinsliche Wertpapiere ergeben sich oft aus der jeweiligen Gruppe an Emittenten (z. B. Unternehmensanleihen).

Wie können Privatanleger vom Rentenmarkt profitieren?

Privatanleger können sich zwar kein Kapital über den Rentenmarkt beschaffen, aber sie können als Anleger und Kapitalgeber direkt in die börsennotierten Anleihen oder indirekt über Rentenfonds investieren.

Welche weiteren Merkmale weist der Rentenmarkt auf?

Anlagemotive	kurz- bis langfristiger Anlagehorizont, renditeorientierte Anlage mit fest vereinbarten Rahmenbedingungen (z.B. jährliche Zinszahlungen)
Chancen	Renditen auf Kapitalmarktniveau, Mündelsicherheit
Risiken	Bonitätsrisiko des Emittenten, Zinsänderungsrisiko, Kündigungsrisiko und ggf. Währungsrisiko
Benchmark/ Index	REX, REXP, Umlaufrendite
Emittenten	Kreditinstitute, Unternehmen, Öffentliche Hand (Bund, Länder und Gemeinden) aus dem In- und Ausland
Einflussfaktoren auf die Kursbildung	Angebot und Nachfrage, Marktzinsniveau, Bonität des Emittenten
Volatilität	geringe bis hohe Kursschwankungen (Volatilität) abhängig von den kursbeeinflussenden Faktoren,
Duration	unterschiedliche Kapitalbindungsdauer (Duration) abhängig von Laufzeit, Zinssatz und Kurswert
Bonität	abhängig vom Ermittenten (Bund: hoch, Unternehmen: individuell abhängig von den Unternehmenszahlen (Gewinn, Umsatz u. ä.))

Abb. 125: Merkmale des Rentenmarktes

Anleihen sind für Anleger mit unterschiedlichen Laufzeitvorstellungen und dem Wunsch nach regelmäßigen Zinszahlungen geeignet.

Börsennotierte Anleihen bieten sowohl die Chance auf eine marktübliche Verzinsung als auch die Chance auf Kursgewinne bei einem Verkauf der Anleihe während der Laufzeit.

Der Faktor Sicherheit hängt maßgeblich von der Bonität des Emittenten ab. Darin liegt eines der Risiken von Anleihen. Dazu kommt das Risiko von Marktzinsänderungen, die Einfluss auf den Kurs der Anleihe haben. Als Kündigungsrisiko wird das Risiko für den Anleger bezeichnet, dass der Emittent die Anleihe vor Ablauf der vereinbarten Laufzeit kündigen und das Kapital an die Anleger somit vorzeitig zurückzahlen kann. Der Anleger muss sich dann nach einer neuen gleichwertigen Anlage umschauen. Ein Währungsrisiko besteht, wenn die Anleihe auf eine andere Währung als den Euro lautet.

Als Emittenten können am Rentenmarkt grundsätzlich alle Marktteilnehmer einer Volkswirtschaft – mit Ausnahme von Privatpersonen – auftreten.

Mündelsicherheit

§ 1806 BGB

„Der Vormund hat das zum Vermögen des Mündels gehörende Geld verzinslich anzulegen, soweit es nicht zur Bestreitung von Ausgaben bereitzuhalten ist."

Unter der Mündelsicherheit versteht man den Schutz der Vermögenswerte von unter Vormundschaft stehenden Personen (= Mündel). Das Bürgerliche Gesetzbuch BGB bestimmt die Anlageformen, in denen Mündelgeld angelegt werden darf (§ 1807 BGB). Diese weisen nur ein sehr geringes Verlustrisiko auf. Dazu gehören bspw. Bundesanleihen und Pfandbriefe. Die Mündelsicherheit kann beim Produktgeber erfragt werden.

▶ Exkurs
Deckungsstockfähigkeit

Die Deckungsstockfähigkeit basiert auf dem Versicherungsaufsichtsgesetz (VAG). Dieses verlangt vom Versicherungsunternehmen die Bildung eines gesonderten Vermögens (Deckungsstockvermögen) zur jederzeitigen Erfüllung der Ansprüche der Versicherungsnehmer. Dieser Deckungsstock ist aus den laufenden Versicherungsprämienzahlungen zu bilden. Das Versicherungsunternehmen darf dieses Deckungsstockvermögen unter anderem auch in Wertpapiere anlegen, die besonderen Anforderungen hinsichtlich Sicherheit, Liquidität und Rentabilität genügen müssen. Welche Wertpapiere deckungsstockfähig sind, wird durch das Versicherungsaufsichtsgesetz VAG geregelt. Der Kreis der deckungsstockfähigen Anleihen schließt die mündelsicheren Wertpapiere ein und umfasst darüber hinaus weitere Wertpapiere.

Notenbankfähigkeit

Wertpapiere werden als notenbankfähig bezeichnet, wenn sie bei der Europäischen Zentralbank sowie den nationalen Banken des „Europäischen Systems der Zentralbanken" (ESZB) – für Deutschland ist dies die Deutsche Bundesbank – beliehen werden können. Die hierfür ausgewählten Wertpapiere werden im Internet von der EZB täglich aktualisiert veröffentlicht. ◀

Welche Faktoren beeinflussen die Kursbildung am Rentenmarkt?

Wenn der Anleger seine Anleihe bis zum Laufzeitende behält, dann kann er die während der Laufzeit möglichen Kursschwankungen ignorieren. Er erhält auf jeden Fall 100 % seines eingesetzten Kapitals am Laufzeitende zurück – die Zahlungsfähigkeit des Emittenten vorausgesetzt.

Börsennotierte Anleihen können börsentäglich über die Börse gekauft und verkauft werden. Dabei gilt der aktuelle Anleihekurs. Dieser richtet sich vor allem nach den nachfolgenden Einflussfaktoren:

- Angebot und Nachfrage
- Bonität des Emittenten
- Marktzinsniveau

Lassen Sie uns nachfolgend einen detaillierteren Blick auf die Kurseinflussfaktoren bei verzinslichen Wertpapieren werfen.

Welche Faktoren beeinflussen die allgemeine Marktzinsentwicklung?

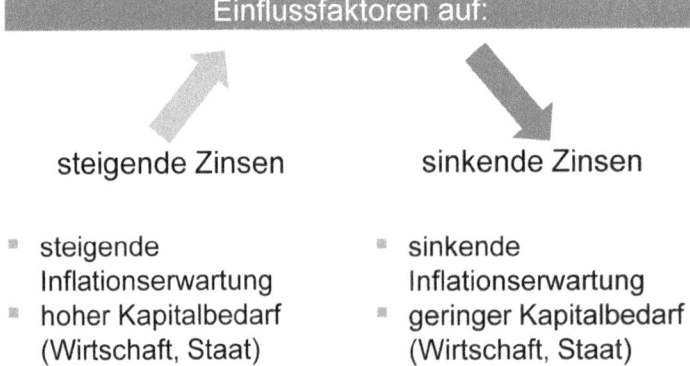

Abb. 126: Zinsentwicklung am Rentenmarkt

Wie beeinflusst die aktuelle Marktzinsentwicklung die Kurse bestehender Anleihen?

Abb. 127: Kursentwicklung am Rentenmarkt

Steigt das Marktzinsniveau und damit der Zins bei neu angebotenen Anleihen, bedeutet das sinkende Kurse von vergleichbaren am Markt bereits gehandelten Anleihen. Andererseits kann ein sinkendes Marktzinsniveau zu steigenden Anleihekursen führen. Der Kurs wirkt als ausgleichender Faktor für den Zinsunterschied.

Nominalverzinsung
Bei einer verzinslichen Anleihe wird der Ertrag, den der Anleger auf den Nennbetrag (Nominalwert) seiner Anlage erhält, als Nominalverzinsung bezeichnet. Der Nennbetrag ist der auf dem Wertpapier angegebene Wert (vergleichbar mit der Wertangabe auf einem Geldschein).

Folgende Regeln gelten für die Kursentwicklung am Rentenmarkt:

- Der aktuelle Anleihekurs ist abhängig vom Verhältnis der Nominalverzinsung zum aktuellen Marktzinsniveau (bezogen auf die entsprechende Restlaufzeit der betrachteten Anleihe).

- Je kürzer die Restlaufzeit, desto geringer fallen in der Regel die Kursschwankungen aus.

- Kursverluste/-gewinne kann der Anleger nur durch vorzeitigen Verkauf seiner Anleihe realisieren.

- Am Laufzeitende erhält der Anleger einer Anleihe sein eingesetztes Kapital unabhängig vom aktuellen Marktzinsniveau zurück (Zahlungsfähigkeit des Anleiheherausgebers vorausgesetzt).

Beispiel

Der Marktzins für Anleihen mit 10 Jahren Laufzeit beträgt aktuell 2 % p. a. Emittent A emittiert eine Anleihe mit 10 Jahren Laufzeit und 2 % p. a. Anleger A kauft diese Anleihe zum Ausgabekurs von 100 %. 2 Jahre später hat sich der Marktzins für Anleihen mit einer Laufzeit von 8 Jahren auf 3 % erhöht. Die Anleihe des Emittenten A wird weiterhin mit 2 % p. a. verzinst. Die Nachfrage am Markt nach dieser Anleihe sinkt, da das Kapital aufgrund des gestiegenen Marktzinses zu besseren Konditionen angelegt werden kann. Der Kurs notiert aktuell bei nur noch 97,5 %. Anleger A kann seine Anleihe im Moment somit nur mit einem Kursverlust verkaufen. Behält er seine Anleihe dagegen bis zum vereinbarten Laufzeitende, so erhält er sein eingesetztes Kapital zu 100 % zurück.

Welchen Einfluss hat die Bonität des Emittenten auf die Kursentwicklung von Anleihen?

Bevor sich ein Anleger für eine bestimmte Anleihe entscheidet, sollte er die Bonität des Emittenten prüfen, d. h. dass er sich die Frage stellen muss, ob der Emittent das erhaltene Kapital zum vereinbarten Laufzeitende zurückzahlen kann.

Verändert sich die Emittentenbonität während der Anleihelaufzeit, so hat dies in der Regel ebenfalls Auswirkungen auf die Kurse der von ihm emittierten Anleihen.

| Verbesserung der Bonität des Emittenten | = | steigende Kurse | Verschlechterung der Bonität des Emittenten | = | sinkende Kurse |

Abb. 128: Einfluss der Emittentenbonität auf die Kursentwicklung am Rentenmarkt

Die Emittentenbonität hat auch Einfluss auf den Nominalzins neuer Anleihen. Für eine im Vergleich zu anderen Marktteilnehmern schlechtere Bonität muss in der Regel als „Risikoprämie" ein höherer Nominalzins geboten werden. Umgekehrt können sich Emittenten mit sehr guter Bonität ihr Fremdkapital durch geringer als das Marktzinsniveau verzinste Anleihen beschaffen.

schlechte Bonität — höhere Nominalverzinsung als Marktzinsniveau — gute Bonität — niedrigere Nominalverzinsung als Marktzinsniveau

Abb. 129: Einfluss der Emittentenbonität auf die Nominalverzinsung von Neuemissionen

▶ Exkurs: Benchmarks für deutsche Anleihen

REX (Deutscher Renten-Index)

■ Kursindex für deutsche Rentenpapiere

■ Beinhaltet 30 idealtypische Anleihen mit ganzzahligen Laufzeiten, d. h. Laufzeiten von 1–10 Jahren, Nominalzins in Höhe von 6 %, 7,5 % und 9 %

■ Der REX ergibt sich aus der Summe der mit ihrem Marktanteil gewichteten Einzelanleihen.

REXP (Deutscher Renten-Performance-Index)

■ misst die Wertentwicklung am deutschen Rentenmarkt

■ erfasst neben der Kursveränderung des REX auch die Zinserlöse (Annahme: tägliche Reinvestition der durchschnittlichen Jahreszinserlöse) der im REX erfassten Anleihen.

Umlaufrendite

Die Umlaufrendite wird börsentäglich von der Deutschen Bundesbank ermittelt. Dabei werden alle auf Euro lautenden Anleihen von Emittenten mit erstklassiger Bonität aus dem Inland berücksichtigt, die eine Ursprungslaufzeit von mehr als 4 Jahren und eine Restlaufzeit von mehr als 3 Jahren haben. Die Deutsche Bundesbank berechnet neben der allgemeinen Umlaufrendite für den Gesamtmarkt auch die Umlaufrenditen für unterschiedliche Emittentengruppen (öffentliche Hand, Banken, Unternehmen). Die Umlaufrendite spiegelt somit das aktuelle Marktzinsniveau wider und ist ein wichtiger Indikator für die weitere Zinsentwicklung. ◀

3.1.3 Aktienmarkt

Wie funktioniert der Aktienmarkt?

Abb. 130: Aktienmarkt

Der Aktienmarkt ist ein weiterer Teilmarkt des Kapitalmarktes. Aktiengesellschaften beschaffen sich durch die Ausgabe von Aktien Eigenkapital am Aktienmarkt. Anleger, die eine Kapitalanlage in Form einer Unternehmensbeteiligung – auch Beteiligung am Produktivvermögen einer Volkswirtschaft genannt – suchen, werden durch den Erwerb von Aktien zu Teilhabern der Aktiengesellschaft. Je nach Art der Aktie, ist der Aktionär dividendenberechtigt und hat ein Mitspracherecht in der Hauptversammlung der Aktiengesellschaft.

Der Privatanleger oder andere Unternehmen, die keine Aktiengesellschaft sind, können keine Aktien ausgeben, aber auf unterschiedliche Art in den Aktienmarkt investieren:

- Direktanlage in Aktien: Der Anleger profitiert von positiven Kursentwicklungen und möglichen Dividendenzahlungen. Er trägt das Kursverlustrisiko und im Konkursfall der Aktiengesellschaft auch das Totalverlustrisiko seiner Kapitalanlage.

- Indirekte Beteiligung über Aktienfonds: Der Anleger profitiert durch die gesetzlich vorgeschriebene Risikostreuung von der Kursentwicklung und den möglichen Dividendenzahlungen verschiedener Aktien. Kursverluste einzelner Aktien können innerhalb des Aktienfonds-Sondervermögens durch Kursgewinne bei anderen Aktien ausgeglichen werden. Mehr Details zur Funktionsweise von Aktienfonds finden Sie im Kapitel 3.3.3 Aktienfonds.

- Indirekte Beteiligung über Zertifikate, die den Kurs einer Aktie, mehrerer Aktien oder eines Aktienindex nachbilden: Der Anleger profitiert von der Kursentwicklung, erhält jedoch keine Dividendenzahlungen. Im Falle einer Insolvenz des Zertifikateemittenten kann er sein eingesetztes Kapital verlieren, da er nicht direkt in die Aktien investiert hat. Mehr Details zur Funktionsweise von Zertifikaten finden Sie im Kapitel 2.2.3 Börsennotierte Finanzanlagen.

Wie wird die Kursentwicklung am Aktienmarkt beeinflusst?

Einflussfaktor		Reaktion der Börsenkurse
allgemeines Zinsniveau	steigende Kapitalmarktzinsen	⬇
	sinkende Kapitalmarktzinsen	⬆
allgemeine Wirtschafts- entwicklung	Konjunkturaufschwung	⬆
	Rezession	⬇
spezielle Unternehmens- daten	direkt auf die Einzelaktie	⬆
	indirekt auf den Markt	⬇
Politik	national	⬍
	international	⬍
Psychologie	positive Bewertung	⬍
	negative Bewertung	⬍

Abb. 131: Kursentwicklung am Aktienmarkt

Aktienkurse unterliegen im Vergleich zu anderen Anlageformen den größten Kursschwankungen. Wie am Rentenmarkt richtet sich der Kurs nach Angebot und Nachfrage. Das Angebot und die Nachfrage wiederum werden von weiteren Faktoren – wie in der Grafik dargestellt – beeinflusst. Vor allem die Psychologie der Marktteilnehmer ist oft schwer einzuschätzen oder gar vorauszusehen und stellt einen wichtigen Einflussfaktor sowohl positiv als auch negativ dar.

Die schon beschriebenen Marktsegmente des deutschen Kapitalmarktes dienen gleichzeitig auch als Basis für die unterschiedlichen Indizes am Aktienmarkt.

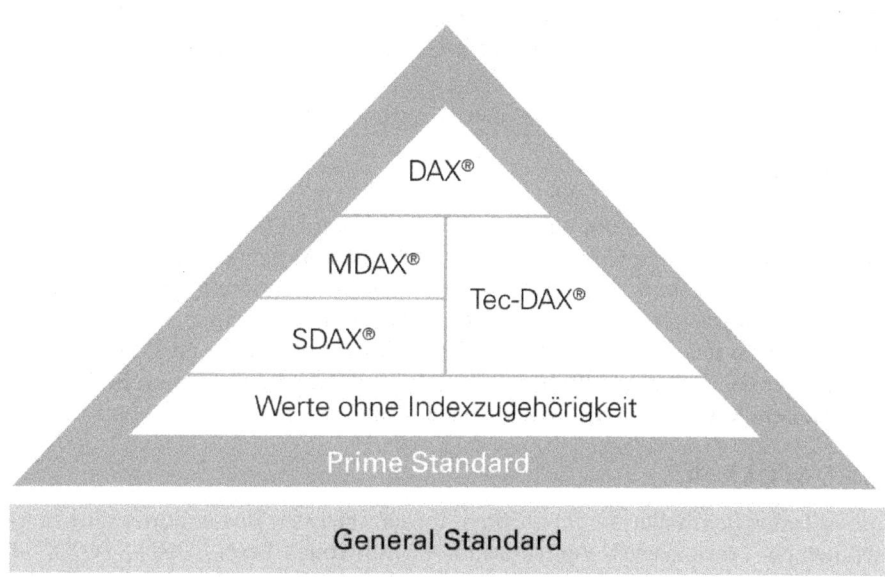

Abb. 132: Die Indexfamilie des deutschen Aktienmarktes

DAX®	Der deutsche Aktienindex (DAX®) gibt die Wertentwicklung der 30 (ab Sept. 2021: 40) umsatzstärksten (nach Marktkapitalisierung) deutschen Standardwerte höchster Qualität, d. h. im Prime Standard notiert, wieder.
MDAX®:	Der Midcap-DAX® gibt die Wertentwicklung der nach den 30 (ab Sept. 2021: 40) DAX®-Werten nächstgrößten 60 (ab Sept. 2021: 50) deutschen Unternehmen des Prime Standard an, der sog. mittelgroßen Werte (engl. Midcaps).
SDAX®:	Der Smallcap-DAX® umfasst die 70 größten auf den MDAX® folgenden Werte der klassischen Branchen des Prime Standard.
Tec-DAX®:	Der Technology-DAX® umfasst die 30 größten Werte der Technologiebranche des Prime Standard.

Die Zusammensetzung dieser Indizes wird regelmäßig von der Deutschen Börse AG überprüft und an die aktuellen Marktverhältnisse angepasst.

Seit Juni 2018 hat die Deutsche Börse AG die Trennung ihrer Indices MDAX, SDAX und TecDAX nach den Segmenten Classic (Unternehmen der klassischen Branchen Chemie, Konsumgüter u.a.) und Tech (Unternehmen der Technologiebranche) aufgehoben. Unternehmen des Technologie-Segmentes können nun auch im MDAX oder im SDAX aufgenommen werden. DAX-Unternehmen, die den Technologie-Sektoren zugeordnet sind, können umgekehrt auch im TecDAX aufgenommen werden.

Seit 31. Juli 2019 werden die DAX-Indizes der Deutschen Börse AG von STOXX Ltd. administriert. So sollen Synergien im Index-Geschäft realisiert werden.

► **Exkurs: Die wichtigsten internationalen Aktien-Indizes**

Dow Jones 30 (Industrial)

Er beinhaltet die 30 bedeutendsten, marktführenden Unternehmen der US-amerikanischen Börse. Die Gewichtung der einzelnen Aktien erfolgt entsprechend dem Durchschnittskurs der Einzelaktie ohne Berücksichtigung der Dividendenzahlungen. Abgeleitet ist der Name Dow Jones von den Erfindern dieses Index: den Gründern des Wall Street Journals Charles Henry Dow und Edward Davis Jones. Über die Aufnahme in diesen Index entscheidet heute je nach Bedarf und ohne weitere feste Regeln das „Wall Street Journal".

EURO STOXX 50˙

Dieser Index beinhaltet die 50 größten, umsatzstärksten börsennotierten Unternehmen der Europäischen Währungsunion (Eurozone). Beim EURO STOXX 50˙ ist der Performanceindex der gebräuchlichste Vergleichswert. Die Gewichtung der einzelnen Aktien erfolgt nach der Marktkapitalisierung. Die Bezeichnung STOXX˙ ist abgeleitet vom Namen der Firma STOXX˙ Ltd., die über die Aufnahme neuer Werte oder die Aktualisierung der Gewichtung im Index entscheidet.

STOXX 50˙

Der Unterschied zum EURO STOXX 50˙ besteht darin, dass sich der STOXX 50® (weitere Bezeichnung: STOXX EUROPE 50˙) aus 50 börsennotierten Top-Unternehmen aus ganz Europa zusammensetzt, d.h. inklusive Unternehmen aus der Schweiz und Großbritannien. Der EURO STOXX 50˙ enthält dagegen nur die größten Unternehmen des Euro-Währungsgebietes.

NASDAQ 100

Dieser Index beinhaltet die 100 Aktien von weltweiten Nicht-Finanzunternehmen mit der höchsten Marktkapitalisierung. ◄

Ertragskennziffern bei Aktien

Beim Vergleich verschiedener Aktien können so genannte Ertragskennziffern helfen.

Nachfolgend die wichtigsten Kennziffern:

Die Dividendenrendite beschreibt das Verhältnis der Dividende zum aktuellen Aktienkurs und gibt somit die Verzinsung des investierten Kapitals an.

$$\text{Dividendenrendite} = \frac{\text{Bardividende je Aktie X 100}}{\text{aktueller Aktienkurs}}$$

Rechenbeispiel:

Aktie 1 mit 2,50 € Dividende bei einem Kurs von 50 € weist eine Dividendenrendite von 5 % auf. Aktie 2 weist mit einer Dividende von 10 € bei einem Kurs von 250 € dagegen nur eine Dividendenrendite von 4 % auf. Damit ist Aktie 1 bei ausschließlicher Betrachtung der Dividendenrendite die bessere Wahl.

Der Gewinn pro Aktie gibt an, wieviel Gewinn (Unternehmensgewinn, nicht Kursgewinn) pro Aktie insgesamt erwirtschaftet wurde. In dieser Kennzahl sind sowohl die ausgeschütteten Gewinne (Dividende) als auch die nicht ausgeschütteten Gewinne enthalten.

$$\text{Gewinn pro Aktie} = \frac{\text{Geschätzter Betriebsgewinn}}{\text{Anzahl der ausgegebenen Aktien}}$$

Das Kurs-Gewinn-Verhältnis (KGV) (engl. Price-Earnings-Ratio PER) gibt an, in welchem Verhältnis der Gewinn einer Aktiengesellschaft zur aktuellen Börsenbewertung seiner Aktie steht. Je niedriger das KGV, desto günstiger und interessanter ist die Aktie für einen Käufer. Allerdings haben die Unternehmen einen großen Spielraum bei der Ermittlung ihres Gewinns. Deshalb sollte das KGV nicht das einzige Entscheidungskriterium für die Aktienanlage sein. Wichtig ist, dass nur Aktien innerhalb einer Branche durch diese Kennzahl vergleichbar sind, ansonsten werden „Äpfel mit Birnen" verglichen.

$$\text{Kurs-Gewinn-Verhältnis (KGV)} = \frac{\text{Aktueller Aktienkurs}}{\text{Gewinn je Aktie}}$$

Das Kurs-Buchwert-Verhältnis (KBV) zeigt, zum Wievielfachen ihres Buchwertes eine Aktien an der Börse gehandelt wird. Die betriebswirtschaftliche Kennzahl KBV kann zur Bewertung von Industrieaktienunternehmen genutzt werden. Mit ihr kann man einschätzen, wie günstig eine Aktie an der Börse bewertet ist. Ein KBV unter 1 kann ein Hinweis darauf sein, dass die Aktie unterbewertet ist. Für vergleichsweise junge Unternehmen oder Unternehmen mit geringem Eigenkapital (z. B. Computer- und Internetbranche) und daraus folgendem geringen Buchwert eignet sich das KBV als Vergleichskennziffer weniger.

$$\text{Kurs-Buchwert-Verhältnis (KBV)} = \frac{\text{Aktueller Aktienkurs}}{\text{Buchwert je Aktie}}$$

Buchwert
Der Buchwert ist der Wert, mit dem Vermögensgegenstände eines Unternehmens in der Bilanz aufgeführt sind. Er ergibt sich aus Anschaffungs- und Herstellungskosten abzüglich der Abschreibungen.

Das Wichtigste zusammengefasst:

Die Märkte für Finanzanlagen bieten viele Anlagemöglichkeiten. Die Komplexität dieser Märkte und teilweise auch ihrer Anlageprodukte erfordert von einem Anleger, der direkt in diese Märkte investieren will, erhebliches Wissen und Zeitaufwand. Bei offenen Investmentvermögen nimmt das Fondsmanagement den Anlegern die Entscheidungen über Kauf und Verkauf ab. Trotzdem sollte der Anleger die Grundzüge und vor allem die wichtigsten Chancen und Risiken, die mit einer Investition in die Finanzmärkte verbunden sind, kennen. Das in diesem Kapitel erworbene Wissen unterstützt Sie bei der Anlageberatung.

Sie kennen nun:

- Die Abgrenzung von Geld- und Kapitalmarkt als Teilmärkte des Finanzmarktes

- Merkmale des Geldmarktes, insbesondere Funktionsweise, Anlagemotive, Chancen und Risiken, Benchmark (Euribor˚), Arten von Emittenten, Einflussfaktoren auf die Kursbildung, Volatilität und die Bedeutung und Anforderungen an die Bonität der Marktteilnehmer

- Merkmale des Rentenmarktes, insbesondere Funktionsweise, Anlagemotive, Chancen und Risiken, Benchmark (REX, REXP, Umlaufrendite), Arten von Emittenten, Einflussfaktoren auf die Kursbildung, Volatilität und Duration, Mündelsicherheit und die Bedeutung der Bonität und des Ratings von Emittenten und Wertpapieren

- Merkmale des Aktienmarktes, insbesondere Funktionsweise, Anlagemotive, Chancen und Risiken, Benchmark (DAX˚, Dow Jones Industrial, EURO STOXX 50˚ und STOXX 50˚), Arten von Emittenten, Einflussfaktoren auf die Kursbildung, Volatilität, KGV, Dividendenrendite, Buchwert und die Bedeutung der Bonität der Emittenten

Sie verstehen Ihr Basiswissen über den Finanzmarkt als Grundlage für die Beratung Ihrer Kunden hinsichtlich Chancen und Risiken verschiedener Arten von offenen Investmentvermögen.

Sie nutzen Ihr Wissen insbesondere auch im Rahmen der Geeignetheitsprüfung und können dieses darüber hinaus bei der späteren Betreuung Ihrer Bestandskunden zur Wiederansprache nutzen.

Nun kennen Sie bereits die Finanzmärkte und die wesentlichen Direktanlagen, die zum Anlageuniversum offener Investmentvermögen gehören. Im nächsten Kapitel stelle ich Ihnen die Idee und das Konzept hinter der Anlageform offene Investmentvermögen vor. Ich werde Ihnen die wichtigsten Aufgaben der Beteiligten vorstellen und Ihr Finanzvokabular wird um weitere wichtige Fachbegriffe wachsen.

▶ Aufgaben zum Kapitel 3.1 Märkte für Finanzanlagen

Ihr Wissen auf dem Prüfstand:

1. Welche der folgenden Aussagen ist richtig? (MC)
   a) Der Finanzmarkt ist Teil des Aktienmarktes.
   b) Der Aktienmarkt ist Teil des Finanzmarktes.
   c) Der Rentenmarkt ist Teil des Aktienmarktes.
   d) Der Kapitalmarkt besteht u. a. aus Rentenmarkt und Aktienmarkt.
   e) Der Finanzmarkt ist Teil des Kapitalmarktes.
   f) Geld- und Kapitalmarkt sind Teil des Finanzmarktes.

2. Mit welchen Anlageprodukten investiert der Privatanleger indirekt in den Geldmarkt? (MC)
   a) Aktienfonds
   b) Rentenfonds
   c) Geldmarktfonds
   d) Geldmarktinstrument
   e) Festgeld

3. Welche Funktion übernimmt der Anleger eines verzinslichen Wertpapiers am Kapitalmarkt? (SC)
   a) Er wird Miteigentümer am emittierenden Unternehmen.
   b) Er wird Gläubiger des Emittenten.
   c) Er wird Kunde bei der Bank des Emittenten.
   d) Er wird stiller Teilhaber des Emittenten

4. Aus welchem Grund gibt ein Aktienunternehmen Aktien aus? (SC)
   a) Erhöhung des Kurswertes des Unternehmens an der Börse
   b) Finanzierung der Dividendenzahlung an die Aktionäre
   c) Erhöhung des Eigenkapitals
   d) Reduzierung der im Umlauf befindlichen Aktien

5. Welche Auswirkungen kann eine positive geschäftliche Entwicklung eines an der Börse notierten Aktienunternehmens haben? (SC)
   a) Die Dividendenzahlung wird reduziert.
   b) Die Zinszahlung an die Aktionäre wird erhöht.
   c) Der Aktienkurs fällt.
   d) Das Aktienunternehmen muss eine Gewinnwarnung für seine Aktien veröffentlichen.
   e) Der Aktienkurs steigt.

6. Welche Aussage zur Bonität von Anleiheemittenten trifft zu? (SC)

   a) Sie spielt bei der Ausgabe von fest verzinsten Anleihen keine Rolle.

   b) Für die Ausgabe von neuen Anleihen ist eine anfänglich sehr gute Bonität erforderlich.

   c) Sie ist ein entscheidendes Kriterium für die Sicherheit von Anleihen.

   d) Sie wird von unabhängigen Wirtschaftsprüfern einmal jährlich festgelegt und veröffentlicht.

7. Was sind Einflussfaktoren auf Aktienkurse? (MC)

   a) Bonität des Aktienanlegers

   b) Marktpsychologie

   c) allgemeine Wirtschaftsentwicklung

   d) Anzahl der börsennotierten Aktienunternehmen

8. Auf welche Ertragskennzahl bei Aktien wirkt sich die Höhe der Bardividende direkt aus? (SC)

   a) Kurs-Gewinn-Verhältnis

   b) Buchwert

   c) Kurs-Buchwert-Verhältnis

   d) Dividendenrendite

   e) Volatilität

9. Welche Auswirkung hat ein steigendes Marktzinsniveau auf bereits emittierte Anleihen? (SC)

   a) steigende Dividenden

   b) steigende Anleihekurse

   c) steigende Emittentenbonität

   d) fallende Dividenden

   e) fallende Anleihekurse

   f) fallende Emittentenbonität

10. Welcher Index gilt als Benchmark für das Geldmarktzinsniveau? (SC)

    a) Euribor*

    b) DAX*

    c) REXG

    d) GMX

    e) Umlaufrendite

3.2   Konzept offener Investmentvermögen

3.2.1   Investmentidee, Funktionsweise und Struktur

Die Investmentidee

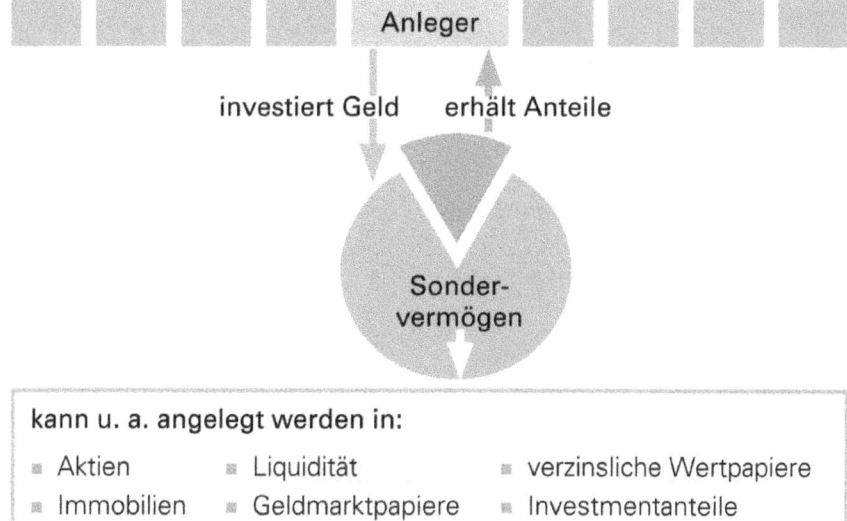

Abb. 133: Die Investmentidee

Die Investmentidee offener Investmentvermögen ist einfach zu beschreiben: Viele einzelne Anleger investieren in ein gemeinsames Vermögen – das Sondervermögen –, welches dann in verschiedene Anlageinstrumente – wie bspw. Aktien oder Anleihen – entsprechend einer festgelegten Anlagestrategie investiert wird.

Jeder Anleger erhält so viele Anteile am Investmentvermögen, wie es seinem Anlagebetrag entspricht. Der Anleger wird so zum Bruchteilseigentümer am Sondervermögen.

Sondervermögen
Das Geld der Anleger eines offenen Investmentvermögens wird als Sondervermögen bezeichnet. Es muss getrennt vom Vermögen der Kapitalverwaltungsgesellschaft verwahrt werden. Auf diese Weise ist das Geld der Anleger vor einem Kapitalverlust im Konkursfall der Kapitalverwaltungsgesellschaft geschützt.

Investmentvermögen ist jeder Organismus für gemeinsame Anlagen, der von einer Anzahl von Anlegern (mehr als 1 Anleger) Kapital einsammelt, um es gemäß einer festgelegten Anlagestrategie zum Nutzen dieser Anleger zu investieren und der kein operativ tätiges Unternehmen außerhalb des Finanzsektors ist.(§ 1 Abs. 1 KAGB).

Wie ist die Struktur und Funktionsweise von offenen Investmentvermögen?

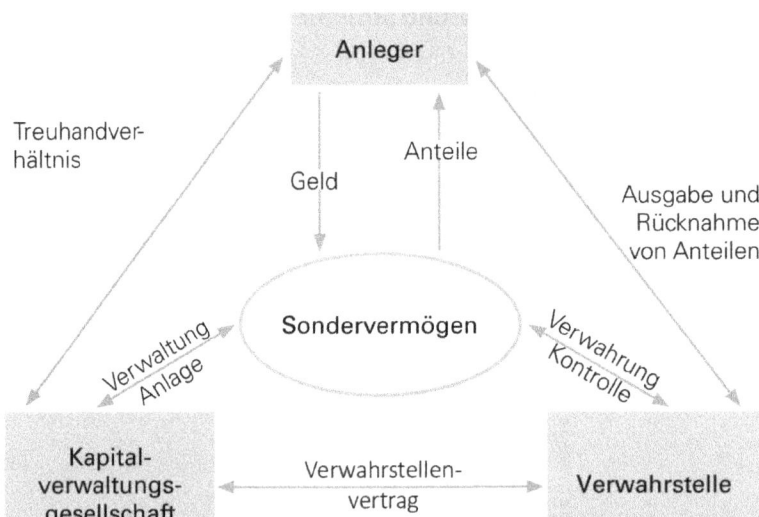

Abb. 134: Das Investmentdreieck der Anlage in offene Investmentvermögen, angelehnt an „Das Investmentdreieck", dargestellt in der Broschüre „Investmentfonds" des BVI.

Offene Investmentvermögen werden in Deutschland ausschließlich von Kapitalverwaltungsgesellschaften (KVG) aufgelegt. Die gesetzliche Grundlage ist das Kapitalanlagegesetzbuch (KAGB). Die KVG beschäftigt oder beauftragt interne bzw. externe Fondsmanager, die das Sondervermögen professionell unter Beachtung der Vorschriften des KAGB verwalten. Das Sondervermögen muss nach dem gesetzlich vorgeschriebenen Prinzip der Risikostreuung in verschiedene Wertpapiere, Immobilien oder weitere Anlageformen investiert werden. Der Verkaufsprospekt und die darin enthaltenen Anlagebedingungen informieren den Anleger über genaue Anlagestrategie und die Anlageschwerpunkte des einzelnen Investmentvermögens.

Investmentfonds oder Investmentvermögen?

Auch für diese Anlageform gibt es nicht nur eine Bezeichnung. Mit Einführung des Kapitalanlagegesetzbuches wurde auch der gesetzlich verwendete Begriff des Investmentvermögens eingeführt. Der nunmehr im gesetzlichen Sprachgebrauch veraltete Begriff des Investmentfonds wird umgangssprachlich und in einigen Informationsbroschüren immer noch synonym verwendet.

Bevor ein offenes Investmentvermögen in den Vertrieb gehen kann, muss es von der Bundesanstalt für Finanzdienstleistungsaufsicht (BaFin) genehmigt werden. Dies gilt auch für die gesetzlich vorgeschriebenen Verkaufsunterlagen. Die BaFin prüft, ob alle gesetzlichen Vorgaben eingehalten wurden. Sie prüft jedoch nicht die wirtschaftlichen Erfolgsaussichten des Investmentvermögens.

Die Verwahrstelle verwahrt das Sondervermögen im Auftrag der KVG und überwacht die Einhaltung der gesetzlichen Anlagegrenzen und der weiteren vertraglichen Anlagebedingungen. Darüber hinaus nimmt sie weitere Aufgaben wahr, die ich Ihnen unter der Überschrift „Verwahrstelle" im weiteren Verlauf dieses Kapitels noch näher beschreiben werde.

Die Investmentanteile verbriefen die Rechte der Anleger am Sondervermögen (Bruchteilseigentum).

▶ Exkurs: Investmentaktiengesellschaften mit veränderlichem Kapital

Offene Investmentvermögen werden in überwiegender Zahl als Sondervermögen aufgelegt. Das KAGB sieht für ein Investmentvermögen alternativ die Rechtsform der Investmentaktiengesellschaft mit veränderlichem Kapital vor. Der Anleger erwirbt hier keine Anteile am Sondervermögen, sondern erhält gegen volle Leistung des Ausgabepreises die so genannten Anlageaktien. Diese verbriefen seinen Anteil am Gesellschaftskapital. Diese Aktien berechtigen nicht zur Teilnahme an der Hauptversammlung der Investmentaktiengesellschaft und gewähren auch kein Stimmrecht. Zusätzlich zu den Anlagebedingungen gilt eine Satzung. Weitere Details finden Sie in den §§ 108–123 KAGB. ◀

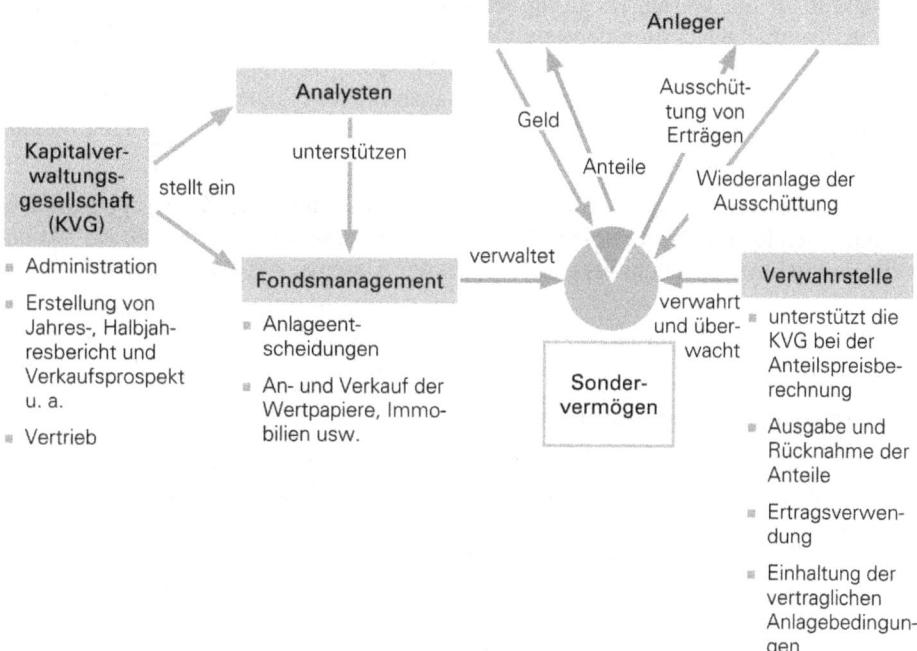

Abb. 135: Die Struktur eines offenen Investmentvermögens

Kapitalverwaltungsgesellschaft (KVG)

Deutsche Kapitalverwaltungsgesellschaften unterliegen – wie Banken – den Anforderungen des Kreditwesengesetzes sowie dem Kapitalanlagegesetzbuch (u. a. Verhaltens- und Organisationspflichten). Sie stehen unter der Aufsicht der Bundesanstalt für Finanzdienstleistungsaufsicht (BaFin).

Die KVG nimmt folgende Aufgaben wahr:

- Auflage und Vertrieb von einem oder mehreren Investmentvermögen

- Erstellung der wesentlichen Anlegerinformationen (WAI), des Jahres- bzw. Halbjahresberichtes und der Verkaufsprospekte einschließlich der Anlagebedingungen

- Getrennte Verwahrung des Sondervermögens vom Vermögen der KVG durch Beauftragung einer unabhängigen Verwahrstelle mit der Verwahrung des Sondervermögens

Die Kapitalverwaltungsgesellschaft handelt bei der Wahrnehmung ihrer Aufgaben unabhängig von der Verwahrstelle und ausschließlich im Interesse der Anleger (§ 26 Abs. 1 KAGB).

Fondsmanagement

Der Fondsmanager oder das Fondsmanagementteam werden von der KVG eingestellt oder extern beauftragt. Ein professionelles Fondsmanagement ist ein wesentlicher Erfolgsfaktor für die Wertentwicklung des Investmentvermögens. Das Fondsmanagement trifft unter Beachtung der gesetzlichen und vertraglichen Anlagebedingungen alle Anlageentscheidungen, d. h. wann, welche und wie viele Wertpapiere gekauft bzw. verkauft werden. Die Fondsmanager haben die Möglichkeit, sich durch direkte Gespräche mit den Verantwortlichen der Unternehmen, in die sie investieren möchten, ein Bild aus erster Hand zu machen.

Die Fondsmanager nehmen vertretungsweise die mit den Vermögensgegenständen verbundenen Rechte der Anleger wahr. Sie nehmen bspw. die Stimmrechte aus Aktien wahr und nehmen an Hauptversammlungen der Aktiengesellschaften teil.

▶ Exkurs: gesetzliche Anlagegrenzen und individuell vertragliche Anlagebedingungen

Gesetzliche Anlagegrenzen

Das Kapitalanlagegesetzbuch (KAGB) gibt Mindest- und Höchstgrenzen bezogen auf die verschiedenen Anlageinstrumente/-formen (Aktien, Anleihen usw.) und Emittenten der Wertpapiere, in die investiert werden kann, vor. Die gesetzlichen Anlagegrenzen können darüber hinaus auch bestimmte Anlageformen (bspw. Edelmetalle) für bestimmte offene Investmentvermögen ganz ausschließen.

Individuelle vertragliche Anlagebedingungen

Die KVG kann über die Mindestvorgaben des KAGB hinaus weitere Anlagebedingungen vorgeben und vor allem den Anlageschwerpunkt für die von ihr aufgelegten Investmentvermögen bestimmen. Schwerpunkte können bspw. Aktien aus einer bestimmten Region (bspw. Europa) oder auch die Wertpapierart selbst sein (bspw. Aktien bei einem Aktienfonds). Diese Anlagebedingungen sind Teil der gesetzlich vorgeschriebenen Verkaufsunterlagen und sind in der Regel Inhalt des Verkaufsprospektes. ◀

Analysten

Analysten unterstützen das Fondsmanagement mit aktuellen Markt- und Unternehmensanalysen. Analysten können wie das Fondsmanagement Angestellte der KVG sein oder extern eingekauft werden. Die einzelnen Analysten sind meist auf bestimmte Anlageformen und Anlagemärkte spezialisiert. Sie sammeln volkswirtschaftliche und unternehmensspezifische Daten und betreiben das so genannte Research (engl. für Recherche / Forschung) der KVG.

Verwahrstelle

Die Verwahrstelle handelt bei der Wahrnehmung ihrer Aufgaben ehrlich, redlich, professionell, unabhängig und ausschließlich im Interesse des inländischen OGAW (offenen Investmentvermögens) und seiner Anleger (§ 70 Abs. 1 KAGB).

Die Verwahrstelle ist für die Verwahrung des Sondervermögens verantwortlich.

Sie nimmt insbesondere nachfolgende Aufgaben wahr:

- Unterstützung der KVG bei der börsentäglichen Berechnung der Ausgabe- und Rücknahmepreise der Investmentanteile (§ 212 KAGB)

- Ausgabe und Rücknahme von Anteilen oder Aktien eines offenen Investmentvermögens (§ 71 KAGB)

- Durchführung der Ausschüttung an die Anteilsinhaber (Anleger) (§ 74 KAGB)

- Verwahrung der Vermögensgegenstände des Investmentvermögens in einem separaten gesperrten Depot, d. h. Sicherstellung der getrennten Verwahrung von Sondervermögen und Vermögen der KVG (§ 72 KAGB)

- Abwicklung sämtlicher Wertpapierkauf- und -verkaufsaufträge im Auftrag der KVG (Fondsmanagement) und ggf. auch Immobilientransaktionen (§ 74 KAGB)

- Abwicklung des Sondervermögens im Falle der Auflösung des Investmentvermögens

- Kontrollfunktionen (§ 76 KAGB)

Die Verwahrstelle hat gemäß § 76 KAGB sicherzustellen, dass

1. die Ausgabe und Rücknahme der Anteile und die Ermittlung des Wertes der Anteile den Vorschriften des KAGB und den Anlagebedingungen entsprechen,

2. bei den für gemeinschaftliche Rechnung der Anleger getätigten Geschäfte mit Vermögenswerten des Investmentvermögens der Gegenwert innerhalb der üblichen Fristen an das Investmentvermögen überwiesen wird,

3. die Erträge des Investmentvermögens gemäß den Vorschriften des KAGB und den Anlagebedingungen verwendet werden und

4. die erforderlichen Sicherheiten für Wertpapier-Darlehen nach Maßgabe des § 200 Abs. 2 KAGB rechtswirksam bestellt und jederzeit vorhanden sind.

Was sind die Vorteile einer Anlage in offene Investmentvermögen?

Vorteile und Chancen offener Investmentvermögen		
breite Risikostreuung	flexible und professionelle Geldanlage bereits für kleine Beträge	professionelles Fondsmanagement
hohe Liquidität	Transparenz	Anspruch auf Rücknahme der Anteile
Anspruch auf Beteiligung an Erträgen	gesetzlicher Anlegerschutz und Schutz vor Insolvenz der KVG	Renditechancen auf Kapitalmarktniveau
Vielfalt der Fondsauswahl	Cost-Average-Effekt bei Investment-Sparplänen	keine Nachschusspflicht

Abb. 136: Vorteile und Chancen offener Investmentvermögen

Risikostreuung (Diversifikation)

Das Kapitalanlagegesetzbuch (KAGB) schreibt dem Fondsmanagement eine Risikostreuung der Kundengelder vor. Aufgrund der gesetzlich vorgegebenen Anlagegrenzen und der vertraglichen Anlagebedingungen wird das Sondervermögen auf viele verschiedene Einzeltitel und auch verschiedene Anlageinstrumente verteilt. Diese Diversifikation, d. h. Aufteilung (abgeleitet von engl. diversification), soll der Risikostreuung dienen.

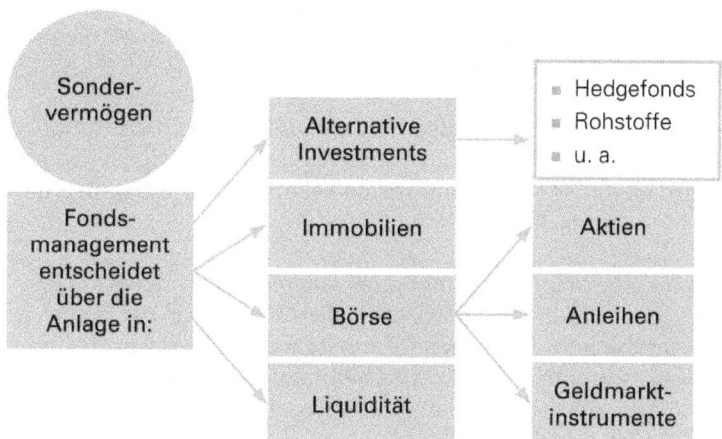

Abb. 137: Möglichkeiten der Risikostreuung bei offenen Investmentvermögen

Gerade Anlegern mit geringem Kapital ist es nicht möglich, über direkte Anlage in Aktien oder Anleihen eine ausreichende Risikostreuung ihres Vermögens zu erreichen. Der Anleger in ein offenes Investmentvermögen profitiert von den Großanlegermöglichkeiten des gesamten Sondervermögens.

Was bedeutet Risikostreuung genau? Ganz einfach: weist eine Aktie einen Kursverlust auf, so kann dieser durch Kursgewinne bei anderen Aktien ausgeglichen werden. Auch entwickeln sich die Anlagemärkte nicht immer in die gleiche positive oder negative Richtung. Kursverluste am Aktienmarkt können durch eine entsprechende Vermögensaufteilung durch Kursgewinne am Anleihemarkt aufgefangen werden.

Professionelles Fondsmanagement

Fondsmanager verfügen über ein umfassendes Geldmarkt-, Kapitalmarkt- bzw. Immobilienmarktwissen. Sie beschäftigen sich tagtäglich mit den Entwicklungen an den Finanz- und Immobilienmärkten. Dazu kommt, dass sie als Profis viel umfassendere Infoquellen als ein Privatanleger nutzen können (bspw. Unternehmensbesuche). Darüber hinaus werden sie von den Analysten in ihrer Arbeit unterstützt.

Bei einem offenen Investmentvermögen profitiert der Anleger von diesem Knowhow. Auch wenn er keinen direkten Einfluss auf die Anlageentscheidungen des Fondsmanagements hat, so kann sich der Anleger bei seiner Fondsauswahl doch die Investmentvermögen mit den zu ihm passenden Anlageschwerpunkten heraussuchen.

Liquidität

Offene Investmentvermögen weisen durch die gesetzlichen Vorgaben an die Ausgabe und Rücknahme von Investmentanteilen ein hohes Maß an Liquidität auf. In der Regel werden Investmentanteile börsentäglich zurückgenommen.

Jeder Anleger kann mindestens zweimal im Monat verlangen, dass ihm gegen Rückgabe des Anteils sein Anteil an dem Sondervermögen aus diesem ausgezahlt wird; die Einzelheiten sind in den Anlagebedingungen festzulegen (§ 98 Abs. 1 KAGB).

Außer bei offenen Immobilien-Sondervermögen (siehe Kapitel 3.3.5 Offene Immobilien-Sondervermögen) und Dach-Hedgefonds (siehe Kapitel 3.3.7 Hedgefonds) gibt es keine Mindestanlagedauer oder Kündigungsfristen bei offenen Investmentvermögen.

> In der Regel erfolgt die Rücknahme der Investmentanteile seitens der KVG gebührenfrei. Bei einigen ausländischen KVG kann die Möglichkeit zur Berechnung eines Rücknahmeabschlages bestehen. Der Ausgabeaufschlag wird bei einem Verkauf der Investmentanteile nicht zurückbezahlt. Deshalb sollte der eher kurzfristig orientierte Anleger die Kosten in seine Anlageentscheidung einkalkulieren.

Transparenz

Die Transparenz bei offenen Investmentvermögen ergibt sich zum einen durch die jährliche Berichterstattung über alle getätigten Wertpapiergeschäfte (Transaktionen) innerhalb eines Geschäftsjahres mittels Jahres- und Halbjahresbericht. Dazu kommen Aufstellungen der KVG auf deren Internetseiten zu den aktuellen Branchen- und Regionenaufteilungen und den größten Einzelpositionen des Sondervermögens.

Ebenso transparent sind die Kosten. Der Verkaufsprospekt informiert über die möglichen Kosten in Prozentangaben. Einen schnelleren Überblick über die Gesamtkosten und insbesondere den beim Anteilskauf verlangten Ausgabeaufschlag kann sich der Anleger über die wesentlichen Anlegerinformationen (europaweit einheitlicher „Beipackzettel" bei Investmentvermögen) verschaffen.

Die Wertentwicklung seines Investmentvermögens kann der Anleger in der Regel in seiner Tageszeitung oder im Internet börsentäglich verfolgen.

Sicherheit durch weitreichenden Anlegerschutz und einzigartigen Konkursschutz

Besonders dieser Vorteil spricht für die Anlage in offene Investmentvermögen. Im Falle eines Konkurses der KVG bleibt das Geld der Anleger, also das Sondervermögen, vor einem Zugriff des Insolvenzverwalters geschützt.

§ 93 Abs. 2 KAGB

„Das Sondervermögen ist von dem eigenen Vermögen der Kapitalverwaltungsgesellschaft getrennt zu halten (§ 92 Abs. 1 KAGB). Das Sondervermögen haftet nicht für Verbindlichkeiten der Kapitalverwaltungsgesellschaft."

Diesen gesetzlich vorgegebenen Anlegerschutz bietet keine andere Anlageform.

Dazu kommt die Aufsicht durch die BaFin, die sowohl die KVG als auch die Verwahrstelle beaufsichtigt, und die Mitwirkung der Verwahrstelle bei der Überwachung der Einhaltung der gesetzlichen und vertraglichen Anlagebedingungen.

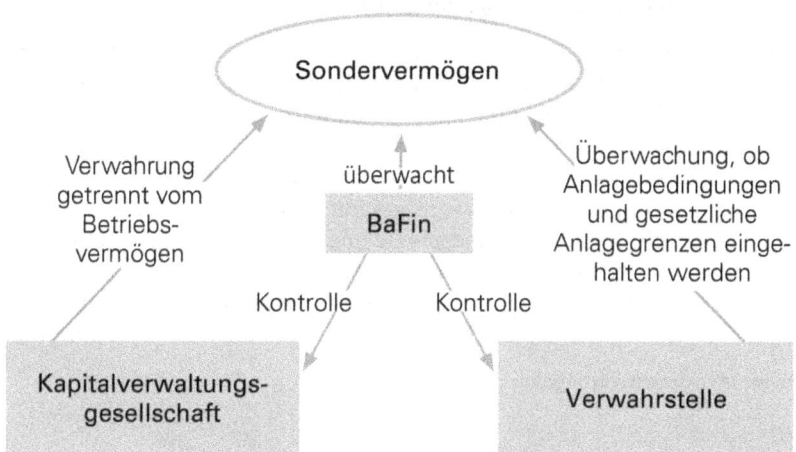

Abb. 138: *Der gesetzliche Anlegerschutz*

Keine Nachschusspflicht

Durch die getrennte Verwahrung des Sondervermögens vom Vermögen der KVG entstehen für den Anleger auch keine Kapitalnachschusspflichten (nachträgliche Kapitalzahlungen zusätzlich zur bereits geleisteten Kapitaleinzahlung) im Konkursfall der KVG. Der Anleger wird nicht Teilhaber an der KVG, sondern erhält ein Bruchteileigentum am Sondervermögen – dem gemeinsam von der KVG verwalteten Geld der Anleger. Das Verlustrisiko des Anlegers bleibt auf seinen Kapitalanlagebetrag zzgl. eines eventuell gezahlten Ausgabeaufschlages begrenzt.

Renditechancen auf Kapitalmarktniveau

Im Gegensatz zu einem Sparbuch oder einer Sparbriefanlage nutzen offene Investmentvermögen je nach Anlageschwerpunkt die Chancen des Kapitalmarktes. Zu einer marktgerechten Verzinsung kommen die Chancen eines Kursgewinns hinzu. Allerdings stehen den erhöhten Renditechancen erhöhte Risiken gegenüber. Auf diese gehe ich im Kapitel 3.3 Fondsarten näher ein.

Vielfalt der Fondsauswahl

Das große Angebot an offenen Investmentvermögen bietet dem Anleger die umfassende Möglichkeit, das zu seinen Anlagezielen passende offene Investmentvermögen zu finden. Auch eine passende Mischung verschiedener Marktsegmente, Länder oder Branchen ist mit den entsprechenden offenen Investmentvermögen möglich. Für den Anleger bietet sich hierdurch die Möglichkeit, sein Depot in jeder gewünschten Ausrichtung zusammenzustellen, wie es sonst nur mit Direktanlagen möglich wäre und das auch schon mit kleinen Anlagebeträgen. Auf den Vorteil der Risikostreuung muss er dabei nicht verzichten.

Cost-Average-Effekt (bei Investment-Sparplänen)

Bei einem Investment-Sparplan kann sich ein positiver Cost-Average-Effekt (engl. für Durchschnittskosteneffekt) ergeben. Bei einem regelmäßigen (bspw. monatlichen) Sparplan über 50 € werden bei hohen Einstiegspreisen jeweils weniger Anteile gekauft, als bei einem niedrigeren Anteilspreis. Der Anlagebetrag bleibt gleich – allerdings variiert die Menge der gekauften Anteile. Dies kann bei einem – über die Gesamtlaufzeit des Investment-Sparplans – insgesamt positiven Anteilspreisverlauf einen durchschnittlich günstigeren Einstiegspreis gegenüber einem Investment zu einem einzigen Einstiegszeitpunkt ergeben. Wichtiger als dieser Effekt ist der grundsätzliche Vorteil, dass mit kleinen regelmäßigen Anlagebeträgen ein größeres Vermögen aufgebaut werden kann. Mehr Details hierzu siehe Kapitel 3.9 Anlageprogramme.

Die Kosten offener Investmentvermögen

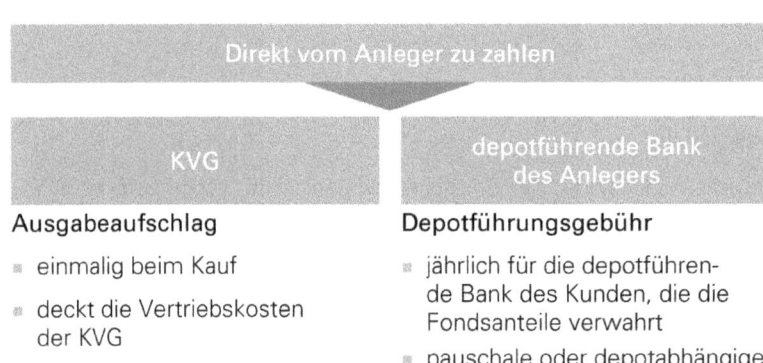

Abb. 139: Die Kosten bei offenen Investmentvermögen

Gesamtkostenquote (TER)

Sie ermöglicht dem Anleger einen objektiven Kostenvergleich von offenen Investmentvermögen. Die Gesamtkostenquote wird auch – abgeleitet aus der englischen Übersetzung – als **Total Expense Ratio (TER)** bezeichnet.

Die Gesamtkostenquote stellt die Gesamtkostenbelastung im Verhältnis zum durchschnittlichen Gesamtvermögen des Investmentvermögens dar. Sie ist eine Pflichtangabe in den wesentlichen Anlegerinformationen, im Verkaufsprospekt und in den Jahresberichten.

Die KVG weist in den wesentlichen Anlegerinformationen eine Gesamtkostenquote aus. Die Gesamtkostenquote stellt eine einzige Zahl dar, die auf den Zahlen des vorangegangenen Geschäftsjahres basiert. Sie umfasst sämtliche vom Investmentvermögen im Jahresverlauf getragenen Kosten und Zahlungen im Verhältnis zum durchschnittlichen Nettoinventarwert des Investmentvermögens und wird in den wesentlichen Anlegerinformationen unter der Bezeichnung „laufende Kosten" zusammengefasst; sie ist als Prozentsatz auszuweisen (§ 166 Abs. 5 KAGB).

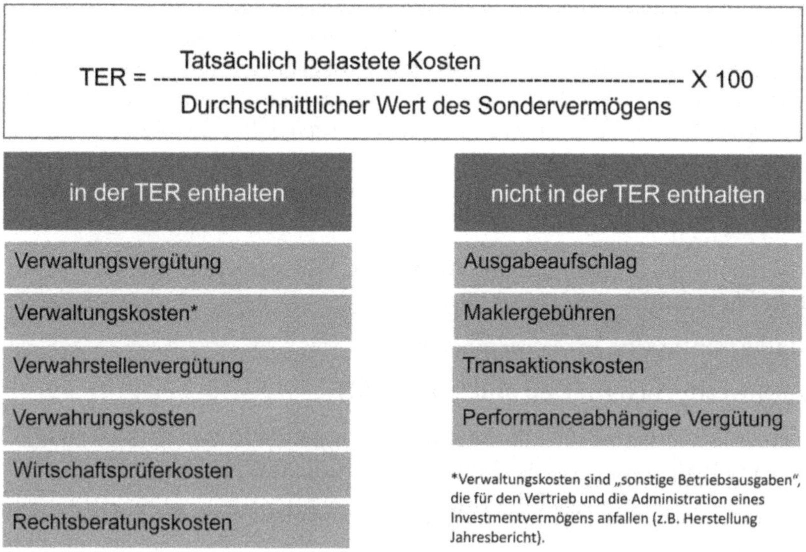

$$\text{TER} = \frac{\text{Tatsächlich belastete Kosten}}{\text{Durchschnittlicher Wert des Sondervermögens}} \times 100$$

in der TER enthalten	nicht in der TER enthalten
Verwaltungsvergütung	Ausgabeaufschlag
Verwaltungskosten*	Maklergebühren
Verwahrstellenvergütung	Transaktionskosten
Verwahrungskosten	Performanceabhängige Vergütung
Wirtschaftsprüferkosten	
Rechtsberatungskosten	

*Verwaltungskosten sind „sonstige Betriebsausgaben", die für den Vertrieb und die Administration eines Investmentvermögens anfallen (z.B. Herstellung Jahresbericht).

Abb. 140: Gesamtkostenquote (TER)

Laufende Kosten

Laufende Kosten (engl. ongoing charges) stellen die Gesamtkosten des Investmentvermögens im Verhältnis zum durchschnittlichen Geschäftsjahreswert des Sondervermögens dar. Sie beinhalten bei einem Dachfonds zusätzlich auch die Kosten der (Ziel-)Fonds, in die der Dachfonds sein Sondervermögen investiert hat.

Performance-/Wertentwicklungsabhängige Vergütung (engl. performance fee)

Insbesondere bei Fondsarten, die auf die Erzielung von Wertentwicklungen über dem Marktniveau ausgerichtet sind (vornehmlich Aktienfonds), kann die Kapitalverwaltungsgesellschaft zusätzlich zu den ihr zustehenden fest vereinbarten Verwaltungsvergütungen diese wertentwicklungsabhängige Vergütung erheben. Diese Vergütung ist an die Wertentwicklung des Investmentvermögens gekoppelt. Die Kapitalverwaltungsgesellschaft hat hier einen gewissen Gestaltungsspielraum. Außerdem ist die performanceabhängige Vergütung nicht in die Gesamtkostenquote eingerechnet. Der Anleger sollte sich deshalb über diesen Kostenblock genau informieren. Aktuell nehmen viele Kapitalverwaltungsgesellschaften die performanceabhängigen Vergütungen aus ihren Anlagebedingungen heraus, um mit ihren Produkten konkurrenzfähig zu bleiben.

3.2.2 Fachbegriffe

Investmentvermögen (Definition und Klassifizierung)

Investmentvermögen ist jeder Organismus für gemeinsame Anlagen, der von einer Anzahl von Anlegern Kapital einsammelt, um es gemäß einer festgelegten Anlagestrategie zum Nutzen dieser Anleger zu investieren und der kein operativ tätiges Unternehmen außerhalb des Finanzsektors ist. Eine Anzahl von Anlegern im Sinne des Satzes 1 ist gegeben, wenn die Anlagebedingungen, die Satzung oder der Gesellschaftsvertrag des Organismus für gemeinsame Anlagen die Anzahl möglicher Anleger nicht auf einen Anleger begrenzen (§ 1 Abs. 1 KAGB).

Das Kapitalanlagegesetzbuch (KAGB) unterscheidet Investmentvermögen nach verschiedenen Gesichtspunkten:

- **OGAW** (Organismus für gemeinsame Anlagen in Wertpapieren) und **AIF** (Alternative Investmentfonds)

- **Offene und geschlossene Investmentvermögen**

- **Publikumsinvestmentvermögen und Spezial-AIF**

OGAW sind Investmentvermögen, die die Anforderungen der Richtlinie 2009 / 65 / EG des Europäischen Parlaments und des Rates vom 13. Juli 2009 erfüllen.

Alternative Investmentfonds (AIF) sind alle Investmentvermögen, die keine OGAW sind (§ 1 Abs. 3 KAGB).

Eine weitere Unterscheidung macht das KAGB nach offenen und geschlossenen Investmentvermögen.

Offene Investmentvermögen sind gemäß § 1 Abs. 4 KAGB:

- OGAW und

- AIF, deren Anleger oder Aktionäre mindestens einmal pro Jahr das Recht zur Rückgabe gegen Auszahlung ihrer Anteile oder Aktien aus dem AIF haben; Mindesthaltefristen und die Möglichkeit der Aussetzung oder Beschränkung der Rücknahme der Anteile oder Aktien werden hierbei nicht berücksichtigt.

Geschlossene Investmentvermögen sind gemäß § 1 Abs. 5 KAGB alle AIF, die keine offenen AIF sind.

Spezial-AIF sind AIF, deren Anteile nur erworben werden dürfen von:

- Professionellen Anlegern
- Semiprofessionellen Anlegern

Alle übrigen Investmentvermögen sind gemäß § 1 Abs. 6 KAGB **Publikumsinvestmentvermögen.**

Abb. 141: Klassifizierung von Investmentvermögen gemäß KAGB

Offene Investmentvermögen

Offene Investmentvermögen haben keine festgelegte Anzahl von Anteilen oder Anlegern. Jeder neue Anleger erhält von der KVG entsprechend seines Anlagebetrages neue Investmentanteile. Die Höhe des Sondervermögens verändert sich dementsprechend.

Die Laufzeit ist grundsätzlich nicht begrenzt (Ausnahme: Laufzeit- und Garantiefonds).

Die Anlageschwerpunkte liegen auf Wertpapieren, Investmentanteilen oder Immobilien.

Geschlossene Investmentvermögen

Geschlossene Investmentvermögen sind nur für eine begrenzte Anzahl von Anlegern gedacht und werden in Höhe eines von vornherein feststehenden Sondervermögens aufgelegt. Zudem weisen sie eine feste Laufzeit auf.

Die Anlageschwerpunkte sind gewerbliche Immobilien, Schiffe, Windkraftanlagen und andere Sachwerte. Mit seiner Kapitaleinlage investiert der Anleger in eine unternehmerische Beteiligung mit umfassenderen Chancen (direkte Ertragsbeteiligung), aber auch Risiken (Risiko des Totalverlustes der Kapitaleinlage).

Offene Investmentvermögen	Geschlossene Investmentvermögen (gemäß KAGB)
<ul><li>jederzeitige (börsentägliche) Verfügbarkeit mit Anteilsrücknahmeverpflichtung der Kapitalverwaltungsgesellschaft</li><li>Anteilserwerb mit geringem Kapitaleinsatz (meist ab 50 € möglich)</li><li>Risikostreuung innerhalb des Sondervermögens (breite Anlagestreuung über Einzelanlagen und Anlageklassen)</li><li>Fremdkapitalquote:<ul><li>max. 10 % bei OGAW und gemischten Investmentvermögen</li><li>max. 20 % bei sonstigen Investmentvermögen</li><li>max. 30 % bei offenen Immobilien-Sondervermögen</li></ul></li><li>Anlageschwerpunkt: Wertpapiere, Immobilien, Investmentanteile</li><li>Rechtsform: Sondervermögen oder Investmentaktiengesellschaft mit veränderlichem Kapital</li></ul>	<ul><li>eingeschränkte Verfügbarkeit (Anteile und Investitionsobjekte sind nicht börsennotiert)</li><li>hohe Mindestanlagesummen</li><li>geringe Risikostreuung (Anlage in ein oder nur wenige Einzelobjekte)</li><li>hohes Risiko durch unternehmerische Beteiligung (Totalverlustrisiko)</li><li>Fremdkapitalquote max. 60 %</li><li>Anlageschwerpunkt: Sachwerte</li><li>Rechtsform: geschlossene Investmentkommanditgesellschaft oder Investmentaktiengesellschaft mit fixem Kapital</li></ul>

Abb. 142: Abgrenzung von Publikumsinvestmentvermögen

Publikumsinvestmentvermögen und Spezial-AIF

Während Publikumsinvestmentvermögen von jeder Art von Anleger erworben werden können, ist der Anlegerkreis bei Spezial-AIF auf semiprofessionelle und professionelle Anleger gesetzlich eingeschränkt.

Die gesetzlichen Vorschriften für Spezial-AIF sind weniger umfassend als die für Publikumsinvestmentvermögen, da bei dem zulässigen Anlegerkreis ein größeres Fachwissen vorausgesetzt wird.

Publikums-investmentvermögen	Spezial-AIF
▪ offen für alle Anleger	▪ nur für semi-professionelle und professionelle Anleger
▪ werden öffentlich angeboten, d. h. börsentägliche Veröffentlichung von Ausgabe- und Rücknahmepreis	▪ kein öffentliches Angebot und keine Pflicht zur Preisveröffentlichung
▪ kein Mitspracherecht der Anleger bei den Anlageentscheidungen	▪ Mitspracherecht an den Anlageentscheidungen
▪ Verpflichtung zur Erstellung von Verkaufsprospekten	▪ keine Pflicht zur Erstellung von Verkaufsprospekten

Abb. 143: Abgrenzung Publikumsinvestmentvermögen und Spezial-AIF

Das Sondervermögen

Das Kapital der Anleger wird als Sondervermögen bezeichnet und wird entsprechend der Anlagebedingungen in verschiedene Vermögensgegenstände investiert (Aktien, Immobilien, Anleihen u. a.).

Der Wert des Sondervermögens lässt sich börsentäglich ermitteln aus:

- Wertpapiervermögen (aktuelle Börsenkurse der im Sondervermögen enthaltenen Aktien, Anleihen usw.)

- Bankguthaben

- Sonstigen Vermögensgegenständen (Zertifikate, Investmentanteile u. a.)

- Immobilienvermögen

abzüglich:

- Verbindlichkeiten aus für Rechnung des Sondervermögens aufgenommenen Krediten

- Kosten und Gebühren, die dem Sondervermögen belastet werden

§ 168 KAGB Bewertung

1. *„... Der Wert eines offenen Publikumsinvestmentvermögens ist auf Grund der jeweiligen Verkehrswerte der zu ihm gehörenden Vermögensgegenstände abzüglich der aufgenommenen Kredite und sonstigen Verbindlichkeiten zu ermitteln. Zur Bestimmung des Verkehrswertes des Vermögensgegenstandes ist das jeweilige gesetzliche oder marktübliche Verfahren zugrunde zu legen.*

2. *Bei Vermögensgegenständen, die zum Handel an einer Börse zugelassen oder an einem anderen organisierten Markt zugelassen oder in diesen einbezogen sind, ist als Verkehrswert der Kurswert der Vermögensgegenstände anzusetzen, sofern dieser eine verlässliche Bewertung gewährleistet.*

3. *Bei Vermögensgegenständen, für die die Voraussetzungen nach Absatz 2 nicht vorliegen oder für die kein handelbarer Kurs verfügbar ist, ist der Verkehrswert, der bei sorgfältiger Einschätzung nach geeigneten Bewertungsmodellen unter Berücksichtigung der aktuellen Marktgegebenheiten angemessen ist, zugrunde zu legen."*

Der Anteilwert

Als **Anteilwert** wird der aktuelle Wert eines Anteils bezeichnet (weitere Bezeichnungen: **Rücknahmepreis, Nettoinventarwert** pro Anteil). Dieser ergibt sich nicht aus Angebot und Nachfrage, sondern aus dem tatsächlichen Wert der im Sondervermögen enthaltenen Vermögensgegenstände.

$$\text{Anteilwert} = \frac{\text{Wert des Sondervermögens}}{\text{Anzahl der ausgegebenen Anteile}}$$

Bezüglich der **Häufigkeit der Berechnung** des Anteilwertes gilt:

- Für **OGAW** gilt gemäß § 212 KAGB: Der Anteilwert ist **bei jeder Möglichkeit zur Ausgabe und Rückgabe von Anteilen** (in der Regel **börsentäglich**) von der Verwahrstelle unter Mitwirkung der Kapitalverwaltungsgesellschaft oder von der Kapitalverwaltungsgesellschaft selbst zu ermitteln.

- Für **AIF** gilt gemäß § 217 KAGB: Die Bewertung der Vermögensgegenstände und die Berechnung des Anteilwertes ist **mindestens einmal im Jahr** durchzuführen.

Die Höhe des Anteilwertes gibt keine Auskunft über den Erfolg und die Wertentwicklung der Anlage.

▶ Exkurs: Begriffswelt rund um den Anteilwert

Die Begriffswelt rund um den Anteilwert ist vielfältig. Sie ergibt sich aus umgangssprachlich verwendeten Begriffen bis hin zu unterschiedlichen Begrifflichkeiten in den gesetzlichen Grundlagen wie bspw. dem KAGB. Das macht sogar vor den Schreibweisen keinen Halt. Im KAGB findet sich sowohl die Schreibweise Anteilwert als auch Anteilswert. Inhaltlich handelt es sich um ein und denselben Begriff. Wie kann man sich als Neuling im Fondsgeschäft da zurechtfinden?

Die Basis für die Berechnung der Preise von Investmentanteilen bildet der Gesamtwert des Sondervermögens. Dieser wird auch als Inventarwert oder Nettoinventarwert (engl. Net Asset Value NAV) bezeichnet. Teilt man diesen durch die Anzahl der ausgegebenen Investmentanteile, so erhält man den Anteilwert (Nettoinventarwert pro Anteil). Dieser entspricht in der Regel dem Rücknahmepreis (Preis, den ein Anleger für seinen Anteil bei Verkauf erhält). Der Begriff Rücknahmepreis ist die gebräuchlichste Bezeichnung für den Verkaufspreis eines Investmentanteils. Der Begriff Anteilwert wird dagegen in der Regel im KAGB verwendet. Für den Kauf von Investmentanteilen muss der Anleger den Ausgabepreis bezahlen. Dieser entspricht dem Anteilwert/Rücknahmepreis zuzüglich eines prozentualen Ausgabeaufschlages (je nach Fondsart bis zu 6 %).

Allgemein – quasi als Oberbegriff – wird von Anteilspreisen gesprochen, wenn zunächst noch nicht zwischen Rücknahme- und Ausgabepreis unterschieden wird. ◄

Rücknahmepreis, Ausgabeaufschlag und Ausgabepreis

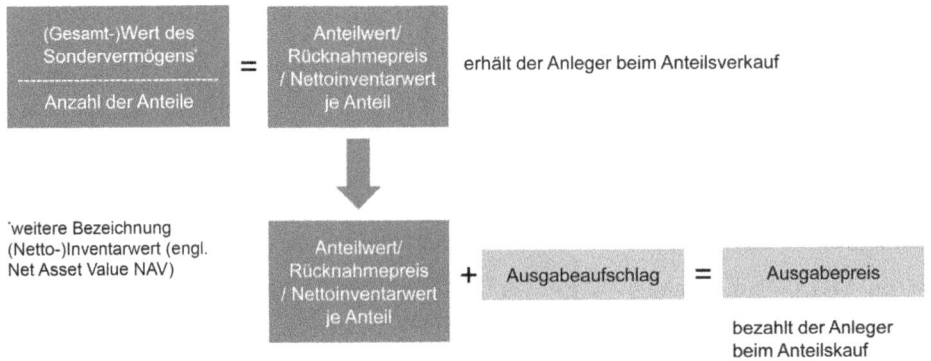

Abb. 144: Kauf- und Verkaufspreisberechnung bei offenen Investmentvermögen

Der **Rücknahmepreis,** den der Anleger beim Verkauf seiner Anteile bezahlt bekommt, entspricht dem **Anteilwert** (auch Nettoinventarwert (engl. Net Asset Value) genannt). In Ausnahmefällen, insbesondere bei einigen ausländischen Kapitalverwaltungsgesellschaften, werden Verkaufsgebühren, der sogenannte **Rücknahmeabschlag**, berechnet und vom Rücknahmepreis abgezogen.

Um ihre Anteilsausgabekosten und Vertriebskosten zu decken, darf die Kapitalverwaltungsgesellschaft den **Ausgabeaufschlag** erheben. Er ist vom Anleger beim Kauf der Investmentanteile einmalig zu zahlen.

Der Ausgabeaufschlag schmälert die Wertentwicklung für den Anleger. Aus diesem Grund ist die Höhe des Ausgabeaufschlages den Wertentwicklungschancen der jeweiligen Fondsart angepasst und beträgt typischerweise bei:

■ Geldmarktfonds: 0–2 %

■ Rentenfonds: 2–4 %

■ Aktienfonds: 4–6 %

Möchte ein Anleger Investmentanteile von der Kapitalverwaltungsgesellschaft kaufen, so erhält er einen Anteil zum jeweils aktuellen **Ausgabepreis**. Berechnet die Kapitalverwaltungsgesellschaft einen Ausgabeaufschlag, so errechnet sich der Ausgabepreis aus dem Anteilwert zuzüglich dem Ausgabeaufschlag.

Beispiel Anteilspreisberechnung

Bei einem Wert des Sondervermögens in Höhe von 1.000.000 € und einer ausgegebenen Anzahl von Anteilen von 50.000 Stück ergibt sich ein Anteilwert und somit Rücknahmepreis in Höhe von:

$$\frac{1.000.000\ €}{50.000\ \text{Anteile}} = 20\ €$$

Bei einem Ausgabeaufschlag in Höhe von 5 % ergibt sich ein Ausgabepreis in Höhe von:

20 € + 1 € (5 % von 20 €) = 21 €

Die Kapitalverwaltungsgesellschaft ist zur Veröffentlichung der Anteilspreise verpflichtet.

*Gibt die Kapitalverwaltungsgesellschaft oder die Verwahrstelle den Ausgabepreis bekannt, so ist sie verpflichtet, auch den Rücknahmepreis bekannt zu geben; wird der Rücknahmepreis bekannt gegeben, so ist auch der Ausgabepreis bekannt zu geben. Ausgabe- und Rücknahmepreis sowie der Nettoinventarwert je Anteil oder Aktie sind bei jeder Möglichkeit zur Ausgabe oder Rücknahme von Anteilen oder Aktien, **für OGAW mindestens jedoch zweimal im Monat,** in einer hinreichend verbreiteten Wirtschafts- oder Tageszeitung oder im Verkaufsprospekt oder in den in den wesentlichen Anlegerinformationen bezeichneten elektronischen Informationsmedien zu veröffentlichen (§ 170 KAGB).*

Switch: Der Tausch von Anteilen offener Investmentvermögen

Die Anlagestrategie des Anlegers kann sich ändern. In diesem Fall wird er bspw. seine Aktienfondsanteile in Rentenfondsanteile tauschen (engl. to switch). Normalerweise, bei einem Wechsel der Kapitalverwaltungsgesellschaft, muss er für den Kauf der Rentenfondsanteile erneut einen vollen Ausgabeaufschlag zahlen.

Manche Kapitalverwaltungsgesellschaften bieten ihren Kunden bei einem Tausch innerhalb ihres Unternehmens eine Vergünstigung an. Beispielsweise, indem der Anleger nur die Differenz zwischen dem Ausgabeaufschlag des ursprünglichen und des neuen Investmentvermögens zu zahlen hat, sofern das neue Investmentvermögen einen höheren Ausgabeaufschlag aufweist.

Die BVI-Wertentwicklungsmethode

Der Bundesverband Investment und Asset Management (BVI)

Der BVI ist der Verband für Kapitalverwaltungsgesellschaften und vertritt die Interessen der deutschen Investmentbranche und Fonds.

Der BVI ist:

- die **Interessenvertretung** der Kapitalverwaltungsgesellschaften gegenüber Politik und Regulatoren auf nationaler und internationaler Ebene,

- **Kompetenzzentrum** und Berater bei Entwicklung und Anwendung regulatorischer Vorgaben,

- der zentrale **Ansprechpartner** für Politik, Verwaltung und Medien bei allen Fragen zur Kapitalanlagenregulierung, wie bspw. des Kapitalanlagegesetzbuches,

- der **Vermittler** zwischen Investmentwirtschaft und Politik sowie

- **Forum** für Austausch innerhalb der Branche.

Quelle: www.bvi.de

Der BVI hat für den Wertentwicklungsvergleich von offenen Investmentvermögen die so genannte BVI-Methode entwickelt. Diese hat sich als Standard in der Branche durchgesetzt.

Wertentwicklung

Wertentwicklung – auch Performance (engl. für Leistung) genannt – ist die prozentuale Veränderung des Anteilwertes eines offenen Investmentvermögens innerhalb einer bestimmten Zeitperiode.

Die Wertentwicklung ist eine Stichtagsbetrachtung und stellt den historischen, d. h. vergangenheitsbezogenen Anlageerfolg dar.

Der Vergleich offener Investmentvermögen anhand ihrer Wertentwicklung in der Vergangenheit, um daraus eine Anlageentscheidung für die Zukunft zu treffen, macht nur Sinn, wenn:

- ähnliche Investmentvermögen, d. h. Investmentvermögen mit möglichst identischen Anlageschwerpunkten miteinander verglichen werden,

- der Vergleichszeitraum ausreichend lange gewählt ist und

- den Berechnungen identische Methoden – wie bspw. die BVI-Methode – zugrunde liegen.

Die Annahmen der BVI-Methode

Die Grundlagen und **Annahmen** der Berechnung sind:

- prozentuale Veränderungen, d. h. Wert zu Beginn des Berechnungszeitraums und Wert am Ende des Berechnungszeitraums auf Basis des jeweiligen Rücknahmepreises

- Wiederanlage der Ausschüttung zum Rücknahmepreis am Tag der Ausschüttung

- Kosten auf Ebene des Sondervermögens (Verwaltungsvergütung, Verwahrstellenvergütung u. a.)

- Einmalanlage

In die Berechnung fließen **nicht** ein:

- individuelle Steuern des Anlegers (Abgeltungssteuer o. ä.)

- Kosten auf Anlegerebene (Depotführungsgebühr, Ausgabeaufschlag)

Die Berechnung erfolgt in drei Schritten:

1. Angenommen, der Anleger besitzt zum Beginn des Berechnungszeitraums einen Anteil und erwirbt für die Ausschüttung sofort weitere Anteile: Wie viele Anteile würde er für den Ausschüttungsbetrag erhalten?

   Aus Gründen der Vergleichbarkeit wird dazu bei thesaurierenden Investmentvermögen (Investmentvermögen, die ihre Erträge nicht an den Anleger ausschütten, sondern im Sondervermögen belassen) grundsätzlich dieselbe Berechnung vorgenommen. Statt mit den Ausschüttungsbeträgen zu rechnen, wird dabei mit den thesaurierten Erträgen gerechnet.

2. Nun werden die so berechneten Anteile mit dem Rücknahmepreis des Investmentanteils zum Ende des Betrachtungszeitraums multipliziert. So ergibt sich der neue Wert des Sondervermögens (Anteil des Anlegers).

3. Am Schluss wird dann das Ergebnis des 2. Schrittes um den Anteilspreis zu Beginn des Berechnungszeitraumes reduziert und danach ins Verhältnis zum Wert des Anteils zu Beginn des Berechnungszeitraums gesetzt.

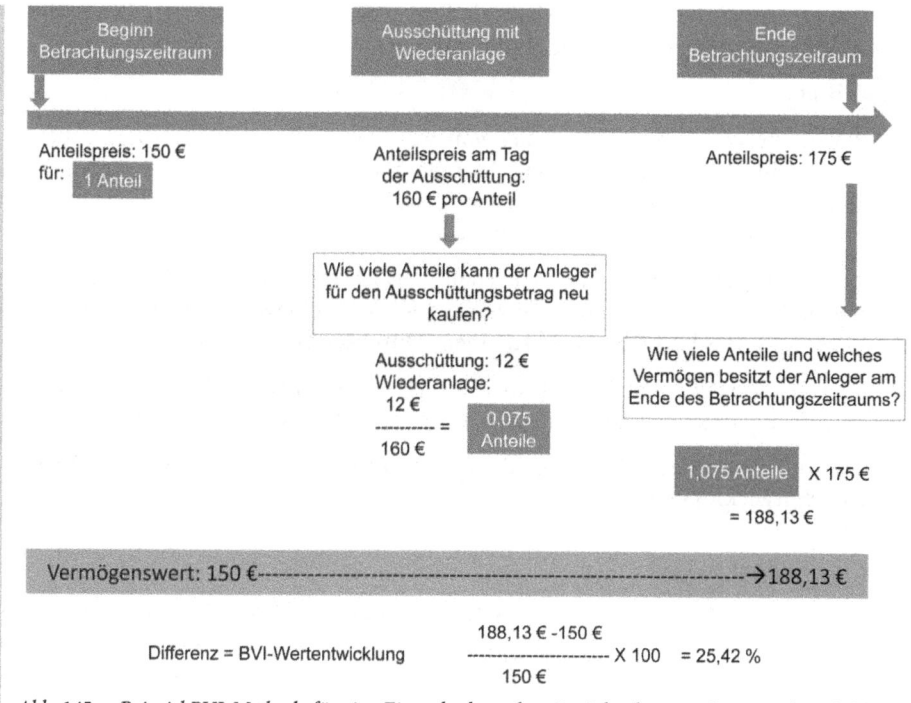

Abb. 145: *Beispiel BVI-Methode für eine Einmalanlage ohne Berücksichtigung des Ausgabeaufschlages*

Es gibt auch eine Formel für die Berechnung der Wertentwicklung unter Berücksichtigung des vom Anleger gezahlten Ausgabeaufschlages:

$$\text{Wertentwicklung inklusive Ausgabeaufschlag} = \frac{\text{Wertentwicklung} + 100}{1 + \dfrac{\text{Ausgabeaufschlag in \%}}{100}} - 100$$

BVI-Methode mit Berücksichtigung des Ausgabeaufschlages (auf Basis der Annahmen des Beispiels in der Grafik zur Einmalanlage ohne Ausgabeaufschlag).

Ergänzende Annahme: Ausgabeaufschlag: 5 %

$$\frac{188{,}13\,€}{1{,}05} = 179{,}17\,€$$

$$\frac{179{,}17\,€ - 150\,€}{150\,€} \times 100 = 19{,}45\,\%\ \text{Wertentwicklung}$$

Weitere Informationen zur BVI-Methode finden Sie in der Broschüre „Die BVI-Methode" des BVI unter www.bvi.de / publikationen.

Volatilität

Die Wertentwicklung kann nur eines von weiteren Entscheidungskriterien bei der Fondsauswahl sein, da sie u. a. keine Aussage über die mit der Anlage verbundenen Risiken trifft. Als Kennzahl hierfür hat sich die Volatilität durchgesetzt. Sie misst die Schwankungsbreite von Kursen bzw. Preisen einer Anlage.

Dabei wird zunächst ein Mittelwert aus den Wertschwankungen im Betrachtungszeitraum gebildet. Danach werden die jeweiligen Kursausschläge oberhalb und unterhalb dieses Mittelwertes betrachtet und zu einem Durchschnittswert gewichtet.

Je höher der so errechnete Wert, umso stärker sind die Kurs- oder Preisschwankungen in der Vergangenheit gewesen, d. h. umso riskanter ist die Anlage einzustufen.

Die Volatilität beruht auf Vergangenheitswerten und macht keine Aussage über zukünftige Entwicklungen.

▶ Exkurs: Sharpe ratio

Die Kennzahl Sharpe ratio verbindet Volatilität und Wertentwicklung miteinander und gibt damit an, wie viel Risiko der Anleger im Verhältnis zum möglichen Ertrag eingeht. Sie gibt die „Risikoprämie" für das eingegangene Risiko an. Erfunden wurde die Methode von dem Wirtschaftswissenschaftler und Nobelpreisträger William F. Sharpe.

Zunächst wird von der Wertentwicklung des Investmentvermögens die Verzinsung einer risikolosen Anlage (z. B. eines Festgeldes oder einer Bundesanleihe) abgezogen. Das Ergebnis wird durch das eingegangene Risiko (Volatilität pro Jahr) des Investmentvermögens geteilt.

Je höher der Wert, desto besser, denn das bedeutet, dass dem eingegangenen Risiko auch ein entsprechender Erfolg gegenübersteht. Ein negativer Wert bedeutet, dass ein Investmentvermögen noch nicht einmal die Verzinsung einer risikolosen Anlage erreicht hat, d. h. hier steht das eingegangene Risiko in keinem Verhältnis zum Erfolg.

$$\text{Sharpe ratio} = \frac{\text{jährliche Wertentwicklung ./. risikoloser Zins}}{\text{jährliche Volatilität}}$$

◀

Ertrag und Rendite

Als **Ertrag** werden Zins- und Dividendenzahlungen, Mieteinnahmen, Ausschüttungen von Investmentvermögen und Kursgewinne bzw. Kursverluste (negativer Ertrag) bezeichnet. Die Angabe erfolgt in Euro.

Als **Rendite** wird der durchschnittliche jährliche Ertrag, ausgedrückt in Prozent im Verhältnis zum eingesetzten Kapital zu einem bestimmten Betrachtungszeitpunkt, bezeichnet.

Die Rendite berücksichtigt folgende Einflussfaktoren:

- Laufzeit

- Nominalzins

- Kurs (Kursveränderungen bzw. den fest vereinbarten Kurs zum Laufzeitende bei Anleihen)

- Zeitstruktur (z. B. wann erfolgen die Zinszahlungen?)

Von der Bruttorendite spricht man, wenn noch keine Kosten oder Steuerabzüge berücksichtigt wurden; hingegen berücksichtigt die Nettorendite die Kosten für den Kauf, Verkauf und die Verwahrung.

Die Rendite ist der Maßstab für die Beurteilung der **Rentabilität** einer Anlage (Wie gewinnbringend ist meine Anlage?). Die Nettorendite ist dabei der aussagekräftigere Maßstab.

Die Rendite ist nicht ausschließlich eine vergangenheitsbezogene Betrachtung, sondern kann im Falle einer Anleihe auch für die Zukunft berechnet werden, da die Zinszahlungen und der Rückzahlungskurs am Laufzeitende feststehen (vorausgesetzt der Anleger behält die Anleihe bis zum Laufzeitende).

Die individuelle steuerliche Situation des Anlegers kann ein weiterer zu berücksichtigender Faktor bei der Anlageentscheidung sein. Üblicherweise wird die Nettorendite der „Rendite vor Steuern" gleichgesetzt. Die so genannte Nachsteuerrendite berücksichtigt die Steuersituation des Anlegers. Nachsteuerrenditen, die vom Anbieter vorgerechnet werden, legen meist pauschale Grenzsteuersätze wie bspw. 30 % oder 40 %

zugrunde. Die tatsächliche Berechnung muss durch einen Steuerberater des Anlegers erfolgen.

Ausschüttung, Thesaurierung und Wiederanlage

Die Erträge (Zinsen, Dividenden, Kursgewinne u. a.) der Vermögensgegenstände, in die das Sondervermögen investiert wurde, werden regelmäßig in Form einer **Ausschüttung** bei einem ausschüttenden Investmentvermögen an den Anleger ausbezahlt. Bis zum Ausschüttungstermin erhöhen die Erträge den Wert des Sondervermögens und somit den Anteilwert (Rücknahmepreis). Am Tag der Ausschüttung reduziert sich der Anteilwert (Rücknahmepreis) um den Ausschüttungsbetrag, da die Zahl der ausgegebenen Anteile durch die Ausschüttung nicht verändert wird. Da der Anleger im Gegenzug die Ausschüttung erhält, handelt es sich bei dieser Anteilspreisreduzierung um keinen Kursverlust.

Der Anleger hat nun die Wahl, ob er die Ausschüttung für einen beliebigen Zweck verwendet oder in neue Investmentanteile seines Investmentvermögens anlegt und so einen Zinseszinseffekt für sich nutzt. Dieses Vorgehen wird als **Wiederanlage** bezeichnet.

Bei der **Thesaurierung** werden die Erträge nicht ausgeschüttet, sondern verbleiben automatisch im Sondervermögen (automatischer Zinseszinseffekt). Der Anteilwert bleibt am Tag der Thesaurierung unverändert.

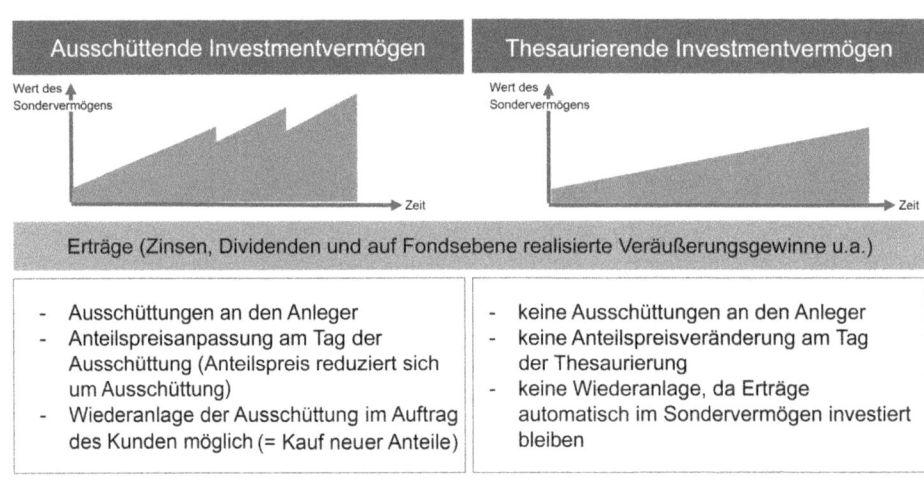

Abb. 146: Thesaurierung

Das Wichtigste zusammengefasst:

Die verschiedenen Fondsarten verbindet das zugrunde liegende Konzept der Investmentidee. Sie stellt das Grundgerüst dieser Anlageform dar.

Sie kennen nun:

- Die grundsätzlichen Merkmale der Investmentidee

- Die Funktionsweise und Struktur von Investmentvermögen

- Die Funktion und Aufgaben der Kapitalverwaltungsgesellschaft, des Fondsmanagements und der Verwahrstelle

- Die wichtigsten Fachbegriffe rund um Investmentvermögen

- Die mit der Anlage in Investmentvermögen verbundenen Kosten

- Die gesetzliche Klassifizierung der Anleger

Sie verstehen Ihr Wissen zur Konzeption und zu den Chancen und Risiken von Investmentvermögen als Grundlage, um Ihren Kunden kundenorientiert über die Funktionsweise der Fondsanlage informieren zu können.

Sie nutzen Ihr Fachwissen, um Ihren Kunden bei seiner Entscheidung über die für ihn geeignete Anlageform und Fondsart sachlich zu unterstützen.

Nachdem Sie in diesem Kapitel alles rund um die Investmentidee erfahren haben, geht es im nächsten Kapitel um die einzelnen Arten von offenen Investmentvermögen. Neben den traditionellen Wertpapierfonds (im europäischen Sprach- und Rechtsgebrauch als OGAW (Organismen für die gemeinsame Anlage in Wertpapieren) bezeichnet: Geldmarktfonds, Rentenfonds und Aktienfonds) lernen Sie die Merkmale, Chancen und Risiken weiterer Fondsarten kennen. Hierzu gehört auch die gesetzliche Klassifizierung nach dem Kapitalanlagegesetzbuch (KAGB) hinsichtlich OGAW und AIF (Alternative Investment Funds) bei den Publikumsinvestmentvermögen und die Abgrenzung von Publikumsinvestmentvermögen und Spezial-AIF. Sie merken es schon: auch eine Reihe von weiteren wichtigen Fachbegriffen werde ich Ihnen im nachfolgenden Kapitel erläutern und näherbringen.

▶ Aufgaben zum Kapitel 3.2 Konzept offener Investmentvermögen

Ihr Wissen auf dem Prüfstand:

1. Welche Aussagen über offene Investmentvermögen treffen zu? (MC)
   a) Das investierte Sondervermögen wird für jeden Anleger separat verwaltet.
   b) Das Geld der Anleger wird von börsenregistrierten Fondsmanagern verwahrt.
   c) Das Geld der Anleger in Form des Sondervermögens wird getrennt vom Vermögen der Kapitalanlagegesellschaft verwahrt.
   d) Offene Investmentvermögen werden von einer in Deutschland zugelassenen Verwahrstelle aufgelegt.
   e) Die gesetzlich vorgeschriebene Streuung des Sondervermögens in verschiedene Titel nennt man Diversifikation.

2. Welche Aufgabe übernimmt die Verwahrstelle bei offenen Investmentvermögen? (MC)
   a) Sie genehmigt den Vertrieb der Investmentanteile.
   b) Sie investiert und verwaltet das Sondervermögen.
   c) Sie verwahrt das Sondervermögen.
   d) Sie überwacht die Einhaltung der Anlagebedingungen.

3. Welches sind Vorteile einer Anlage in offene Investmentvermögen? (MC)
   a) Viele Anleger investieren in ein gemeinsames Vermögen, das entsprechend den Anlagebedingungen in verschiedene Einzelanlagen investiert wird.
   b) Für offene Investmentvermögen gilt eine gesetzlich vorgeschriebene Risikostreuung.
   c) Der Anleger managt sein Investmentvermögen eigenverantwortlich und hat freie Hand bei der Auswahl der Einzeltitel.
   d) Aktien sind kein Bestandteil des Sondervermögens, um die gesetzliche Risikostreuung zu gewährleisten.
   e) Der Anleger erhält jährlich garantierte Ausschüttungen.

4. Was fließt in die Berechnung des Wertes des Sondervermögens ein? (MC)
   a) Verbindlichkeiten aus Kreditaufnahmen für das Sondervermögen
   b) Gewinne der Kapitalverwaltungsgesellschaft
   c) Bankguthaben der Kapitalverwaltungsgesellschaft
   d) Erträge aus dem Sondervermögen, die noch nicht ausgeschüttet wurden
   e) Aktuelle Kurswerte der im Sondervermögen enthaltenen Wertpapiere
   f) Von den Anlegern gezahlte Abgeltungssteuer

5. Welche der folgenden Kombinationen von Fondskosten und deren Verwendung treffen zu? (MC)

   a) Verwaltungsvergütung – für Leistungen des Fondsmanagement

   b) Verwahrstellenvergütung – u. a. für die Berechnung der Ausgabe- und Rücknahmepreise

   c) Transaktionskosten – Kosten für die depotführende Bank des Kunden

   d) Ausgabeaufschlag – für Leistungen des Fondsmanagements

   e) Verwaltungsvergütung – für den Vertrieb der Anteile

   f) Ausgabeaufschlag – für den Vertrieb der Anteile

   g) Depotführungsgebühr – für den Kauf und Verkauf der Einzeltitel des Sondervermögens

6. Welche Aussage zu den Aufgaben der Beteiligten bei offenen Investmentvermögen trifft zu? (SC)

   a) Die Bundesanstalt für Finanzdienstleistungsaufsicht (BaFin) verwahrt das Sondervermögen.

   b) Die Verwahrstelle überwacht die Einhaltung der gesetzlichen und vertraglichen Anlagerichtlinien.

   c) Die Kapitalverwaltungsgesellschaft überwacht die Verwahrstelle.

   d) Die Kapitalverwaltungsgesellschaft überwacht die Einhaltung der Kontrollpflichten durch die BaFin

7. Was gilt bezüglich der Fondserträge bei einem thesaurierenden Investmentvermögen? (SC)

   a) Die Erträge werden im Auftrag des Anlegers automatisch wiederangelegt.

   b) Die Erträge werden jährlich an den Anleger ausgeschüttet.

   c) Die Erträge werden beim Anteilsverkauf ausgeschüttet.

   d) Die Erträge sind steuerfrei.

   e) Die Erträge verbleiben im Sondervermögen.

8. Wie wird der Anteilwert an einem nichtbörsennotierten offenen Investmentvermögen ermittelt? (SC)

   a) Die Anzahl sämtlicher Anteilwerte geteilt durch die Summe des Sondervermögens.

   b) Der Wert des Sondervermögens geteilt durch die Anzahl der ausgegebenen Investmentanteile.

   c) Der Wert wird jährlich durch Festsetzung der BaFin bestimmt.

   d) Der Wert wird durch Angebot und Nachfrage berechnet und wird börsentäglich ermittelt.

9. Welche der folgenden Kosten sind in der Gesamtkostenquote enthalten? (MC)

   a) Verwaltungsvergütung

   b) Maklergebühren

   c) Wirtschaftsprüfungskosten

   d) Ausgabeaufschlag

   e) Verwahrstellenvergütung

   f) Transaktionskosten

10. Welchen Preis zahlt ein Anleger beim Kauf von Investmentanteilen? (SC)

    a) Rücknahmepreis

    b) Ausgabeaufschlag

    c) Ausgabepreis

    d) Preis, der im Verkaufsprospekt genannt ist

11. Berechnen Sie den Ausgabepreis (kaufmännisch auf zwei Stellen hinter dem Komma gerundet) anhand nachfolgender Angaben (SC):

Aktien mit aktuellem Kurswert von	100.000.000 €
Anleihen mit aktuellem Kurswert von	500.000 €
Bankguthaben im Wert von aktuell	5.000.000 €
Anzahl der ausgegebenen Anteile	5.000.000 Stück
Ausgabeaufschlag	5 %

12. Berechnen Sie den Rücknahmepreis anhand der in Aufgabe 11 bereits genannten Angaben. (SC)

3.3 Fondsarten

Fondsarten: Unterscheidung nach gesetzlicher Klassifizierung des KAGB

Vor der Einführung des Kapitalanlagegesetzbuches wurden offene Investmentvermögen lediglich nach ihren Anlageschwerpunkten unterschieden. Mit Einführung des KAGB gilt die bereits in Kapitel 3.2.2 Fachbegriffe beschriebene Kategorisierung in OGAW (Organismen für die gemeinsame Anlage in Wertpapieren) und AIF (Alternative Investment Funds). Beide Bezeichnungen entsprechen den internationalen Bezeichnungen für Investmentvermögen.

OGAW sind Investmentvermögen, die ihr Vermögen in Wertpapiere oder wertpapierähnliche Instrumente (Geldmarktinstrumente) anlegen. Dabei erfüllen sie die Anforderungen der sog. OGAW-Richtlinie. Die OGAW-Richtlinie 2009/65/EG des Europäischen Parlamentes und des Europarates vom 13. Juli 2009 ist eine EU-Richtlinie, die in nationales deutsches Recht umgesetzt wurde.

AIF (Alternative Investment Funds)

AIF sind gemäß KAGB alle Investmentvermögen, die keine OGAW sind. Neben dieser allgemeinen Definition wird das KAGB noch genauer. Zu den AIF gehören konkret:

- Gemischte Investmentvermögen (§§ 218–219 KAGB)
- Sonstige Investmentvermögen (§§ 220–224 KAGB)
- Dach-Hedgefonds (§§ 225–229 KAGB)
- Offene Immobilien-Sondervermögen (§§ 230–260 KAGB)

Für AIF gelten weniger umfassende gesetzliche Anlagebedingungen als für OGAW. Der Grundsatz der Risikostreuung ist allerdings auch bei den AIF gesetzlich vorgeschrieben.

Anleger von AIF haben das Recht, ihre Anteile mindestens einmal pro Jahr an die KVG zurückzugeben. Hierbei sind die gesetzlichen Mindesthalte- oder Rückgabefristen und eine mögliche Aussetzung der Anteilsrücknahme zu beachten. Näheres dazu finden Sie in den Kapiteln zu den einzelnen AIF-Fondsarten.

OGAW (Organismen für gemeinsame Anlage in Wertpapiere)

Die gesetzlichen Regelungen für OGAW enthalten die §§ 192–199 KAGB.

Danach dürfen OGAW vor allem in die nachfolgenden zulässigen Vermögensgegenstände investieren:

- Börsennotierte Wertpapiere
- Geldmarktinstrumente (Anlageinstrumente des Geldmarktes sowie verzinsliche Wertpapiere, die u. a. im Zeitpunkt ihres Erwerbs durch das Investmentvermögen noch eine Restlaufzeit von 397 Tagen aufweisen)
- Bankguthaben mit einer Laufzeit von max. 12 Monaten
- Investmentanteile

- Begrenzt in Derivate (nur zu Investitionszwecken)

- Sonstige Anlageinstrumente, wie bspw. bis zu max. 10 % des Wertes des Sondervermögens in nicht börsennotierte Wertpapiere

Damit fallen bspw. folgende offene Investmentvermögen – geschlossene Investmentvermögen sind generell keine OGAW – unter die Regelungen für OGAW:

- Geldmarktfonds
- Rentenfonds
- Aktienfonds
- Mischfonds (sofern sie ausschließlich den Regeln für OGAW unterliegen)

Das Tätigen von **Leerverkäufen** (§ 205 KAGB) und die **Investition in Edelmetalle oder Zertifikate auf Edelmetalle** (§ 192 KAGB) sind **verboten**.

> **Leerverkäufe**
> *Ein Leerverkauf ist ein Verkauf von Vermögensgegenständen, die zum Verkaufszeitpunkt nicht zum Sondervermögen gehören.*

Welche Regeln gelten für die Namensgebung von OGAW?

Die Namensgebung ist durch die Richtlinie zur Festlegung von Fondskategorien gemäß § 4 Abs. 2 KAGB der Bundesanstalt für Finanzdienstleistungsaufsicht (BaFin) geregelt. Die BaFin schreibt hierzu vor:

Vorbehaltlich des Artikels 3 setzt die Verwendung einer Fondskategorie (z. B. Aktienfonds, Equity Funds, Rentenfonds, Bond Funds, Immobilienfonds, Private-Equity Fonds etc.) oder einer ihrer begrifflichen Bestandteile (z. B. Renten, Bonds, Aktien, Immobilien, Private-Equity etc.) bei der Namensgebung oder im Vertrieb voraus, dass nach den Anlagebedingungen mindestens 51 Prozent des Wertes des Investmentvermögens in den die Fondskategorie bezeichnenden, d. h. namensgebenden Vermögensgegenstand, angelegt sein müssen (z. B. Aktienfonds: mindestens 51 Prozent Aktien; Rentenfonds: mindestens 51 Prozent (fest-)verzinsliche Wertpapiere etc.) (Artikel 2 Abs. 1 der Fassung vom 22. Juli 2013 und geändert am 17. 4. 2015).

Über diese Grundregel hinaus gibt es Sonderregelungen für Dachfonds, Indexfonds, Geldmarktfonds und Derivatefonds. Diese finden Sie in den einzelnen Kapiteln zu den jeweiligen Fondsarten.

Die gesetzlich geregelte Risikostreuung für OGAW

Auch wenn die Mischung der einzelnen zugelassenen Vermögensgegenstände und somit die Anlagepolitik eines OGAW grundsätzlich frei von der KVG wählbar ist, so muss sie sich dabei doch innerhalb der gesetzlichen Anlagegrenzen bewegen.

Gesetzliche Anlagegrenzen in Bezug auf die einzelnen Vermögensgegenstände sind bspw.:

- Das Marktrisikopotenzial darf sich durch den Einsatz von Derivaten und Finanzinstrumenten mit derivaten Elementen (bspw. Zertifikate) maximal verdoppeln (§ 197 KAGB).

- Anteile an anderen Investmentvermögen dürfen nur erworben werden, wenn diese selbst nur max. 10 % des Wertes ihres Sondervermögens in andere Investmentvermögen investieren dürfen (sog. **Kaskadenverbot** gem. § 196 KAGB).

- Max. 10 % des Wertes des Sondervermögens dürfen in nicht börsennotierte Wertpapiere investiert werden (§ 198 KAGB).

- Anteile an einem einzelnen Investmentvermögen dürfen nur bis max. 20 % des Wertes des Sondervermögens erworben werden (§ 207 Abs. 1 KAGB und § 196 Abs. 1 KAGB).

- Anteile an anderen (nicht-OGAW) Investmentvermögen dürfen insgesamt nur bis max. 30 % des Wertes des Sondervermögens erworben werden (§ 207 Abs. 2 KAGB und § 196 Abs. 1 Satz 2 KAGB).

Emittentengrenzen werden vor allem durch die sog. 5-10-40-Regel vorgegeben (§ 206 KAGB). Diese Regel besagt, dass das Investmentvermögen nur bis zu 5 % des Wertes seines Sondervermögens in Wertpapiere und Geldmarktinstrumente eines einzelnen Emittenten anlegen darf. Hiervon gibt es eine Ausnahme, wenn die Anlagebedingungen dies vorsehen. Nur dann darf bis zu 10 % des Wertes des Sondervermögens in einen Emittenten investiert werden. Alle Ausnahmefälle zusammen dürfen zusammen 40 % des Wertes des Sondervermögens nicht übersteigen.

Die nachfolgende Grafik soll Ihnen diese Regel verdeutlichen.

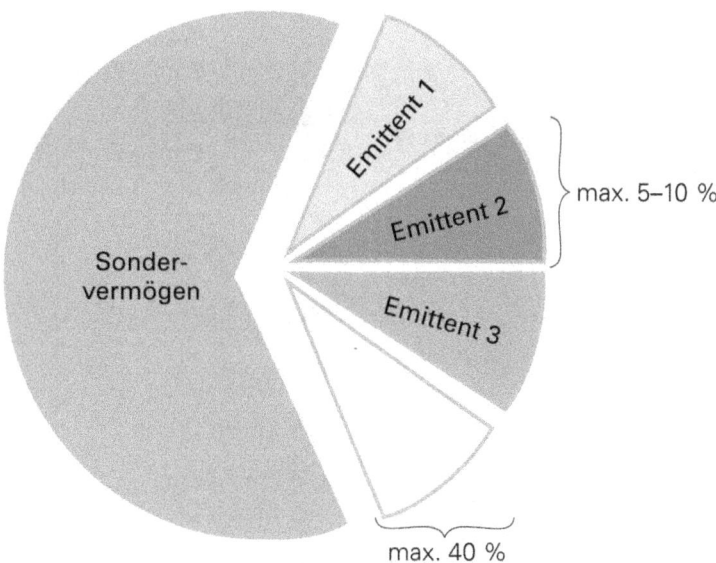

Abb. 147: Gesetzliche Risikostreuung: Emittentengrenze 5-10-40-Regel

▶ Exkurs: Emittentengrenzen bei Wertpapierindex-OGAW

Abweichend von den für OGAW allgemein geltenden Emittentengrenzen des § 206 KAGB dürfen gemäß § 209 KAGB bis zu 20 % des Wertes des Sondervermögens in Wertpapiere eines einzelnen Emittenten investiert werden, wenn nach den Anlagebedingungen die Auswahl der für den inländischen Wertpapierindex-OGAW zu erwerbenden Wertpapiere auf die Nachbildung eines von der BaFin anerkannten Wertpapierindex ausgerichtet ist.

Bezogen auf einen einzigen Wertpapieremittenten darf diese Grenze bis auf 35 % des Wertes des Sondervermögens angehoben werden. ◀

Kreditaufnahme durch OGAW

Die kurzfristige Kreditaufnahme ist gemäß § 199 KAGB bis zu max. 10 % des Wertes des Sondervermögens des OGAW zulässig, wenn die Bedingungen der Kreditaufnahme marktüblich sind und dies in den Anlagebedingungen vorgesehen ist.

Fondsarten: Unterscheidung nach Anlageschwerpunkten, Anlegerkreis und Ausgestaltungen

Offene Investmentvermögen können auch nach ihrem Anlageschwerpunkt, nach ihrem Anlegerkreis oder nach ihrer sonstigen Ausgestaltung unterschieden werden.

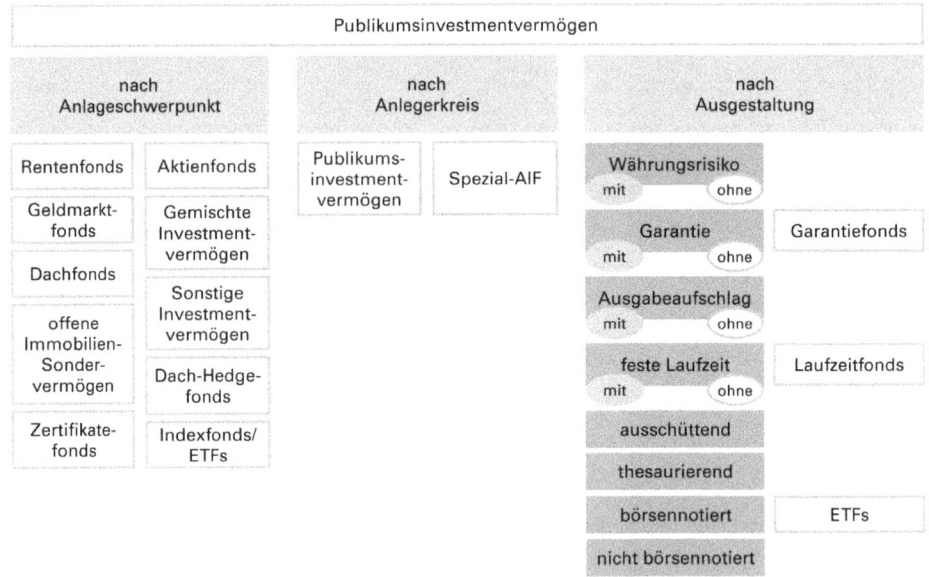

Abb. 148: Unterscheidungsmöglichkeiten von Publikumsinvestmentvermögen

Mit oder ohne Währungsrisiko

Ein Währungsrisiko besteht immer dann, wenn das offene Investmentvermögen ganz oder teilweise in eine Währung investieren kann, die nicht der Landeswährung des Heimatlandes des Anlegers entspricht.

Mit oder ohne Garantie

In der Regel gibt es bei offenen Investmentvermögen keine Ertrags- oder Wertentwicklungsgarantie. Die Ausnahme bilden die so genannten Garantiefonds. Mehr Informationen zu dieser Fondsart finden Sie in Kapitel 3.3.9 Garantiefonds (Wertsicherungsfonds).

Mit oder ohne Ausgabeaufschlag

Offene Investmentvermögen, die über eine KVG vertrieben werden, werden in der Regel mit einem Ausgabeaufschlag angeboten, um die Vertriebskosten zu decken.

Für Anleger, die häufig ihr Investmentvermögen wechseln, gibt es so genannte No-load-Funds, d. h. offene Investmentvermögen ohne Ausgabeaufschlag. Allerdings ist bei diesen Investmentvermögen häufig die jährliche Verwaltungsvergütung erhöht, wodurch eine Haltdauer von ca. 3 Jahren für den Anleger teurer als bei einem Investmentvermögen mit Ausgabeaufschlag werden kann.

Auch Indexfonds oder ETFs sowie offene Investmentvermögen, deren Anteile über die Börse verkauft werden, weisen in der Regel keinen Ausgabeaufschlag auf, da in diesem Fall geringere Vertriebskosten durch den Börsenhandel anfallen.

Weitere Informationen finden Sie in den entsprechenden Kapiteln zu diesen Fondsarten.

Mit oder ohne feste Laufzeit

Zur Regel, dass offene Investmentvermögen keine feste Laufzeit haben, gibt es eine Ausnahme: Laufzeitfonds. Da sie auf eine feste Laufzeit ausgerichtet sind, werden sie auch als Zielsparfonds bezeichnet. Weitere Informationen finden Sie in Kapitel 3.3.13 Laufzeitfonds.

Mit oder ohne Ausschüttung

Die KVG legt die Ausschüttungspolitik der von ihr aufgelegten offenen Investmentvermögen fest. Auf die Wertentwicklung und den eigentlichen Anlageerfolg des offenen Investmentvermögens hat dies keinen Einfluss. Der Anleger muss sich entscheiden, welche Ausschüttungsvariante besser zu seinen Anlagezielen passt. Möchte er aus seiner Kapitalanlage ein zusätzliches regelmäßiges Einkommen beziehen, so bieten ihm ausschüttende offene Investmentvermögen die Möglichkeit hierzu an. Die Ausschüttungspolitik des einzelnen Investmentvermögens wird von der KVG in den Anlagebedingungen festgelegt. Auch die wesentlichen Anlegerinformationen (WAI) informieren den Anleger hierüber.

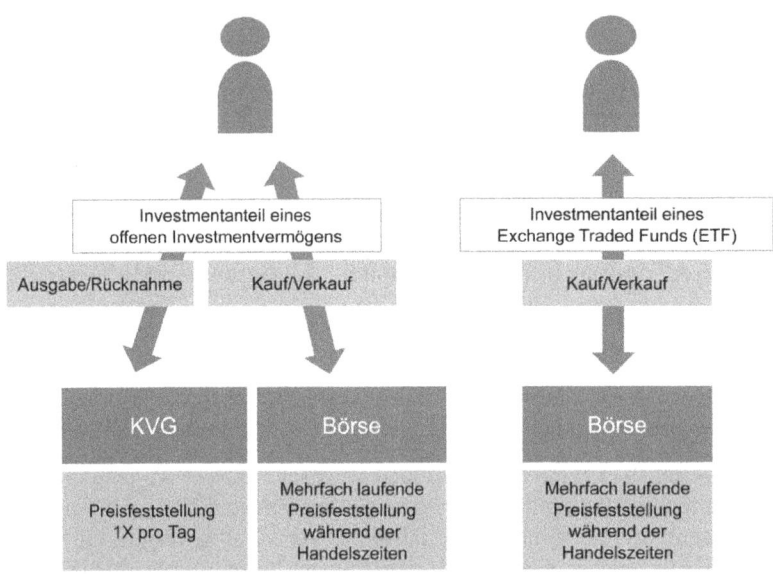

Abb. 149: Der Handel von offenen Investmentvermögen

Mit oder ohne Börsennotierung

Lange Jahre war es nur möglich, Investmentanteile über die KVG zu kaufen und zu verkaufen. Viele Kapitalverwaltungsgesellschaften wählen auch heute noch ausschließlich diesen Weg. Im Jahr 1999 hat die Deutsche Börse AG dann ein spezielles Börsensegment (XTF = Handelssegment für börsennotierte Indexfonds, ETFs und weitere börsenfähige offene Investmentvermögen) für den Handel mit Investmentanteilen geschaffen.

Exchange Traded Funds (ETFs) sind nur über dieses Börsensegment handelbar. Eine Ausgabe und Rücknahme durch die KVG erfolgt nicht (siehe auch Kapitel 3.3.14 Exchange Traded Funds (ETFs). Bei den anderen Fondsarten entscheidet die KVG, ob sie diese zusätzlich für den Börsenhandel freigibt.

Der Vorteil der Börsennotierung liegt in der börsentäglich mehrmaligen Preisfeststellung und der veränderten Kostenseite: anstelle des Ausgabeaufschlages fallen Kauf- und Verkaufsgebühren im Zusammenhang mit dem Börsenhandel (Orderprovision der depotführenden Stelle und Maklercourtage) an.

Der Anleger sollte die jeweiligen Kosten einschließlich der laufend anfallenden Verwaltungsvergütungen u. a. vergleichen und im Auge behalten. Hier gilt: „Hin und Her macht Taschen leer."

Fondsarten: Unterscheidung nach geografischen Schwerpunkten

Mit einem geografischen Schwerpunkt ist gemeint, dass ein offenes Investmentvermögen bspw. nur in Unternehmen eines bestimmten Landes oder einer bestimmten Region investiert.

Der nachfolgenden Grafik können Sie die verschiedenen geografischen Ausrichtungen bei Renten- und Aktienfonds entnehmen.

Abb. 150: Ausgestaltungsmöglichkeiten von Renten- und Aktienfonds

Eine ergänzende detaillierte Beschreibung der verschiedenen Anlageschwerpunkte von Renten- und Aktienfonds finden Sie in den Kapiteln 3.3.2 Rentenfonds und 3.3.3 Aktienfonds.

Gerade die verschiedenen Möglichkeiten der Anlageausrichtung und der weiteren Ausgestaltungsvarianten offener Investmentvermögen zeigen deren Vielfalt und Flexibilität. Ein Grund mehr, warum sich offene Investmentvermögen für nahezu jeden Anlegertyp und jeden Anlegerwunsch eignen. Gleichzeitig stellt dies eine wichtige Anforderung an die Beratungsleistung dar, sich mittels einer umfassenden Bestandsaufnahme der Kundenwünsche und -möglichkeiten ein Bild über den Anleger und der für ihn geeigneten Investmentprodukte zu machen.

In den nachfolgenden Kapiteln stelle ich Ihnen die verschiedenen prüfungsrelevanten Fondsarten im Detail dar.

3.3.1 Geldmarktfonds

Merkmale

Geldmarktfonds investieren das Geld der Anleger am Geldmarkt. Vermögensgegenstände sind:

- Zinspapiere mit kurzer Restlaufzeit (Geldmarktinstrumente) von Emittenten mit guter Bonität sowie

- Bankguthaben wie Tages- und Termingelder.

Diese Vermögensgegenstände weisen in der Regel aufgrund der höheren Sicherheit eine vergleichsweise geringere Verzinsung auf.

Chancen

- Privatanleger können nicht direkt in den Geldmarkt investieren. Über den Kauf von Geldmarktfondsanteilen ist dies allerdings indirekt möglich. Der Anleger profitiert von den nur für Großanleger geltenden Konditionen.

- Eine weitere Chance stellen die nur geringen Kursschwankungen (geringe Volatilität) aufgrund der hohen Emittentenbonität und kurzen Laufzeiten dar.

- Hinzu kommt die schnelle Verfügbarkeit über das angelegte Kapital. Dies macht Geldmarktfonds zu einer geeigneten Anlagealternative, wenn Geld kurzfristig geparkt werden soll.

Risiken

Zu den Risiken von Geldmarktfonds gehören:

- Inflationsrisiko, da Geldmarktfonds eine reine Geldwertanlage darstellen und besonders in Niedrigzinsphasen eine höhere Inflation nicht ausgleichen können.

- Währungsrisiko bei internationalen (nicht auf Euro lautenden) Geldmarktfonds.

Kosten

Auf der Kostenseite bieten Geldmarktfonds den Vorteil vergleichsweise geringer Kosten innerhalb des Sondervermögens und eines geringen bzw. keines Ausgabeaufschlages (bis ca. 1 %).

Unterscheidung nach Anlageausrichtung

Da auch Geldmarktfonds – wenn auch nur in geringem Maße – Kursschwankungen aufweisen können, müssen die Fondsanbieter für Transparenz und Klarheit bei ihren Geldmarktfonds sorgen.

Der Gesetzgeber unterscheidet zwischen zwei Kategorien:

- **Geldmarktfonds mit kurzer Laufzeitstruktur**

  (Short Term Money Market Funds)

- **Geldmarktfonds** (Money Market Funds)

Geldmarktnahe Fonds (Non-Money Market Funds) werden den Rentenfonds zugeordnet und dürfen nicht als Geldmarktfonds bezeichnet werden. Sie investieren zu max. 49 % in Geldmarktanlagen und zu mind. 51 % in Rentenpapieren mit kurzen Laufzeiten. Dadurch können sie höhere Chancen, aber zum Preis eines höheren Risikos als Geldmarktfonds, aufweisen.

Für die beiden Geldmarktfondskategorien gelten gemäß der von der BaFin erstellten Richtlinie zur Festlegung von Fondskategorien gemäß § 4 Abs. 2 KAGB unterschiedliche Regeln hinsichtlich der Anlagepolitik und der Anlageschwerpunkte, die Sie der nachfolgenden Grafik entnehmen können.

	Geldmarktfonds mit kurzer Laufzeitstruktur	Geldmarktfonds
Anlageziel	Kapitalerhalt und Wertentwicklung entsprechend den Geldmarktzinssätzen	
Anlagemöglichkeiten	- Geldmarktinstrumente mit hoher Qualität (mindestens zweithöchstes Ranking von einer anerkannten externen Ratingagentur) - Bankguthaben - Geldmarktfonds mit kurzer Laufzeitstruktur	
Anlagebeschränkungen	- nur zur Fondsstrategie passende Derivate - keine Anlage in Aktien oder Rohstoffe - vollständige Absicherung von Währungsrisiken	
weitere Anlagemöglichkeiten		Geldmarktfonds
maximale Restlaufzeit **einzelner** Geldmarktinstrumente	397 Tage	2 Jahre (Zeitraum bis zur nächsten Zinsanpassung max. 397 Tage)
durchschnittliche Zinsbindungsdauer **sämtlicher** Vermögensgegenstände	max. 60 Tage	max. 6 Monate
durchschnittliche Restlaufzeit **sämtlicher** Vermögensgegenstände	max. 120 Tage	max. 12 Monate

Abb. 151: Arten von Geldmarktfonds und deren Anlagemöglichkeiten

Währung

Die erworbenen Vermögensgegenstände können auch auf eine fremde, d. h. nicht der eigenen Landeswährung (Euro) entsprechenden Währung, lauten. In diesem Fall ist das mit der Anlage verbundene Währungsrisiko bei der Anlageentscheidung zu beachten. Währungsrisiken innerhalb eines Euro-Geldmarktfonds müssen abgesichert werden.

Anlegerkreis und Anlagemotive

Geldmarktfonds eigenen sich für den sicherheitsorientierten Anleger.

Anlagemotive sind darüber hinaus:

- schnelle Verfügbarkeit

- kurzfristiger Anlagehorizont

- Parkmöglichkeit oder

- Aufbau einer kurzfristigen Liquiditätsreserve.

Abgrenzung zu Sparbüchern, Tages- und Festgeldern

Geldmarktfonds weisen im Gegensatz zu den Bankeinlagen keine feste Laufzeit und keine fest vereinbarte Verzinsung auf. Die Rendite und Wertentwicklung passen sich dem aktuellen Geldmarktniveau an und können zu Kursschwankungen führen.

Geldmarktfonds haben keine Kündigungsfristen und können jederzeit börsentäglich verkauft werden.

3.3.2 Rentenfonds

Merkmale

Rentenfonds investieren das Geld der Anleger überwiegend, d. h. mehr als 51 % des Wertes ihres Sondervermögens, am Rentenmarkt in verzinsliche Wertpapiere (Schuldtitel) unterschiedlicher Emittenten (Staatsanleihen oder Unternehmensanleihen u. a.) mit unterschiedlichen Laufzeiten, Zinsgestaltungen und Währungen.

Der Anteilwert von Rentenfonds unterliegt stärkeren Schwankungen als der von Geldmarktfonds. Im Vergleich zu Aktienfonds weisen Rentenfonds dagegen in der Regel ein geringes Anteilpreisschwankungsrisiko auf. Die Renditechancen bewegen sich in der Regel zwischen dem Niveau von Geldmarkt- und Aktienfonds. Diese pauschale Grundregel kann sich je nach Anlageschwerpunkt des einzelnen Rentenfonds und aktueller Entwicklung der Finanzmärkte anders darstellen. Dies gilt bspw. für Rentenfonds, die überwiegend in Unternehmensanleihen in einem begrenzten geografischen Rahmen (Länderfonds) investieren.

Chancen

Bei einem hohen Marktzinsniveau kann der Rentenfonds sich mit hoch verzinsten, länger laufenden Titeln eindecken. Sinken danach die Marktzinsen, so steigen die Kurse der vergleichbaren bestehenden Wertpapiere; dadurch lassen sich später beim Verkauf Kursgewinne erzielen.

Unternehmensanleihen können u. a. zusätzlich interessante Kursentwicklungspotenziale bieten. Die hiermit verbundenen höheren Risiken sind vom Anleger bei seiner Anlageentscheidung entsprechend zu beachten.

Risiken

Bei Rentenfonds sind grundsätzlich die Basisrisiken der Wertpapieranlage und die besonderen Risiken der Anlage in offene Investmentvermögen zu beachten (siehe Kapitel 2.1.5 Basisrisiken der Wertpapieranlage und Kapitel 3.4.2 Risiken).

Zu beachten sind vor allem:

- Emittentenrisiko auf Ebene des Sondervermögens
- Inflationsrisiko, da auch Rentenfonds zu den geldwerten Anlagen gehören
- Währungsrisiko, sofern das Sondervermögen in Anleihen, die auf fremde Währung lauten, investiert werden darf
- Volatilität (abhängig vom Anlageschwerpunkt des Rentenfonds)

Es besteht ein Kursänderungsrisiko bei Marktzinsveränderungen: bei steigendem Marktzinsniveau können die Kurse für vergleichbare, bereits herausgegebene Wertpapiere fallen; der Kursverlust entsteht jedoch nur, wenn der Fondsmanager die Anleihe oder der Anleger seine Rentenfondsanteile verkauft.

Hat das Fondsmanagement in einer Phase mit hohem Marktzinsniveau in hochverzinsten Wertpapieren über längere Laufzeiten investiert, so profitiert der Rentenfonds bei einem danach fallendem Marktzinsniveau von Kurssteigerungen seiner Bestandswertpapiere. Wurde dagegen in niedrigverzinste Wertpapiere investiert, tritt der umgekehrte Fall ein: Steigt das Marktzinsniveau, sinken die Kurse der im Bestand des Sondervermögens gehaltenen Wertpapiere. Das Gleiche gilt allerdings auch im umgekehrten Fall, wenn nur in niedrigverzinste Wertpapiere investiert werden konnte und das Marktzinsniveau steigt. Wie bei einer Direktanlage in verzinsliche Wertpapiere, handelt es sich zunächst aber nur um Kursgewinne bzw. -verluste auf dem Papier. Erst mit einem vorzeitigen Verkauf vor Laufzeitende des verzinslichen Wertpapiers werden diese Kursgewinne bzw. -verluste auch realisiert.

Bei der Investition in einen international anlegenden Rentenfonds sollte der Anleger sich mit den internationalen Währungs-, Bonitäts- und Zinsrisiken auseinandersetzen.

▶ Exkurs: Reale Verzinsung

Bei einer Geldwertanlage vernachlässigen viele Anleger den Einfluss der Inflation – also der Geldentwertung – auf die Rendite und den Werterhalt ihrer Anlage. Die Inflation entscheidet darüber, wie hoch die reale Verzinsung einer Geldanlage ausfällt.

Es gilt die Formel:

Zinsen abzüglich Inflation = Realzinsen

Insbesondere bei einem niedrigen Zinsniveau kann schon eine vergleichsweise geringe Inflationsrate zu einer negativen Realverzinsung führen.

Beispiel:

Zinssatz für Spareinlagen: 0,5 %

Inflationsrate: 1,5 %

Realverzinsung: 0,5–1,5 = -1 %

Für Anleger, die auf hohe Bonität der Emittenten Wert legen und dies mit einer niedrigeren Verzinsung bezahlen müssen, besteht die Gefahr einer negativen Realverzinsung. Das heißt, ihr Geld und die gezahlten Zinsen werden immer weniger wert und verlieren an Kaufkraft. Steigt das Marktzinsniveau wieder, besteht bei börsennotierten Geldwertanlagen zusätzlich ein erhöhtes Kursverlustrisiko (siehe auch Kapitel 3.1.2 Rentenmarkt). ◀

Kosten

Die KVG verlangt für einen Rentenfonds einen vergleichsweise moderaten Ausgabeaufschlag in Höhe von einmalig ca. 2–4 %.

Unterscheidung nach Anlageausrichtung

Laufzeit	Emittent	Währung	Anleihe- bzw. Emittentenbonität	Länder/ Regionen
▪ kurzfristig ▪ mittelfristig ▪ langfristig	▪ Staaten ▪ Unternehmen ▪ Banken	▪ Euro ▪ US-Dollar ▪ u.a.	▪ beste Bonität („AAA")* ▪ mittlere Bonität ▪ schlechte Bonität	▪ Europa ▪ Asien ▪ Frankreich ▪ u.a.

* „Tripple AAA" ist die höchste Bewertung, die von Ratingagenturen für Anleihen bzw. Emittenten vergeben werden kann.

Abb. 152: Unterscheidung von Rentenfonds nach Anlageausrichtung

Rentenfonds unterscheiden sich hinsichtlich der möglichen unterschiedlichen Ausrichtung ihrer Länder-Anlageschwerpunkte und der verschiedenen Anlagestrategien hinsichtlich Währungen, Emittenten und der Laufzeitstruktur.

Je nach Anlageschwerpunkt ergibt sich ein unterschiedliches Chancen-Risiko-Profil.

Ein **Standard-Rentenfonds** investiert in fest- und variabel verzinste Wertpapiere. Die Emittenten weisen eine gute bis sehr gute Bonität auf, woraus sich in der Regel ein

Anlageschwerpunkt auf Staatsanleihen ergibt. Die breit ausgerichtete Laufzeitstruktur und die Zinssätze entsprechen meist der allgemeinen Marktstruktur.

Neben Rentenfonds, die weltweit, d. h. international investieren dürfen, unterscheiden sich viele Rentenfonds aufgrund ihrer regionalen Schwerpunkte.

Abb. 153: Rentenfonds: Unterscheidung nach Länder-Anlageschwerpunkten

Der nachfolgende Exkurs greift einen weiteren regionalen Anlageschwerpunkt von Rentenfonds auf.

▶ **Exkurs: Schwellenländer (Emerging Markets)**

Volkswirtschaftlich werden Länder klassisch in hochentwickelte Industrienationen und Schwellenländer aufgeteilt. Schwellenländer sind Länder, die auf dem Weg zu einer Industrienation sind. Wirtschaftliche Indikatoren hierfür sind bspw. überdurchschnittliche Wirtschaftswachstumsraten, Steigerung der Arbeitsproduktivität auf noch niedrigem Arbeitslohnniveau und steigende Investitionen in die Infrastruktur des Landes.

Regelmäßig veröffentlichen Institutionen wie die Weltbank, der Internationale Währungsfonds (IWF) oder auch die Europäische Gemeinschaft, welches Land nach seiner jeweiligen Bewertung zu den Schwellenländern zählt.

Aufgrund ihrer wirtschaftlichen Entwicklungspotenziale sind Schwellenländer auch als Anlagealternative interessant, wenn auch mit einem erhöhten Risiko behaftet.

Derzeit zählen u. a. Südamerika, Indien, Indonesien, Malaysia, Thailand und Südafrika zu den Wachstums- und Schwellenländern. ◀

Eine weitere Unterscheidung ergibt sich aufgrund bestimmter Emittentenschwerpunkte wie bspw. Staats- oder Unternehmensanleihen, bestimmter Währungen (Euro, US-Dollar u. a.) sowie der Laufzeitstruktur von kurz- über mittel- bis langfristig.

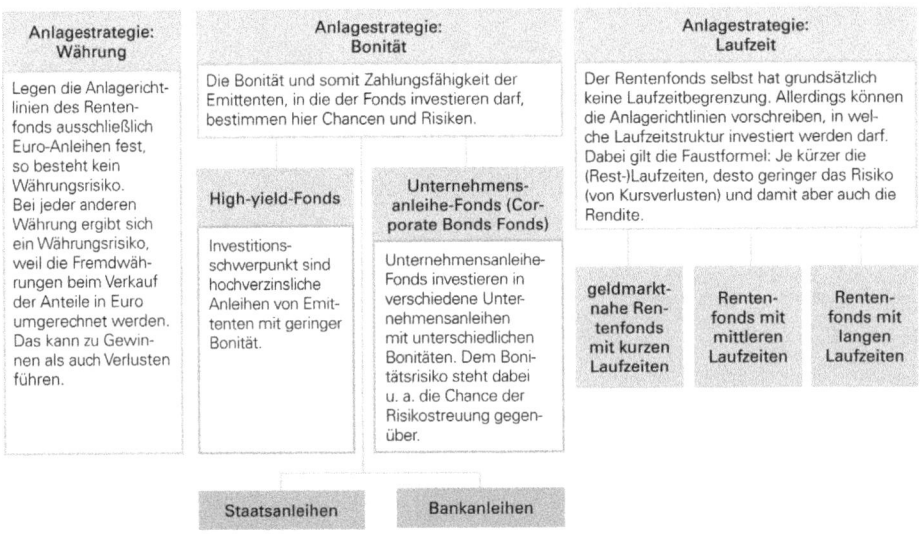

Abb. 154: Rentenfonds: Unterscheidung nach Anlagestrategien

Währung

Sehen die Anlagebedingungen u. a. eine Investition des Sondervermögens in ausländische Währungsanleihen vor, so besteht für den Anleger zusätzlich ein Währungsrisiko.

Anlegerkreis und Anlagemotive

Rentenfonds sind geeignet für:

- kurz-, mittel- bis langfristigen Anlagehorizont

- den Vermögensaufbau, die Vermögensanlage und die Vermögensnutzung

Da Rentenfonds ganz unterschiedliche Anlageschwerpunkte aufweisen können, müssen zunächst die Risikobereitschaft und -fähigkeit des Anlegers geklärt werden. Danach kann der für ihn geeignete Rentenfonds gesucht und gefunden werden.

Die Laufzeitstruktur des Rentenfonds sollte zum Anlagehorizont des Anlegers passen. Ein Rentenfonds, der überwiegend in Anleihen mit kurzen Restlaufzeiten investiert, passt gut zu einem Anleger mit einem eher kurzen Anlagehorizont von bspw. 2–3 Jahren.

Der überwiegende Teil der Rentenfonds ist für die mittel- bis langfristige Anlage geeignet.

Der Anleger eines Rentenfonds ist typischerweise:

- renditeorientiert (marktgerechte Verzinsung mit zusätzlichem Potenzial z. B. durch Möglichkeit von Kursgewinnen)

- kurzfristig (geldmarktnahe Rentenfonds) oder mittel- bis langfristig hinsichtlich seines Anlagehorizontes orientiert

- teilweise sicherheitsorientiert (offene Investmentvermögen, die in Staatsanleihen mit guter Bonität investieren) und

- chancenorientiert (offene Investmentvermögen, die in Unternehmensanleihen investieren)

▶ Exkurs: Duration

Das Risiko eines verzinslichen Wertpapiers oder eines Rentenfonds hängt in großem Maße mit seiner (Rest-)Laufzeit bzw. den (Rest-)Laufzeiten der im Sondervermögen enthaltenen verzinslichen Wertpapieren zusammen. Dazu wurde eine Kennzahl entwickelt, die die so genannte durchschnittliche Kapitalbindungsdauer darstellt: die Duration. Die Duration beantwortet die Frage: Wie lange dauert es durchschnittlich, bis der Anleger sein eingesetztes Kapital zurückerhalten wird? Das ist nicht nur durch die Kapitalrückzahlung am Laufzeitende der Fall, sondern auch bereits teilweise mit jeder jährlichen Zinszahlung. Die Duration fällt somit geringer als die Restlaufzeit der verzinslichen Wertpapiere aus.

Beispiel: Eine Duration von 3 besagt, dass es durchschnittlich noch 3 Jahre dauert, bis der Anleger sein eingesetztes Kapital zurückerhalten wird.

Die Duration hängt von 3 Faktoren ab:

- Laufzeit der verzinslichen Wertpapiere. Hier gilt: je höher die Restlaufzeit, umso höher die Duration.

- Höhe der Zinssätze. Hier gilt: je höher der Zinssatz, umso schneller erhält der Anleger sein eingesetztes Kapital zurück und dementsprechend verringert dies die Duration.

- Rendite. Hier gilt: je höher die Rendite, umso schneller der Kapitalrückfluss und dementsprechend geringer die Duration. In die Rendite fließt der aktuelle Kurswert der Wertpapiere ein.

Die Duration ist einerseits für diejenigen Anleger hilfreich, die für einen konkreten Anlagehorizont den passenden (d. h. mit einer dem Anlegerhorizont entsprechenden Laufzeitstruktur) Rentenfonds finden möchten. Auch im Vergleich eines Rentenfonds mit einer Direktanlage in ein einzelnes verzinsliches Wertpapier hilft die Duration, um beide Anlagevarianten hinsichtlich ihrer (Rest-)Laufzeit vergleichbar zu machen.

Eine grobe Richtlinie für die auszuwählende, durchschnittliche Duration kann sein:

- kurzfristiger Anlagehorizont: Duration 1–4 (Jahre)

- mittelfristiger Anlagehorizont: Duration 4–8 (Jahre)

- langfristiger Anlagehorizont: Duration von mehr als 8 (Jahren)

Andererseits kann die Duration auch genutzt werden, um aus einer konkreten Markteinschätzung im Zusammenhang mit der Laufzeit (bspw. bei einem erwarteten Zinsanstieg für Anleihen mit langen Laufzeiten) den dazu passenden Rentenfonds zu finden.

Rentenfonds mit einer hohen Duration weisen auch nach weiteren Jahren immer noch eine ähnlich hohe Duration auf, da dies ihrer Anlagepolitik entspricht. Hier kann man nicht wie bei einer Direktanlage von einer laufenden Verkürzung der Restlaufzeit ausgehen, da Rentenfonds immer wieder in neue Anleihen investieren und keine feste Laufzeit aufweisen. Der Anleger selbst hat aber die Möglichkeit, zum Ende seines angestrebten Anlagezeitraums seinen bisherigen Rentenfonds in einen Rentenfonds mit einer kürzeren Laufzeitstruktur und damit verbundenen geringeren Duration umzuschichten. Dazu sollte er sich mit der aktuellen Marktentwicklung auseinandersetzen, um Wert- und Kursverluste zu vermeiden. ◄

Abgrenzung zu Direktanlagen in verzinsliche Wertpapiere

Eine Direktanlage in ein verzinsliches Wertpapier bietet dem Anleger den Vorteil eines in der Regel fest vereinbarten jährlichen Zinssatzes und einer fest vereinbarten Laufzeit. Behält der Direktanleger seine Anleihe bis zum Laufzeitende, kann er Kursschwankungen während der Laufzeit unberücksichtigt lassen. Allerdings fehlt es bei der Direktanlage an Risikostreuung (bspw. um das Emittentenrisiko zu reduzieren), wenn der Anleger nicht über ein größeres Vermögen verfügt und dieses in verschiedene Anlageformen investiert.

Rentenfonds bieten zwar keine feste Verzinsung und keine feste Laufzeit, aber dennoch eine marktgerechte Wertentwicklungschance und – je nach Ausschüttungspolitik – regelmäßige Ausschüttungen, die allerdings in ihrer Höhe nicht festgelegt sind. Dafür erhält der Rentenfondsanleger bereits für kleine Anlagebeträge eine große Risikostreuung.

Tipps für die Rentenfondsanlage:

- Je spezialisierter der Rentenfonds hinsichtlich seines Anlagespektrums ist, umso höher die Chancen und Risiken.

- Je länger die durchschnittlichen Laufzeiten der Anleihen und somit je höher die Duration, umso höher die Chancen und Risiken.

- Prüfen Sie immer die mögliche Realverzinsung (Rendite abzüglich Inflation) dieser Geldwertanlage.

- Standard-Rentenfonds bieten eine breite Marktabdeckung mit moderaten Chancen und Risiken.

- Je kürzer die durchschnittlichen Laufzeiten der Anleihen und somit je geringer die Duration, umso geringer das Kursschwankungsrisiko.

- Je höher die Emittenten-Bonität, umso geringer das Kursschwankungsrisiko.

- Spezialisierte Rentenfonds sind geeignete Depotbeimischungen bei passendem Anleger-Risikoprofil.

- Höhere Chancen sind immer mit höheren Risiken verbunden.

3.3.3 Aktienfonds

Merkmale

Aktienfonds investieren überwiegend, d. h. mehr als 51 % des Wertes ihres Sondervermögens – in Aktien unterschiedlicher Unternehmen und Branchen – auch aus verschiedenen Ländern.

Aufgrund ihrer zusätzlichen Wertentwicklungschancen und ihrer Eigenschaft als Sachwerte machen Aktienfonds einen ausgewogenen Anlagemix in einem breit gestreuten Depot komplett – die entsprechende Risikobereitschaft und -fähigkeit des Anlegers vorausgesetzt. Auch empfiehlt sich ein langfristiger Anlagehorizont.

Anlageschwerpunkte können sein:

- International, d. h. weltweit

- Regionen oder Länder: bspw. Europa oder Deutschland

- Branchen: bspw. Konsumgüter oder Finanzwerte

- Indizes: bspw. DAX° (Deutscher Aktienindex) oder Dow Jones (US-amerikanischer Aktienindex)

Als Sachwertanlage ist der Aktienfonds eine Anlage mit höherem Inflationsschutz als eine reine Geldwertanlage.

Chancen

Aktienfonds bieten die Chance auf:

- sehr hohe Kursgewinne

- Inflationsschutz durch Sachwertanlage

- breitere Risikostreuung als eine direkte Einzelanlage in Aktien

- Beteiligung am Aktienmarkt schon mit kleinen monatlichen Anlagebeträgen

Risiken

Auch bei Aktienfonds sind die Basisrisiken der Wertpapieranlage zu beachten und im Speziellen weitere Risiken wie:

- Kursänderungsrisiko
- hohe Volatilität
- Dividendenrisiko
- Währungsrisiko

Kosten

Da Aktienfonds auf eine längere Anlagedauer ausgerichtet und mit einem höheren Aufwand auf Seiten des Fondsmanagements verbunden sind, ist für diese Fondsart ein entsprechend hoher Ausgabeaufschlag von einmalig bis zu 6 % zu zahlen. Dadurch fällt die Gesamtkostenquote in der Regel insgesamt höher aus als bei anderen offenen Investmentvermögen.

Die Arten von Aktienfonds

Ein **Standard-Aktienfonds** investiert überwiegend in Unternehmen mit erstklassiger Bonität und nachhaltigen Gewinnaussichten, die meistens aus den Industrienationen kommen. Eine Branchenaufteilung ist dabei in der Regel nicht vorgegeben und ergibt sich aus der Auswahl der Einzeltitel. Der Aktienstandardfonds repräsentiert in der Regel die Breite des Gesamtmarktes und hat darüber hinaus keinen speziellen Anlageschwerpunkt. Er eignet sich gut als Einstieg in die Aktien- bzw. Aktienfondsanlage.

> **Standardwerte**
> *Etablierte Unternehmen erstklassiger Bonität werden oft als Standardwerte (engl. Blue Chips oder auch Large Caps) bezeichnet. Die Standardwerte sind gemessen an ihrer Marktkapitalisierung die Schwergewichte unter den börsennotierten Aktienunternehmen.*
> *Der Deutsche Aktienindex (DAX®) setzt sich bspw. aus den größten 30 deutschen Standardwerten gemessen an ihrer Marktkapitalisierung zusammen.*

Aktienfonds können danach differenziert, d. h. unterschieden werden, ob sie in Aktien mit geringer oder hoher **Marktkapitalisierung** (engl. capitalization kurz „Cap") investieren.

Small-Cap-Fonds	Mid-Cap-Fonds	Large-Cap-Fonds
Hier wird in die gemessen an ihrer Marktkapitalisierung kleinen börsennotierten Unternehmen investiert	Der Anlageschwerpunkt liegt auf mittelgroßen börsennotierten Unternehmen, oft mit hoher Innovationskraft und Wachstumsorientierung	Diese Aktienfonds investieren ausschließlich in die so genannten Standardwerte mit hoher Marktkapitalisierung
Wert des Sondervermögens: kleiner als 0,5 Mrd. €	Wert des Sondervermögens: 0,5 – 5 Mrd. €	Wert des Sondervermögens: 5 Mrd. € und mehr
Nebenwerte		Standardwerte

Abb. 155: Aktienfonds unterschieden nach Marktkapitalisierung der Aktien

Marktkapitalisierung
Die Marktkapitalisierung einer Aktie ergibt sich aus der Formel:
Börsenkurs der Aktie multipliziert mit der Anzahl der im Umlauf befindlichen Aktien.

Anlagestile

Darüber hinaus können Aktienfonds nach der Art des **Anlagestils** (auch Investmentstil genannt) des Fondsmanagements unterschieden werden.

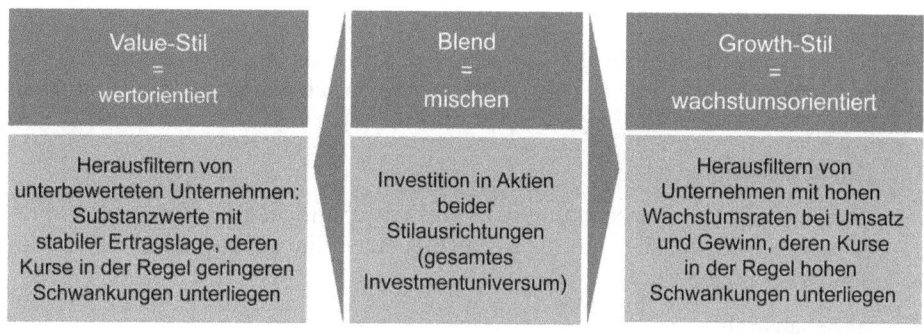

Abb. 156: Anlagestile: Value, Blend und Growth

Der **Value-Stil** favorisiert reife, d. h. etablierte Branchen und Substanzwerte mit stabiler Ertragslage und meist regelmäßigen hohen Dividendenzahlungen. Das trifft in der Regel auf die großen Konzerne der eher traditionellen Branchen zu. Der Anleger kann hier auch in schwächeren Börsenphasen eine Rendite aus den laufenden Dividendenzahlungen erzielen.

Demgegenüber favorisiert der **Growth-Stil** die Wachstumsbranchen und bietet das größere Kursentwicklungspotenzial. Dabei muss allerdings das höhere Kursrisiko beachtet werden. Der Anleger sollte hier über einen ausreichend langen Anlagehorizont verfügen, um die Möglichkeit zu haben, kurzfristige Kursschwankungen langfristig ausgleichen zu können. Beim Growth-Stil kann es zu einer höheren Volatilität gegenüber dem Value-Stil kommen.

Die Mischung beider Stile wird als **Blend** bezeichnet.

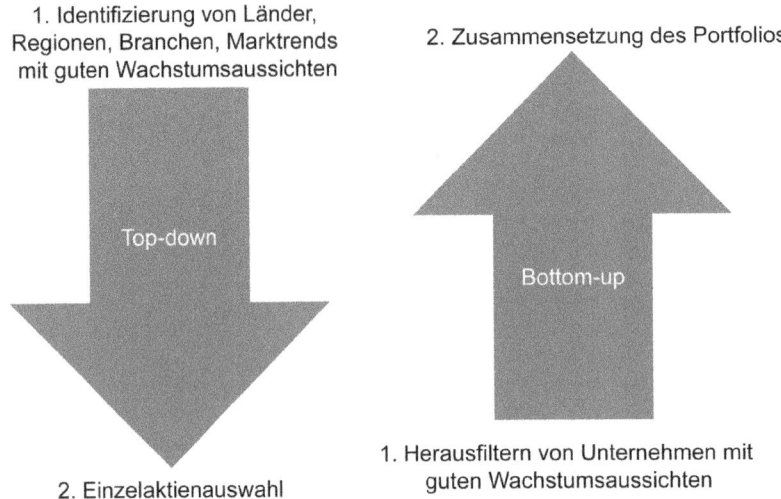

Abb. 157: *Anlagestile: Top down und Bottom up*

Beim **Top-Down**-Managementansatz wird von „oben nach unten" gearbeitet. Das heißt, das Fondsmanagement trifft seine Anlageentscheidung in 2 wesentlichen Schritten:

1. Länderauswahl

   Zuerst erfolgt die Einschätzung der volkswirtschaftlichen Situation der in Frage kommenden Länder und die Festlegung einer Gewichtung dieser Länder im Sondervermögen.

2. Aktienauswahl

   Danach werden die interessantesten Branchen und Unternehmen herausgearbeitet.

Der Top-Down-Ansatz ist häufig bei global investierenden Aktienfonds, aber auch bei Regionenfonds anzutreffen.

Beim **Bottom-up**-Managementansatz erfolgt die Anlageentscheidung von „unten nach oben". Hier sehen die wesentlichen Entscheidungsschritte wie folgt aus:

1. Aktienauswahl

Zunächst erfolgt eine Analyse der Ertragszahlen einzelner Unternehmen. Die aussichtsreichsten Unternehmen werden danach für das Sondervermögen ausgewählt und gewichtet.

2. Branchen- und Länderzusammensetzung

Diese erfolgt nicht durch eine bewusste Gewichtung, sondern automatisch durch die Ergebnisse der Einzeltitelanalyse.

Der Bottom-up-Ansatz berücksichtigt die zunehmende Globalisierung der Märkte. Der Sitz der international agierenden Unternehmen spielt für dessen Erfolg letztlich keine Rolle mehr.

Abb. 158: Prozyklisch versus antizyklisch

Prozyklisch agierende Fondsmanager setzen auf Trends, d. h. auf Unternehmen oder Marktsegmente, deren Kurse sich aktuell an den Börsen gut entwickeln.

Antizyklisch investierende Fonds agieren genau umgekehrt.

Welcher Anlagestil ist der bessere?

Unter den verschiedenen hier vorgestellten Anlagestilen gibt es kein „Besser" oder „Schlechter". Jeder Anlagestil bietet seine Vorteile und birgt seine Risiken. Wichtiger ist vielmehr, die richtige und somit passende Stilauswahl zum richtigen Zeitpunkt zu treffen. Der Anlagestil des Aktienfonds sollte darüber hinaus auch zum Anlage- und Risikoprofil des Anlegers passen. Das Fondsmanagement agiert im Rahmen der festgelegten Anlagebedingungen, der Anleger muss seine Entscheidung für oder gegen einen Anlagestil auf Basis seiner Erfahrungen und Kenntnisse treffen. Somit gilt auch hier: je spezialisierter die Anlagebedingungen eines offenen Investmentvermögens ausgerichtet sind, umso mehr sollte der Anleger eigenes Markt-Know-how mitbringen.

Ein weiteres Unterscheidungskriterium bei Aktienfonds ist auch hier die **geografische Ausrichtung** im Hinblick auf das Land des Hauptsitzes des Aktienunternehmens.

Länderfonds	Regionenfonds	Internationale Aktienfonds
Das Sondervermögen wird ausschließlich in Aktien eines Landes investiert	Investiert wird ausschließlich in Aktien einer festgelegten Region, wie z. B. Europa, Südostasien	Das Sondervermögen wird weltweit in Aktien investiert

z. B.

Emerging-Markets-Fonds

Diese sind regional auf Unternehmen der Schwellenländer (Emerging Markets) spezialisiert

Abb. 159: Aktienfonds: Unterscheidung nach Länder-Anlagenschwerpunkt

Des Weiteren können Aktienfonds nach unterschiedlichen **Branchengewichtungen** ausgerichtet werden.

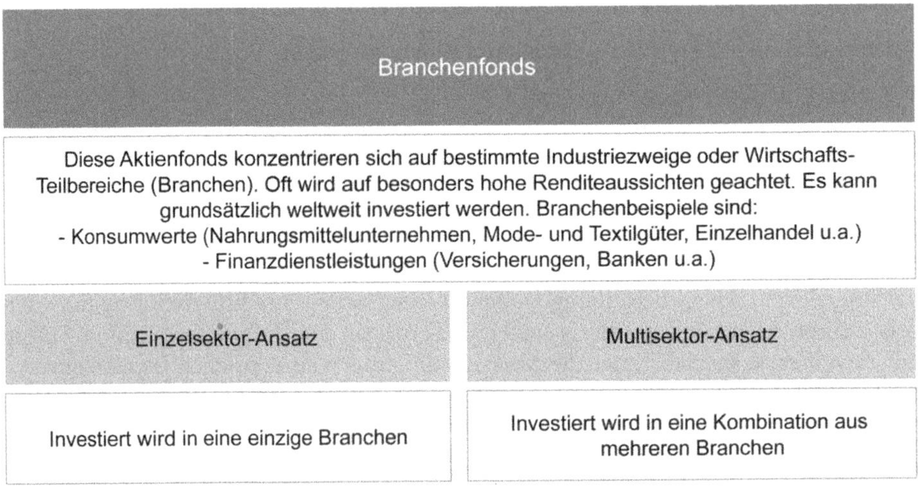

Branchenfonds

Diese Aktienfonds konzentrieren sich auf bestimmte Industriezweige oder Wirtschafts-Teilbereiche (Branchen). Oft wird auf besonders hohe Renditeaussichten geachtet. Es kann grundsätzlich weltweit investiert werden. Branchenbeispiele sind:
- Konsumwerte (Nahrungsmittelunternehmen, Mode- und Textilgüter, Einzelhandel u.a.)
- Finanzdienstleistungen (Versicherungen, Banken u.a.)

Einzelsektor-Ansatz	Multisektor-Ansatz
Investiert wird in eine einzige Branchen	Investiert wird in eine Kombination aus mehreren Branchen

Abb. 160: Branchenfonds

Branchenfonds bieten durch das besondere Kursentwicklungspotenzial einer einzelnen Branche besondere Renditechancen. Dabei sollten die umgekehrt genauso möglichen Risiken durch das eingegrenzte Marktsegment beachtet werden. Sowohl für einzelne Branchenfonds als auch für die so genannten Multi-Branchenfonds gilt: je umfassender die Risikostreuung auf die Einzelwerte, umso ausgewogener das Chancen-Risiko-Verhältnis für den Anleger.

Anlegerkreis und Anlagemotive

Aktienfonds eigenen sich für den Vermögensaufbau, die Vermögensanlage und die Vermögensnutzung.

Aktienfonds sind für nachfolgende Anlegerkreise geeignet:

- risikobereite Anleger mit langem Anlagehorizont

- spekulative Anleger bei kurzfristigem Anlagehorizont

- renditeorientierte Anleger, die hohe Renditen auch über das normale Marktniveau hinaus suchen

Auch bei einem langfristigen Anlagehorizont sollte der Anleger sein Anlageziel nicht aus dem Auge verlieren. Ist die Aktienfondsanlage zum Aufbau einer zusätzlichen privaten Altersvorsorge gedacht, so empfiehlt sich eine rechtzeitige (ca. 5. Jahre vor Renteneintritt) Vermögenssicherung, indem schrittweise die Aktienfondsanteile in weniger wertschwankungsanfällige Investmentvermögen, wie bspw. Misch- oder Rentenfonds, umgeschichtet werden. Damit vermeidet der Anleger, dass er zum Zeitpunkt des Renteneintritts mögliche Kursverluste realisieren muss.

Abgrenzung zu Direktanlagen in Aktien

Als wichtigstes Abgrenzungsmerkmal zur Direktanlage in Aktien ist die gesetzlich vorgeschriebene Risikostreuung bei Aktienfonds als Vorteil zu nennen.

Bei der Direktanlage in Aktien trägt der Anleger ein Totalverlustrisiko, wenn das Aktienunternehmen, an dem er sich beteiligt hat, insolvent wird und in den Konkurs gehen muss.

3.3.4 Mischfonds

Merkmale

Wie der Name schon richtig vermuten lässt, investiert ein Mischfonds (engl. Balanced Funds) in unterschiedliche Anlageklassen. Die Risikostreuung wird dadurch noch erweitert, und es können ganz unterschiedliche Chancen-Risiko-Verhältnisse durch den Anlagenmix dargestellt werden. Eine sicherheitsorientierte Anlagestrategie wird den Anlageschwerpunkt eher auf verzinsliche Wertpapiere setzen und eine chancenorientierte Anlagestrategie bspw. eher auf Aktien.

> Bei einem Mischfonds kann der Anleger aus den Anlagebedingungen die jeweilige Anlagestrategie für die Mischung entnehmen, um das Chancen-Risiko-Profil des Investmentvermögens richtig einschätzen zu können. Das gilt übrigens auch für den Finanzanlagenvermittler bzw.-berater.

Chancen, Risiken und Kosten

Diese hängen vom jeweiligen Anlageschwerpunkt des Mischfonds ab. Grundsätzlich gilt: je breiter das Anlagespektrum umso breiter auch die Risikostreuung. Allerdings ist bei der Einschätzung auch darauf zu achten, welchen Spielraum der einzelne Mischfonds bei der Gewichtung seiner Anlageklassen, in die er investieren darf, hat. Die aktuelle Gewichtung muss demnach nicht unbedingt einer zukünftigen Gewichtung entsprechen.

Abhängig vom Spielraum des Fondsmanagements und des Anlageschwerpunkts können sich für den einzelnen Mischfonds unterschiedliche Kostenstrukturen beim Ausgabeaufschlag und bei den laufenden Kosten ergeben. Hierüber informieren die wesentlichen Anlegerinformationen und der Verkaufsprospekt.

Anlegerkreis und Anlagemotiv

Auch hier gilt wie bei den Chancen, Risiken und Kosten: Mischfonds eignen sich je nach Anlagestrategie für die unterschiedlichsten Anlegerwünsche und -ziele.

Mischfonds eignen sich für Anleger, die:

- eine breite Anlage- und Risikostreuung durch Investition in verschiedene Anlageklassen suchen
- ein aktives Fondsmanagement bevorzugen, das für sie bequem laufende Anpassungen an die Marktentwicklung vornimmt

Arten von Mischfonds

Das Anlagespektrum von Mischfonds umfasst vor allem:

- Wertpapiere (Aktien, verzinsliche Wertpapiere u. a.)
- Geldmarktinstrumente
- Bankguthaben
- Investmentanteile
- Edelmetalle
- Derivate

Das Kapitalanlagegesetzbuch unterscheidet drei Hauptarten von Mischfonds:

- OGAW-Mischfonds
- gemischte Investmentvermögen
- sonstige Investmentvermögen

In der nachfolgenden Grafik sehen Sie die Unterschiede der 3 Arten von Mischfonds im Detail.

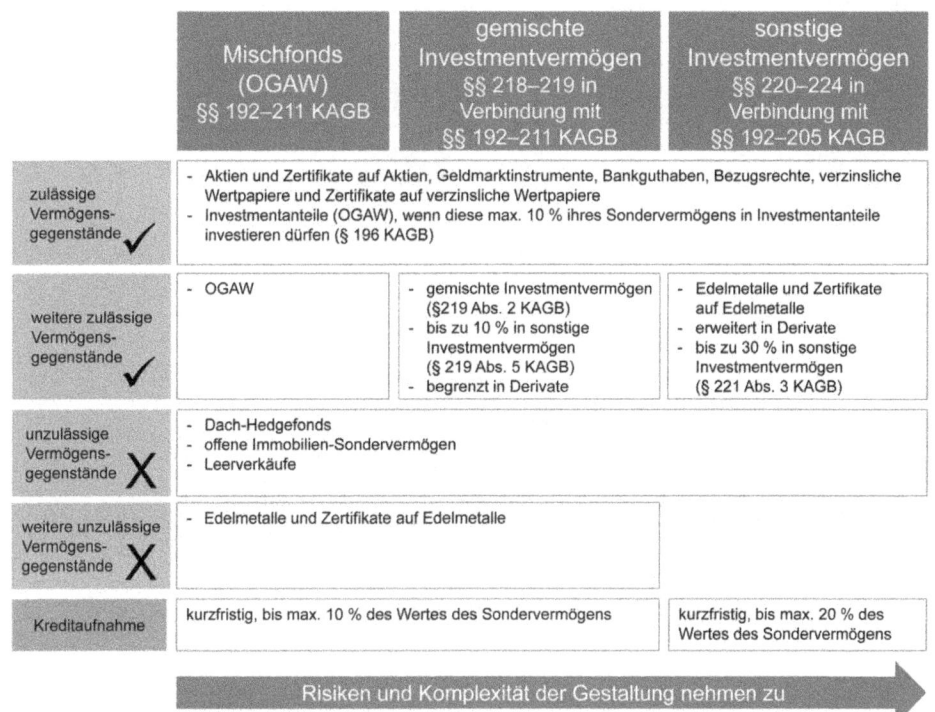

Abb. 161: Arten von Mischfonds

Für alle Arten von Mischfonds gilt: eine Kreditaufnahme ist nur dann zulässig, wenn dies in den Anlagebedingungen vorgesehen ist.

Gemischte Investmentvermögen dürfen begrenzt in sonstige Investmentvermögen investieren, wenn diese selbst nicht in andere Investmentvermögen investieren dürfen.

3.3.5 Offene Immobilien-Sondervermögen

Merkmale

Offene Immobilien-Sondervermögen bieten dem Anleger die Möglichkeit, sich schon mit einem kleinen Anlagebetrag an großen Immobilienobjekten zu beteiligen und das ohne den Aufwand und die Kosten einer Direktinvestition in Immobilien. Das Fondsmanagement trifft auch bei dieser Fondsart eine professionelle Auswahl im Sinne der gesetzlich vorgeschriebenen Risikostreuung und wird dabei von unabhängigen Objektbewertern unterstützt.

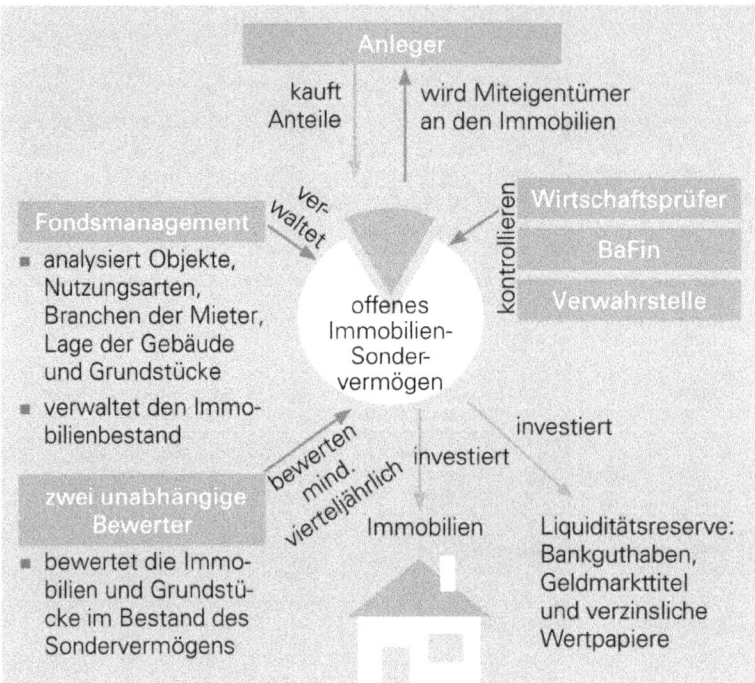

Abb. 162: Funktionsweise offener Immobilien-Sondervermögen

Chancen

Offene Immobilien-Sondervermögen bieten als Sachwertanlage einen Inflations-schutz. Dazu kommt, dass die Mieteinnahmen, die zu den laufenden ordentlichen Er-trägen eines offenen Immobilien-Sondervermögens gehören, im Rahmen einer Miet-preisindexierung bspw. an die Inflationsratenentwicklung gekoppelt sein können.

Risiken

Der Immobilienmarkt unterliegt Preisschwankungen. Diese machen sich in den An-teilspreisen offener Immobilien-Sondervermögen im Vergleich zu anderen Fonds-arten allerdings weniger stark bemerkbar.

Ein größeres Liquiditätsrisiko stellt die Möglichkeit der Aussetzung der Rücknahme der Anteile dar. Wenn eine zu große Anzahl an Anteilsinhabern in einem zu kurzen Zeitraum ihre Anteile zurückgeben will, kann die hierfür vorgesehene Liquiditätsre-serve des Investmentvermögens zu klein werden. Denn Immobilien lassen sich nicht börsentäglich in Liquidität umwandeln. Um die Bestandsanleger zu schützen, kann die KVG in einem solchen Fall die Rücknahme der Anteile für einen gesetzlich be-grenzten Zeitraum aussetzen. Für die Anleger bedeutet dies, dass sie in dieser Zeit nicht über ihr eingesetztes Kapital verfügen können.

Kosten

Der Ausgabeaufschlag hängt vom Anlageschwerpunkt des offenen Immobilien-Sondervermögens ab und bewegt sich in der Regel zwischen den Ausgabeaufschlägen von Renten- und Aktienfonds.

Anlegerkreis und Anlagemotiv

Offene Immobilien-Sondervermögen sind geeignet für:

- Anleger mit langfristigem Anlagehorizont
- sicherheits- und sachwertorientierte Anleger

Unterscheidung nach Anlageausrichtung

Offene Immobilien-Sondervermögen werden unterschieden nach:

- Nutzungsart ihrer Immobilien (Grundstücke und gewerbliche Immobilien, wie bspw. Einkaufszentren, Logistik- und Hotelgebäude, Bürogebäude)
- geografischer Lage ihrer Immobilien: in Deutschland – oder je nach Anlagebedingungen – im Ausland.

Bei der geografischen Auswahl wird vor allem auf die als wertstabil geltenden Standorte Deutschland, Frankreich, Großbritannien sowie auf weitere Standorte in Europa und den USA, aber auch Asien gesetzt.

Besondere Anlagegrenzen für offene Immobilien-Sondervermögen

Das KAGB schreibt folgende Anlagegrenzen vor:

- eine einzelne Immobilie darf zum Kaufzeitpunkt max. 15 % des Wertes des Sondervermögens ausmachen und
- der Wert aller Immobilien / Grundstücke mit einem Einzelwert von mehr als 10 % des Wertes des Sondervermögens darf zusammen nicht mehr als 50 % des Wertes des Sondervermögens ausmachen.
- Die Liquiditätsreserve darf max. 49 % des Wertes des Sondervermögens ausmachen.

(gesetzliche Grundlage: §§ 243 und 253 KAGB)

Kreditaufnahme

Die Kreditaufnahme ist nur in nachfolgendem Umfang zulässig:

- kurzfristige Kreditaufnahme (bspw. zur Finanzierung der Rücknahme von Anteilen) bis max. 10 % des Wertes des Sondervermögens
- längerfristige Kreditaufnahme bis max. 30 % des Verkehrswertes (aktueller Marktwert) der Immobilien, die zum Sondervermögen gehören, wenn:
  - dies in den Anlagebedingungen vorgesehen ist,

- die Kreditaufnahme mit einer ordnungsgemäßen Wirtschaftsführung vereinbar ist und

- die Bedingungen der Kreditaufnahme marktüblich sind.

(gesetzliche Grundlage: §§ 199 und 254 KAGB)

Besondere Bewertung und Anteilspreisberechnung

Die Wertentwicklung offener Immobilien-Sondervermögen hängt von den Mieteinnahmen und Wertentwicklungen der erworbenen Immobilien bzw. Grundstücke ab.

Grundstücke und Immobilien sind nicht an einer Börse notiert. Deshalb schreibt das KAGB besondere Regelungen für deren **Bewertung** vor:

- Bewertung durch zwei externe, voneinander unabhängige Bewerter

- mindestens vierteljährlich müssen sämtliche Grundstücke und Immobilien bewertet werden

- vom Erwerbszeitpunkt bis 12 Monate danach werden die Immobilienobjekte zum Kaufpreis bewertet

Bei der **Anteilspreisberechnung** werden:

- Grundstücke und Immobilien mit dem zuletzt ermittelten Wert angesetzt

- sonstige Vermögensgegenstände der Liquiditätsreserve (Wertpapiere und Bankguthaben) werden mit ihrem aktuellen Kurswert bzw. Wert des Guthabens in der Wertermittlung für das Sondervermögen berücksichtigt

- Mieteinnahmen hinzugerechnet

- Kosten und Kreditverbindlichkeiten abgezogen

Besonderheiten bei der Ertragsverwendung

Erträge des Sondervermögens, die für künftige Instandsetzungen von Vermögensgegenständen des Sondervermögens erforderlich sind, dürfen nicht ausgeschüttet werden.

> Mindestens 50 % der Erträge des Sondervermögens müssen ausgeschüttet werden, sofern sie nicht für künftige, erforderliche Instandsetzungen einzubehalten sind.

Genaue Angaben dazu, ob und in welchem Umfang Erträge zum Ausgleich von Wertminderungen der Vermögensgegenstände des Sondervermögens und für künftige erforderliche Instandsetzungen einbehalten werden, müssen die Anlagebedingungen enthalten.

Realisierte Gewinne aus Veräußerungsgeschäften fallen nicht unter die 50 %-Regel.

(gesetzliche Grundlage: § 252 KAGB)

Liquiditätsreserve

Maximal 49 % des Wertes des Sondervermögens dürfen investiert werden in:

- Bankguthaben

- Geldmarktinstrumente

- Investmentanteile

- Wertpapiere

- Derivate zu Absicherungszwecken

Die KVG hat sicherzustellen, dass aus der Liquiditätsreserve **mindestens 5 % des Wertes des Sondervermögens** für die Rücknahme von Anteilen verfügbar ist.

(gesetzliche Grundlage: § 253 KAGB)

Regelungen für die Aussetzung der Anteilsrücknahme

Tritt der Fall ein, dass die Anteilsrückgaben die hierfür vorgehaltene Liquiditätsreserve übersteigen, so benötigt die KVG einen zeitlichen Handlungsspielraum, um Immobilien des Sondervermögens zu marktgerechten Preisen verkaufen zu können. Dazu kann sie sich der Möglichkeit der Aussetzung der Anteilsrücknahme bedienen. Diese ist jedoch nicht unbefristet möglich, und die KVG muss weitere gesetzliche Vorgaben in diesem Zusammenhang beachten. So muss sie nach einer länger anhaltenden Phase der Aussetzung der Anteilsrücknahmen beginnen, die Vermögensgegenstände zu angemessenen Bedingungen zu veräußern.

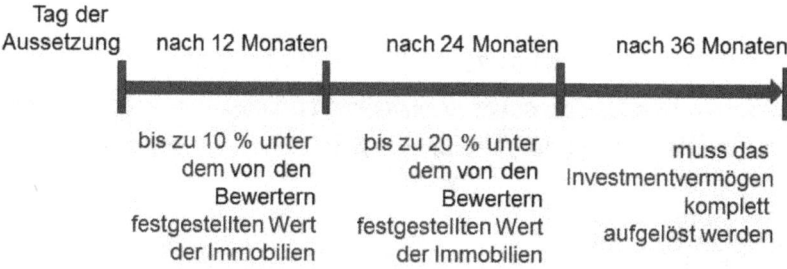

Abb. 163: Gesetzliche Regeln für die Aussetzung der Anteilsrücknahme

Wird zum 3. Mal innerhalb von 5 Jahren die Rücknahme der Anteile ausgesetzt, muss das Investmentvermögen komplett abgewickelt, d. h. aufgelöst werden. Alle verbliebenen Vermögensgegenstände müssen verkauft und der Veräußerungserlös abzüglich Kosten und Verbindlichkeiten an die Anleger verteilt werden.

(gesetzliche Grundlage: § 257 KAGB)

Was passiert im Falle der Auflösung des offenen Immobilien-Sondervermögens mit den Immobilien, die sich dann noch immer im Bestand befinden? Die Antwort findet sich in § 257 Abs. 4 KAGB. Demnach erlischt das Recht der KVG zur weiteren Verwaltung – und somit auch zur weiteren Verwertung – der Vermögenswerte. Gemäß § 100 KAGB geht das Recht auf Verwaltung und Verwertung in diesem Fall ohne weitere Frist an die Verwahrstelle über.

Mindesthaltedauer und Rückgaberegeln für den Anleger

Auch der Anleger muss seit 2013 als Folge der damaligen Finanzmarktkrise Mindesthaltefristen und Rückgaberegelungen beachten.

Für die Kapitalverwaltungsgesellschaften war es seinerzeit unmöglich, alle Verkaufswünsche zu bedienen, denn Immobilien sind langfristige Investments, und das gilt auch für den Verkauf. Wenn am Markt bekannt wird, dass der Verkauf aufgrund einer finanziellen Krise erfolgt, sind kaum mehr marktgerechte Preise zu erzielen. Dies ist eine regelrechte Negativ-Spirale. So kam es aufgrund der fehlenden Liquidität zum Schutz der Bestandsanleger zu den teilweise über mehrere Jahre anhaltenden Aussetzungen der Anteilrücknahme (d. h., die Kapitalverwaltungsgesellschaft hat die Anteile von den Anlegern nicht mehr zurückgenommen), und so schlitterten die offenen Immobilien-Sondervermögen damals in ihre eigene Vertrauenskrise.

Aufgrund dieser Erfahrung wurden schrittweise, u. a. mit Einführung des KAGB, neue Regelungen eingeführt, wann und wie der Anleger seine Anteile zurückgeben kann. Dieses hängt vor allem davon ab, wann der Anleger seine Anteile erworben hat.

Daraus ergeben sich drei unterschiedliche Regelungen, die Sie der nachfolgenden Grafik entnehmen können.

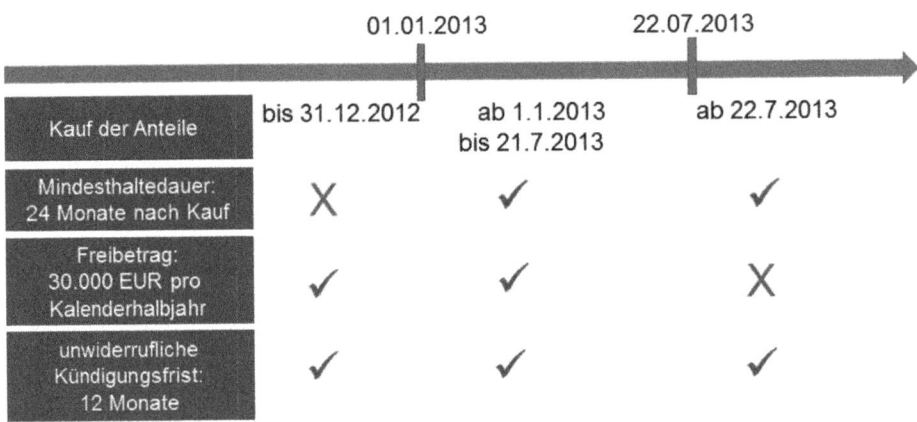

Abb. 164: Gesetzliche Regeln für die Mindesthaltedauer und Anteilsrückgabe

1. Anteile, die bis zum 31. Dezember 2012 erworben wurden:

   ■ Es ist keine Mindesthaltefrist zu berücksichtigen.

   ■ Es gilt ein Freibetrag von 30.000 € pro Kalenderhalbjahr, Anleger und Fonds.

   ■ Über den Freibetrag hinaus muss eine unwiderrufliche Rückgabeerklärung mit einer 12-monatigen Kündigungsfrist abgegeben werden (Rückgabefrist).

2. Anteile, die zwischen dem 1. Januar 2013 und einschließlich dem 21. Juli 2013 erworben wurden:

   ■ Es ist eine Mindesthaltedauer von 24 Monaten einzuhalten.

   ■ Es gilt ein Freibetrag von 30.000 € pro Kalenderhalbjahr, Anleger und Fonds.

   ■ Über den Freibetrag hinaus muss eine unwiderrufliche Rückgabeerklärung mit einer 12-monatigen Kündigungsfrist abgegeben werden (Rückgabefrist).

3. Anteile, die ab dem 22. Juli 2013 erworben wurden:

   ■ Es ist eine Mindesthaltedauer von 24 Monaten einzuhalten.

   ■ Es gibt keinen Freibetrag.

   ■ Für alle Anteilsrückgaben muss eine unwiderrufliche Rückgabeerklärung mit einer 12-monatigen Kündigungsfrist abgegeben werden (Rückgabefrist).

Darüber hinaus können die Anlagebedingungen von Immobilien-Sondervermögen vorsehen, dass die Rücknahme von Anteilen nur zu bestimmten Rücknahmeterminen, jedoch mindestens alle zwölf Monate erfolgt. Das hat Auswirkungen auf die Ausgabe neuer Anteile, die dann ebenfalls ausschließlich zu den festgelegten Rücknahmeterminen möglich ist.

(gesetzliche Grundlage: § 98 Absatz 1 Satz 1 in Verbindung mit § 255 Abs. 2 KAGB)

Abgrenzung zu Direktanlagen in Immobilien und zu geschlossenen Immobilien-AIF

Die direkte Kapitalanlage in Immobilien ist mit einem hohen zeitlichen Aufwand u. a. für die Objektprüfung und -auswahl und mit hohen Anschaffungs- und Anschaffungsnebenkosten verbunden. Der Anleger muss für eine Direktanlage über das entsprechende hohe Vermögen verfügen.

Beim offenen Immobilien-Sondervermögen sind die Anzahl der Anleger, das Investitionsvolumen (Sondervermögen) und die Laufzeit unbegrenzt. Als Kapitalanleger erzielt der Anleger Einkünfte aus Kapitalvermögen. Im Rahmen der gesetzlichen Regelungen für die Mindesthaltedauer und die Rückgabe können die Anteile regelmäßig zurückgegeben werden. Die Immobilien, die vom Sondervermögen gehalten werden, können unter Berücksichtigung der Anlagebedingungen jederzeit verkauft oder durch neue Investitionen ersetzt oder ergänzt werden. Ein Haftungsrisiko über den Anlagebetrag hinaus besteht für den Anleger nicht.

Anders verhält es sich bei einem geschlossenen Immoblien-AIF (aufgelegt nach den Regelungen des KAGB). Die Anzahl der Anleger, das Investitionsvolumen und die Laufzeit sind begrenzt bzw. festgelegt. Die Art und Anzahl der Immobilienobjekte sind begrenzt, festgelegt und werden bis zum Laufzeitende nicht verändert. Am Laufzeitende werden die Immobilien verkauft – was einer Auflösung des Sondervermögens gleich kommt – und der Veräußerungserlös nach Abzug offener Kosten und Verbindlichkeiten an die Anleger ausbezahlt. Bei geschlossenen Immobilien-AIF in Form von Blind Pools stehen die Anlageobjekte am Anfang noch nicht fest; hier wird zunächst nur das benötigte Kapital für die später geplanten Immobilieninvestments eingesammelt.

Der Anleger wird bei einem geschlossenen Immobilien-AIF zum Gesellschafter und erwirbt eine Unternehmensbeteiligung. Steuerlich werden seine Erträge als Einkünfte aus Vermietung und Verpachtung oder als Einkünfte aus Gewerbebetrieb behandelt. In begrenztem Maße kann ein Haftungsrisiko auch über die Kapitaleinlage hinaus bestehen.

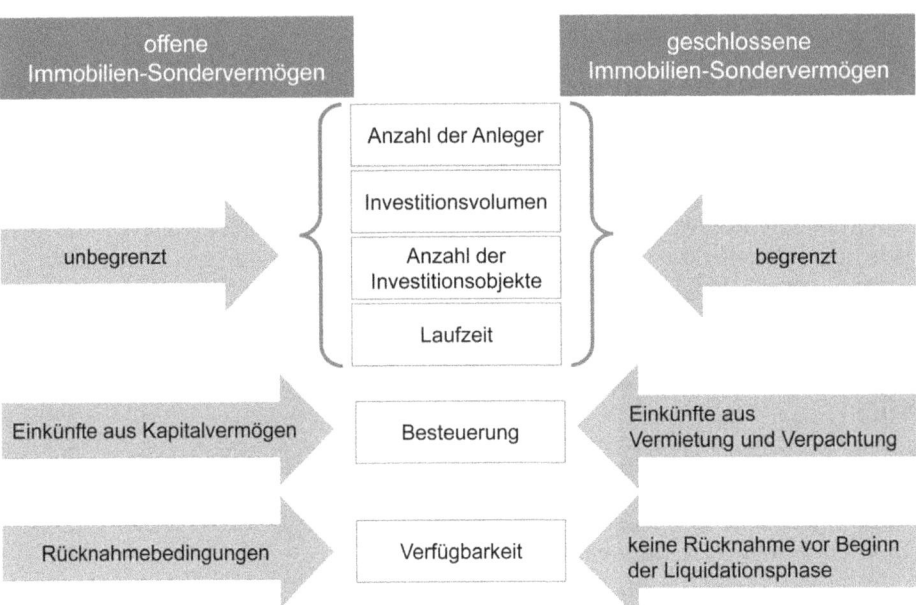

Abb. 165: Abgrenzung offene und geschlossene Investmentvermögen

Mehr Informationen zu geschlossenen Immobilien-AIF finden Sie im Kapitel 4 Geschlossene Investmentvermögen.

3.3.6 Dachfonds

Merkmale

Dachfonds sind offene Investmentvermögen, die überwiegend in andere offene Investmentvermögen (diese werden hier als Zielfonds bezeichnet) investieren. Dies entspricht einer doppelten Risikostreuung: einerseits auf der Seite des Dachfonds und andererseits auf der Seite der Zielfonds.

Wenn eine KVG neben bereits bestehenden offenen Investmentvermögen zusätzlich einen Dachfonds auflegt, kann dieser in die bereits bestehenden oder in institutsfremde offene Investmentvermögen investieren. Sofern es sich nicht um Investmentvermögen derselben KVG handelt, können zusätzliche laufende Fondskosten entstehen. Bei den konzerneigenen Investmentvermögen ist eine doppelte Gebührenbelastung gemäß § 196 Abs. 2 KAGB verboten.

Beim Vergleich von Dachfonds ist somit insbesondere auf die Gesamtkostenquote (Pflichtangabe in den wesentlichen Anlegerinformationen) zu achten.

Chancen, Risiken und Kosten

Diese hängen vom jeweiligen Anlageschwerpunkt des einzelnen Dachfonds ab.

Anlegerkreis und Anlagemotiv

Dachfonds eigenen sich je nach Anlageschwerpunkt für die unterschiedlichsten Anlegerkreise und Anlagemotive. Hier hilft ein Blick in den Verkaufsprospekt, der u. a. eine Beschreibung des für den Dachfonds geeigneten Anlegers enthält.

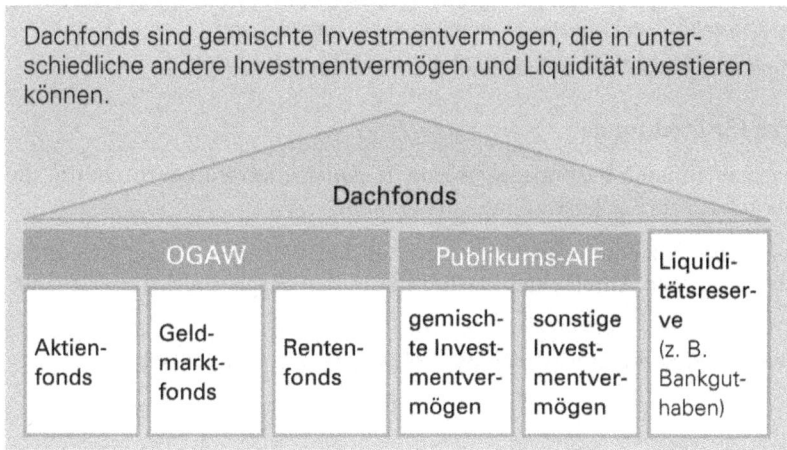

Abb. 166: Zusammenfassung: Dachfonds

Anlageschwerpunkte von Dachfonds

Dachfonds müssen mindestens 51 % des Wertes ihres Sondervermögens in andere offene Investmentvermögen investieren, um als Dachfonds bezeichnet werden zu dürfen.

Zulässige Zielfonds sind gemäß § 219 Abs. 1 KAGB:

- OGAW (Geldmarktfonds, Rentenfonds, Aktienfonds)
- gemischte Investmentvermögen
- sonstige Investmentvermögen

Die restlichen maximal 49 % des Wertes des Sondervermögens dürfen in Geldmarktinstrumente oder Bankguthaben angelegt werden.

Dachfonds dürfen dagegen gemäß § 219 Abs. 2 Satz 2 KAGB **nicht** investieren in:

- andere Dachfonds (sog. Kaskadenverbot)
- offene Immobilien-Sondervermögen
- Dach-Hedgefonds

Das Verbot, in offene Immobilien-Sondervermögen oder Dach-Hedgefonds zu investieren, ist begründet durch die besonderen und dadurch eingeschränkten Rückgabemöglichkeiten bei diesen Fondsarten.

Kaskadenverbot

Anteile an anderen Investmentvermögen dürfen nur erworben werden, soweit dieser Zielfonds seine Mittel nach den Anlagebedingungen insgesamt zu höchstens 10 Prozent des Wertes seines Vermögens in Anteile an anderen Investmentvermögen anlegen darf.

Gesetzliche Grundlage: § 196 Abs. 1 Satz 3 KAGB und § 219 Abs. 2 KAGB

Anlagegrenzen für Dachfonds

Dachfondsmanager müssen besondere gesetzliche Anlagegrenzen beachten, um die für Dachfonds geforderte Risikostreuung einzuhalten.

Diese Anlagegrenzen beziehen sich zum einen auf den Wert des Sondervermögens und zum anderen auf den Anteil eines Dachfonds an den ausgegebenen Investmentanteilen des Zielfonds.

Die nachfolgende Grafik erläutert Ihnen diese Anlagegrenzen im Detail.

Regel 1: max. 20 % des **Wertes** des
          Sondervermögens des Dachfonds
          dürfen in einen einzelnen Zielfonds
          investiert werden

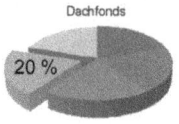

§ 219 Abs. 5 KAGB

Regel 2: max. 25 % der ausgegebenen
          Anteile eines Zielfonds dürfen
          von einem einzelnen Dachfonds
          gehalten werden

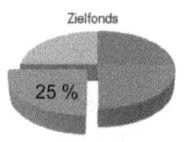

§ 210 Abs. 3 KAGB

Regel 3: Der Zielfonds darf mit max.
          10 % des Wertes seines
          Sondervermögens selbst in
          ein anderes Investmentvermögen
          investiert sein
          sog. „**Kaskadenverbot**"

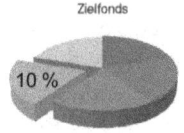

§ 219 Abs. 2 KAGB

§ 196 Abs. 1Satz 3
KAGB

für AIF-Dachfonds gilt zusätzlich: max. 10 % (bei gemischten Investmentvermögen) bzw. 30 % (bei sonstigen Investmentvermögen) des Wertes des Sondervermögens dürfen in sonstige Investmentvermögen investiert werden

Abb. 167: Anlagegrenzen für Dachfonds

▶ Exkurs: Teilsondervermögen und Umbrella-Konstruktion

Mehrere Sondervermögen, die sich hinsichtlich der Anlagepolitik oder eines anderen Ausstattungsmerkmals unterscheiden (Teilsondervermögen), können gemäß § 96 Abs. 2 KAGB in einer sog. Umbrella-Konstruktion, d. h. in einem rechtlich einheitlichen Vertragswerk, zusammengefasst werden.

Die einzelnen Teilsondervermögen einer Umbrella-Konstruktion sind von den übrigen Teilsondervermögen der Umbrella-Konstruktion gemäß § 96 Abs. 3 KAGB vermögensrechtlich und haftungsrechtlich getrennt. Das bedeutet, jedes Teilsondervermögen wird als eigenständiges Sondervermögen behandelt und die Rechte des Anlegers beschränken sich auf das von ihm erworbene Teilsondervermögen. Auch für eventuelle Verbindlichkeiten haftet jedes Teilsondervermögen für sich.

Der KVG bietet sich durch eine Umbrella-Konstruktion der Vorteil eines reduzierten Verwaltungsaufwandes, denn es genügt die Erstellung eines gemeinsamen Jahresberichtes anstelle von Einzeljahresberichten für jedes Teilsondervermögen.

Für den Anleger bietet eine Umbrella-Konstruktion den Vorteil, dass er kostengünstig oder kostenlos zwischen den Teilsondervermögen umschichten kann. Das heißt, er kann sich flexibel den Marktveränderungen anpassen, vorausgesetzt der

Umbrella enthält Teilsondervermögen mit unterschiedlichen Anlageschwerpunkten.

Achtung: Eine Umbrella-Konstruktion ist kein Dachfonds. Ein Umbrella ist nur eine Form der Vertragsgestaltung. Der Anleger kann in das einzelne Teilsondervermögen, nicht jedoch in den Umbrella als Ganzes investieren. ◀

3.3.7 Hedgefonds

Merkmale

Der Begriff Hedgefonds leitet sich aus dem englischen Begriff für Hecke (engl. hedge) ab und steht für die Möglichkeit, bestimmte Risiken bei der Vermögensanlage einzugrenzen.

Der wesentliche Unterschied zu den anderen Fondsarten besteht darin, dass Hedgefonds ausschließlich auf so genannte Handelsstrategien setzen, um einen möglichst stetigen positiven Ertrag, insbesondere in schwierigen Marktphasen, zu erwirtschaften. Hedgefonds im Sinne des § 283 KAGB sind offene Spezial-AIF, deren Anlagebedingungen mindestens eine der nachfolgenden Bedingungen vorsehen:

- Einsatz von Leverage in beträchtlichem Umfang

- Leerverkäufe.

So können auch in einer Marktphase mit anhaltend fallenden Kursen Erträge erwirtschaftet werden.

Die Anteilrücknahme bei Hedgefonds ist mittels einer unwiderruflichen Rücknahmeerklärung gegenüber der KVG bis zu 40 Kalendertagen vor dem jeweiligen – von der KVG festgelegten – Rücknahmetermin möglich.

Die Handelsstrategien unterliegen grundsätzlich keinerlei Beschränkungen, was wiederum ein hohes Risiko für den Anleger darstellt. Aus diesem Grund können Privatanleger nur in Dach-Hedgefonds investieren. Diese investieren das Geld der Anleger dann in verschiedene Single-Hedgefonds.

Single-Hedgefonds

Single-Hedgefonds können über verschiedene Handelsstrategien grundsätzliche in jede Anlageform (Wertpapiere, Derivate, Immobilien, Edelmetalle u. a.) einschließlich Unternehmensbeteiligungen (Stille Beteiligungen, Private Equity u. a.) investieren und unbeschränkt Kredite aufnehmen. Aufgrund des dadurch erhöhten Risikos sind Single-Hedgefonds in Deutschland ausschließlich institutionellen Anlegern vorbehalten. Privatanleger dürfen nicht direkt in Single-Hedgefonds investieren.

Steuerlich werden Dach-Hedgefonds grundsätzlich wie alle anderen offenen Investmentvermögen behandelt. Die Ausschüttungen zählen zu den Einkünften aus Kapitalvermögen.

▶ Exkurs: Handelsstrategie – Leerverkauf

Von Leerverkäufen spricht man, wenn Wertpapiere verkauft werden, die ein Investor tatsächlich noch nicht besitzt, sondern sich vielmehr nur ausgeliehen hat. Zu einem fest vereinbarten, späteren Zeitpunkt müssen diese dann über die Börse zurückgekauft und dem Wertpapierverleiher (meist über einen Vermittler) zurückgegeben werden.

Bei diesem Vorgehen wird auf fallende Kurse spekuliert. Ziel ist es, die Wertpapiere zunächst zu einem höheren Kurs zu verkaufen und später zu einem niedrigeren Kurs zurückzukaufen. Das Risiko dabei: Die Kurse steigen und die Wertpapiere müssen zu einem höheren Wert zurückgekauft werden, als man beim vorzeitigen Verkauf erzielen konnte.

Leerverkäufe werden auch als „Short"-Positionen bezeichnet.

Leerverkäufe sind für Dach-Hedgefonds verboten. ◀

▶ Exkurs: Handelsstrategie – Leverage (Hebel-Effekt)

Als Leverage bezeichnet man die Aufnahme von Fremdkapital (u. a. durch Verpfändung von Wertpapieren), mit dem die erwartete Rendite gesteigert werden soll.

Geht der Investor von steigenden Kursen aus, so wird er grundsätzlich „klassisch" vorgehen, d. h. er kauft Wertpapiere aus dem ihm zur Verfügung stehenden Kapital an der Börse und verkauft diese wieder zu einem späteren Zeitpunkt.

Durch die Aufnahme von Fremdkapital (Krediten) steht ihm weiteres Investitionskapital für dieses Vorgehen zur Verfügung. Man spricht deshalb auch von einem „Hebelinstrument".

Das Risiko dabei: Wenn die Kurse fallen, müssen die Kredite dennoch in voller Höhe zurückbezahlt werden.

Dieses Vorgehen ist nur dann erfolgreich, wenn der Investor das Fremdkapital zu günstigeren Konditionen beschaffen kann, als die Investition Erträge erzielt.

Die klassischen Wertpapierkäufe bezeichnet man auch als „Long"-Position.

Eine Kombination von Leerverkäufen und klassischem Wertpapierkauf mit einer möglichen Aufnahme von Fremdkapital ist die typische Vorgehensweise bei der Hedgefondsstrategie „Equity Long / Short":

- bei steigenden Aktienmärkten profitiert der Fonds von der Long-Position

- bei fallenden Aktienmärkten begrenzt die Short-Position die Verluste

- zusätzlich kann Fremdkapital eingesetzt werden

Die Handelsstrategie Leverage ist für Dach-Hedgefonds verboten. ◀

Chancen

Dach-Hedgefonds bieten die Chance auf:

- Langfristig verbessertes Rendite-Risiko-Profil eines bestehenden Wertpapierdepots

- Langfristig optimierte Performanceaussichten im Vergleich zu einem Depot ohne Dach-Hedgefonds, durch Erzielung einer absoluten Rendite, d. h. unabhängig von einer Benchmark

- Zugang zu Single-Hedgefonds, die sonst nur institutionellen Anlegern vorbehalten sind, allerdings mit allen damit verbundenen Risiken

Dach-Hedgefonds sind im Verhältnis zum gesamten Depotvolumen des Anlegers nur als Beimischung (bis zu max. 20 %) geeignet. Für die kurzfristige Kapitalanlage oder ausschließlich als Kapitalanlageprodukt sind Dach-Hedgefonds für den Privatanleger nicht geeignet.

Risiken

Dach-Hedgefonds weisen nachfolgende Risiken auf:

- Totalverlustrisiko: Da Hedgefonds auf sehr komplexe Marktstrategien setzen, besteht bei dieser Fondsart ein hohes Totalverlustrisiko. Da Hedgefonds grundsätzlich in alle Anlageformen (inkl. Edelmetalle, Rohstoffe und weitere Handelsgüter) und Anlagemärkte investieren können, sind die mit der jeweiligen Anlageausrichtung verbundenen Risiken zu beachten.

- Liquiditätsrisiko: Dach-Hedgefonds unterliegen besonderen Rücknahmebedingungen und können somit nicht börsentäglich an die KVG zurückgegeben werden.

- Keine gesetzlich vorgeschriebene Risikostreuung, sondern nur einige Risikobeschränkungen.

Anlegerkreis und Anlagemotive

Die Investition in einen Dach-Hedgefonds ist nur für den erfahrenen Anleger geeignet. Er kann mit dieser Fondsart Risiken in seinem bestehenden Depot eingrenzen – insbesondere dann, wenn dieses stark aktien- oder rentenlastig ausgerichtet ist.

Den unbegrenzten Möglichkeiten stehen jedoch auch unbegrenzte Risiken (Totalverlustrisiko) gegenüber. Deshalb sind Dach-Hedgefonds nur für Anleger geeignet, die über eine sehr hohe Risikobereitschaft und Risikofähigkeit sowie ein umfangreiches Markt- und Wertpapier-Know-how verfügen.

Gesetzliche Anlagegrenzen und Anlagebedingungen für Dach-Hedgefonds

Dach-Hedgefonds dürfen sowohl in inländische Single-Hedgefonds, als auch in ausländische Investmentvermögen mit vergleichbarer Anlagepolitik investieren. Das Fondsmanagement muss nachfolgende Risikobeschränkungen beachten:

- max. 49 % des Wertes des Sondervermögens dürfen in Bankguthaben, Geldmarkt-instrumente oder Geldmarktfonds als Liquiditätsreserve investiert werden

- max. 20 % des Wertes des Sondervermögens des Dach-Hedgefonds dürfen in einen einzelnen Zielfonds investiert werden

- max. 2 Zielfonds dürfen vom gleichen Emittenten und Fondsmanager stammen

- Kaskadenverbot (keine Investition in andere Dach-Hedgefonds)

- keine Investition in ausländische Zielfonds aus Staaten, die bei der Bekämpfung von Geldwäsche nicht kooperieren.

(gesetzliche Grundlage: § 225 Abs. 2 und 4 KAGB)

Darüber hinaus sind folgende gesetzliche Anlagebedingungen zu beachten:

- Leerverkäufe und Leverage dürfen für Dach-Hedgefonds nicht durchgeführt wer-den.

- Derivate sind nur zur Währungssicherung zulässig.

- Kurzfristige Darlehensaufnahme ist bis zu 10 % des Wertes des Sondervermögens zulässig, wenn dies in den Anlagebedingungen vorgesehen ist und die Darlehens-aufnahme zu marktüblichen Konditionen erfolgt.

- Das Fondsmanagement von Dach-Hedgefonds muss sich über die Anlagestrategie und Risiken der Zielfonds informieren und diese laufend überwachen.

- Dach-Hedgefonds dürfen sämtliche ausgegebene Anteile eines Zielfonds erwer-ben.

(gesetzliche Grundlage: § 225 Abs. 1 und 2 KAGB)

Besonderer Warnhinweis auf dem Verkaufsprospekt

Aufgrund der besonderen Risiken schreibt das KAGB für Verkaufsprospekte von Dach-Hedgefonds folgenden besonderen Warnhinweis vor:

„Der Bundesminister der Finanzen warnt: Dieser Investmentfonds investiert in Hedgefonds, die keinen gesetzlichen Leverage- oder Risikobeschränkungen un-terliegen." (§ 228 Abs. 2 KAGB)

Unterscheidung nach Anlageausrichtung

Dach-Hedgefonds setzen entweder auf steigende oder fallende Kurse bestimmter Marktsegmente (Wertpapier-, Rohstoff- oder Devisenmärkte) und wählen danach Single-Hedgefonds aus, die eine ähnliche Strategie verfolgen.

Würden die Strategien der ausgewählten Single-Hedgefonds gegeneinander laufen, d. h. der eine setzt auf fallende und der andere auf steigende Aktienkurse, dann wäre die Anlagestrategie nicht erfolgversprechend, da sich die Effekte größtenteils auf-heben würden.

Diese Strategien sind vergleichbar mit Wetten, da Dach-Hedgefonds nicht auf die zukünftige Entwicklung konkreter Einzeltitel setzen, sondern auf die Richtung, die ein Gesamtmarkt einschlägt. Vor allem durch das Instrument der Leerverkäufe können Single-Hedgefonds selbst marktbeeinflussende Wirkung haben, was immer wieder zu Kritik an dieser Anlageform führt.

Besondere Rücknahmebedingungen bei Dach-Hedgefonds

Für Dach-Hedgefonds gelten besondere Rücknahmebedingungen:

■ Rücknahme der Anteile ist nur zu bestimmten Rücknahmeterminen möglich, jedoch mindestens 1x im Kalendervierteljahr.

■ Anteilrückgaben sind bis zu 100 Kalendertage vor dem jeweiligen Rücknahmetermin durch eine unwiderrufliche Rückgabeerklärung (bei inländischen Depots durch die depotführende Stelle) gegenüber der KVG zu erklären. Im Fall von im Inland in einem Depot verwahrten Anteilen hat die Erklärung durch die depotführende Stelle zu erfolgen.

■ Der Rücknahmepreis muss spätestens 50 Kalendertage nach dem von der KVG bestimmten Rücknahmetermin an den Anleger ausgezahlt werden.

Die Anteile oder Aktien, auf die sich die Rückgabeerklärung bezieht, sind bis zur tatsächlichen Rückgabe von der depotführenden Stelle zu sperren.

(gesetzliche Grundlage: § 227 KAGB)

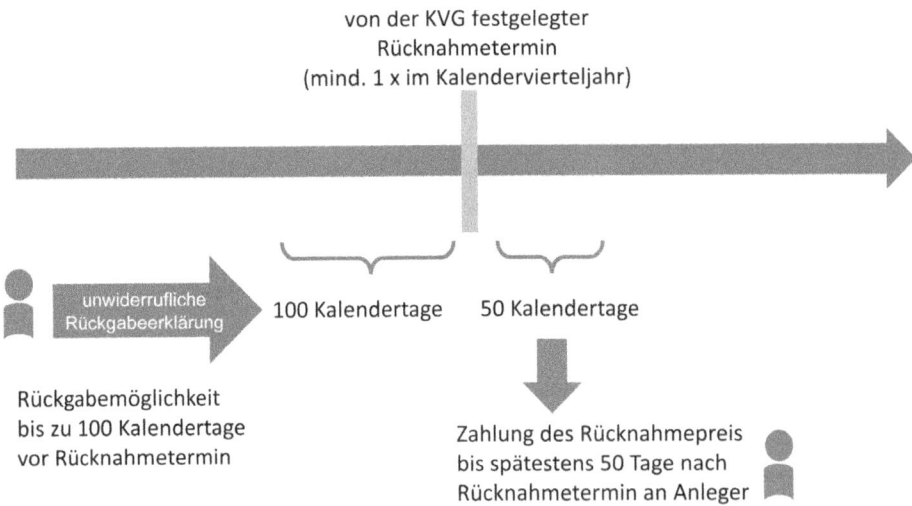

Abb. 168: Rücknahmebedingungen bei Dach-Hedgefonds

3.3.8 Zertifikatefonds

Merkmale

Ein Zertifikatefonds ist ein offenes Investmentvermögen, das in verschiedene einzelne Zertifikate investiert. Das Fondsmanagement wählt zwischen verschiedenen Basiswerten, Laufzeiten oder Emittenten Zertifikate aus, die zur Anlagestrategie passen. Für den Anleger bedeutet dies eine wesentlich breitere Risikostreuung als bei der Direktinvestition in nur ein oder wenige Zertifikate.

Chancen

Zertifikatefonds bieten die Chance auf:

- breitere Risikostreuung als Einzelzertifikate
- kein Emittentenrisiko aufseiten des Zertifikatefonds, da es sich um ein Sondervermögen handelt
- professionelles Fondsmanagement sucht die Einzelzertifikate passend zur Anlagestrategie des Zertifikatefonds aus
- Strategien auch für spezielle Marktsituationen (fallende Kurse u. a.) möglich
- unbefristete Laufzeit im Gegensatz zu Einzelzertifikaten

Risiken

- Kostenrisiko, da die Ausgabeaufschläge bis zu 6 % betragen können und Zertifikatefonds vergleichsweise hohe jährliche Verwaltungsvergütungen aufweisen können
- Doppelte Gebührenbelastung auf Fondsebene und bei den Einzelzertifikaten, in die das Sondervermögen investiert wird.

Anlegerkreis und Anlagemotiv

Zertifikatefonds sind je nach Anlagestrategie für verschiedene Anlagemotive geeignet.

Ein Zertifikatefonds kann auf eine bestimmte erwartete Marktentwicklung (z. B. steigende oder fallende Kurse in einem Marktsegment) ausgerichtet werden. Die Risikostreuung wird dadurch allerdings eingeschränkt, da das Fondsmanagement dazu teilweise nur auf einen bestimmten Zertifikatetyp setzt. Verläuft die Marktentwicklung anders als erwartet, so fehlt innerhalb des Sondervermögens unter Umständen das Gegeninvestment, um Kursverluste auszugleichen.

Aus diesem Grund sind Zertifikatefonds nur für erfahrene und informierte Anleger mit eigener Marktmeinung geeignet.

Abgrenzung zu Direktanlagen in Zertifikate

Da der Zertifikatefonds als Sondervermögen geführt wird, ist das Kapital des Anlegers geschützt, wenn die KVG Konkurs anmelden muss.

Zertifikate sind dagegen Inhaberschuldverschreibungen. Der Anleger trägt hier das Totalverlustrisiko seiner Kapitalanlage, wenn der Zertifikateemittent Konkurs anmelden muss.

Bei einem Zertifikatefonds können Kursverluste oder Totalverluste bei einzelnen Zertifikaten durch die breite Streuung des Sondervermögens auf viele weitere Zertifikate ausgeglichen werden.

3.3.9 Garantiefonds (Wertsicherungsfonds)

Merkmale

Garantiefonds bilden die Ausnahme vom Grundsatz, dass offene Investmentvermögen keine Ertrags- oder Wertsicherungsgarantie bieten. Die Garantie bei einem Garantiefonds kann sich beziehen auf:

- die Ausschüttung (seltenere Garantievariante),

- eine Kapitalrückzahlungsgarantie als Kapitalschutz (häufigste Garantievariante), d. h. ein Mindestkapitalrückzahlungsbetrag in Höhe des eingesetzten Kapitals oder eines festgelegten Prozentsatzes davon zu einem bestimmten Termin

- eine festgelegte Wertentwicklung innerhalb eines festgelegten Zeitraums (oft in Verbindung mit der Kapitalrückzahlungsgarantie)

Je nach Laufzeitausrichtung des Garantiefonds (Garantiefonds können mit oder ohne fester Laufzeit angeboten werden) erfolgt die Anlage des Sondervermögens zu Beginn verstärkt in Aktien, während gegen Laufzeitende der Anleiheanteil erhöht wird. Hintergrund ist, die Kursschwankungen kalkulierbarer zu machen, um die abgegebene Garantie finanzieren zu können und einen garantierten Rückzahlungsbetrag auch tatsächlich zu erwirtschaften.

> Die gewährte Garantie gilt für den Anleger auf jeden Fall, unabhängig davon, ob das Sondervermögen eine positive oder negative Wertentwicklung ausweist. Draufzahlen muss gegebenenfalls die KVG. Aus diesem Grund empfiehlt es sich, die Garantiebedingungen genau zu lesen und sich bewusst zu machen, dass Garantien die Rendite mindern.

Anlegerkreis und Anlagemotive

Garantiefonds sind für sicherheitsorientierte, nicht jedoch für renditeorientierte Anleger geeignet.

Wertsicherungsfonds werden ohne Laufzeitbegrenzung und ohne feste Rückzahlungsgarantien angeboten. Stattdessen verfolgen diese Investmentvermögen das Ziel, Wertverluste zu begrenzen. Hierbei handelt es sich aber lediglich um eine Absichtserklärung und keine Garantie. Auch aus diesem Grund sollten Anleger die Anlagebedingungen genau lesen.

3.3.10 No-load-Funds

Offene Investmentvermögen, deren Anteile von einer KVG ausgegeben werden, weisen in der Regel einen einmalig zu zahlenden Ausgabeaufschlag auf.

Je länger der Anlagehorizont des Anlegers, umso weniger fällt die Höhe des Ausgabeaufschlages bezogen auf die Gesamtwertentwicklung ins Gewicht.

Bei kurzfristig orientierten Anlegern kann ein häufiger Wechsel zwischen verschiedenen ausgabeaufschlagpflichtigen offenen Investmentvermögen einen deutlichen Teil der Wertentwicklung kosten. Daher auch die Aussage „Hin und her macht Taschen leer".

Die Lösung für Anleger mit kurzfristigem Anlagehorizont sind die offenen Investmentvermögen ohne Ausgabeaufschlag, die so genannten No-load-Funds. Ganz kostenlos sind aber auch diese Investmentvermögen nicht. Meist verlangt die KVG bei diesen Investmentvermögen einen erhöhten Prozentsatz an jährlicher Verwaltungsvergütung.

> Eine Faustregel besagt, dass sich No-load-Funds mit erhöhter Verwaltungsvergütung gegenüber den Investmentvermögen mit Ausgabeaufschlag nur bei einer Anlagedauer von bis zu ca. 3 Jahren lohnen.

3.3.11 Ausschüttende und thesaurierende Investmentvermögen

ausschüttende offene Investmentvermögen	thesaurierende offene Investmentvermögen
- Ausschüttungen an den Anleger - Anteilspreisanpassung am Tag der Ausschüttung (Anteilspreis reduziert sich um Ausschüttung) - Wiederanlage im Auftrag des Anlegers möglich	- keine Ausschüttungen an den Anleger - Keine Wiederanlage durch den Anleger - Erträge verbleiben automatisch im Sondervermögen
Steuerliche Behandlung von im Inland oder Ausland aufgelegten Investmentvermögen bei einer Verwahrung im Inland	
Am Tag der Ausschüttung wird die Abgeltungssteuer von der depotführenden Stelle an das Finanzamt abgeführt	Am ersten Werktag des auf das Steuerjahr folgenden Kalenderjahres wird die Abgeltungssteuer auf die sog. Vorabpauschale von der depotführenden Stelle an das Finanzamt abgeführt

Abb. 169: Ausschüttung und Thesaurierung

Ausschüttende offene Investmentvermögen

Je nach Art seiner Vermögensgegenstände erzielt das Sondervermögen laufende Erträge aus Zinsen, Dividenden oder auch Kursgewinnen. Bei einem offenen Immobilien-Sondervermögen kommen noch Mieteinnahmen hinzu. Diese Erträge erhöhen während des Geschäftsjahres des Investmentvermögens laufend den Wert des Sondervermögens und erhöhen den Anteilwert. Bei ausschüttenden offenen Investmentvermögen werden diese Erträge ganz oder teilweise jährlich oder vierteljährlich an die Anleger ausgeschüttet. Am Ausschüttungstag reduziert sich der Anteilwert um den Ausschüttungsbetrag. Die Ausschüttung ist steuerpflichtig und zählt zu den Einkünften aus Kapitalvermögen.

Ausschüttende offene Investmentvermögen eignen sich für alle Anleger, insbesondere wenn sie auf regelmäßig verfügbare Erträge aus ihrer Kapitalanlage Wert legen.

Wiederanlage der Ausschüttung

Der Anleger kann frei über die Ausschüttung verfügen oder diese zwecks Zinseszinseffekt wieder in neue Anteile seines Investmentvermögens investieren. Die KVG bietet dies für einen bestimmten Zeitraum nach dem Ausschüttungstermin mit einem so genannten Wiederanlagerabatt auf den Ausgabeaufschlag an. Der Anleger kann auch einen Auftrag zur automatischen Wiederanlage der Ausschüttung bei der KVG hinterlegen, den er jederzeit widerrufen kann.

Thesaurierende offene Investmentvermögen

Bei dieser Variante der Ausschüttungspolitik verbleiben die erzielten Erträge im Sondervermögen und werden zum Erwerb neuer Vermögensgegenstände genutzt. Da die Ausschüttungspolitik in den Anlagebedingungen festgeschrieben ist, hat der Anleger hierauf keinen Einfluss und muss sich im Vorfeld entscheiden, welche Ausschüttungspolitik für ihn die passende und vielleicht auch bequemere ist.

Bezüglich der Investmentverträge macht es für den Anleger steuerlich keinen Unterschied, ob er sich für ein ausschüttendes oder thesaurierendes Investmentvermögen entscheidet. Die Ausschüttung gilt am Ausschüttungstag und eine mögliche Vorabpauschale bei ausschüttenden oder thesaurierenden Investmentvermögen als steuerlich zugeflossen und somit steuerpflichtig.

Auf die steuerliche Behandlung ausschüttender und thesaurierender offener Investmentvermögen werde ich nochmals im Kapitel 3.6 Steuerliche Behandlung eingehen.

3.3.12 Länder-, Regionen- und Branchenfonds

Länderfonds

Länderfonds investieren in Wertpapiere eines einzigen Landes. Bestimmend ist hier das Land, in dem der Emittent des Wertpapiers seinen Hauptsitz hat. Ein „Aktienfonds Schweiz" investiert dementsprechend ausschließlich in Aktien von Schweizer Unternehmen. Auch ein Geldmarktfonds, der überwiegend in Vermögenswerte investiert, die auf Schweizer Franken lauten, kann als Länderfonds bezeichnet werden.

Nachteil dieser Konzentration auf ein Land ist, dass bei einer negativen Entwicklung der in diesem Land getätigten Anlagen nicht in Werte eines anderen Landes umgeschichtet werden kann. Dies ist durch die Anlagebedingungen ausgeschlossen. Der Fondsmanager kann somit nur das jeweils mögliche Optimum aus dem ihm vorgegebenen Markt herausholen. Der Anleger selbst muss entscheiden, ob er in nur ein Land investieren will oder in ein breiter gestreutes Investmentvermögen. Ein Anleger, der in einen Länderfonds investiert, sollte über ein entsprechendes Markt-Grundlagenwissen verfügen. Dann eignen sich Länderfonds sehr gut zur individuellen Risikostreuung eines Depots und zur Ergänzung bspw. von Direktinvestments in Aktien, Anleihen oder in Kombination mit anderen Länder- und Regionenfonds.

Regionenfonds

Hier ist das Anlagespektrum weiter gefasst. Dieses offene Investmentvermögen darf bspw. in Unternehmen aus Europa, Asien oder Südamerika investieren.

Eine Sonderform stellen Emerging-Markets-Funds dar. Sie investieren ihr Kapital in die so genannten Schwellenländer. Das sind Länder, die in ihrer wirtschaftlichen Entwicklung auf dem Weg zu einer größeren und stabilen Industrienation sind. Emerging-Markets-Funds sind oft chancenreicher, da sie andererseits wesentlich volatiler und spekulativer ausgerichtet sind.

Internationale Fonds

Die Ausrichtung auf den weltweiten Geld- bzw. Kapitalmarkt bietet die am weitesten gefasste Risikostreuung hinsichtlich der geografischen Ausrichtung eines offenen Investmentvermögens. Bei Fondsvergleichen sollte der Anleger allerdings auf die aktuelle Ländergewichtung innerhalb der von ihm verglichenen Investmentvermögen achten. Ein international anlegendes Investmentvermögen hat zwar die Möglichkeit, „von allem etwas" zu nehmen, die Aufgabe und Chance des Fondsmanagements ist es aber, je nach wirtschaftlicher Lage der einzelnen Länder oder Regionen unterschiedlich gewichtet zu investieren.

Auch hier gilt, dass es Länder mit unterschiedlichen Risiken gibt. Industrienationen bergen ein kalkulierbareres Risiko, als die Entwicklungs- und Schwellenländer. Der Anleger muss sich auch hier ein international anlegendes offenes Investmentvermögen suchen, das zu seiner Risikobereitschaft passt.

3.3.13 Laufzeitfonds

Laufzeitfonds stellen die Ausnahme von der Regel dar, dass offene Investmentvermögen über keine feste Laufzeit verfügen. Laufzeitfonds sind auf eine fest definierte Laufzeit ausgerichtet, an deren Ende ihr Sondervermögen aufgelöst und an die Anteilsinhaber verteilt wird.

Für risikoscheue Anleger stellen Laufzeitfonds aufgrund ihres festen Planungshorizontes eine berechenbare Anlagealternative dar. Eine feste Rendite wird bei dieser Fondsart nicht garantiert. Das notwendige Laufzeiten- und Anlagemanagement zur

Risikobegrenzung des Fondsmanagements kostet den Anleger oft die Chance auf eine Rendite auf oder über Marktniveau.

3.3.14 Exchange Traded Funds (ETFs)

Merkmale

ETFs sind börsengehandelte Indexfonds (Offene Investmentvermögen, die einen Börsenindex abbilden). Es handelt sich um offene Investmentvermögen mit dem Vorteil, dass sie wie Aktien fortlaufend an der Börse gehandelt werden. D. h., während der gesamten Börsenhandelszeit werden laufend An- und Verkaufspreise ermittelt. Bei den nicht börsengehandelten Indexfonds findet dagegen nur einmal am Tag, meist durch die Kapitalverwaltungsgesellschaft, eine Anteilspreisermittlung statt.

▶ Exkurs: XTF – Das Marktsegment für börsengehandelte offene Investmentvermögen

XTF steht für Exchange Traded Funds und ist ein Marktsegment der Frankfurter Börse. Hier werden ETFs, börsennotierte Indexfonds sowie weitere aktiv gemanagte offene Investmentvermögen über das Computerhandelssystem XETRA gehandelt.

Die Mindesthandelsgröße ist ein Investmentanteil. Die Preisfeststellung berücksichtigt den aktuellen Wert des Sondervermögens und das Angebot und die Nachfrage bzw. die Handelsspanne für den Börsenmakler. Der Anleger profitiert von der laufenden – d. h. während der Börsenhandelszeiten – Preisfeststellung und der Möglichkeit, seine Kauf- oder Verkaufsorders mit einem Limit (bei einem Kauf ist dies der höchste Kurs, den er bereit ist zu zahlen; bei einem Verkauf ist dies der niedrigste Kurs, zu dem er bereit ist zu verkaufen) zu versehen. ◀

Die Laufzeit von ETFs ist unbegrenzt.

Das Prinzip der ETFs ist die möglichst genaue Abbildung des ihnen zugrunde liegenden Index. Das von der Kapitalverwaltungsgesellschaft gebildete Investmentvermögen eines ETFs besteht somit i. d. R. aus den Wertpapieren bestimmter Indizes, z. B. dem DAX˙. Ein aktives Fondsmanagement ist deshalb nicht erforderlich.

Der Nachteil: Da der ETF einen Index so genau wie möglich nachzubilden versucht, besteht keine nennenswerte Chance, dass die Wertentwicklung besser als der Index ausfällt.

▶ Exkurs: Indexfonds

Die BaFin-Richtlinie zur Festlegung von Fondskategorien (Fassung vom 22. Juli 2013 Art. 3) setzt für die Bezeichnung eines offenen Investmentvermögens als Indexfonds Folgendes voraus:

„… dass die im Investmentvermögen gehaltenen Wertpapiere und Derivate unter Wahrung einer angemessenen Risikomischung einen bestimmten, allgemeinen und von der BaFin anerkannten Wertpapierindex zu mindestens 95 % nachbilden. Ferner müssen diese Vermögensgegenstände grundsätzlich 95 % des Wertes des Investmentvermögens darstellen… Der verbleibende Anteil ist in Bankguthaben, Geldmarktinstrumente oder Geldmarktfondsanteile anzulegen…"

Indexfonds sind passiv gemanagte Investmentvermögen, da sie lediglich einen Index nachbilden. Darüber hinaus werden keine eigenen Marktbewertungen und Anlageentscheidungen getroffen. Hierdurch fallen geringere Verwaltungsvergütungen an. Die Sicherheit, an der Entwicklung eines Index und somit an der Marktentwicklung beteiligt zu sein, kostet die Chance auf weitere über die Marktentwicklung hinausgehende Kursentwicklungschancen. Und umgekehrt gilt: der Anleger ist in vollem Umfang an den negativen Marktentwicklungen beteiligt.

Da eine direkte Investition in einen Marktindex nicht möglich ist und die taggenaue Abbildung eines Marktindex für einen einzelnen Anleger mit hohen Kosten und der Notwendigkeit eines entsprechend vorhandenen großen Vermögens verbunden ist, bieten Indexfonds genau diese Möglichkeit.

Indexfonds sind für Anleger geeignet, die eine eigene Marktmeinung haben und kostengünstig auf einen bestimmten Index setzen möchten.　◄

ETFs bilden bspw. nachfolgende Marktsegmente über ihre jeweiligen Indizes nach:

- Anlageklassen: Aktien, Renten, Rohstoffe
- Länderindizes, regionale oder globale Indizes
- Branchenindizes
- Strategieindizes (z. B. Substanz- oder Wachstumswerte)

▶ Exkurs: Fondsmanagementarten

Aktives Fondsmanagement

Bei aktiv gemanagten Fonds beobachten Fondsmanager ständig den Markt und analysieren fortlaufend Unternehmen und Emittenten. Sie schichten das Fondsvermögen gegebenenfalls um. Ihre Anlageentscheidungen treffen sie eigenständig entsprechend der Ergebnisse ihrer Analysen und Beobachtungen. Das kostet Zeit, und das Umschichten kostet Geld. Der Vorteil: höhere Wertentwicklungschance als der Vergleichsmarkt.

Passives Fondsmanagement

Beim passiven Fondsmanagement sind aktive Anlageentscheidungen nicht notwendig, denn es wird ein Marktindex zugrunde gelegt, dessen Zusammensetzung einfach ist und so exakt wie möglich nachgebildet wird. Wesentliche, davon abweichende Anlageentscheidungen trifft das Fondsmanagement nicht. Umschichtungen werden nur passiv entsprechend der Veränderung der Indexzusammensetzung vorgenommen. Dem Zeit- und Kostenvorteil steht der Nachteil gegenüber, dass i. d. R. keine bessere Wertentwicklung als der Index erzielt wird. Auch eine Mischung beider Managementarten ist möglich. Auskunft hierüber geben die Anlagerichtlinien des Einzelfonds.   ◄

Kosten

Die Kostenstruktur von ETFs kann Vorteile bieten:

- Kein Ausgabeaufschlag

- Niedrige jährliche Verwaltungsvergütungen von ca. 0,15 % p. a. (im Vergleich dazu betragen die Verwaltungsvergütungen bei aktiv gemanagten offenen Investmentvermögen durchschnittlich ca. 1,5 % p. a.)

Dabei müssen im Gegenzug die Kosten im Zusammenhang mit dem Börsenhandel beachtet werden:

- Kauf- und Verkaufsspesen

Wie bei allen anderen offenen Investmentvermögen besteht Insolvenzschutz, denn auch die Sondervermögen der ETFs werden getrennt vom Vermögen der KVG gehalten.

Bei aktiv gemanagten ETFs versucht das Fondsmanagement, einen Teil des Fondsvermögens über eine aktive Anlagestrategie zu optimieren (d. h. klassische Marktanalyse und danach freie Auswahl der Wertpapiere).

► Exkurs: Indikativer Nettoinventarwert (iNAV)

Der iNAV macht den Wert des ETF transparent. Der iNAV errechnet sich fortlaufend wie folgt:

$$\frac{\text{aktueller Wert der im jeweiligen ETF enthaltenen Wertpapiere} + \text{Wert der sonstigen Vermögensgegenstände} + \text{Barvermögen} ./. \text{Verbindlichkeiten}}{\text{Anzahl der im Umlauf befindlichen Anteile des ETF}}$$

Meist lassen die Kapitalverwaltungsgesellschaften den iNAV über die Deutsche Börse berechnen. Dazu übermitteln sie vor Handelsbeginn die aktuelle Zusammensetzung des ETF an die Deutsche Börse.

Ausländische Werte werden mit den Kursen der Heimatbörse bewertet. Wenn diese Börsen noch geschlossen sind, können die Preise des Handels mit Auslandsaktien an der Börse Frankfurt als Referenzkurse zugrunde gelegt werden.

Tatsächlich entstehen die Handelspreise der ETFs aus Angebot und Nachfrage. Die sog. Market Makers (engl. Designated Sponsors) kontrollieren anhand des iNAV ihre Kauf- und Verkaufspreise, und Privatanleger können mit ihm die Fairness dieser Börsenpreise beurteilen.   ◄

Methoden der Index-Nachbildung bei ETFs

ETFs verfolgen das Anlageziel, die Wertentwicklung des ihnen zugrunde liegenden Index so genau wie möglich nachzubilden (auch Replikation oder engl. „Tracking" genannt). Der Anleger erhält die so erzielte Gesamtrendite abzüglich der Kosten.

Für die Index-Nachbildung gibt es zwei Replikationsmethoden:

- **Physische Replikation**

  Das Fondsmanagement kauft die im abzubildenden Index enthaltenen Wertpapiere und gewichtet diese ebenso wie der Index. Ändert der Index seine Wertpapierzusammensetzung, so nimmt auch das Fondsmanagement entsprechende Umschichtungen im Sondervermögen vor (**vollständige Replikation oder auch Full-Replication-Methode genannt**). Neben der identischen Abbildung gibt es die Alternative einer lediglich repräsentativen Auswahl. Das heißt, hierbei wird der Index nicht exakt nachgebildet, sondern es werden lediglich Wertpapiere mit einem ähnlichen Rendite-Risiko-Profil erworben (**partielle Replikation oder auch Sampling-Methode genannt**).

- **Synthetische Replikation**

  Hierzu werden so genannte Swaps eingesetzt. Vereinfacht beschrieben ist ein Swap ein außerbörsliches Tauschgeschäft. Vertragspartner ist eine Bank. Der ETF erhält von dieser eine Garantie auf dieselbe Wertentwicklung wie der Index. Dafür müssen die im Sondervermögen enthaltenen Vermögensgegenstände oder das Anlegerkapital auf die Bank übertragen werden. Vorteil für den ETF: Das Risiko der exakten Nachbildung der Indexwertentwicklung wird auf die Bank übertragen. Auch hierbei gibt es wiederum zwei Varianten:

  - Swapbasierte ETFs mit Portfoliopositionen:

    Zunächst erwirbt das Fondsmanagement Wertpapiere, die in Zukunft wahrscheinlich einen mit dem Index vergleichbaren Verlauf nehmen. Diese können den Index teilweise oder auch gar nicht abbilden, denn ausschlaggebend ist die Swapvereinbarung. Diese gleicht die Differenz zwischen dem Wertpapierportfolio und dem tatsächlichen Indexverlauf durch das Tauschgeschäft mit dem dritten Vertragspartnern (Kontrahent) aus. Diese Nachjustierung wird in regelmäßigen Abständen vorgenommen.

  - Swapbasierte ETFs ohne Portfoliopositionen:

    Das Fondsmanagement investiert in diesem Fall gar nicht erst in die Wertpapiere, sondern investiert das Anlegerkapital direkt in einen oder mehrere Swap-Transaktionen. Hierbei wird das Anlegergeld gegen die durch den Swap garantierte Beteiligung an der Wertentwicklung des Index eingetauscht.

Chancen

ETFs bieten im Vergleich zu Direktinvestments oder den aktiv gemanagten offenen Investmentvermögen folgende Vorteile:

- geringe Kosten (geringe laufende Verwaltungsgebühren von durchschnittlich 0,15 % im Vergleich zu 1,5 % bei einem aktiv gemanagten Investmentvermögen, die sonst die Wertentwicklung schmälern)

- einfacher und fortlaufender Börsenhandel (kein Ausgabeaufschlag, der erst verdient werden muss)

- hohe Flexibilität (ergibt sich aus den anderen Vorteilen und einem zunehmenden Angebot an ETFs, um verschiedene Anlagestrategien abzubilden)

- hohe Transparenz (durch „Kopie" des zugrunde liegenden Index)

- breite Risikostreuung (gem. Index)

Mit ETFs lässt sich ein komplettes Portfolio zusammenstellen, da es ETFs zu den wichtigsten Anlageklassen (Aktien weltweit, Aktien Europa, Renten international, Rohstoffe, Branchen, Substanzaktien, Wachstumsaktien, Dividendenstrategien usw.) gibt.

Je spezieller ein ETF ausgerichtet ist, umso mehr muss der Anleger dieses Marktsegment selbst beobachten, denn Schwankungen kommen dann entsprechend häufiger und stärker vor. Insbesondere solche ETFs sind dann nicht mehr für die langfristige Anlage geeignet, sondern der Anleger muss anstelle des Fondsmanagers nun aktiv sein Fondsvermögen managen. Grundsätzlich gilt: für die Auswahl des passenden ETF sollte der Anleger eine eigene Marktmeinung haben. Er sollte sich genau überlegen, bis zu welchem Verlust bzw. Gewinn er investieren möchte.

Risiken

ETFs sind keine risikolose Anlage.

Zu beachten sind insbesondere:

- **Klumpenrisiko** (Zusammensetzung)

  Ein Blick in die Zusammensetzung der Indizes ist wichtig, vor allem wenn der Anleger in mehrere Indizes investieren möchte. Der Hintergrund ist, dass manche Aktien oder Märkte in mehreren Indizes enthalten sind. Der Anleger investiert zwar dann in Indizes mit grundsätzlich unterschiedlichen Schwerpunkten, aber im Detail investiert er unter Umständen doppelt. Beispielsweise enthält der EURO STOXX 50˚ einen hohen Anteil an deutschen Werten. Wird gleichzeitig auch in den DAX˚ investiert, wird der Anteil an deutschen Aktien im Depot schnell übergewichtet. Gleiches gilt für bestimmte Branchenaktien, wie z. B. Bankwerte. Auch hier kann es schnell zu einem ungewollten Klumpenrisiko kommen.

- **Währungsrisiko**

  Die breite Risikostreuung auf internationale Indizes führt zwangsläufig zu einem erhöhten Währungsanteil und damit verbunden einem erhöhten Währungsrisiko. Möchte der Anleger dies vermeiden, so muss er auf Indizes achten, die sich aus in Euro notierten Einzelwerten zusammensetzen.

■ **Kostenrisiko**

Grundsätzlich sind ETFs kostengünstig. Mittlerweile ist es möglich, in ETFs mittels Sparplänen zu investieren. Manche Anbieter verlangen pro Order Pauschalgebühren und zusätzlich einen Prozentsatz des Sparbeitrages. Das reduziert bei einem monatlichen Anlagebetrag von z. B. 50 € deutlich die Rendite.

3.3.15 Publikumsinvestmentvermögen

Spezial AIF sind AIF, deren Anteile nur von professionellen und semiprofessionellen Anlegern erworben werden dürfen. Alle übrigen Investmentvermögen sind Publikumsvermögen (§ 1 Abs. 6 KAGB).

Abb. 170: Anlegergruppen gemäß KAGB

Offene Publikumsinvestmentvermögen können von allen Arten von Anlegern erworben werden. Ausgerichtet ist ihre Anlagepolitik überwiegend auf die Gruppe der Privatanleger.

Offene Publikumsinvestmentvermögen unterliegen in vollem Umfang dem Kapitalanlagegesetzbuch. Es gibt sie als OGAW und als Publikums-AIF.

Für semiprofessionelle und professionelle Anleger werden in der Regel eigene Anteilklassen mit identischer Anlagepolitik, aber günstigerer Kostenstruktur gebildet.

Privatanleger
Privatanleger sind alle Anleger, die weder professionelle noch semiprofessionelle Anleger sind (§ 1 Abs. 19 Nr. 31 KAGB).

3.3.16 Spezial-AIF

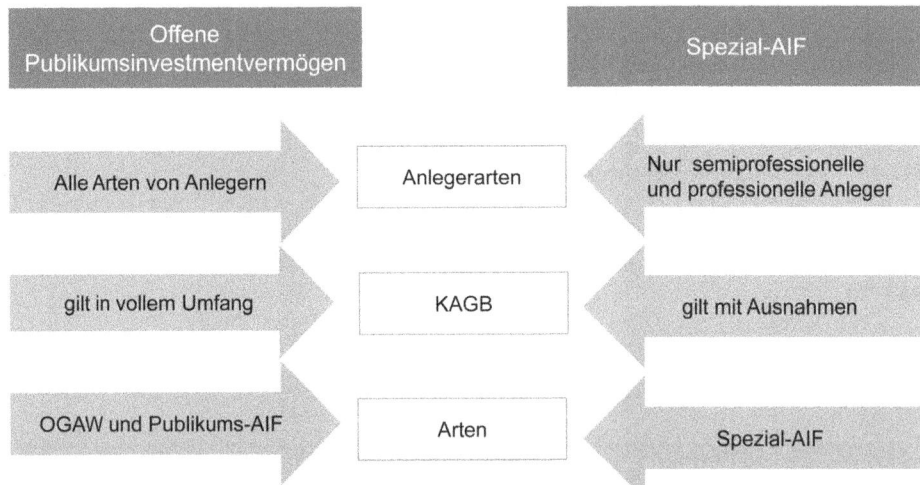

Abb. 171: Abgrenzung Spezial-AIF von offenen Publikumsinvestmentvermögen?

Spezial-AIF sind Alternative Investmentvermögen (AIF), deren Anteile u. a. aufgrund von schriftlichen Vereinbarungen mit der Kapitalverwaltungsgesellschaft nur von semiprofessionellen und professionellen Anlegern erworben werden dürfen.

Spezial-AIF können individuelle Anlagebedingungen enthalten, die auf individuellen Vertragsbedingungen basieren, da der Anlegerkreis nur aus wenigen Personen besteht.

Professionelle Anleger

Professioneller Anleger ist jeder Anleger, der im Sinne von Anhang II der Europäischen Richtlinie 2004 / 39 / EG als professioneller Kunde angesehen wird oder auf Antrag als ein professioneller Kunde behandelt werden kann (§ 1 Abs. 19 Nr. 32 KAGB).

Ein professioneller Kunde ist ein Kunde, der über ausreichende Erfahrungen, Kenntnisse und Sachverstand verfügt, um seine Anlageentscheidungen selbst treffen und die damit verbundenen Risiken angemessen beurteilen zu können. Davon wird insbesondere bei institutionellen Kunden (Kreditinstitute, Versicherungen, Pensionsfonds, Großunternehmen, Bund, Länder u.ä.) ausgegangen.

Als professioneller Anleger kann man auch auf Antrag eingestuft werden, wenn mindestens zwei der nachfolgenden Kriterien erfüllt sind:

- am relevanten Markt durchschnittlich pro Quartal 10 Geschäfte von erheblichem Umfang getätigt

- Konten und Depots im Wert von mehr als 500.000 €

- einjährige kapitalmarktbezogene Berufstätigkeit.

Semiprofessioneller Anleger

Gemäß § 1 Abs. 19 Nr. 33 KAGB ist ein semiprofessioneller Anleger

a) Jeder Anleger

aa) der sich verpflichtet, mindestens 200.000 € zu investieren, und

bb) der schriftlich in einem vom Vertrag über die Investitionsverpflichtung getrennten Dokument angibt, dass er sich der Risiken im Zusammenhang mit der beabsichtigten Verpflichtung oder Investition bewusst ist, und

cc) dessen Sachverstand, Erfahrungen und Kenntnisse die AIF-Verwaltungsgesellschaft oder die von ihr beauftragte Vertriebsgesellschaft bewertet, ohne von der Annahme auszugehen, dass der Anleger über die Marktkenntnisse und -erfahrungen von professionellen Anlegern verfügt, und

dd) bei dem die AIF-Verwaltungsgesellschaft oder die von ihr beauftragte Vertriebsgesellschaft unter Berücksichtigung der Art der beabsichtigten Verpflichtung oder Investition hinreichend davon überzeugt ist, dass er in der Lage ist, seine Anlageentscheidungen selbst zu treffen und die damit einhergehenden Risiken versteht und dass eine solche Verpflichtung für den betreffenden Anleger angemessen ist, und

ee) dem die AIF-Verwaltungsgesellschaft oder die von ihr beauftragte Vertriebsgesellschaft schriftlich bestätigt, dass sie die unter Doppelbuchstabe cc genannte Bewertung vorgenommen hat und die unter Doppelbuchstabe dd genannten Voraussetzungen gegeben sind,

b) ein in § 37 Absatz 1 KAGB genannter Geschäftsleiter oder Mitarbeiter der AIF-Verwaltungsgesellschaft, sofern er in von der AIF-Verwaltungsgesellschaft verwaltete AIF investiert, oder ein Mitglied der Geschäftsführung oder des Vorstands einer extern verwalteten Investmentgesellschaft, sofern er in die extern verwaltete Investmentgesellschaft investiert,

c) jeder Anleger, der sich verpflichtet, mindestens 10 Millionen Euro in ein Investmentvermögen zu investieren,

d) jeder Anleger in der Rechtsform

aa) einer Anstalt des öffentlichen Rechts,

bb) einer Stiftung des öffentlichen Rechts oder

cc) einer Gesellschaft, an der der Bund oder ein Land mehrheitlich beteiligt ist, wenn der Bund oder das Land zum Zeitpunkt der Investition der Anstalt, der Stiftung oder der Gesellschaft in den betreffenden Spezial-AIF investiert oder investiert ist.

3.3.17 Anteilklassen

Wenn institutionelle Anleger, wie bspw. Versicherungsunternehmen, Stiftungen oder Pensionskassen, in Publikumsinvestmentvermögen investieren, dann erwarten sie aufgrund ihrer hohen Anlagesummen ein Entgegenkommen auf der Gebührenseite von der KVG. Darüber hinaus können sowohl institutionelle Anleger als auch Privatanleger unterschiedliche Vorstellung hinsichtlich der Ausschüttung haben und bspw. eine vierteljährliche Ausschüttung der jährlichen Ausschüttung vorziehen.

Aus diesem Grund kann die KVG ein Investmentvermögen mit mehreren Anteilklassen auflegen. Die Anlagepolitik gilt einheitlich für alle Anteilklassen eines offenen Investmentvermögens.

Anteilklassen unterscheiden sich gemäß § 96 Abs. 1 KAGB nach den folgenden Ausgestaltungsmerkmalen:

- Ertragsverwendung: Ausschüttung oder Thesaurierung

- Höhe des Ausgabeaufschlages oder Rücknahmeabschlages

- Währung des Anteilwertes

- Höhe der Verwaltungsvergütung

- Höhe der Mindestanlagesumme pro Anleger

- Kombination der vorgenannten Merkmale

Die Anteile einer Anteilklasse haben gleiche Ausgestaltungsmerkmale.

Jede Anteilklasse hat zur eindeutigen Identifizierung eine eigene deutsche Wertpapierkennnummer (WKN) bzw. internationale Kennnummer (ISIN: International Securities Identification Number).

Für jede Anteilklasse wird der Anteilwert gesondert berechnet und veröffentlicht.

Das Wichtigste zusammengefasst:

Die verschiedenen Fondsarten unterscheiden sich hinsichtlich ihrer Merkmale, Chancen und Risiken.

Sie kennen nun:

■ Die grundsätzlichen Merkmale von offenen Investmentvermögen: Anlegerkreis, Anlagemotiv, Anlageausrichtung, Kosten, Währung, Liquiditätsquote, Abgrenzung zu Direktanlagen sowie deren Chancen und Risiken

■ den Unterschied zwischen ausschüttenden und thesaurierenden offenen Investmentvermögen

■ die verschiedene Anteilklassen

■ die Anlegergruppen gemäß KAGB und die Unterscheidung von Publikumsinvestmentvermögen und Spezial-AIF nach den jeweiligen Anlegerkreisen

Sie verstehen Ihr Wissen über die Vielfalt und Flexibilität offener Investmentvermögen als Basis dafür, sich über die Vielfalt des Fondsangebots einen Überblick verschaffen zu können.

Sie nutzen Ihr Fachwissen, um nach einer umfassenden Bestandsaufnahme der Situation Ihres Kunden, diesem eine für ihn geeignete Fondsanlage empfehlen zu können.

Das nächste Kapitel baut auf den bereits erwähnten Vorteilen der Anlage in offene Investmentvermögen und den Basisrisiken der Wertpapieranlage auf. Im Detail geht es nun um die speziellen weiteren Chancen und Risiken offener Investmentvermögen.

▶ **Aufgaben zum Kapitel 3.3 Fondsarten**

Ihr Wissen auf dem Prüfstand:

1. Investmentvermögen gibt es für unterschiedliche Anlegerkreise. Welche Aussagen hierzu treffen zu? (MC)

    a) Spezialfonds können von jedermann erworben werden.

    b) Geschlossene Investmentvermögen können nur von institutionellen Anlegern erworben werden.

    c) Offene Investmentvermögen haben grundsätzlich keine festgelegte Anzahl von Anteilen.

    d) Publikumsinvestmentvermögen können von jedermann erworben werden.

2. Welche Merkmale treffen auf offene Investmentvermögen in der Regel zu? (MC)

    a) börsentägliche Verfügbarkeit

    b) Anteilsrücknahmeverpflichtung der Kapitalverwaltungsgesellschaft

    c) hohes Risiko durch unternehmerische Beteiligung

    d) hohe Mindestanlagesummen

    e) Risikostreuung innerhalb des Sondervermögens

    f) Anteilserwerb durch eine begrenzte Anzahl von Anlegern

3. In welche der folgenden Anlageformen darf ein Organismus für gemeinsame Anlagen in Wertpapiere (OGAW) investieren? (MC)

    a) Derivate

    b) Bargeld

    c) Geschlossene Investmentvermögen

    d) Schiffe

    e) Aktien

    f) Anleihen

4. Was beschreibt allgemein die so genannte 5-10-40-Regel? (SC)

    a) die gesetzliche Risikostreuung offener Investmentvermögen hinsichtlich der Emittenten, von denen Anlagen im Sondervermögen gehalten werden

    b) die verschiedenen Steuersätze der einzelnen im Sondervermögen gehaltenen Anlageformen

    c) die gesetzliche Risikostreuung im Hinblick auf die Laufzeitstruktur des Sondervermögens

    d) das Verhältnis von Ausgabeaufschlag zum Ausgabe- und Rücknahmepreis

5. In welche Werte investiert ein Geldmarktfonds überwiegend? (MC)

   a) Geldmarktinstrumente

   b) Aktien

   c) verzinsliche Wertpapiere mit einer Restlaufzeit von max. drei Jahren

   d) Termingelder

   e) Immobilien und Grundstücke

6. Welcher der folgenden Investmentvermögen wird zu den Länderfonds gezählt? (SC)

   f) Branchenfonds mit weltweiter Länderstreuung

   g) Aktienfonds mit Anlageschwerpunkt auf französischen Aktien

   h) Rentenfonds mit einem europäischen Anleihemix

   i) Dachfonds mit Anlageschwerpunkt Südostasien

7. Bei welchen Investmentvermögen handelt es sich um Garantiefonds? (SC)

   a) Investmentvermögen, die am Laufzeitende einen festgelegten Teil des angelegten Kapitals garantiert zurückzahlen.

   b) Investmentvermögen, die garantiert nur in ausgewählte Länderregionen investieren.

   c) Investmentvermögen, die garantiert keinen Kursschwankungen unterliegen.

   d) Investmentvermögen mit einem gesetzlichen Schutz vor dem Totalverlust der Kapitalanlage.

8. Welches besondere Merkmal kennzeichnet einen No-load-Funds? (SC)

   a) keine Risikostreuung

   b) kein Ausgabeaufschlag

   c) keine Verwaltungsvergütung

   d) keine Verwahrstellenvergütung

   e) keine Anlagebegrenzung

9. Was zeichnet einen Laufzeitfonds aus? (SC)

   a) unbefristete Laufzeit mit begrenzten An- und Verkaufsmöglichkeiten

   b) keine Marktrisiken durch kurze Laufzeiten

   c) automatische Umschichtung in Geldmarkttitel am Ende der Laufzeit

   d) diese Fondsart hat eine begrenzte feste Laufzeit

10. Welche Ausgestaltungsmöglichkeiten können Publikumsinvestmentvermögen nutzen? (MC)

    a) Art der Ausschüttung

    b) Mit oder ohne Ausgabeauschlag

    c) Mit oder ohne Risikostreuung

    d) Mit oder ohne Wertentwicklung

    e) Art der Gesamtkostenquote

11. Bei welcher der folgenden Fondsarten ist der Verbleib der erzielten Erträge im Sondervermögen in den Anlagebedingungen festgelegt? (SC)

    a) Thematisiertes Investmentvermögen

    b) Ausschüttendes Investmentvermögen

    c) Thesaurierendes Investmentvermögen

    d) Rentenbasiertes Investmentvermögen

12. Welche der folgenden Aussagen zu Geldmarktfonds ist richtig? (SC)

    a) Sie sind geldmarktnahe Investmentvermögen, die in kurzlaufende Rentenfonds investieren.

    b) Sie müssen gesetzliche Regeln zur Zinsbindungsdauer und Restlaufzeiten ihrer Vermögengegenstände beachten.

    c) Sie unterliegen aufgrund ihrer Anlagestruktur einem höheren Risiko als Rentenfonds.

    d) Sie investieren ausschließlich in festverzinsliche Staatsanleihen mit einer Restlaufzeit von unter drei Monaten.

13. Nach welcher Anlagestrategie können Rentenfonds unterschieden werden? (SC)

    a) Währung, Bonität und Laufzeit

    b) Branche, Dividendenstrategie und Verzinsung

    c) Städte, Länder und Emittenten

    d) Verzinsung, Laufzeit und Kurs-Gewinn-Verhältnis

14. Worauf sollte ein Anleger beim Fondskauf achten? (SC)

    a) Je länger die durchschnittliche Laufzeit des Sondervermögens, desto höher die Risiken.

    b) Je höher das Risiko, desto geringer die Ertragschancen.

    c) Je spezialisierter das Anlagespektrum, desto geringer das Risiko.

    d) Je höher die Ertragschancen, desto höher das Risiko.

15. In welche Unternehmen investiert ein Standard-Aktienfonds? (MC)

    a) Ausschließlich in deutsche DAX°-Werte

    b) In Unternehmen mit erstklassiger Bonität und hoher Marktkapitalisierung

    c) In Blue Chips oder Large Caps

    d) In verzinsliche Vermögenswerte mit kurzfristigen Laufzeiten

    e) In Smallcaps und Midcaps

16. Welche der folgenden Aussagen zu den verschiedenen Anlagestrategien bei Aktienfonds treffen zu? (MC)

    a) Value-Fonds investieren in Aktien mit hohen Dividendenzahlungen.

    b) Value-Fonds investieren in Aktien mit hoher Wertentwicklung.

    c) Growth-Fonds investieren in Aktien mit hohem Kursentwicklungspotenzial.

    d) Growth-Fonds investieren in Aktien mit hohem Dividendenpotenzial.

    e) Blended-Fonds mischen die Anlageformen Value und Growth.

    f) Blended-Fonds investieren in ausgewählte Branchen.

17. Bei welchen dieser Investmentvermögen handelt es sich um Aktienfonds? (MC)

    a) Short-Term-Money-Fonds

    b) Corporate-Bonds-Fonds

    c) Branchenfonds

    d) Value-Fonds

    e) High-Yield-Fonds

    f) Small-Cap-Fonds

18. In welche Anlageformen kann ein sonstiges Investmentvermögen im Gegensatz zu einem OGAW zusätzlich investieren? (SC)

    a) Dach-Hedgefonds

    b) Aktienfonds

    c) Rentenfonds

    d) Edelmetalle

19. Welche grundsätzlichen Anlagegrenzen gelten für Dachfonds (MC)

    a) Maximal 20 % des Dachfondsvermögens dürfen in einen einzelnen Zielfonds investiert werden.

    b) Maximal 25 % des Dachfondsvermögens dürfen in einen einzelnen Zielfonds investiert werden.

    c) Die Mindeststreuung beträgt 10 Zielfonds.

    d) Der Dachfonds muss in mindestens 5 Zielfonds investieren.

    e) Maximal 30 % des Zielfondsvermögens dürfen von einem Dachfonds gehalten werden.

    f) Maximal 25 % der Anteile eines Zielfonds dürfen von einem Dachfonds gehalten werden.

20. Welche der folgenden Aussagen treffen in der Regel zu? (MC)

    a) Aktienfonds erzielen kurzfristig immer die höchste Wertentwicklung.

    b) Geldmarktfonds sind für die kurzfristige Geldanlage geeignet.

    c) Aktienfonds eignen sich für Sparpläne mit langer Laufzeit.

    d) Rentenfonds sind speziell für die private Altersvorsorge geeignet.

    e) Dachfonds sind für die mittel- bis langfristige Vermögensanlage geeignet.

21. In welche Art von Immobilien kann ein offenes Investmentvermögen investieren? (MC)

    a) Einfamilienhäuser

    b) privat genutzte Mehrfamilienhäuser

    c) Grundstücke

    d) Einkaufszentren

    e) gewerblich genutzte Doppelhaushälften

    f) ausländische Bürogebäude

22. Zu wieviel Prozent muss ein Indexfonds den ihm zugrunde liegenden Wertpapierindex mindestens abbilden? (SC)

    a) 15 %

    b) 50 %

    c) 85 %

    d) 95 %

    e) 100 %

23. Welche Aussage über passiv gemanagte Investmentvermögen trifft zu? (SC)
    a) Der Fondsmanager trifft alle Anlageentscheidungen.
    b) Regelmäßige Markt- und Unternehmensanalysen bestimmen die Fondsinvestitionen.
    c) Es wird ein Index nachgebildet, der individuelle Anlageentscheidungen von Fondsmanagern überflüssig macht.
    d) Bei passiv gemanagten Investmentvermögen fallen keinerlei Kosten an.

24. Welche der folgenden Aussagen beschreiben besondere Risiken bei Hedgefonds? (MC)
    a) Hedgefonds müssen zu 100 % in Aktien investieren.
    b) Hedgefonds unterliegen bei der Auswahl der Anlageinstrumente keinerlei Beschränkungen.
    c) Hedgefonds können besonders risikoreiche Handelsstrategien verfolgen.
    d) Hedgefonds sind aufgrund ihrer Ausgestaltung vor Totalverlust geschützt.

25. Welche Mindesthaltefrist gilt für offene Immobilien-Sondervermögen, die nach dem 22.7.2013 erworben wurden? (SC)
    a) 3 Monate
    b) 12 Monate
    c) 24 Monate
    d) 36 Monate
    e) keine

3.4 Chancen, Risiken und Haftung

3.4.1 Chancen

Renditechancen auf Kapitalmarktniveau

Im Gegensatz zu einem Sparbuch oder einer Sparbriefanlage nutzen offene Investmentvermögen je nach Anlageschwerpunkt die Chancen des Kapitalmarktes. Neben einer marktgerechten Verzinsung kommen die Chancen eines Kursgewinns hinzu. Allerdings stehen den erhöhten Renditechancen erhöhte Risiken gegenüber. Diese kennen Sie bereits aus Kapitel 3.3 Fondsarten.

Kostenvorteil

Beim Argument des Kostenvorteils kommt es auf die Sichtweise an. Kostenlos gibt es offene Investmentvermögen nicht. Plant der Anleger jedoch, sein Kapital in entsprechend viele Direktanlagen zu investieren, kämen mehr Kosten auf ihn zu, als bei einer Anlage in offene Investmentvermögen. Als Großanleger bzw. institutioneller Anleger können die Fondsmanager u. a. bei den Transaktionskosten wesentlich günstigere Konditionen mit den ausführenden Banken vereinbaren, als dies in der Regel für Privatanleger möglich ist.

Vielfalt der Fondsauswahl

Das große Angebot an offenen Investmentvermögen bietet dem Anleger die umfassende Möglichkeit, das zu seinen Anlagezielen passende offene Investmentvermögen zu finden. Auch eine passende Mischung verschiedener Marktsegmente, Länder oder Branchen ist mit den entsprechenden offenen Investmentvermögen möglich. Für den Anleger bietet sich hierdurch die Möglichkeit, sein Depot in jeder gewünschten Ausrichtung zusammenzustellen, wie es sonst nur mit Direktanlagen möglich wäre und das auch schon mit kleinen Anlagebeträgen. Auf den Vorteil der Risikostreuung muss er dabei nicht verzichten.

Cost-Average-Effekt (bei Investment-Sparplänen)

Bei einem Investment-Sparplan kann sich ein positiver Cost-Average-Effekt (engl. für Durchschnittskosteneffekt) ergeben. Zu unterschiedlichen (bspw. monatlichen) Einstiegszeitpunkten werden mal mehr Investmentanteile zu niedrigen Anteilspreisen und mal weniger Investmentanteile zu höheren Anteilspreisen erworben. Dies kann bei einem – über die Gesamtlaufzeit des Investment-Sparplans – insgesamt positiven Anteilspreisverlauf einen durchschnittlich günstigeren Einstiegspreis gegenüber einem Investment zu einem einzigen Einstiegszeitpunkt ergeben. Wichtiger als dieser Effekt ist der grundsätzliche Vorteil, dass mit kleinen regelmäßigen Anlagebeträgen ein größeres Vermögen aufgebaut werden kann. Mehr Details hierzu siehe Kapitel 3.9 Anlageprogramme.

Möglichkeit zur nachhaltigen Anlage

Die im März 2021 in Kraft getretene Offenlegungsverordnung verpflichtet die Fondsanbieter zur Offenlegung, inwieweit ihre Produkte den Nachhaltigkeitskriterien (ESG-Kriterien) entsprechen:

- Umwelt (Environmental), wie bspw. Klima, Artenvielfalt, Wasser

- Soziales (Social), wie bspw. Arbeitssicherheit, demografischer Wandel

- Verantwortungsvolle Unternehmensführung (Governance), wie bspw. Compliance, Korruption, nachhaltige Unternehmensführung

Es wird zukünftig unterschieden nach:

- Produkten mit Nachhaltigkeitszielen (Art. 9 Offenlegungsverordnung – Dark green-/Impact-Produkte), wie bspw. Reduktion der CO2-Emissionen oder Schaffung von bezahlbarem Wohnraum

- Produkten mit ökologischen oder sozialen Merkmalen in der Investitionsentscheidung (Art. 8 Offenlegungsverordnung – light green)

- Sonstigen Produkten (Art. 6 Offenlegungsverordnung)

▶ Exkurs: EU-Verordnung „über nachhaltigkeitsbezogene Offenlegungspflichten im Finanzdienstleistungssektor" (Offenlegungsverordnung)

Seit 10.3.2021 ist die EU-Verordnung „über nachhaltigkeitsbezogene Offenlegungspflichten im Finanzdienstleistungssektor" (Offenlegungsverordnung) in Kraft getreten. Sie ist Teil des EU-Aktionsplans für ein nachhaltiges Finanzwesen im Zusammenhang mit den Zielen des Pariser Klimaabkommens.

Das vorrangige Ziel der Offenlegungsverordnung (EU 2019/2088) in Verbindung mit der Taxonomie-Verordnung (EU 2020/852) ist es, eine einheitliche Transparenz darüber zu gewährleisten, ob es sich um nachhaltige Produkte bzw. nachhaltige Kriterien berücksichtigende Produkte handelt oder nicht. Die Produktgeber müssen also nicht zwingend nachhaltige Produkte herausgeben, der Anleger soll nur eine Information darüber erhalten, ob die so genannten **ESG-Kriterien (Environment, Social, Governance)** berücksichtigt werden und wie mit Nachhaltigkeitsrisiken und negativen Nachhaltigkeitsauswirkungen umgegangen wird.

Die Offenlegungsverordnung unterscheidet zwischen:

Finanzmarktteilnehmer

- Versicherungsunternehmen, die Versicherungsanlageprodukte, so genannte Insurance-based Investment Products (IBIPs) anbieten

- Wertpapierdienstleistungsunternehmen, die Portfolioverwaltung erbringen

- Einrichtungen der betrieblichen Altersversorgung

- Hersteller von Altersvorsorgeprodukten

- Kapitalverwaltungsgesellschaften, die alternative Investmentfonds (Alternative Investment Fund Managers – AIFM), Organismen für gemeinsame Anlagen in Wertpapieren (OGAW), einen qualifizierten Risikokapitalfonds oder einen qualifizierten Fonds für soziales Unternehmertum verwalten

- Anbieter von europäischen langfristigen Investmentfonds (European Long-Term Investment Funds - ELTIFs)

- Anbieter von europaweiten privaten Altersvorsorgeprodukten (Pan-European Personal Pension Product – PEPP)

- Kreditinstitute, die Portfolioverwaltung erbringen

Finanzberater

- Versicherungsunternehmen und Versicherungsvermittler, die Beratung für IBIPs erbringen

- Kreditinstitute

- Wertpapierdienstleistungsunternehmen

- AIFM und OGAW-Kapitalverwaltungsgesellschaften, die Anlageberatung anbieten

Eine weitere Unterscheidung erfolgt darin, ob die von der Offenlegungsverordnung geforderten Informationen auf Unternehmensebene (z.B. einer Webseite) oder auf Produktebene (WAI oder Jahresbericht) zur Verfügung gestellt werden müssen.

Die **Informationsbereiche** werden in drei Kategorien aufgeteilt:

- **Umgang mit Nachhaltigkeitsrisiken (z.B. Investments in Regionen, die vom Anstieg des Meeresspiegels im Rahmen des Klimawandelts bedroht sein können):** Ereignisse in den Bereichen Umwelt, Soziales oder Unternehmensführung (ESG), deren Eintreten tatsächliche oder potenziell wesentliche negative Auswirkungen auf den Wert der Investition haben können. Falls solche Nachhaltigkeitsrisiken für nicht relevant erachtet werden, muss dies entsprechend begründet werden.

- **Nachhaltigkeitsfaktoren, d.h. nachhaltige Auswirkungen auf Nachhaltigkeit (Principal Adverse Impacts on Sustainability – PAI):** Informationen zum Umgang mit nachteiligen Auswirkungen auf Nachhaltigkeitsfaktoren. Es gilt darzulegen, ob die wichtigsten nachteiligen Auswirkungen der Anlageentscheidungen auf Nachhaltigkeitsfaktoren berücksichtigt sind/bei der Anlageberatung berücksichtigt sind bzw. ist es zu begründen, warum das ggf. nicht der Fall ist.

- **Produktkategorien:** Information, ob es sich um nicht-nachhaltige Finanzprodukte, sog. ESG-Strategieprodukte oder sog. Impact-Produkte handelt. Innerhalb der vorvertraglichen Informationen (z.B. Verkaufsprospekt) ist darzulegen, wie die ESG-Merkmale erfüllt bzw. Nachhaltigkeitsziele erreicht werden bzw., ob das Produkt in keine der beiden Kategorien einzuordnen ist.

Noch sind einige Details offen: Die Offenlegungsverordnung verweist hinsichtlich der noch fehlenden Konkretisierungen an einigen Stellen auf delegierte Rechtsakte. Diese werden erst nach und nach im Laufe des Jahres 2021 verabschiedet.

Ungeklärt ist auch die Frage, wann ein Finanzprodukt wirklich auf eine nachhaltige Investition abzielt oder wann es nur einzelne ökologische oder soziale Merkmale aufweist. Bei Finanzprodukten, die in ein breites Portfolio etwa aus Aktien und Anleihen investieren, ist noch unklar, ab wann sie als nachhaltig gelten, d.h., ob und wie viel Beimischung erlaubt ist.

Auswirkungen auf den Beratungsprozess soll es erst ab 2022 geben (Änderungsverordnung zur MiFID II-Richtline/genaues Datum noch offen). Dann müssen Anlageberater ihre Kunden fragen, ob sie bei der Geldanlage ESG-Aspekte berücksichtigen wollen (Abfrage von Nachhaltigkeitspräferenzen). ◄

3.4.2 Risiken

Risiken sind Faktoren und Rahmenbedingungen, die den Wert einer Anlage negativ beeinflussen können.

Die allgemeinen Basisrisiken einer Wertpapieranlage haben Sie bereits kennen gelernt. In diesem Kapitel geht es nun um die zusätzlichen speziellen Risiken, die mit einer Anlage in offene Investmentvermögen verbunden sind.

Qualität des Fondsmanagements

Bei den aktiv gemanagten Investmentvermögen, bei denen ein Fondsmanagement individuell, d. h. aktiv, die einzelnen Anlageentscheidungen trifft, kann es zu Fehleinschätzungen kommen.

> **aktiv gemanagte Investmentvermögen**
> *Offene Investmentvermögen, bei denen Fondsmanager die Anlageentscheidungen aufgrund ihrer Markteinschätzung treffen. Ziel ist es, einen festgelegten Vergleichsindex zu schlagen.*

> **passiv gemanagte Investmentvermögen**
> *Offene Investmentvermögen, die einen ihnen zugrunde liegenden Marktindex, wie bspw. den DAX· nachbilden. Diese Investmentvermögen können nur so gut oder schlecht wie der Index sein.*

Der Anleger hat bei offenen Investmentvermögen keinen Einfluss auf die Anlageentscheidungen des Fondsmanagements. Er kann sich nur für oder gegen das offene Investmentvermögen selbst entscheiden.

Risiko der Ausgabekosten

Die Kostentransparenz offener Investmentvermögen darf nicht darüber hinweg täuschen, dass auch diese Kosten Einfluss auf die Wertentwicklung des Investmentvermögens haben.

Der einmalig bei Kauf zu zahlende Ausgabeaufschlag muss erst einmal durch die zukünftige Wertentwicklung „verdient" werden.

Bei einer kurzen Anlagedauer kann sich ein hoher Ausgabeaufschlag stärker auf den individuellen Anlageerfolg des Anlegers auswirken. Dies ist einer der Gründe, warum bspw. für aktiv gemanagte Aktienfonds, die regelmäßig die höchsten Ausgabeaufschläge aufweisen, eine längere Anlagedauer empfohlen wird. Das Risiko kann reduziert werden, wenn sich der Anleger für ein Investmentvermögen ohne Ausgabeaufschlag (sog. No-load-Funds) entscheidet. Allerdings sind bei diesen Investmentvermögen die laufenden Verwaltungsvergütungen in der Regel höher, was sich wiederum langfristig negativ auswirken kann.

Deshalb sollte der Anleger bei seiner Anlageentscheidung die Kosten im Hinblick auf seinen Anlagehorizont als Entscheidungskriterium mit einbeziehen.

Risiko rückläufiger Anteilspreise

Die Kursentwicklung der Vermögenswerte, in die ein offenes Investmentvermögen investiert, beeinflusst die Anteilspreisentwicklung.

Je enger der Anlagespielraum des offenen Investmentvermögens gefasst ist, umso größer fällt das Risiko rückläufiger Anteilspreise ins Gewicht. Bei Investmentvermögen mit speziellen Anlageschwerpunkten, wie bspw. einer Branche (Pharma), einer Region (Asien) oder einer Anlageform (Rohstoffaktien), ist dieses Risiko stärker ausgeprägt als bei einem international breit angelegten Investmentvermögen.

> Es gilt der Grundsatz: Je spezialisierter das offene Investmentvermögen investiert, desto größer ist das Risiko rückläufiger Anteilspreise.

Risiko der Aussetzung der Anteilsrücknahme

Die Kapitalverwaltungsgesellschaft ist gesetzlich grundsätzlich zur Rücknahme der Investmentanteile verpflichtet. Der Gesetzgeber erlaubt die Aussetzung der Anteilsrücknahme unter Einhaltung bestimmter Voraussetzung. Diese Ausnahmeregelung soll vor allem bereits investierte Anleger schützen.

In den Anlagebedingungen kann vorgesehen werden, dass die Kapitalverwaltungsgesellschaft die Rücknahme der Anteile aussetzen darf, wenn außergewöhnliche Umstände vorliegen, die eine Aussetzung unter Berücksichtigung der Interessen der Anleger erforderlich erscheinen lassen. Solange die Rücknahme ausgesetzt ist, dürfen keine Anteile ausgegeben werden. Die Kapitalverwaltungsgesellschaft hat der Bundesanstalt und den zuständigen Stellen der anderen Mitgliedstaaten der Europäischen Union oder der anderen Vertragsstaaten des Abkommens über den Europäischen Wirtschaftsraum, in denen sie Anteile des Sondervermögens vertreibt, die Entscheidung zur Aussetzung der Rücknahme unverzüglich anzuzeigen. Die Kapitalverwaltungsgesellschaft hat die Aussetzung und die Wiederaufnahme der Rücknahme der Anteile im Bundesanzeiger und darüber hinaus in einer hinreichend verbreiteten Wirtschafts- oder Tageszeitung oder in den in dem Verkaufsprospekt bezeichneten elektronischen Informationsmedien bekannt zu machen. Die Anleger sind über die Aussetzung und Wiederaufnahme der Rück-

nahme der Anteile unverzüglich nach der Bekanntmachung im Bundesanzeiger mittels eines dauerhaften Datenträgers zu unterrichten (§ 98 Abs. 2 KAGB).

Ziel der Aussetzung der Anteilsrücknahme ist es, die Liquidität des Investmentvermögens zu sichern oder zu stabilisieren. Mögliche Gründe können sein:

- massive Liquiditätsabflüsse, wenn mehr Anteile zurückgegeben werden als flüssige Mittel zur Verfügung stehen

- wenn die Mindestliquiditätsquote in Höhe von 5 % des Wertes des Sondervermögens eines offenen Immobilien-Sondervermögens unterschritten wird

Risiko der Fehlinterpretation von Wertentwicklungs-Statistiken

Insbesondere wenn der Anleger seine Anlageentscheidung ausschließlich aufgrund von Statistiken, die die Wertentwicklungen der Vergangenheit widerspiegeln, trifft und damit weitere Risiken unberücksichtigt lässt, wirkt sich eine Fehlinterpretation dieser Ranglisten durch den Anleger negativ aus. Das Fondsmanagement kann hierfür nicht verantwortlich gemacht werden.

Diese Fehlinterpretationen können sich aus folgenden Gründen ergeben:

- Die betrachteten Investmentvermögen sind hinsichtlich ihrer unterschiedlichen Anlageschwerpunkte nicht vergleichbar.

- Die angewandten Berechnungsmethoden sind unterschiedlich, bspw. hinsichtlich der Berücksichtigung der Kosten, insbesondere des Ausgabeaufschlages.

- Die unterstellte Wiederanlage der Erträge kann ein nicht vergleichbares Bild ergeben, wenn sich die steuerliche Behandlung auf Fondsebene oder Anlegerebene unterscheidet.

Risiko der Übertragung oder Kündigung des Sondervermögens

Die Kapitalverwaltungsgesellschaft ist berechtigt, die Verwaltung eines Sondervermögens unter Einhaltung einer Kündigungsfrist von sechs Monaten durch Bekanntmachung im Bundesanzeiger und darüber hinaus im Jahresbericht oder Halbjahresbericht zu kündigen. Die Anlagebedingungen können eine längere Kündigungsfrist vorsehen (§ 99 Abs. 1 KAGB).

Eine Übertragung eines offenen Investmentvermögens auf ein anderes offenes Investmentvermögen im Rahmen einer so genannten Verschmelzung ist zulässig.

Mögliche Gründe für eine Kündigung oder Übertragung sind:

- planmäßige Auflösung eines Laufzeit- oder Garantiefonds

- zu geringes Fondsvolumen (um die Fixkosten ausgleichen zu können, sollte das Sondervermögen in der Regel 50. Mio. € nicht unterschreiten)

- Neuausrichtung der Anlagestrategie

- Verringerung der Gesamtanzahl der aufgelegten Investmentvermögen

Die Kündigung kann steuerliche Nachteile für die Anleger haben, denn sie wird wie ein freiwilliger Verkauf der Investmentanteile behandelt, und ein möglicher Veräußerungsgewinn kann steuerpflichtig sein. Eine Übertragung ist dagegen in der Regel steuerlich neutral. Außerdem muss sich der Anleger im Falle der Kündigung nach einer neue Anlage umsehen.

Ein Übertrag ist allerdings nur bei ähnlichen Anlagebedingungen und Anlagestrategien zulässig. Kleine Abweichungen muss der Anleger in Kauf nehmen.

Im Falle einer Kündigung und Auflösung des Investmentvermögens hat die Verwahrstelle das Sondervermögen abzuwickeln, d. h. die Vermögensgegenstände bestmöglich zu liquidieren / verkaufen und an die Anleger entsprechend ihrer Anteile zu verteilen.

Fondsmanagement	Einzelanlage-Fehlentscheidungen
Ausgabekosten	bei kurzfristiger Anlagedauer wirkt sich ein hoher Ausgabeaufschlag negativ auf die Wertentwicklung aus
Rückläufige Anteilspreise	je spezialisierter das offene Investmentvermögen, desto höher das Risiko
Risiko der Aussetzung der Anteilspreisberechnung	eingeschränkte Liquidität
Fehlinterpretation von Wertentwicklungsstatistiken	keine Aussagekraft bei Vergleichen von offenen Investmentvermögen mit unterschiedlichen Anlageschwerpunkten oder Berechnungsmethoden
Übertragung oder Kündigung des Sondervermögens	abweichende Anlagebedingungen des neuen Investmentvermögens decken sich nicht mehr mit dem vom Anleger gewünschten Chancen-/Risiko-Profil

Abb. 172: Spezielle Risiken offener Investmentvermögen

Weitere und speziell für die einzelnen Fondsarten geltenden Chancen und Risiken entnehmen Sie bitten den jeweiligen Kapiteln, die sich auf einzelne Fondsarten beziehen.

Das Wichtigste zusammengefasst:

Neben den Vorteilen der Investmentidee und den Basisrisiken einer Wertpapieranlage sind auch die speziellen Chancen und Risiken der Anlage in offene Investmentvermögen bei der Anlageberatung zu berücksichtigen.

Sie kennen nun:

- Die speziellen Chancen der Anlage in offene Investmentvermögen: Renditevorteile, Kostenvorteile, Vielfalt, Cost-Average-Effekt

- Die speziellen Risiken der Anlage in offene Investmentvermögen: Fondsmanagement, rückläufige Anteilspreise, Aussetzung der Anteilsrücknahme, Übertrag / Kündigung des Sondervermögens, Ausgabekosten, Fehlinterpretation von Wertentwicklungsstatistiken

Sie verstehen Ihr Wissen als weiteres Qualitätskriterium für eine sachkundige Anlageberatung.

Sie nutzen Ihr Fachwissen, um Ihre Kunden bei der Einschätzung der eigenen Risikobereitschaft zu unterstützen und um danach ein geeignetes Investmentvermögen mit passendem Risikoprofil empfehlen zu können.

Im Kapitel 2 haben Sie bereits einige gesetzliche Grundlagen rund um die Finanzanlagenvermittlung kennen gelernt. Das Kapitalanlagegesetzbuch KAGB ist die rechtliche Grundlage der offenen und geschlossenen Investmentvermögen und Gegenstand des nächsten Kapitels. Tatsächlich enthält das KAGB noch weitaus mehr Regelungen als die hier dargestellten. Die Auswahl habe ich nach der bisherigen Prüfungsrelevanz getroffen.

▶ Aufgaben zum Kapitel 3.4 Chancen, Risiken und Haftung

Ihr Wissen auf dem Prüfstand:

1. Was besagt der Cost-Average-Effekt? (MC)
   a) Bei niedrigen Anteilspreisen werden mehr Investmentanteile erworben.
   b) Bei hohen Anteilspreisen werden mehr Investmentanteile erworben.
   c) Bei niedrigen Anteilspreisen werden weniger Investmentanteile erworben.
   d) Bei hohen Anteilspreisen werden weniger Investmentanteile erworben.
   e) Bei hohen Anteilspreisen werden Investmentanteile verkauft.
   f) Bei niedrigen Anteilspreisen werden Investmentanteile gekauft.

2. Welche Chance bieten offene Investmentvermögen? (SC)
   a) Die geringe Anzahl an Investmentvermögen erleichtert die Auswahl.
   b) Durch die Risikostreuung sind Fehlinterpretationen der Wertentwicklungsstatistiken ausgeschlossen.
   c) Die Vielzahl an Investmentvermögen ermöglicht allen Anlegern die passende Auswahl.
   d) Die jederzeitige Rücknahmegarantie für die Investmentanteile senkt die Kosten.

3. Welche Frist muss von der Kapitalverwaltungsgesellschaft eingehalten werden, wenn sie die Verwaltung eines Sondervermögens kündigen möchte? (SC)
   a) 1 Monat
   b) 3 Monate
   c) 6 Monate
   d) 12 Monate
   e) 24 Monate

4. In welchen Fällen ist die Aussetzung der Anteilsrücknahme zulässig? (MC)
   a) Neuausrichtung der Anlagestrategie
   b) Unterschreitung der Mindestliquiditätsreserve von 5 %
   c) Unterschreitung des Mindestfondsvolumens
   d) Das Sondervermögen erwirtschaftet mehr Kosten als Erträge
   e) Es sind mehr Anteilsrückgaben als Liquidität vorhanden

5. Welches Risiko birgt ein aktives Fondsmanagement? (SC)
   a) Fehlentscheidungen
   b) Kostenexplosion
   c) Demografie
   d) Aussetzung der Anteilsrücknahme

3.5 Kapitalanlagegesetzbuch (KAGB)

Rechtsgrundlagen rund um die Anlage in offene Investmentvermögen

Die meisten gesetzlichen Regelungen rund um offene Investmentvermögen sind aus dem Verbraucher- und Anlegerschutzgedanken heraus entstanden.

Nachfolgend gebe ich Ihnen einen kurzen Überblick über die wichtigsten Zielsetzungen der einzelnen Gesetze, die im Zusammenhang mit offenen Investmentvermögen eine Rolle spielen.

» rund um die Kapitalverwaltungsgesellschaft und Verwahrstelle

KWG	» Solvenzaufsicht (BaFin) » generelle Pflichten der KVG und Verwahrstelle als Kreditinstitut	KAGB	» Aufgaben der KVG und Verwahrstelle in Bezug auf Investmentvermögen (z. B. Anteilspreisberechnung)

» rund um das offene Investmentvermögen

KAGB	» Anforderungen an die Verkaufsunterlagen » Klassifizierung von Investmentvermögen	InvStG	Besteuerung von offenen Investmentvermögen
AVmG	Regelungen zur „Riesterrente"	**5. Vermögensbildungsgesetz** Regelungen zum VL-Sparen	

» rund um die Beratung

WpHG	Verhaltensvorgaben für Bankvertrieb	§ 34 f GewO	» Zulassung
FinVermV	Verhaltensvorgaben für freie (gewerbliche) Finanzanlagevermittler	KWG	» Zulassung für Vermittlung und Beratung im Bankvertrieb » Bereichsausnahmen

» rund um die Depoteröffnung

GwG	» Bekämpfung der Geldwäsche » Identifikation: Kunde » Feststellung wirtschaftlich Berechtigter	DSGVO	Datenschutz der Kundendaten
AO	Legitimationsprüfung wegen steuerlicher Abgaben	KAGB	Widerrufsrecht gem. § 305 KAGB
BGB	» Rechts- und Geschäftsfähigkeit » AGBs		

Abb. 173: Gesetze rund um offene Investmentvermögen

Die Regelungen des KAGB im Überblick

Das Kapitalanlagegesetzbuch (KAGB) setzt den rechtlichen Rahmen für offene und geschlossene Investmentvermögen, die in Deutschland zum Vertrieb zugelassen sind.

Vor allem nachfolgende Regelungen sind hier enthalten:

- Begriffsbestimmungen (siehe Kapitel 3.2.2 Fachbegriffe)

- Gesetzliche Fondsklassifizierung offener Publikumsinvestmentvermögen in OGAW und AIF (siehe Kapitel 3.2.2 Fachbegriffe)

- Zulässige Vermögensgegenstände für die einzelnen Investmentvermögen (siehe Kapitel 3.3 Fondsarten)

- Anlagerichtlinien für die verschiedenen offenen Publikumsvermögen in Form der gesetzlich vorgeschriebenen Risikostreuung durch vorgegebene Anlage- und Emittentengrenzen (siehe Kapitel 3.3 Fondsarten)

- Regelungen zur Ausgabe und Rücknahme von Investmentanteilen (siehe Kapitel 3.2.1 Investmentidee, Funktionsweise und Struktur)

- Aufgaben und Pflichten der Verwahrstelle (siehe Kapitel 3.2.1 Investmentidee, Funktionsweise und Struktur)

- Aufgaben und Pflichten der KVG (siehe Kapitel 3.2.1 Investmentidee, Funktionsweise und Struktur)

- Mindestanforderungen an die Inhalte der Wesentlichen Anlegerinformationen (WAI), des Verkaufsprospektes und der Jahres- und Halbjahresberichte

- Anteilspreisberechnung von Investmentanteilen (siehe Kapitel 3.2.2 Fachbegriffe)

- Kostentransparenz durch Angabe der Gesamtkostenquote im Jahresbericht und Verkaufsprospekt sowie in den WAI (siehe Kapitel 3.2.1 Investmentidee, Funktionsweise und Struktur)

- Vorschriften für den Vertrieb von Investmentanteilen (Verkaufsunterlagen, Hinweispflichten, Widerrufsrecht u. a.)

- Aufgaben und Aufsicht über die KVG (siehe Kapitel 2.7.1 Grundlagen des Verbraucherschutzes und Kapitel 3.2.1 Investmentidee, Funktionsweise und Struktur)

Die Anforderungen an die Produktgeber sind ein Schutz für den Anleger. Das KAGB schafft die Basis für die Vorteile offener Investmentvermögen, wie z. B. Risikostreuung, Insolvenzschutz (getrennte Verwahrung des Sondervermögens vom Vermögen der Kapitalverwaltungsgesellschaft) und Kostentransparenz (Angabe der Gesamtkostenquote u. a.).

> Trotz aller positiven Aspekte der Marktregulierung: Seine Anlageentscheidung und die Entscheidung für oder gegen die mit der Anlage verbundenen Risiken muss der Anleger immer noch eigenverantwortlich treffen.

Kein Gesetz kann den Anleger vor Kursverlusten schützen. Deshalb gilt als grundsätzliche Anlegerregel mehr denn je: „Kaufen Sie nur, was Sie verstehen und was wirklich zu Ihnen und Ihren Anlagezielen passt."

Verkaufsunterlagen

Offene Investmentvermögen werben mit dem Vorteil der Transparenz. Das gilt sowohl in Bezug auf die Kosten als auch für die genauen Anlagebedingungen, zu denen das Geld der Anleger angelegt werden darf.

Das Kapitalanlagegesetzbuch regelt Pflicht, Umfang und Zeitpunkt, die der Produktgeber beachten muss, wenn er seinen Kunden Verkaufsunterlagen zur Verfügung stellen muss.

Für die in Deutschland zum Vertrieb zugelassenen in- und ausländischen offenen Investmentvermögen müssen die geforderten Verkaufsunterlagen in deutscher Sprache vorliegen.

Gemäß § 297 KAGB sind dem Anleger **rechtzeitig vor Vertragsabschluss kostenlos in der aktuell gelten Fassung zur Verfügung zu stellen:**

- Wesentliche Anlegerinformationen (WAI)
- Verkaufsprospekt inkl. Anlagebedingungen auf Anlegerwunsch
- letzter veröffentlichter Jahres- bzw. Halbjahresbericht auf Anlegerwunsch

Dazu kommen **nach Vertragsabschluss:**

- Durchschrift des Depoteröffnungsantrages oder bei Kauf: Zusendung der Kaufabrechnung, die einen Hinweis auf die Höhe des Ausgabeaufschlages, des Rücknahmepreises und eine Belehrung über das Widerrufsrecht gemäß § 305 KAGB enthalten muss

Die Verkaufsunterlagen müssen dem Anleger auf einem dauerhaften Datenträger oder einer Internetseite sowie auf Verlangen in Papierform zur Verfügung gestellt werden.

Dauerhafter Datenträger
Dauerhafter Datenträger ist jedes Medium, das den Anlegern ermöglicht, Informationen für eine den Zwecken der Informationen angemessene Dauer zu speichern, einzusehen und unverändert wiederzugeben (§ 1 KAGB).

Eine elektronische Übermittlung von Informationen gilt als angemessen und zulässig, wenn der Anleger nachweislich einen regelmäßigen Zugang zum Internet hat. Dies gilt gemäß § 167 Abs. 2 KAGB als nachgewiesen, wenn der Anleger für die Ausführung der Geschäfte eine E-Mail-Adresse angegeben hat.

Dem Anleger ist **nach Vertragsabschluss auszuhändigen:**

- Kopie des Depoteröffnungsantrages

- Zusendung einer Kauf- bzw. Verkaufsabrechnung

Dem Erwerber eines Anteils oder einer Aktie an einem OGAW oder AIF ist eine Durchschrift des Antrags auf Vertragsabschluss auszuhändigen oder eine Kaufabrechnung zu übersenden, die jeweils einen Hinweis auf die Höhe des Ausgabeaufschlags und des Rücknahmeabschlags und eine Belehrung über das Recht des Käufers zum Widerruf nach § 305 enthalten müssen (§ 297 Abs. 9 KAGB).

Wesentliche Anlegerinformationen (WAI)

Die wesentlichen Anlegerinformationen für Investmentvermögen bieten die Informationen, die für eine Anlageentscheidung wichtig sind, zusammengefasst auf max. 2 DIN-A4-Seiten, kurz, knapp und verständlich formuliert:

- Identität (d.h. Name/Bezeichnung) des Investmentvermögens

- kurze Beschreibung der Anlageziele und Anlagepolitik

- Risiko- und Ertragsprofil der Anlage

  - Indikator in Form einer Skala von 1–7 (Details finden Sie im Exkurs zum Risiko-Ertrags-Indikator SRRI)

  - je höher die Schwankungen der Erträge in den letzten 5 Jahren, umso höher die Einstufung in der o.g. Skala

  - Kursbewegungen einer Anteilsklasse in der Vergangenheit ohne Einfluss auf das zukünftige Risikoprofil. Die geringste Kategorie der o.g. Skala gewährt keine völlige Risikofreiheit. Risiken der Wertpapieranlage, wie z.B. Währungsrisiken oder spezielle Marktrisiken, werden von diesem Indikator nicht widergespiegelt.

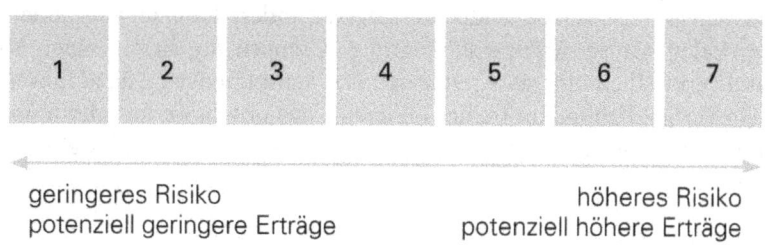

Abb. 174: *Risiko-Ertragsprofil*

- Kosten und Gebühren

  - einmalige Kosten beim Kauf oder Verkauf der Anlage: Ausgabeaufschlag

  - Gesamtkosten bzw. laufende Kosten (engl. ongoing charge), die dem Sondervermögen im abgelaufenen Kalenderjahr abgezogen wurden (ohne Transaktionskosten)

- Kosten, die an bestimmte Umstände gekoppelt sind: z. B. an die Wertentwicklung des Investmentvermögens gebundene Vergütungen (engl. performance fee)

- bisherige Wertentwicklung und ggf. Performance-Szenarien

- praktische Informationen und Querverweise (Angaben zu Verwahrstelle und Kapitalverwaltungsgesellschaft, Hinweis auf Bezugsquelle für den Jahresbericht, auf für das offene Investmentvermögen geltendes Steuerrecht und als weitere Informationsquelle die Internetseite der Kapitalverwaltungsgesellschaft)

Die gesetzliche Grundlage für die wesentlichen Anlegerinformationen finden Sie in § 166 KAGB.

▶ **Exkurs: Risiko-Ertrags-Indikator: SRRI**

Die verpflichtend in den wesentlichen Anlegerinformationen (WAI) anzugebende siebenstufige Risiko-Ertrags-Klassifizierung beruht auf dem synthetischen Risiko-Ertrags-Indikator (engl. Synthetic Risk and Reward Indicator (SRRI)).

Bei der Berechnung des SRRI wird u. a. die Volatilität der Fondsrendite über die letzten 5 Jahre betrachtet.

Diese Methode ist europaweit einheitlich anzuwenden und soll verschiedene Investmentprodukte in ganz Europa vergleichbar machen.

Es gelten klare Grenzen zwischen den einzelnen Kategorien.

Die Kategorie 1 steht für das geringste Risiko bei potenziell niedrigen Erträgen, und die Ertragsschwankungen dürfen nicht mehr als 0,5 % betragen. Die Kategorie 7 steht für das höchste Risiko bei potenziell hohen Erträgen, und die Ertragsschwankungen dürfen hier über 25 % liegen.

Zu beachten ist, dass sich der Indikator jederzeit ändern kann und besonders stark von der Volatilität der Märkte abhängt. Die Grenzen für die einzelnen Kategorien sind verbindlich und starr festgelegt. Das kann kurzfristig dazu führen, dass sogar ein Festgeld einmal mit einer höheren Kategorie bewertet oder umgekehrt ein Aktienfonds bei einer ruhigen Marktphase zu einem vergleichsweise sicheren Produkt wird.

Deshalb gilt für den SRRI wie für alle anderen Kennzahlen: er ist einer von vielen Faktoren der Anlegerentscheidung, aber sollte nie der einzige sein. ◀

PRIIP-Verodnung:

Voraussichtlich ab 1. Januar 2022 muss jeder Kleinanleger, der sich über ein PRIIP informieren möchte, ein Basisinformationsblatt (BiB) für PRIIPs zur Verfügung gestellt bekommen, unabhängig davon, welchen Vertriebskanal er wählt und ob er sich am Ende tatsächlich für eine Anlage entscheidet. PRIIPs (Packaged Retail and Insurance-based Investment Products) sind verpackte Anlageprodukte. Als „verpackt" gelten Produkte, die das Geld der Kunden statt direkt nur indirekt am Kapitalmarkt anlegen oder deren Rückzahlungsanspruch in sonstiger Weise an die Wertentwicklung bestimmter Papiere oder Referenzwerte gekoppelt ist. Dazu gehören insbesondere:

- offene und geschlossene Investmentvermögen (mit Ausnahme von OGAW-Fonds, für die bis Mitte 2022 ein eigenes Produktinformationsblatt gilt)
- kapitalbildende (einschließlich fondsgebundener) Lebensversicherungen
- private Rentenversicherungen
- Derivate und Zertifikate

Nicht zu den PRIIPs zählen:

- Versicherungsverträge ohne Anlageelement (Risikolebensversicherungen und Nichtlebensversicherungsprodukte wie Schaden- und Unfall- sowie private Krankenversicherungen)
- Betriebliche Altersvorsorgeprodukte
- Nicht strukturierte Einlagen
- Riester-Produkte
- Anlageprodukte ohne derivate Komponenten (Beispiel: Aktien und Anleihen)

Das Vorbild für das BiB ist die wesentliche Anlegerinformation von Investmentvermögen. Letztere sind für Publikumsinvestmentvermögen auf Grundlage der OGAW-Richtlinie bereits seit Mitte 2011 vorgeschrieben. Deshalb müssen OGAW-Fonds, die als Anlage in einen PRIIP eingebettet sind, die neuen Basisinformationsblätter erst ab voraussichtlich 1. Juli 2022 bereitstellen.

Das müssen die neuen Basisinformationsblätter enthalten:

- Produktbeschreibung inklusive Bestimmung des Zielanlegers und Zweckbestimmung der Anlage
- 3 Renditeszenarien auf Basis der vergangenen Wertentwicklung einschließlich eines so genannten Stress-Szenarios zur Laufzeit oder empfohlenen Haltedauer des PRIIPs, das das Bewusstsein des Anlegers für den Extremfall schärfen soll (Worst-Case-Szenario).
- Alle PRIIPs, die nach den Kriterien der europäischen Finanzmarktrichtlinie MiFID II und der Versicherungsrichtlinie als komplex gelten, müssen folgen-

den Warnhinweis enthalten: „Sie sind im Begriff, ein Produkt zu erwerben, das nicht einfach ist und schwer zu verstehen sein kann."

- Gesamtrisikoindikator, der quantitativ das Markt- und Kreditrisiko abbildet und um qualitative Angaben zur Liquidität (Veräußerbarkeit durch den Verbraucher) zu ergänzen ist

- Die wichtigsten Produktmerkmale neutral und transparent zusammengefasst auf 3 DIN-A4-Seiten, zugeschnitten auf einen fiktiven Anleger eines bestimmten Zielmarktes (der Vertrieb muss dann klären, ob ein Kleinanleger im konkreten Fall zur Zielgruppe des PRIIP gehört).

- Offenlegung aller einmaligen und laufenden, expliziten und impliziten Kosten (Beispiel: Transaktionskosten) u. a. in Form eines Gesamtkostenindikators mit Aufschlüsselung der Kosten

- Angaben zu den Konsequenzen bei vorzeitigem Verkauf oder Kündigung des PRIIPs

- Information zu Beschwerdemöglichkeiten

Das BiB darf keine Werbeaussagen enthalten

Für zertifizierte Riester-Produkte hat der deutsche Gesetzgeber 2013 die Voraussetzungen für ein einheitliches Produktinformationsblatt geschaffen. Sie sind daher zu Recht von den Anforderungen der PRIIPsVerordnung ausgenommen.

Eine umfassende Information der BaFin zu den neuen PRIPPs finden Sie hier (dieser sind auch Teile dieses Hinweises entnommen): https://www.bafin.de/SharedDocs/Veroeffentlichungen/DE/Fachartikel/2017/fa_bj_1705_Basisinformationsblatt.html

Verkaufsprospekt

Hier kann der Anleger detaillierte Informationen über das offene Investmentvermögen und seine möglichen Risiken nachlesen wie bspw.:

- Informationen zu den Anlageschwerpunkten des Investmentvermögens:
  - Anlageziele (z. B. langfristiges Kapitalwachstum durch Engagement vorwiegend an den europäischen Aktienmärkten)
  - Anlagegrundsätze und Anlagegrenzen (z. B. für das Sondervermögen können Aktien von Emittenten mit Sitz in Europa erworben werden, es gelten die folgenden Anlagegrenzen: der Anteil an Aktien darf insgesamt 51 % des Wertes des Sondervermögens nicht unterschreiten)
  - Anlageinstrumente im Einzelnen (z. B. Wertpapiere, Geldmarktinstrumente, Bankguthaben; und diese wiederum mit entsprechender Angabe der jeweiligen Anlagegrenzen)
  - zulässige Grenzen für Kreditaufnahmen
- Informationen bezogen auf den Anleger:

- ■ Profil eines typischen Anlegers
- ■ Risikohinweise
- ■ Steuerhinweise für Anteile im Privatvermögen u. a.
- ■ Informationen zu Preisen, Kosten und Erträgen (generelle Angaben und Angaben in Prozent):
  - ■ Ausgabe und Rücknahme von Anteilen
  - ■ Regeln für die Ermittlung und Verwendung von Erträgen
  - ■ Verwaltungs- und sonstige Kosten
  - ■ Geschäftsjahr und Ausschüttungen
- ■ Allgemeine Informationen:
  - ■ Anteilsklassen
  - ■ Teilfonds (bei einer vertraglichen Umbrella-Konstruktion)
  - ■ Angabe der Kapitalverwaltungsgesellschaft und der Verwahrstelle
  - ■ Bezugsquellen für Jahres- und Halbjahresbericht

Die gesetzliche Grundlage für den Verkaufsprospekt ist § 165 KAGB.

Anlagebedingungen

Die Anlagebedingungen bestimmen das vertragliche Rechtsverhältnis zwischen der Kapitalverwaltungsgesellschaft und den Anlegern. Die Anlagebedingungen sind ebenso wie der Verkaufsprospekt vor Vertriebsstart durch die BaFin zu genehmigen.

Im Falle einer Publikumsinvestmentaktiengesellschaft (anstelle der Gestaltungsform eines Sondervermögens) regelt die Satzung dieses Rechtsverhältnis.

Die Anlagebedingungen müssen gemäß Kapitalanlagegesetzbuch unter anderem nachfolgende Angaben enthalten:

- ■ Grundsätze, nach denen die Auswahl der zu beschaffenden Vermögensgegenstände erfolgt, insbesondere welche Vermögensgegenstände in welchem Umfang erworben werden dürfen und ob eine Kreditaufnahme für Rechnung des Investmentvermögens zulässig ist.
- ■ Voraussetzungen, unter denen die Rücknahme der Anteile von der Kapitalverwaltungsgesellschaft ausgesetzt werden kann.
- ■ Ob Erträge ausgeschüttet oder zu thesaurieren sind und ob eine Ausschüttung von Veräußerungsgewinnen vorgesehen ist.
- ■ Wann und in welcher Weise das Investmentvermögen, sofern es nur für eine begrenzte Dauer (z. B. bei Laufzeit- oder Garantiefonds) gebildet wird, abgewickelt und an die Anleger verteilt wird. Nach welcher Methode, in welcher Höhe und aufgrund welcher Berechnung die Vergütung und Aufwendungserstattungen aus dem Investmentvermögen an die Verwaltungsgesellschaft, die Verwahrstelle und Dritte zu leisten sind.

Die gesetzliche Grundlage ist § 162 KAGB.

Praxistipp

Ein Blick in den Verkaufsprospekt und die Anlagebedingungen vermeidet, dass man „Äpfel mit Birnen" vergleicht. So können sich einzelne Aktienfonds deutlich voneinander unterscheiden. Der eine Aktienfonds darf bspw. nur in deutsche Aktien investieren, während ein anderer Aktienfonds überwiegend weltweit in Aktien investieren darf. Der Verkaufsprospekt muss ausführlich und klar auf die möglichen Risiken hinweisen, die mit dieser Fondsanlage verbunden sind. Somit ist auch diese Verkaufsunterlage für den Kunden eine wertvolle Hilfe bei seiner Entscheidungsfindung.

Jahresbericht oder Halbjahresbericht

Der Jahresbericht bzw. der Halbjahresbericht ist ein Detailbericht des vergangenen Geschäftsjahres/-halbjahres. Dieses kann vom Kalenderjahr abweichen, umfasst jedoch regelmäßig 12 Monate. Der Jahresbericht ist spätestens 4 Monate (OGAW) und 6 Monate (AIF) nach Geschäftsjahresende und der Halbjahresbericht ist spätestens 2 Monate nach dem Halbjahresstichtag zu erstellen und zu veröffentlichen.

Der Jahresbericht (bzw. Halbjahresbericht) enthält u. a.:

- Tätigkeitsbericht (z. B. Käufe und Verkäufe, denn diese verursachen Nebenkosten, die aus dem Sondervermögen bezahlt werden müssen, und sind deshalb eine wichtige Angabe für den Anleger)

- zusammengefasste (z. B. Anteile der Investitionen in verschiedenen Ländern) und detaillierte Vermögensaufstellung zum Geschäftsjahresende (z. B. Angabe der einzelnen Anlagen, Kurswerte in Euro)

- Bericht zu den einzelnen Anteilsklassen

- Vermerk des Abschlussprüfers (Der Jahresbericht ist von einem Abschlussprüfer zu prüfen und mit einem entsprechenden Abschlussbericht zu versehen.)

- Angaben zur Besteuerung der Erträge und Bescheinigung nach dem Investmentsteuergesetz

Die gesetzlichen Grundlagen sind §§ 101, 103 und 107 KAGB.

Zugegeben, der Jahresbericht ist ein sehr umfangreiches Zahlenwerk, doch es gewährt dem Anleger Einblick in die Arbeit des Fondsmanagements. Er kann nachvollziehen, was genau mit seinem Geld gemacht wurde, welche Kosten wofür angefallen sind und wie die erwirtschafteten Erträge verwendet wurden. Und für manche Anleger ist es sehr spannend zu sehen, in welche einzelnen Länder er mit seinen Fondsanteilen investiert ist und an welchen – wenn auch nur zu kleinen Teilen – großen Unternehmen er beteiligt ist bzw. diese über Anleihen mitfinanziert.

Das Wichtigste zusammengefasst:

Das Kapitalanlagegesetzbuch (KAGB) bildet den rechtlichen Rahmen für Investmentvermögen, die in Deutschland zum Vertrieb zugelassen sind und reguliert die Kapitalverwaltungsgesellschaften.

Sie kennen nun:

- Die Regelungen des KAGB

- Die Mindestanforderungen an den Inhalt der wesentlichen Anlegerinformationen, den Verkaufsprospekt, die Anlagebedingungen und den Jahres- und Halbjahresbericht

Sie verstehen Ihre Kenntnisse zu den rechtlichen Rahmenbedingungen des Fondsgeschäfts als notwendige formelle Rahmenbedingungen für Ihr Fondsgeschäft.

Sie nutzen Ihr Fachwissen, um Ihren Kunden das notwendige Vertrauen in die Anlageform Investmentvermögen geben zu können.

Wenn ich in meinen Trainings auf das Thema Steuern zu sprechen komme, beginnt immer erst einmal ein großes Stöhnen unter meinen Teilnehmern. Der Respekt vor der Komplexität dieses Themas ist groß, aber umso größer ist die Erleichterung, wenn sich am Ende herausgestellt hat, dass die Grundlagen doch gut nachvollziehbar sind und alles Weitere getrost den Steuerberatern überlassen werden darf und sogar muss.

Die Besteuerung von offenen Investmentvermögen wurde zum 1.1.2018 durch das Investmentsteuerreformgesetz neu geregelt und gegenüber der bisherigen Regelung vereinfacht.

▶ **Aufgaben zum Kapitel 3.5 Kapitalanlagegesetzbuch (KAGB)**

Ihr Wissen auf dem Prüfstand:

1. Welche Kennzahl fließt in die Berechnung des Risiko-Ertrags-Indikators mit ein? (SC)

   a) Duration über die letzten 3 Jahre

   b) Volatilität der Fondsrendite über die letzten 5 Jahre

   c) Kurs-Gewinn-Verhältnis (KGV) über die letzten 3 Jahre

   d) Diversifikation der Anlage über die letzten 5 Jahre

2. Welche dem Kunden auszuhändigende Unterlage gibt ausführlich Auskunft über die Vermögenswerte, in die das Sondervermögen investiert werden darf? (SC)

   a) Verkaufsprospekt

   b) Bilanz

   c) wesentliche Anlegerinformation (WAI)

   d) Depoteröffnungsantrag

   e) Jahresbericht

3. Aus welcher dem Kunden auszuhändigenden Unterlage ist der aktuelle Risiko-Ertrags-Indikator zu entnehmen? (SC)

   a) Anlagebedingungen

   b) Steuerliche Unterlagen des Unternehmens

   c) Depoteröffnungsantrag

   d) Wesentliche Anlegerinformationen (WAI)

   e) Verkaufsprospekt

4. Welche Verkaufsunterlagen müssen dem Anleger vor Geschäftsabschluss verpflichtend zur Verfügung gestellt werden? (MC)

   a) Freistellungsauftrag

   b) Verkaufsprospekt

   c) Wesentliche Anlegerinformationen

   d) Jahresbericht

   e) BVI-Wertentwicklungsstatistik

   f) Sachkundenachweis des Fondsmanagements

5. Was beinhaltet der Jahresbericht? (SC)

   a) Vermögensbilanz der Kapitalverwaltungsgesellschaft

   b) Halbjahresbericht

   c) Vermögensaufstellung des Sondervermögens zum Geschäftsjahresende

   d) Anlagebedingungen

   e) Anlegerprofil

3.6 Steuerliche Behandlung

3.6.1 Investmentsteuergesetz (InvStG) – neue Fassung 2018

Seit 1. 1. 2018 enthält das Investmentsteuergesetz die Regelungen des in Kraft getretenen „Gesetz zur Reform der Investmentbesteuerung (Investmentsteuerreformgesetz InvStRefG)".

Hintergrund des neuen Investmentsteuerrechts ist die Sicherstellung der Europarechtskonformität. Das bedeutet, deutsche und ausländische offene Investmentvermögen werden nun gleichbehandelt – im Gegensatz zur alten Regelung. Zudem sind die neuen Regelungen vereinfacht worden und sollen leichter nachvollziehbar und verständlicher für den Anleger sein.

Investmentsteuergesetz (InvStG) – neue Fassung 2018	
neue Regelungen	weggefallene Regelungen
gemeinsame Regelungen für in- und ausländische offene Investmentvermögen	Zwischengewinne und deren Besteuerung bei Kauf bzw. Verkauf von Investmentanteilen
Trennungsprinzip = neue Systematik hinsichtlich der Ertragsbesteuerung auf Fonds- bzw. Anlegerebene	Transparenzprinzip = Gleichbehandlung der Anleger von Investmentanteilen und Direktanlagen (Aktien u.a.)
Zuflussprinzip auf Anlegerebene (Cash-Flow-Prinzip)	Anrechenbarkeit ausländischer Quellensteuer

Abb. 175: Investmentsteuergesetz: neue und weggefallene Regelungen

Wegfall des Transparenzprinzips: Was ändert sich durch den Systemwechsel bei der Investmentbesteuerung?

Bis zum 31. Dezember 2017 wurden Fondsanleger steuerlich grundsätzlich so wie auch Direktanleger in Wertpapiere behandelt (Transparenzprinzip). Das bedeutete, dass nur der Anleger, nicht aber das Investmentvermögen besteuert wurde. Das hieß, dass innerhalb des Sondervermögens (auf der so genannten Fondsebene) eines deutschen Investmentvermögens erzielte Erträge für den Anleger steuerfrei blieben So waren Umschichtungen innerhalb des Sondervermögens möglich, ohne auf steuerliche Konsequenzen achten zu müssen. Das war ein Vorteil für den Anleger, denn hätte er in seinem eigenen Depot solche Umschichtungen vorgenommen, hätte er jeden Veräußerungsgewinn grundsätzlich versteuern müssen.

Die verbleibenden steuerpflichtigen Erträge (Dividenden, Zinsen u. ä.) wurden erst dann auf der Anlegerebene – also beim Anleger – besteuert, wenn ihm diese als steuerlich zugeflossen angerechnet wurden (Ausschüttungstag oder bei Thesaurierung zum Geschäftsjahresende).

Fonds- oder Anlegerebene

Für das Verständnis der Investmentbesteuerung ist die Unterscheidung zwischen der Fondsebene (Besteuerung auf Ebene des Sondervermögens, also innerhalb des Investmentvermögens) und der Anlegerebene (Besteuerung der Erträge, die dem Anleger steuerlich zufließen) entscheidend. Beachten Sie deshalb die entsprechenden Hinweise.

Die neue Besteuerungssystematik verfolgt das **Trennungsprinzip** und besteuert einen Teil der auf der vom Sondervermögen erzielten Erträge bereits auf der Fondsebene. Damit gilt kein Transparenzprinzip mehr, d.h. der Inhaber von Investmentanteilen wird steuerlich nicht mehr genauso gestellt, als hätte er Erträge aus den im Sondervermögen enthaltenen Wertpapieren (Aktien, Anleihen etc.) direkt selbst erhalten. Deutsche Dividenden, deutsche Mieterträge sowie Gewinne aus dem Verkauf von deutschen Immobilien werden mit 15 % Kapitalertragssteuer als Körperschaftssteuer besteuert. Andere auf Fondsebene erzielte Erträge, wie bspw. Zinsen, sind hiervon nicht betroffen.

Beim Anleger kommt ein entsprechend reduzierter Ertrag als Ausschüttung an. Hier greift dann das **Cash-Flow-Prinzip (Zuflussprinzip)**, d. h. die Ausschüttung ist mit Gutschrift beim Anleger in vollem Umfang steuerpflichtig.

Bei nicht ausschüttenden (thesaurierenden) oder nur teilausschüttenden offenen Investmentvermögen wird eine **Vorabpauschale** als Basis einer pauschalen Mindestbesteuerung eingeführt.

Ein Veräußerungsgewinn bei Verkauf der Investmentanteile ist ebenfalls mit Zufluss voll steuerpflichtig.

Allerdings gewährt der Gesetzgeber bei den betroffenen Aktien- und Mischfonds sowie offenen Immobilien-Sondervermögen zum Ausgleich der Besteuerung auf Fondsebene die so genannten **Teilfreistellungen** auf Anlegerebene.

Was gilt seit 1. 1. 2018 für Privatanleger?

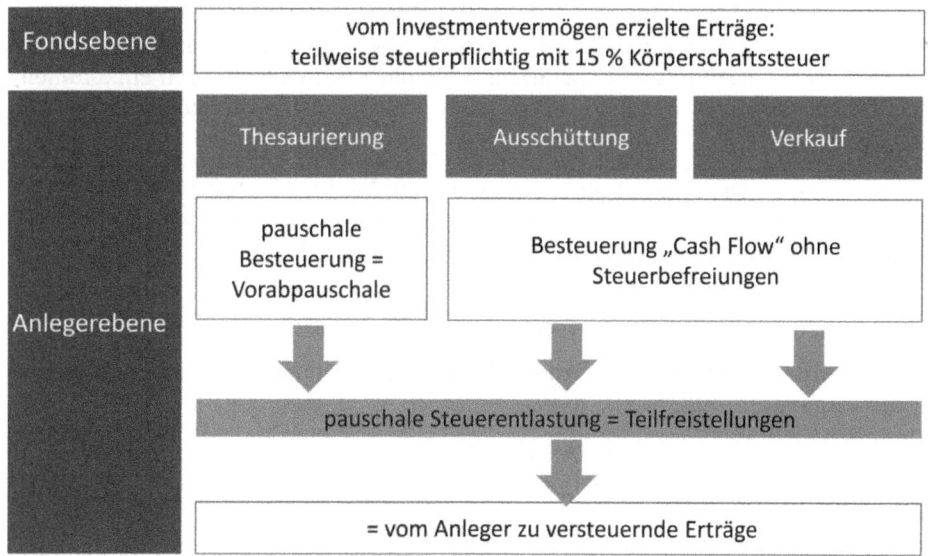

Abb. 176: Investmentbesteuerung im Überblick

Diese grundsätzlichen Regeln gelten für die Besteuerung von allen offenen Investmentvermögen:

- Dividenden und Immobilienerträge (Mieterträge und Veräußerungsgewinne) aus inländischen Quellen (deutsche Aktiengesellschaften und inländische Immobilien) werden auf der Fondsebene mit 15 % Körperschaftssteuer belastet.

- Auf Anlegerebene gibt es eine Steuerentlastung durch Teilfreistellungen, deren Höhe von der Fondsart abhängt.

- Es gilt das Prinzip der „cash-flow"-Besteuerung, das heißt die Zahlungsströme sind grundsätzlich in vollem Umfang steuerpflichtig.

- Wegfall von Zwischengewinn und Immobiliengewinn (10-Jahres-Frist) bei offenen Immobilien-Sondervermögen

- Einführung einer Mindestbesteuerung in Form einer „Vorabpauschale" bei ganz oder teilweise thesaurierenden offenen Investmentvermögen

- Wegfall des steuerlichen Bestandsschutzes für Altanteile (Kauf vor dem 1. 1. 2009) und Einführung eines Freibetrages für Veräußerungsgewinne aus Altanteilen in Höhe von 100.000 € pro Anleger

3.6.2 Einkommensteuer

Einkommensteuer (EKSt)

Jede natürliche Person, die im Inland ihren Wohnsitz oder ihren dauernden Aufenthalt hat, ist von Geburt an bis zu ihrem Tode ohne Einschränkungen einkommensteuerpflichtig. Alter, Staatsangehörigkeit oder Geschäftsfähigkeit bleiben unberücksichtigt.

Die steuerpflichtigen Einkommen werden in 7 Einkunftsarten unterteilt. Dabei werden alle weltweit erzielten Einkommen einbezogen. Mit vielen Ländern bestehen so genannte Doppelbesteuerungsabkommen, die eine doppelte Besteuerung im Ausland und Inland vermeiden sollen.

Die 7 Einkunftsarten gemäß Einkommensteuergesetz sind:

Gewinneinkünfte (besteuert wird der Gewinn aus Betriebseinnahmen abzgl. Betriebsausgaben):

1. Einkünfte aus Land- und Forstwirtschaft

2. Einkünfte aus Gewerbebetrieb

3. Einkünfte aus selbstständiger Arbeit

Überschusseinkünfte (besteuert wird das Einkommen abzüglich der Werbungskosten):

1. Einkünfte aus nicht selbstständiger Arbeit

2. Einkünfte aus Kapitalvermögen (z.B. Zinsen, Dividenden, Investmenterträge)

3. Einkünfte aus Vermietung und Verpachtung

4. Sonstige Einkünfte (z.B. aus der Veräußerung von Immobilien)

> **Werbungskosten**
> *Werbungskosten sind Aufwendungen zum Erwerb, Erhalt und zur Sicherung der Einnahmen. Kosten der privaten Lebenshaltung zählen nicht dazu.*

Bei den Einkünften aus Kapitalvermögen gilt die Besonderheit, dass mit dem Sparerpauschbetrag (siehe Kapitel 3.6.4 Freistellungsauftrag, Nichtveranlagungsbescheinigung und Verlustverrechnung) alle Werbungskosten abgegolten sind, d.h. mögliche tatsächlich höhere Werbungskosten können steuerlich nicht geltend gemacht werden.

Welche Einkunftsart gilt für Fondserträge?

Gemäß § 20 EStG zählen Fondserträge und Veräußerungsgewinne aus Kapitalanlagen zu den Einkünften aus Kapitalvermögen.

Mieteinnahmen von offenen Immobilien-Sondervermögen zählen ebenfalls zu den Einkünften aus Kapitalvermögen.

Wie berechnet sich das zu versteuernde Einkommen?

Die Berechnung der Einkommensteuer (bei Einkünften aus Kapitalvermögen pauschal in Form der Abgeltungssteuer) erfolgt aus dem zu versteuernden Einkommen:

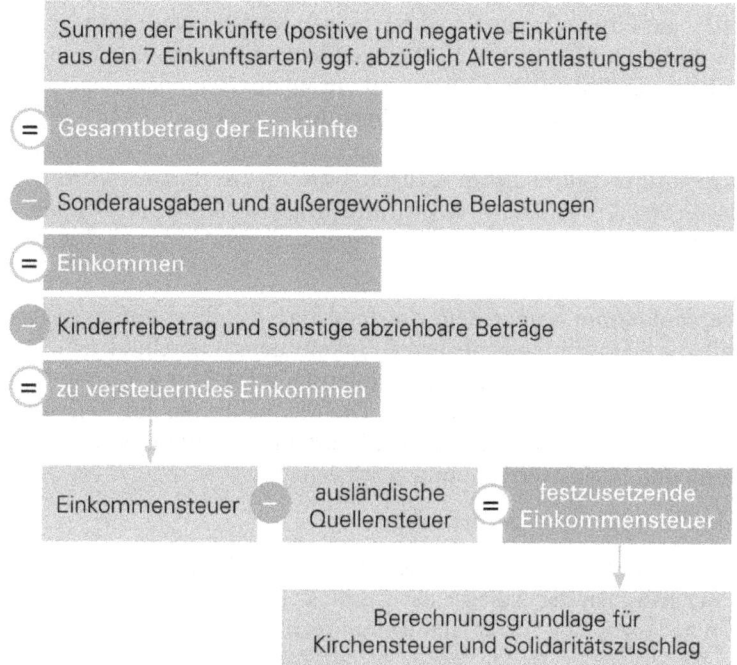

Summe der Einkünfte (positive und negative Einkünfte aus den 7 Einkunftsarten) ggf. abzüglich Altersentlastungsbetrag

= Gesamtbetrag der Einkünfte

− Sonderausgaben und außergewöhnliche Belastungen

= Einkommen

− Kinderfreibetrag und sonstige abziehbare Beträge

= zu versteuerndes Einkommen

Einkommensteuer − ausländische Quellensteuer = festzusetzende Einkommensteuer

Berechnungsgrundlage für Kirchensteuer und Solidaritätszuschlag

Abb. 177: Berechnung des zu versteuernden Einkommens

Das zu versteuernde Einkommen ist Grundlage für:

- den persönlichen Einkommensteuersatz

- die Ermittlung der Förderfähigkeit wie bspw. des Anspruchs auf Arbeitnehmersparzulage bei vermögenswirksamen Leistungen.

Sonderausgaben
Sonderausgaben sind privat veranlasste Ausgaben, die aufgrund ihrer sozial- oder wirtschaftspolitischen Bedeutung steuerlich wirksam sind. Beispielsweise kann eine gezahlte Kirchensteuer als Sonderausgabe steuerlich abgesetzt werden. Auch bei den so genannten Riesterfonds beinhaltet die Förderung während der Ansparphase die Möglichkeit, die Ansparbeträge wahlweise (unter Anrechnung der gewährten Zulagen) als Sonderausgaben abzusetzen.

Der Altersentlastungsbetrag gemäß § 24a EStG wird demjenigen Steuerpflichten gewährt, der vor Beginn des Kalenderjahres, in dem er sein Einkommen bezogen hat, das 64. Lebensjahr vollendet hatte. Prozentual und absolut wurde der Altersentlastungsbetrag seit 2005 bis 2014 stufenweise bis auf Null abgebaut.

Abgeltungssteuer

Die Einkommensteuer auf Einkünfte aus Kapitalvermögen wird Abgeltungssteuer genannt. Sie wurde in dieser Form zum 1.1.2009 eingeführt. Sie beträgt 25 % bezogen auf die steuerpflichtigen Kapitaleinkünfte. Sie wird automatisch von der depotführenden Stelle einbehalten und an das Finanzamt abgeführt.

> Befindet sich die depotführende Stelle im Ausland, bspw. in Luxemburg, so führt diese keine deutsche Steuern ab. Der Anleger muss in einem solchen Fall seine Einkünfte aus Kapitalvermögen in seiner Einkommensteuererklärung angeben.

Abgeltungssteuer verdankt ihren Namen dem Umstand, dass mit ihrer Abführung an das Finanzamt durch die depotführende Stelle die Einkommensteuerschuld auf diese Einkünfte abgegolten ist. Im Rahmen der Einkommensteuererklärung müssen diese Einkünfte danach nicht mehr genannt werden. Die Möglichkeiten zur Befreiung von der Abgeltungssteuer werden im Kapitel 3.6.4 Freistellungsauftrag, Nichtveranlagungsbescheinigung und Verlustverrechnung beschrieben.

Veranlagungswahlrecht und Günstigerprüfung

Liegt sein persönlicher Steuersatz unter 25 % (dies ist bis ca. 15.000 € zu versteuerndes Jahreseinkommen der Fall), hat der Anleger das Recht, sich zu seinem individuellen Steuersatz besteuern zu lassen (sog. Veranlagungswahlrecht).

Dieses Recht muss er mittels seiner Einkommensteuererklärung in der Anlage KAP geltend machen. Das Finanzamt führt dann eine „Günstigerprüfung" durch und rechnet die bereits einbehaltene Abgeltungssteuer an. Gegebenenfalls erstattet es die Differenz zum individuellen Steuersatz zurück.

Bei der Ausübung des Veranlagungswahlrechtes ist zu berücksichtigen, dass dies für alle Kapitaleinkünfte eines Kalenderjahres und bei zusammen veranlagten Ehepaaren auch für beide Ehegatten gilt. Entsprechend vollständige Angaben sind in der Einkommensteuererklärung erforderlich.

Es gibt noch weitere Gründe, dem Finanzamt seine Kapitaleinkünfte offenzulegen und die Veranlagung zur Abgeltungssteuer in Höhe von 25 % vom Finanzamt überprüfen bzw. korrigieren zu lassen:

- Nachmeldung von ausländischen anrechenbaren Quellensteuern

- Teile des Sparer-Pauschbetrages sind noch verfügbar und sollen nachträglich ausgenutzt werden

- Verlustverrechnung zwischen Depots bei verschiedenen depotführenden Kreditinstituten (Nachweis mittels Verlustbescheinigung erforderlich)

Die gesetzliche Grundlage hierfür sind § 32 d Abs. 4 und 6 EStG sowie die Zeile 4 der Anlage KAP.

Wegfall der anrechenbaren ausländischen Quellensteuer bei thesaurierenden ausländischen Investmentvermögen seit 1. 1. 2018

Ausländische Quellensteuer kann für Kapitalerträge ausländischer Wertpapiere anfallen, die in ihrem jeweiligen Herkunftsland „an der Quelle" steuerpflichtig sind. Dem Investmentvermögen fließen die Erträge in diesem Fall gemindert um ausländische Quellensteuern zu.

Doppelbesteuerungsabkommen sollen verhindern, dass der Anleger zweimal seine Kapitaleinkünfte versteuern muss. Besteht ein Doppelbesteuerungsabkommen zwischen dem Land, in dem der Steuerpflichtige seinen Hauptwohnsitz hat und dem Land, aus dem das ausländische Wertpapier stammt und in dem es besteuert wird, dann ist die ausländische Quellensteuer auf die inländische Einkommensteuer anrechenbar.

Bis 2017 hatten Anleger insbesondere mit ausländischen thesaurierenden offenen Investmentvermögen einen erheblichen Mehraufwand bei ihrer Steuererklärung. Die so genannten ausschüttungsgleichen (thesaurierten) Erträge sowie die dazu gehörende anrechenbare Quellensteuer mussten Jahr für Jahr anhand der Jahressteuerbescheinigung in der Einkommensteuererklärung angegeben werden. Darüber hinaus mussten alle Belege bis zum Verkaufstag der Anteile aufbewahrt werden, da es sich bei diesem Vorgehen quasi um eine Steuerstundung handelte.

Seit 1. 1. 2018 fällt diese umständliche Prozedere weg, da auch bei thesaurierenden Investmentvermögen, die im Ausland aufgelegt sind, eine Vorabpauschale jährlich berechnet und besteuert wird. Dies gilt allerdings nur bei einer Verwahrung der Investmentanteile in einem inländischen (deutschen) Depot. Ausländische depotführende Stellen behalten vom Anleger keine deutschen Steuern ein. Werden die Investmentanteile im Ausland verwahrt, so sind die Erträge und Gewinne aus der Veräußerung dieser Investmentanteile wie bisher in der Einkommensteuererklärung vom Anleger anzugeben.

Solidaritätszuschlag (SolZ)

Der Solidaritätszuschlag ist eine Zusatzabgabe zur Einkommensteuer. Sie beträgt 5,5 % der festgesetzten Einkommensteuer und ist für jeden Anleger verpflichtend. Sie ist auf die zu entrichtende Abgeltungssteuer zu zahlen.

Erhöht man die Abgeltungssteuer um den Solidaritätszuschlag, ergibt sich eine Steuerbelastung von 26,375 %.

> **Beispiel**
>
> Die steuerpflichtige Ausschüttung eines Rentenfonds beträgt 5 € pro Anteil. Ihr Kunde besitzt 100 Anteile dieses Investmentvermögens und hat seinen Freistellungsauftrag bereits ausgeschöpft. Er gehört keiner kirchensteuerpflichtigen Religionsgemeinschaft an.
>
> Wie errechnet sich der Steuerabzug?

Ausführlicher Rechenweg:

100 Anteile × 5 €	= 500,00 €
davon 25 % Abgeltungssteuer (500,00 € × 25 %)	= 125,00 €
daraus wiederum 5,5 % Solidaritätszuschlag (125,00 € × 5,5 %)	= 6,88 € (kaufmännisch gerundet)
zu zahlende Abgeltungssteuer zzgl. Solidaritätszuschlag	= 131,88 € (gerundet)

vereinfachter Rechenweg:

500 € steuerpflichtiger Ertrag × 26,375 %	= 131,88 € (gerundet)

Welchen Betrag bekommt Ihr Kunde gutgeschrieben?

100 Anteile × 5 € – 131,88 € Abgeltungssteuer/Solidaritätszuschlag	= 368,12 €

zu zahlende Abgeltungssteuer zzgl. Solidaritätszuschlag = 131,88 € (gerundet)

vereinfachter Rechenweg:

500 € steuerpflichtiger Ertrag × 26,375 % = 131,88 € (gerundet)

Welchen Betrag bekommt Ihr Kunde gutgeschrieben?

100 Anteile × 5 € – 131,88 € Abgeltungssteuer / Solidaritätszuschlag = 368,12 €

Der Wegfall des Solidaritätszuschlags seit 2021 für rund 90 % der Lohn- und Einkommensteuerzahler gilt NICHT für die Besteuerung von Kapitalerträgen! Auf Kapital- und Investmenterträge fällt auch weiterhin der Solidaritätszuschlag in voller Höhe auf die Abgeltungssteuer an, sofern kein Freistellungsauftrag erteilt wurde bzw. dieser ausgeschöpft ist.

Allerdings haben Anleger die Möglichkeit einer Günstigerprüfung im Rahmen ihrer Einkommensteuererklärung (Ankreuzfeld für die Günstigerprüfung in der Anlage KAP). Dazu müssen die Anleger Ihre Kapitalerträge in der Einkommensteuererklärung angeben. Dort prüft das Finanzamt, ob die Besteuerung mit dem individuellen Einkommensteuersatz oder mit der pauschalen Abgeltungssteuer günstiger ist. Dies ist der Fall, wenn der individuelle Einkommensteuersatz unter 25 % liegt. Das Finanzamt nimmt dann eine entsprechende Neuberechnung mit dem individuellen Einkommensteuersatz und jetzt ggf. ohne Solidaritätszuschlag vor. Neben den neuen Freigrenzen für den Solidaritätszuschlag gibt es auch eine sog. Milderungszone, innerhalb der der Solidaritätszuschlagschrittweise auf 5,5 % erhöht wird.

Kirchensteuer

Seit 2015 gilt als Regelfall, dass die Kirchensteuer für kirchensteuerpflichte Anleger (Angehörige einer kirchensteuerpflichtigen Religionsgemeinschaft) automatisch von der depotführenden Stelle einbehalten wird. Sie beträgt je nach Bundesland 8 % bzw. 9 % der festgesetzten Einkommensteuer (8 % in Bayern und Baden-Württemberg, sonst 9 %). Die Kirchensteuer ist auch auf Einkünfte aus Kapitalvermögen Pflicht.

Anleger, die keinen automatischen Einzug durch ihre depotführende Stelle wünschen, können beim Bundeszentralamt für Steuern beantragen, dass der automatische Datenabruf durch die depotführende Stelle unterbleibt (Erklärung zum Sperrvermerk). Die Kirchensteuer wird in diesem Fall dann im Rahmen der Einkommensteuerveranlagung erhoben. Der Anleger muss dementsprechend Angaben zu seinen Kapitalerträgen in der Einkommensteuererklärung machen.

Ganz so einfach wie beim Solidaritätszuschlag ist die Berechnung der Kirchensteuer auf Kapitaleinkünfte allerdings nicht, denn die Kirchensteuer ist sonderabzugsfähig und senkt somit das zu versteuernde Einkommen. Das führt dazu, dass nachfolgende abweichende Prozentsätze (Grenzsteuersätze) für die Berechnung der Abgeltungssteuer angesetzt werden, die den Sonderausgabenabzug berücksichtigen:

Abgeltungssteuer (inkl. Kirchensteuer ohne die Berücksichtigung des Solidaritätszuschlages):

> 24,45 % (bei 9 % Kirchensteuersatz)

bzw. 24,51 % (bei 8 % Kirchensteuersatz/gilt in Bayern und Baden-Württemberg)

Beispiel

Ein Anleger erzielt 10.000 € Einkünfte aus Kapitalvermögen und ist kirchensteuerpflichtig in Hessen.

Wie viel Abgeltungssteuer und Kirchensteuer muss er bezahlen (Solidaritätszuschlag hier zunächst unberücksichtigt)?

Abgeltungssteuer	10.000 € × 24,45 %	= 2.445 €
Kirchensteuer	2.445 € × 9 %	= 220 €

Die Kirchensteuer wird genauso wie die Abgeltungssteuer und der Solidaritätszuschlag erst fällig, wenn ein eventuell erteilter Freistellungsauftrag ausgeschöpft ist oder gar nicht erst vorliegt.

Abgeltungssteuer (inkl. Kirchensteuer und Solidaritätszuschlag):

> 27,99 % (bei 9 % Kirchensteuersatz)

> 27,82 % (bei 8 % Kirchensteuersatz)

▶ Exkurs: Sonderausgabenabzug: gesetzliche Berechnungsmethode im Detail

Ein Steuerpflichtiger kann die im Kalenderjahr tatsächlich gezahlte Kirchensteuer im Rahmen der Einkommensteuerveranlagung als Sonderausgabe geltend machen. Aber auch wenn die Kirchensteuer direkt von der depotführenden Stelle abgeführt wird, wird dies berücksichtigt. Der Sonderausgabenabzug wird in die Abgeltungssteuer „eingepreist", d. h. der steuermindernde Effekt bei der Einkommensteuer und Kirchensteuer wird – durch die nachstehende Formel (Berechnungsmethode des § 32d Abs. 1 EStG) – rechnerisch ermittelt und berücksichtigt. Die gesetzliche Berechnungsmethode berücksichtigt auch die ggf. anrechenbare ausländische Steuer. Im nachfolgenden Beispiel bleibt dies unberücksichtigt.

Bei im Inland erzielten Kapitaleinkünften in Höhe von 10.000 € und einem Kirchensteuersatz von 9 % ergibt sich für den Kirchenangehörigen folgende Kirchensteuer:

$$\frac{e-4\,q}{4+k} = \frac{10.000-4\times0}{4+0{,}09} = \frac{10.000}{4{,}09} = \begin{array}{l} 2.445\,€ \quad \text{Einkommen-} \\ \text{steuer und } (2.445\times9\,\%) \\ 220{,}05\,€ \text{ Kirchensteuer} \end{array}$$

e = die nach den Vorschriften des § 20 ermittelten Einkünfte

q = die nach Maßgabe des § 32d Abs. 5 anrechenbare ausländische Steuer

k = der für die Kirchensteuer erhebende Religionsgemeinschaft geltende Kirchensteuersatz [Bayern, Baden-Württemberg 8 %; übrige Bundesländer 9 %]   ◄

Die komplette Besteuerung von Einkünften aus Kapitalvermögen hier noch einmal in einem Rechenbeispiel zusammengefasst:

Beispiel

Hanno Hubert, wohnhaft in Bayern, hat aus seinem Rentenfonds eine Ausschüttung in Höhe von 1.000 € erhalten. Sein Freistellungsauftrag ist bereits vollständig ausgeschöpft.

Ausschüttung	1.000,00 €
Abgeltungssteuer 24,51 % auf 1.000 €	245,10 €
Solidaritätszuschlag 5,5 % auf 245,10 €	13,48 €
Kirchensteuer 8 % auf 245,10 €	19,61 €
Summe der Steuerabzüge	278,19 €
Gutschrift nach Abzug der Steuern	721,81 €

3.6.3 Einkünfte aus Kapitalvermögen

Einkünfte aus Kapitalvermögen gehören zu den Überschusseinkünften, d. h. es handelt sich hierbei um die die (Brutto-)Einnahmen abzüglich des Sparer-Pauschbetrages (steuerlicher Freibetrag). Mit dem Sparer-Pauschbetrag sind automatisch alle Werbungskosten abgegolten.

Die Einkünfte aus Kapitalvermögen können sich aus positiven (steuerpflichtigen) und negativen (i.d.R. steuerlich abzugsfähigen) Einnahmen / Erträgen zusammensetzen. Diese sind nur horizontal, d.h. innerhalb der jeweiligen Einkunftsart untereinander verrechenbar.

Steuerpflichtig sind alle unbeschränkt in Deutschland steuerpflichtigen Privatanleger mit allen Kapitalerträgen, die sie weltweit erzielt haben.

positive (steuerpflichtige) Einkünfte aus Kapitalvermögen	negative (abzugsfähige) Einkünfte aus Kapitalvermögen
Zinsen	Veräußerungsverluste aus Kapitalanlagen
Vereinnahmte Stückzinsen	Gezahlte Stückzinsen
Dividenden	
Investmenterträge nach § 16 InvStG n.F.* 2018 (Ausschüttungen, Vorabpauschalen, Gewinne aus der Veräußerung von Investmentanteilen)	*n.F. = neue Fassung

Abb. 178: Einkünfte aus Kapitalvermögen gemäß § 20 EStG

Zinsen

Zu den Zinseinnahmen zählen Zinsen für Geldanlagen (Festgeld, Tagesgeld u. a.) und Zinsen aus (fest-)verzinslichen Wertpapieren. Sie entstehen aber auch beim Verkauf (fest-)verzinslicher Wertpapiere in Form der sogenannten vereinnahmten Stückzinsen.

Stückzinsen

Stückzinsen spielen beim Kauf bzw. Verkauf von (fest-)verzinslichen Wertpapieren eine Rolle, wenn der Kauf / Verkauf zwischen zwei Zinszahlungsterminen stattfindet. Sie stellen einen Zinsausgleich zwischen dem letzten Zinszahlungstermin und dem Kauf-/Verkaufstag dar. Die Berechnung erfolgt in der Regel auf den Tag genau (bei einigen Wertpapieren, bspw. am europäischen Geldmarkt, wird nicht taggenau, sondern pauschal mit 30 Tagen / Monat und 360 Tagen / Jahr gerechnet).

Der Verkäufer erhält so anteilige Zinsen für den Zeitraum seit der letzten Zinszahlung bis zum Verkaufstag (vereinnahmte Stückzinsen). Der Käufer zahlt wiederum diese anteiligen Zinsen, da er beim nächsten Zinszahlungstermin den kompletten Zinsertrag als Ausgleich erhalten wird (gezahlte Stückzinsen).

Steuerlich werden die Stückzinsen wie folgt behandelt:

- beim Verkäufer als positive steuerpflichtige Zinseinnahmen (vereinnahmte Stückzinsen), die den Sparer-Pauschbetrag mindern
- beim Käufer als negative Zinseinnahmen (gezahlte Stückzinsen), die deshalb auch nicht den Sparer-Pauschbetrag mindern, sondern mit anderen positiven Kapitaleinkünften verrechnet werden können.

Die Basis für die Berechnung der Stückzinsen bildet der Nominalwert des (fest-)verzinslichen Wertpapiers und nicht der aktuelle Kurswert.

Gezahlte Stückzinsen können mit anderen positiven Zinseinnahmen verrechnet werden. Das schont den Freistellungsauftrag. Fallen die Zinseinnahmen innerhalb eines Depots oder eines Kreditinstitutes an, so geschieht dies automatisch. Ansonsten kann sich der Anleger zu viel bezahlte Steuern über die Einkommensteuererklärung zurückholen.

Wegfall von Zwischengewinnen

Stückzinsen wurden bei offenen Investmentvermögen als Zwischengewinne bezeichnet und regelten den Ertragsausgleich zwischen dem letzten Ausschüttungstag und dem Verkaufstag. Als Folge der Investmentsteuerreform 2018 wurde die steuerliche Kennzahl „Zwischengewinn" abgeschafft. Dies bedeutet, dass bei einem Anteilsverkauf oder -kauf während des laufenden Geschäftsjahres kein Ausgleich der aufgelaufenen Erträge zwischen Käufer und Verkäufer mehr erfolgt.

Wegfall der steuerbefreienden 10-Jahres-Haltefrist für offene Immobilien-Sondervermögen

Seit 1.1.2018 müssen offene Investmentvermögen auf Gewinne aus dem Verkauf deutscher Immobilien auf Fondsebene 15 % Körperschaftsteuer bezahlen. Dies gilt selbst dann, wenn die Immobilie mindestens 10 Jahre im Sondervermögen gehalten wurde.

Übergangsregelung: Bei deutschen Immobilien, die vor dem 1.1.2018 erworben wurden und länger als 10 Jahre im Sondervermögen gehalten wurden, ist nur die Wertsteigerung ab dem 1.1.2018 steuerpflichtig. Dies gilt auch, wenn die Immobilie per 1.1.2018 weniger als 10 Jahre im Sondervermögen gehalten wurde, aber erst nach Ablauf der 10-Jahresfrist verkauft wird.

Dividenden: Erträge aus Aktien (Direktanlage in Aktien)

Dividenden sind die an die Aktionäre ausbezahlten Gewinnbeteiligungen.

Ausgezahlt wird die Bardividende. Die Aktiengesellschaft ist im Vorfeld verpflichtet, 15 % Körperschaftsteuer zuzüglich Solidaritätszuschlag auf den erzielten Unternehmensgewinn zu zahlen. Für den Privatanleger bleibt dies ohne Auswirkung, denn die von der Aktiengesellschaft gezahlte Körperschaftsteuer wird nicht mit der Einkommensteuer des Privatanlegers verrechnet. Teilfreistellungen, wie bei einem Aktienfonds, gibt es bei der Direktanlage nicht.

Beispiel

Auf der Hauptversammlung einer Aktiengesellschaft wurde die Ausschüttung einer Dividende in Höhe von 10 € pro Aktie beschlossen. Wie sieht die Besteuerung der Aktiengesellschaft bzw. des Aktionärs aus? (Kirchensteuer bleibt hier unberücksichtigt.)

Die Besteuerung der AG

Bruttodividende	10,00 €
abzgl. 15 % Körperschaftsteuer	1,50 €

abzgl. 5,5 % Solidaritätszuschlag (auf 1,50 €)	0,08 €
€ = Bardividende	8,42 €

Die Besteuerung des Aktionärs

Bardividende	8,42 €
abzgl. 25 % Abgeltungssteuer	2,11 €
abzgl. 5,5 % Solidaritätszuschlag (auf 2,11 €)	0,12 €
= Dividende nach Steuern (pro Aktie)	6,19 €

Die Abgeltungssteuer für ausgezahlte Dividenden wird direkt von der depotführenden Stelle einbehalten und an das Finanzamt abgeführt (gesetzliche Grundlage: § 44 Abs. 1 Satz 3 i.V.m. § 43 Abs. 1 Satz 1 Nr. 1a EStG).

Investmenterträge gemäß § 6 InvStG

Erträge aus offenen Investmentvermögen (Investmenterträge)
erhaltene Ausschüttungen (Zinsen, Dividenden, Mieteinnahmen und Veräußerungsgewinne aus Kapitalanlagen und Immobilien, die auf Fondsebene erzielt wurden)
berechnete Vorabpauschalen (als Basis der pauschalen Mindestbesteuerung von teilausschüttenden und thesaurierenden offenen Investmentvermögen)
vom Anleger realisierte Gewinne aus der Veräußerung von Investmentanteilen (seit 1.1.2018: Wegfall des Bestandsschutzes für vor dem 1.1.2019 erworbene Investmentanteile)

Abb. 179: Investmenterträge gemäß § 6 InvStG n.F. 2018

Für Mieteinnahmen aus Immobilien gilt:

- bei einer Direktinvestition in eine Immobilie durch den Anleger zählen die Mieteinnahmen zu den Einkünften aus Vermietung und Verpachtung

- werden diese innerhalb des Sondervermögens eines offenen Immobilien-Sondervermögens erzielt und an den Anleger ausgeschüttet oder im Sondervermögen thesauriert, so erfolgt die steuerliche Zurechnung zu den Einkünften aus Kapitalvermögen.

Investmenterträge
Investmenterträge sind auf Anlegerebene steuerpflichtige Erträge offener Investmentvermögen.

Für Investmenterträge aus Investmentanteilen, die im Rahmen von zertifizierten Altersvorsorge- oder Basisrentenverträgen („Riester- oder Rürup-Fondsprodukte") gehalten werden, hat sich durch die Neuregelung zum 1.1.2018 nichts verändert. VL-Investmentsparpläne werden dagegen wie normale Investment-Sparpläne behandelt und unterliegen der seit 1.1.2018 geltenden Investmentbesteuerung.

▶ **Exkurs: Rürup-Rente**

Rürup-Rente ist die umgangssprachliche Bezeichnung für die Basisrente. Sie wurde nach ihrem Begründer Bert Rürup benannt. Die Rürup-Rente gehört wie die Riester-Rente zu den steuerlich begünstigten Formen der privaten Altersvorsorge.

Zur Zielgruppe gehören vor allem Personen, die in der Ansparphase ein hohes steuerliches Einkommen haben und aufgrund fehlender gesetzlicher Rentenversicherungspflicht keine Riester-Rente in Anspruch nehmen können. Dies trifft insbesondere auf Selbstständige zu.

Steuerlich können die Beiträge zur Rürup-Rente in der Ansparphase bis zu einem gesetzlich festgelegten Höchstbetrag als Sonderausgaben geltend gemacht werden (§ 10 EStG). Erst ab dem Jahr 2025 wird der Beitrag zu 100 % abzugsfähig sein (Einzahlungsjahr 2021: 92 %, jährlich um 2 % steigend).

In der Rentenphase entspricht die steuerliche Behandlung der der gesetzlichen Rentenversicherung. Bis 2024 sind die monatlichen Rentenleistungen aus der Rürup-Rente nur begrenzt steuerpflichtig (Eintrittsjahr/Rentenbeginn 2021: 81 %, jährlich um 1 % steigend). Ab 2040 werden sie dann voll steuerpflichtig sein. Der Vorteil dabei ist, dass im Rentenalter der Einkommensteuersatz durch die geringeren Einkünfte meist niedriger ausfällt als zuvor. ◀

Die Besteuerung von Investmenterträgen auf einen Blick

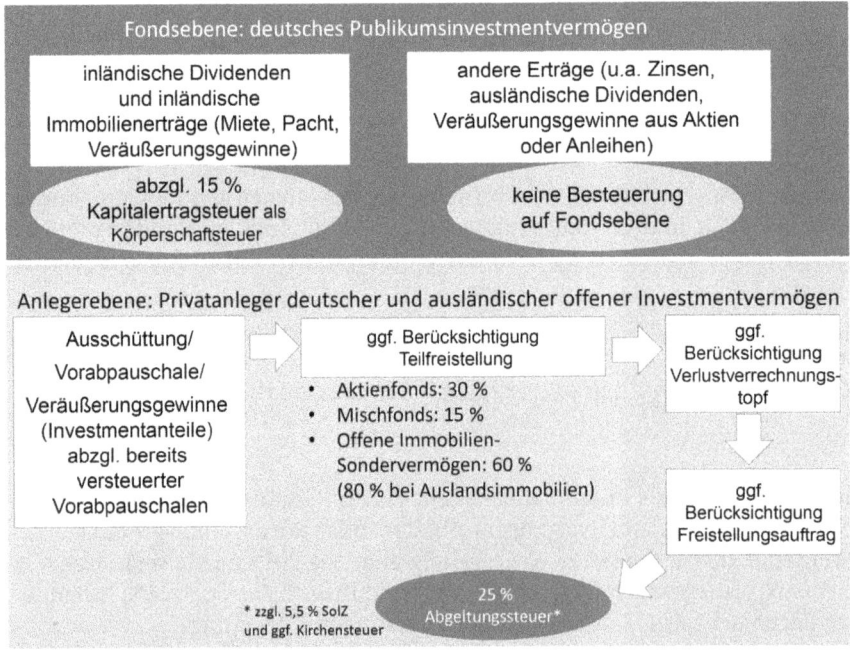

Abb. 180: Investmentbesteuerung auf einen Blick

Auf der Fondsebene unterliegen die nachfolgenden Einkünfte der **Körperschaftsteuer** in Form von **15 % Kapitalertragsteuer**:

- inländische Dividendenerträge und
- inländische Immobilienerträge:
  - Einkünfte aus Vermietung und Verpachtung (Miet- und Pachteinnahmen)
  - Gewinne aus inländischen Grundstücken oder grundstücksgleichen Rechten (Erbbaurechte, Eigentumswohnungen, Gewerbeinheiten im Teileigentum)

Keiner Körperschaftsteuerpflicht auf Fondsebene unterliegen insbesondere diese Einkünfte:

- Zinseinnahmen
- ausländische Dividenden
- Veräußerungsgewinne aus dem Verkauf von Aktien, Anleihen u.a.
- ausländische Immobilienerträge
  - Gewinne aus der Veräußerung in- oder ausländischer Anteile von Kapitalgesellschaften (Aktien)
  - Investmenterträge aus Zielfonds

Es erfolgt keine Rückerstattung der Körperschaftsteuer an den Anleger. Als Ausgleich gelten dafür die sog. Teilfreistellungen. Eine Befreiung von der Körperschaftsteuer ist auf Antrag des Investmentvermögens im Rahmen von zertifizierten Altersvorsorge- und Basisrentenverträgen (Riester- und Rüruprente) möglich.

Die Körperschaftsteuer wird von der KVG direkt aus dem Sondervermögen entnommen und an das Finanzamt abgeführt.

Beispiel (Annahmen vereinfacht) zur Abgrenzung Besteuerung auf Fonds- bzw. Anlegerebene

Annahmen:

- Ausschüttender Aktienfonds (100 % deutsche Aktien)
- noch verfügbarer Freistellungsauftrag: 250 €
- ausschüttungsfähige Erträge auf Fondsebene: Dividenden in Höhe von 1.500 €
- Der Anleger ist nicht kirchensteuerpflichtig

Fondsebene:

Körperschaftssteuerpflichtige Dividendenerträge:	1.500,00 €
Abzug 15 % Körperschaftsteuer:	225,00 €
Anlegerebene:	
Ausschüttung:	1.275,00 €
abzgl. Teilfreistellung (Aktienfonds: 30 %):	382,50 €
verbleibender steuerpflichtiger Ertrag (vor Freistellungsauftrag):	892,50 €

Berücksichtigung Freistellungsauftrag:	250,00 €
Steuerpflichtiger Ertrag (nach Freistellungsauftrag):	642,50 €
abzgl. 25 % Abgeltungssteuer (kaufmännisch gerundet):	160,63 €
abzgl. 5,5 % Solidaritätszuschlag auf die Abgeltungssteuer:	8,83 €
Gutschrift nach Steuern beim Anleger:	1.105,54 €

Das Zuflussprinzip

Investmenterträge	Zeitpunkt des Zufluss (Steuerpflicht)
Ausschüttungen	Tag der Ausschüttung
Vorabpauschalen	zeitversetzt am 1. Werktag des auf das Bemessungsjahr folgenden Kalenderjahres
Gewinne aus der Veräußerung von Investmentanteilen	Tag der Gutschrift des Veräußerungerlöses

Abb. 181: Zuflussprinzip bei Investmenterträgen

Für die Anlegerebene gilt für Investmenterträge seit 1. 1. 2018 gemäß dem deutschen einkommensteuerrechtlichen Grundsatz des **Zuflussprinzips** das Cash-flow-Prinzip (cash flow engl. für Zufluss). Das bedeutet, dass Ausschüttungen immer in voller Höhe steuerpflichtig sind. Die früher mögliche Unterteilung nach steuerfreien und steuerpflichtigen Ausschüttungsbestandteilen entfällt. Veräußerungsgewinne, die auf Fondsebene erzielt wurden, sind zukünftig für den Anleger nicht mehr steuerfrei, sondern, sobald ihm diese im steuerlichen Sinne zufließen, voll steuerpflichtig.

Zuflussprinzip
Grundsatz des deutschen Einkommensteuerrechts. Einnahmen und Ausgaben sind in dem Kalenderjahr steuerpflichtig, in dem sie dem Anleger zugeflossen sind oder als zugeflossen gelten bzw. in dem sie vom Anleger geleistet worden sind.

Für die Besteuerung auf Anlegerebene sind nur noch 4 Kennzahlen erforderlich:

- der Wert des Investmentanteils (Rücknahmepreis) am Kalenderjahresbeginn und
- der Wert des Investmentanteils (Rücknahmepreis) am Kalenderjahresende und
- die Höhe der (Teil-)Ausschüttung für die Berechnung der Vorabpauschale und
- die Fondsart (Aktienfonds, Mischfonds u. a.), die über Möglichkeit und Höhe von Teilfreistellungen entscheidet

Veranlagungsjahr

Als Veranlagungsjahr (auch als Steuerjahr oder Besteuerungszeitraum bezeichnet) wird das Jahr bezeichnet, in dem die Veranlagung, d.h. die Ermittlung der Besteuerungsgrundlagen vorgenommen wird. Es ist das Kalenderjahr, das auf das Bemessungsjahr folgt. Im Veranlagungsjahr erfolgt die eigentliche Veranlagung (Ermittlung der finalen Einkommensteuer).

Beispiel:

Für Einkünfte, die in 2019 (Bemessungsjahr) erzielt wurden, muss im folgenden Kalenderjahr 2020 (Veranlagungsjahr) eine Steuererklärung erstellt werden, aus der die Festsetzung der Einkommensteuer (Veranlagung in Form eines Steuerbescheides) erfolgt.

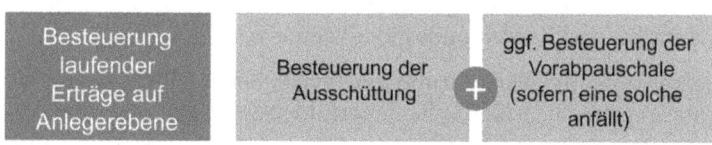

Abb. 182: Besteuerung laufender Erträge auf Anlegerebene

Teilfreistellung auf Anlegerebene

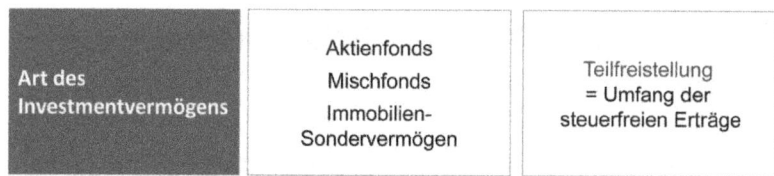

Abb. 183: Anlegerebene: Teilfreistellung

Für den Privatanleger bedeutet die Besteuerung auf Fondsebene in der Regel keine zusätzliche Steuerbelastung, denn als Ausgleich hierfür gelten auf der Anlegerebene so genannte **Teilfreistellungen** (§ 20 InvStG). Hierbei handelt es sich um eine teilweise Steuerbefreiung, deren Höhe von der Art des Investmentvermögens und der Art des Anlegers (Privatanleger oder betrieblicher Anleger) abhängig ist. Die Teilfreistellung kommt bei der Ausschüttung, der Vorabpauschale und auch der Besteuerung des Veräußerungsgewinns von Investmentanteilen zur Anwendung.

Nachfolgend sehen Sie eine Aufstellung der Teilfreistellungen für den Privatanleger (Privatvermögen; die steuerliche Behandlung von Betriebsvermögen ist nicht Gegenstand dieses Buches) und die jeweiligen Anforderungen an die Anlagebedingungen hinsichtlich der Mindest-Kapitalbeteiligungsquoten:

- 15 % bei Mischfonds (Anlagebedingungen müssen vorsehen, dass mindestens 25 % des Wertes des Sondervermögens in Aktien investiert werden)

- 30 % bei Aktienfonds (Anlagebedingungen müssen vorsehen, dass mindestens 51 % des Wertes des Sondervermögens in Aktien investiert werden)

- 60 % bei offenen Immobilien-Sondervermögen mit überwiegend inländischen Immobilien (Anlagebedingungen müssen vorsehen, dass mindestens 51 % des Wertes des Sondervermögens in inländische Immobilien investiert werden)

- 80 % bei offenen Immobilien-Sondervermögen mit überwiegend ausländischen Immobilien (Anlagebedingungen müssen vorsehen, dass mindestens 51 % des Wertes des Sondervermögens in ausländische Immobilien oder ausländische Immobiliengesellschaften investiert werden)

Die Teilfreistellung gilt für alle im Inland verwahrten offenen Investmentvermögen, unabhängig davon, in welchem Land sie aufgelegt wurden.

Die Teilfreistellung wird von der depotführenden Stelle des Anlegers automatisch berücksichtigt. Für Geldmarkt- und Rentenfonds gibt es keine Teilfreistellung.

Sie kommen allerdings nur bei der Verwahrung der Investmentanteile in einem inländischen Depot zum Tragen, da ausländische depotführende Stellen nicht zur Abführung der Abgeltungssteuer verpflichtet sind (Anleger muss die Versteuerung im Rahmen seiner Einkommensteuererklärung herbeiführen).

Vorabpauschale bei nicht ausschüttenden (thesaurierenden) und teilausschüttenden offenen Investmentvermögen

Vorabpauschale	
= vorweggenommene Mindest-Besteuerung zukünftiger Wertsteigerungen	Berechnung erfolgt durch die depotführende Stelle des Anlegers
= laufende (d.h. jährlich) (Mindest-) Besteuerung bei teilausschüttenden und thesaurierenden offenen Investmentvermögen	Berechnung erstmals zum 1. Werktag 2019 für das Veranlagungsjahr 2018
	kann positiv oder Null sein
	kann nicht negativ sein
= die Berechnung von Abgeltungssteuer, Solidaritätszuschlag und ggf. Kirchensteuer, die dem Erwerb vorangehen.	Abgeltungssteuer auf die Vorabpauschale wird direkt dem Anleger belastet (Kontodeckung erforderlich, ansonsten Anteilsverkauf durch depotführende Stelle zulässig)
=> Beim Anteilsverkauf (Realisierung der Wertsteigerung) reduzieren bereits versteuerte Vorabpauschalen den steuerpflichtigen Veräußerungsgewinn	Im Jahr des Anteilerwerbs vermindert sich die Vorabpauschale um 1/12 für jeden vollen Monat, der dem Erwerb vorangeht.

Abb. 184: Merkmale der Vorabpauschale

Die Vorabpauschale soll verhindern, dass die Steuerschuld auf nicht ausgeschüttete Erträge über Jahre bis zum Verkauf der Investmentanteile hinausgezögert werden kann. Sie ist somit eine fiktive jährliche Steuer auf Wertsteigerungen während der

Haltedauer der Investmentanteile. Die Vorabpauschale greift immer dann, wenn im Veranlagungszeitraum die Ausschüttung die Höhe der sog. risikolosen Marktverzinsung (siehe Basiszins) nicht erreicht.

Die Vorabpauschale (§ 18 InvStG) ersetzt die bis Ende 2017 auszuweisenden ausschüttungsgleichen Erträge bei thesaurierenden Investmentvermögen, die zum Ende des Geschäftsjahres des Investmentvermögens als steuerlich zugeflossen galten.

Bei nicht ausschüttenden (thesaurierenden) und teilausschüttenden offenen Investmentvermögen muss der Anleger seit 1.1.2018 einen Mindestbetrag in Form der so genannten Vorabpauschale versteuern.

> **Vorabpauschale**
> *Bei der Vorabpauschale handelt es sich um eine vorweggenommene Besteuerung zukünftiger Wertsteigerungen bei teilausschüttenden und thesaurierenden Investmentvermögen. Sie wird von der depotführenden Stelle unter Berücksichtigung von Teilfreistellungen berechnet. Sie wird beim Verkauf der Investmentanteile vom tatsächlichen Veräußerungsgewinn abgezogen.*

Die Vorabpauschale wird zu Beginn eines Kalenderjahres für das vorangegangene Veranlagungsjahr berechnet. Sie gilt am ersten Werktag des auf das Veranlagungsjahr folgenden Jahres steuerlich als zugeflossen.

Bei einem Investment-Sparplan wird die Vorabpauschale anteilig berechnet: für jeden vollen Monat, der dem Kaufdatum des Investmentanteils vorangeht, verringert sich die Vorabpauschale um ein Zwölftel.

Die Vorabpauschale ist die Bemessungsgrundlage (Basis für die Berechnung der Abgeltungssteuer) für die Steuervorauszahlung auf zukünftig realisierte Gewinne aus dem Verkauf von Investmentanteilen.

Das Prüfverfahren, ob eine steuerpflichtige Vorabpauschale vorliegt, wird auch bei ausschüttenden offenen Investmentvermögen angewendet. Es führt bei diesen in der Regel zu dem Ergebnis, dass kein positiver Betrag als Vorabpauschale zu versteuern ist.

Wie wird die Vorabpauschale berechnet?

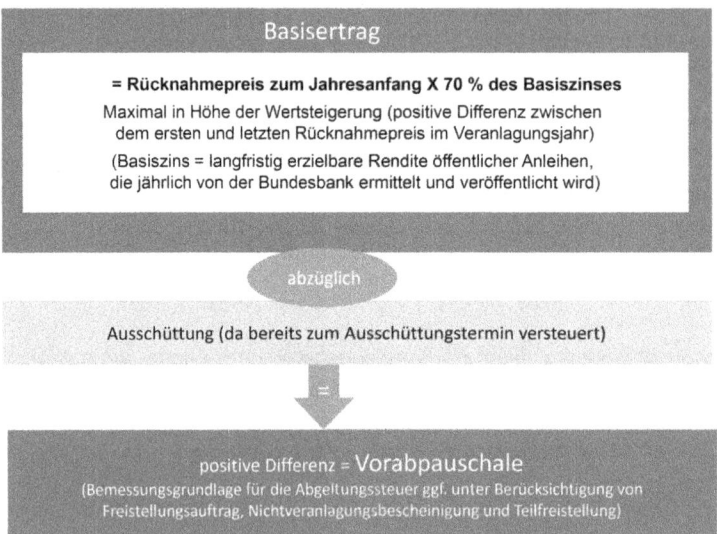

Abb. 185: Berechnung des Basisertrages und der Vorabpauschale

Die Vorabpauschale ist die Differenz zwischen dem Basisertrag und der Ausschüttung. Die Vorabpauschale kann 0 € betragen, jedoch nicht negativ werden.

Und so prüft die depotführende Stelle des Anlegers, ob und wie eine Vorabpauschale zu berechnen ist.

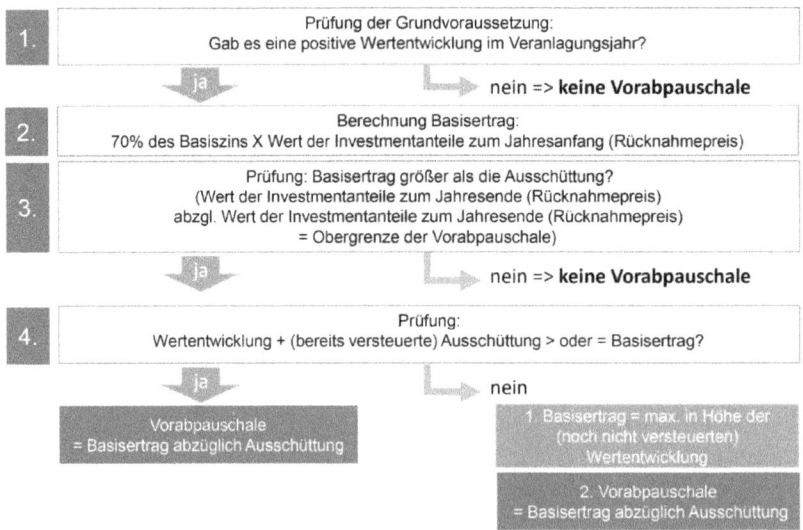

Abb. 186: Prüfverfahren Vorabpauschale

Ob sich bei einem offenen Investmentvermögen tatsächlich eine steuerpflichtige Vorabpauschale ergibt, hängt von mehreren Faktoren ab und erfolgt in den oben dargestellten Schritten.

Für die Prüfung und die Berechnung sind drei Werte notwendig:

- Basisertrag

- tatsächliche Wertsteigerung im Veranlagungsjahr (dazu erforderlich sind der erste und der letzte Rücknahmepreis)

- Höhe der Ausschüttung im Veranlagungsjahr

Beispiel: Prüfverfahren Vorabpauschale

Annahmen:

- Anteilswert zum 1.1.2019: 100 €

- Anteilswert zum 31.12.2019: 110 €

- 100 Anteile eines thesaurierenden Rentenfonds

- Basiszins: 0,52 %

- keine Teilfreistellung (Rentenfonds!)

- keine Kirchensteuerpflicht

- kein Freistellungsauftrag

1. Gab es eine positive Wertsteigerung im Veranlagungsjahr?
   ja: 110 € abzgl. 100 € = 10 € Wertsteigerung pro Anteil

2. Berechnung Basisertrag
   (0,52 % X 70 %) X 100 € = 0,364 € Basisertrag pro Anteil

3. Basisertrag > Ausschüttung?
   Ja, 0,364 € > 0 € Ausschüttung

4. Wertsteigerung + Ausschüttung > oder = Basisertrag?
   ja: 10 € pro Anteil + 0 € Ausschüttung > 0,364 € pro Anteil
   => Vorabpauschale = Basisertrag = 0,364 € pro Anteil

Der **Basiszins** (gem. § 18 Abs. 4 InvStG) wird jährlich von der Bundesbank ermittelt und ist für das jeweilige Veranlagungsjahr (Berechnungs-Kalenderjahr für die Vorabpauschale) anzuwenden:

- Basiszins zum 2.1.2018 zur Berechnung der Vorabpauschale für 2018 (Berechnung und steuerlicher Zufluss am 1. Werktag 2019): 0,87 %

- Basiszins zum 2.1.2019 zur Berechnung der Vorabpauschale für 2019 (Berechnung und steuerlicher Zufluss am 1. Werktag 2020): 0,52 %

- Basiszins zum 2.1.2020 zur Berechnung der Vorabpauschale für 2020 (Berechnung und steuerlicher Zufluss 1. Werktag 2021): 0,07 %

- Basiszins zum 2.1.2021 zur Berechnung der Vorabpauschale für 2021 (Berechnung und steuerlicher Zufluss 1. Werktag 2022): -0,45 %
  Damit fällt für das Jahr 2021 keine Vorabpauschale an!

Basiszins

Im Investmentsteuerreformgesetz (InvStRefG) wird hiermit die risikolose Marktverzinsung bezeichnet. Die Bundesbank berechnet jährlich den Basiszinssatz, der sich aus der Höhe der langfristig erzielbaren Rendite öffentlicher Anleihen ableitet. Das Bundesfinanzministerium schickt das Ergebnis dann als Rundschreiben (sog. BMF-Rundschreiben) an die obersten Finanzbehörden der Länder. Mit dem Basiszins (Basis: Hauptrefinanzierungsgeschäfte der EZB) gemäß § 247 BGB für Schuldverhältnisse hat der Basiszins gemäß Investmentsteuergesetz nichts zu tun!

70 % des Basiszinses fließen in die Berechnung der Vorabpauschale ein. Damit berücksichtigt der Gesetzgeber, dass dem Anleger auch Kosten mit seiner Anlage entstehen (Verwaltungsvergütung der KVG u. ä.).

(Teil-)Ausschüttungen mindern die steuerpflichtige Vorabpauschale im Veranlagungszeitraum gegebenenfalls bis auf Null. Die Ausschüttungen selbst bleiben dabei – unter Berücksichtigung der Teilfreistellungen – voll steuerpflichtig.

Wann wird die Vorabpauschale ermittelt?

Veranlagungsjahr: 2021
Berechnung der Vorabpauschale: zum 1. Werktag 2022
Steuerlicher Zufluss: 1. Werktag 2022

Hinweis: im Jahr 2018 ruht die Besteuerung, da für 2017 noch die alten Regelungen der Investmentbesteuerung gelten. Vorabpauschalen werden somit erstmals zum 1.1.2019 berechnet werden!

Im Jahr des Anteilsverkaufs wird keine Vorabpauschale berechnet. Denn im Veräußerungserlös sind die noch nicht ausgeschütteten Erträge enthalten und werden auf diese Weise im Rahmen der Besteuerung des Veräußerungsgewinns versteuert.

Veranlagungszeitraum

Bei der ab 1.1.2018 geltenden Investmentsteuerreform gilt als Veranlagungszeitraum das Kalenderjahr vom 1.1. bis zum 31.12. eines Jahres.

Beispiel für die laufende Besteuerung auf Anlegerebene ab 1.1.2018

Der **ausschüttende** Aktienfonds eines privaten Anlegers schüttet:

- am 1.2. 2018
- 500 € (Annahme: keine Vorabpauschale, da Ausschüttung höher) aus.
- Ein Freistellungsauftrag oder eine Nichtveranlagungsbescheinigung liegen nicht vor.

Lösung:

Durch die Aktienfonds-Teilfreistellung in Höhe von 30 % (150 €) zahlt der Anleger lediglich auf 350 € die Abgeltungssteuer, den Solidaritätszuschlag und ggf. die Kirchensteuer.

Beispiel für die laufende Besteuerung auf Anlegerebene

Beispiel 1: Ihr Kunde besitzt 100 Anteile eines **thesaurierenden** Aktienfonds

Wert zu Beginn des Jahres (2.1.2019):	100.000 €
Wert zum Ende des Jahres (31.12.2019):	105.000 €
Basiszins für 2019:	0,52 %

Basisertrag = Wert am Jahresanfang X Basiszins X 70 %: 100.000 € X 0,52 % X 70 % = 364 €

Vorabpauschale = Basisertrag = 364 €

Teilfreistellung: 364 € X 30 % = 109,20 €

Zu versteuernde Vorabpauschale = Vorabpauschale abzgl. Teilfreistellung: 364 € ./. 109,20 € = 254,80 €

Beispiel 2:	Aktienfonds mit **Teilausschüttung**
Wert der Anteile gemäß Rücknahmepreis am 1.1.:	100.000 €
Wert der Anteile gemäß Rücknahmepreis am 31.12.:	105.000 €
Angenommener Basiszins für 2019:	0,52 %
Ausschüttung während des Jahres:	250 €

Basisertrag = Wert am Jahresanfang X Basiszins X Faktor 70 %: 100.000 € X 0,52 % X 70 % = 364 €

Vorabpauschale = Basisertrag abzgl. Ausschüttung während des Kalenderjahres = 364 € ./. 250 € = 114 €

Teilfreistellung: 114 € X 30 % = 34,20 €

Zu versteuernde Vorabpauschale = Vorabpauschale abzgl. Teilfreistellung: 114 € ./. 34,20 € = 79,80 €

Hinweis: Trotz der Anrechnung auf die Vorabpauschale bleibt die Ausschüttung – unter Berücksichtigung einer Teilfreistellung – voll steuerpflichtig.

Die depotführende Stelle ist seit 1.1.2018 berechtigt, die erforderlichen Beträge zur Abführung der Steuern auf die Vorabpauschale direkt von einem Konto des Anlegers einzuziehen. Dies gilt auch ohne Einwilligung des Anlegers. Erfolgt die Belastung unter Ausnutzung eines zugesagten Kontokorrentkredites (Überziehungsrahmen auf einem Girokonto), so hat der Anleger für zukünftige Belastungen ein Widerspruchsrecht. Der Grund liegt in den möglichen Zinszahlungen für die Belastung. Allerdings ist ein Widerspruch nicht rückwirkend möglich.

Besteuerung der Ausschüttung

Bei Ausschüttungen von Aktien- und Mischfonds sowie offener Immobilien-Sondervermögen werden zunächst mögliche Teilfreistellungen berücksichtigt.

Beispiel:

Annahmen:

- Aktienfonds
- kein Freistellungsauftrag und keine Kirchensteuerpflicht
- Anlagebetrag 10.000 €
- Ausschüttung zum 1.5.2019: 500 €

Ausschüttung:	500 €
abzgl. Teilfreistellung (30 %):	150 €
= steuerpflichtige Ausschüttung:	350 €

Am 1. Kalendertag des Folgejahres prüft die depotführende Stelle des Anlegers zusätzlich, ob eine Vorabpauschale anfällt und ggf. – nach Abzug der auch hier anrechenbaren Teilfreistellung und ggf. eines vorliegenden und noch nicht ausgeschöpften Freistellungsauftrages – versteuert werden muss. Bei ausschüttenden offenen Investmentvermögen ist das i.d.R. nicht der Fall.

Annahmen:

- Rücknahmepreis Jahresanfang 2019:   100 €
- Rücknahmepreis Jahresende 2019:   120 €
- Ausschüttung pro Anteil: 5 €
- Basiszins: 0,52 %

Da eine positive Wertsteigerung vorliegt, allerdings der Basisertrag (100 € X 0,52 % X 70 % = 0,36 € pro Anteil) geringer als die Ausschüttung ausfällt, ist keine Vorabpauschale zu versteuern.

Besteuerung der Gewinne aus dem Verkauf von Investmentanteilen

Abb. 187: *Besteuerung von Veräußerungsgewinnen aus Anteilsverkäufen (Anlegerebene)*

Veräußerungsgewinne aus dem Verkauf von Investmentanteilen sind steuerpflichtig zum Zeitpunkt des Verkaufs. Damit es zu keiner Doppelbesteuerung kommt, wird der Veräußerungsgewinn um die während der Haltedauer steuerpflichtigen Vorabpauschalen reduziert.

Beispiel für die Besteuerung des Gewinns aus dem Verkauf von Investmentanteilen auf Anlegerebene ab 1. 1. 2018

Ein Privatanleger verkauft seinen **thesaurierenden** Mischfonds im Jahr 2020 mit einem Gewinn von 2.000 €. Kaufdatum der Anteile war der 3. 5. 2018. Ein Freistellungsauftrag liegt nicht vor. Während der Haltedauer hat er die nachfolgenden Vorabpauschalen bereits versteuert:

für 2018:	350 €
für 2019:	1.000 €

Lösung:

Vom realisierten Veräußerungsgewinn in Höhe von 2.000 € sind die beiden bereits versteuerten Vorabpauschalen in Höhe von insgesamt 1.350 € abzuziehen. Vom verbleibenden steuerpflichtigen Veräußerungsgewinn (650 €) wird die Mischfonds-Teilfreistellung in Höhe von 15 % (15 % von 650 € = 97,50 €) abgezogen. Somit bleiben 552,50 € als steuerpflichtiger Ertrag übrig. Von diesem wird nun die Abgeltungssteuer und der Solidaritätszuschlag und ggf. die Kirchensteuer abgezogen.

**Freibetrag statt Bestandsschutz bei Veräußerungsgewinnen aus Alt-Anteilen (Altbeständen)/
Kauf der Investmentanteile vor 1.1.2009**

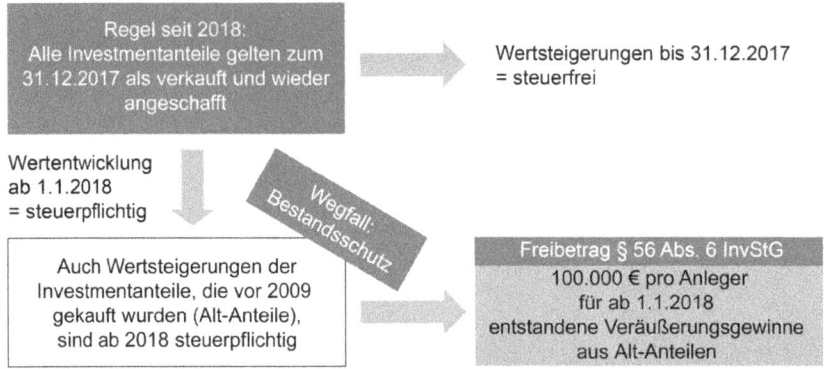

Abb. 188: Freibetrag statt Bestandsschutz

Grundsätzlich gilt, dass Veräußerungsgewinne aus dem Verkauf von Investmentanteilen als Einkünfte aus Kapitalvermögen steuerpflichtig sind. Für Anteile, die vor der Einführung der Abgeltungssteuer (1.1.2009) gekauft wurden, gab es bis 31.12.2017 einen Bestandsschutz, d.h. bei einem Verkauf realisierte Veräußerungsgewinne blieben steuerfrei.

Seit dem 1.1.2018 gibt es keinen Bestandsschutz („Grandfathering") mehr für Veräußerungsgewinne aus sog. Alt-Anteilen. Diese werden steuerlich nun so behandelt, als ob der Anleger sie zum 31.12.2017 verkauft und zum 1.1.2018 wieder neu erworben hätte (fiktiver Verkauf/Kauf).

Dies hat zur Folge:

- Alt-Anteile, die sich vor dem 31.12.2017 im Kundendepot befunden haben, wurden zum 31.12.2017 fiktiv verkauft und zum 1.1.2018 fiktiv wieder gekauft. Wertsteigerungen bis 31.12.2017 bleiben so steuerfrei.

- Ab dem 1.1.2018 entstehende Wertsteigerungen muss der Anleger versteuern, sobald er seine Investmentanteile verkauft.

- Der steuerpflichtige Veräußerungsgewinn ergibt sich ggf. unter Berücksichtigung einer Teilfreistellung und eines erteilten, noch nicht ausgeschöpften Freistellungsauftrages.

- Freibetrag in Höhe von 100.000 € pro Anleger (für Ehepartner mit einem gemeinsamen Depot ergibt sich ein Freibetrag in Höhe von zusammen 200.000 €) für Veräußerungsgewinne aus Alt-Anteilen ab dem 1.1.2018

- Der Freibetrag wird nur im Rahmen der EkSt-Erklärung gewährt.

- Realisierte Veräußerungsverluste aus Alt-Anteilen lassen den Freibetrag wieder aufleben (in Höhe des Veräußerungsverlustes, maximal bis zur ursprünglichen Höhe des Freibetrages von 100.000 €).

Beispiel für die Inanspruchnahme des Freibetrages für Alt-Anteile

Ein Anleger kauft am 23. Februar 2005 Investmentanteile im Wert von 12.000 €. In 2020 verkauft er diese Alt-Anteile mit einem Veräußerungsgewinn in Höhe von 1.800 €. Auf den Zeitraum bis zum 31.12.2017 entfällt ein steuerfreier Anteil des Veräußerungsgewinns in Höhe von 1.000 €.

Der ab 1.1.2018 verbleibende Anteil des Veräußerungsgewinns beträgt 800 € (Annahme: keine bereits versteuerten Vorabpauschalen, kein Freistellungsauftrag).

Nach Abzug der Teilfreistellung in Höhe von 30 % (240 €) ergibt sich ein steuerpflichtiger Veräußerungsgewinn in Höhe von 560 € (800 € abzgl. 240 €). Dieser kann nun auf den Freibetrag von 100.000 € angerechnet werden. Der verbleibende Freibetrag reduziert sich dementsprechend auf 99.440 €.

Nach BMF Schreiben vom 21. Mai 2019 bedeutet eine Erbschaft oder Schenkung steuerlich keinen Anschaffungtatbestand. Der Erbe oder Beschenkte tritt in die Rechtsstellung des Erblassers bzw. Schenkers ein und übernimmt deshalb auch den Status der Investmentanteile als bestandsgeschützte Altanteile. Der vom Erblasser bzw. Schenker nicht ausgeschöpfte Freibetrag geht allerdings nicht mit über. Der Erbe bzw. Beschenkte muss seinen eigenen Freibetrag geltend machen, sofern nicht anderweitig bereits verbraucht.

Welche Regelungen gelten für den Freibetrag?

Zu beachten ist:

- Der Freibetrag gilt pro Anleger und nicht pro Investmentvermögen.
- Der Freibetrag bezieht sich auf den Veräußerungsgewinn und nicht auf die Anlagesumme.
- Für zusammenveranlagte Ehepaare gilt ein Freibetrag von 2 X 100.000 €.
- Der Freibetrag muss im Rahmen der Einkommensteuererklärung im Jahr des tatsächlichen Anteilsverkaufs (mit Veräußerungsgewinn) geltend gemacht werden.

Der Anteil bei Ausschüttungen, der auf Zinsen, Dividenden und Mieteinnahmen entfällt, genießt auch bei Alt-Anteilen keinen „Bestandsschutz". Diese Erträge sind bei allen offenen Investmentvermögen seit dem 1.1.2009 (Einführungstag der Abgeltungssteuer) steuerpflichtig.

Besteuerung von offenen Immobilien-Sondervermögen

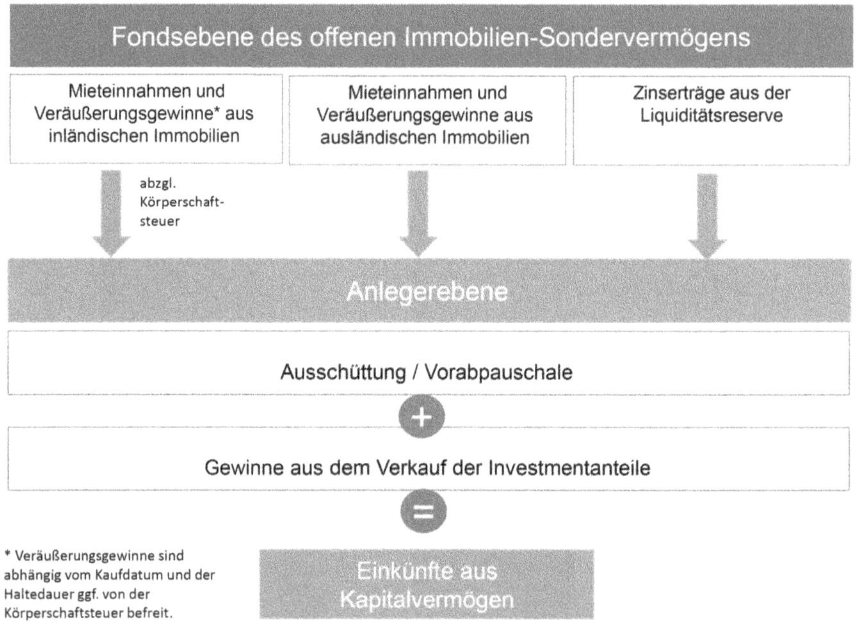

Abb. 189: Besteuerung von offenen Immobilien-Sondervermögen

Bei offenen Immobilien-Sondervermögen wird auf Fondsebene unterschieden zwischen den körperschaftsteuerpflichtigen Mieteinnahmen und Veräußerungsgewinnen aus inländischen Immobilien und den körperschaftsteuerfreien Mieteinnahmen und Veräußerungsgewinnen aus ausländischen Immobilien. Daraus ergeben sich entsprechend die Teilerträge, aus denen sich die Ausschüttung zusammensetzt.

Der weitere Weg entspricht der bereits vorgestellten Besteuerungssystematik.

Besteuerung von Veräußerungsgewinnen bei Immobilienverkäufen innerhalb des Sondervermögens eines offenen Immobilien-Sondervermögens

Seit 1.1.2018 unterliegen die innerhalb des Sondervermögens bei einem offenen Immobilien-Sondervermögen erzielten Immobilien-Veräußerungsgewinne der Körperschaftsteuer.

Es gilt nachfolgende Übergangsregelung:

- Kauf der Immobilie vor dem 1.1.2018 und mindestens seit zehn Jahren im Bestand des Sondervermögens (Haltefrist): nur die Wertentwicklung seit 1.1.2018 ist steuerpflichtig

- Kauf der Immobilie vor dem 1.1.2018, aber die Zehn-Jahres-Haltefrist ist noch nicht erreicht: bei Verkauf nach zehn Jahren (nach 2018) ist die Wertentwicklung ab 1.1.2018 steuerpflichtig

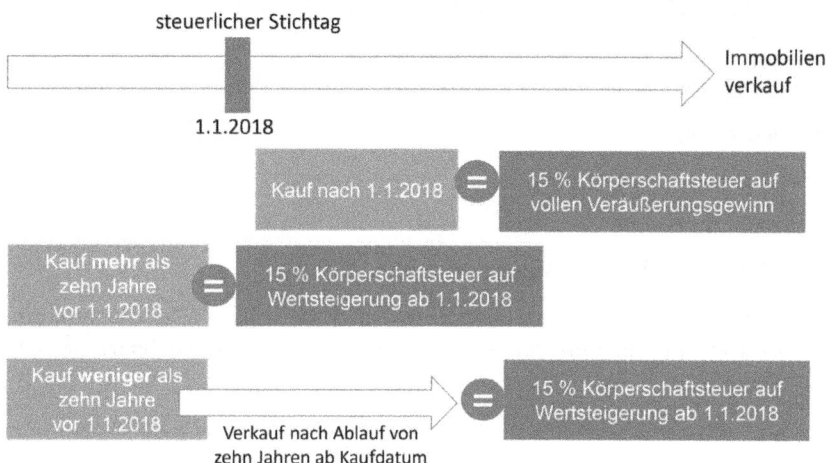

Abb. 190: Besteuerung Immobilienverkauf auf Fondsebene offener Immobilien-Sondervermögen

Zusammenfassung der steuerlichen Behandlung von Investmenterträgen auf Anlegerebene

In der nachfolgenden Grafik sehen Sie noch einmal zusammengefasst die wesentlichen Regelungen der steuerlichen Behandlung von Investmenterträgen auf Anlegerebene seit dem 1.1.2018.

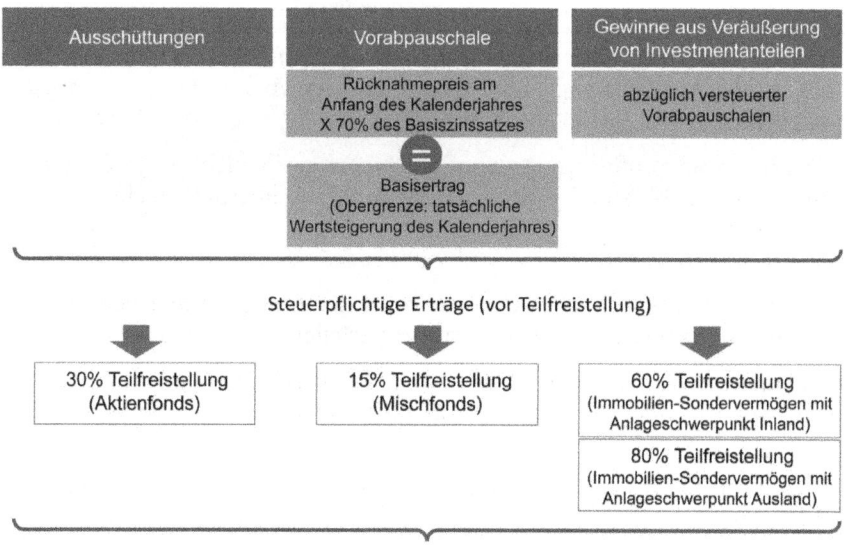

Abb. 191: Zusammenfassung Besteuerung von Investmenterträgen auf Anlegerebene ab 2018

3.6.4 Freistellungsauftrag, Nichtveranlagungsbescheinigung und Verlustverrechnung

Es gibt 3 Möglichkeiten, um die Abgeltungssteuer zu vermeiden bzw. zu reduzieren:

- Freistellungsauftrag
- Nichtveranlagungsbescheinigung
- Verlustverrechnungstöpfe

Sparerpauschbetrag und Freistellungsauftrag

Die Einkünfte aus Kapitalvermögen unterliegen nicht in voller Höhe der Einkommensteuer, sondern nur für den Betrag, der über den sogenannten Sparerpauschbetrag hinausgeht.

Sparerpauschbetrag = Höchstbetrag für den Freistellungsauftrag pro Kalenderjahr

Gemäß § 20 Abs. 9 EStG beträgt dieser für:

Ledige	Ehegatten (zusammen veranlagt)
801 €	1.602 €

Steuerpflichtige Erträge bis zu diesen Höchstbeträgen können steuerfrei vereinnahmt werden. Erzielt der Anleger darüber hinausgehende Erträge, sind nur diese zu versteuern (steuerlicher **Freibetrag**).

Werbungskosten können seit dem 1.1.2009 nicht mehr geltend gemacht werden.

> Die seit dem 1.1.2018 zu berechnende Vorabpauschale wird in voller Höhe (ohne Berücksichtigung einer Teilfreistellung) dem Sparer-Pauschbetrag belastet. Gleiches gilt für die Ausschüttung und Gewinne aus der Veräußerung von Investmentanteilen.
>
> Aus diesem Grund profitieren Anleger mit einem noch nicht ausgeschöpften Freistellungsauftrag bis zum Erreichen des Sparer-Pauschbetrages nicht von den Teilfreistellungen.

Um den Sparerpauschbetrag auszuschöpfen, muss der Anleger seiner depotführenden Stelle einen schriftlichen Freistellungsauftrag erteilen.

Ein Freistellungsauftrag kann von in Deutschland unbeschränkt einkommensteuerpflichtigen (Wohnsitz oder gewöhnlicher Aufenthalt in Deutschland) Anlegern erteilt werden.

Die Kreditinstitute sind gesetzlich verpflichtet, der Finanzbehörde sowohl die Höhe des bei ihnen eingereichten Freistellungsauftrages mit Namen und Adresse des Ausstellers als auch die Summe der tatsächlichen Beanspruchung des Freibetrages zu übermitteln.

Was beim Freistellungsauftrag noch zu beachten ist:

- Pro Kreditinstitut kann und ist ein separater Freistellungsauftrag zu erteilen.

- Der Gesamtbetrag aller erteilten Freistellungsaufträge darf den Sparerpauschbetrag nicht übersteigen.

- Für Konten von Minderjährigen sind separate Freistellungsaufträge erforderlich (unterschrieben von allen gesetzlichen Vertretern).

- Der Freistellungsauftrag ist unbefristet gültig, falls nicht anders vom Anleger gewünscht.

- Alle Konten- oder Depotnummern bei einem Kreditinstitut, für die der Freistellungsauftrag gelten soll, sind zu vermerken (bzw. welche Konten / Depots davon ausgenommen bleiben sollen).

- Kein Freistellungsauftrag kann erteilt werden für:

  - Gemeinschaftskonten nichtehelicher Lebensgemeinschaften

  - Konten von Wohnungseigentümergemeinschaften

  - Mietkautionskonten, die nicht auf den Namen des Mieters lauten

  - Konten von Erbengemeinschaften

  - Für so genannte lose Personenzusammenschlüsse (Sportclubs u. ä.) ist eine Freistellung in Höhe von 10 € pro Mitglied, maximal jedoch 300 € möglich.

- Bei zusammen veranlagten (und nicht dauerhaft getrennt lebenden) Ehegatten ist gemäß § 26 Abs. 1 EStG ein gemeinsamer Freistellungsauftrag möglich. Im Falle einer Trennung kann der Sparerpauschbetrag für Ehegatten im Trennungsjahr noch genutzt werden, danach gilt der Sparerpauschbetrag wie bei Ledigen.

Praxistipp: Ermittlung der Höhe des Freistellungsauftrages

Bei verzinslichen Wertpapieren oder Kontensparen entspricht der optimale Freistellungsauftrag den jährlichen Zinsen, die sich aus der Nominalverzinsung ergeben.

Bei offenen Investmentvermögen hilft der Blick auf die Vorjahres-Ausschüttung pro Anteil. Bei Investment-Sparplänen sollte man auf ca. 2 Jahre vorausplanen (Berücksichtigung des steigenden Sondervermögens durch die monatlichen Sparraten).

Bei Aktien sind die Dividendenzahlungen zu berücksichtigen.

Hinzu kommen mögliche Veräußerungs- bzw. Kursgewinne, aber nur wenn geplant ist, diese durch Verkäufe der betreffenden Wertpapiere oder Anteile offener Investmentvermögen zu realisieren und damit steuerpflichtig zu machen.

Solange der Freistellungsauftrag noch nicht ausgeschöpft ist, empfiehlt es sich, bei der Erteilung eher großzügig nach oben zu runden.

Zu beachten sind insbesondere im Übergangsjahr 2018 die Auswirkungen der Investmentsteuerreform 2018.

Nichtveranlagungsbescheinigung

Anleger, die nur über ein geringes zu versteuerndes Einkommen (sogenannter Grundfreibetrag) verfügen, können bei ihrem Wohnsitzfinanzamt für die Dauer von 3 vollen Kalenderjahren eine Nichtveranlagungsbescheinigung beantragen. Diese befreit wie ein Freistellungsauftrag vom Abgeltungssteuerabzug, jedoch ohne Betragsbegrenzung.

Vorteil der Nichtveranlagungsbescheinigung (wenn keine anderen Einkünfte erzielt werden): Kapitalerträge können in Höhe des in der unten stehenden Grafik genannten Gesamtfreibetrages steuerfrei vereinnahmt werden.

	ledig	verheiratet (zusammen veranlagt)
Grundfreibetrag (Veranlagungszeitraum 2020)	9.744 €	19.488 €
Sonderausgaben Pauschbetrag	36 €	72 €
Sparer-Pauschbetrag	801 €	1.602 €
Gesamtfreibetrag (2018)	10.581 €	21.162 €

Abb. 192: Auswirkung der Nichtveranlagungsbescheinigung (Veranlagungsjahr 2021)

Praxistipp

Interessant ist die Nichtveranlagungsbescheinigung (NV) auch dann, wenn Eltern Kapitalvermögen auf den Namen ihrer Kinder anlegen. Denn die NV-Bescheinigung kann unabhängig von Alter und Berufstätigkeit angefordert und genutzt werden. Zusätzlich bietet sie den oben beschriebenen Mehrwert gegenüber einem Freistellungsauftrag.

Verlustverrechnung über Verlustverrechnungstöpfe

Da Erträge und Gewinne aus dem Verkauf von Wertpapieren (Veräußerungsgewinne) grundsätzlich in vollem Umfang steuerpflichtig sind, werden auch die Verluste im Verkaufsfall (Veräußerungsverluste) berücksichtigt.

Wie schafft es die depotführende Bank, den abgeltungssteuerrelevanten Überblick über steuerpflichtige Erträge und Veräußerungsgewinne aus Direktanlagen (bspw. Aktien und Anleihen) und offenen Investmentvermögen zu behalten? Und wie erfolgt die verwaltungstechnische Verrechnung mit Verlusten?

Dazu führt die depotführende Bank des Anlegers zwei Verlustverrechnungstöpfe:

- Aktien-Verlustverrechnungstopf für die Verrechnung von Gewinnen und Verlusten aus Aktienverkäufen

- Allgemeiner Verlustverrechnungstopf für die Verrechnung von sonstigen Erträgen aus Kapitalanlagen mit Verlusten aus dem Verkauf sonstiger Kapitalanlagen (offene Investmentvermögen, Anleihen oder auch Zertifikaten)

Für die Verlustverrechnung gelten nachfolgende Grundregeln und Einschränkungen:

- Verluste aus Aktiengeschäften (Direktanlagen, nicht aus Aktienfonds!) im Aktien-Verlustverrechnungstopf können nur mit Gewinnen aus anderen Aktiengeschäften (Direktanlagen) verrechnet werden. Eine weitere Verrechnung mit anderen Erträgen aus Kapitalvermögen ist nicht möglich.

- Gewinne aus Aktiengeschäften können dagegen nicht nur mit Verlusten im Aktien-Verlustverrechnungstopf verrechnet werden, sondern auch mit Verlusten des Allgemeinen Verlustverrechnungstopfes.

- Eine Verlustverrechnung ist nur innerhalb eines Kalenderjahres und ggf. rückwirkend möglich. Darüber hinaus besteht die Möglichkeit, nicht ausgeglichene Verluste ins nächste Jahr zu übertragen oder sich für eine bankübergreifende Verrechnung im Rahmen der Einkommensteuererklärung eine entsprechende Verlustbescheinigung (Antragstellung bis 15.12. durch den Anleger bei seiner depotführenden Bank) ausstellen zu lassen.

- Eine Verrechnung mit anderen Einkunftsarten ist nicht möglich.

- Die Verlustverrechnung erfolgt bei zusammenveranlagten Ehegatten mit einem gemeinsamen Freistellungsauftrag als so genannte ehegattenübergreifende Verlustverrechnung: Die Verlustverrechnung erfolgt zwischen allen von den Eheleuten geführten Konten und auch Depots (Einzelkonten und -depots sowie Gemeinschaftskonten und -depots)

In welchen Schritten vollzieht sich nun die Verlustverrechnung über Verlustverrechnungstöpfe?

Dazu gibt es einen Verrechnungsweg für Gewinne aus Aktienverkäufen und einen Verrechnungsweg für alle anderen Erträge aus Kapitalvermögen wie bspw. Investmenterträge.

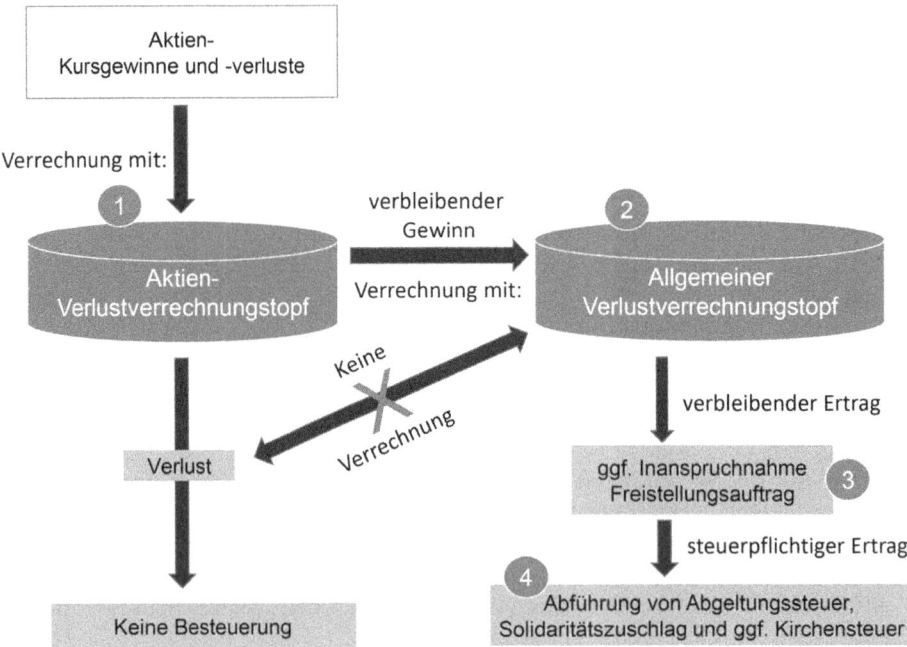

Abb. 193: Verlustverrechnung mit Gewinnen aus der Veräußerung von Aktien in 4 Schritten

Verrechnungsweg für Gewinne aus Aktienverkäufen:

Schritt 1: Verrechnung des Aktien-Veräußerungsgewinns mit dem Aktien-Verlustverrechnungstopf.

Schritt 2: Der verbleibende Aktien-Veräußerungsgewinn kann mit dem Allgemeinen Verlustverrechnungstopf verrechnet werden.

Schritt 3: Inanspruchnahme eines erteilten und noch nicht ausgeschöpften Freistellungsauftrages.

Schritt 4: Der verbleibende steuerpflichtige Aktien-Veräußerungsgewinn unterliegt der Abgeltungssteuer zzgl. Solidaritätszuschlag und ggf. Kirchensteuer.

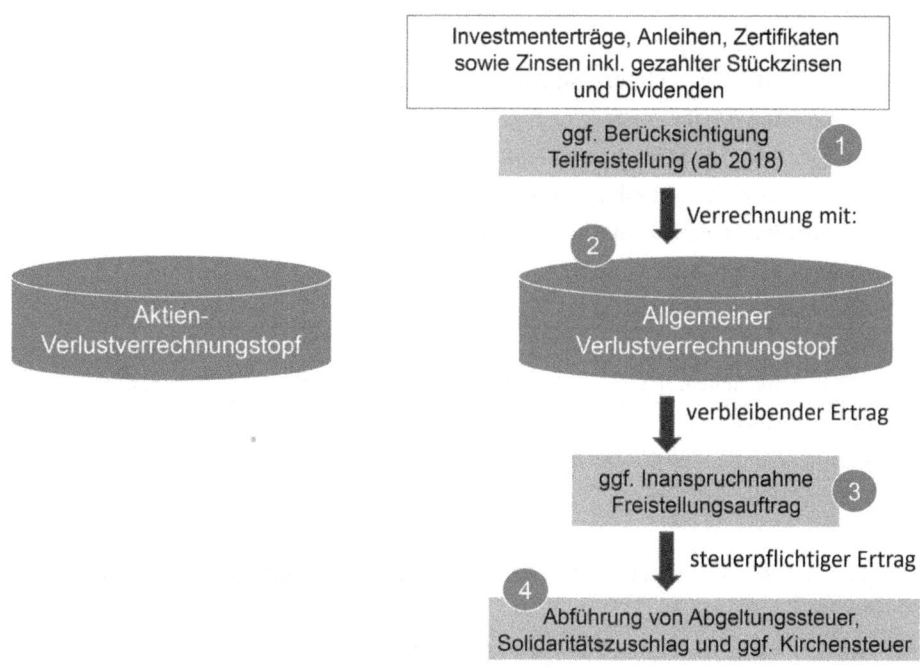

Abb. 194: Verlustverrechnung mit Investmenterträgen in vier Schritten

Verrechnungsweg für Investmenterträge

Schritt 1: Ggf. Berücksichtigung einer Teilfreistellung.

Schritt 2: Der verbleibende Investmentertrag kann mit dem Allgemeinen Verlustverrechnungstopf verrechnet werden.

Schritt 3: Verbleibt immer noch ein Investmentertrag, so erfolgt die Inanspruchnahme eines erteilten und noch nicht ausgeschöpften Freistellungsauftrages.

Schritt 4: Der verbleibende steuerpflichtige Investmentertrag unterliegt der Abgeltungssteuer zzgl. Solidaritätszuschlag und ggf. Kirchensteuer.

Handelt es sich bei dem Investmentertrag um einen Veräußerungsgewinn aus dem Verkauf von Investmentanteilen, so reduziert sich der steuerpflichtige Veräußerungsgewinn zunächst um die bereits versteuerten Vorabpauschalen, bevor die oben genannten 4 Schritte zum Ansatz kommen, damit es nicht zur Doppelbesteuerung kommt.

Wird ein offenes Investmentvermögen mit Verlust verkauft, so erhöht sich der Verlustbetrag durch die Anrechnung bereits versteuerter Vorabpauschalen.

Der besondere Vorteil der Verlustverrechnung liegt darin, dass der Freistellungsauftrag geschont wird. Der Anleger hat somit einen steuerlichen Liquiditätsvorteil.

Beispiel

Annahmen:

- Aktienfonds (Voraussetzung für Aktienfonds-Teilfreistellung erfüllt)
- Ausschüttung: 900 €
- Anleger (ledig, nicht kirchensteuerpflichtig)
- Freistellungsauftrag erteilt und voll verfügbar über 300 €
- Anrechenbarer Verlust im Allgemeinen Verlustverrechnungstopf: 200 €

Investmentertrag = Ausschüttung:	900 €
abzüglich 30 % Teilfreistellung:	270 €
verbleibender Ertrag:	630 €
abzüglich anrechenbarer Verlust aus Verlustverrechnungstopf:	200 €
verbleibender Ertrag:	430 €
Inanspruchnahme Freistellungsauftrag:	300 €
zu versteuernder Ertrag:	130 €

Was passiert mit Verlusten, denen keine ausgleichsfähigen Gewinne mehr gegenüberstehen?

Der Anleger kann bis zum 15.12. des laufenden Jahres einen Antrag auf Verlustbescheinigung stellen, um diese dann im Rahmen seiner Einkommensteuererklärung geltend machen zu können (bspw. bei verschiedenen Depots bei mehreren Banken). Der Verlustverrechnungstopf erlischt dann zum Jahresende. Beantragt der Anleger keine Verlustbescheinigung, so wird der Verlust auf das nächste Jahr übertragen.

Sofern Gewinne aus dem Verkauf von Investmentanteilen aufgrund der Teilfreistellungen steuerfrei vereinnahmt werden konnten, sind Verluste hier nicht abzugsfähig.

Altverluste aus privaten Veräußerungsgeschäften

Als Altverluste werden vom Finanzamt festgestellte Verluste aus privaten Veräußerungsgeschäften nach bis 31.12.2008 geltender Rechtslage (§23 EStG alte Fassung vor Einführung der Abgeltungssteuer) bezeichnet. Diese konnten nur noch bis 2013 mit abgeltungssteuerpflichtigen Veräußerungsgewinnen verrechnet werden. Ab 2014 ist nur noch eine Verrechnung mit sonstigen Veräußerungsgewinnen (z.B. aus Immobilienverkäufen) möglich.

First-in-first-out-Methode (kurz: „FiFo")

Diese Methode kommt beim Verkauf von Anteilen offener Investmentvermögen und Wertpapieren aus einem Depot zum Einsatz. Sie unterstellt, dass die zuerst erworbenen Anteile oder Wertpapiere (z. B. Aktien) auch zuerst veräußert werden. Dies hat Einfluss auf die steuerliche Behandlung des durch den Verkauf realisierten Veräußerungsgewinns oder -verlustes.

Die seit dem 1.1.2018 geltenden neuen Regelungen für Investmentanteile, die vor dem 1.1.2009 erworben wurden, sind hierbei zu berücksichtigen.

Bei einem inländischen Depot übernimmt die depotführende Stelle die genaue Berechnung.

Steuerliche Behandlung der Wiederanlage von Ausschüttungen

Werden Ausschüttungen auf Wunsch des Anlegers wiederangelegt, so wird diese Wiederanlage steuerlich wie ein Neuerwerb behandelt. Das bedeutet, dass unabhängig vom Kaufdatum der ursprünglichen Investmentanteile die mittels der Wiederanlage neu erworbenen Investmentanteile der Abgeltungssteuer (im Fall des Verkaufs mit einem Veräußerungsgewinn) unterliegen.

Praxistipp

Bei der Anlage in offene Investmentvermögen kann sich für den Anleger die Frage nach steuerlichen Vorteilen einzelner Fondsarten oder Ausgestaltungen stellen. Die steuerliche Behandlung von in- und ausländischen ausschüttenden und thesaurierenden offenen Investmentvermögen sollte jedoch kein wesentliches Anlageentscheidungskriterium sein. Anleger, deren persönlicher Steuersatz die 25 % der Abgeltungssteuer übersteigt, profitieren natürlich von dieser pauschalen Besteuerung. Diese gilt für alle Fondsarten und ist deshalb kein Auswahlkriterium für den Einzelfonds.

3.6.5 Vererbung und Schenkung

Erbschafts- und Schenkungssteuern werden nur dann erhoben, wenn der Erbfall eintritt oder die Schenkung vollzogen wird.

Steuerpflichtig sind die Erben bzw. die Beschenkten. Besteuert wird das Vermögen, das dem Erben/Beschenkten zufließt. Das gesamte Erbe ist unbeschränkt steuerpflichtig, wenn zum Zeitpunkt des Erb- oder Schenkungsfalles entweder der Erblasser (oder Schenker) oder der Erwerber Inländer ist.

Die Höhe der zu zahlenden Steuer hängt von der Höhe des Vermögens und dem Verwandtschaftsverhältnis zwischen Erbe/Erblasser bzw. Beschenktem/Schenker ab. Daneben gibt es Freibeträge, die wiederum auch vom Verwandtschaftsverhältnis abhängen.

Die Ermittlung der Höhe der Erbschafts- bzw. Schenkungssteuer hängt von folgenden Faktoren ab:

- Steuerklasse
- Steuersätze (abhängig von der Steuerklasse)
- Freibeträge

Diese wiederum basieren auf dem Verwandtschaftsgrad zwischen Erben/Erblasser bzw. Beschenktem/Schenker.

Die Regelungen im Todesfall für ein Wertpapierdepot

Die depotführende Stelle muss 3 wesentliche Fragen klären:

1. Wem gehört das Depotvermögen?

2. Welche Unterlagen werden benötigt?

3. Welche Meldepflicht besteht gegenüber dem Finanzamt?

In der Regel klärt ein Testament oder die gesetzliche Erbfolge die zukünftigen Eigentumsverhältnisse. Bei Gemeinschaftsdepotinhabern ist zu berücksichtigen, dass nur der Teil in die Erbmasse fällt, der dem verbliebenen Depotinhaber nicht selbst gehört (im Zweifelsfall wird zu gleichen Teilen aufgeteilt).

Als Nachweis einerseits über den Tod und den Todestag und andererseits über die Erbschaft muss der Erbe nachfolgende Unterlagen vorlegen: Sterbeurkunde, Erbschein, Testament mit Eröffnungsprotokoll und Legitimation des/der Erben (Kopie von Personalausweis oder Reisepass).

> Gemäß aktueller Rechtsprechung haben Banken kein Recht mehr auf die Einforderung eines Erbscheins. Immerhin verursacht die Ausstellung eines Erbscheins zusätzliche Kosten für den Erben. Sofern ein handschriftliches oder notarielles Testament oder ein Erbvertrag vorliegen, so muss dies zusammen mit dem Testamentseröffnungsprotokoll des Nachlassgerichts ausreichen. Ähnliches gilt bei Vorliegen einer Vorsorgevollmacht. Gehört zum Nachlass Immobilienvermögen, so führt an der Beantragung eines Erbscheins in der Regel kein Weg vorbei.

Auf die Kontogestaltung hat der Tod folgende Auswirkungen:

- Ein Einzelkonto wird zum Gemeinschaftskonto, wenn mehrere Erben vorhanden sind. Diese können dann gemeinsam verfügen.

- Liegt eine Vollmacht über den Tod hinaus oder eine Vollmacht für den Todesfall vor, so kann der Bevollmächtigte auch ohne eine erbrechtliche Legitimation verfügen. Allerdings können die Erben diese Vollmachten widerrufen. Bei der Vollmacht für den Todesfall ist der Nachweis über den Tod des Kontoinhabers zu erbringen.

Die depotführende Bank ist verpflichtet, eine Kontrollmitteilung an das Finanzamt zu übermitteln, sobald sie Kenntnis vom Tod des Kontoinhabers erlangt (hierbei gibt es keine Verjährungsfristen). Ausschlaggebend ist der Depotbestand am Todestag zum für diesen Tag festgestellten Rücknahmepreis. Auf der Basis dieses Wertes berechnet das Finanzamt dann unter Berücksichtigung eventueller Freibeträge die Erbschaftssteuer. Die Kontrollmitteilung kann gemäß §1 Erbschaftssteuer-Durchführungsverordnung (ErbStDV) unterbleiben, wenn der Wert der anzuzeigenden Wirtschaftsgüter 5.000 € nicht übersteigt (bezogen auf alle Konten/Depots, die bei dem Kreditinstitut geführt werden; einschließlich der Zinsen bis zum Todestag). Hat der Kunde einen Safe angemietet, muss auf jeden Fall eine Kontrollmitteilung erstellt werden, unabhängig davon, ob sonstige Konten oder Guthaben vorhanden sind.

Die Freibeträge und Steuersätze bei der Erbschafts- und Schenkungssteuer

Gemäß § 22 des Erbschaftssteuergesetzes gilt zunächst eine Kleinstbetragsgrenze für die Erbschaftssteuerpflicht: „Von der Festsetzung der Erbschaftssteuer ist abzusehen, wenn die Steuer, die für den einzelnen Steuerfall festzusetzen ist, den Betrag von 50 € nicht übersteigt."

Der nachfolgenden Tabelle können Sie die Freibeträge bei der Erbschaftssteuer entnehmen.

Steuerklasse	Personen	Freibetrag in €
I	Ehepartner, eingetragene Lebenspartner	500.000
	Kinder und Stiefkinder	400.000
	Enkelkinder, wenn das Kind / Stiefkind des Erblassers gestorben ist	400.000
	Enkelkinder, Stiefenkel, Urenkel	200.000
	Eltern und Großeltern bei Erwerb von Todes wegen	100.000
II	Eltern und Großeltern bei Zuwendungen unter Lebenden	20.000
	Geschwister	20.000
	Nichten und Neffen	20.000
	Stiefeltern	20.000
II	Schwiegerkinder und Schwiegereltern	20.000
	geschiedene Ehepartner	20.000
III	alle übrigen Erben und Zuwendungsempfänger	20.000

Gültig seit 1.1.2009, Steuerklasse I für eingetragene Lebenspartner seit 14.12.2010

Abb. 195: Freibeträge bei der Erbschaftssteuer

Für die Schenkungssteuer gelten die gleichen Freibeträge, bis auf eine Ausnahme:

Für die Steuerklasse I Eltern und Großeltern bei Erwerb von Todes wegen gilt im Falle der Schenkung nur ein Freibetrag von 20.000 €.

Die Freibeträge für eine Schenkung können alle 10 Jahre in Anspruch genommen werden. Alle Schenkungen, die innerhalb der letzten 10 Jahre vor dem Tod des Erblassers an den Erben getätigt wurden, werden allerdings dem Erwerb von Todes wegen hinzugerechnet (gezahlte Schenkungssteuer wird ebenfalls berücksichtigt).

Nach Abzug der Freibeträge wird der verbliebene zu versteuernde Betrag mit nachfolgenden Steuersätzen belegt:

zu versteuernder Betrag		Steuerklasse		
		I	II	III
bis	75.000 €	7 %	15 %	30 %
bis	300.000 €	11 %	20 %	30 %
bis	600.000 €	15 %	25 %	30 %
bis	6.000.000 €	19 %	30 %	30 %
bis	13.000.000 €	23 %	35 %	50 %
bis	26.000.000 €	27 %	40 %	50 %
über	26.000.000 €	30 %	43 %	50 %

Gültig seit 1.1.2010, Steuerklasse I für eingetragene Lebenspartner seit 14.12.2010

Abb. 196: Erbschafts- und Schenkungssteuersätze

Der Versorgungsfreibetrag

Ehepartner, Lebensgefährten und Kinder stehen oft in besonderer finanzieller Abhängigkeit vom Erblasser. Der Gesetzgeber hat deshalb für diese Personengruppe einen zusätzlichen Freibetrag geschaffen (§ 17 ErbStG). Der Versorgungsfreibetrag wird mit dem regulären Freibetrag zusammengerechnet. Sofern es allerdings sonstige Bezüge, wie bspw. eine Witwenrente, gibt, muss diese wiederum von den Freibeträgen abgezogen werden.

Ehepartner, eingetragene Lebenspartner	256.000 €
Kinder (Alter):	
bis zu 5 Jahren	52.000 €
älter als 5 Jahre bis zu 10 Jahre	41.000 €
älter als 10 Jahre bis zu 15 Jahre	30.700 €
älter als 15 Jahre bis zu 20 Jahre	20.500 €
älter als 20 Jahre bis zur Vollendung des 27. Lebensjahres	10.300 €

Gültig seit 1.1.2009

Abb. 197: Versorgungsfreibeträge

▶ Exkurs: Erbschaftssteuer auf Grundbesitz

Für Ehepartner, Lebenspartner und Kinder gibt es eine Ausnahme von der Erbschaftssteuer: Nutzen diese das geerbte Wohnungseigentum mindestens zehn Jahre selbst, dann fällt keine Erbschaftssteuer an.

Für Kinder gilt allerdings eine Wohnflächengrenze von maximal 200 Quadratmetern. Eine eventuell darüber hinausgehende Fläche muss anteilig versteuert werden.

Erfolgt dennoch eine Vermietung, Verpachtung oder ein Verkauf innerhalb der 10 Jahre, dann lebt die Steuerpflicht wieder auf. Als Ausnahme gilt hierbei, wenn es sich zum Beispiel um einen gesundheitsbedingten Wechsel in ein Pflegeheim handelt.

Die steuerliche Berechnungsgrundlage für eine Immobilie ist deren Verkehrswert. Die Berechnung der Steuer erfolgt unter den üblichen Steuerklassen und Freibeträgen.

Abgeltungssteuer beim Erben und Schenken

Aufgelaufene Kursgewinne von Wertpapieren oder Anteilen offener Investmentvermögen müssen im Falle einer Vererbung oder Schenkung nicht versteuert werden. Es findet kein Verkauf statt und somit auch keine steuerpflichtige Realisierung von Veräußerungsgewinnen.

Verkauft der Erbe / Beschenkte zu einem späteren Zeitpunkt seine Wertpapiere / Anteile offener Investmentvermögen, so gilt die sogenannte Fußstapfentheorie. Dies bedeutet, dass der Erbe oder Beschenkte in die rechtliche Rolle des Erblassers bzw. Schenkenden tritt. Hat dieser die Wertpapiere / Anteile offener Investmentvermögen vor dem 1. 1. 2009 erworben, so gilt für den Erben / Beschenkten die fiktive Besteuerung gemäß der Neuregelung zum 1. 1. 2018. Liegt der Kaufzeitpunkt aber nach dem 1. 1. 2009, so muss der Erbe / Beschenkte den vollen – vom Kaufdatum bis zum Verkaufstag realisierten – Veräußerungsgewinn versteuern.

Der Zeitpunkt des Erwerbs von Todes wegen oder der Schenkung spielt für die Abgeltungssteuer keine Rolle.

Das Wichtigste zusammengefasst:

Auch wenn Ihnen eine Steuerberatung zu Finanzanlagen verboten ist, so sollten Sie dennoch in der Lage sein, Ihrem Kunden die Anwendung der grundsätzlichen steuerlichen Behandlung von Erträgen aus offenen Investmentvermögen zu erläutern.

Sie kennen nun:

- Die seit 1.1.2018 geltenden Regelungen des Investmentsteuergesetzes

- Die Verrechenbarkeit innerhalb und zwischen den Einkunftsarten gemäß Einkommensteuergesetz (EStG)

- Die einkommensteuerliche Behandlung von offenen Investmentvermögen hinsichtlich Investmenterträge, Vorabpauschale und Teilfreistellung, Nichtveranlagungsbescheinigung

- Die Ertrags- und Gewinnbesteuerung hinsichtlich Abgeltungssteuer, Solidaritätszuschlag und Kirchensteuer, Besteuerung realisierter Veräußerungsgewinne, Verlustverrechnung, Regelungen für vor dem 1.1.2009 erworbene Investmentanteile (sog. Alt-Anteile)

- Die Besonderheiten bei der Besteuerung von offenen Immobilien-Sondervermögen

- Die erbschafts- und schenkungssteuerliche Behandlung von offenen Investmentvermögen hinsichtlich Todesfall, Vermögensübertragung, Kontrollmitteilung an das Finanzamt und Freibeträgen

- Den Freistellungsauftrag und die Zuordnung des Sparerpauschbetrages

Sie verstehen Ihr steuerliches Grundlagenwissen nicht als Steuerberatung, sondern vielmehr als neutrale Informationsmöglichkeit für Ihre Kunden in steuerauslösenden Situationen (Ausschüttung, Thesaurierung, Kauf und Verkauf).

Sie nutzen Ihr Wissen, um Ihren Kunden verdeutlichen zu können, dass steuerliche Aspekte nur ein „i-Tüpferl", nicht aber wesentliches Kriterium bei der Anlageentscheidung sein können.

▶ Aufgaben zum Kapitel 3.6 Steuerliche Behandlung

Ihr Wissen auf dem Prüfstand:

1. Was besagt das steuerliche Zuflussprinzip? (SC)

   a) Mit Abführung der pauschalen Abgeltungssteuer ist die Einkommensteuer abgegolten.

   b) steuerliche Gleichbehandlung von unterschiedlichen Arten von Wertpapieranlagen

   c) Erträge gelten mit dem Zuflusstag als steuerpflichtig.

   d) Die Vorabpauschale gilt mit der Anrechnung der Teilfreistellung als zugeflossen.

2. Welche der folgenden Einkommen zählen zu den Einkünften aus Kapitalvermögen? (MC)

   a) Steuererstattungen

   b) Zinsen und Dividenden

   c) Mieteinnahmen aus privatem Immobilienbesitz

   d) Lohn und Gehalt

   e) Gewinne aus dem Verkauf von Investmentanteilen

   f) Schenkungen und Erbschaften

3. Wie hoch ist der Abgeltungssteuersatz? (SC)

   a) 5,5 %

   b) 15 %

   c) 25 %

   d) 30 %

   e) 60 %

4. Wie hoch ist der Solidaritätszuschlag bei steuerpflichtigen Kapitaleinkünften von 15.000 €? (SC)

   a) 825,00 €

   b) 158,57 €

   c) 206,25 €

   d) 4.575,00 €

5. Welche Aussagen über Stückzinsen sind korrekt? (MC)

    a) Stückzinsen werden vom Wertpapierverkäufer an den Wertpapierkäufer gezahlt.

    b) Stückzinsen werden unter Berücksichtigung der Inflationsrate berechnet.

    c) Stückzinsen spielen eine Rolle beim Kauf und Verkauf von verzinslichen Wertpapieren.

    d) Stückzinsen werden den Depotgebühren zugerechnet.

    e) Stückzinsen sind immer steuerfrei.

    f) Stückzinsen stellen einen Zinsausgleich zwischen zwei Zinszahlungsterminen bei Kauf / Verkauf dar.

6. Wie hoch ist der Sparerpauschbetrag für Ledige / Zusammenveranlagte? (SC)

    a) 400 € / 800 €

    b) 801 € / 1602 €

    c) 1602 € / 3204 €

    d) 1000 € / 2000 €

7. Welche der folgenden Aussagen zum Freistellungsauftrag sind korrekt? (MC)

    a) Depots Minderjähriger fallen unter den Freistellungsauftrag ihrer Eltern.

    b) Für Depots bei verschiedenen Banken genügt die Einreichung eines Freistellungsauftrags beim Finanzamt.

    c) Der Freistellungsauftrag ist grundsätzlich unbefristet gültig.

    d) Der Freistellungsauftrag hat eine Gültigkeit von maximal zwei Jahren.

    e) Pro Kreditinstitut wird ein separater Freistellungsauftrag benötigt.

    f) Bei Zusammenveranlagten ist ein Freistellungsauftrag immer gemeinsam zu stellen.

8. Wie lange ist eine Nichtveranlagungsbescheinigung maximal gültig? (SC)

    a) 1 Jahr

    b) 2 Jahre

    c) 3 Jahre

    d) 5 Jahre

9. Was besagt die First-in-first-out-Methode? (SC)

   a) Veräußerungsgewinne aus Aktienfonds sind steuerfrei, wenn das Investment älter als zwei Jahre ist.

   b) Anleger, die als erste in ein neues offenes Investmentvermögen investieren, können diesen auch als erste verkaufen.

   c) Die Börsenkurse von Wertpapieren sind morgens meistens günstiger als kurz vor Börsenschluss.

   d) Bei einem Anteilsverkauf gelten steuerlich die zuerst erworbenen Investmentanteile als veräußert.

10. Wer führt die Abgeltungssteuer an das Finanzamt ab? (SC)

    a) der Steuerpflichtige im Zuge seiner Einkommensteuererklärung

    b) das depotführende Kreditinstitut

    c) der für den Steuerpflichtigen zuständige Steuerberater

    d) der Emittent des Wertpapieres

11. Welche Angabe muss beim Tod eines Depotinhabers seitens des depotführenden Unternehmens an das Finanzamt übermittelt werden? (SC)

    a) Depotwert am Todestag

    b) Depotwert am Tage der Depoteröffnung

    c) Steuerklasse des Depotinhabers

    d) Jahresberichte zu den im Depot enthaltenen Investmentanteilen

12. Welche der folgenden Sachverhalte fließen in die Berechnung der Erbschaftssteuer und Schenkungssteuer ein? (MC)

    a) persönlicher Steuersatz des Begünstigten

    b) persönlicher Steuersatz des Schenkenden bzw. des Erblassers

    c) Verwandtschaftsgrad

    d) Unternehmensform des depotführenden Unternehmens

    e) Anzahl der vererbten oder verschenkten Vermögensanteile

    f) individuelle Freibeträge des Begünstigten

13. Welcher Freibetrag gilt für Veräußerungsgewinne aus dem Verkauf von Investmentanteilen, die vor dem 1.1.2009 erworben wurden? (SC)

    a) 10.000 € pro Jahr

    b) 10.000 € pro Anleger

    c) 10.000 € pro Investmentvermögen

    d) 100.000 € pro Jahr

    e) 100.000 € pro Anleger

    f) 100.000 € pro Investmentvermögen

14. Wie werden Erträge aus der Anlage in offene Investmentvermögen seit 1.1.2018 grundsätzlich besteuert? (SC)

    a) Thesaurierende Publikumsinvestmentvermögen werden anhand einer Vorabpauschale besteuert.

    b) Aktienfonds werden anhand einer Teilbefreiungspauschale besteuert.

    c) Alle offenen Investmentvermögen werden nur noch innerhalb einer Freigrenze von 100.000 € besteuert.

    d) Ausschüttungen von ausschüttenden Investmentvermögen werden pauschal mit 30 % besteuert.

15. Wie erfolgt die Berechnung des Basisertrags? (SC)

    a) Wert der Investmentanteile zum Ende des Steuerjahres X Ausschüttung X 0,3

    b) Wert der Investmentanteile bei Kauf X Basisertrag X 0,7

    c) Wert der Investmentanteile am 1.1.2018 X Ausschüttung X 25 %

    d) Wert der Investmentanteile zu Beginn des Steuerjahres X Basiszins X 70 %

3.7 Eröffnung, Gestaltung und Führung von Depotkonten

Der Anleger kann seine Investmentanteile entweder von der Kapitalverwaltungsgesellschaft in einem i. d. R. kostengünstigen Kundendepotkonto oder in einem Wertpapierdepot einer Bank verwahren lassen.

Mittels des Depoteröffnungsantrages wird das Depot eröffnet. Hierbei ist die Schriftform erforderlich, damit beide Vertragspartner jederzeit die Einzelheiten der Depotkontoeröffnung nachweisen können.

Für die Depotkontogestaltung gibt es mehrere Möglichkeiten.

Einzel- und Gemeinschaftskonten

Je nach Anzahl der Kontoinhaber unterscheidet man zwischen Einzelkonten und Gemeinschaftskonten:

- Einzelkonten haben einen Kontoinhaber, aber über Vollmachten können weitere Verfügungsberechtigte bestimmt werden.

- Gemeinschaftskonten haben mehrere Kontoinhaber (häufig: Ehepartner). Auch hier sind Vollmachten für weitere Verfügungsberechtigte möglich.

Bei den Gemeinschaftskonten unterscheidet man hinsichtlich der Verfügungsberechtigung zwischen den Kontoinhabern:

- Und-Konten mit einer gemeinschaftlichen Verfügungsberechtigung, d. h. nur beide Kontoinhaber zusammen können verfügen (in der Praxis kaum mehr üblich).

- Oder-Konten, bei denen jeder Kontoinhaber einzeln verfügungsberechtigt ist (in der Praxis häufigste Variante).

Zur Führung eines Oder-Kontos muss eine ausdrückliche schriftliche Weisung erteilt werden.

Unabhängig von der Verfügungsberechtigung haftet jeder Kontoinhaber für Verbindlichkeiten in voller Höhe (sog. gesamtschuldnerische Haftung).

Freistellungsaufträge können sowohl bei Einzelkonten als auch bei Gemeinschaftskonten vom Ehepartner – in diesem Fall von den Ehepartnern gemeinschaftlich – erteilt werden.

Gemeinschaftskonten

Oder-Konten	Und-Konten
▪ Einzelverfügungsberechtigung der Kontoinhaber: jeder Kontoinhaber kann allein über das Konto oder Depot verfügen	▪ Gemeinschaftliche Verfügung: die Kontoinhaber können nur gemeinsam über das Konto oder Depot verfügen
▪ Eröffnung und Auflösung sind nur gemeinsam möglich	▪ Eröffnung und Auflösung sind nur gemeinsam möglich
▪ beim Tod eines Kontoinhabers bleibt das Verfügungsrecht des überlebenden Kontoinhabers uneingeschränkt bestehen	▪ beim Tod eines Kontoinhabers kann der überlebende Kontoinhaber nur gemeinsam mit den Erben des verstorbenen Inhabers verfügen.
▪ Kontobezeichnung: „Paul oder Petra Bär"	▪ Kontobezeichnung: „Paul und Petra Bär"

Abb. 198: Gemeinschaftskonten

Verfügungsberechtigungen

Grundsätzlich gelten nachfolgende Verfügungsberechtigungen:

- Kontoinhaber, sofern sie voll geschäftsfähig sind

- gesetzliche Vertreter, wie z. B. Eltern von Minderjährigen

- rechtsgeschäftliche Vertreter, d. h. durch Kontovollmacht Berechtigte oder bei betreuten Personen durch Betreuungsvollmacht

Minderjährigen-Konto

Bei Kontoeröffnung ist die depotführende Stelle verpflichtet, eine Legitimationsprüfung vorzunehmen (§ 154 AO). Dabei wird auch das Alter des zukünftigen Geschäftspartners festgestellt.

Während Personen unter 7 Jahren noch geschäftsunfähig sind, beginnt mit Vollendung des 7. Lebensjahres die beschränkte Geschäftsfähigkeit (§ 104 ff. BGB). Die volle Geschäftsfähigkeit tritt mit Vollendung des 18. Lebensjahres ein.

Grundsätzlich gilt die gemeinsame Vertretung minderjähriger Kinder durch die Eltern gemeinsam als gesetzliche Vertreter:

- verheiratete, geschiedene und getrennt lebende Eltern mit gemeinsamem Sorgerecht (kein besonderer Nachweis erforderlich)

- nicht verheiratete Eltern bei Abgabe einer gemeinsamen Sorgerechtserklärung (Nachweis: Sorgerechtsnachweis des Jugendamtes)

Die Einzelvertretung eines Elternteils gilt z. B., wenn

- der andere Elternteil verstorben ist (Nachweis durch Sterbeurkunde).

- das Familiengericht einem Elternteil das alleinige Sorgerecht übertragen hat (Nachweis z. B. mittels Scheidungsurteil bei geschiedenen Eltern).

- die Eltern unverheiratet sind und keine gemeinsame Sorgerechtserklärung abgegeben haben (Nachweis: Negativerklärung des Jugendamtes).

Bei verheirateten Eltern mit unterschiedlichen Familiennamen wird meist die Vorlage der Heiratsurkunde als Nachweis verlangt.

Auch wenn das Konto von dem Minderjährigen (mit Zustimmung der gesetzlichen Vertreter) eröffnet wurde, können die gesetzlichen Vertreter aufgrund der gesetzlichen Vertretungsmacht (§ 1629 BGB) grundsätzlich immer neben dem Minderjährigen über das Konto verfügen. Mit Vollendung des 18. Lebensjahres gehen alle Rechte auf den dann Volljährigen über.

Minderjährigen-Depotkonten	
der Minderjährige ist geschäftsunfähig	**der Minderjährige ist beschränkt geschäftsfähig**
▪ er hat das 7. Lebensjahr noch nicht vollendet	▪ er hat das 7. Lebensjahr, aber noch nicht das 18. Lebensjahr vollendet
▪ die Kontoeröffnung kann nur durch die gesetzlichen Vertreter erfolgen	▪ die Kontoeröffnung kann durch die gesetzlichen Vertreter oder den Minderjährigen selbst (mit Zustimmung der Eltern, die i. d. R. dann trotzdem immer mit auf dem Depotkontoeröffnungsantrag unterschreiben) erfolgen
▪ Vollmachten über das Konto können nur von den gesetzlichen Vertretern erteilt werden	▪ die Verfügungsberechtigung und die Kontoauflösung können ebenfalls durch die gesetzlichen Vertreter oder den Minderjährigen (mit entsprechender Zustimmung der gesetzlichen Vertreter) erfolgen
▪ Verfügungen können nur von den gesetzlichen Vertretern oder den von ihnen Bevollmächtigten vorgenommen werden.	

Abb. 199: Minderjährigen-Depotkonten

Vollmachten

Neben der Möglichkeit einer allgemeinen **Bankvollmacht**, die dem Berechtigten weitreichende Rechte für die gesamte Geschäftsverbindung einräumt, überwiegt in der Praxis die **Kontovollmacht**. Diese berechtigt zu Geschäften, die im direkten Zusammenhang mit einem einzelnen Konto oder Depot stehen. Der Bevollmächtigte darf mit der Kontovollmacht insbesondere über das Kontoguthaben und eventuell bereits eingeräumte Kredite verfügen. Die Kontovollmacht berechtigt nicht zur Kontoauflösung, zur Eröffnung neuer Konten, zum Abschluss neuer Kredite oder Änderung bestehender Kreditverträge.

Die **Vollmacht für den Todesfall** gilt ab dem Tod des Kontoinhabers. Zu beachten ist, dass diese kein Nachweis für die tatsächliche Erbfolge ist. Sie erleichtert lediglich bspw. die Verfügung über Kontoguthaben zur Finanzierung der Beerdigungskosten.

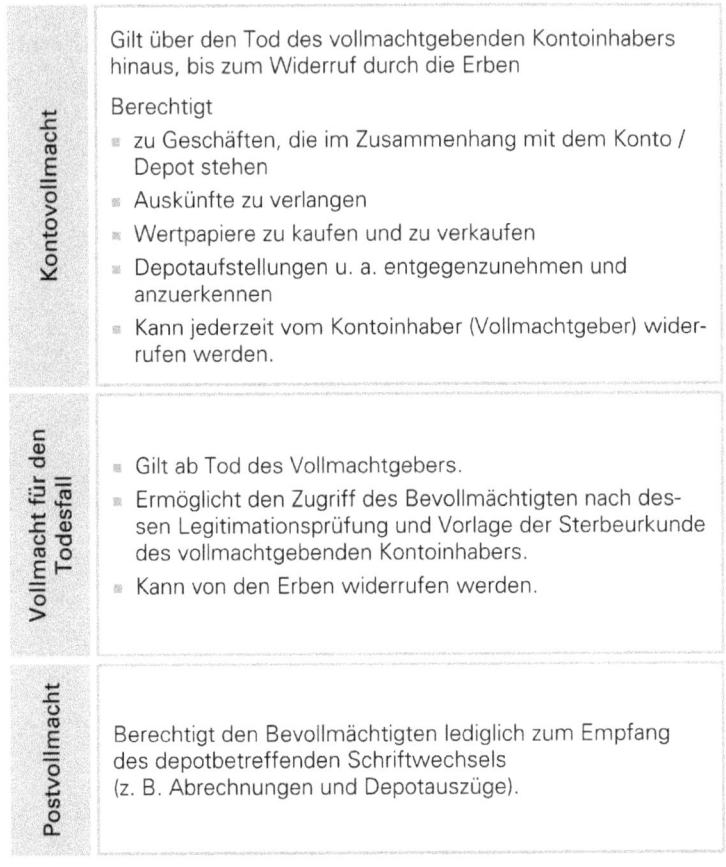

Kontovollmacht

Gilt über den Tod des vollmachtgebenden Kontoinhabers hinaus, bis zum Widerruf durch die Erben

Berechtigt

- zu Geschäften, die im Zusammenhang mit dem Konto / Depot stehen
- Auskünfte zu verlangen
- Wertpapiere zu kaufen und zu verkaufen
- Depotaufstellungen u. a. entgegenzunehmen und anzuerkennen
- Kann jederzeit vom Kontoinhaber (Vollmachtgeber) widerrufen werden.

Vollmacht für den Todesfall

- Gilt ab Tod des Vollmachtgebers.
- Ermöglicht den Zugriff des Bevollmächtigten nach dessen Legitimationsprüfung und Vorlage der Sterbeurkunde des vollmachtgebenden Kontoinhabers.
- Kann von den Erben widerrufen werden.

Postvollmacht

Berechtigt den Bevollmächtigten lediglich zum Empfang des depotbetreffenden Schriftwechsels (z. B. Abrechnungen und Depotauszüge).

Abb. 200: Die verschiedenen Arten von Vollmachten

Depoteröffnungsantrag

Der Depoteröffnungsantrag erfasst die Kundendaten zur Person (Name, Adresse u. a.) und erfüllt u. a. die

- gesetzlichen Anforderungen an die Feststellung der Rechts- und Geschäftsfähigkeit
- Legitimationsprüfung, um sich Gewissheit über die Person und die Anschrift des Antragstellers zu verschaffen (§ 154 AO)
- gesetzlichen Anforderungen des Geldwäschegesetzes (GwG) u. a. hinsichtlich der Feststellung des wirtschaftlich Berechtigten

und enthält in der Regel den WpHG-Fragebogen, der das Beratungsgespräch hinsichtlich nachfolgender Anlegerinformationen dokumentiert:

- bisherige Erfahrungen und Kenntnisse mit Wertpapiergeschäften
- finanzielle Verhältnisse des Anlegers (Risikofähigkeit des Anlegers)
- Anlageziele (Anlagedauer, Risikobereitschaft des Anlegers, Zweck der Anlage)

Pflichtangaben bei der Depotkontoeröffnung sind:

- persönliche Angaben zum Kontoinhaber (Name, Familienstand, Staatsangehörigkeit, Adresse, Berufsstatus (z. B. Angestellte / r, Selbstständige / r))
- Angabe, ob private oder geschäftliche Nutzung des Depots
- Angabe gem. § 3 Abs. 1 Nr. 3 GwG (Geldwäschegesetz) zum Handeln im eigenen wirtschaftlichen Interesse oder ggf. Angabe und Identitätsfeststellung des wirtschaftlich Berechtigten (§ 1 Abs. 6 GwG und § 4 Abs. 5 GwG)
- bisherige Erfahrungen und Kenntnisse mit Wertpapiergeschäften, finanzielle Verhältnisse des Anlegers, Anlageziele und Risikotoleranz gem. § 63 Abs. 3 WpHG – neue Fassung ab 1. 1. 2018
- Angaben zur Kontoverbindung (z. B. für Auszahlungen)
- Geschäftsbedingungen (inkl. Einbindung der Allgemeinen Geschäftsbedingungen AGB)
- Datenschutzerklärung
- Identitätsfeststellung / Legitimationsprüfung aus steuerrechtlichen (§ 154 Abs. 1 AO [Abgabenordnung]) in Verbindung mit geldwäscherechtlichen Gründen (§ 3 Abs. 2 Nr. 2 GwG) sowie zur Feststellung der Rechts- und Geschäftsfähigkeit

Depotaufträge

Sobald das Depotkonto eröffnet ist, können verschiedene Aufträge erteilt werden.

- **Kaufauftrag** für die Einmalanlage eines Geldbetrages
- **Investment-Sparplan** für eine regelmäßig – bis auf Widerruf – wiederkehrende Geldanlage:
  - monatlich, zwei-monatlich, vierteljährlich, halbjährlich oder jährlich

- Angabe des Kauftermins (z. B. zum 1. des Monats)

- wird auch für Änderung oder Löschung eines bestehenden Investment-Spar-plans verwendet (Änderung des Betrages, des offenen Investmentvermögens, des Ausführungstermins u. a.)

- **Dynamisierung bei Investment-Sparplänen:** Im Rahmen eines Investment-Spar-plans kann der Anlagebetrag / die Sparrate i. d. R. jährlich um eine bestimmte Prozent-zahl (meist 5 % oder 10 %) der letzten Anlagesumme automatisch erhöht werden.

- **Tausch,** um vorhandene Depotbestände an offenen Investmentvermögen zu ver-kaufen und in Anteile eines anderen offenen Investmentvermögens anzulegen: Dabei fällt für die neu zu erwerbenden Anteile i. d. R. erneut der volle Ausgabeauf-schlag an. Manche Kapitalverwaltungsgesellschaften verlangen nur die Differenz, sofern das neue Investmentvermögen einen höheren Ausgabeaufschlag aufweist als das ursprüngliche Investmentvermögen.

- **Übertragung von Anteilen** an offenen Investmentvermögen: Dieser Auftrag wird verwendet, um Depots bei anderen Depotbanken oder Kreditinstituten auf ein neu eröffnetes Depot zu übertragen. Sofern es nicht möglich ist, Fondsbruchteile zu übertragen, wird ein eventuell verbleibender Anteilsbruch verkauft und auf ein Konto des Anlegers gutgeschrieben.

- **Verkauf,** um einen bestimmten Betrag oder eine bestimmte Anzahl von Antei-len zu veräußern: Sofern es sich um den gesamten Depotbestand handelt, kann zeitgleich ein Auftrag zur Depotauflösung erteilt werden. Ein Depot kann auch bestandslos weitergeführt werden, um für spätere neue Wertpapierkäufe wieder genutzt werden zu können.

- **Auszahlplan** (Entnahmeplan), um regelmäßig – bis auf Widerruf – in einer be-stimmten Betragshöhe Investmentanteile zu verkaufen:

  - monatlich, zwei-monatlich, vierteljährlich, halbjährlich oder jährlich

  - Angabe des Verkaufstermins (z. B. zum 1. des Monats)

  - kann auch zur Änderung oder Löschung eines bestehenden Auszahlplans (Ent-nahmeplan) verwendet werden.

Rechtliche Regelungen im Todesfall

Aus Sicht der kontoführenden Stelle steht die Klärung der folgenden zwei Fragen im Vordergrund:

- Wem gehört im Todesfall das Konto- bzw. Depotguthaben?

- Welche Meldepflichten bestehen gegenüber dem Finanzamt?

Die Frage nach dem neuen Eigentümer wird entweder durch ein Testament oder die gesetzliche Erbfolge geregelt. Bei Gemeinschaftskonten fällt nur der Teil in die Erb-masse, der dem verbliebenen Kontoinhaber nicht selbst gehört.

Durch welche Unterlagen – neben Vorlage des Personalausweises – erfolgt die Legi-timation der Erben?

Zunächst muss der Tod mittels Sterbeurkunde nachgewiesen werden. Ein eröffnetes Testament oder ein Erbschein legitimieren den Erben.

Sobald die kontoführende Stelle Kenntnis vom Ableben eines Konto-/Depotinhabers erlangt, ist sie verpflichtet, dem Finanzamt den Konto-/Depotbestand am Todestag mitzuteilen. Auf der Basis des genannten Betrages wird das Vermögen des Verstorbenen ermittelt, das zur Berechnung einer möglichen Erbschaftssteuer herangezogen wird.

	Einzelkonto	Oder-Konto	Und-Konto
Verfügungsberechtigung	die Erben gemeinsam (Einzelkonto wird bei mehreren Erben zu einem Und-Konto)	der verbliebene Kontoinhaber ODER die Erben des Verstorbenen (diese nur gemeinsam)	der verbliebene Kontoinhaber UND die Erben des Verstorbenen (diese gemeinsam)
	Kontobevollmächtigte (Kontovollmacht über den Tod hinaus oder Vollmacht für den Todesfall) bis zum Widerruf durch die Erben		
	Testamentsvollstrecker bestellt durch Testament oder Erbvertrag		
	Nachlasspfleger oder Nachlassverwalter bestellt durch Nachlassgericht		
Nachweise	▪ Sterbeurkunde ▪ Legitimationsprüfung ▪ bei den Erben zusätzlich eine erbrechtliche Legitimation durch Vorlage eines Erbscheins oder des eröffneten Testamentes (Ausfertigung oder beglaubigte Abschrift des Testamentes zzgl. Eröffnungsprotokoll) ▪ Testamentsvollstrecker durch Testamentsvollstreckerzeugnis oder eröffnetes Testament ▪ Nachlasspfleger/-verwalter durch Bestellungsurkunde		
Meldung an die Erbschaftssteuerstelle des Finanzamtes	▪ innerhalb von einem Monat nach Bekanntwerden des Todes ▪ Guthaben, wie z. B. Depotbestand am Todestag von mehr als 5.000 € ▪ bei offenen Investmentvermögen: Art und Anzahl der Anteile zum jeweiligen Rücknahmepreis am Todestag		

Abb. 201: Die rechtlichen Regelungen im Todesfall

▶ Exkurs: Erbschein

Der Erbschein ist ein vom Nachlassgericht (Amtsgericht des letzten Wohnsitzes des Verstorbenen) ausgestellter Nachweis darüber, wer Erbe ist und wie groß der Erbteil ist. Das Nachlassgericht ist für die Erteilung von Erbscheinen zuständig. Der Erbschein ist zu beantragen und bedeutet die Annahme des Erbes (einschließlich eventueller Verbindlichkeiten). Die Ausstellung eines Erbscheins ist gebührenpflichtig, wobei die Gebührenhöhe von der Höhe der vererbten Summe abhängt. Allerdings ist nicht immer ein Erbschein erforderlich.

Der Bundesgerichtshof (BGH) hat bereits 2005 entschieden, dass ein Erbschein nicht notwendig ist, um an den Nachlass zu kommen (Az.: XI ZR 401 / 12): „Der Erbe ist von Rechts wegen nicht verpflichtet, sein Erbrecht durch einen Erbschein nachzuweisen, sondern kann diesen Nachweis auch in anderer Form führen." Alternativen zum Erbschein sind ein Erbvertrag oder ein beglaubigtes Testament. In unklaren Fällen kann dennoch auch weiterhin ein Erbschein verlangt werden (Inhaber einer Kontovollmacht, die über den Tod hinaus gültig ist, müssen in der Regel keinen Erbschein vorlegen). ◀

Besorgen Sie sich die Formulare der Kapitalverwaltungsgesellschaft Ihres Unternehmens oder Ihres Vertriebspartners. Füllen Sie diese einfach einmal beispielhaft für sich selbst aus. So gewinnen Sie Sicherheit für das Kundengespräch. Und erkundigen Sie sich nach den Gepflogenheiten der Kapitalverwaltungsgesellschaft bzw. Verwahrstelle, mit der Sie überwiegend zusammenarbeiten. Insbesondere hinsichtlich der notwendigen Nachweise, z. B. für Minderjährigen-Konten oder im Todesfall. Es kann durchaus Ausnahmen von den hier beschriebenen Regeln geben.

Die Eröffnung und das Führen von Depotkonten unterliegen vielen gesetzlichen Regelungen. Einerseits zum Schutz der Kunden, aber auch, um klare Rahmenbedingungen für die depotführende Stelle zu schaffen. Viele gesetzliche Regelungen sind von praktischer Bedeutung und finden sich in den Formularen, wie bspw. Depoteröffnung und -führung, wieder. In der täglichen Verwendung und Praxis kann man am besten und schnell durch Übung an Sicherheit gewinnen.

Das Wichtigste zusammengefasst:

Zur Vermittlung von Finanzanlageprodukten gehören Kenntnisse über die Eröffnung, Gestaltung und Führung von Depotkonten, in denen die Investmentanteile des Kunden verwahrt werden.

Sie kennen nun:

- Die verschiedenen Gestaltungsmöglichkeiten von Depotkonten: Einzelkonto, Gemeinschaftskonten, Vollmachten

- Die bei der Depotkontoeröffnung zu beachtenden Anforderungen zu den Pflichtangaben und zur Legitimationsprüfung

- Die zu beachtenden Anforderungen an Minderjährigen-Konten

- Die gemäß Geldwäschegesetz erforderlichen Angaben zum wirtschaftlich Berechtigten

- Die bei der Beratung zu berücksichtigenden Informationen zu Verfügungsmöglichkeiten, Dynamisierung von Sparplänen, Depotgebühr und zu den Folgen im Todesfall

Sie verstehen Ihr Wissen rund um die Depotführung als Komplettierung Ihres Serviceangebotes an Ihre Kunden.

Sie nutzen Ihr Fachwissen, um die Depoteröffnung gesetzeskonform mit Ihren Produktgebern abwickeln zu können.

▶ Aufgaben zum Kapitel 3.7 Eröffnung, Gestaltung und Führung von Depotkonten

Ihr Wissen auf dem Prüfstand:

1. Welche Kontoarten sind möglich, wenn Eheleute ein gemeinsames Konto eröffnen möchten? (MC)

    a) Und-Konto

    b) Oder-Konto

    c) Einzelkonto

    d) Und-und-Oder-Konto

2. Was gilt für die einfache Kontovollmacht auf Konten oder Depots? (MC)

    a) Sie gilt ab dem Todestag des Kontoinhabers.

    b) Sie umfasst sämtliche Konten und Depots des Vollmachtgebers.

    c) Sie gilt über den Tod des Kontoinhabers hinaus.

    d) Sie kann jederzeit vom Kontoinhaber widerrufen werden.

    e) Sie gilt unwiderruflich bis zum Tod des Kontoinhabers.

    f) Sie ermächtigt zu Verfügungen über das Vollmachtskonto.

3. In welcher Form haften die Inhaber eines Oder-Kontos für Verbindlichkeiten? (SC)

    a) Keine Haftung für die Verbindlichkeiten des anderen

    b) Einzelschuldnerische Haftung

    c) Gesamtschuldnerische Haftung

    d) Gegenseitige Haftung bei gegenseitiger Bevollmächtigung

4. Welche Angaben sind Pflichtangaben bei einer Depotkontoeröffnung?(MC)

    a) Geldwäscheschutzerklärung

    b) Angaben zu Name und Adresse des Vertragspartners

    c) Freistellungsauftrag

    d) Angabe zur Dynamisierung bei Investment-Sparplänen

    e) Datenschutzerklärung

    f) Angaben zu Erfahrungen und Kenntnissen mit Wertpapiergeschäften

5. Welche Vollmacht ermächtigt den Bevollmächtigten zu Verfügungen über alle Konten des Vollmachtgebers bei einer Bank? (SC)

    a) Einzelvollmacht

    b) Gemeinschaftsvollmacht

    c) Kontovollmacht

    d) Bankvollmacht

    e) Vollmacht für den Todesfall

3.8 Staatliche Förderung von offenen Investmentvermögen

3.8.1 Zielgruppen

Bei den Zielgruppen ist zu unterscheiden zwischen der Zielgruppe für das Sparen vermögenswirksamer Leistungen (VL-Sparen) und den Investmentsparplänen nach dem Altersvermögensgesetz (AVmG) („Riester").

Begünstigter Personenkreis VL-Sparen

Das 5. Vermögensbildungsgesetz gilt ausschließlich für Arbeitnehmer. Dazu gehören:

- Arbeiter und Angestellte (Voll-und Teilzeit) einschließlich der zu ihrer Berufsausbildung Beschäftigten (z. B. Auszubildenden)

- Heimarbeiter

- Beamte

- Richter

- Berufssoldaten und Soldaten auf Zeit

Ausschlaggebend ist ein Arbeitsverhältnis nach deutschem Arbeitsrecht.

Arbeitnehmer, die als Grenzgänger im benachbarten Ausland nach ausländischem Arbeitsrecht beschäftigt sind, aber ihren ständigen Wohnsitz und den Mittelpunkt ihrer Lebensinteressen im Inland haben, fallen ebenfalls unter den begünstigten Personenkreis.

Keine Arbeitnehmer sind z. B. Hausfrauen, Rentner, freiberuflich Tätige, Vorstandsmitglieder und Geschäftsführer von juristischen Personen.

VL, die in einen Sparvertrag über Wertpapiere oder andere Vermögensbeteiligungen (Beteiligungssparen) angelegt werden, können auch

- zugunsten des nicht dauernd getrennt lebenden Ehegatten oder Lebenspartners des Arbeitnehmers

- zugunsten minderjähriger Kinder

- zugunsten der Eltern oder eines Elternteils des Arbeitnehmers, wenn der Arbeitnehmer noch minderjährig ist,

angelegt werden.

Förderberechtigte Personen gemäß AVmG sind:

- begünstigte (förderberechtigte) Personen
  - gesetzlich Renten-Pflichtversicherte (inkl. in Deutschland lebende Ausländer)
  - Arbeitnehmer
  - Versicherte während Kindererziehungszeiten (Elternzeit 3 Jahre)

- nicht erwerbsmäßig tätige Pflegepersonen, die der Versicherungspflicht der gesetzlichen Rente unterliegen

- Arbeitslosen- (einschließlich ALG II-/Hartz 4-Bezieher) oder Krankengeldbezieher

- versicherungspflichtige Selbstständige

- Erwerbsunfähige: Bezieher einer Rente oder Versorgung wegen vollständiger Erwerbsminderung bzw. Dienstunfähigkeit (Voraussetzung: Zugehörigkeit zum begünstigten Personenkreis vor Rentenbezug, und das 67. Lebensjahr ist noch nicht vollendet)

- Angestellte im öffentlichen Dienst und aktive Beamte

- Weitere Förderberechtigte sind:

  - pflichtversicherte Landwirte

  - geringfügig Beschäftigte (so genannte Minijobs), die Beiträge an die gesetzliche Rentenversicherung zahlen:

    - für Beschäftigungsverhältnisse, die ab dem 1.1.2013 geschlossen wurden (Entgelt bis max. 450 € monatlich) und auf die gesetzliche Rentenversicherungspflicht nicht verzichtet wurde oder bei Ausweitung des Minijobs ab 1.1.2013 auf über 400 € monatlich (ebenfalls ohne Verzicht auf die Rentenversicherungspflicht)

    - geringfügig Beschäftigte, für Beschäftigungsverhältnisse, die vor dem 1.1.2013 geschlossen wurden und auf die Versicherungsfreiheit verzichtet wurde (Entgelt bis max. 400 € monatlich)

Darüber hinaus gibt es gemäß § 10 a Abs. 3 Satz 2 EStG die mittelbar Begünstigten:

- Ehepartner (nicht dauernd getrennt lebend) von Förderberechtigten, die selbst nicht zum begünstigten Personenkreis gehören. Sie können die Zulage in Anspruch nehmen, wenn sie einen Mindestbeitrag in Höhe des Sockelbetrags von jährlich 60 € zahlen und der Vertrag des Ehepartners aktiv bespart wird.

Nicht begünstigte Personen sind:

- nicht versicherungspflichtige Selbstständige

- nicht rentenversicherungspflichtige Studenten

- freiwillig Rentenversicherte

- Pflichtversicherte in berufsständischen Versorgungseinrichtungen

- Bezieher von Altersrente

3.8.2 Vermögenswirksame Leistungen gemäß dem 5. Vermögens-bildungsgesetz

Bedeutung des 5. Vermögensbildungsgesetzes

Schon im „Preußischen Einkommensteuergesetz" von 1891 gab es den Gedanken, die private Initiative zur Vorsorge und zur sozialen Sicherheit zu fördern. Immer stärker rückte dann die Vermögens- und Wohneigentumsbildung für immer breitere Bevölkerungsschichten in den Vordergrund.

Heutzutage ist die gleichmäßigere Verteilung des Produktivvermögens und nach wie vor auch die Wohnungsbauförderung das Ziel. Letztere ist zusätzlich in einem separaten Gesetz, dem Wohnungsbauprämiengesetz, geregelt.

Beide Ausrichtungen zielen letztlich auch auf eine Förderung der privaten Altersvorsorge ab. Sei es durch die Vermögensbildung, die für eine zusätzliche private Rente genutzt werden kann, oder das Wohneigentum, welches das mietfreie Wohnen im Alter ermöglicht.

Das 5. Vermögensbildungsgesetz regelt u. a. die Förderung, die Arbeitnehmer auf ihre vermögenswirksamen Leistungen erhalten können:

- Rahmenbedingungen rund um die Anlage vermögenswirksamer Leistungen
- Anspruch des Arbeitnehmers auf eine Arbeitnehmer-Sparzulage, je nach Anlageart bis zu bestimmten Höchstgrenzen
- Detailregelungen zu den beiden geförderten Anlagemöglichkeiten: Wohnungsbau (z. B. Bausparvertrag) und Beteiligungssparen (z. B. Aktienfondssparplan)

Das Prinzip des vermögenswirksamen Sparens

Gemäß § 2 des 5. Vermögensbildungsgesetzes (VermBG) sind vermögenswirksame Leistungen (VL) zusätzliche Geldleistungen des Arbeitgebers an den Arbeitnehmer, die in eine gesetzlich vorgeschriebene Anlageform vom Arbeitgeber für den Arbeitnehmer investiert werden müssen.

Die Zahlung von vermögenswirksamen Leistungen wird geregelt in:

- Tarifverträgen
- Betriebsvereinbarungen
- individuellen Arbeitsverträgen

Der Arbeitnehmer kann unabhängig davon den schriftlichen Antrag an seinen Arbeitgeber stellen, Teile seines Arbeitslohnes vermögenswirksam anzulegen (sog. Eigenleistung). Der Arbeitgeber ist verpflichtet, diesem Antrag zu entsprechen.

Jeder Arbeitnehmer darf bis zu 480 € p. a. vermögenswirksam anlegen. Das sind 40 € monatlich, die im besten Fall komplett vom Arbeitgeber übernommen werden.

Auch wenn der Arbeitgeber keine VL zahlt und der Arbeitnehmer den Geldbetrag vollständig als Eigenleistung erbringt, muss der VL-Betrag direkt vom Arbeitgeber auf das vom Arbeitnehmer benannte Anlagekonto überwiesen werden. Die Art des Anlagekontos muss für den Arbeitnehmer frei wählbar sein (Ausnahme: tarifvertragliche Vorgabe).

Gemäß § 11 Abs. 3 des 5. VermBG gilt, dass die gleichbleibende Eigenleistung des Arbeitnehmers dafür mindestens 13 € monatlich, 39 € vierteljährlich oder 39 € jährlich betragen muss.

Nur in Fällen der Anlage im Unternehmen des Arbeitgebers, z. B. Belegschaftsaktien, stille Beteiligungen, Genussrechte, oder in Fällen der Anlage zum Wohnungsbau bzw. zur Entschuldung des Wohnungsbaus, ist eine unmittelbare Zahlung an den Arbeitnehmer zur vermögenswirksamen Anlage zulässig, soweit nicht eine Gutschrift oder Verrechnung mit dem Kaufpreis vorgenommen wird.

Der Staat beteiligt sich an der Vermögensbildung durch eine staatliche Förderung, die so genannte Arbeitnehmer-Sparzulage. Voraussetzung sind bestimmte Einkommensgrenzen, die Einhaltung einer Sperrfrist und bestimmte Formalitäten bei der Zahlung des VL-Beitrages.

VL sind arbeitsrechtlicher Gehaltsbestandteil und können nicht übertragen werden.

VL-Anlageformen

Die Anlageformen sind im § 2 des 5. Vermögensbildungsgesetzes festgelegt.

Es wird unterschieden zwischen:

- Prämienbegünstigten Anlageformen
    - Bausparen sowie andere Wohnungsbaumaßnahmen, wie z. B. Grundstückserwerb oder Tilgung eines Hypothekendarlehens
    - Beteiligungssparen, d. h. Sparvertrag über Wertpapiere oder andere Vermögensbeteiligungen (sog. Anlage in Produktivvermögen):
        - Aktien (auch Belegschaftsaktien)
        - Anteile an offenen Investmentvermögen (sofern der Wert des Aktienanteils 60 % des Wertes des Sondervermögens nicht unterschreitet)
        - stille Beteiligungen
        - Genossenschaftsanteile u. a.
    - Wertpapier-Kaufvertrag
    - Beteiligungs-Vertrag und Beteiligungs-Kaufvertrag mit dem Arbeitgeber
- Nicht prämienbegünstigten Anlageformen
    - Kontensparen (sog. Geldsparvertrag)
    - Kapitalversicherungsvertrag (Lebensversicherung)

■ Betriebliche Altersvorsorge

Grundsatz der freien Anlagewahl

Gemäß § 12 des 5. VermBG kann jeder Arbeitnehmer grundsätzlich selbst entscheiden, in welche der gesetzlich vorgegebenen Anlageformen er seine vermögenswirksamen Leistungen investieren möchte.

Dies gilt für die Anlage von

■ Teilen des Gehaltes (Eigenleistung)

■ vermögenswirksamen Leistungen, die der Arbeitgeber als zusätzlichen Gehaltsbestandteil gewährt.

Die freie Wahlmöglichkeit der VL-Anlageform ist eine der Voraussetzungen für die Bewilligung der Arbeitnehmer-Sparzulage.

Ausnahme

Im Rahmen von Tarifverträgen kann die Anlage der vermögenswirksamen Leistungen auf die geförderten Anlageformen begrenzt werden bzw. können die Anlageformen, für die keine Arbeitnehmer-Sparzulage gewährt wird, ausgeschlossen werden.

Die Arbeitnehmer-Sparzulage (AN-Sparzulage)

Gemäß § 13 des 5. VermBG ist die Arbeitsnehmer-Sparzulage für die Vermögensbildung im Rahmen des Beteiligungssparens wie folgt festgelegt:

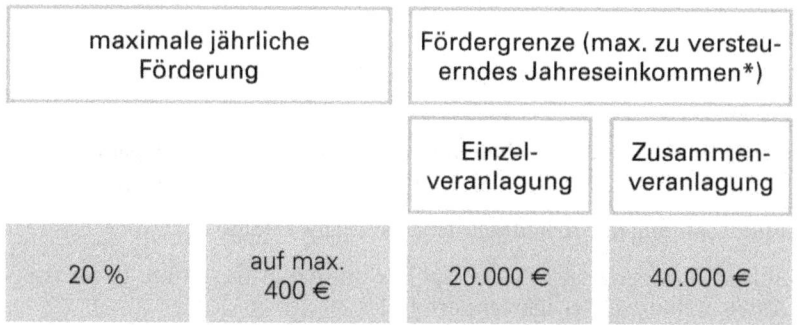

maximale jährliche Förderung		Fördergrenze (max. zu versteuerndes Jahreseinkommen*)	
		Einzel-veranlagung	Zusammen-veranlagung
20 %	auf max. 400 €	20.000 €	40.000 €

*Das tatsächliche Jahresbruttoeinkommen kann weit darüber liegen.

Abb. 202: AN-Sparzulage für das Beteiligungssparen

Maßgeblich ist das zu versteuernde Einkommen im Jahr der Sparleistung. Bezüglich des möglichen höheren Jahresbruttoeinkommens hilft ggf. die Rücksprache mit einem Steuerberater.

Beantragung und Auszahlung der Arbeitnehmer-Sparzulage

Dabei gilt es zunächst, die hier zusammengefassten, grundsätzlichen Voraussetzungen für die Bewilligung der Förderung und der Formalitäten zu beachten:

- Abschluss des VL-Sparvertrages durch den Arbeitnehmer

- Überweisung des VL-Anlagebetrages (Arbeitnehmer- und Arbeitgeberanteil) unmittelbar durch den Arbeitgeber auf den Anlagevertrag, der vom VL-Sparer abgeschlossen wurde

- zu zahlen aus Einnahmen aus nichtselbstständiger Arbeit, also Arbeitslohn

- freie Wahl der Anlageform durch den Arbeitnehmer

Für die Antragstellung gelten nachfolgende Rahmenbedingungen:

- Antragstellung jährlich rückwirkend mittels VL-Bescheinigung (wird vom VL-depotführenden Anlageinstitut ausgestellt) im Rahmen der Einkommensteuererklärung (Anlage „VL") durch den Arbeitnehmer

- Frist für die Antragstellung: 4 Jahre (für nach 2006 angelegte VL).

- Das Finanzamt ermittelt die Berechtigung und merkt die Arbeitnehmer-Sparzulage vor.

- Verfügungen vor Ablauf der Sperrfrist (= Vertragslaufzeit; Verfügungen während dieses Zeitraums führen zu einer Auflösung des VL-Vertrags) sind bis auf wenige Ausnahmen prämienschädlich. Die Sperrfrist beträgt gemäß § 4 Abs. 2 VermBG:

    - beim Beteiligungssparen 7 Jahre (ab dem 1.1. des Kalenderjahres und der 1. Sparratenzahlung).

    - beim Bausparen 7 Jahre (ab Vertragsabschluss bzw. Ausstellungsdatum der Bausparurkunde).

    - bei der direkten Unternehmensbeteiligung, wie z.B. einem Wertpapier-Kaufvertrag, 6 Jahre (ab dem 1.1. des Kalenderjahres des Wertpapiererwerbs).

Die Fälligkeit und Zahlung der Arbeitnehmer-Sparzulage erfolgt:

- mit dem Ablauf der Sperrfrist in einer Summe auf das Anlagekonto (Voraussetzung: die Antragstellung ist fristgerecht erfolgt)

- bei prämienunschädlicher Verfügung

Sperrfrist und formelle Rahmenbedingungen rund um die Arbeitnehmer-Sparzulage auf Vermögenswirksame Leistungen

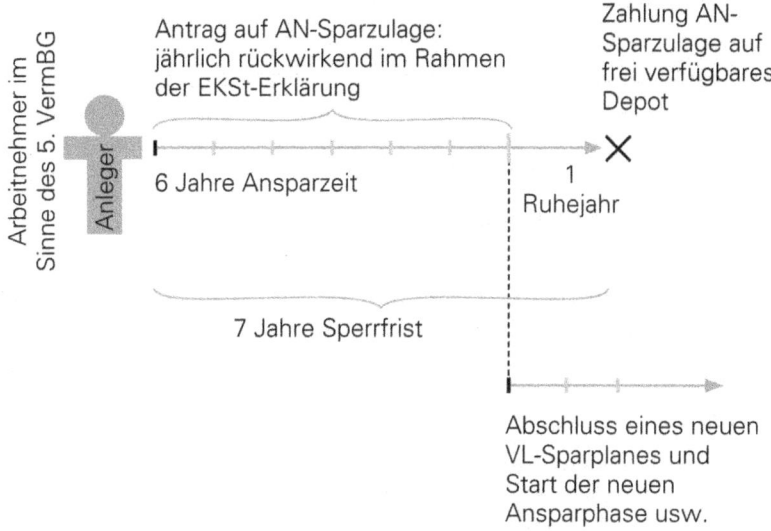

Abb. 203: AN-Sparzulage für die Vermögensbildung (Bausparen)

Beispiel – Beteiligungssparen

Der Arbeitnehmer unterschreibt den Sparvertrag über laufende Einzahlungen am 29. Juli 2017. Die erste vermögenswirksame Leistung geht am 20. August 2017 bei der Kapitalverwaltungsgesellschaft ein. Der Sparvertrag gilt am 20. August 2017 als abgeschlossen, sodass die sechsjährige Einzahlungsfrist am 19. August 2023 endet. Aufgrund der Vereinfachungsregelung ist die letzte Einzahlung aber auch noch am 31. August 2023 möglich. Die siebenjährige Sperrfrist endet am 31. Dezember 2023.

Für nicht geförderte Anlageformen gelten diese Sperrfristen nicht, da die Förderung durch die Arbeitnehmer-Sparzulage grundsätzlich entfällt.

Praxistipp:

Nach dem Ende der Ansparphase kann ein neuer VL-Sparvertrag abgeschlossen werden, damit kein Monat / Jahr mit VL-Leistungen verloren geht und die staatliche Förderung weiter genutzt werden kann. Im Ruhejahr gibt es keinen Anspruch auf Arbeitnehmer-Sparzulage.

Steuer- und Sozialversicherungspflicht

Die vermögenswirksamen Leistungen unterliegen in vollem Umfang der Steuer- und Sozialversicherungspflicht. Die Arbeitnehmer-Sparzulage ist hiervon befreit.

Vermögenswirksame Leistungen sind zusätzliche Gehaltszahlungen und deshalb zu versteuern. Der Arbeitgeberzuschuss wird zunächst dem normalen Gehalt hinzugerechnet und nach der Berechnung der Steuer entsprechend dem vereinbarten Sparbetrag wieder abgezogen.

Seit 2009 gilt ein steuer- und sozialversicherungsfreier Höchstbetrag für die kostenlose oder verbilligte Überlassung von Mitarbeiterbeteiligungen an einem Unternehmen (Beispiel: Belegschaftsaktien) im Sinne von Absatz 2–5 des 5. Vermögensbildungsgesetzes von 360 € jährlich (§ 3 Nr. 39 EStG).

Förderkörbe der Arbeitnehmer-Sparzulage

Für die staatliche Förderung des Arbeitnehmers stehen insgesamt zwei Förderkörbe zur Verfügung. Aus jedem Förderkorb kann der Arbeitnehmer jeweils eine geförderte Anlageform auswählen und erhält für beide die entsprechenden Förderungen:

- aus dem **Förderkorb 1** (Beteiligungssparen) z. B. einen Aktienfonds-Sparplan und

- aus dem **Förderkorb 2** (Wohnungsbau) z. B. einen Bausparvertrag.

Für die beiden Förderkörbe gelten unterschiedliche Einkommensgrenzen. Für die Arbeitnehmer-Sparzulage auf einen Bausparvertrag liegen die Einkommensgrenzen bei 17.900 € (Einzelveranlagung / Ledige) bzw. 35.800 € (Zusammenveranlagung / Verheiratete).

Die Förderung auf den VL-Bausparvertrag beträgt 9 % auf max. 470 € pro Arbeitnehmer.

Neben der Arbeitnehmer-Sparzulage wird der private Wohnungsbau zusätzlich mit der Wohnungsbauprämie (Wohnungsbauprämiengesetz) gefördert. Um beide Förderungen zu erhalten, müssen jeweils separate Sparbeiträge gezahlt und separate Verträge abgeschlossen werden. Wohnungsbauprämie und Arbeitnehmer-Sparzulage werden immer getrennt voneinander für den jeweiligen Sparbetrag beantragt und gezahlt.

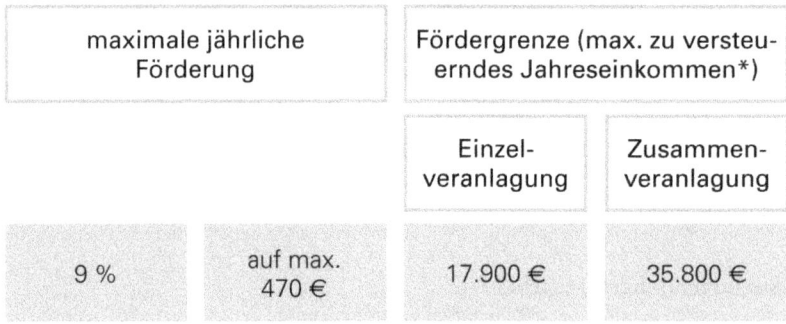

maximale jährliche Förderung		Fördergrenze (max. zu versteuerndes Jahreseinkommen*)	
		Einzel-veranlagung	Zusammen-veranlagung
9 %	auf max. 470 €	17.900 €	35.800 €

*Das tatsächliche Jahresbruttoeinkommen kann weit darüber liegen.

Abb. 204: Arbeitnehmer-Sparzulage für die Vermögensbildung (Bausparen)

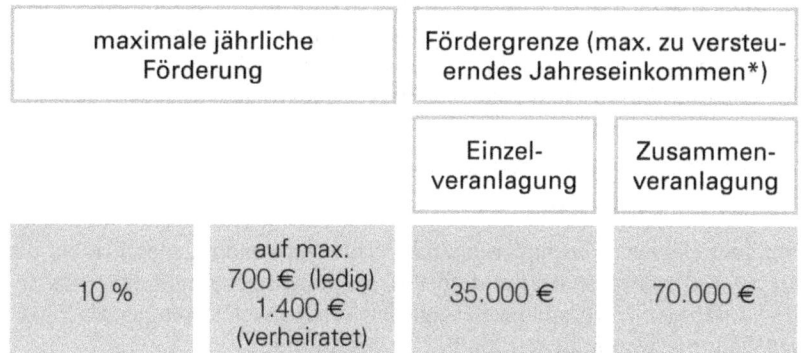

maximale jährliche Förderung		Fördergrenze (max. zu versteuerndes Jahreseinkommen*)	
		Einzelveranlagung	Zusammenveranlagung
10 %	auf max. 700 € (ledig) 1.400 € (verheiratet)	35.000 €	70.000 €

*Das tatsächliche Jahresbruttoeinkommen kann weit darüber liegen.

Abb. 205: Wohnungsbauprämie und AN-Sparzulage für Bausparen (Stand: 2021)

Vorzeitige Verfügungsmöglichkeiten

Hier wird unterschieden zwischen den prämienschädlichen und den prämienunschädlichen vorzeitigen Verfügungen.

Prämienschädliche vorzeitige Verfügungen

Verzichtet der berechtigte Arbeitnehmer auf die Arbeitnehmer-Sparzulage, so ist eine vorzeitige Verfügung über die bereits geleisteten Zahlungen jederzeitig möglich.

Prämienunschädliche vorzeitige Verfügungen

Die Bedingungen für eine prämienunschädliche vorzeitige Verfügung sind in § 4 Abs. 4 des 5. VermBG festgelegt.

Bei Verfügungen während der Sperrfrist verfällt der Anspruch auf die Arbeitnehmer-Sparzulage rückwirkend ab dem Laufzeitbeginn der Anlage.

Unter einer Verfügung versteht das Gesetz die Rückzahlung, Beleihung, Abtretung o. ä. der mit den vermögenswirksamen Leistungen erworbenen Wertpapiere.

Es gibt jedoch Ausnahmen von dieser Regel, die beim Beteiligungssparen nach Vertragsabschluss eingetreten sein müssen:

- Tod oder völlige Erwerbsunfähigkeit des Arbeitnehmers oder seines Ehepartners oder Lebenspartners (sofern nicht dauernd getrennt lebend)

- Heirat oder Begründung einer Lebenspartnerschaft, sofern 2 Jahre der Sperrfrist abgelaufen sind

- Arbeitslosigkeit, sofern seit mindestens 1 Jahr andauernd

- Verwendung des Erlöses aus der Verfügung innerhalb von 3 Monaten als Investition in die eigene (oder die des nicht dauernd getrennt lebenden Ehepartners) berufliche Weiterbildung. Die Weiterbildungsmaßnahme muss außerhalb des Betriebes, dem er oder der Ehepartner angehört, durchgeführt werden. Sie muss

Kenntnisse und Fertigkeiten vermitteln, die dem beruflichen Fortkommen dienen und über arbeitsplatzbezogene Anpassungsfortbildungen hinausgehen. Im Rahmen der Einführung der Bildungsprämie (hier sog. „Weiterbildungssparen") wurde diese zusätzliche prämienunschädliche vorzeitige Verfügungsmöglichkeit geschaffen (www.bildungsprämie.info).

- Existenzgründung (gewerblich oder freiberuflich) unter Aufgabe der nicht-selbstständigen Arbeitnehmer-Tätigkeit

- Verkauf von festgelegten Wertpapieren und Wiederverwendung des Erlöses bis zum Ablauf des Kalendermonats, der dem Verkaufskalendermonat folgt, zum Erwerb neuer VL-fähiger Wertpapiere. Beträgt der Verkaufserlös weniger als 150 €, so wird die Wiederverwendung automatisch angenommen.

Vertragsunterbrechung

„Werden auf einen Vertrag über laufend einzuzahlende vermögenswirksame Leistungen oder andere Beträge in einem Kalenderjahr, das dem Kalenderjahr des Vertragsabschlusses folgt, weder vermögenswirksame Leistungen noch andere Beträge eingezahlt, so ist der Vertrag unterbrochen und kann nicht fortgeführt werden. Das Gleiche gilt, wenn mindestens alle Einzahlungen eines Kalenderjahrs zurückgezahlt oder die Rückzahlungsansprüche aus dem Vertrag abgetreten oder beliehen werden." (§ 4 Abs. 6 5. VermBG)

Dabei liegt bspw. eine Einzahlung anderer Beträge auch dann vor, wenn Zinsen für eingezahlte Beträge gutgeschrieben werden.

Nach einer Unterbrechung können auf den Sparvertrag keine vermögenswirksamen Leistungen mehr angelegt werden.

Beispiel 1

Der Arbeitnehmer unterschreibt den Sparvertrag über laufende Einzahlungen am 30. September 2017. Die erste vermögenswirksame Leistung geht am 4. November 2017, weitere vermögenswirksame Leistungen gehen bis einschließlich März 2018 bei der Kapitalverwaltungsgesellschaft ein. Ab 1. April 2018 werden keine Beträge mehr eingezahlt, weil der Arbeitnehmer arbeitslos geworden ist. Die gutgeschriebenen Zinsen und die gutgeschriebenen Erträge aus Vermögensbeteiligungen hat sich der Arbeitnehmer auszahlen lassen. Am 2. November 2019 werden erneut vermögenswirksame Leistungen eingezahlt. Der Vertrag ist nicht unterbrochen, weil in den Kalenderjahren 2018 und 2019 vermögenswirksame Leistungen angelegt worden sind.

Beispiel 2

Der Arbeitnehmer unterschreibt den Sparvertrag über laufende Einzahlungen am 30. September 2017. Die erste vermögenswirksame Leistung geht am 4. November 2017 bei der Kapitalverwaltungsgesellschaft ein. Ab 1. Januar 2018 werden keine Beträge mehr eingezahlt, weil der Arbeitnehmer arbeitslos geworden ist. Die gutgeschriebenen Zinsen und die gutgeschriebenen Erträge aus Vermögensbeteiligungen hat sich der Arbeitnehmer auszahlen lassen. Ab 1. Februar 2019 werden erneut vermögenswirksame Leistungen eingezahlt. Der Vertrag ist unterbrochen, weil im Kalenderjahr 2018 keine Einzahlungen vorliegen.

Fondswechsel

Ein Fondswechsel ist während der Laufzeit des VL-Sparvertrages (Beteiligungssparen) nicht möglich.

Das Gesetz sieht diesen zwar vor, die Anlageinstitute schließen einen Fondswechsel aber regelmäßig in ihren Vertragsbedingungen aus. Hintergrund sind die i. d. R. günstigeren Kostenregelungen für VL-Sparverträge als bei normalen Investment-Sparplänen.

Vertragswechsel

Ein Wechsel des Anlageproduktes (bspw. Wechsel von einem Bausparvertrag in einen Investment-Sparplan) innerhalb der Laufzeit eines bereits abgeschlossenen VL-Vertrages ist möglich. Allerdings beginnt dann die für das neue VL-Anlageprodukt geltende Sperrfrist erneut.

Pfändbarkeit

Der Anspruch auf vermögenswirksame Leistungen ist bis zum Höchstbetrag nicht übertragbar und damit auch nicht pfändbar und nicht verpfändbar. Dies gilt, soweit der Arbeitgeber die vermögenswirksamen Leistungen aus dem Arbeitslohn anzulegen hat und unabhängig davon, ob die vermögenswirksamen Leistungen zulagenbegünstigt sind. Der Anspruch auf die Arbeitnehmer-Sparzulage ist ebenfalls nicht übertragbar, pfändbar oder verpfändbar.

> Vermögenswirksame Leistungen als zusätzliche Arbeitgeberleistung bekommt fast jeder Arbeitnehmer. Darüber hinaus ist die VL-Anlage aus Eigenleistungen jedem Arbeitnehmer (der zum begünstigten Personenkreis gehört) vom Arbeitgeber zu ermöglichen. Doch viele Arbeitnehmer nutzen ihre Chance auf regelmäßigen staatlich geförderten Vermögensaufbau nicht (ca. 30 % der Begünstigten). Somit ist die VL-Anlage ein geeignetes Einstiegsprodukt, um junge und neue Kunden zu gewinnen.

Jeder Anleger von vermögenswirksamen Leistungen profitiert vierfach:

1. die zusätzliche Arbeitgeberleistung wird genutzt
2. staatliche Förderungen werden abgeschöpft
3. Beteiligung am Produktivvermögen wird aufgebaut
4. für den zukünftigen Geldbedarf wird durch einen regelmäßigen Vermögensaufbau vorgesorgt.

Werden alle Möglichkeiten ausgeschöpft, ergibt sich in wenigen Jahren ein attraktives Grundvermögen, das über neue VL-Sparverträge weiter vermehrt werden kann. Ausschüttungen, Zinseszinseffekt und mögliche Wertentwicklungen bauen das Vermögen weiter auf.

Die Beteiligten an der Vermögensbildung bilden ein Team:

- Der Arbeitgeber kann bis zu 480 € p. a. VL zahlen.

- Der Arbeitnehmer kann eine Eigenleistung erbringen, insbesondere wenn der Arbeitgeber keine oder nur einen Teil der VL zahlt. Die Eigenleistung kann also bis zu 480 € p. a. betragen.

- Der Staat zahlt Sparzulage in Höhe von max. 80 € p. a. (20 % auf max. 400 €).

> Unabhängig davon, dass der Staat die Vermögensbildung durch den Arbeitgeber bzw. Arbeitnehmer bis zu einem Höchstbetrag von bis zu 480 € ermöglichen möchte, fördert er diese Vermögensbildung mit einer Arbeitnehmer-Sparzulage nur bis zu einem Höchstbetrag von 400 € p. a.

Dazu kommen:

- Ausschüttungen

- Zinseszinseffekt bei Wiederanlage der Ausschüttungen

- Chance auf Wertentwicklung

Die zusätzliche Eigenleistung des Arbeitnehmers ist vor allem dann sinnvoll, wenn auch der 2. Förderkorb (Wohnungsbau) ausgeschöpft werden kann. Dann erhöht sich die staatliche Förderung um weitere 42,30 € (9 % von maximal 470 €) pro Arbeitnehmer. Beides unter der Voraussetzung, dass die jeweiligen Einkommensgrenzen nicht überschritten werden. Da die vermögenswirksamen Leistungen vom Arbeitgeber unabhängig vom Anspruch auf die Förderung gezahlt werden, sollte man diese zusätzliche Möglichkeit zur Vermögensbildung nutzen. Die VL dürfen nur bezahlt werden, wenn sie tatsächlich in eine Anlage investiert werden, die das 5. Vermögensbildungsgesetz dafür vorsieht. Ansonsten verfällt das „Arbeitgebergeschenk".

3.8.3 Riester-Rente mit Investmentsparplänen

Bedeutung des Altersvermögensgesetzes (AVmG)

Das 2001 beschlossene Altersvermögensgesetz (AVmG) bedeutete eine weitere, ergänzende Grundlage für das deutsche Rentenversicherungssystem. Die im Umlageverfahren organisierte gesetzliche Rente (sog. Generationenvertrag) wird seit 1. Januar 2002 durch eine kapitalgedeckte betriebliche oder private Altersvorsorge ergänzt. Diese private Altersvorsorge wird vom Staat gefördert und ist auch unter dem Begriff „Riester-Rente" bekannt.

Die Regelungen des AVmG finden sich in entsprechend geänderten §§10a und 79–99 des Einkommensteuergesetzes (EStG).

Das Prinzip des Riester-Fondssparens

Der Begriff Riester-Rente geht auf den ehemaligen Arbeits-und Sozialminister Walter Riester zurück, der diese Gesetzgebung federführend mitgestaltet hat.

Das Sozialversicherungssystem wurde dahingehend reformiert, dass es in Ergänzung zur gesetzlichen Rente auch eine private Förderrente gibt, für die die späteren Rentenbezieher selbst Kapital bilden müssen (daher auch der Begriff kapitalgedeckte Altersvorsorge).

Kennzeichen

Das Riester-Fondssparen zeichnet sich vor allem durch nachfolgende Kennzeichen aus:

- ein bestimmter Kreis Förderberechtigter

- Produkte benötigen eine Zertifizierung durch die Bundesanstalt für Finanzdienstleistungsaufsicht (BaFin) und unterliegen den Bestimmungen des Altersvorsorge-Zertifizierungsgesetzes (AltZertG).

- staatliche Förderung bestehend aus Zulagen und steuerlichen Vorteilen

Auch an die Produkte werden gesetzliche Anforderungen gestellt. Nur wenn diese erfüllt sind, erfolgt eine Zertifizierung. Diese Zertifizierung bedeutet für den Kunden, dass das Produkt förderfähig und für die private Altersvorsorge geeignet ist. Über Chancen und Risiken, die Qualität des Fondsmanagements oder die zukünftige Wertentwicklung sagt dieses Zertifikat nichts aus.

Die Förderung umfasst neben staatlichen Zulagen für den Anleger und bei vorhandenen Kindern zusätzlich besondere steuerliche Rahmenbedingungen. Die Fondsanlage im Zusammenhang mit der Riester-Förderung kommt in den Genuss der nachgelagerten Besteuerung.

Eine nachgelagerte Besteuerung ist eine aufgeschobene Steuerlast. Bei den Riester-Fonds steht der Förderung in der Ansparphase die volle Besteuerung der Riester-Rente in der Auszahlungsphase gegenüber.

Die Riester-Rente mit offenen Investmentvermögen gibt es in zwei Formen:

- indirekt, d.h. über Versicherungsgesellschaften und deren zertifizierte fondsgebundene Rentenversicherungsprodukte

- direkt, d.h. über Kapitalverwaltungsgesellschaften, die Riesterfonds-Sparpläne mit entsprechender Ausgestaltung und Zertifizierung anbieten.

Geförderte Anlageformen

Hierzu gehören gemäß § 1 Abs. 1 Nr. 5 AltZertG:

- Investmentsparverträge

- Banksparverträge

- Versicherungsverträge (private Rentenversicherung, fondsgebundene Lebensversicherungen)

- Bauspar- und Bausparfinanzierungsprodukte (sog. „Wohn-Riester")

- Genossenschaftsanteile

Diese müssen von der Bundesanstalt für Finanzdienstleistungsaufsicht (BaFin) zertifiziert sein.

Die Zertifizierungsvoraussetzungen

Für Riester-Renten gelten gemäß § 1 Abs. 1 und 1a AltZertG nachfolgende gesetzlich vorgeschriebene Zertifizierungskriterien:

- **Auszahlungsbedingungen bzw. Auszahlplan**

  - Die Auszahlung muss als eine lebenslange gleichbleibende oder steigende monatliche Leibrente erfolgen (Rentenversicherung).

  - Bei offenen Investmentvermögen kann alternativ eine Ratenzahlung im Rahmen eines Auszahlungsplans erfolgen. Der Auszahlungsplan muss bis zum 85. Lebensjahr des Berechtigten gleichbleibende oder steigende monatliche Zahlungen gewährleisten. Danach muss eine lebenslange Leibrente gewährt werden (Abschluss einer Rentenversicherung).

  - Beiträge und Zulagen sind zu Beginn der Auszahlungsphase garantiert.

  - Die Auszahlung beginnt ab dem 62. Lebensjahr oder mit Beginn der gesetzlichen Altersrente (bei Vertragsabschluss vor dem 1.1.2012 gilt das 60. Lebensjahr).

- **Beitragszahlung / Ansparphase**

  - Es muss ein „Unisex-Tarif" gelten, d. h. Frauen und Männer zahlen die gleichen Beiträge und erhalten die gleichen Auszahlungen.

- **Anlegerrechte während der Ansparphase**

  - Der Anleger hat das Recht, den Vertrag ruhen zu lassen. D. h. er zahlt auf unbestimmte Zeit keine weiteren Beiträge ein.

  - Der Anleger kann den Vertrag kündigen oder das angesparte Kapital auf einen anderen Altersvorsorgevertrag übertragen, welcher auf seinen Namen lauten muss (Kündigungsfrist 3 Monate zum Quartalsende).

  - Der Anleger hat die Möglichkeit, aus dem Sparguthaben während der Ansparphase für die Altersvorsorge (Altersvorsorge-Eigenheimbeitrag gem. § 92a EStG) Geld für die Anschaffung selbstgenutzten Wohneigentums (Bau oder Kauf eines Hauses, Kauf einer Eigentumswohnung) zu entnehmen (zu Beginn der Auszahlungsphase auch für die Entschuldung einer Wohnung, die vor dem 1.1.2008 vom Anleger erworben oder hergestellt wurde).

  - Die Abtretung oder Übertragung von Forderungen aus dem Vertrag an eine dritte Person außer den Vertragspartnern ist ausgeschlossen.

- **Garantierte Leistung / Hinterbliebenenabsicherung**

  - Der Anbieter muss dem Anleger bei Vertragsabschluss zusichern, dass zu Beginn der Auszahlungsphase mindestens die Summe der eingezahlten Altersvorsorgebeiträge (Eigenleistung und Zulagen) für die Auszahlung der Rente zur

Verfügung steht (Nominalwertzusage). D. h., in der Ansparphase ist das Kapital vor dem Zugriff Dritter (z. B. Anrechnung auf Hartz IV) geschützt.

- Der Altersvorsorgevertrag kann die Möglichkeit einer ergänzenden Hinterbliebenenabsicherung (= Witwen-/Witwerrente) oder einen Schutz vor Erwerbsunfähigkeit enthalten.

- Hinterbliebene in diesem Sinne sind der Ehepartner des Zulagenberechtigten und die in seinem Haushalt (in seiner Wohnung) lebenden kindergeldberechtigten Kinder.

- **Gebühren / Kosten**

  - Die Abschluss- und Vertriebskosten müssen über einen Zeitraum von mind. 5 Jahren verteilt werden.

Informationspflichten des Produktanbieters

Vor Vertragsabschluss sind dem Anleger gemäß § 7 AltZertG folgende Informationen mittels Produktinformationsblatt zur Verfügung zu stellen:

- Produktbezeichnung

- Produkttyp und kurze Produktbeschreibung

- Zertifizierungsnummer

- bei Altersvorsorgeverträgen die Empfehlung, vor Abschluss des Vertrages die Förderberechtigung zu prüfen

- den vollständigen Namen des Anbieters

- die wesentlichen Bestandteile des Vertrages

- die auf Wahrscheinlichkeitsrechnungen beruhende Einordnung in Chancen-Risiko-Klassen

- Kostenaufstellung

- Angaben zum Preis-Leistungs-Verhältnis

- Information zum Anbieterwechsel und zur Kündigung des Vertrages

- u. a.

Gemäß § 7a AltZertG besteht darüber hinaus eine jährliche Informationspflicht:

- schriftlich

- Verwendung der eingezahlten Beiträge

- Höhe des gebildeten Kapitals

- im abgelaufenen Beitragsjahr angefallene tatsächliche Kosten

- erwirtschaftete Erträge

- das nach Abzug der Kosten zu Beginn der Auszahlungsphase voraussichtlich zur Verfügung stehende Kapital

- Information, ob und wie ethische, soziale und ökologische Belange bei der Verwendung der eingezahlten Beiträge berücksichtigt werden.

Die staatlichen Zulagen (Stand seit dem Jahr 2008)

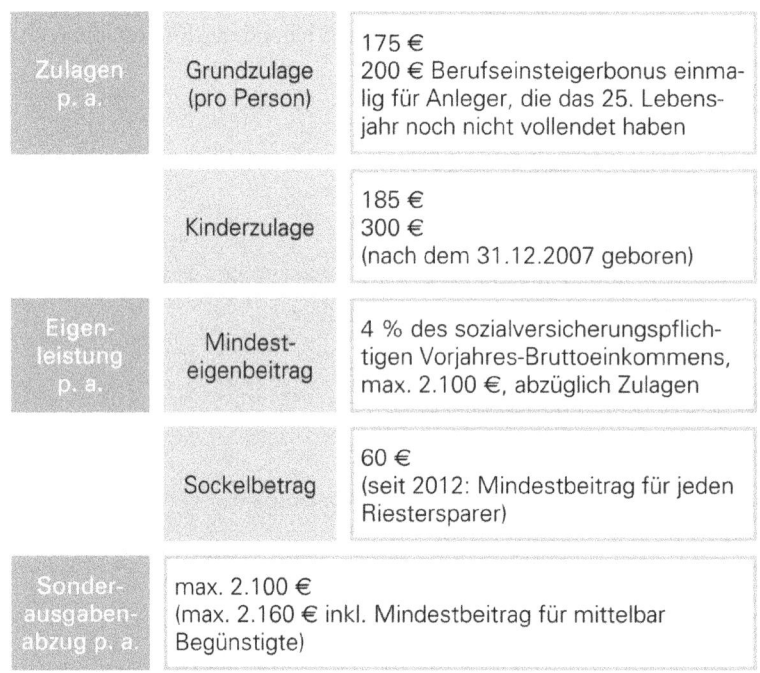

Zulagen p. a.	Grundzulage (pro Person)	175 € 200 € Berufseinsteigerbonus einmalig für Anleger, die das 25. Lebensjahr noch nicht vollendet haben
	Kinderzulage	185 € 300 € (nach dem 31.12.2007 geboren)
Eigenleistung p. a.	Mindesteigenbeitrag	4 % des sozialversicherungspflichtigen Vorjahres-Bruttoeinkommens, max. 2.100 €, abzüglich Zulagen
	Sockelbetrag	60 € (seit 2012: Mindestbeitrag für jeden Riestersparer)
Sonderausgabenabzug p. a.		max. 2.100 € (max. 2.160 € inkl. Mindestbeitrag für mittelbar Begünstigte)

Abb. 206: Die Riester-Förderung

Grundzulage
Die Grundzulage von 175 € (ab 1.1.2018, vormals 154 €) erhält jeder Zulagenberechtigte unabhängig vom persönlichen Einkommen. Bei Verheirateten 2 x, wenn jeder einen eigenen Vertrag abschließt, versicherungspflichtig ist und den Mindesteigenbeitrag gezahlt hat. Gesetzliche Grundlage: § 84 EStG

Kinderzulage
Diese wird pro Kind geleistet, für das Kindergeld gewährt wird. Je Kind nur einmal. Also keine Verdopplung, wenn Ehepartner zwei Riester-Verträge abschließen. Gesetzliche Grundlage: § 85 EStG

Berufseinsteigerbonus
Der Berufseinsteigerbonus ist eine zusätzliche Grundzulage für Berufseinsteiger. Er wird einmalig an Personen gezahlt, die das 25. Lebensjahr noch nicht vollendet haben.

Gesetzliche Grundlage: § 84 EStG

Mindesteigenbeitrag
Dieser Beitrag gilt inklusive der staatlichen Förderung und ist notwendig zum Erhalt der vollen Förderung und abhängig vom rentenversicherungspflichtigen Vorjahresbruttoeinkommen. Bei einer Unterschreitung des Mindesteigenbeitrages wird die Zulage im Verhältnis der gezahlten Beiträge zum Mindesteigenbeitrag gekürzt. Der Mindesteigenbeitrag ergibt sich aus 4 % des sozialversicherungspflichtigen Vorjahreseinkommens – max. 2.100 € – abzüglich der Zulagen, mindestens die Höhe des jährlichen Sockelbetrages.
Gesetzliche Grundlage: § 86 EStG und § 10a Abs. 1 Satz 1 EStG

Sockelbetrag
Der Sockelbetrag ist der Mindestbetrag für den Mindesteigenbeitrag. Ist der Mindesteigenbeitrag kleiner als der Sockelbetrag, muss der Sockelbetrag mindestens erbracht werden, um die ungekürzte Zulage zu erhalten. Er wird wirksam bei Personen mit geringem Einkommen oder aber mit hoher Zulagenförderung oder beidem, auch ein nur mittelbar Zulagenberechtigter (bspw. ein Ehepartner ohne versicherungspflichtiges Einkommen und somit nicht selbst förderberechtigt, der aber mit einem förderberechtigten Partner verheiratet ist) muss den Sockelbetrag erbringen, um die volle Zulage zu erhalten. Der Sockelbetrag gilt für alle gleich, d. h. unabhängig von der Anzahl der Kinder.
Gesetzliche Grundlage: § 86 Abs. 1 EStG

Sonderausgabenabzug und Günstigerprüfung

Die Aufwendungen (Eigenbeitrag + Zulagen) für die Riester-Rente können bis zu einem Höchstbetrag als Sonderausgaben im Rahmen der Einkommensteuererklärung geltend gemacht werden. Das Finanzamt prüft, welche Variante (Zulagen oder Sonderausgabenabzug) für den Riester-Sparer günstiger ist (Günstigerprüfung).

Beispiel
Herr Bauer, verheiratet, Zusammenveranlagung, 3 Kinder (geboren 1998, 2005, 2009), seine Ehegattin ist nicht berufstätig.

rentenversicherungspflichtiges Vorjahresbruttoeinkommen 30.000 € (2017)

jährlicher Mindesteigenbeitrag von Herrn Bauer:

4 % des Vorjahresbruttoeinkommens 2017	1.200 €
Grundzulage (175 € pro Person pro Jahr, da die Ehefrau einen eigenen Vertrag hat)	– 350 €
Kinderzulage (2 × 185 € + 1 × 300 € pro Jahr)	– 670 €
jährlicher Sockelbetrag Frau Bauer	+ 60 €
jährliche Eigenleistung	= 240 €

Fazit: Der Eigenanteil des Ehepaares liegt über dem Sockelbetrag von jährlich 60 €, und somit erhält das Ehepaar die vollen Zulagen.

> **Praxistipp**
>
> Der Anleger sollte darauf hingewiesen werden, dass Zulagen nachträglich gekürzt werden können (die Überprüfung erfolgt meist erst bis zu vier Jahre später, und eine Nachzahlungsmöglichkeit besteht nur eingeschränkt). Ausschlaggebend ist die Überprüfung, ob der Anleger seine Mindesteigenleistung in ausreichender Höhe erbracht hat. Insbesondere, wenn sich die familiären oder beruflichen Verhältnisse geändert haben.

Zusammentreffen mehrerer Verträge

Für sozialversicherungspflichtige Zulagenberechtigte ist es gemäß § 87 EStG möglich, Altersvorsorgebeiträge auf max. 2 Riester-Verträge zu verteilen. Der insgesamt zu leistende Mindesteigenbeitrag muss zugunsten dieser Verträge geleistet werden. Die Zulage ist entsprechend dem Verhältnis der auf diese Verträge geleisteten Beiträge zu verteilen.

Bei nicht selbst sozialversicherungspflichtigen Ehepartners ist für das jeweilige Beitragsjahr nur der Riester-Vertrag begünstigt, für den zuerst die Zulage beantragt wird. Ein zweiter Vertrag wird nicht gefördert.

Vertragsunterbrechung oder Reduktion der Einzahlungen

Dies ist grundsätzlich jederzeit möglich. Wird der Anleger z.B. arbeitslos, hat er trotzdem weiterhin Anspruch auf Förderung, wenn er den entsprechenden Eigenbeitrag leistet. Bei Unterschreitung des Mindesteigenbeitrages (Sockelbeitrag) wird die Förderung anteilig gekürzt.

Auch eine komplette Beitragsfreistellung des Vertrages ist möglich. Solange die Einzahlungen ruhen, zahlt der Staat keine Zulagen und entsprechend ist auch kein Sonderausgabenabzug möglich.

Beantragung der Zulage

Der einfachste Weg ist der Dauerzulagenantrag, der über den Produktanbieter gestellt werden kann. Dieser Antrag muss wie eine Vollmacht nur einmalig erteilt werden und gilt bis auf Widerruf. Der Anleger muss hier nur darauf achten, dass er für die Zulagenberechnung wichtige Veränderungen seiner persönlichen Verhältnisse (z.B. Geburt eines Kindes) dem Produktanbieter mitteilt.

Der „Antrag auf Altersvorsorge-Zulage" (ggf. zuzüglich „Antrag auf Kinderzulage") muss spätestens zwei Jahre nach Beitragszahlung erfolgen, sonst verfällt der Zulagenanspruch (zum Beispiel für das Jahr 2017 bis spätestens 31.12.2019).

Die Fördergelder werden bei der zentralen Zulagenstelle für Altersvermögen (ZfA) beantragt.

Die Zulagen werden nach Antragstellung und -bewilligung jährlich gezahlt oder es wird der Sonderausgabenabzug in der entsprechenden Einkommensteuererklärung berücksichtigt.

Die Zulagen fließen während der Ansparphase direkt in den Altersvermögensvertrag. Ein Steuervorteil aufgrund des Sonderausgabenabzugs wird dem Anleger direkt erstattet oder mit seiner übrigen Steuerschuld verrechnet.

Der Berufseinsteigerbonus muss nicht extra beantragt werden. Er wird automatisch gewährt.

Sonderausgabenabzug

Der Produktanbieter stellt dem Anleger eine Bescheinigung über seine Leistungen (Eigenbeitrag zzgl. Zulagen) in den Riester-Vertrag aus. Diese ist der Anlage AV der Einkommensteuererklärung beizufügen.

Nicht immer bedeutet der Sonderausgabenabzug einen zusätzlichen Steuervorteil gegenüber den gewährten Zulagen. Das Finanzamt nimmt automatisch eine „Günstigerprüfung" vor und gewährt ggf. den zusätzlichen Steuervorteil durch den Sonderausgabenabzug (der Anspruch auf die Zulagen bleibt auf jeden Fall bestehen).

Beispiel

Christian Schubert, ledig, rentenversicherungspflichtiges Vorjahres-Bruttoeinkommen	40.000 €
4 % des sozialversicherungspflichtigen Vorjahreseinkommens	1.600 €
abzgl. Grundzulage (ab 1.1.2018)	– 175 €
= Eigenbeitrag	1.425 €

Günstigerprüfung

Das Finanzamt nimmt folgenden Vergleich vor:

Sonderausgabenabzug 30 % auf 1.600 €	= 480 €
(angenommener EKSt-Satz 30 %)	
Zulagen (ab 1.1.2018)	– 175 €
Differenz	= 305 €

Die positive Differenz durch den Sonderausgabenabzug wird dem Anleger zusätzlich zu den Zulagen vergütet.

Somit beträgt der tatsächliche Eigenkapitaleinsatz des Anlegers unter Berücksichtigung des Sonderausgabenabzugs nach Verrechnung durch das Finanzamt	= 1.120 €

Praxistipp

Gerade bei einem hohen Steuersatz lohnt sich eine steueroptimierte Riesterförderung, d. h., dieser Kunde sollte den maximal geförderten Eigenbeitrag leisten.

Abgeltungssteuer und nachgelagerte Besteuerung der Erträge

Die nachgelagerte Besteuerung bedeutet, dass Kapitalerträge und Kursgewinne aus der Riester-Rente mit offenen Investmentvermögen während der Ansparphase steuerfrei sind. Die Leistungen während der Auszahlungsphase werden jedoch als sonstige Einkünfte (ohne Abzug von Sozialversicherungsbeiträgen) mit dem persönlichen Einkommensteuersatz versteuert.

Dieses Verfahren ist sinnvoll, handelt es sich doch um ein „Einkommen" im Rentenalter. In der Regel bedeutet dies für den Anleger, dass er einem geringeren persönlichen Einkommensteuersatz unterliegt als während der Einzahlungsphase, in der er voll berufstätig war.

Bei förderschädlichen Verfügungen vor dem 62. Lebensjahr (wenn der Vertrag nach dem 31.12.2011 abgeschlossen wurde) unterliegen die Erträge der Ansparphase der Abgeltungssteuer.

Steuerliche Abgrenzung

Riester-Investmentsparvertrag	Investment-Sparplan
▪ nachgelagerte Besteuerung ▪ Ansparphase: Erträge (Zinsen, Dividenden, Kursgewinne) sind steuerfrei ▪ Auszahlungsphase: Erträge sind als „sonstige Einkünfte" mit dem persönlichen Einkommensteuersatz zu versteuern	▪ 25 % Abgeltungssteuer (zzgl. 5,5 % Solidaritätszuschlag und ggf. Kirchensteuer) auf alle steuerpflichtigen Ertragsbestandteile der Ausschüttungen und auf Veräußerungsgewinne aus dem Anteilsverkauf.

Abb. 207: Steuerliche Abgrenzung

Förderunschädliche Kapitalentnahmen

▪ Ansparphase:

Das Gesamtkapital oder ein Teilbetrag bis zu 75 % kann für den Erwerb eines eigengenutzten Wohneigentums entnommen werden. Eine Rückzahlung des entnommenen Betrages ist nicht erforderlich. Einen Mindestentnahmebetrag gibt es nicht.

▪ Auszahlungsphase:

Zu Beginn der Auszahlungsphase können einmalig 30 % des Kapitals entnommen werden. Für die Entschuldung eines eigengenutzten Wohneigentums können das Gesamtkapital oder ein Teilbetrag von bis zu 75 % entnommen werden.

Förderschädliche Verwendung

In den nachfolgenden Fällen müssen gemäß § 93 EStG die erhaltenen Zulagen und Steuervorteile zurückbezahlt werden, und es kann zusätzlich eine Steuerpflicht für die vereinnahmten Erträge und Veräußerungsgewinne (insbesondere bei Investmentsparverträgen) entstehen:

- Kündigung des Riester-Vertrages (Kündigungsfrist i. d. R. 3 Monate), sofern kein Übertrag auf einen neuen Riester-Vertrag beim selben oder einem anderen Produktanbieter erfolgt. Dies gilt für die Anspar- und Auszahlungsphase gleichermaßen.

- Tod des Zulagenberechtigten (Nur der zusammen veranlagte Ehepartner kann das vollständige Vertragsguthaben [inkl. Zulagen] des Verstorbenen übernehmen und auf einen eigenen Riester-Vertrag – der ggf. erst für diesen Zweck abgeschlossen wird – übertragen lassen. Kinder oder andere Personen sind von dieser Regelung ausgeschlossen.)

- Entnahmen für nicht eigengenutztes Wohneigentum

Eine förderunschädliche Verwendung liegt vor, wenn der Vertrag ruht, aber nicht ausbezahlt wird.

Die frühere Regelung, dass Zulagen und Steuervorteile an einen dauerhaften Wohnsitz in Deutschland gekoppelt waren, entsprach nicht dem EU-Recht und ist zwischenzeitlich geändert worden. Gemäß § 95 EStG darf der Wohnsitz zukünftig auch während der Auszahlungsphase in einem Mitgliedstaat der Europäischen Union oder in einem Staat, auf den das Abkommen über den Europäischen Wirtschaftsraum (EWR-Abkommen) anwendbar ist, liegen. Dies gilt auch in Bezug auf die Förderungen des selbstgenutzten Eigenheims oder Wohnraums.

Beginn der Auszahlungsphase

In den Vertragsbedingungen muss klar geregelt sein, dass die Auszahlung der privaten Altersrente nicht vor Vollendung des 60. Lebensjahres (für Anleger, deren gesetzliches Renteneintrittsalter 65 Jahre beträgt) bzw. 62. Lebensjahres (für Anleger, deren gesetzliches Renteneintrittsalter 67 Jahre beträgt und die ihren Riester-Vertrag nach dem 31. Dezember 2011 abgeschlossen haben) beginnt.

Ablauf der Auszahlungsphase

Gesetzlich vorgeschrieben ist eine lebenslange Leibrentenzahlung in Form von gleichbleibenden oder monatlich steigenden Leistungen. Bei der Investmentfondsvariante wird die Leibrentenversicherung aufgeschoben, d. h. es wird mit Abschluss des Auszahlplanes mit Investmentfonds zusätzlich eine Rentenversicherung abgeschlossen, die mit der Vollendung des 85. Lebensjahres die Absicherung und Zahlung der zugesagten Riester-Rente übernimmt.

Darüber hinaus können bis zu 30 % des zur Verfügung stehenden Vermögens zu Beginn der Auszahlungsphase entnommen werden.

Zur Entschuldung eines selbstgenutzten Wohneigentums kann sogar das komplette angesparte Altersvorsorgevermögen entnommen werden.

Vererbung von Riester-Kapital

Grundsätzlich gehen die Ansprüche im Todesfall auf die Erben über.

Während der Auszahlungsphase steht bei Todesfall vor Eintritt des 85. Lebensjahres in der Regel vererbbares Kapital zur Verfügung. Zu beachten sind die Vertragsbedingungen des Produktanbieters.

Ist der zusammen veranlagte Ehegatte der Erbe, bleiben die Zulagen und Steuervorteile, die bis zum Todesfall angefallen sind, erhalten, und die Erträge bleiben während der Ansparphase weiter steuerfrei. Voraussetzung ist, dass der vererbte Riester-Vertrag auf einen eigenen Riester-Vertrag des Ehepartners übertragen wird. Der Erbe muss selbst nicht zum Kreis der förderberechtigten Personen gehören. Handelt es sich bei den Erben um andere Personen, so sind die erhaltenen Zulagen und Steuervorteile i. d. R. zurückzuzahlen und die Erträge zu versteuern.

Vorteile der Riester-Fondsanlage

Die Vorteile sind:

- lebenslange Zusatzrente
- garantierte Beiträge und Zulagen zu Beginn der Auszahlungsphase
- bei überwiegender Aktienanlage: hohe Ertragschancen (bergen umgekehrt aber auch hohe Risiken)
- steuerfreie Erträge (Zinsen, Dividenden, Kursgewinne) während der Ansparphase

Diese Vorteile kommen vor allem zum Tragen bei:

- Personen mit Kindern
- Personen mit geringem Einkommen

Bei Personen mit einem hohen Steuersatz, z. B. 40 % oder mehr (plus Solidaritätszuschlag und Kirchensteuer), ist eine Riester-Förderung aufgrund der Steueroptimierung interessant. Hier kann die Zahlung des Höchstbetrages dazu genutzt werden, den maximalen Sonderausgabenabzug auszuschöpfen.

Vermögensmanagement

Zum Ende der Ansparphase oder abhängig von der Entwicklung der Kapitalmärkte wird ein möglicher hoher Aktienanteil zugunsten des Anteils verzinslicher Wertpapiere vom Fondsmanagement umgeschichtet.

Die wichtigsten Merkmale der Riester-Rente im Überblick

- Zertifizierung der Riester-Produkte durch die BaFin
- umfangreiche Informationspflicht durch den Produktanbieter für die Anleger
- geschlechtsneutrale Tarife
- staatliche Förderung über Zulagen und Sonderausgabenabzug
- Förderung für förderberechtigte Personen
- vereinfachter Antrag durch die Möglichkeit eines Dauer-Zulagenantrags über den Produktanbieter

- Das Kapital ist in der Ansparphase „Hartz-IV"-, d. h. Arbeitslosengeld-II-geschützt, d. h. wird nicht hierauf angerechnet.

- Auszahlung bis zu 30 % des angesparten Kapitals zu Beginn der Auszahlungsphase möglich

- Zur Anschaffung oder Herstellung von selbst genutztem Wohneigentum zur Altersvorsorge kann das angesparte Kapital jederzeit unbegrenzt entnommen werden.

- Beiträge und Zulagen sind zu Beginn der Auszahlungsphase garantiert (Nominalwertzusage).

- Thesaurierung der Erträge während der Ansparphase

- Vertragsabschlüsse seit 1. 1. 2012 werden frühestens ab dem 62. Lebensjahr (oder Beginn der gesetzlichen Altersrente) ausbezahlt.

- lebenslange monatliche Rentenzahlung

- steuerfreie Erträge in der Ansparphase (zum Ausgleich: volle Versteuerung der Rentenzahlung in der Auszahlungsphase mit dem persönlichen Einkommensteuersatz)

- jederzeitige Anpassung oder Aussetzung der Sparraten

- vererbbar: für Ehepartner bei Übertragung auf einen eigenen Riestervertrag ohne Rückzahlung der staatlichen Förderungen und Steuervorteile.

> Seit 1. 1. 2018 bleiben aufgrund des dann in Kraft getretenen Betriebsrentenstärkungsgesetzes, Zusatzrenten bis zu einem Freibetrag in Höhe von 202 € hinsichtlich der Alters-Grundsicherung und bei der Erwerbsminderung anrechnungsfrei

Produktinformationsblatt

Seit dem 1. 1. 2017 müssen Anbieter von Riester- und Basisrentenverträgen (sog. „Rürup-Rente") ein für alle Produkte einheitlich gestaltetes Produktinformationsblatt an ihre Kunden vor Abschluss des Vertrages aushändigen. Dieses muss vor allem genau über Chancen, Risiken und Kosten informieren.

Wesentliche Bestandteile in Form von produktabhängigen Modulen sind:

- Produktbeschreibung

- Produkteinordnung in eine Chancen-Risiko-Klasse (CRK 1–5)

- Information zur steuerlichen Förderung

- Beispielrechnung bzw. Modellrechnung

- Zusätzlich bei Wohn-Riester: Modul „Darlehen"

- Daten eines Musterkunden (geplante Einzahlungen, Dauer der Ansparphase u. a.)

- Informationen zu Anbieterwechsel und Kündigung

- Kosten: Effektivkosten und einzelne Kosten

- Information zur Absicherung bei Anbieterinsolvenz

- Information zur Zusatzabsicherung (z. B. Hinterbliebenenschutz)

Das Bundesfinanzministerium hat eine Broschüre mit weiteren Details einschließlich eines Glossars zum Produktinformationsblatt für zertifizierte Riester- und Basisrentenverträge aufgelegt.

www.bundesfinanzministerium.de   Publikationen / Broschüren / Produktinformationsblatt für zertifizierte Riester- und Basisrentenverträge

Das Wichtigste zusammengefasst:

Die Anlage in offene Investmentvermögen wird unter bestimmten Voraussetzungen staatlich gefördert.

Sie kennen nun:

- Die Zielgruppen für das vermögenswirksame Sparen und die Riester-Fondsanlage

- Die rechtlichen Rahmenbedingungen der staatlich geförderten Vermögensbildung durch das 5. Vermögensbildungsgesetz

- Spezielle Merkmale der Zertifizierung von Riester-Fondsprodukten

- Die Folgen bei Vertragsänderung oder Beendigung in der Auszahlungsphase von Riester-Fondsanlagen

- Abgrenzung der Besteuerung von Riester-Fondsanlagen gegenüber herkömmlichen Investmentsparplänen

Sie verstehen Ihr Wissen über die staatlichen Fördermöglichkeiten als Zusatzleistung Ihrer umfassenden und kundenorientierten Anlageberatung.

Sie nutzen Ihre Kenntnisse über die staatliche Förderung offener Investmentvermögen sowohl für die Neukundengewinnung als auch für Anschlussgeschäfte mit Ihren Bestandskunden.

▶ **Aufgaben zum Kapitel 3.8 Staatliche Förderung von offenen Investmentvermögen**

Ihr Wissen auf dem Prüfstand:

1. Welche der folgenden Personengruppen zählt zum begünstigten Personenkreis für die Arbeitnehmer-Sparzulage? (MC)

   a) Hausfrauen

   b) Beamte

   c) Angestellte

   d) Freiberufler

   e) Rentner

   f) Gewerbetreibende Finanzanlagenvermittler

2. Welche der folgenden Anlageformen werden im Rahmen des 5. Vermögensbildungsgesetzes mit Arbeitnehmer-Sparzulage gefördert? (MC)

   a) Beteiligungssparen

   b) Daueraufträge auf Sparbüchern

   c) geschlossene Investmentvermögen

   d) Bausparverträge

   e) kapitalbildende Lebensversicherungen

   f) Hausratversicherungen

3. Wie hoch muss der Aktienanteil sein, damit ein VL-Sparvertrag in Form eines Beteiligungssparens förderfähig ist? (SC)

   a) 40 %

   b) 50 %

   c) 60 %

   d) 70 %

   e) 80 %

   f) 100 %

4. Wieviel Arbeitnehmer-Sparzulage kann ein alleinstehender Arbeitnehmer beim Beteiligungssparen maximal erhalten? (SC)

   a) 10 % auf maximal 400 €

   b) 20 % auf maximal 200 €

   c) 15 % auf maximal 500 €

   d) 20 % auf maximal 400 €

5. Wie hoch ist die Sperrfrist beim Beteiligungssparen, wenn dieses prämien-unschädlich ausgezahlt werden soll? (SC)

   a) 5 Jahre Ansparzeit + 1 Ruhejahr

   b) 6 Jahre Ansparzeit + 1 Ruhejahr

   c) 7 Jahre Ansparzeit

   d) 7 Jahre Ansparzeit + 1 Ruhejahr

6. Welche Fördergrenze gilt hinsichtlich des zu versteuernden Jahresnettoein-kommens bei Einzelveranlagten / Zusammenveranlagten für die Arbeitneh-mer-Sparzulage beim Beteiligungssparen? (SC)

   a) 15.000 Euro / 30.000 €

   b) 20.000 Euro / 30.000 €

   c) 20.000 Euro / 40.000 €

   d) 30.000 Euro / 60.000 €

7. Durch wen müssen die vermögenswirksamen Leistungen auf den dafür vor-gesehenen Sparvertrag überwiesen werden? (SC)

   a) Arbeitgeber

   b) Arbeitnehmer

   c) Finanzamt

   d) Verband des Arbeitgebers

   e) Depotführende Bank

8. Unter welchen Voraussetzungen kann über einen VL-Sparvertrag vorzeitig prämienunschädlich verfügt werden? (MC)

   a) völlige Erwerbsunfähigkeit des Arbeitnehmers

   b) völlige Erwerbsunfähigkeit des Ehe- oder Lebenspartners

   c) Wechsel in Teilzeit des Arbeitnehmers

   d) gewerbliche Existenzgründung unter Aufgabe der nichtselbstständigen Arbeit

   e) jederzeit bei Heirat

   f) Geburt eines Kindes

9. Das Ehepaar Schulze hat zwei Kinder: Paul (geb. 2005) und Anna (geb. 2010). Wie hoch ist die Gesamtsumme der Kinderzulagen, die sie für ihren Riester-Sparvertrag erhalten? (SC)

   a) 185 €

   b) 200 €

   c) 300 €

   d) 485 €

   e) 585 €

10. Welche Merkmale treffen auf die Riester-Rente zu? (MC)

    a) keine Beschränkungen der Förderberechtigten

    b) Zusammensetzung des Beitrags aus Arbeitgeber- und Arbeitnehmeranteil

    c) keine Besteuerung während der Ansparphase

    d) Zusammensetzung des Beitrags aus Eigenleistungen und Zulagen

    e) Mindestlaufzeit von 20 Jahren

    f) Auszahlung bei Neuverträgen frühestens mit Vollendung des 62. Lebensjahres

11. Was geschieht mit einem Riester-Sparvertrag, wenn der Anleger arbeitslos wird? (SC)

    a) Der Vertrag ruht oder kann durch Eigenleistungen weitergeführt werden.

    b) Der Anleger verliert die Zulagen und der Vertrag ruht bis zur Auszahlung.

    c) Der Vertrag wird seitens des Anbieters aufgelöst und das Guthaben wird bis zur Auszahlung „eingefroren".

    d) Der Anlagebetrag wird inklusive Zinsen und Zulagen an den Anleger ausgezahlt.

12. Wann wird die Zulage im Rahmen der Riester-Rente an den Antragsteller ausgezahlt? (SC)

    a) monatlich

    b) jährlich

    c) am Ende der Laufzeit

    d) bei Renteneintritt

3.9 Anlageprogramme

Für nahezu jeden Anlagewunsch gibt es das passende Anlageprogramm mit offenen Investmentvermögen. Ein weiterer Vorteil ist, dass der Anleger an keine festen Vertragslaufzeiten gebunden ist. Weitere Einzahlungen oder Auszahlungen sind jederzeit möglich.

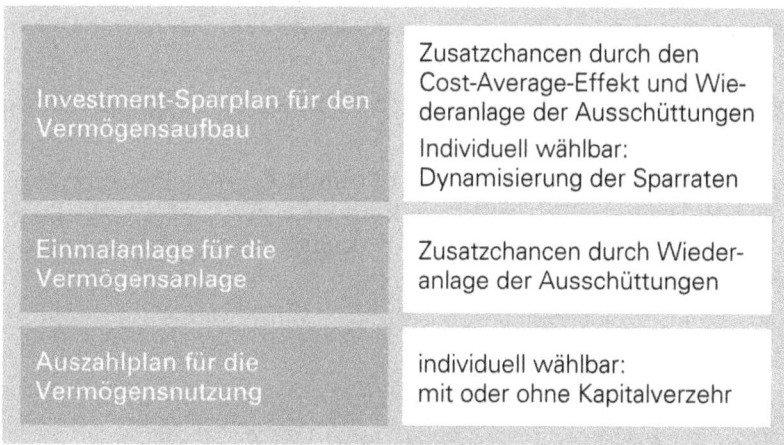

Abb. 208: Zusammenfassung: individuelle Anlageprogramme

3.9.1 Investment-Sparplan

Mittels eines Investment-Sparplanes kann der Anleger Vermögen aufbauen. Unabhängig von seinem ursprünglichen Anlageziel kann er jederzeit über sein angespartes Vermögen verfügen.

Der Investment-Sparplan wird je nach Kapitalverwaltungsgesellschaft auch Einzahlplan, Aufbauplan oder Sparprogramm genannt.

Investment-Sparpläne zeichnen sich durch eine große Flexibilität aus:

- frei wählbare Sparrate (lediglich die Mindestanlagebeträge der Kapitalverwaltungsgesellschaften von in der Regel 25 bis 50 € sind zu beachten)

- frei wählbare Anlagehäufigkeit: monatlich, zweimonatlich, vierteljährlich, halbjährlich oder jährlich

- jederzeitige zusätzliche Sonderzahlungen möglich

- jederzeitige Zahlungsunterbrechung oder -einstellung möglich

- jederzeitige Verfügbarkeit über den gesamten angesparten Anlagebetrag oder Teilbeträge

Aus einem vermeintlich geringen Anlagebetrag kann bei entsprechend langer Anlagedauer ein beträchtliches Vermögen entstehen. Vor allem, wenn die Ausschüttungen wiederangelegt werden und so einen Zinseszinseffekt bewirken. Zusätzlich kann sich der Cost-Average-Effekt („Durchschnittskosteneffekt") bei einem Investment-Sparplan positiv auswirken.

Wie funktioniert der Cost-Average-Effekt?

Bei geringen Anteilspreisen werden für den immer gleichen monatlichen Ansparbetrag entsprechend mehr Anteile erworben. Sind die Anteilspreise hoch, werden hingegen weniger Anteile erworben. Können die Anteile immer wieder zu günstigeren Preisen nachgekauft werden, ergibt sich im Laufe der Zeit ein niedrigerer Durchschnittskaufpreis.

Käufer von offenen Investmentvermögen mit hohen Preisschwankungen profitieren besonders vom Cost-Average-Effekt.

Der Cost-Average-Effekt ist allerdings kein „Allheilmittel" gegen Preisrückgänge: Nachhaltige und andauernde Preisrückgänge kann auch der Cost-Average-Effekt nicht ausgleichen, wenn sich die Börse bis zum Verkaufszeitpunkt des Depotbestandes nicht wieder erholt.

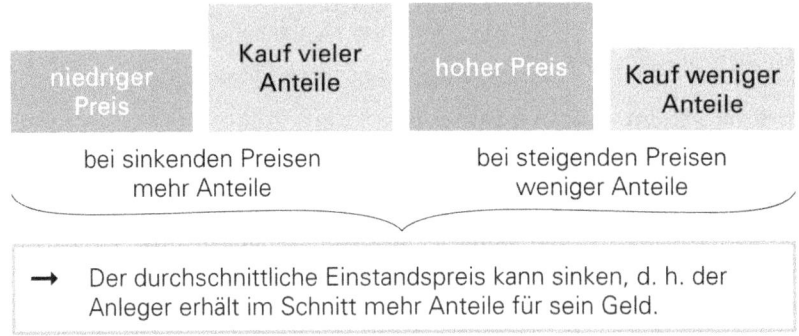

Abb. 209: Der Durchschnittskosteneffekt (Cost-Average-Effekt)

So funktioniert der Cost-Average-Effekt:

Nur bei einem Investment-Sparplan mit einem regelmäßigen Anlagebetrag funktioniert der Cost-Average-Effekt.

Erwerb von insgesamt 50 Anteilen durch den Erwerb von mtl. 10 Anteilen

Anleger 1	Ausgabepreis	Anlagebetrag
10 Anteile	Monat 1: 10 €	100 €
10 Anteile	Monat 2: 20 €	200 €
10 Anteile	Monat 3: 40 €	400 €
10 Anteile	Monat 4: 40 €	400 €
10 Anteile	Monat 5: 20 €	200 €
Summe: 50 Anteile	Durchschnittspreis: 26 €*	Gesamtanlagebetrag: 1.300 €

* 1.300 €: 50 Anteile = 26 €

Erwerb von 50 Anteilen durch die Investition von mtl. 200 €.

Anleger 2	Ausgabepreis	Erworbene Anteile
200 €	Monat 1: 10 €	20
200 €	Monat 2: 20 €	10
200 €	Monat 3: 40 €	5
200 €	Monat 4: 40 €	5
200 €	Monat 5: 20 €	10
Gesamtanlage-betrag: 1.000 €	Durchschnittspreis: 20 €**	Summe: 50 Anteile

** 1.000 €: 50 Anteile = 20 €

Abb. 210: Funktionsweise des Cost-Average-Effekts (eigene Berechnung)

Wie entsteht ein negativer Cost-Average-Effekt?

Beim Auszahlplan kann es zum so genannten negativen Cost-Average-Effekt kommen. Wenn die Auszahlphase mit einer über einen längeren Zeitraum schwachen Börsenphase zusammenfällt, dreht sich der Vorteil in einen Nachteil: bei sinkenden Preisen müssen mehr Anteile verkauft werden, um die vereinbarte Auszahlrate zu erzielen. Dies führt entweder zu einem schnelleren Kapitalverzehr, oder die monatliche Rate muss reduziert werden, um den Kapitalerhalt über die gewünschte Laufzeit zu ermöglichen.

3.9.2 Einmalanlage

Von einer Einmalanlage spricht man, wenn ein bereits vorhandenes Vermögen neu angelegt wird.

Wichtiger als das richtige Timing (= Wahl des Einstiegszeitpunktes) ist hier der langfristige Anlagehorizont. Denn ein langer Anlagezeitraum kann – wie die Betrachtung der durchschnittlichen Renditen p. a. in der Vergangenheit zeigt – kurzfristige Wertschwankungen oft ausgleichen.

Der Anlageerfolg wird an der Differenz zwischen Verkaufs- und Kaufpreis gemessen (Veräußerungsgewinn oder -verlust).

Sofern es sich bei der Einmalanlage um große Anlagebeträge handelt (z. B. 30.000 €), gibt es eine Möglichkeit, das Kursrisiko zu beschränken. Der Trick besteht darin, die Anlage bspw. auf drei Kauftermine innerhalb eines Jahres zu verteilen. Die noch nicht investierten Beträge könnten zwischenzeitlich kurzfristig auf einem Tagesgeldkonto geparkt werden.

Anlagebetrag 10.000 €	Das Endkapital bei einer unterstellten Wertentwicklung von		
	5 %	6,5 %	8 %
die Anlagedauer			
5 Jahre	12.763 €	13.701 €	14.693 €
10 Jahre	16.289 €	18.771 €	21.589 €
15 Jahre	20.789 €	25.718 €	31.722 €
20 Jahre	26.533 €	35.236 €	46.610 €
Anlagebetrag 50.000 €			
die Anlagedauer			
5 Jahre	63.814 €	68.504 €	73.466 €
10 Jahre	81.445 €	93.857 €	107.946 €
15 Jahre	103.946 €	128.592 €	158.608 €
20 Jahre	132.665 €	176.182 €	233.048 €

Abb. 211: Die Einmalanlage (eigene Berechnungen)

3.9.3 Auszahlplan

Der Auszahlplan – auch Entnahmeplan genannt – eignet sich zur Vermögensnutzung. Zur Optimierung der Altersvorsorge ist er damit eine Ergänzung zur gesetzlichen Rentenversicherung oder einer kapitalgedeckten privaten Rentenversicherung.

Dazu muss eine bestimmte Anlagesumme – in Form eines vorhandenen Fondsvermögens – bereits zur Verfügung stehen. Im Gegensatz zum Ansparplan werden jetzt z.B. monatlich Anteile verkauft, um die Zahlung an den Kunden zu finanzieren.

Der Auszahlplan kann dabei vom Anleger individuell gestaltet werden. Zu Anfang vereinbarte Rahmenbedingungen können jederzeit geändert werden.

Die individuellen Gestaltungsmöglichkeiten beim Auszahlplan umfassen:

- **Laufzeit**: individuell unter Berücksichtigung von Anlagesumme, Kapitalerhalt und Auszahlungsrate

- **Auszahlungsrate**: individuell ggf. unter Berücksichtigung eines Mindestauszahlungsbetrages

- **Auszahlungstermin / Auszahlungsrhythmus**: frei wählbar z. B. 10. oder 15./ monatlich oder vierteljährlich

- **Kapitalerhalt** oder **Kapitalverzehr**

- **Anlagesumme**: individuell ggf. unter Berücksichtigung eines Mindestanlagebetrages

- **Zuzahlungen**: sind jederzeit möglich

Anlagemanagement wegen negativem Cost-Average-Effekt

Die individuellen Ausgestaltungen des Auszahlplans spielen ebenso wie eine veränderte Risikobereitschaft eine große Rolle bei der Entscheidung, welche Struktur hinsichtlich des Geldmarkt-, Renten- und Aktienfondsanteils das dafür einzusetzende Vermögen haben sollte. Grundsätzlich ist im Hinblick auf den negativen Cost-Average-Effekt im Zweifelsfall einer nicht allzu stark kursschwankenden Fondsart (Geldmarkt-, Renten- oder offenes Immobilien-Sondervermögen) der Vorzug einzuräumen.

Bei bereits vorhandenem Fondsdepot sollte eine auf den Auszahlplan ausgerichtete Umschichtung bereits mindestens fünf Jahre vor Beginn der Auszahlungsphase beginnen, um das aufgebaute Vermögen rechtzeitig vor kurzfristigen Kursverlusten zu sichern.

Anlagemanagement für die ersten Auszahlungen aus neu erworbenen Anteilen

Wird für den Auszahlplan aus anderen Geld- oder Kapitalanlageformen in Investmentvermögen umgeschichtet und sollen die Auszahlungen unmittelbar danach beginnen, kann der Ausgabeaufschlag zum Stolperstein werden.

Auch wenn der Ausgabeaufschlag nur einmalig anfällt, so verringert er das Anfangskapital. Bei einem längeren Anlagehorizont könnten sich diese Kosten über positive

Wertentwicklungen wieder ausgleichen. Doch genau dieser längere Anlagehorizont steht bei einem sofort beginnenden Auszahlplan für die ersten Entnahmen nicht zur Verfügung.

In einem derartigen Fall empfiehlt sich für die anfänglichen Auszahlungen z. B. ein höherer Geldmarktfondsanteil, da für diese Fondsart kein oder nur ein sehr geringer Ausgabeaufschlag zu zahlen ist.

Anlagemanagement für Auszahlpläne mit Kapitalerhalt

Im Falle eines Auszahlplans mit Kapitalerhalt, der über längere Zeit bestehen bleiben soll, sollte ggf. auf einen Aktienfondsanteil nicht ganz verzichtet werden. Hintergrund ist, dass der Kapitalerhalt aus einer entsprechenden Wertentwicklung finanziert wird. Hier bieten Aktienfonds bessere Chancen. Aufgrund der überwiegend langen Laufzeit eines Auszahlplans greift die Regel: Je länger die Laufzeit, umso wahrscheinlicher gleichen sich kurzfristig mögliche Kursschwankungen wieder aus.

Das Wichtigste zusammengefasst:

Die Anlage in offene Investmentvermögen kann in Form von Anlageprogrammen flexibel auf die Anlagebedürfnisse des Anlegers zugeschnitten werden.

Sie kennen nun:

- Die Einmalanlage

- Investment-Sparpläne mit der Chance auf einen positiven Cost-Average-Effekt

- Entnahme-/Auszahlpläne unter Beachtung des negativen Cost-Average-Effektes

- Die Möglichkeit der Dynamisierung (siehe dazu auch Kapitel 3.7 Eröffnung, Gestaltung und Führung von Depotkonten)

Sie verstehen Ihr Wissen über die verschiedenen Anlageprogramme als weitere Möglichkeit Ihrer kundenorientierten Finanzanlagenberatung.

Sie nutzen Ihre Kenntnisse, um zusammen mit Ihrem Kunden für jede Lebensphase und seine jeweils darauf ausgerichteten Anlageziele das passende Anlageprogramm zu entwickeln.

▶ **Aufgaben zum Kapitel 3.9 Anlageprogramme**

Ihr Wissen auf dem Prüfstand:

1. Welche Aussagen zu Investment-Sparplänen treffen zu? (MC)
   a) kein Ausgabeaufschlag bei monatlicher Sparratenzahlung
   b) Sonderzahlungen sind ausgeschlossen.
   c) frei wählbare Sparratenhöhe unter Berücksichtigung der produktgeberabhängigen Mindestsparrate
   d) Aussetzung der Sparratenzahlung ist möglich
   e) Teilverfügungen über das angesparte Depotvermögen sind möglich
   f) feste Laufzeit

2. Was bewirkt der Cost-Average-Effekt bei einem monatlichen Investment-Sparplan? (SC)
   a) keine Kosten für den Kauf und Verkauf der Anteile
   b) kostenlose Depotführung
   c) bei hohen Preisen werden weniger Investmentanteile gekauft
   d) bei niedrigen Preisen werden weniger Anteile verkauft

3. Wann kann es zu einem negativen Cost-Average-Effekt kommen? (SC)
   a) monatlicher Investment-Sparplan
   b) Einmalanlage
   c) jährlicher Investment-Sparplan
   d) Auszahlplan
   e) Dynamisierung

4. Für welches Vermögensziel eignet sich der Abschluss eines Investment-Sparplans? (SC)
   a) Vermögensaufbau
   b) Vermögensnutzung
   c) Vermögensumschichtung
   d) Vermögensübertragung

5. Auf welche Faktoren hat der Sparer bei einem Investment-Sparplan selbst Einfluss? (MC)
   a) Höhe der monatlichen Sparrate
   b) Laufzeit
   c) Sparrhythmus
   d) Anteilspreis
   e) Kosten für die Depotführung
   f) Depotwert bei Auszahlung

3.10 Rating und Ranking

Was ist der Unterschied zwischen einem Rating und einem Ranking?

Vereinfacht gesagt, ist ein Ranking nichts weiter als eine „Rangliste" und bewertet bspw. die Wertentwicklung unterschiedlicher Produkte

Ein Rating bewertet dagegen auch qualitative Faktoren.

Sowohl ein Ranking als auch ein Rating sind eine vergangenheitsbezogene Betrachtung und geben keine Garantie für zukünftige Entwicklungen!

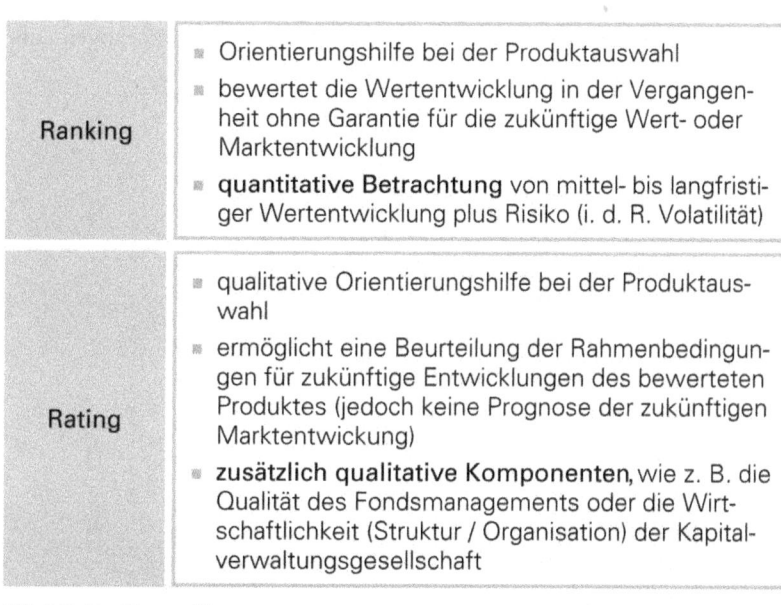

Abb. 212: *Ranking und Rating*

Ratings als Entscheidungshilfe für Anleihen

Bei Anleihen kann mit Hilfe von Ratings die Wahrscheinlichkeit bewertet werden, ob ein Schuldner das vom Anleger erhaltene Kapital und die damit versprochenen Zinszahlungen rechtzeitig und in vollem Umfang zurückzahlen kann.

Unabhängige Ratingagenturen veröffentlichen ihre Ratings in Form einer Bonitäts- oder Einstufungsnote für den Schuldner bzw. für seine Emissionen. Jede Ratingagentur verwendet dabei ihre eigenen Ratingsymbole. Die Bewertung der beiden bekanntesten amerikanischen Agenturen – Moody's und Standard & Poor's – erfolgt über die Buchstaben A–C, mit weiteren Abstufungen, wie z. B. dem „Tripple-A" = AAA als Zeichen höchster Kreditwürdigkeit.

Insbesondere für Unternehmensanleihen haben sich drei Kategorien herausgebildet:

Investment-Grade	=	sehr gute Anleihen mit einem A-Rating bis mind. Baa3 (Moody's) bzw. BBB (Standard & Poor's)
Speculative-Grade	=	spekulative Anleihequalität mit entsprechend hohem Ausfallrisiko, aber auch der Chance auf höhere Renditen, weshalb solche Anleihen auch als „High Yield-Anleihen" bezeichnet werden.
Junk Bonds	=	Ratings im Bereich „C" fallen hierunter und kennzeichnen Anleihen mit der niedrigsten Bonität (Junk ist engl. für Schrott)

Anleiheratings umfassen qualitative und quantitative Analysefaktoren, bezogen auf:

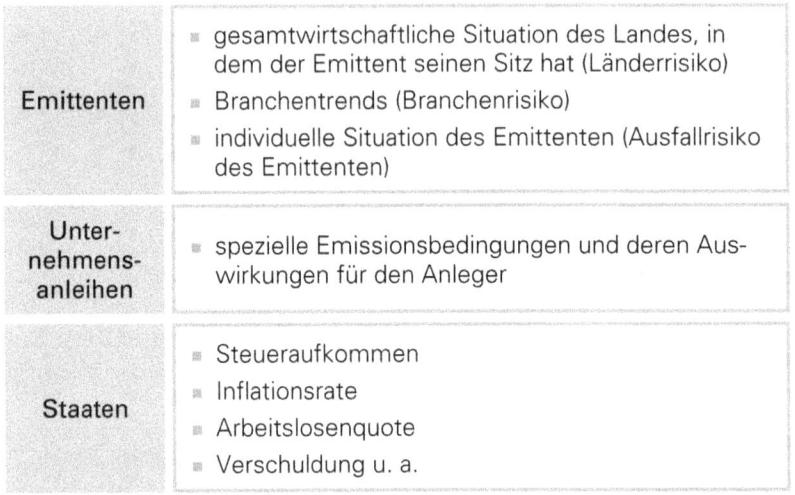

Abb. 213: Rating

Das Rating eines Emittenten bzw. dessen Anleihen wirkt sich auf die Konditionsgestaltung noch zu begebender Anleihen aus, insbesondere auf die Höhe der Rendite. Eine Anleihe mit erstklassigem Rating bietet dem Anleger aufgrund der höheren Sicherheit eine i. d. R. niedrigere Rendite als Anleihen mit niedrigerem Rating.

Zu beachten ist, dass Veränderungen des Ratings während der Laufzeit der Anleihe eine Kursveränderung der Anleihe bewirken können.

Die Erstellung eines Ratings erfolgt immer im Auftrag des Emittenten, der auch die anfallenden Kosten trägt. Dafür hat er den Vorteil der Vermarktung seines objektiven Ratings. Denn die Ratingagenturen sind zur Vermeidung von Interessenkonflikten und zur Transparenz (Veröffentlichung) über die von ihnen verwendeten Methoden nach EU-Verordnungsrecht verpflichtet.

Das Rating ersetzt nicht die eigene Urteilsbildung des Anlegers. Denn oft wird das Rating erst angepasst, wenn sich die Bonität eines Emittenten bereits verändert hat. Außerdem ist ein Rating nicht als Kauf- oder Verkaufsempfehlung für bestimmte Wertpapiere zu verstehen. Das Rating soll lediglich bei einer Anlageentscheidung unterstützen und ist nur ein Faktor von vielen in der Beurteilung. Beachten Sie auch, dass nicht alle Emittenten über ein Rating verfügen und die Qualität einer Anleihe-Emission ohne Rating durchaus besser sein kann als die einer Emission mit Rating.

Rating zur Beurteilung der Qualität von offenen Investmentvermögen

Auch für die Bonitätsbeurteilung von offenen Investmentvermögen bieten die Rating-agenturen Standard & Poor's und Morning-Star Ratings an. Vermögensverwaltungen, wie z. B. Feri-Trust, liefern ebenfalls Ratings.

Bei diesen Ratings werden i. d. R. qualitative Bewertungskriterien, wie z. B. Erfahrung und Qualität des Fondsmanagements, berücksichtigt.

Wegen der Einbeziehung von qualitativen Bewertungskriterien können Ratings auch in vorsichtigem Rahmen für eine Einschätzung der zukünftigen Entwicklung heran-gezogen werden. Garantien geben sie aber nicht.

Zu beachten ist darüber hinaus ein ganz wesentlicher Unterschied zu den Ratings von Unternehmen und Anleihen: Ratings von Investmentvermögen müssen nicht veröf-fentlicht werden. Auch hier zahlen die Kapitalverwaltungsgesellschaften für die Be-wertung und vermarkten in der Regel nur die positiven Ratings.

▶ Exkurs: Kritische Betrachtung der Vergleichbarkeit von Ratings

Grundsätzlich gilt, dass Ratings eine Vergleichbarkeit von Investmentvermögen ermöglichen. Doch es gilt dabei auch, kritische Faktoren zu berücksichtigen.

Kritischer Punkt Nr. 1

Verschiedene Ratingagenturen bewerten die Investmentvermögen anhand unter-schiedlicher Kriterien. Die Vergleichsstichtage können genauso voneinander ab-weichen wie die Eingruppierung der einzelnen Investmentvermögen in unter-schiedliche Vergleichsgruppen.

Kritischer Punkt Nr. 2

Die Bewertungen werden bei manchen Ratingagenturen im Vergleich zu Wett-bewerberprodukten und bei anderen im Vergleich zu Benchmarks (Marktindizes) durchgeführt.

Kritischer Punkt Nr. 3

Einige Ratingagenturen erstellen Bewertungen im Auftrag der Kapitalverwal-tungsgesellschaften (gegen Bezahlung). Es kann sein, dass nur die Investmentver-mögen von Kapitalverwaltungsgesellschaften miteinander verglichen werden, die für die Bewertung bezahlt haben.

Ratings sind also nur ein Faktor unter vielen für die individuelle Anlage-entscheidung. ◀

Ranking

Rankings stellen ausschließlich eine quantitative Beurteilung hinsichtlich Wertentwicklung und Risiko in der Vergangenheit dar. Über Entwicklungschancen in der Zukunft machen sie keine konkreten Aussagen.

Auch sie sind deshalb nur ein Faktor von vielen bei der Entscheidung, welches Investmentvermögen die besten Erfolgschancen hat und am besten zum Anleger passt.

Dennoch sind Rankings eine feste Größe in der Marketingstrategie von Kapitalverwaltungsgesellschaften. Rankings erfolgen je nach Anbieter in Form von Buchstabenmodellen, einem Sternesystem, bspw. mit bis zu fünf Sternen, oder jährlichen Awards. Auch Fachzeitschriften lassen regelmäßig die Qualität von Kapitalverwaltungsgesellschaften oder Investmentvermögen analysieren und veröffentlichen die Ergebnisse.

Ratings und Rankings: Orientierungshilfe für offene Investmentvermögen

Ratings und Rankings sind eine gute erste Orientierungshilfe für das riesige Angebot an offenen Investmentvermögen. Ob das Anlagesegment die gleichen Chancen wie in der Vergangenheit hat und ob das Risikoprofil eines Investmentvermögens überhaupt zum Kunden passt, darüber sagen diese „Schulnoten" nichts aus. Sie sind keine Garanten für zukünftige Wertentwicklungen. Da die Begriffe Rating und Ranking nicht geschützt sind, sollte immer hinterfragt werden, welche Beurteilungskriterien tatsächlich berücksichtigt wurden.

Mehr Details finden sich auf den Internetseiten der Ratingagenturen:

- www.feri.de : „Das Feri-Fondsrating" der Feri EuroRating Services AG, Bad Homburg (Ratingagentur der Scope Group)
- www.morningstar.de : „Morningstar Rating für Fonds" der Morningstar Deutschland GmbH

Vergleiche offener Investmentvermögen untereinander bzw. mit konkurrierenden Finanzanlageprodukten

Vergleiche offener Investmentvermögen mittels Ranking oder Rating sind nur bei ähnlichen Anlageschwerpunkten aussagekräftig. Sie sind trotzdem einseitig, weil weitere Vergleichsfaktoren, wie zum Beispiel die Gesamtkostenquote, unberücksichtigt bleiben. Außerdem gibt es keine einheitlichen Ratings für Anleihen, Investmentvermögen usw.

Nicht börsennotierte Wertpapiere oder die klassischen Bankeinlagen haben i. d. R. kein Ranking, weil sie keinen Kursschwankungen unterliegen.

Wie kann man dennoch das Risiko von unterschiedlichen börsennotierten Wertpapieren vergleichen?

Eine Standardkennzahl ist die **Volatilität**:

- Kennzahl für das Risiko einer Kapitalanlage
- beschreibt den Schwankungsbereich, in dem sich die Kursentwicklung in einem bestimmten Zeitraum vom Durchschnittswert entfernt hat

- keine Aussage über die Rentabilität

- je höher die Volatilität, desto größer ist die Gefahr / Chance, in Zukunft einen Verlust / Gewinn zu erzielen

- Vergangenheitsbetrachtung und somit keine Aussage über die zukünftige Entwicklung

Es gilt die Faustformel: Mehr Rendite / Wertentwicklung gibt es nur bei einem höheren Risiko!

Das Wichtigste zusammengefasst:

Ratings und Rankings können bei der Auswahl des geeigneten offenen Investmentvermögens eine Rolle spielen.

Sie können nun:

- Ratings und Rankings voneinander unterscheiden

- Fondsratings von Anleiheratings abgrenzen

Sie verstehen Ihr Wissen als Grundlage für Ihren Umgang mit Ratings und Rankings in der Anlageberatung und im Mitbewerbervergleich.

Sie nutzen Ihre Kenntnisse, um Ihren Kunden die Aussagefähigkeit und Grenzen von Ratings und Rankings kompetent erläutern zu können.

▶ Aufgaben zum Kapitel 3.10 Rating und Ranking

Ihr Wissen auf dem Prüfstand:

1. Welche Faktoren werden beim Fondsranking berücksichtigt? (MC)
    a) Wertentwicklung
    b) Duration
    c) Volatilität
    d) Bonität
    e) Seriosität
    f) Diversität

2. Welches Merkmal trifft auf das Fondsranking zu? (SC)
    a) Quantitative Vergangenheitsbetrachtung der Wertentwicklung unter Berücksichtigung der Volatilität.
    b) Kennzahl für die zukünftige Bonitätsentwicklung des Fondsanbieters.
    c) Kennzahl für die zukünftige Wertentwicklung des Investmentvermögens.
    d) Es stellt die Platzierung des Fonds am deutschen Markt dar.

3. Welche Auswirkung hat ein erstklassiges Rating auf die Ausgestaltung einer Anleihe? (SC)
    a) höhere Rendite als Anleihen mit niedrigerem Rating
    b) niedrigere Verzinsung als Anleihen mit niedrigerem Rating
    c) höhere Laufzeit als Anleihen mit niedrigerem Rating
    d) kürzere Laufzeit als Anleihen mit niedrigerem Rating

4. Zu welcher Kategorie zählen spekulative Anleihen mit hohem Ausfallrisiko und gleichzeitiger Chance auf hohe Renditen? (SC)
    a) Investment-Grade
    b) Speculative-Grade
    c) Junk Bonds
    d) Fix-Grade

5. Welche Merkmale beschreiben die Volatilität einer Kapitalanlage? (MC)
    a) Marktsättigung
    b) Risikokennzahl
    c) Umlaufrendite
    d) Kursschwankungsbreite
    e) Depotkosten

4 Geschlossene Investmentvermögen

Bereits im 19. Jahrhundert wurden Schiffe von Privatpersonen und Banken finanziert.

Zu Anfang der Geschichte der geschlossenen Investmentvermögen stand die Beteiligung an einem großen Investitionsobjekt im Vordergrund. Dann begann sich das Angebot stark in Abhängigkeit von steuerlichen Vorteilen und Möglichkeiten zum Steuersparmodell zu entwickeln.

Heutzutage haben sich geschlossene Investmentvermögen vor allem wieder zu einer ertragsorientierten Kapitalanlagealternative entwickelt. Sie investieren in Sachwerte, wie insbesondere in- und ausländische Immobilien, Schiffe, Windkraft- und Solaranlagen, Flugzeuge, Private-Equity-Unternehmensbeteiligungen und Infrastruktur.

Seit 2013 gelten für als geschlossene Investmentvermögen aufgelegte Unternehmensbeteiligungen die Regelungen des Kapitalanlagegesetzbuches und somit erstmals ein umfassender Anlegerschutz und mehr Rechtssicherheit für Anbieter und Vertriebe.

Der bisher gebräuchliche Begriff „geschlossene Fonds" wurde in der aktuellen Gesetzgebung durch den Begriff „geschlossene Investmentvermögen" ersetzt. Unternehmensbeteiligungen, die nicht unter die Regelungen des KAGB fallen, werden als „Vermögensanlagen im Sinne des Vermögensanlagengesetzes" (VermAnlG) bezeichnet. Für sie gilt sogar ein ausdrückliches gesetzliches Verbot für die Bezeichnung „Fonds".

Geschlossene Investmentvermögen in der Rechtsform einer geschlossenen Investmentkommanditgesellschaft (geschlossene Investment-KG) oder Investmentaktiengesellschaft (Investment-AG) mit fixem Kapital sind nun auf einem einheitlichen Niveau mit den offenen Investmentvermögen gesetzlich reguliert und gehören damit nicht mehr zum so genannten „Grauen Kapitalmarkt" (Markt der wenig oder unregulierten Anlageprodukte).

Weitere Bezeichnungen für geschlossene Investmentvermögen sind Geschlossene Alternative-Investment-Fonds (AIF) oder, sofern es sich um auch für Privatkunden geeignete Produkte handelt, geschlossene Publikums-AIF.

Geschlossene Investmentvermögen sind als unternehmerische Sachwertbeteiligung eine spannende und sinnvolle Kapitalanlagealternative, wenn der Anleger bereit ist, sich mit den Initiatoren, dem Produkt und seinen Chancen und Risiken im Vorfeld der Anlageentscheidung zu beschäftigen und vor allem wenn er über die entsprechende Risikobereitschaft und -fähigkeit verfügt.

In diesem Kapitel geht es um die Grundlagen der Anlageklasse geschlossene Investmentvermögen. Die aktuelle Entwicklung der einzelnen Beteiligungsmärkte und Anlageklassen unterliegt vielfältigen Einflussfaktoren und kann den jeweiligen Verkaufsprospekten der Anbieter entnommen werden.

4.1 Vertragsbeziehungen, Funktionsweise und Struktur

4.1.1 Vertragsbeziehungen

Bei geschlossenen Investmentvermögen gibt es viele Beteiligte, die sich die Aufgaben teilen. Daraus ergibt sich eine für geschlossene Investmentvermögen typische Struktur, die seit Einführung des Kapitalanlagegesetzbuches viele Parallelen zur Struktur offener Investmentvermögen aufweist.

Der Anleger (Kommanditist)

Der Anleger wird durch seine Kapitalinvestition zum Gesellschafter (Kommanditist) der geschlossenen Investment-KG, die dann das Investitionsobjekt erwirbt. Bereits hier zeigt sich der Charakter dieser Anlageform als unternehmerische Beteiligung. Der Anleger erhält laufende Erträge und wird später an einem möglichen Verkaufserlös beteiligt. Umgekehrt haftet er jedoch auch für Verluste (unternehmerisches Risiko).

Die Grundidee der Struktur geschlossener Investmentvermögen ist mit der von offenen Investmentvermögen durchaus vergleichbar: mehrere Anleger investieren gemeinschaftlich in ein Anlageobjekt. Die Anlageobjekte bei geschlossenen Investmentvermögen sind Sachwerte, wie Immobilien, Schiffe oder auch Solaranlagen.

Der Anleger erwirbt mit seinem Anteil Rechte und Pflichten:

- Recht auf Beteiligung am laufenden Ergebnis und an Liquiditätsauszahlungen entsprechend den gesellschaftsvertraglichen und gesetzlichen Regelungen

- Recht auf Teilnahme an Gesellschafterversammlungen und Mitwirkung an der Beschlussfassung

- Widerspruchs-, Informations- und Kontrollrechte: Der Kommanditist ist gemäß § 166 Abs. 1 HGB berechtigt, die abschriftliche Mitteilung des Jahresabschlusses zu verlangen und dessen Richtigkeit unter Einsicht der Bücher und Papiere zu prüfen.

- Recht auf Wahl zum Beiratsmitglied

- Recht auf Direkteintragung im Handelsregister (bei Direktkommanditisten, nicht bei Treuhandkommanditisten)

- Anspruch auf Auszahlung eines Abfindungsguthabens im Falle des Ausscheidens aus der Gesellschaft

- Recht auf Übertragung der Beteiligung (sofern diese nicht per Gesellschaftsvertrag ausgeschlossen ist)

- Pflicht zur fristgerechten Zahlung der Zeichnungssumme und des Agios

- Haftung mit seiner Kapitaleinlage und soweit Ausschüttungen nicht aus tatsächlichen Gewinnen erfolgen

Die geschlossene Investment-Kommanditgesellschaft

Die gesetzliche Grundlage sind die §§ 149–161 KAGB.

Wählt der Produktanbieter für das von ihm entwickelte geschlossene Investmentvermögen die Rechtsform einer Investment-KG, kann sich der Anleger mit einer Kapitaleinlage / Kommanditeinlage als Kommanditist beteiligen.

Gemäß § 152 Absatz 1 KAGB gilt:

„Anleger dürfen sich an der geschlossenen Investmentkommanditgesellschaft nur unmittelbar als Kommanditisten beteiligen. Abweichend davon dürfen sich Anleger an der geschlossenen Publikumsinvestmentkommanditgesellschaft auch mittelbar über einen Kommanditisten (Treuhandkommanditisten) beteiligen. Bei mittelbarer Beteiligung über einen Treuhandkommanditisten hat der mittelbar beteiligte Anleger im Innenverhältnis der Gesellschaft und der Gesellschafter zueinander die gleiche Rechtsstellung wie ein Kommanditist. Der mittelbar beteiligte Anleger oder der am Erwerb einer mittelbaren Beteiligung Interessierte gilt als Anleger oder am Erwerb eines Anteils Interessierter im Sinne dieses Gesetzes."

Die Investment-KG unterliegt grundsätzlich den Regelungen des Handelsgesetzbuches, sofern sich aus den Vorschriften des KAGB nichts anderes ergibt. Der Gesellschaftsvertrag regelt den Unternehmensgegenstand sowie die Rechte und Pflichten der Gesellschafter.

Die Geschäftsführung einer geschlossenen Investment-KG besteht aus mindestens zwei Personen oder einer juristischen Person, die ihrerseits eine Geschäftsführung hat, die von zwei Personen wahrgenommen wird. Die Geschäftsführung handelt ausschließlich im Interesse der Anleger und unabhängig von der Verwahrstelle.

Im Falle einer intern verwalteten geschlossenen Publikumsinvestmentkommanditgesellschaft ist zusätzlich ein Beirat zu bilden, der die Geschäftsführung bei der Umsetzung der Anlagebedingungen überwacht. Die geschlossene Investment-KG ist zur Rechnungslegung in Form eines Jahresberichtes gesetzlich verpflichtet. Der Jahresbericht ist durch einen Abschlussprüfer zu überprüfen.

Die geschlossene Investment-Aktiengesellschaft mit fixem Kapital

Die gesetzliche Grundlage sind die §§ 140–148 KAGB.

Wählt der Produktanbieter für das von ihm entwickelte geschlossene Investmentvermögen die Rechtsform einer Investment-AG mit fixem Kapital, erhält der Anleger durch die Leistung des so genannten Ausgabepreises eine entsprechende Anzahl an Aktien.

Die geschlossene Investment-AG unterliegt grundsätzlich den Regelungen des Aktiengesetzes, sofern das KAGB keine davon abweichenden Regelungen vorsieht.

Die Satzung regelt den Unternehmensgegenstand und die Rechte und Pflichten der Aktionäre. Der Vorstand einer geschlossenen Investment- AG besteht aus mindestens zwei Personen und handelt ausschließlich im Interesse der Aktionäre und unabhängig von der Verwahrstelle. Dieser wird kontrolliert und unterstützt von einem Aufsichtsrat.

Die geschlossene Investment-AG ist zur Rechnungslegung in Form eines Jahresberichtes und eines Lageberichtes gesetzlich verpflichtet.

Der Treuhänder

Der Treuhänder nimmt im Außenverhältnis die volle Rechtsstellung eines Eigentümers wahr, ist jedoch im Innenverhältnis gegenüber seinen Treugebern (Anlegern) verpflichtet, über das Vermögen nur gemäß dem Treuhändervertrag zu verfügen. Er vertritt die Anleger auf den Gesellschafterversammlungen und führt die Anlegerkonten. Er ist so in der Lage, für die Auszahlungen der laufenden Erträge und des späteren Verkaufserlöses (abzüglich Kosten) zu sorgen bzw. den Kaufpreis an die Fondsgesellschaft weiterzuleiten. Der Treuhänder kontrolliert die ordnungsgemäße Verwendung der Anlegergelder.

Ausgewählt wird der Treuhänder vom Initiator (dem Emissionshaus).

Der Initiator (auch Emissionshaus oder Produktanbieter genannt)

Der Initiator ist auf die Konzeption geschlossener Investmentvermögen und meist auch bestimmter Anlageklassen – auch Assetklassen genannt – spezialisiert. Seine Expertise, bspw. zu Schiffen oder Flugzeugen, sollte über viele Jahre zurückreichen. Die Initiatoren / Emissionshäuser können inhabergeführt (natürliche Personen) sein oder eine Bank oder Versicherung als Gesellschafter haben.

Zum Aufgabenbereich eines Initiators gehören:

- Auswahl des Treuhänders
- Suche nach dem geeigneten Anlage-/Investitionsobjekt
- Kalkulation der wirtschaftlichen Rahmenbedingungen
- Sicherstellung, dass die wirtschaftlichen und rechtlichen Rahmenbedingungen erfüllt sind
- Koordination externer Rechts- und Steuerberater
- übergeordnete Koordination von Eigen- und Fremdkapitalbeschaffung
- Erstellung des Fondskonzeptes und des Verkaufsprospektes
- Begleitung des Genehmigungsprozesses des Projektes durch die BaFin (z. B. Prospektprüfung)

Die AIF-Kapitalverwaltungsgesellschaft (AIF-KVG)

Die gesetzliche Grundlage sind die §§ 17–67 KAGB.

Geschlossene Investmentvermögen müssen von einer von der BaFin zugelassenen und beaufsichtigten inländischen KVG verwaltet werden. Der Geschäftsbetrieb einer KVG ist darauf ausgerichtet, ein oder mehrere Investmentvermögen zu verwalten.

Die Verwaltung eines Investmentvermögens liegt vor, wenn mindestens die Verwaltung des Gesellschaftsvermögens oder das Risikomanagement für ein oder mehrere Investmentvermögen erbracht wird.

Gemäß § 17 Abs. 2 KAGB gilt:

„Die Kapitalverwaltungsgesellschaft ist entweder

- *eine externe Kapitalverwaltungsgesellschaft, die vom Investmentvermögen oder im Namen des Investmentvermögens bestellt ist und aufgrund dieser Bestellung für die Verwaltung des Investmentvermögens verantwortlich ist (externe Kapitalverwaltungsgesellschaft), oder*

- *das Investmentvermögen selbst, wenn die Rechtsform des Investmentvermögens eine interne Verwaltung zulässt und der Vorstand oder die Geschäftsführung des Investmentvermögens entscheidet, keine externe Kapitalverwaltungsgesellschaft zu bestellen (interne Kapitalverwaltungsgesellschaft). In diesem Fall wird das Investmentvermögen als Kapitalverwaltungsgesellschaft zugelassen."*

Für jedes Investmentvermögen kann nur eine Kapitalverwaltungsgesellschaft zuständig sein, die für die Einhaltung der Anforderungen dieses Gesetzes verantwortlich ist.

Die KVG wird von der Investment-KG bzw. -AG bestellt.

Zu ihren Aufgaben gehören:

- Anlage und Verwaltung der Mittel der Investment-KG bzw. -AG

- Fondsmanagement, das das geschlossene Investmentvermögen verwaltet

- Portfolioverwaltung (Konzeption des Investmentvermögens, die Anschaffung der Vermögensgegenstände und der Abschluss notwendiger Verträge, wie bspw. Mietverträge)

- Risikomanagement (Bewertung und Steuerung von Risiken mindestens 1 X jährlich, hierarchisch und funktionell getrennt von der Portfolioverwaltung)

- Sicherstellung der Erlaubnispflicht und laufender Kontrolle durch die BaFin:

  - Erlaubnis für die Verwaltung von Investmentvermögen

  - Zuverlässigkeit und fachliche Eignung der Geschäftsleitung

  - Ausreichende personelle und finanzielle Ausstattung sowie ein tragfähiger Geschäftsplan

- Einhaltung der Pflichten im Zusammenhang mit der Verwaltung der Investmentvermögen:

  - Wohlverhaltens- und Organisationspflichten

  - Einrichtung eines Risikomanagementsystems

  - Einrichtung eines Liquiditätsmanagementsystems

  - Bewertungsvorschriften

  - Auslagerungsvorschriften

  - Beauftragung von Verwahrstellen

  - Rechnungslegungsvorschriften

■ Transparenzanforderungen gegenüber der BaFin und dem Anleger

Als Rechtsform für die externe KVG sind gemäß § 18 Abs. 1 KAGB zulässig:

■ Aktiengesellschaft (AG)

■ Gesellschaft mit beschränkter Haftung (GmbH)

■ Kommanditgesellschaft in Form einer GmbH & Co.KG

Die AIF-Verwahrstelle

Die gesetzlichen Grundlagen für die Aufgaben der Verwahrstelle finden sich in §§ 80–90 KAGB.

Die Verwahrstelle ist eine unabhängige Kontrollinstanz, die kontrolliert, ob die KVG die gesetzlichen Vorschriften und Anlagebedingungen bei ihren Tätigkeiten im Zusammenhang mit einem geschlossenen Investmentvermögen einhält.

Dazu gehören insbesondere:

■ Einhaltung der Fremdkapitalobergrenze

■ Ordnungsgemäße Bewertung der Investitionsobjekte und des Investmentvermögens

■ Prüfung der Erwerbsverträge und öffentlichen Register und der durch die KVG erworbenen Vermögensgegenstände

■ Kontrolle aller Zahlungsströme und teilweise Zustimmung (insb. Kreditaufnahme)

Für jedes Investmentvermögen muss die Kapitalverwaltungsgesellschaft eine Verwahrstelle mit der Verwahrung der Vermögensgegenstände und bestimmten Kontrollfunktionen beauftragen. Bei vielen geschlossenen AIF besteht die Möglichkeit, anstelle eines Kreditinstituts, einer Wertpapierfirma oder sonstigen von der BaFin beaufsichtigten Einrichtung einen Treuhänder als Verwahrstelle zu nutzen. Der Treuhänder nimmt die Aufgaben als Verwahrstelle im Rahmen seiner beruflichen oder geschäftlichen Tätigkeit wahr und muss einer gesetzlich anerkannten obligatorischen berufsmäßigen Registrierung unterliegen (z. B. Wirtschaftsprüfer).

Die AIF-Verwahrstelle eines geschlossenen Investmentvermögens hat grundsätzlich die gleichen Aufgaben wie die Verwahrstelle eines offenen Investmentvermögens.

Lebenszyklus eines geschlossenen Investmentvermögens

Beauftragung einer Verwahrstelle (Abschluss des Verwahrstellenvertrages)	Prüfung Kaufvertrag und Darlehensvertrag (zustimmungspflichtig durch die Verwahrstelle)	Überprüfung des Zeichnungsprozesses: Leistung der Kapitaleinlage und Wirksamwerden des Beitritts	Prüfung der laufenden Aktivitäten und Ertragsverwendung und Kontrolle der Einhaltung der vertraglichen und gesetzlichen Anlagebedingungen	Prüfung der Auflösung des Investmentvermögens am Laufzeitende

Abb. 214: Aufgaben der Verwahrstelle

Erlischt das Recht der KVG, das geschlossene Investmentvermögen zu verwalten (z. B. im Insolvenzfall der KVG), so geht das Verfügungsrecht über das Gesellschaftsvermögen auf die Verwahrstelle zur Abwicklung über. Diese Regelung greift nicht, wenn z. B. eine andere externe Kapitalverwaltungsgesellschaft bestellt wird.

Kreditinstitute / Banken

Banken spielen bei einem Kreditbedarf für die Anschaffung der Investitionsobjekte eine Rolle. Sie sind der Fremdkapitalgeber des geschlossenen Investmentvermögens. Das KAGB begrenzt die Fremdkapitalquote im Verhältnis zum Wert des Investmentvermögens auf maximal 60 %. Insbesondere wenn die Kredit- oder Zinslaufzeit nicht der Laufzeit des Investmentvermögens entspricht, kann es zu einer nicht unerheblichen Abhängigkeit von der fremdfinanzierenden Bank kommen. Verweigert diese die Anschlussfinanzierung, kann dies den Fortbestand des Investmentvermögens gefährden. In den letzten Jahren war dieses Thema besonders bei Schiffsfonds relevant.

Die BaFin

Die BaFin prüft die Vollständigkeit des Verkaufsprospektes (nicht die wesentlichen Anlegerinformationen) hinsichtlich der gesetzlichen Anforderungen und den Inhalt auf seine inhaltliche Schlüssigkeit und Widerspruchsfreiheit (sog. **Kohärenzprüfung**). Eine inhaltliche Prüfung, ob die Angaben im Verkaufsprospekt richtig und die wirtschaftlichen Prognosen realistisch sind, führt die BaFin nicht durch. Deshalb darf seitens des Produktanbieters beim Anleger nicht der Eindruck vermittelt werden, dass die BaFin-Prüfung ein wirtschaftliches Qualitätsmerkmal ist.

Kohärenzprüfung

Unter Kohärenz versteht man die inhaltliche Widerspruchsfreiheit. Diese ist nicht gleichzusetzen mit der Richtigkeit der gemachten Angaben (z. B. Prognoserechnung).

Nach erfolgreicher Prüfung billigt die BaFin den Verkaufsprospekt und gibt diesen für den Vertrieb frei (gesetzliches Prospektbilligungsverfahren).

Die BaFin ist darüber hinaus Aufsichtsorgan für die KVG und die Verwahrstelle.

▶ Exkurs: Plausibilitätsprüfung der Verkaufsunterlagen durch den Vertrieb

Grundsätzlich haftet der Produktanbieter gemäß § 306 KAGB für die Richtigkeit und Vollständigkeit des Verkaufsprospektes und der wesentlichen Anlegerinformationen. Übersehen Vermittler offensichtliche Fehler im Prospekt, können sie in die Haftung genommen werden.

Die Gesetze machen jedoch keine klaren Angaben, welche Prospektangaben tatsächlich und in welchem Umfang geprüft werden müssen.

Die Prospektprüfung durch die BaFin, auch für Verkaufsprospekte geschlossener Investmentvermögen, ist auf eine rein inhaltliche Prüfung (z. B. Vollständigkeit und Verständlichkeit der gesetzlich geforderten Mindestangaben) begrenzt. Die BaFin ist nicht verpflichtet, die Bonität des Anbieters oder die Seriosität des Angebotes zu prüfen.

Eine unterlassene Prüfung führt allerdings nur dann zur Haftung, wenn sie Anlass zur Beanstandung gibt, d. h. der Anleger bspw. gegen den Anlageberater klagt.

Ist der Prospekt in Ordnung, entsteht für den Vertrieb aus einer unterlassenen Prüfung keine Haftung. ◀

Vertrieb: Berater / Vermittler

Unabhängig davon, ob der Vermittler geschlossener Investmentvermögen Angestellter einer Bank oder Sparkasse ist oder zu den freien Finanzanlagenvermittlern gehört, ist er auf jeden Fall verantwortlich für die Beratung des Anlegers und muss die dazu gesetzlich vorgeschriebenen Regelungen beachten. Dazu gehört bspw. die Zurverfügungstellung des Verkaufsprospektes und der wesentlichen Anlegerinformationen (WAI). Aber auch die weiteren Vorgaben hinsichtlich der Einholung von Informationen über den Anleger und die Prüfung, ob die Anlage in ein geschlossenes Investmentvermögen für diesen überhaupt geeignet ist, muss er beachten sowie die Erstellung eines Beratungsprotokolles über die erfolgte Beratung.

Garantiegeber

Einige Risiken im Zusammenhang mit geschlossenen Investmentvermögen lassen sich durch Garantien absichern (z. B. Platzierungsgarantie). Diese sind nur dann werthaltig, wenn der Garantiegeber über eine gute Bonität verfügt, um im Garantiefall seinen eingegangenen Verpflichtungen nachkommen zu können.

Wirtschaftsprüfer und Rechtsanwälte

Rechtsanwälte sind bspw. bei der Konzeption eines geschlossenen Investmentvermögens eingebunden und sichern die Beachtung aller rechtlichen Vorgaben. Wirtschaftsprüfer sind für die Überprüfung der laufenden Geschäftsführung verantwortlich. Dies ist keine Besonderheit bei geschlossenen Investmentvermögen, sondern ist Standard bei allen Wirtschaftsunternehmen.

Vertragsbeziehungen zwischen den Beteiligten

Zwischen den verschiedenen Beteiligten bei einem geschlossenen Investmentvermögen bestehen unterschiedliche Vertragsbeziehungen, die sich aus der jeweiligen Aufgabenverteilung ergeben.

Der Anleger wird mit dem Erwerb seines Fondsanteils über einen Gesellschaftsvertrag Gesellschafter der Investment-KG bzw. Aktionär der Investment-AG.

Der Treuhänder kann die Anleger mittels eines abzuschließenden Treuhandvertrages vertreten.

Wird Fremdkapital benötigt und aufgenommen, so wird zwischen der finanzierenden Bank und der Investment-KG bzw. -AG ein entsprechender Kreditvertrag abgeschlossen.

Werden Leistungen von Wirtschaftsprüfern, Rechtsanwälten oder Steuerberatern in Anspruch genommen, so wird ein entsprechender Dienstleistungsvertrag geschlossen.

Auch im Zusammenhang mit dem Investitionsobjekt selbst sind Vertragsabschlüsse notwendig, wie bspw. Charterverträge bei Schiffsfonds oder Mietverträge bei Immobilienfonds.

Die Investment-KG schließt im Falle einer externen Kapitalverwaltungsgesellschaft einen Geschäftsbesorgungsvertrag. Die Kapitalverwaltungsgesellschaft wiederum schließt mit einer Verwahrstelle einen Verwahrstellenvertrag, der die Aufgaben und Vergütung hierfür detailliert festlegt.

Anlagebezogene Geldflüsse aufgrund der Vertragsbeziehungen

Aus den Vertragsbeziehungen ergeben sich entsprechende Geldflüsse.

Der Anleger zahlt seine Kapitaleinlage ein und erhält dafür während der Laufzeit des Investmentvermögens regelmäßige Ausschüttungen. Wird das Investitionsobjekt verkauft, erhält der Anleger sein eingezahltes Kapital zuzüglich der eventuellen Wertsteigerung zurück.

Der Initiator, die KVG und die Verwahrstelle sowie die anderen Dienstleister erhalten von der Investment-KG bzw. -AG entsprechende Vergütungen.

Ist ein Treuhänder zwischengeschaltet, so kümmert sich dieser um die Weiterleitung der Kapitaleinlage und übernimmt umgekehrt die Weiterleitung der Ausschüttung an die Anleger.

Zwischen der Bank und der Investment-KG bzw. -AG kommt es zu Geldflüssen im Zusammenhang mit der Kreditvergabe (Fremdkapital), wie insbesondere Zins- und Tilgungszahlungen.

4.1.2 Funktionsweise

Mit Einführung des Kapitalanlagegesetzbuches (KAGB) und sofern es sich um ein geschlossenes Investmentvermögen nach den Regelungen des KAGB handelt entsprechen die Strukturen grundsätzlich denen von offenen Investmentvermögen.

Ähnlich wie bei offenen Investmentvermögen bündelt auch ein geschlossenes Investmentvermögen das Geld mehrerer Anleger. Ziel ist es, sich gemeinsam an einem Wirtschaftsgut (Sachwert), wie bspw. einer gewerblichen Immobilie, einem Schiff oder einer gewerblichen Solaranlage, zu beteiligen. Der Einzelanleger verfügt in der Regel nicht über das notwendige Kapital für diese Art der Investition. Bei einem geschlossenen Investmentvermögen kann sich der Anleger jedoch in der Regel schon mit Summen ab 10.000 € an solchen Sachwerten beteiligen, die sonst nur institutionellen Investoren offenstehen.

Bei geschlossenen Investmentvermögen geht es grundsätzlich um eine langfristige und zeitlich befristete Investition in Sachwerte.

Abb. 215: Die Funktionsweise geschlossener Investmentvermögen

Es handelt sich bei der Anlage in geschlossene Investmentvermögen um eine unternehmerische Beteiligung, d.h. der Anleger wird Unternehmer (Kommanditist einer geschlossenen Investment-KG oder Aktionär einer Investment-AG mit fixem Kapital) mit allen Chancen und Risiken.

Die Verwaltung des Investmentvermögens übernimmt eine Kapitalverwaltungsgesellschaft.

Die ordnungsgemäße Mittelverwendung wird von einer Verwahrstelle kontrolliert.

Zwei Aspekte sind bei der Anlage in geschlossene Investmentvermögen von Vorteil für das Gesamt-Anlageportfolio:

- Die Entwicklung geschlossener Investmentvermögen erfolgt grundsätzlich unabhängig vom Aktien- und Anleihemarkt und trägt somit zu einer Verbesserung des Risiko-Rendite-Verhältnisses in einem gut gemischten Portfolio bei.

- Geschlossene Investmentvermögen bieten durch die Anlage in Sachwerte einen Schutz vor Inflation.

Es gibt zwei weitere Unterschiede zu den offenen Investmentvermögen. Eine Investition in geschlossene Investmentvermögen ist nur innerhalb eines bestimmten Platzierungszeitraumes möglich. Danach wird das Investmentvermögen geschlossen. Daher auch der Name dieser Anlageform. Entsprechend begrenzt ist bei geschlossenen Investmentvermögen auch die Anzahl der Anleger, denn nach der Platzierung können keine weiteren Anleger mehr direkt, sondern nur noch über den Erwerb von Zweitmarktanteilen in das geschlossene Investmentvermögen investieren.

Auch eine jederzeitige Rücknahme der Beteiligung gibt es bei geschlossenen Investmentvermögen nicht. Ein Verkauf der Beteiligung über einen Zweitmarkt (Markt für „gebrauchte" Beteiligungsfondsanteile) ist allerdings möglich (vorausgesetzt es findet sich ein Kaufinteressent).

Wie funktioniert die Platzierungsgarantie?

Grundsätzlich wird zunächst Eigenkapital während der Platzierungsphase von den Anlegern eingesammelt. Die Gesamtkalkulation des Investmentvermögens basiert darauf, dass dies auch vollständig gelingt. Ansonsten wäre die Finanzierung der Investition nicht sichergestellt.

Der vom Initiator mit dem Vertrieb der Fondsanteile beauftragte Vertriebspartner gibt in der Regel eine Platzierungsgarantie ab. Die Platzierungsgarantie garantiert den Verkauf aller Fondsanteile innerhalb des Platzierungszeitraumes. Gelingt ihm dies nicht, ist er zur Zahlung der Differenz verpflichtet. Den Verkauf der noch nicht platzierten Fondsanteile kann er dann auch über den ursprünglichen Platzierungszeitraum hinaus betreiben.

Durch eine Platzierungsgarantie wird das Rückabwicklungsrisiko für das Investmentvermögen reduziert. Dieses Risiko wird näher im Kapitel 4.3 Chancen, Risiken und Haftung behandelt.

Die Platzierungsgarantie ist allerdings nur werthaltig, wenn der Vertriebspartner und Garantiegeber über die entsprechende Bonität – also die Fähigkeit / Liquidität, um die Garantie zu erfüllen – verfügt.

Welche Informationen enthält der Investitionsplan?

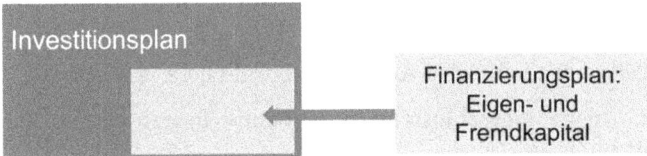

Abb. 216: Der Investitionsplan

Der Investitionsplan stellt die Mittelverwendung für die geplante Investition dar. Er enthält darüber hinaus den Finanzierungsplan und detailliert die Herkunft der Mittel.

Wie sieht der Lebenszyklus eines geschlossenen Investmentvermögens aus?

Der Lebenszyklus eines geschlossenen Investmentvermögens umfasst insgesamt fünf Phasen.

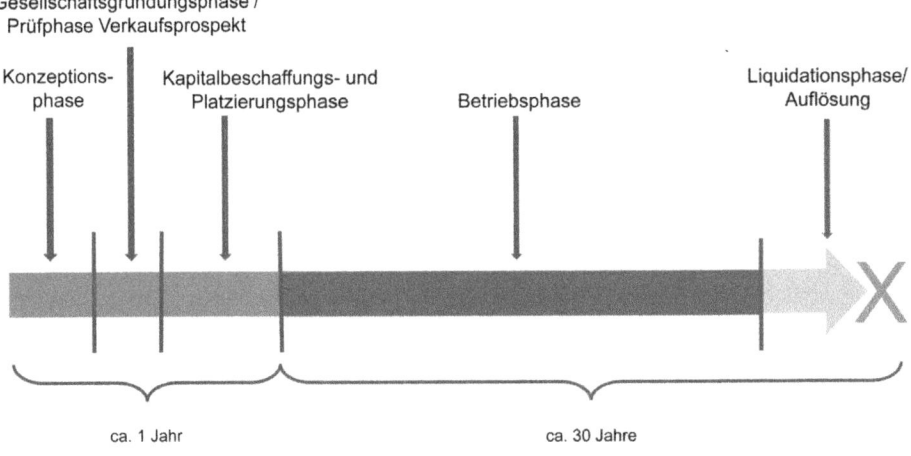

Abb. 217: Der Lebenszyklus eines geschlossenen Investmentvermögens

Sobald der Initiator ein geeignetes Investitionsobjekt gefunden hat, beginnt er zunächst mit der Konzeption des geschlossenen Investmentvermögens. Er muss die Kapitalstruktur (benötigtes Eigenkapital bzw. Fremdkapital) festlegen und die zu erwartenden Einnahmen und Ausgaben analysieren.

Als Nächstes muss die geschlossene Investment-KG oder Investment-AG mit fixem Kapital gegründet und ein Gesellschaftsvertrag aufgesetzt werden. Zu dieser Phase gehört auch die Erstellung des Verkaufsprospektes und dessen Prüfung auf Vollständigkeit und Schlüssigkeit der gemachten Angaben durch die BaFin.

Dann erst kann mit der Eigenkapitalbeschaffung und der Platzierung der Anteile bzw. Aktien während der festgelegten Platzierungsphase begonnen werden.

Anschließend kann das Investitionsobjekt gekauft und in Betrieb (Vermietung, Verpachtung u. ä.) genommen werden.

In der Betriebsphase geht es vor allem darum, den Wert des Investitionsobjektes zu erhalten und laufende Erträge zu erzielen, um dem Anleger regelmäßige Ausschüttungen gewährleisten zu können. Die im Verkaufsprospekt enthaltene Prognoserechnung macht Angaben zur geplanten wirtschaftlichen Entwicklung des geschlossenen Investmentvermögens während der Betriebsphase.

Da geschlossene Investmentvermögen auf eine bestimmte Laufzeit ausgerichtet sind, bildet die Phase der Fondsauflösung den Schlusspunkt. Das Investitionsobjekt wird verkauft und das Kapital zzgl. eines möglichen Wertzuwachses an die Anleger zurückbezahlt.

Welche Kosten können bei geschlossenen Investmentvermögen anfallen?

Bei den Kosten unterscheidet man zwischen:

- Weichkosten
- Substanzbildenden Kosten
- Agio

Weichkosten

Für die Beurteilung eines Produktangebotes aus dem Bereich geschlossener Investmentvermögen spielen die Weichkosten eine wichtige Rolle. Weichkosten sind die Kosten, die während der Konzeption und des Vertriebs anfallen nicht nur für das Investitionsobjekt, sondern auch für die Vorbereitung der Verwaltung des Investmentvermögens.

- Vertriebs- und Marketingkosten
- Vergütungen für den Treuhänder, Initiator und Komplementär
- Vergütungen für die Vermittlung der Finanzierung
- Kosten für die Beschaffung des Eigen- und Fremdkapitals
- Steuer- und Rechtsberatung
- Verwaltungskosten

Der Kaufpreis des Investitionsobjektes oder weitere Gebühren im direkten Zusammenhang mit dem Objekterwerb (Kosten für die Grundbucheintragung etc.) gehören nicht dazu.

Weichkosten sind notwendige Kosten bei der Auflage eines geschlossenen Investmentvermögens. Zum Substanzerhalt des Investitionsobjektes tragen sie jedoch nichts bei. Sie bewirken eine Gewinnschmälerung und haben Einfluss auf die Gesamtrendite des Anlegers. Da die Weichkosten bis zu 25 % erreichen können, wird deutlich, warum die Weichkosten ein so wichtiger Faktor bei der Beurteilung des Produktangebotes sind.

Eine feste Definition für die Weichkosten gibt es allerdings nicht. Die Angabe der Weichkosten ist jedoch eine Pflichtangabe im Verkaufsprospekt. Weichkosten müssen zweckgebunden und hinsichtlich ihrer Verwendung klar ausgewiesen werden.

Eine Vergleichbarkeit ist somit schwierig. Bereits zwischen den verschiedenen Anlageklassen bei geschlossenen Investmentvermögen sind Unterschiede üblich (bei Schiffsfonds im Durchschnitt sehr hohe Weichkosten gegenüber bspw. einem geschlossenen Immobilienfonds).

Wichtig ist es, die Weichkosten der Investitionssumme gegenüberzustellen (Weichkostenrelation), um ein aussagekräftiges Ergebnis darüber zu erhalten, ob der Weichkostenanteil eher als hoch oder als niedrig zu bewerten ist. Als Richtwert hat sich hier ein Prozentsatz von ca. 15 % ergeben. Die Höhe der Weichkosten sollte zur Qualität der Leistungen im Verhältnis stehen.

Substanzbildende Kosten

Ein weiterer wichtiger Einflussfaktor auf die Gesamtrendite eines geschlossenen Investmentvermögens sind die substanzbildenden Kosten. Hierzu zählen bspw. die Kosten im Zusammenhang mit dem Erwerb des Investitionsobjektes und tragen vor allem zum Werterhalt des Investmentvermögens und des Investitionsobjektes direkt bei.

Die nachfolgenden Ausgaben zählen zu den substanzbildenden Kosten:

- Investitionskosten (Kaufpreis)
- Erhaltungskosten
- Notarkosten im Zusammenhang mit dem Abschluss eines Kaufvertrages

Auch für diese Kosten gilt eine Veröffentlichungspflicht im Verkaufsprospekt.

Die Auswirkungen auf die Rendite sind indirekter Art, da sie sich auf den Werterhalt und später noch zu erzielende Erträge beziehen.

Agio

Wie der Ausgabeaufschlag bei offenen Investmentvermögen muss der Anleger auch beim Erwerb von Anteilen geschlossener Investmentvermögen mit Vertragsabschluss eine „Kaufgebühr", das so genannte Agio zahlen. Das Agio wird erhoben, um die Vertriebskosten des Vermittlers abzudecken. Die Höhe liegt meist bei 5 %.

Interner Zinsfuß (IRR)

Der Interne Zinsfuß wird mit IRR abgekürzt, da er sich aus dem englischen Begriff „Internal Rate of Return" ableitet. Der Interne Zinsfuß ist die Methode, die meistens für die Berechnung der Rendite von geschlossenen Investmentvermögen verwendet wird. Er unterscheidet sich grundlegend von der Zinsberechnung, bspw. bei Renten-papieren, welche die Verzinsung des eingesetzten Kapitals angibt. Der interne Zinsfuß gibt die Verzinsung des jeweils über die Laufzeit des Investmentvermögens im Schnitt gebundenen Kapitals (ändert sich durch Ausschüttungen, Steuerzahlungen oder -er-stattungen) an und kommt somit einer durchschnittlichen Jahresrendite gleich.

Dabei unterstellt die Methode die Wiederanlage der zurückgeflossenen Kapitalmittel zu der sich rechnerisch ergebenden Gesamtrendite (daher auch der Begriff „interne Rendite") unabhängig davon, ob dies tatsächlich der Fall ist.

Bei der Bewertung des Ergebnisses ist zu berücksichtigen, dass diese Methode dazu führt, dass gute Ergebnisse in Kombination mit sehr kurzen Laufzeiten zu hohen no-minellen internen Renditen führen.

Der IRR eignet sich besonders für die Renditebetrachtung im Durchschnitt und über einen längeren Zeitraum, sofern ein stets wechselndes, gebundenes Kapital gegeben ist. Das kann die „normale" Renditeberechnung nicht gewährleisten und wäre des-halb weniger aussagekräftig.

Das Anlegerprofil

Geschlossene Investmentvermögen erfordern als unternehmerische Sachwert-Betei-ligung eine erhöhte Risikofähigkeit und Risikobereitschaft.

Sicherheit / Risiko

Da die Investition in ein geschlossenes Investmentvermögen den Anleger in steuer-licher (Einkünfte aus Gewerbebetrieb) und haftungsrechtlicher Hinsicht zu einem Unternehmer macht, kommt der Auseinandersetzung mit der Eignung der Anlage für den Anleger eine besondere Bedeutung zu.

Als Gesellschafter trägt er auch die Risiken und haftet mit seiner Kapitaleinlage in voller Höhe (Totalverlustrisiko).

Somit müssen Anleger vor allem bereit sein, sich ausführlich mit der Anlage zu be-schäftigen und sich zu informieren über:

- die Entwicklungschancen und die wirtschaftliche Lage des Marktes, in den das In-vestmentvermögen investiert,
- den Initiator anhand der jährlichen Leistungsbilanz,
- die Ausgestaltung des Investmentvermögens anhand des Verkaufsprospektes.

Laufzeit

Anleger benötigen einen langfristigen Anlagehorizont, da die Laufzeiten geschlos-sener Investmentvermögen je nach Investitionsobjekt im Durchschnitt 10–15 Jahre, aber auch länger betragen können. Leasingfonds und Containerfonds bieten zum Teil kürzere Laufzeiten. Hintergrund ist die jeweilige Nutzungsdauer der Investitionsob-jekte, von denen der Anleger profitieren soll.

Eine unbegrenzte Laufzeit ist bei geschlossenen Investmentvermögen gesetzlich verboten. Nachträgliche Laufzeitverlängerungen müssen in den Anlagebedingungen erwähnt und beschrieben werden hinsichtlich der Voraussetzungen.

Verfügbarkeit

Da geschlossene Investmentvermögen an keiner Börse gehandelt werden, verfügen sie nur über eine eingeschränkte Handelbarkeit (Fungibilität). Dazu kommt, dass vor Beginn der Liquidationsphase keine Kündigungsrechte und keine Rücknahme der Anteile durch die Investment-KG bzw. -AG oder die KVG zulässig sind. Dies ist begründet durch die speziellen Merkmale geschlossener Investmentvermögen, nämlich fest im Gesellschaftsvermögen verbleibende Investitionsobjekte und ein von vornherein festgelegtes Kapitalvolumen bei einer begrenzten Anzahl von Anlegern.

Der Anleger hat trotzdem einige Möglichkeiten im Hinblick auf den Verkauf seiner Fondsanteile:

- Eigeninitiative: Der Anleger kann seine Anteile an wen er möchte verkaufen, sofern er einen Käufer findet.

- Zweitmarkt über den Initiator: Hier vermittelt der Initiator zwischen den Kauf- und Verkaufsinteressenten. Der Anleger muss ihm dafür allerdings einen Teil seines Verkaufserlöses als „Vermittlungsprovision" bezahlen.

- Geschlossene Investmentvermögen mit Rückgaberecht: Bei einigen Angeboten ist eine Rückgabe nach einer Mindesthaltedauer (i. d. R. mindestens 5 Jahre) möglich.

- Meist erhält der Anleger den Marktpreis abzüglich einer Rückgabegebühr zurück.

- Fondsbörse Deutschland: Seit einigen Jahren hat sich diese neutrale Handelsplattform der Börsen Hamburg, Hannover und München geformt.

Mit einer Aktienbörse immer noch nicht vergleichbar, bietet sich hier eine gut organisierte und faire Möglichkeit, Fondsanteile zu kaufen bzw. zu verkaufen.

Rendite

Für ihre Kapitaleinlage erhalten die Anleger geschlossener Investmentvermögen normalerweise regelmäßige Ausschüttungen. Dies ist möglich, wenn das Investmentvermögen einen Überschuss aus seinen Einnahmen (Mieteinnahmen, Charterraten, Zinsen aus Liquiditätsreserve u. a.) und Ausgaben (Tilgung und Kreditzinsen des Fremdkapitals, Kosten und Rücklagen für Instandhaltungen, Kosten für die Inanspruchnahme externer Dienstleistungen (Treuhänder, Wirtschaftsprüfer u. a.)) erzielt.

Die Renditen der unterschiedlichen Arten von geschlossenen Investmentvermögen sind nicht direkt vergleichbar. Auch hier gilt es für den Anleger genau zu hinterfragen, wie die Prognosen der Ausschüttungen und Renditeentwicklung kalkuliert sind:

- Ein wichtiger Faktor ist die Frage, ob die Entwicklung der Inflationsrate möglicherweise zu optimistisch angesetzt wurde (Mietverträge enthalten hier oft eine

Kopplung an die Inflationsrate, die im positiven Fall zu Mietanpassungen nach oben führt).

- Höhe und Entwicklung der Liquiditätsreserve (sollte mindestens 2 % des Investitionsvolumens ausmachen).

- Werden die Ausschüttungen den Rücklagen entnommen?

- Fremdkapital: Auch hier lassen sich Spielräume nutzen – Zinsvorauszahlungen, Tilgungsaussetzungen, geringe Anfangstilgung und natürlich auch der Blick auf die Zinsbindungen.

Der Anleger eines geschlossenen Investmentvermögens kann renditeorientiert sein, sollte über einen (sehr) langfristigen Anlagehorizont verfügen und muss darüber hinaus bereit sein, das Risiko vorübergehender Ausfälle von Auszahlungen oder eines Totalverlustes tragen zu können.

Daraus ergeben sich weitere Anlegerprofile:

- Vermögende Kunden, die Vorteile aus den steuerrechtlich noch möglichen Steuerbegünstigungen ziehen können.

- Vermögende Kunden, die eine breite Streuung ihres Vermögens bevorzugen und ihrem Portfolio zur Risikostreuung ein geschlossenes Investmentvermögen beimischen wollen.

4.1.3 Abgrenzung zu anderen Kapitalanlageformen

Abgrenzung offene und geschlossene Investmentvermögen gemäß KAGB

Bei offenen und bei geschlossenen Investmentvermögen werden die Gelder vieler Anleger durch die Ausgabe von Fondsanteilen zuerst eingesammelt, um danach das Geld in Investitionsobjekte weiter anzulegen.

Bei näherer Betrachtung finden sich dagegen einige wesentliche Unterschiede. Diese können Sie der nachfolgenden Tabelle entnehmen.

Vergleichs-kriterium	offene Invest-mentvermögen	geschlossene Invest-mentvermögen
Anzahl der Anleger	unbegrenzt	begrenzt
Anteilskauf	jederzeit möglich	während des Platzie-rungszeitraums
Abwicklung / Verwahrung	Anteilserwerb über Bankdepot	Erwerb eines Kommanditanteils
Anlageprogramme	Einmalanlage Sparplan Entnahmeplan	i. d. R. Einmalanlage
Risikostreuung	breit	risikogestreut (mind. 3 Objekte) oder nicht risikogestreut (Ein-Objekt-Fonds)
Sicherheit	abhängig vom Anlageschwer-punkt: gering bis hoch	gering
Ertrag	abhängig vom An-lageschwerpunkt	Rendite über und un-abhängig vom Kapital-marktniveau möglich
Verfügbarkeit	börsentäglich	sehr eingeschränkt (über Zweitmarkt möglich)
Transparenz (hinsichtlich Investitions-objekte / Depot-bestand)	keine tägliche Einsicht in Detail-anlagen, nur über Jahresbericht	hoch, da das Investi-tionsobjekt von Anfang an (Infos siehe Verkaufsprospekt) feststeht (Ausnahme: Blind Pools)
Mindestbeteiligung	ab ca. 50 €	ab ca. 10.000 €
Kosten bei Kauf	Ausgabeaufschlag von bis zu 5,5 %	Agio von i. d. R. 5 %
Laufzeit	unbegrenzt	ca. 10–25 Jahre
Prognoserechnung	nein	ja
steuerliche Einkunftsart	Einkünfte aus Kapi-talvermögen	Einkünfte aus Vermie-tung und Verpachtung oder aus Gewerbe-betrieb u. a.

Abb. 218: Abgrenzung offene und geschlossene Investmentvermögen

Abgrenzung zu Vermögensanlagen im Sinne des § 1 des Vermögensanlagengesetzes

Die Abgrenzung ergibt sich bereits aus der unterschiedlichen gesetzlichen Grundlage.

Das Vermögensanlagengesetz enthält für die darin erfassten Kapitalanlageprodukte zwar umfassende Vorgaben für Verkaufsunterlagen, Anlegerinformationen, Werbung und Warnhinweise, jedoch keine detaillierten Produktvorgaben, wie bspw. Anlagegrenzen. 2015 wurde das Vermögensanlagengesetz durch das Kleinanlegerschutzgesetz weiter verschärft, insbesondere hinsichtlich des Anlegerschutzes und der Befugnisse der BaFin. Eine Beaufsichtigung der Produktanbieter ist darin allerdings weiterhin nicht enthalten.

geschlossene Investmentvermögen (KAGB)	Vermögensanlagen (Vermögensanlagengesetz)

Zulässige Rechtsformen:
 ▪ geschlossene Investment-KG
 ▪ Investment-AG mit fixem Kapital
 ▪ Spezial-AIF
	Zulässige Rechtsformen:
	 ▪ Kommanditgesellschaft (KG)
	 ▪ Andere Rechtsformen:
	     ▪ GbR
	     ▪ OHG
	     ▪ Limited (Ltd.)

▪ unabhängige Verwahrstelle ▪ Aufsicht des Anbieter durch BaFin ▪ gesetzliche Produktregeln (z.B. Fremdkapitalquote)	▪ keine Verwahrstelle ▪ keine Aufsicht des Anbieters durch die BaFin ▪ geringe Produktregeln (z. B. Verbot vom öffentlichen Vertrieb für Produkte mit Nachschusspflicht)

Abb. 219: Abgrenzung geschlossene Investmentvermögen von Vermögensanlagen

Beide Kapitalanlageformen sind unternehmerische Beteiligungen. Vermögensanlagen sind im Vergleich allerdings als wesentlich riskanter einzustufen. Weitere ausführliche Informationen zu Vermögensanlagen finden Sie in Kapitel 5.

4.1.4 Der Beratungsprozess

Der nachfolgend beschriebene Beratungsprozess greift die wesentlichen Unterschiede zwischen dem Verkauf geschlossener Investmentvermögen und anderer Anlageprodukte auf. Hinsichtlich der allgemeinen Bestandteile einer Anlageberatung gelten auch bei geschlossenen Investmentvermögen die Vorschriften des WpHG bzw. der FinVermV.

Der Zeichnungsschein (Beitrittserklärung)

Der Zeichnungsschein – auch Beitrittserklärung genannt – ist das Formular des Initiators, mit dem sich der Anleger am geschlossenen Investmentvermögen formell beteiligt:

- Mit Treuhänder: zwischen Anleger und Treuhänder wird bei der treuhänderischen Beteiligung ein Treuhandvertrag und ein Geschäftsbesorgungsvertrag geschlossen.

- Zeichnung direkt über den Initiator: Der Anleger erwirbt direkt seine Gesellschafterrechte mit der Zahlung seiner Beteiligungssumme (inkl. Agio) und wird somit Direktkommanditist an der geschlossenen Investment-KG bzw. Aktionär der Investment-AG mit fixem Kapital.

Kommt der Anleger seiner Zahlungsverpflichtung nicht nach, kann der Initiator Verzugszinsen in Rechnung stellen und hat das Recht, die Zeichnungssumme einzuklagen. Der Anleger hat ab Unterzeichnung ein 14-tägiges Widerrufsrecht.

Der gesetzeskonforme Ablauf der Beratung

Die nachfolgende Grafik zeigt Ihnen den Ablauf einer gesetzeskonformen Beratung zu geschlossenen Investmentvermögen im Überblick.

1. Das Erstgespräch

Hierbei holen Sie zunächst alle erforderlichen Informationen über Ihren Kunden ein, um entscheiden zu können, ob das geschlossene Investmentvermögen für ihn geeignet ist. Die Geeignetheitsprüfung sollte auch Fragen enthalten, die den Besonderheiten dieses Produktes Rechnung tragen.

geschlossenes Investmentvermögen (z. B. 50.000 € Auslands-Immobilienfonds)

Passt die Risikostruktur des Investmentvermögens zur Risikobereitschaft/-fähigkeit des Kunden?

Passt das geschlossene Investmentvermögen zur Gesamtvermögensstruktur des Kunden:

- max. 10 bis 20 % Anteil am Gesamtvermögen*

- Verbleibt ausreichend Liquidität, wenn Ausschüttungen ausfallen?

- Kann der Kunde sich einen Totalverlust seines geschlossenen Investmentvermögens leisten?

Bleibt die Risikostreuung erhalten?

Gesamtvermögen des Kunden

Risikobewusster Anlegertyp, zu versteuerndes Jahreseinkommen 200.000 €

Gesamtvermögen des Kunden (z. B. Festgelder, Aktien, Anleihen im Gesamtwert von 400.000 €; eigengenutzte Immobilie im Inland vorhanden; die Altersvorsorge ist geregelt)

* Empfehlung

Abb. 220: Der Beratungsprozess bei geschlossenen Investmentvermögen

Dann informieren Sie Ihren Kunden über die wichtigsten Merkmale des angebotenen Produktes und der damit verbundenen Risiken.

Bereits über dieses Erstgespräch muss ein Beratungsprotokoll erstellt und eine vom Vermittler unterschriebene Ausfertigung dem Kunden ausgehändigt werden.

2. Das Folgegespräch innerhalb des Platzierungszeitraums

Ein zweiter Gesprächstermin soll Ihrem Kunden die Möglichkeit geben, sich umfassender mit dem Produkt auseinandersetzen zu können (und ggf. steuerliche Fragen mit seinem Steuerberater zu klären). Bei Kunden, die bereits in dieses Anlagesegment investiert haben, kann dieser Schritt möglicherweise entfallen. Sie klären nun die noch offenen Fragen Ihres Kunden, dokumentieren den bisherigen Beratungsprozess und händigen dem Kunden eine Ausfertigung des von Ihnen unterzeichneten Beratungsprotokolls aus.

3. Die Zeichnung (während des Platzierungszeitraums)

Nachdem der Kunde sich für ein Produkt entschieden hat, füllen Sie die Beitrittserklärung mit Ihrem Kunden zusammen aus und lassen diese von ihm unterschreiben. Die Unterlagen schicken Sie entweder an den zwischengeschalteten Treuhänder oder direkt an den Produktanbieter.

4. Annahmebestätigung und Zahlung

Der Produktanbieter schickt seinerseits eine schriftliche Annahmebestätigung und die Zahlungsaufforderung an den Anleger. Der Anleger muss dann innerhalb der vorgegebenen Frist seinen Beteiligungsbetrag – die Zeichnungssumme – inklusive des Agios überweisen (auch hier ist ggf. der Treuhänder zwischengeschaltet), damit seine Beteiligung rechtsverbindlich wird.

Gesetzlich vorgeschriebene Verkaufsunterlagen

Dem Anleger sind entsprechend § 297 KAGB die nachfolgenden Verkaufsunterlagen rechtzeitig vor Vertragsabschluss zur Verfügung zu stellen:

- wesentliche Anlegerinformationen

- Verkaufsprospekt

- Anlagebedingungen

- Gesellschaftervertrag oder Satzung sowie

- letzter veröffentlichter Jahresbericht (sowie ggf. Halbjahresbericht).

Das Wichtigste zusammengefasst:

Wie funktionieren geschlossene Investmentvermögen? Was unterscheidet diese von offenen Investmentvermögen und Vermögensanlagen im Sinne des Vermögensanlagengesetzes? Wer sind die beteiligten Akteure? Wie stehen diese untereinander in Vertragsbeziehungen? Welche Kosten sind zu beachten? Diese und noch einige Fragen mehr stellen sich, wenn es um diese Anlageform geht.

Sie kennen nun:

- die Vertragsbeziehungen zwischen den Beteiligten

- die Funktionsweise und Struktur von geschlossenen Investmentvermögen

- Abgrenzung zu anderen Kapitalanlageformen

- den Beratungsprozess bei geschlossenen Investmentvermögen

- die Grundlagen der Fondskonzeption

- Möglichkeiten der Analyse und Ratings von geschlossenen Investmentvermögen. Sie verstehen Ihr Wissen zur Struktur geschlossener Investmentvermögen als Einstiegsinformation Ihres Kunden zur grundsätzlichen Funktionsweise dieser Fondsanlageform.

Sie nutzen Ihr Wissen, um Ihren Kunden bei seiner Entscheidung über die für ihn geeignete Anlageform und Fondsart unterstützen zu können.

Aufbauend auf Ihrem bereits erworbenen Wissen über die Funktionsweise offener Investmentvermögen haben Sie in diesem Kapitel die Parallelen und Besonderheiten der geschlossenen Investmentvermögen kennen gelernt.

Im nächsten Kapitel lernen Sie die Funktionsweise der verschiedenen Einzelfondsarten kennen und voneinander abzugrenzen.

▶ Aufgaben zum Kapitel 4.1 Vertragsbeziehungen, Funktionsweise und Struktur

Ihr Wissen auf dem Prüfstand:

1. Welche Aussage trifft auf geschlossene Investmentvermögen zu? (SC)

   a) Sie eignen sich besonders für den sicherheitsorientierten Anleger.

   b) Sie investieren ausschließlich in Immobilien.

   c) Sie stellen eine unternehmerische Sachwertbeteiligung dar.

   d) Sie haben keinerlei Ausfallrisiken.

2. Wer kontrolliert die ordnungsgemäße Mittelverwendung bei geschlossenen Investmentvermögen? (SC)

   a) die Verwahrstelle

   b) der Treuhänder

   c) die BaFin

   d) das Gewerbeamt

3. Welche Aussage zur Platzierungsgarantie ist richtig? (SC)

   a) Der Vermittler bestimmt den Erwerb des Investitionsobjektes.

   b) Die BaFin garantiert die Zulassung der Verkaufsunterlagen.

   c) Der Vertriebspartner garantiert die Platzierung der Anteile bzw. Aktien.

   d) Der Treuhänder bestimmt die Sitzverteilung in der Gesellschaftsverwaltung.

4. Welche Rechtsformen sind gemäß Kapitalanlagegesetzbuch für geschlossene Publikums-AIF zulässig? (MC)

   a) Sondervermögen

   b) geschlossene Investment-Kommanditgesellschaft

   c) GmbH

   d) Gesellschaft bürgerlichen Rechts (GbR)

   e) geschlossene Investment-Aktiengesellschaft mit fixem Kapital

   f) geschlossene Investment-Aktiengesellschaft mit variablem Kapital

5. Welche Kosten werden als Weichkosten bezeichnet? (MC)

   a) Vertriebs- und Marketingkosten

   b) Investitonskosten

   c) Substanzbildende Kosten

   d) Erhaltungskosten

   e) Vergütung für die Vermittlung der Finanzierung

   f) Steuerberatungskosten

6. Welche Kosten werden als substanzbildende Kosten bezeichnet? (SC)
   a) Kosten, die nicht von der Steuer abgesetzt werden können
   b) Kosten, die dem Werterhalt des Investitionsvermögens dienen
   c) Personalkosten
   d) Summe aus Weichkosten und Investitionskosten

7. Für welchen Anlegertyp sind geschlossene Investmentvermögen geeignet? (SC)
   a) Sicherheitsorientiert
   b) Liquiditätsorientiert
   c) Renditebereit
   d) Risikobereit

8. Wo können Anteile geschlossener Investmentvermögen während ihrer Laufzeit gehandelt werden? (SC)
   a) Börse
   b) Zweitmarkt
   c) Geldmarkt
   d) Schiffsmarkt
   e) Immobilienmarkt

9. Welche Verkaufsunterlagen sind dem Anleger rechtzeitig vor Vertragsabschluss über das geschlossene Investmentvermögen kostenlos zur Verfügung zu stellen? (MC)
   a) Verkaufsprospekt
   b) Vertriebsbericht
   c) Anlagebedingungen
   d) Gesellschaftsvertrag
   e) Lagebericht
   f) Allgemeine Geschäftsbedingungen

10. Welche Merkmale können auf geschlossene Investmentvermögen zutreffen? (MC)
   a) Risikostreuung über mindestens 6 Investitionsobjekte
   b) begrenzte Laufzeit
   c) unbegrenzte Anzahl von Anlegern
   d) geringe Mindestbeteiligung ab 50 €
   e) Einkünfte aus Vermietung und Verpachtung

11. Welche Aufgaben werden von der Verwahrstelle wahrgenommen? (MC)

    a) Prüfung der Depoteröffnungsunterlagen

    b) Kontrolle der Geeignetheitsprüfung

    c) Prüfung der Kauf- und Darlehensverträge

    d) Kontrolle der Ertragsverwendung

    e) Prüfung der Erfüllung von vertraglichen und gesetzlichen Anlagebedingungen

    f) Kontrolle der Zahlung der Einlage vor Platzierung

12. Welche Aufgaben hat die BaFin bei geschlossenen Investmentvermögen nach dem Kapitalanlagegesetzbuch? (MC)

    a) Aufsicht über die Verwahrstellen

    b) Aufsicht über die Vertriebspartner

    c) Aufsicht über die Kapitalverwaltungsgesellschaft

    d) Erstellung eines Kohärenzgutachtens

    e) Überprüfung des Zeichnungsprozesses

    f) Prüfung des Verkaufsprospektes und der Anlagebedingungen

13. Welche Angaben finden sich im Verkaufsprospekt? (MC)

    a) Wesentliche Anlegerinformationen

    b) Rechtliche und steuerliche Rahmenbedingungen

    c) Langfristige Prognoserechnung

    d) Performancebericht der Kapitalverwaltungsgesellschaft

    e) Garantierte Ertrags- und Liquidationshöhe

    f) Interne Beschwerdestellen

14. Mit welchem Formular beteiligt sich der Anleger an einem geschlossenen Investmentvermögen? (SC)

    a) Kauforder

    b) Partizipationsschein

    c) Wertpapier

    d) Zeichnungsschein

    e) Kontoeröffnungsantrag

15. Welche Aufgabe hat ein Treuhänder? (SC)

    a) Er vertritt die Anleger im Außenverhältnis

    b) Verwahrung der Anlegeranteile

    c) Verwaltung der Investitionsobjekte

    d) Abgabe der jährlichen Steuererklärung

4.2 Arten von geschlossenen Investmentvermögen

Bei der Bezeichnung der verschiedenen Fondsarten gibt es synonym verwendete Bezeichnungen, wie bspw. Schiffsfonds oder geschlossene Schiffs-Investmentvermögen. Das hängt damit zusammen, dass der Gesetzgeber einerseits die Begrifflichkeit Investmentvermögen mit dem KAGB eingeführt hat und andererseits der Begriff Fonds umgangssprachlich gebräuchlich und für geschlossene Investmentvermögen (nicht jedoch für Vermögensanlagen im Sinne des Vermögensanlagengesetzes) zulässig ist. Dazu kommen aktuelle Entwicklungen, wie bspw. auf dem Gebiet Umwelt und Energie. Der Anleger findet hier Produktangebote, die je nach Investitionsobjekt als Umweltfonds (meist als Oberbegriff verwendet), Energiefonds (erneuerbare Energien, wie z. B. Biogas, Solaranlagen oder Windkraftanlagen) oder Infrastrukturfonds (Verkehrswege, Energieverteilungssysteme) bezeichnet werden.

Zulässige Vermögensgegenstände und Anlagegrenzen gemäß KAGB

Zulässige Vermögensgegenstände

Das KAGB legt die zulässigen Vermögensgegenstände für geschlossene inländische Publikums-AIF fest. Allerdings ist diese Aufzählung nicht abschließend.

Zu den **zulässigen Vermögensgegenständen für geschlossene Investmentvermögen** gemäß § 261 Abs. 1 KAGB gehören:

1. Sachwerte,

2. Anteile oder Aktien an ÖPP-Projektgesellschaften: ÖPP-Gesellschaften sind im Rahmen Öffentlich Privater Partnerschaften tätige Gesellschaften, die zu dem Zweck gegründet wurden, Anlagen oder Bauwerke zu errichten, zu sanieren, zu betreiben oder zu bewirtschaften, die der Erfüllung öffentlicher Aufgaben dienen (Krankenhäuser, Finanzämter u. ä.),

3. Anteile oder Aktien an Gesellschaften, die nach dem Gesellschaftsvertrag oder der Satzung nur Sachwerte sowie die zur Bewirtschaftung von Sachwerten erforderlichen Sachwerte oder Beteiligungen an solchen Gesellschaften erwerben dürfen,

4. Beteiligungen an Unternehmen, die nicht zum Handel an einer Börse zugelassen oder in einen organisierten Markt einbezogen sind (Private-Equity-Anteile),

5. Anteile oder Aktien an geschlossenen inländischen Publikums-AIF nach Maßgabe der §§ 261 bis 272 KAGB oder an europäischen oder ausländischen geschlossenen Publikums-AIF, deren Anlagepolitik vergleichbaren Anforderungen unterliegt,

6. Anteile oder Aktien an geschlossenen inländischen Spezial-AIF nach Maßgabe der §§ 285 bis 292 KAGB in Verbindung mit den §§ 273 bis 277 KAGB, der §§ 337 und 338 KAGB oder an geschlossenen EU-Spezial-AIF oder ausländischen geschlossenen Spezial-AIF, deren Anlagepolitik vergleichbaren Anforderungen unterliegt,

7. Wertpapiere, Geldmarktinstrumente, Bankguthaben nach den §§ 193 bis 195 KAGB.

Sachwerte

Zu den Sachwerten zählen gemäß § 261 Abs. 2 KAGB:

1. Immobilien, einschließlich Wald, Forst und Agrarland,

2. Schiffe, Schiffsaufbauten und Schiffsbestand und -ersatzteile,

3. Luftfahrzeuge, Luftfahrzeugbestand und -ersatzteile,

4. Anlagen zur Erzeugung, zum Transport und zur Speicherung von Strom, Gas oder Wärme aus erneuerbaren Energien,

5. Schienenfahrzeuge, Schienenfahrzeugbestand und -ersatzteile,

6. Fahrzeuge, die im Rahmen der Elektromobilität genutzt werden,

7. Container,

8. für Vermögensgegenstände im Sinne der Nummern 2 bis 6 genutzte Infrastruktur.

Anlagegrenzen

Das KAGB schreibt die Beachtung folgender Anlagegrenzen vor:

- **Fremdkapitalaufnahme maximal** in Höhe von **60 %** des Wertes des geschlossenen Investmentvermögens, sofern die Anlagebedingungen eine Kreditaufnahme vorsehen und die Kreditaufnahme zu marktüblichen Bedingungen erfolgt (§ 263 KAGB)

- **Maximal 30 %** des Wertes des geschlossenen Investmentvermögens dürfen Vermögenswerte mit einem **Währungsrisiko** sein (§ 261 Abs. 4 KAGB).

- **Derivate** dürfen **nur zur Absicherung** gegen einen Wertverlust getätigt werden.

Der Grundsatz der Risikostreuung gilt gemäß § 262 KAGB, d. h. eine Investition in **mindestens drei Sachwerte**, unter der Voraussetzung, dass

- die Anteile jedes einzelnen Sachwertes im Verhältnis zum Gesamtwert des Investmentvermögens im Wesentlichen gleich verteilt sind oder

- bei wirtschaftlicher Betrachtung (Nutzungsstruktur der Werte) die Streuung des Ausfallrisikos gewährleistet ist.

- Die Risikostreuung muss spätestens 18 Monate nach Vertriebsbeginn erreicht sein.

- Ausnahmen:

  - wenn keine Investition in nicht börsennotierte Unternehmen (Private-Equity) erfolgt und

  - nur semiprofessionelle Anleger investieren, wobei abweichend von den sonst geltenden Mindestanlagesummen für semiprofessionelle Anleger eine Mindestbeteiligung von 20.000 € gilt.

Unterscheidungsmerkmale geschlossener Investmentvermögen

Der Markt für geschlossene Investmentvermögen unterliegt laufenden Veränderungen. Bspw. haben neben den Marktentwicklungen der verschiedenen Anlageklassen insbesondere die steuerlichen Rahmenbedingungen Einfluss auf die Nachfrage durch Privatanleger. Konjunkturelle Entwicklungen wiederum haben Auswirkungen auf Angebot und Nachfrage nach den Investitionsobjekten geschlossener Investmentvermögen.

Die nachfolgende Grafik zeigt einen ersten Überblick über die Unterscheidungsmerkmale:

Nach Art der steuerlichen Behandlung	Nach Art der Anlageklasse	Nach Art der Risikomischung
▪ gewerbliche Investmentvermögen: Einkünfte aus Gewerbebetrieb ▪ vermögensverwaltende Investmentvermögen: je nach Art des Investitionsobjekts Einkünfte aus Kapitalvermögen oder Vermietung und Verpachtung	▪ Immobilien (im In- und Ausland) ▪ Mobilien (Flugzeuge, Schiffe, Container, Windkraftanlagen …) ▪ Unternehmen (Private-Equity oder Infrastrukturunternehmen) ▪ Rechte (Filmrechte u. a.)	▪ risikogemischte Investmentvermögen ▪ nicht risikogemischte Investmentvermögen (Einobjektfonds) ▪ Blind Pools ▪ Zweitmarktobjekte

Abb. 221: Unterscheidung geschlossener Investmentvermögen

Unterscheidung nach Art der steuerlichen Behandlung auf der Anlegerseite

Die Konzeption eines geschlossenen Investmentvermögens kann gewerblich oder vermögensverwaltend geprägt sein und hat Auswirkung auf die steuerliche Behandlung der Einkünfte auf Anlegerseite. Ob ein Investmentvermögen eine gewerbliche oder vermögensverwaltende Prägung aufweist, kann dem Verkaufsprospekt entnommen werden.

Gewerbliche geschlossene Investmentvermögen

Das Investitionsobjekt bei gewerblichen Investmentvermögen gehört zum Betriebsvermögen, und entsprechend werden Einkünfte aus Gewerbebetrieb erzielt, vorausgesetzt der Anleger (= Gesellschafter) wird Mitunternehmer durch Eingehen des unternehmerischen Risikos (§ 15 Abs. 2 EStG). Die Veräußerungsgewinne sind ebenso wie die Ausschüttung bei gewerblichen Fonds steuerpflichtig. Zu den gewerblichen Investmentvermögen gehören:

- Schiffsfonds

- Energie- und Umweltfonds

- Leasingfonds (Immobilien-Leasingfonds, Flugzeugleasingfonds)

- Medienfonds

Auch bei Containerfonds, geschlossenen Immobilienfonds und Zweitmarktfonds gibt es die Möglichkeit, das Fondskonzept auf eine gewerbliche Prägung auszurichten.

Vermögensverwaltende geschlossene Investmentvermögen

Bei den (privat-)vermögensverwaltenden Investmentvermögen bestimmt das Investitionsobjekt die Einkunftsart. Es entstehen entweder Einkünfte aus Kapitalvermögen oder Vermietung und Verpachtung oder sonstige Einkünfte. Die Veräußerungsgewinne sind in der Regel (bzw. unter Wahrung vorgegebener Haltefristen) steuerfrei (§ 23 und § 22 Nr. 3 EStG).

Zu den vermögensverwaltenden Investmentvermögen gehören:

- Private-Equity-Fonds (Einkünfte aus Kapitalvermögen)

- geschlossene Immobilienfonds (Einkünfte aus Vermietung und Verpachtung) und Einkünfte aus Kapitalvermögen bei der vorübergehend verzinslichen Anlage der Liquiditätsreserve

- Zweitmarktfonds, sofern mit vermögensverwaltender Prägung (bei Immobilien-Zweitmarktfonds Einkünfte aus Vermietung und Verpachtung)

Bei Immobilien-Zweitmarktfonds gilt es zu beachten, dass das Risiko besteht, dass der Grundstückshandel unter Umständen vom Finanzamt doch als gewerblicher Grundstückshandel eingestuft wird. Hier zeigt sich, welche steuerlichen Risiken unter anderem bei geschlossenen Investmentvermögen bestehen können.

Unterscheidung nach den Anlageklassen geschlossener Investmentvermögen

Als Investitionsobjekte kommen für geschlossene Investmentvermögen grundsätzlich Immobilien, mobile Objekte (Mobilien), Unternehmen bzw. Unternehmensanteile sowie Rechte in Frage. Nach diesen Anlageklassen ergibt sich die folgende Unterteilung für die verschiedenen Arten von geschlossenen Investmentvermögen:

geschlossene Investmentvermögen	Beispiele
Immobilienfonds	■ Immobilienfonds ■ Infrastrukturfonds (Beteiligung an Infrastrukturanlagen, wie beispielsweise Stromanlagen oder Straßennetze) ■ Wald- und Agrarfonds ■ Umweltfonds (Windkraft-, Solarfonds etc.)
Mobilienfonds	■ Schiffsfonds ■ Containerfonds ■ Flugzeugfonds
Unternehmensfonds	■ Private-Equity-Fonds ■ Infrastrukturfonds (Beteiligung an Infrastrukturunternehmen)
Rechtefonds	■ Medienfonds

Abb. 222: Arten von geschlossenen Investmentvermögen

Unterscheidung nach Art der Risikomischung

Das KAGB lässt verschiedene Konzeptionen hinsichtlich der Risikomischung zu, knüpft das jedoch an Rahmenbedingungen.

	Risikogemischter Publikums-AIF	Nicht risikogemischter Publikums-AIF	Spezial-AIF
Anlagesumme	keine Vorgaben	mindestens 20.000 €	mindestens 200.000 €
Anlegerkreis	Privatanleger, semiprofessionelle und professionelle Anleger	Profil* eines semiprofessionellen Anlegers	semiprofessioneller oder professioneller Anleger
Anlagegegenstände	gemäß KAGB-Katalog	gemäß KAGB-Katalog	keine Vorgaben (Verkehrswert muss ermittelbar sein)
Risikomischung	mindestens 3 Sachwerte	Einobjektfonds möglich (gilt nicht für Private-Equity-Fonds)	keine Vorgaben
max. Fremdkapitalquote	max. 60 % des Wertes des Publikums-AIF		keine Vorgaben

* d. h. das sonst für die Enstufung als semiprofessioneller Anleger relevante Mindestinvestitionsvolumen von 200.000 € bleibt hier unberücksichtigt

Abb. 223: Abgrenzung von geschlossenen Publikums-AIF und Spezial-AIF

Blind Pools

Normalerweise steht bei geschlossenen Investmentvermögen von Anfang an fest, in welches Investitionsobjekt investiert wird, und der Anleger kann dem Verkaufsprospekt hierzu detaillierte Informationen entnehmen.

Nicht so bei Blind Pools. Der Initiator benennt dem Anleger kein konkretes Investitionsobjekt und auch keine konkrete Sachwert-Anlageklasse.

Für den Initiator ein flexibles Instrument. Für den Anleger jedoch mit erhöhten Risiken verbunden. Auch wenn kurz nach Ende des Platzierungszeitraums das oder die Investitionsobjekte bekannt gegeben werden, muss der Anleger jetzt die Fondslaufzeit abwarten oder auf den Zweitmarkt hoffen, wenn er vom Anlageobjekt oder dessen Standort nicht überzeugt ist.

> Das geplante „Gesetz zur weiteren Stärkung des Anlegerschutzes" sieht u.a. ein Verbot von Blind Pools vor. Hintergrund ist die Pleite des Containeranbieters P&R. Derzeit durchläuft das Gesetz noch das Gesetzgebungsverfahren und soll voraussichtlich Januar 2022 in Kraft treten.

Zweitmarktfonds

Zweitmarktfonds investieren in günstige, bereits aufgelegte geschlossene Investmentvermögen jeder Art, und die Anlagepolitik ist darauf ausgerichtet, diese dann bis zum Laufzeitende zu halten.

Bei diesen Fonds steht die Erzielung attraktiver Renditen durch günstige Einkaufsbedingungen und letztlich natürlich auch Einkünfte aus den erworbenen Fondsanteilen im Vordergrund. Der Anleger weiß im Vorfeld nicht, in welche Fonds investiert wird und kauft mit dem Anteil an einem Zweitmarktfonds einen Blind Pool. Er muss darauf vertrauen, dass das Fondsmanagement in der Lage ist, die Zweitmarktfonds zu fairen Preisen mit entsprechenden Wertsteigerungschancen aus dem Marktangebot auszuwählen.

4.2.1 Geschlossene Immobilienfonds und Projektentwicklungsfonds

Als Investitionsobjekt für geschlossene Immobilienfonds kommen grundsätzlich bereits fertiggestellte Immobilien in Frage. Wird dagegen die gesamte Projektentwicklungsphase mitfinanziert, ergeben sich entsprechend zusätzliche Risiken, bspw. hinsichtlich der Fertigstellung.

Die Unterscheidungsmerkmale bei geschlossenen Immobilienfonds sind:

- Einobjektfonds oder risikogemischte Immobilienfonds
- Investitionsobjekt in Deutschland oder im Ausland
- Investition in eine fertiggestellte Immobilie oder die gesamte Projektentwicklung
- gewerblich geprägte oder vermögensverwaltende (dies ist die Regel) Fondskonzepte

Handelt es sich bei dem geschlossenen Immobilienfonds um eine Projektentwicklungsgesellschaft, so wird in der Regel die gesamte Wertschöpfungskette von der Planung über die Errichtung und den Verkauf abgedeckt. Oft handelt es sich bei Projektentwicklungsfonds um Blind Pools. Vertrauenswürdige Anbieter grenzen die Standorte und Nutzungsarten ein.

Geschlossene Immobilienfonds können darüber hinaus auch als Immobilienhandelsgesellschaft konzipiert sein. Diese Immobilienfonds kaufen Objekte, werten diese meist auf und verkaufen sie wieder zu einem höheren Preis. Auch hier zeichnen sich vertrauenswürdige Produktanbieter durch konkrete Angaben zu den Standorten und der Nutzungsart aus.

Geschlossene Immobilienfonds sind für die langfristige Sachwertanlage geeignet (durchschnittlich 20 Jahre). Der Anteilserwerb ist meist ab einer Mindestbeteiligungssumme von 5.000 € bis 10.000 € möglich.

Geschlossene Immobilienfonds – Deutschland

Die häufigsten Investitionsobjekte geschlossener Immobilienfonds sind:

- Büroimmobilien
- Hotels
- Einkaufszentren
- Studentenwohnheime/-appartements
- Senioren-/Pflegeheime
- Einzelhandelsimmobilien
- Wohnimmobilien (Mietwohnanlagen)

Der Anleger erzielt bei einer vermögensverwaltenden Fondskonzeption Einkünfte aus Vermietung und Verpachtung und bei einer gewerblichen Fondsprägung Einkünfte aus Gewerbebetrieb.

Chancen

Bei geschlossenen Immobilienfonds bestehen neben den allgemeinen Chancen einer geschlossenen Fondsanlage, die detailliert in Kapitel 4.3 Chancen und Risiken beschrieben wurden, nachfolgende besondere Chancen:

- Wertsteigerung der Immobilie
- höhere Mieterträge bei Anschlussvermietung oder Neuvermietung

Risiken

Bei geschlossenen Immobilienfonds sind grundsätzlich nachfolgende besondere Risiken zu beachten:

- **objektbezogene Risiken**
  - Alter der Immobilie

- Gebäudequalität

- eingeschränkte Nutzungsart/-möglichkeit der Immobilie (erschwerte Vermietbarkeit oder Mieterwechsel)

- unangemessene (d. h. zu niedrig angesetzte) Kalkulation der Instandhaltungskosten, der Instandhaltungsrücklage (Bildung bereits in den Anfangsjahren empfehlenswert) und der nicht umlagefähigen Nebenkosten (optimalerweise können Nebenkosten weitestgehend auf Mieter umgewälzt werden)

- hoher Fremdkapitalanteil oder später Tilgungsbeginn (frühzeitiger Tilgungsbeginn reduziert das Liquiditätsrisiko bei späteren Zinserhöhungen)

- **standortbezogene Risiken**

  - Qualität des Standortes (Angebot / Nachfrage / Vergleichsobjekte / Infrastruktur)

  - Kaufkraft und Beschäftigungsentwicklung des Standorts

- **Vermietungsbezogene Risiken**

  - Bonität der Mieter

  - Mieterstruktur

  - Ausfall des Ankermieters

  - Bei Einkaufszentren sollte für einen Großteil der zu vermietenden Fläche ein Mietvertrag mit einem namhaften Ankermieter (bekannter Markenhändler, der wie ein Magnet weitere Mieter und Kunden in das Einkaufszentrum zieht) bestehen. Ist dies nicht der Fall oder fällt der Ankermieter aus, so beeinflusst dies die Einnahmenkalkulation meist negativ.

  - Laufzeit der Mietverträge (empfehlenswert: mindestens 15 Jahre mit Indexvereinbarung)

  - zu optimistisch prognostizierte Anschlussvermietungen

  - fehlende Mietgarantien oder mangelnde Bonität des Mietgaranten

  - unangemessene (d. h. zu geringe) Kalkulation der Mietausfallrisiken

Geschlossene Immobilienfonds – Ausland

Internationale geschlossene Immobilienfonds bieten die Möglichkeit, bspw. in die Immobilienmärkte England, Frankreich, Niederlande, USA oder Australien zu investieren. Hier kommt für den Anleger insbesondere das Währungsrisiko hinzu. Handelt es sich bei den Investitionsobjekten um nachhaltig errichtete Bürogebäude mit bonitätsstarken staatlichen Mietern in einer stabilen Volkswirtschaft, dann sind das gute Voraussetzungen dafür, dass das Eingehen dieses Risikos gerechtfertigt ist.

Für den Anleger nicht immer einfach ist die Einschätzung, ob der jeweilige internationale Standort noch ausreichend Entwicklungspotenzial bietet oder bereits ausgereizt ist oder sich im schlimmsten Fall eine sog. Immobilienblase (überzogene und überhitzte Preisforderungen) aufgebaut hat.

Chancen

Ergänzend zu den für inländische Investitionsobjekte geltenden Chancen ergeben sich bei den Auslands-Immobilienfonds folgende zusätzliche Chancen:

- Risikostreuung des Gesamtvermögens durch ausländischen Immobilienstandort

- Währungschancen

- geringere Zinsbelastung bei einer Anteilsfinanzierung durch niedrigeres Zinsniveau im Ausland

- steuerliche Vorteile durch Doppelbesteuerungsabkommen (siehe Kapitel 4.6.2 Doppelbesteuerungsabkommen)

Risiken

Gegenüber den Inlands-Immobilienfonds bestehen zusätzliche Risiken durch:

- Änderung oder Aufhebung des Doppelbesteuerungsabkommens und dadurch höhere steuerliche Belastung

- Währungsrisiken

Beteiligte – Geschlossene Investmentvermögen

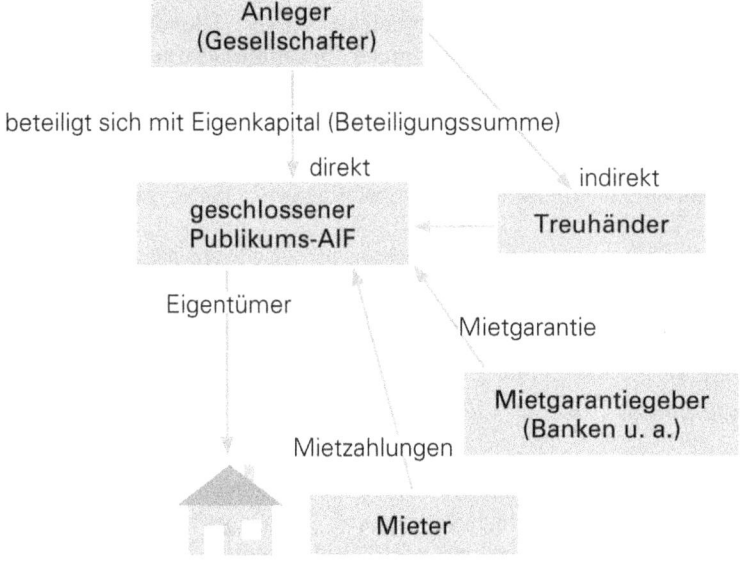

Abb. 224: *Struktur und Beteiligte eines geschlossenen Immobilienfonds*

Wie bei allen geschlossenen Investmentvermögen, kann – muss aber nicht – ein Treuhänder zwischengeschaltet werden, um die Interessen der Anleger zu vertreten und die Zahlungsströme zwischen Anleger und KVG abzuwickeln.

4.2.2 Schiffsfonds

Die internationalen Schiffsmärkte sind stark von den konjunkturellen Entwicklungen abhängig. Boomt die Wirtschaft, gibt es eine größere Nachfrage nach Schiffskapazitäten als umgekehrt. Der Neubau eines Schiffes benötigt aber Zeit, und nicht immer steht das Angebot rechtzeitig zur Verfügung. So sind in Folge der Finanzmarktkrise viele Überkapazitäten an Schiffsangeboten entstanden. Das führte zu erheblichem Preisdruck bei den Charterraten (Schiffsmieten). Wenn dann die Mieten die Betriebskosten der Schiffe nicht mehr decken, müssen die Schiffe entweder zeitweise stillgelegt oder weit unter Wert verkauft werden. Sinken am Markt die Schiffspreise, führt das weiter dazu, dass günstigere Charterraten angeboten werden können und der Kostendruck nochmals verstärkt wird.

Für Schiffsfondsanleger bedeutet dies unter Umständen eine vorzeitige Auflösung des Investmentvermögens mit dem Risiko eines Totalverlustes ihrer Kapitaleinlage.

Auch die Fremdkapitalbeschaffung hat sich durch diese Abhängigkeiten und Marktschwankungen für die Branche verschlechtert, bzw. die Banken fordern – nicht zuletzt auch aufgrund der gestiegenen Anforderungen an Banken zur Risikokontrolle – je nach Marktsegment – einen höheren Eigenkapitalanteil als früher. Da sind geschlossene Investmentvermögen eine Alternative zur Finanzierung und Eigenkapitalbeschaffung.

Neben den grundsätzlich für geschlossene Investmentvermögen geltenden Auswahlkriterien sollten Anleger bei einem Schiffsfonds darauf achten, dass das finanzierte Schiff aus einem aussichtsreichen Marktsegment (abhängig von der aktuellen Nachfrage am Schiffsmarkt) kommt.

> **Schiffsfonds oder Schiffsbeteiligung**
> *Beide Begriffe werden oft synonym verwendet. Tatsächlich handelt es sich bei einer Beteiligung über das Konstrukt eines geschlossenen Investmentvermögens um einen Schiffsfonds und bei einem direkten Investment in ein Schiff um eine Schiffsbeteiligung.*

Bei den Schiffsfonds werden hauptsächlich folgende Arten angeboten:

- Containerschiffe und Feeder (kleinere Containerschiffe, die mit eigenen Kränen ausgestattet sind)
- Tanker
- Bulker
- Mehrzweckfrachter
- Passagierschiffe

Bulker
Bezeichnung für Massengutfrachter (auch Schüttgutfrachter genannt). Transportiert werden feste (nicht flüssige) Massengüter, wie bspw. Getreide oder Kohle.

In den speziellen Segmenten, wie bspw. den Massengutfrachtern, besteht darüber hinaus eine starke Abhängigkeit von den Rohstoffmärkten.

Schiffsfonds sind die einzig verbliebene geschlossene Fondsart mit nennenswerten Steuervorteilen durch die steuerlich günstigere Gewinnermittlungsmethode der Tonnagesteuer (Siehe 4.6.1 Einkommensteuer).

Was bei den Immobilienfonds die Mietverträge sind, nennt man bei den Schiffsfonds Charterverträge. Bei den Charterverträgen sollte vor allem auf drei Qualitätskriterien geachtet werden:

- die Laufzeit der Charterverträge (möglichst lange)
- die kalkulierte Anschluss-Charterrate
- die Bonität des Charterers

Beteiligte – Schiffsfonds

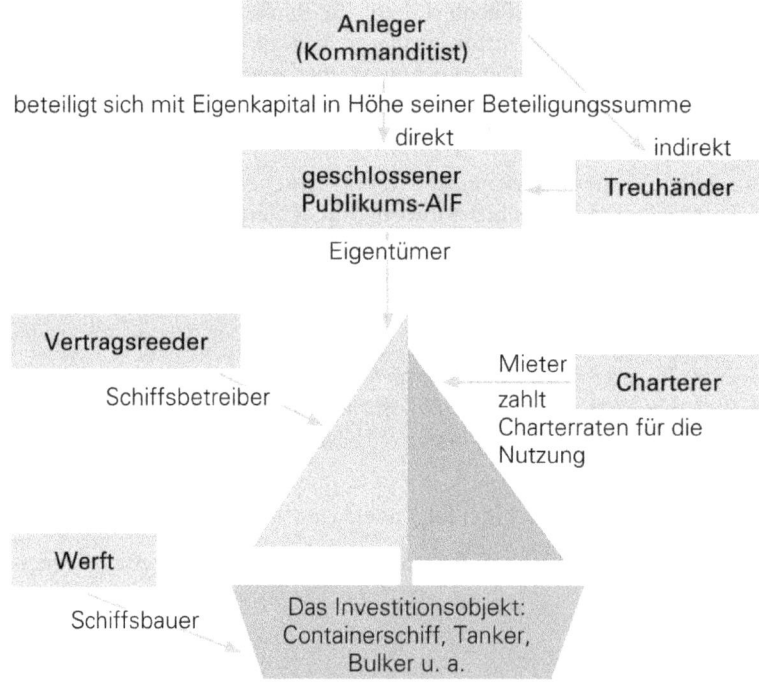

Abb. 225: Struktur und Beteiligte eines Schiffsfonds

Auch bei Schiffsfonds ist oft ein Treuhänder zwischengeschaltet, der die Anleger vertritt und betreut. Ein weiterer Beteiligter ist, wie bei allen geschlossenen Investmentvermögen, auch die Bank, die das Fremdkapital zur Verfügung stellt.

Zusätzlich kann die Bereederung an einen Vertragsreeder abgeben werden. Dieser ist dann je nach Vertragsgestaltung für die Wartung und Pflege des Schiffs, die Bemannung und ggf. auch für den Einsatz und die Vercharterung verantwortlich. Dies verursacht allerdings entsprechende Mehrkosten.

Chancen

- Renditemöglichkeiten durch hochwertigen (geringe Reparaturanfälligkeit und langfristige Nutzbarkeit) und marktgerechten Schiffstyp
- Steuervorteil durch Tonnagebesteuerung

Risiken

Währungsrisiko

Da Charterratenverträge in US-Dollar vereinbart werden, besteht ein entsprechendes Währungsrisiko. Das Risiko kann etwas abgefedert werden, wenn auch die Betriebskosten und die Fremdkapitalzinsen in US-Dollar zu zahlen sind. Ist dies nicht der Fall, besteht das Währungsrisiko in vollem Umfang.

Betriebskosten

Über die Laufzeit können sich diese zum Beispiel durch höhere Personalkosten oder auch steigende Versicherungsprämien erhöhen.

Charterraten (Schiffsmieten)

Die Entwicklung der Charterraten hängt von der Entwicklung der Nachfrage nach dem finanzierten Schiffstyp ab. Die Nachfrage nach Containern und Schiffen, die diese transportieren, hängt sehr stark von der Entwicklung der Weltwirtschaft und der davon abhängigen Nachfrage ab. Die Bonität des Charterers spielt darüber hinaus eine wesentliche Rolle. Einige Fondskonzepte enthalten eine **Chartergarantie**. Diese gibt es nicht kostenlos vom Garantiegeber, die Werthaltigkeit hängt wie bei allen Garantien von der Bonität des Garantiegebers ab und ersetzt auf keinen Fall echte Charterverträge.

Einkaufspreis

Ein zu hoher Einkaufspreis verringert die späteren Aussichten auf einen hohen Veräußerungserlös.

Verspätete Auslieferung des Schiffs durch die Werft

Im schlimmsten Fall tritt der Charterer dann von seinem Chartervertrag zurück, weil er das Schiff nicht wie vereinbart nutzen kann. Entsprechend kommt es zu Einnahmeausfällen für den Schiffsfonds.

Veräußerungserlös

Der Markt für gebrauchte Schiffsfonds ist sehr volatil. Eine realistische Prognoserechnung geht beim Verkaufspreis max. von 50 % des ursprünglich bezahlten Kaufpreises aus.

Prozyklische und antizyklische Investmentstrategie

Die Angebote an Schiffsfonds lassen sich in zwei grundlegende Investmentstrategien einteilen:

■ Prozyklische Schiffsfonds setzen auf die Entwicklungschancen in einem bestimmten Marktsegment, wie bspw. dem Bulkermarkt.

■ Antizyklische Schiffsfonds entscheiden sich bei ihrem Investment für Schiffe mit besonders günstigen Einstiegspreisen und setzen auf die späteren überdurchschnittlichen Wertentwicklungen. Gibt es mehr Verkäufer als Käufer von Schiffen, ist dies für diese Schiffsfonds ein günstiger Markteinstiegszeitpunkt.

4.2.3 Containerfonds

Containerfonds investieren in Container, die dann weiter vermietet werden. Diese Fondsart ist in der Regel auf einen Anlagezeitraum von bis zu 10 Jahren ausgerichtet.

Container gibt es bereits seit über 50 Jahren im internationalen Gütertransport. Ihr Vorteil ist, dass sie schnell von einem Schiff auf ein anderes Schiff oder Transportmittel verladen werden können und dabei nur ein geringes Beschädigungsrisiko für die transportierten Waren besteht. Über 4.000 Container pro Schiff können in einem modernen Hafen an einem Tag verladen werden. Das entspricht einem Warengewicht von bis zu 60.000 Tonnen. Neben den Standardcontainern gibt es Kühlcontainer und weitere spezielle Ausfertigungen.

Der Containertransport wies in den vergangenen Jahren hohe Wachstumsraten auf.

Die Eigentümer von Containern sind ein eindeutiger Profiteur der Globalisierung.

Zwei Faktoren beeinflussen das Wachstum des Containermarktes:

■ Positive Wachstumsaussichten für die Weltwirtschaft fördern das weitere Wachstum und den Ausbau der Absatzmärkte in Asien und den Schwellenländern.

■ Standardisierung der Transportwege fördert das Wachstum des Gütertransportes mit standardisierten Containern.

Container werden für den Seetransport durchschnittlich rund 15 Jahre genutzt. Danach finden sie oft noch Verwendung als Lagerraum oder als Baucontainer.

Container werden neben der Größe nach ihrer Nutzungsart unterschieden

■ Standardcontainer

■ Kühlcontainer

■ Tankcontainer

■ Spezialcontainer

Containerfonds sind gewerblich geprägte Fondskonzepte. Der Anleger erzielt somit Einkünfte aus Gewerbebetrieb.

Chancen

Besondere Chancen bei Containerfonds:

- kurze Laufzeiten von ca. 6 bis 12 Jahren
- lange Mietvertragslaufzeiten (meist bis Ende der Fondslaufzeit möglich) mit fest vereinbarten Mieten und dadurch kalkulierbare Einnahmen für regelmäßige Ausschüttungen an den Anleger
- Kostenanteil des Container-Transportes am Warenwert beträgt oft nur ca. 1 %
- leicht verständliche Konzeption: „Container kaufen, mieten, verkaufen"
- Versicherungen gegen Diebstahl und Beschädigung
- bei ausländischen Fonds: Vorteil bei Doppelbesteuerungsabkommen

Diese zusätzlichen Vorteile führen zwar zu vergleichsweise niedrigeren Renditen, die sich aber immer noch auf einem im Vergleich zu anderen Kapitalanlagen attraktiven Niveau befinden und vor allem den Vorteil des Inflationsschutzes durch die Sachwertanlage bieten.

Risiken

Auch bei den Risiken gibt es neben den allgemeinen Risiken für geschlossene Fonds weitere besondere Risiken für Containerfonds. Diese sind:

- Konjunkturrisiko
  - Sinkende Produktions- und Verkaufszahlen bei Waren führen auch zu einer geringeren Nachfrage nach Transportmöglichkeiten.
  - Preisverfall für Containermieten und Verkaufspreise
- Abnutzungsrisiko, das heißt, es besteht ein Verkaufsrisiko bei schlecht erhaltenen Containern
- Währungsrisiko durch Mieteinnahmen überwiegend in US-Dollar
- Zinsrisiko, wenn das Fremdkapital nicht über die gesamte Fondslaufzeit mit einem festen Zinssatz finanziert wurde

Weitere Beurteilungskriterien für Containerfonds

Neben den bereits genannten Chancen und Risiken gibt es weitere Erfolgsfaktoren bei Containerfonds.

- Erfahrung des Initiators im Transportmarkt
- Zusammenarbeit mit so genannten Containermanagern
- Vermietung der Container an große Linienreedereien mit guter Bonität
- Risikominimierung durch größere Containerpools

4.2.4 Leasingfonds

Eine weitere Art der Konzeption eines geschlossenen Investmentvermögens sind die Leasingfonds.

Ein Leasingfonds erwirbt zunächst mobile oder immobile Investitionsobjekte, die dann zunächst an einen Leasingnehmer vermietet und später wieder verkauft werden. Je nach Art des Leasingvertrages steht der Verkaufspreis bereits bei Vertragsabschluss fest. Der Anleger muss dafür auf weitere Gewinnsteigerungen durch mögliche Marktpreissteigerungen während der Vertragslaufzeit verzichten.

Steuerlich ist bezüglich der Verlustverrechnung während der Anfangsjahre bei dieser Fondsart der § 15 EStG zu beachten.

Die Finanzierungsform Leasing zählt zu den Wachstumsmärkten. Der Grund dafür liegt zum einen in den Wachstumsaussichten der Investitionsobjekte (bspw. bei Flugzeugen das prognostizierte höhere Passagieraufkommen im Luftreiseverkehr). Zum anderen vergeben die Banken Fremdkapital nur noch mit höheren Auflagen als in den Vorjahren, wodurch sich das Leasing als Kapitalbeschaffungsalternative etablieren konnte.

Man unterscheidet bei den Leasingfonds allgemein zwischen zwei Anlageklassen:

■ Mobilien-Leasing-Fonds (Flugzeuge, Container, Schiffe, Büroeinrichtungen, Computeranlagen, Züge u. a.

■ Immobilien-Leasing-Fonds

Mobilien-Leasingfonds

Am häufigsten findet sich diese Fondsart bei den Flugzeug(leasing)-Fonds. Investitionsobjekte sind hier Fracht- oder Passagierflugzeuge.

Der Initiator übernimmt in diesem Fall die Rolle und Aufgaben einer Leasinggesellschaft und legt einen geschlossenen Leasingfonds für den Leasingnehmer auf, um diesem die Finanzierung seines Leasingobjektes zu ermöglichen. Die Leasinggesellschaft erwirbt das Leasingobjekt vom Lieferanten und vermietet es dann für einen bestimmten Zeitraum an den Leasingnehmer.

Die Laufzeit von Mobilien-Leasing-Fonds fällt mit ca. 6–15 Jahren im Vergleich zu anderen geschlossenen Fonds kurz aus. Ein weiterer Vorteil ist, dass nach kurzer Zeit die Leasingobjekte grundsätzlich zu einem guten Preis veräußerbar sind, da ihre Nutzungsdauer wesentlich länger ist.

Besonders wichtig bei dieser Fondsart ist die Bonität des Leasingnehmers. Denn die Leasingraten sind so kalkuliert, dass sie alle Kosten (Ausschüttungen, laufende Betriebskosten, Verwaltungsaufwendungen, Fremdkapitalzinsen und -tilgung) abdecken.

Da auch für Leasingfonds die Verlustverrechnungsbeschränkung des § 15 EStG gilt, haben sie als Steuerstundungsmodelle ausgedient und bieten heute vor allem Rendite mit Investitionsobjekten aus Wachstumsmärkten und mit guten Verkaufschancen.

Mobilien-Leasing-Fonds lassen sich in zwei Kategorien einteilen:

- Finance-Leasing (weitere Bezeichnung: Finanzierungsleasing)
- Operate-Leasing (weitere Bezeichnung: Operatingleasing)

Finance-Leasing

Beim Finance-Leasing übernimmt der Leasingnehmer alle Wartungs- und Instandhaltungskosten. Dafür trägt der Leasinggeber das Kapitalbeschaffungs- und Kreditrisiko. Es wird eine feste Grundmietdauer vereinbart, in der es in der Regel kein Kündigungsrecht für den Leasingnehmer gibt. Danach wird dem Leasingnehmer eine Verlängerungsoption und ein Rückkaufsrecht des Leasingobjektes zum Restwert eingeräumt. Beim Finance-Leasing handelt es sich um eine Vollamortisation, d.h. die Leasingraten decken über die Gesamtlaufzeit nahezu die gesamten Anschaffungskosten ab. Das Leasingobjekt wird in der Regel sehr individuell auf den Bedarf des Leasingnehmers zugeschnitten, was für den Fall, dass der Leasingnehmer die Rückkaufoption nicht in Anspruch nimmt, die Veräußerung an einen anderen Nutzer erschweren kann.

Operate-Leasing

Da bei dieser Fondskonzeption der Leasinggeber (geschlossenes Investmentvermögen) das Verwertungsrisiko trägt, werden als Leasingobjekte grundsätzlich Standardprodukte gewählt.

Das Operate-Leasing kann ganz grob mit einem zivilrechtlichen Mietvertrag verglichen werden. Der Leasingvertrag wird nur auf wenige Jahre abgeschlossen und kann jederzeit gekündigt werden, meist ohne Einhaltung von Kündigungsfristen. Üblicherweise werden auch hier Verlängerungsoptionen für den Leasingnehmer vereinbart.

> Flugzeugfonds spielen aufgrund des Zusammenbruchs der Luftfahrtmärkte derzeit (2020/21) im Vertrieb keine Rolle mehr.

Somit kann das Leasingobjekt mehrfach vermietet werden und die Chance auf bessere Anschlussmieten gewahrt bleiben. Das Risiko der Anschlussvermietung und auch der Verwertung am Laufzeitende (so genanntes Restwertrisiko) trägt allerdings der Leasinggeber. Den Leasingnehmern hilft diese Fondskonzeption dabei, Engpässe in der Produktion der von ihnen benötigten Leasingobjekte zu überbrücken.

Die Leasingraten decken die Anschaffungskosten über die Gesamtlaufzeit nur zum Teil ab (Teilamortisation). Die Wartungs- und Instandhaltungskosten trägt der Leasinggeber.

Am Leasingvertragsende übergibt der Leasingnehmer das Flugzeug wieder dem Leasinggeber und zwar in einwandfreiem und neutralem Zustand (keine firmenspezifischen Sonderlackierungen u. ä.).

Beteiligte – Leasingfonds

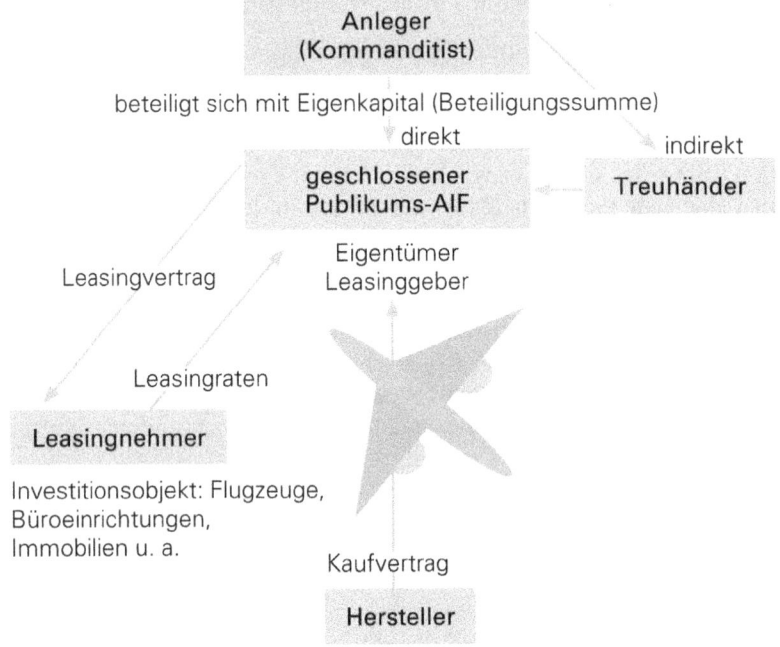

Abb. 226: Struktur und Beteiligte eines Leasingfonds

Es gibt auch die Variante, dass zunächst der spätere Leasingnehmer das Leasingobjekt vom Hersteller kauft und dann an die Fondsgesellschaft weiterverkauft und sofort zurückmietet. Dies wird auch als „sale-and-lease-back" bezeichnet.

Neben den hier dargestellten Beteiligten gibt es weitere Beteiligte, wie die KVG, Bank, Verwahrstelle sowie Gutachter, Wirtschaftsprüfer, Steuerberater und Rechtsanwälte. Dies ist aber keine Besonderheit der Leasingfonds, sondern gilt für alle geschlossenen Investmentvermögen.

Chancen und Risiken

Besondere Chancen bestehen bei länger laufenden Leasingverträgen durch die damit verbundene erhöhte Kalkulationssicherheit. Das Investitionsobjekt verbleibt als ggf. verwertbare Sicherheit bis zum Ende des Leasingvertrages im Eigentum der geschlossenen Investmentvermögen. Bestehen ein Andienungsrecht oder Bankgarantien, so sorgt dies für zusätzliche Sicherheit.

Das spezielle Risiko bei Flugzeugleasingfonds liegt in der Bonität des Flugzeugnutzers. Verändert sich die Nachfragesituation im Fracht- oder Personentransport negativ, kann dies dazu führen, dass der Flugzeugnutzer seinen laufenden Leasingzahlungsverpflichtungen nicht mehr nachkommen kann. Muss der Nutzungsvertrag vorzeitig beendet werden, besteht das Risiko, einen Anschlussnutzer zu finden. Weitere Risiken ergeben sich aus den Anschaffungs- und Herstellungskosten, den laufenden Kosten (Betriebs- und Wartungskosten) und dem Verkaufserlös.

Beim Operate-Leasing ist das Restwertrisiko zu beachten.

Immobilien-Leasingfonds

Bei Immobilien-Leasingfonds beteiligt sich der Anleger an einer so genannten Leasing-Objektgesellschaft. Investitionsobjekt ist eine Immobilie. Ob Einkünfte aus Gewerbebetrieb oder Einkünfte aus Vermietung und Verpachtung erzielt werden, hängt von der jeweiligen Fondskonzeption ab (siehe Angaben im Verkaufsprospekt).

Der Vorteil beim Immobilien-Leasing ist, dass die Immobilien langfristig und grundsätzlich unkündbar vermietet werden. Dazu kommt die Möglichkeit, dass eine Verkaufsgarantie vereinbart wurde. Die Mindestanlagesummen liegen teilweise allerdings bei 50.000 €.

> Nach KAGB nur als Spezial-AIF möglich. Ansonsten Risikostreuung von mindestens 3 Objekten.

4.2.5 Infrastrukturfonds

Immer öfter wird die Möglichkeit der Kapitalbeschaffung über geschlossene Fonds auch für Investitionen in die Infrastruktur eines Landes, wie bspw. Verkehrswege (Flughäfen, Hafenanlagen, Straßen u. a.) oder Energieverteilungssysteme, genutzt.

Der Finanzierungsbedarf für den Neu- und Ausbau, beziehungsweise die Instandhaltung und Modernisierung wird immer größer, die Budgets der öffentlichen Haushalte werden im Gegensatz immer knapper. Oft kommt es deshalb zur Privatisierung der Infrastrukturprojekte, und Anleger haben dann über einen Infrastrukturfonds die Möglichkeit, sich an einem Projekt zu beteiligen.

Infrastrukturfonds weisen zwei jeweils unterschiedliche Ausrichtungen auf:

- Investition in neue Infrastrukturen
- Investition in bestehende Infrastruktureinrichtungen

Wird in neue Infrastrukturen investiert, sind grundsätzlich höhere Renditen erzielbar, allerdings weist die Investition in bestehende Infrastrukturen die Sicherheit auf, dass diese Anlagen bereits fertiggestellt sind.

Chancen

- langfristige und konstante Nutzung der Infrastruktureinrichtungen
- Unabhängigkeit von konjunkturellen Einflüssen
- Monopolstellung mancher Infrastruktureinrichtungen mit staatlicher Regulierung (steigende Kosten oder Inflationseinflüsse können auf den Preis umgelegt werden)

Risiken

- Technischer Fortschritt oder neue alternative Methoden können vorhandene Infrastruktureinrichtungen überflüssig machen und lassen diese veralten.

- Im Vergleich zu anderen Arten geschlossener Fonds sind aufgrund der sehr hohen Anfangskosten der Investitionsprojekte entsprechend sehr hohe Fremdkapitalquoten üblich.

- politisches Risiko bei Investitionen in Infrastrukturen insbesondere im Ausland

4.2.6   Private-Equity-Fonds

Zu Private-Equity (privates, außerbörsliches Eigenkapital) gehört auch das Marktsegment des Risikokapitals (engl. venture capital). Jungen, innovativen Unternehmen mit Wachstumsaussichten, die noch nicht an der Börse notiert sind, wird von Investoren Geld zur Verfügung gestellt. Der Investor investiert in einem solchen Umfang, dass er auch Managementaufgaben übernehmen kann, um das Unternehmen in seiner Entwicklung zu unterstützen. Das macht Sinn, denn der Unternehmenserfolg bedeutet auch, dass der Investor sein eingesetztes Kapital zurückerhalten kann.

Private-Equity-Fonds investieren in junge Unternehmen in verschiedenen Entwicklungsphasen:

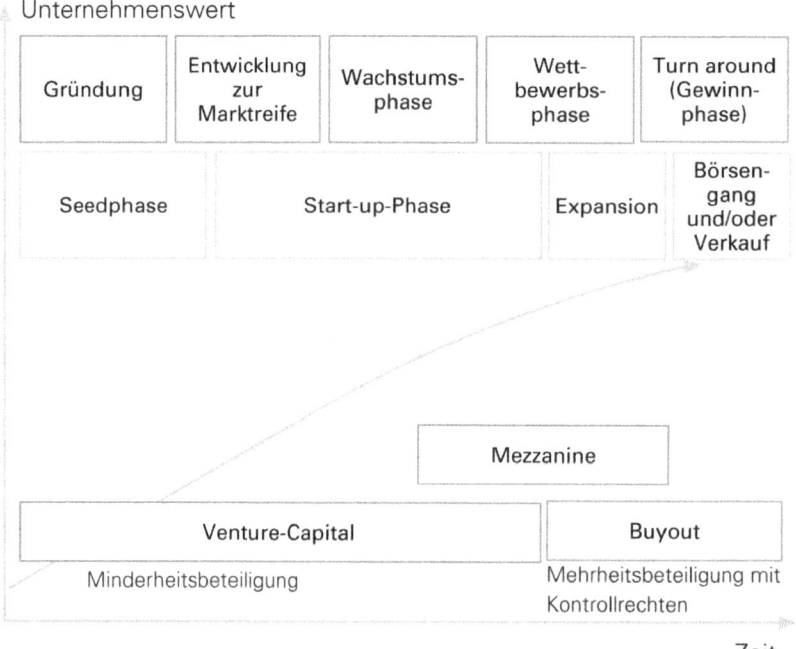

Abb. 227: Private-Equity-Fonds

Das höchste Risiko besteht in den Anfangsphasen (Seed- und Start-up-Phase). Das Risiko bei Private-Equity-Fonds kann etwas breiter gestreut werden, wenn in mehrere Unternehmen investiert wird.

Dieses Segment der geschlossenen Investmentvermögen ist vor allem für institutionelle Anleger, wie Banken, Versicherungen oder Pensionskassen, aber auch für vermögende Privatkunden interessant. Im Falle eines Misserfolges haften sie nur mit ihrer Kapitaleinlage, außerdem bietet die Investition über einen Private-Equity-Fonds zusätzlich Anonymität.

Für den Initiator ist diese Fondsart mit dem Zusatzvorteil ausgestattet, dass er überdurchschnittliche Erfolgsbeteiligungen vereinbaren kann. Die KVG hat für diese Art der Investitionen ebenfalls einen erhöhten Aufwand und kann diesen über entsprechende Gebühren vom Anleger bezahlen lassen.

Private-Equity-Fonds werden unterschieden nach

- Venture-Capital-Fonds

- Buyout-Fonds

- Mezzanine-Fonds, die in Private-Equity-Unternehmen in allen Entwicklungsstadien investieren.

> **Venture-Capital**
> *Als Venture-Capital bezeichnet man so genanntes außerbörsliches Risiko- oder Wagniskapital. Investiert wird in meist noch junge Wachstumsunternehmen mit innovativen Ideen, aber noch ungesicherten Zukunftsaussichten. Diese Unternehmen erfüllen noch nicht die Voraussetzungen, um sich über die Börse Kapital besorgen zu können.*

Wichtigste Auswahlkriterien bei einem Private-Equity-Fonds sind:

- unternehmerische Expertise

- Managementkompetenz

- genaue Marktkenntnis

Spezielle Risiken bei Private-Equity-Fonds

- der Private-Equity-Fonds kann nur so erfolgreich sein wie die Wertentwicklung seines Investments (Zielfonds oder Unternehmensbeteiligungen)

- kann das Zeichnungskapital nicht vollständig investiert werden, dann hat dies negative Auswirkungen auf die Erträge

4.2.7 Umweltfonds – die Investition in erneuerbare Energien

Fonds, die in alternative bzw. erneuerbare Energien, wie bspw. Windkraft, Solaranlagen, Wasserkraft, investieren, werden unter Bezeichnungen wie Umweltfonds, Energiefonds, Solarfonds oder auch New-Energy-Fonds vertrieben.

Diese Fondsart verbindet die renditeorientierte Kapitalanlage mit ökologischem Engagement.

Das Fondskonzept sieht bei dieser Anlageklasse vor, dass die Fondsgesellschaft zunächst in ein Grundstück investiert, auf dem dann bspw. die entsprechende Solaranlage errichtet wird, einschließlich des entsprechend notwendigen Anschlusses an das Stromnetz. Mit Inbetriebnahme erfolgt die so genannte Einspeisung des erzeugten Stroms in das Stromnetz mit der entsprechend gesetzlich geregelten Vergütung an die Fondsgesellschaft.

Chancen

Chancen ergeben sich aus den Festpreisbindungen und Abnahmegarantien des Erneuerbare Energien Gesetz (EEG).

▶ Exkurs: Erneuerbare Energien Gesetz (EEG)

Die Förderung von regenerativen Energien, wie Wind- oder Solarenergie, wird u. a. im EEG geregelt. Ein wesentlicher Bestandteil des EEG ist, dass festgelegt wird, wieviel Geld der Betreiber eines Kraftwerkes, welches auf der Nutzung regenerativer Energien beruht, pro Kilowattstunde Strom erhält, wenn dieser Strom in das öffentliche Netz eingespeist wird. ◀

Risiken

- Risiko der realistischen Einschätzung der technischen Leistungsdauer und des Verschleißes
- Risiko der Abweichung des Wetters von den bisherigen langfristigen Prognosen
- Risiko der Verschattung bei Solaranlagen durch die Bebauung umliegender Grundstücke
- Preisverfall bei Solarmodulen durch Überangebot aus China
- Risiko des Wegfalls staatlicher Förderungen und Rückgang der Vergütungssätze für die Energieeinspeisung

Besondere Auswahlkriterien für Umweltfonds

Für die Beurteilung eines Umweltfonds sind folgende Kriterien wichtig:

- die Qualität der technischen Anlagen
- die Lage des Investitionsobjektes (Einstrahlungs- bzw. Windgutachten)
- Darstellung der Gesamtfinanzierung

Bei der Auswahl eines geeigneten Umweltfonds sollte der Anleger auf weitere Punkte achten:

- **Zum Projektstand**

  - Liegen Bau- und Betriebsgenehmigungen vor?

  - Ist die Energieabnahme zeitnah gesichert? (Trotz der gesetzlichen Verpflichtung zur Stromabnahme kann sich die Erstellung eines Netzanschlusses verzögern.)

  - Wie sind der Baufortschritt und die Inbetriebnahme sichergestellt?

- **Zum Anlageobjekt**

  - Handelt es sich um einen soliden Hersteller und eine bereits erprobte Serienanlage? (Liegen ggf. Herstellergarantien vor?)

  - Liegen Service-, Wartungs- und Instandhaltungsverträge vor, damit ein störungsfreier Betrieb sichergestellt ist?

Der Markt für erneuerbare Energien ist derzeitig starken Schwankungen unterworfen: Energiewende einerseits, reduzierte staatliche Förderungen andererseits bringen manche Unternehmen dieser Branche ins Schwanken. Nicht zu unterschätzen sind bei den Fondskalkulationen die Reparaturkosten. Das Objekt ist oft von einer Naturgewalt, wie bspw. Wind, abhängig, dann ist teilweise kaum eine nachhaltig realistische Kalkulation möglich.

Umweltfonds können unterschieden werden nach Art der Anlage zur Erzeugung oder Speicherung von Energie (Photovoltaik, Windenergie, Solartherme, Biomasse, Wasserkraft) und nach Lage (Freifläche, Offshore u. a.).

4.2.8 Medien- und Games-Fonds

Medien- und Games-Fonds gehören eher zu den Randprodukten im Markt. Das liegt bei den Medienfonds daran, dass die Steuervergünstigung in Form der unbegrenzten Verrechenbarkeit von Verlustzuweisungen weggefallen ist und es seither kaum Anbieter gab, die ein renditeorientiertes Konzept gestalten konnten.

Games-Fonds sind eine noch junge Fondskategorie in einem derzeit noch engen Marktsegment.

Medienfonds

Medienfonds investieren in Filmprojekte, Fernsehproduktionen (Producer-Fonds) oder in Filmlizenzen (Leasing- oder Buyer-Fonds). Einnahmen werden aus den finanzierten Film- und Fernsehprojekten (sog. Einspiel-Ergebnisse) erzielt. Prognoserechnungen können sich als unrealistisch erweisen und den für die steuerliche Anerkennung wichtigen Nachweis der Gewinnerzielungsabsicht gefährden. Das liegt zum einen daran, dass der Geschmack des Kinopublikums eine der schwierigsten Kalkulationsgrößen bei Medienfonds darstellt. Zum anderen ist eine technische und künstlerisch erfolgreiche Projektumsetzung notwendig, die aber auch unvorhersehbaren Umständen unterliegen kann, die zu Produktionsverzögerungen und Verzögerungen bei der Vermarktung des Filmprojektes führen können.

Selbst wenn sich die angenommenen Prognosen realisieren lassen, bleibt das Risiko bestehen, zu welchen Preisen die Film- und Nebenrechte verwertet werden können.

Bei Medienfonds greift in besonderer Weise das Schlüsselpersonenrisiko. Das bedeutet, dass der Produktionserfolg gefährdet ist, wenn der Hauptdarsteller oder Regisseur ausfällt.

Risiken von Medienfonds

- Erfolgsrisiko (Publikumserfolg)

- Produktionsrisiko

- Verwertungsrisiko

- Währungsrisiko

- Schlüsselpersonenrisiko

Games-Fonds

Games-Fonds sind eine recht junge Fondsart. Investiert wird in die Entwicklung und Vermarktung von Online-, Tablet-, PC-, Smartphone- und / oder Videospielen. Viele Games-Fonds bieten vergleichsweise geringe Mindestbeteiligungssummen von ca. 5.000 €. Doch es handelt sich um einen sehr spezialisierten Markt und die Investition ist deshalb mit einem wesentlich erhöhten Risiko verbunden. Zurzeit bilden Games-Fonds trotz ihres Entwicklungspotenzials eher ein Randsegment unter den geschlossenen Fondsarten.

4.2.9 Lebensversicherungs-Zweitmarktfonds bzw. Policenfonds

Lebensversicherungs-Zweitmarktfonds bzw. Policenfonds sind geschlossene Investmentvermögen, die in Lebensversicherungen investieren. Bei diesen Lebensversicherungen handelt es sich um Verträge von Kunden, die vor Vertragsablauf aus diesem Vertrag aussteigen wollen. Neben einem Rückkauf durch die Lebensversicherungsgesellschaft (Rückkauf zum sog. Rückkaufswert) ist der für den Kunden in der Regel ertragreichere Weg der Verkauf bspw. an eine Fondsgesellschaft. Diese steigt nach Ankauf quasi in den Kundenvertrag ein, zahlt die vereinbarten Versicherungsprämien weiter und erhält am regulären Vertragsende die Ablaufleistung aus der Versicherung ausbezahlt.

Im Vergleich zu anderen Arten geschlossener Investmentvermögen spielen die Lebensversicherungs-Zweitmarktfonds derzeit kaum eine Rolle am Markt.

Das Wichtigste zusammengefasst:

Die einzelnen Fondsarten geschlossener Investmentvermögen unterscheiden sich vor allem nach der Art der Sachwerte, in die sie investieren. In welche Werte geschlossene Investmentfonds überhaupt investieren dürfen, ist im Kapitalanlagegesetzbuch (KAGB) genau festgelegt und begrenzt.

Sie kennen nun:

- Merkmale, Chancen und Risiken von
  - Geschlossenen Immobilienfonds
  - Medien- und Game-Fonds
  - Schiffsfonds und Containerfonds
  - Private-Equity-Fonds
  - Leasingfonds
  - Lebensversicherungszweitmarktfonds und Policenfonds
  - Umweltfonds
  - Sonstigen Fonds (Infrastrukturfonds, Blind Pools, Zweitmarktfonds)

Sie verstehen Ihr Wissen als Basis, sich und ihrem Kunden einen Überblick über das umfassende Produktangebot an geschlossenen Investmentvermögen geben zu können.

Sie nutzen Ihr Wissen, um nach einer umfassenden Bestandsaufnahme der Situation Ihres Kunden, diesem eine für ihn geeignete Fondsart empfehlen zu können.

Sie haben in diesem Kapitel die Vielfalt der Anlagemöglichkeiten in geschlossene Investmentvermögen mit den auf die jeweilige Fondsart bezogenen Chancen und Risiken kennen gelernt.

Im nächsten Kapitel erhalten Sie ergänzende Informationen zu den darüber hinaus zu beachtenden speziellen Chancen und Risiken der Anlageform geschlossene Investmentvermögen, unabhängig von der einzelnen Fondsart.

▶ **Aufgaben zum Kapitel 4.2 Arten von geschlossenen Investmentvermögen**

Ihr Wissen auf dem Prüfstand:

1. Welche maximale Anlagegrenze gilt für Währungsrisiken bezogen auf den Wert des geschlossenen Investmentvermögens? (SC)

    a) 10 %

    b) 20 %

    c) 30 %

    d) 50 %

    e) 60 %

2. Welches Merkmal trifft auf einen Blind-Pool zu? (SC)

    a) Es gibt keine Platzierungsgarantie für diese Art von Investmentvermögen.

    b) Das Investmentvermögen tätigt keine Ausschüttung.

    c) Der Anleger beteiligt sich ausschließlich über einen Treuhänder.

    d) Bei Auflage des Investmentvermögens stehen die Investitionsobjekte noch nicht fest.

3. Was zählt zu den Sachwerten gemäß der Begriffsdefinition des KAGB? (MC)

    a) Immobilien

    b) partiarische Immobiliendarlehen

    c) Luftfahrzeuge

    d) Aktien

    e) Edelmetalle

    f) Schiffe

4. Welche der folgenden Risiken zählen zu den vermietungsbezogenen Risiken? (MC)

    a) Mieterstruktur

    b) Bonität des Mieters

    c) Bonität des Vermieters

    d) fehlende Mietgarantie

    e) Qualität der Lage

    f) Kaufkraft der Mieter

5. Welche der folgenden Aussagen zu Schiffsfonds sind korrekt? (MC)

    a) Die Bank finanziert die Charterraten des Charterers.

    b) Der Charterer ist der Mieter des Schiffes.

    c) Die Verwahrstelle ist Eigentümer des Schiffes.

    d) Die geschlossene Investment-KG ist Eigentümer des Schiffes.

    e) Der Anleger erwirbt Anteile am Unternehmen des Charterers.

6. Welcher Grundsatz gilt bezüglich der Risikomischung bei geschlossenen inländischen Publikums-AIF gemäß KAGB? (SC)

   a) Investition in mindestens 1 Sachwert

   b) Investition in mindestens 3 Sachwerte

   c) Investition in mindestens 5 Sachwerte

   d) Investition in mindestens 10 Sachwerte

7. Wer sind Beteiligte bei einem Schiffsfonds? (MC)

   a) Charterer

   b) Leasingnehmer

   c) Werft

   d) Bauherr

   e) Venture-Capital-Investor

8. In was investieren Zweitmarktfonds? (SC)

   a) bestehende geschlossene Investmentvermögen

   b) gebrauchte Lebensversicherungspolicen

   c) gebrauchte Immobilien und Schiffe

   d) börsennotierte Investmentvermögen

9. Welche Merkmale treffen auf Flugzeugleasingfonds zu? (SC)

   a) feststehende Leasingraten, Restwerte und Nutzungsdauer

   b) feststehende Charterraten, Rückkaufswerte und Passagierprognosen

   c) feststehende Kerosinpreise, Betriebskosten, Leasingraten

   d) feststehende Flugpreise, Vertragslaufzeiten und Leasingnehmer

10. In welche Sachwerte kann ein geschlossener Infrastruktur-Fonds investieren? (MC)

    a) Schienenfahrzeuge

    b) Büroimmobilien

    c) Agrarland

    d) Waldgebiete

    e) Flughäfen

    f) bestehende Infrastruktureinrichtungen

11. In welche Werte investiert ein Private-Equity-Fonds? (SC)

    a) private Verkehrsprojekte

    b) Zweitmarktfonds

    c) junge, nicht börsennotierte Unternehmen

    d) private Einfamilienhäuser

12. Welche dieser Merkmale treffen auf ein nicht risikogemischtes Investmentvermögen zu? (MC)

    a) Mindestanlagesumme von 100.000 €

    b) Mindestanlagesumme von 20.000 €

    c) offen für alle Anleger

    d) offen nur für semiprofessionelle und professionelle Anleger

    e) keine gesetzlichen Mindestanlagesummen

13. In welche Sachwerte investieren Umweltfonds? (MC)

    a) Schienenverkehrsfahrzeuge

    b) Offshore-Windparks

    c) Elektrofahrzeuge

    d) Wald- und Forstgebiete

    e) Wasserkraftwerke

    f) Digitale Datennetze

14. Welche Aussagen zu Medienfonds treffen zu? (MC)

    a) Investition in Film- und Fernsehproduktionen

    b) Investition in Kinocenter

    c) hohe Steuervorteile

    d) Sicherheit durch Kinopreisgarantie

    e) hohes Schlüsselpersonenrisiko

15. Welche der folgenden Vorteile bieten Containerfonds (MC)

    a) vergleichsweise kurze Laufzeiten

    b) lange Laufzeitgarantien

    c) Versicherungsschutz gegen Beschädigung und Diebstahl

    d) Mietpreisgarantie

4.3 Chancen, Risiken und Haftung

4.3.1 Die Vorteile und Chancen

Die wichtigsten Vorteile und Chancen einer Anlage in geschlossene Investmentvermögen im Überblick zeigt Ihnen die nachfolgende Grafik.

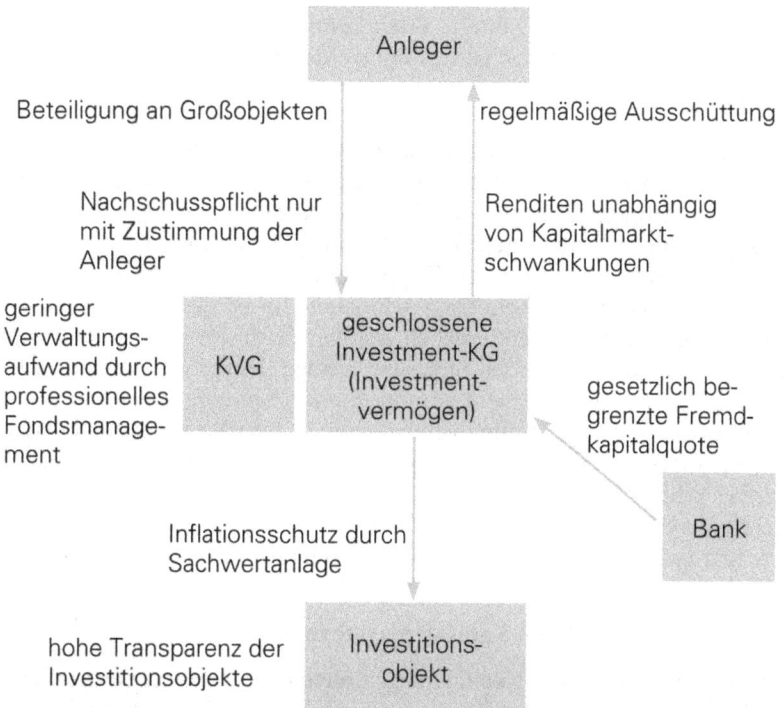

Abb. 228: Chancen geschlossener Investmentvermögen (KAGB)

Beteiligung an Großobjekten

Mit dem Erwerb des Anteils an einem geschlossenen Investmentvermögen beteiligt sich der Anleger an Sachwerten, die er sich als einzelner Direktanleger in der Regel nicht leisten könnte. Mit der Fondsbeteiligung tätigt er zusammen mit anderen Anlegern diese Investition gemeinsam.

Geringer zeitlicher Verwaltungsaufwand

Übernimmt ein Treuhänder die Vertretung der Anleger, so begrenzt dies den Verwaltungsaufwand, denn anstelle des Anlegers wird der Treuhänder ins Handelsregister eingetragen, und der Treuhänder vertritt auch die Interessen der Anleger in der Gesellschafterversammlung.

Hohe Transparenz der Anlageobjekte

Sofern es sich nicht um einen sog. Blind Pool handelt, kennt der Anleger von Anfang an die Objekte, in die das geschlossene Investmentvermögen die Anlegergelder investiert. Diese Investitionsobjekte werden während der Laufzeit nicht verändert.

Aufsicht des Produktanbieters durch die BaFin

Die Kapitalverwaltungsgesellschaft, die sich um die Verwaltung des Anlageobjektes kümmert, unterliegt der Aufsicht der BaFin. Dazu kommt, dass die Produkte durch die BaFin zum Vertrieb in Deutschland genehmigt werden müssen.

Steuerliche Optimierung

Geschlossene Investmentvermögen sind zwar keine Steuersparmodelle mehr, steuerliche Vorteile sind dennoch möglich. Bei Schiffsfonds ergeben sich Vorteile durch die Anwendung der Tonnagesteuer bei der Gewinnermittlung, die regelmäßig zu geringeren steuerpflichtigen Einnahmen führt. Bei im Ausland investierten Investmentvermögen können sich Vorteile durch Doppelbesteuerungsabkommen und geringere Steuersätze im Ausland ergeben. Da geschlossene Investmentvermögen dem Betriebsvermögen zugeordnet werden, ergeben sich bei der Vererbung und Schenkung Vorteile durch die entsprechenden Steuerfreibeträge. Durch die Struktur und den Aufbau der geschlossenen Investmentvermögen sowie den möglichen Fremdkapitalanteil (durch Aufnahme von Krediten von bis zu 60 % des Wertes des geschlossenen Investmentvermögens) sind Ausschüttungen in den ersten Jahren oft zumindest teilweise steuerfrei. Mit vollständiger Kredittilgung sind auch die Ausschüttungen voll steuerpflichtig. Es besteht die Chance, dass das Investmentvermögen gleichzeitig eine verbesserte Ertragslage aufweist und den Steuernachteil durch höhere Ausschüttungen ausgleichen kann.

Renditechancen gegenüber anderen Kapitalanlageformen

Im Vergleich zu anderen Geld- und Kapitalanlagen bieten geschlossene Investmentvermögen die Möglichkeit, höhere Renditen zu erwirtschaften. Werden Einnahmenüberschüsse erzielt, so erhalten die Anleger eine regelmäßige jährliche Ausschüttung auf ihren Anteil.

Inflationsschutz

Inflationsschutz besteht, da geschlossene Investmentvermögen in Sachwerte investieren.

Vermögensdiversifikation

Da die Märkte, in die geschlossene Investmentvermögen investieren, unabhängig von den Kapitalmärkten und teilweise auch von konjunkturellen Entwicklungen sind, kann die Anlage in ein geschlossenes Investmentvermögen von vermögenden Kunden zur Diversifikation (Beimischung) – also Risikostreuung/-minimierung – eines bereits bestehenden Anlagenportfolios genutzt werden.

Haftungsbegrenzung

Bei geschlossenen Investmentvermögen (Publikums-AIF) in der Rechtsform einer geschlossenen Investment-KG oder -AG mit fixem Kapital ist die Haftung des Anlegers auf seine Kapitaleinlage begrenzt. Ausschüttungen, die nicht aus erwirtschafteten Gewinnen vorgenommen werden und im Insolvenzfall zu einer Nachschusspflicht führen können, bedürfen der Zustimmung des Anlegers.

Gesetzlich begrenzte Fremdkapitalquote

Zwecks Risikobegrenzung für den Anleger schreibt das KAGB für geschlossene Investmentvermögen eine maximale Fremdkapitalquote in Höhe von 60 % seines Wertes vor.

4.3.2 Die Risiken

Nachfolgend sehen Sie die wichtigsten mit einer Anlage in geschlossene Investmentvermögen verbundenen Risiken.

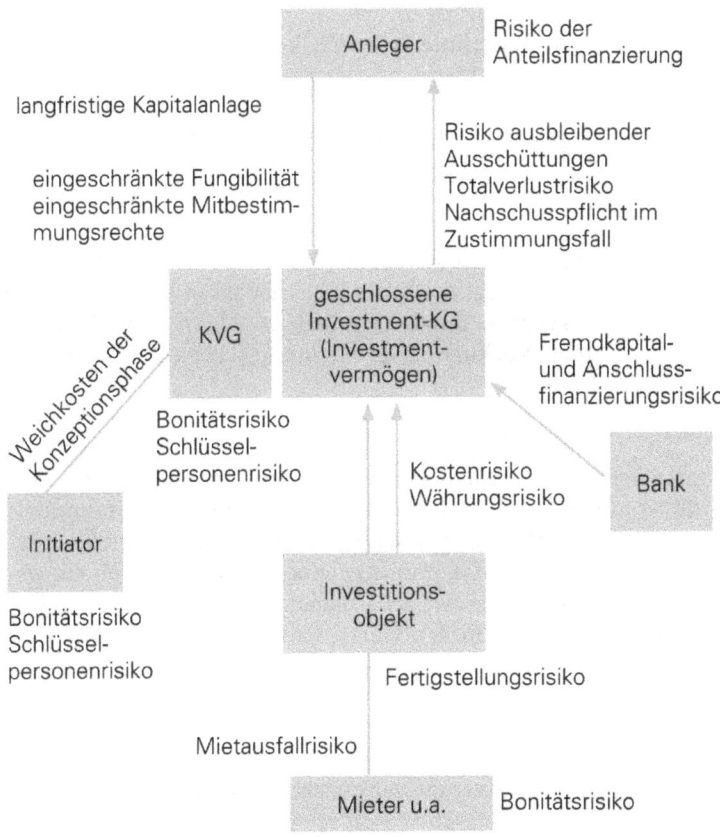

Abb. 229: Risiken geschlossener Investmentvermögen (KAGB)

517

Die Fondsanbieter sind verpflichtet, die Risiken der Anlage im Verkaufsprospekt umfassend darzustellen – und das nicht etwa im „Kleingedruckten", sondern weit vorne im Verkaufsprospekt. Je nach Anlageklasse ergeben sich bei den geschlossenen Fonds sehr unterschiedliche Risiken. Deshalb ist die nachfolgende Aufstellung keine abschließende, sondern kann im Einzelfall noch weitere Risiken aufweisen.

Die Risiken einer Kapitalanlage in geschlossene Investmentvermögen lassen sich in vier Kategorien einteilen:

- allgemeine wirtschaftliche und unternehmerische Risiken,
- prognosegefährdende Risiken, d. h. Risiken, die zu einer schwächeren Prognose für die Anleger führen können,
- anlagegefährdende Risiken, d. h. Risiken, die entweder das Anlageobjekt oder die gesamte Vermögensanlage gefährden und somit bis zum Totalverlust der Einlage inkl. des Agios des Anlegers führen können,
- anlegergefährdende Risiken, d. h. Risiken, die nicht nur zu einem Verlust der gesamten Zeichnungssumme inkl. des Agios führen können, sondern auch das weitere Vermögen des Anlegers gefährden.

Allgemeine wirtschaftliche und unternehmerische Risiken

fehlende Einlagensicherung

Geschlossene Investmentvermögen unterliegen keinerlei gesetzlicher oder freiwilliger Einlagensicherung.

langfristige Kapitalbindung

Die langfristige Kapitalbindung ergibt sich aus den fehlenden bzw. eingeschränkten Kündigungsrechten. Geschlossene Investmentvermögen haben in der Regel eine lange Laufzeit von je nach Anlageobjekt durchschnittlich 15 Jahren oder länger. In dieser Zeit gibt es keine gesetzliche Rücknahmeverpflichtung seitens der Kapitalverwaltungsgesellschaft oder des Initiators.

eingeschränkte Fungibilität (Handelbarkeit)

Geschlossene Investmentvermögen werden an keiner Börse gehandelt, und eine Übertragung an Dritte ist nur eingeschränkt möglich. Für gebrauchte Fondsanteile gibt es zwar einen Zweitmarkt (anbieterübergreifend sowie durch den Anbieter möglich), der Preis hängt jedoch in starkem Maße von Angebot und Nachfrage ab. Ein geschlossenes Investmentvermögen in einer wirtschaftlichen Schieflage lässt sich dort kaum zu einem attraktiven Preis verkaufen. Ein Wertabschlag bei Verkauf über einen Zweitmarkt ist in jedem Fall die Regel. Diese mangelnde Fungibilität bedeutet eine langfristige Kapitalbindung von in der Regel bis zu 20 Jahren.

Eine Anteilsrückgabe vor Beginn der Liquidationsphase ist für Publikums-AIF gesetzlich ausgeschlossen (bei Altfonds frühestens nach 5 Jahren)!

eingeschränkte Mitbestimmungsrechte

Der Anleger besitzt Informations-, Kontroll- und Stimmrechte, insbesondere im Rahmen der Gesellschafterversammlung. Der Gesellschaftsvertrag legt fest, welchen Themen die Gesellschafter mittels Mehrheitsbeschluss zustimmen müssen. Zur Geschäftsführung ist der Anleger nicht berechtigt.

Totalverlustrisiko

Eine unternehmerische Beteiligung an einem Unternehmen einzugehen, bedeutet vor allem das Risiko des Totalverlustes in Kauf nehmen zu können. Verlieren die Investitionsobjekte an Wert, so hat dies unmittelbare Auswirkungen auf den Kapitalanteil des Anlegers. Im schlimmsten Fall kann es zum Laufzeitende zu einem Totalverlust der Kapitalanlage kommen. Der Anleger sollte sich vor allem dieses Risikos bewußt sein und die hierzu erforderliche Verlusttragfähigkeit mitbringen.

Prognosegefährdende Risiken

Wertentwicklung

In der anfänglichen Konzeptionsphase des Investmentvermögens entstehen Weichkosten, d. h. nicht wertbildende Aufwendungen, die in der Betriebsphase durch entsprechende Wertzuwächse oder Einnahmen erst einmal ausgeglichen werden müssen, bevor das Investmentvermögen einen tatsächlichen Wertgewinn erzielt.

Prognose / Wirtschaftlichkeit

Die Prognoserechnung basiert auf Erfahrungswerten aus der Vergangenheit und kann dementsprechend zukünftige Entwicklungen nicht garantieren. Das tatsächliche Anlageergebnis kann somit von der Prognose nach unten aber auch nach oben abweichen.

Rechtliche und steuerliche Rahmenbedingungen

Die der Prognoserechnung zugrunde liegenden rechtlichen und steuerlichen Rahmenbedingungen können sich während der Laufzeit ändern und zu negativen Auswirkungen auf den weiteren Ertragsverlauf der Anlage haben.

Bonitätsrisiko / Risiko der Insolvenz der Vertragspartner

Für eine erfolgreiche Durchführung des Beteiligungsangebotes ist es erforderlich, dass die Beteiligten ihren finanziellen Verpflichtungen gegenüber der geschlossenen Investment-KG nachkommen können. Können diese ihren Verpflichtungen nur noch teilweise oder gar nicht mehr nachkommen, kann dies negative Auswirkungen auf die Rendite und Werthaltigkeit der Beteiligung haben. Es kann zu Verzögerungen im laufenden Betrieb des Investitionsobjektes, zu höheren Ausgaben und niedrigen Einnahmen durch ungünstigere Ersatzverträge bis hin zum Totalverlust des Anlagekapitals kommen.

Schlüsselpersonenrisiko

Der Kompetenz des Fondsmanagements kommt eine zentrale Bedeutung zu. Gleiches gilt für die externen Berater und die beauftragten Vertragspartner. Scheiden unternehmenstragende Personen aus, kann sich dies negativ auf die Entwicklung der Beteiligung auswirken. Auch Fehlentscheidungen sind nie ganz auszuschließen.

Guthabenverzinsung

Die Liquiditätsreserve kann in verzinsliche Anlagen investiert werden. Es besteht ein Risiko dahingehend, dass die erwarteten und prognostizierten Zinserträge nicht oder nicht dauerhaft erzielt werden können. Dies kann bspw. durch Veränderungen am Kapitalmarkt mit der Folge niedrigerer Zinsen eintreten. Negative Kapitalmarkteinflüsse können die Fondsrendite beeinträchtigen.

Anleger- bzw. Gesellschafterversammlung

Die Erfahrung zeigt, dass meist nur eine Minderheit der Anleger / Gesellschafter persönlich an den Gesellschafterversammlungen teilnimmt oder konkrete Weisungen zu anstehenden Abstimmungen abgibt. Es kann also zu Abstimmungsergebnissen kommen, die nicht das Interesse aller Anleger repräsentieren, aber dennoch für alle bindend sind.

Versicherungen

Trotz Abschluss der allgemeinen und marktüblichen Versicherungen für den Versicherungsschutz der Investitionsobjekte können Lücken nicht ausgeschlossen werden. Außerdem kann im Schadensfall die Versicherungsgesellschaft ihren Zahlungsverpflichtungen nicht oder nicht vollständig nachkommen.

Kostenrisiko

Der überwiegende Teil der anfänglichen und laufenden Kosten fällt in Relation zum Fondsvolumen an. Einige Kostenpositionen (z. B. Kosten für Jahresabschlüsse und laufende Beratungskosten) stehen fest und sind vom Fondsvolumen unabhängig zu entrichten. Fällt das Fondsvolumen niedriger aus als geplant, können diese Festkosten das Anlageergebnis negativ beeinflussen.

Behördliche Genehmigungen

Insbesondere bei Energie-Fonds besteht ein Ertrags-Ausfallrisiko durch Verzögerungen in der Bauphase oder Stillstandzeiten während der Betriebsphase. Diese können zum einen durch höhere Gewalt (wetterbedingte Einflussfaktoren) oder behördliche Anordnungen bedingt sein. Auch eine erforderliche Registereintragung (Register der Energieerzeuger) kann sich verzögern und verhindern, dass die erzeugte Energie planmäßig in das Versorgernetz eingespeist werden kann.

Höhere laufende Kosten

Dies kann zu einer Verminderung der Ausschüttungen führen.

Kündigungsrisiko durch die Anleger

Eine Kündigung ist, wenn überhaupt, meist erst gegen Laufzeitende unter Einhaltung einer Kündigungsfrist möglich. Wird dies von einem überwiegenden Teil der Anleger beantragt, kann die hierzu erforderliche Liquidität unter Umständen nicht ausreichen.

Rückabwicklungsrisiko

Grundsätzlich besteht bei jedem geschlossenen Beteiligungsfonds die Möglichkeit, dass er noch in der Investitionsphase rückabgewickelt wird, weil die geplante Investition nicht durchgeführt werden kann (bspw. wenn das Eigenkapital nicht vollständig platziert werden konnte und nicht durch eine Platzierungsgarantie abgesichert ist). Der Anleger trägt dann einen Teil der Kosten, erhält meist nicht mehr seine volle Anlagesumme zurück und muss sich um eine Anlagealternative kümmern.

Währungsrisiko

Währungsrisiken können Investitionen, Verbindlichkeiten und Erträge bei geschlossenen Investmentvermögen, die in einer Nicht-Euro-Währung aufgelegt wurden, betreffen. Wechselkursveränderungen können die wirtschaftliche Entwicklung der Beteiligung beeinflussen. Das KAGB beschränkt das zulässige Währungsrisiko auf 30 % des Wertes der Vermögensgegenstände des geschlossenen Investmentvermögens.

Fremdkapital

Sofern die geschlossene Investment-KG ihren Zins- und Tilgungsverpflichtungen nicht mehr vertragsgemäß nachkommen kann, ist nicht auszuschließen, dass die fremdfinanzierende Bank von etwaigen Verwertungsrechten Gebrauch macht und es zu Zwangsversteigerungen der Investitionsobjekte kommt. Im Extremfall ergibt sich hieraus ein Totalverlust für den Anleger.

Anschlussfinanzierung

Nach Ablauf einer Zinsbindungsfrist kalkuliert die Prognoserechnung mit Annahmen für die Anschlusszinssätze. Liegt der vereinbarte tatsächliche Anschlusszins über dem kalkulierten Zinssatz, bedeutet dies eine Verschlechterung der prognostizierten Ergebnisse.

Fertigstellungsrisiko

Sofern das Investitionsobjekt des Investmentvermögens zum Beteiligungszeitpunkt noch nicht fertiggestellt ist (z. B. bei Immobilien-, Schiffs- oder Energiefonds), kann nicht ausgeschlossen werden, dass sich bei nicht vertragsgemäßem Verhalten, z. B. der Garantiegeber, Nachteile für den Anleger insbesondere einhergehend mit einer Renditeverschlechterung ergeben.

Anwendbarkeit ausländischen Rechts

Bei Investitionen im Ausland sind die Anleger indirekt den rechtlichen und politischen Risiken des Auslandes ausgesetzt. Die abgeschlossenen Verträge unterliegen ausländischem Recht und Gerichtsstand, was u. a. zu höheren Kosten im Falle eines

Rechtsstreites führen kann. Auch im Zusammenhang mit dem ausländischen Steuerrecht können sich Nachteile ergeben.

Renditeprognose

Die Prognoserechnung trifft Annahmen über die zukünftigen Aufwendungen und Erträge, und diese können von den tatsächlichen Werten in ihrer Höhe abweichen. Auch ein nicht vertragsmäßiges Verhalten der Vertragspartner birgt entsprechende Risiken. Die Renditeprognose muss daher in regelmäßigen Abständen hinsichtlich der Finanz-und Liquiditätsplanung angepasst werden. Wesentliche Einflussfaktoren auf die Renditeprognose sind: Mieteinnahmen, die Entwicklung der Schiffscharterraten, Schiffsbetriebskosten, Instandhaltungskosten, der Kaufpreis und die zukünftige Wertentwicklung des Investitionsobjektes, weitere laufende Kosten der geschlossenen Investment-KG, Anschlussfinanzierung und Währungsentwicklung u. a.

Ungünstige Entwicklung der Marktgegebenheiten

Dies hängt vom jeweiligen Investitionsobjekt ab, bspw. die Entwicklung der Charterraten und die Wettbewerbssituation am Schiffsmarkt.

Einlagepflicht der Anleger

Für den Fall, dass ein Anleger seine Einlage nicht oder nicht vollständig erbringt, können Verzugszinsen berechnet werden, auch über den Basiszinssatz nach § 247 BGB hinaus. Auch können diese Anleger aus den Gesellschaften ausgeschlossen werden. Diese Fälle wirken sich negativ auf die Liquiditätssituation des Investmentvermögens aus.

Majorisierung

Zeichnet ein Anleger eine im Vergleich zu den anderen Anlegern große Summe, kann nicht ausgeschlossen werden, dass die Interessen der kleineren Anleger gegenüber diesem Großanleger nicht durchsetzbar sind (Einfluss auf die Entscheidungen der Gesellschafterversammlung).

Mittelbare Beteiligung an Zielfonds

Investiert der Anleger in einen Blind Pool, der wiederum in anderen Zielfonds investiert, hat der Anleger bei diesen Zielfonds kein unmittelbares Mitbestimmungsrecht und keine unmittelbaren Ansprüche. Der Erfolg der Beteiligung hängt dann wesentlich von der Bonität und Qualität der Geschäftsführung der Zielfondsgesellschaften ab.

Interessenkonflikte

Es kann grundsätzlich das Risiko des Interessenkonfliktes vorliegen, wenn kapitalmäßige und personelle Verflechtungen zwischen den handelnden Personen bestehen. Hinweise hierauf sind im Verkaufsprospekt zu detaillieren.

Verringerung bzw. vollständiger Wegfall kalkulierter Ertragspositionen und höhere als kalkulierte Kosten aus den getätigten Kapitalanlagen

Insbesondere bei Blind Pools stehen die Rahmendaten für eine Renditekalkulation noch nicht fest und können deshalb zu erheblichen Abweichungen gegenüber der Prognose führen.

Anlagegefährdende Risiken

Allgemeine Vertragserfüllungsrisiken

Die Gesellschaft trägt das Risiko, dass Vertragspartner ihren vertraglichen Verpflichtungen (z. B. aus Garantievereinbarungen oder Mietverträgen) nicht bzw. nicht vollständig nachkommen oder auch Kündigungsmöglichkeiten wahrnehmen.

Managementrisiken

Der Anleger muss sich darauf verlassen, dass die Geschäftsführung ein gutes Management leistet, ansonsten können steigende Ausgaben und sinkende Einnahmen bis hin zu einem Totalverlust der Kapitaleinlage führen.

Vertragserfüllungsrisiko aus dem Mittelverwendungsvertrag

Der Mittelverwender hat Prüfungspflichten, und die Beteiligungsgesellschaft darf nur im Rahmen der vertraglichen Verpflichtungen über die Mittel verfügen. Kommt es zu einer Fehlverwendung der eingezahlten Kommanditeinlagen droht im Extremfall die Insolvenz der Gesellschaft.

Kündigung aus wichtigem Grund

In einer wirtschaftlichen Notlage wird den Anlegern in der Regel ein Kündigungsrecht eingeräumt. Das so genannte Auseinandersetzungsguthaben, welches diesem Anleger ausbezahlt wird, kann unter der ursprünglichen Zeichnungssumme liegen. Insbesondere dann, wenn die Beteiligung einen negativen Geschäftsverlauf genommen hat. Kündigen mehrere Anleger, kann dies zu einer Vermögens- und Liquiditätsreduzierung für die verbleibenden Anleger führen.

Anlegergefährdende Risiken

Persönliche Anteilsfinanzierung

Die Finanzierung der Kapitaleinlage auf der Seite des Anlegers ist in der Prognoserechnung des Fondskonzeptes nicht enthalten. Der Anleger muss berücksichtigen, dass seine Zins- und Tilgungsleistungen unabhängig von der wirtschaftlichen Entwicklung der Fondsbeteiligung von ihm zu leisten sind. Die Zinsen stellen steuerlich Sonderwerbungskosten des Anlegers dar und müssen für eine steuerliche Anerkennung termingerecht (Termin wird im Gesellschaftsvertrag geregelt) vom Anleger an die Fondsgesellschaft gemeldet werden, wenn diese steuerlich wirksam angerechnet werden sollen. Wichtig ist darüber hinaus, dass das Finanzamt auch die Finanzierungszinsen auf Anlegerseite in die Bewertung der Gewinnerzielungsabsicht einbezieht.

Risiko der Anrechnung auf Versorgungszahlungen

Bei Bezug von Sozialversicherungsrenten und möglicherweise anderen Versorgungsbezügen vor Vollendung des 67. Lebensjahres dürfen bestimmte Hinzuverdienstgrenzen nicht überschritten werden. Auf diesen Hinzuverdienst wird auch das steuerpflichtige Einkommen aus einer Beteiligung an einem geschlossenen Fonds angerechnet. Ein Verlustabzug gemäß § 10 EStG mindert diesen Hinzuverdienst nicht. Es kann somit nicht ausgeschlossen werden, dass im Einzelfall das steuerpflichtige Einkommen aus der Fondsbeteiligung die Hinzuverdienstgrenzen eines Anlegers überschreitet und damit zu einer Kürzung der sozialversicherungsrechtlichen oder anderen Versorgungszahlungen führt.

Ausschluss bei Zahlungsverzug

Erbringt ein Anleger seine fällige Einzahlung nicht, ist die Geschäftsführung berechtigt, den Anleger entsprechend der Regelungen des Gesellschaftervertrages auszuschließen, ohne dass es dafür eines Gesellschafterbeschlusses bedarf. Der Anleger trägt in diesem Fall die mit seinem Ausscheiden verbundenen Kosten und muss auf verspätet geleistete Einlagen ggf. Verzugszinsen zahlen.

> Hat der Anleger seinen Anteil fremdfinanziert, so haftet er für die Rückzahlung des dafür aufgenommenen Kredites auch dann, wenn er mit seiner Beteiligung einen Totalverlust erleidet.

Ausschüttungsrisiko

Höhe und Häufigkeit der Ausschüttung hängen von vielen Faktoren ab und können nicht garantiert werden. Möglich ist auch, dass in wirtschaftlich schwachen Jahren gar keine Ausschüttung an die Anleger erfolgt. Reduzierte oder ausfallende Ausschüttungen stellen für den Anleger insbesondere dann ein Risiko dar, wenn er daraus seinen Zins- und Tilgungsverpflichtungen für die Anteilsfinanzierung nachkommen muss und er diese dann nicht mehr bedienen kann.

Haftungsrisiko

Gegenüber Gläubigern der Investment-KG haftet der Anleger nur in Höhe der Haftsumme (in der Regel 1–10 % seiner Zeichnungssumme). Hat er seine Pflichteinlage (Zeichnungssumme und Agio) eingezahlt, besteht keine persönliche Haftung mehr und eine Nachschusspflicht ist darüber hinaus gesetzlich ausgeschlossen. Die Haftung kann allerdings wieder aufleben, wenn der Anleger Auszahlungen (Ausschüttungen u. ä.) erhält, obwohl sein Kapitalanteil durch Verlust unter den Betrag der Haftsumme herabgemindert ist oder durch die Auszahlung selbst sein Kapitalanteil unter die Haftsumme fällt. Deshalb ist in einem solchen Fall die vorherige Information und Zustimmung der Anleger erforderlich.

4.3.3 Risikoabsicherung

Nachfolgende Garantien können abgeschlossenen werden, um einen Teil der Risiken abzusichern:

- **Platzierungsgarantie**: Der Vertriebspartner garantiert, die benötigten Anlegergelder bis zum Ende des Platzierungszeitraums einzusammeln.

- **Eigenkapitaleinzahlungsgarantie**: Diese Garantie ist von Vorteil, wenn es sich um ein Investmentvermögen (häufig bei Schiffsfonds und Private-Equity-Fonds anzutreffen) handelt, bei dem die Einzahlungen in Raten erbracht werden können. Der Garantiegeber übernimmt die Eigenkapitaleinzahlungen, wenn die Anleger dieser Verpflichtung dann nicht nachkommen.

- **Fertigstellungsgarantie**: Diese ist eine wichtige Garantie, wenn sich das Investitionsobjekt noch in Planung oder im Bau befindet und Verzögerungen bei der Fertigstellung zu Mehrkosten oder Einnahmeausfällen beim Investmentvermögen führen können.

- **Festpreis- oder Höchstpreisgarantie**: Eine Garantie für geschlossene Immobilienfonds für den Fall, wenn der Bauunternehmer Konkurs anmelden muss. Andere Unternehmen übernehmen zwar den Bau, aber oft zu höheren Kosten. Diese Garantie übernimmt die Mehrkosten.

Darüber hinaus gibt es anlageklassenspezifische weitere Garantien, wie bspw. die Mietgarantie bei Immobilienfonds oder die Charterratengarantie bei Schiffsfonds. Diese sind in den zugehörigen Kapiteln dieser Fondsarten detaillierter beschrieben.

4.3.4 Haftung

Risiken	Risikominimierung bzw. Risikoabsicherung
anlegergefährdendes Risiko (durch Fremdfinanzierung der Beteiligung)	Finanzierung des Fondsanteils aus eigenen Mitteln
langfristige Kapitalbindung / eingeschränkte Veräußerbarkeit	Zweitmarkt: ▪ Initiator ▪ Fondsbörse Deutschland
Fremdkapitalrisiko	die Eigenkapitalquote des Investmentvermögen sollte mind. 50% betragen
spezifische Risiken des Anlageobjektes	▪ Fertigstellungsgarantie ▪ Festpreis- und Höchstpreisgarantie
Rückabwicklungsrisiko	▪ Platzierungsgarantie ▪ Eigenkapitaleinzahlungsgarantie
Währungsrisiko	Ausgleich durch solide Ertragsprognosen

Abb. 230: Risikoabsicherungen bei geschlossenen Investmentvermögen

Für geschlossene Investmentvermögen, die nach den Regelungen des KAGB aufgelegt werden, verbietet das KAGB eine Nachschusspflicht der Anleger. Verschlechtert sich die wirtschaftliche Situation des Investmentvermögens, kann der Anleger nicht mehr gegen seinen Willen zur Leistung von Nachschüssen verpflichtet werden.

Nachschusspflicht

Ein Gesellschafter kann beschränkt oder unbeschränkt verpflichtet sein, anteilig das Gesellschaftskapital – insbesondere im Verlustfall – durch Nachschusszahlungen zu erhöhen.

Das bedeutet, der Anspruch der geschlossenen Investment-KG gegen einen Kommanditisten auf Leistung der Einlage erlischt, sobald der Kommanditist seine Einlage erbracht hat. Werden nun aber Ausschüttungen an die Anleger vorgenommen, die nicht aus einem erwirtschafteten Gewinn stammen, gelten diese als Kapitaleinlagenrückgewähr (§ 172 Abs. 4 HGB), und es würde sich in Höhe dieser Ausschüttungen eine Nachschusspflicht ergeben. Gemäß KAGB bedürfen diese Ausschüttungen zukünftig der ausdrücklichen Zustimmung der betroffenen Kommanditisten.

Ein weiterer wichtiger Punkt: Ein Kommanditist (Anleger) haftet ab dem Zeitpunkt seines Ausscheidens nicht mehr für Verbindlichkeiten der geschlossenen Investment-KG.

Die gesetzliche Grundlage zur Haftung: § 152 Abs. 2, 3 und 6 KAGB

„(2) Eine Rückgewähr der Einlage oder eine Ausschüttung, die den Wert der Kommanditeinlage unter den Betrag der Einlage herabmindert, darf nur mit Zustimmung des betroffenen Kommanditisten erfolgen. Vor der Zustimmung ist der Kommanditist darauf hinzuweisen, dass er den Gläubigern der Gesellschaft unmittelbar haftet, soweit die Einlage durch die Rückgewähr oder Ausschüttung zurückbezahlt wird. Bei mittelbarer Beteiligung über einen Treuhandkommanditisten bedarf die Rückgewähr der Einlage oder eine Ausschüttung, die den Wert der Kommanditeinlage unter den Betrag der Einlage herabmindert, zusätzlich der Zustimmung des betroffenen mittelbar beteiligten Anlegers; Satz 2 gilt entsprechend.

(3) Der Anspruch der geschlossenen Investmentkommanditgesellschaft gegen einen Kommanditisten auf Leistung der Einlage erlischt, sobald er seine Kommanditeinlage erbracht hat. Die Kommanditisten sind nicht verpflichtet, entstandene Verluste auszugleichen. Eine Nachschusspflicht der Kommanditisten ist ausgeschlossen. § 707 des Bürgerlichen Gesetzbuchs ist nicht abdingbar. Entgegenstehende Vereinbarungen sind unwirksam.

(6) Scheidet ein Kommanditist während der Laufzeit der Investmentkommanditgesellschaft aus der Investmentkommanditgesellschaft aus, gilt die Erfüllung des Abfindungsanspruchs nicht als Rückzahlung der Einlage des Kommanditisten. Ab dem Zeitpunkt des Ausscheidens haftet der ausgeschiedene Kommanditist nicht für Verbindlichkeiten der Investmentkommanditgesellschaft.“

4.3.5 Kriterien für die Risikoeinschätzung

Abb. 231: *Kriterien der Risikoeinschätzung*

Dazu kommt das anlegerseitige Risiko, wenn der Anleger die Anteile nicht aus eigenen Mitteln, sondern durch die Aufnahme eines Kredites fremdfinanziert (Fremdfinanzierung der Anteile durch Anleger).

Checkliste

Zur Beurteilung der Qualität eines geschlossenen Investmentvermögens, insbesondere hinsichtlich der Chancen und Risiken, gibt die Beantwortung der Fragen in nachfolgender Checkliste wichtige Anhaltspunkte:

- Verfügen die Beteiligten (Initiator und Treuhänder) über die notwendige Erfahrung und Seriosität?

- Hat der Initiator bereits mehrere Projekte dieser Art konzipiert und betreut? Liegt hierzu eine Leistungsbilanz bzw. ein aktueller Performance-Bericht (freiwilliger Branchenstandard seit 2013 für neu aufgelegte Investmentvermögen) vor?

- Bietet der Initiator einen Zweitmarkt an?

- Welche Rechtsform liegt vor und welches Haftungsrisiko ergibt sich daraus für den Anleger?

- Wie hoch ist das Rückabwicklungsrisiko (besteht eine Platzierungsgarantie)?

- Enthält der Verkaufsprospekt umfassende Angaben über das Investitionsobjekt und eine klare Darstellung der Risiken?

- Sind die Kosten (insbesondere Weichkostenrelation) transparent und angemessen?

- Wird ein marktübliches Agio verlangt?

- Wie hoch ist die Eigenkapitalquote (Empfehlung mind. 50 %)?

- Wird die Faustformel für den Gesamtaufwand eingehalten? (Gesamtaufwand inkl. Agio < 14-faches der erzielbaren Jahresmiete / bei gewerblichen Objekten max. das 12-fache)

- Wie hoch ist die Fremdfinanzierungsquote? (Je wertbeständiger das Investitionsobjekt, umso vertretbarer ist eine höhere Fremdkapitalaufnahme.)

- Wird das Fremdkapital von Anfang an getilgt?

- Welche Zinsänderungsrisiken (und ggf. Währungsrisiken) bestehen beim Fremdkapital?

- Wurden langfristige Zinsbindungen für das Fremdkapital abgeschlossen?

- Ist die Prognoserechnung nachvollziehbar und ist die Liquiditätsplanung ausreichend und klar dargestellt?

- Welche Garantien zur Absicherung von Risiken liegen vor?

- Welche Währungsrisiken bestehen?

Darüber hinaus empfehlen sich weitere Fragen, bezogen auf die jeweilige Fondsart. Dies wird hier am Beispiel eines geschlossenen Immobilienfonds verdeutlicht:

- Ist die rechtzeitige Fertigstellung des Objektes sichergestellt?

- Sind langfristige Mietverträge (mindestens 15 Jahre und optimalerweise mit einer Indexierung auf die Inflationsratenentwicklung sowie abgesichert durch Bankgarantien) abgeschlossen worden?

- Handelt es sich um einen Standort, der die erwarteten Mieteinnahmen und Wertentwicklungen rechtfertigt?

- Verfügen die Mieter über eine erstklassige Bonität?

- Verfügt der Garantiegeber von Mietgarantien über die notwendige Bonität?

- Wird bereits in den Anfangsjahren eine Instandhaltungsrücklage aufgebaut?

Antworten auf diese Fragen finden Anleger in den Verkaufsunterlagen, wie insbesondere dem Verkaufsprospekt.

Die hier dargestellten Kriterien erheben keinen Anspruch auf Vollständigkeit. Sie sollen Anhaltspunkte sein, wie wichtig es ist, Klarheit darüber zu haben, dass es sich bei dieser Anlageform um eine unternehmerische Beteiligung mit dem entsprechenden Risikopotential handelt. Dieses Verständnis ist in der Praxis entscheidend, denn es ist unbedingt empfehlenswert als Berater / Vermittler und Anleger die umfangreichen Verkaufsunterlagen zu lesen und zu hinterfragen, bevor eine Anlageentscheidung getroffen wird. Dies auch vor dem Hintergrund, dass das Kapital bei dieser Anlageform langfristig gebunden ist.

	Risiko		
	gering	**mittel**	**groß**
Leistungs-bilanz	positiv	gemischt	nicht vorhanden
Laufzeit	kürzer als 5 Jahre	mittel bis 10 Jahre	länger als 10 Jahre
Investitions-objekte	risikogemisch-te Investment-vermögen mit mind. 3 Investitionsob-jekten	nichtrisikogemischte Invest-mentvermögen mit weniger als 3 Investitionsobjekten	
(weiche) Nebenkosten (inkl. Agio)	10 bis 12 %	12 bis 15 %	> 15 %
Blind Pool*	nein	teilweise	überwiegend
Garantien	langjährige Garantien durch Banken, Staat, zah-lungskräftige Firmen	Garantien durch Initiator und zahlungs-kräftige Firmen	keine oder Garantien unbekannter Garanten
Zweitmarkt	Initiator nimmt Anteile zurück	Zweitmarkt zu fairen Preisen vorhanden	nicht vorhan-den oder nur weit unter Wert

* Investitionsobjekte stehen bei Anteilserwerb noch nicht genau fest.

Abb. 232: Vereinfachte Risikoklassifizierung bei geschlossenen Investmentvermögen

Anlegertyp

Unabhängig davon, wie die Beurteilung des Produktangebotes ausfällt, sollte der An-leger auch bei sich selbst auf Risikostreuung achten. Geschlossene Investmentvermö-gen bieten viele Chancen, aber eben auch Risiken. Sie eignen sich für vermögende risikobereite Kunden mit einem entsprechenden, bereits vielseitig investierten Ver-mögen. Geschlossene Investmentvermögen sollten innerhalb des eigenen Portfolios wie eine eigene Anlageklasse behandelt werden. Ein Anteil am Gesamtvermögen von ca. 10–20 % gilt als bewährte Faustformel.

Leistungsbilanz (vor 2013) / Performance-Bericht (seit 2013)

Neben den Informationen über das Anlageobjekt und die Ausgestaltung des Investmentvermögens spielt auch die Qualität und Erfahrung des Initiators eine wichtige Rolle. Denn er ist verantwortlich für die Konzeption des Produktangebotes und viele weitere Aufgaben.

Etablierte und vertrauenswürdige Anbieter erstellen jährlich eine Leistungsbilanz bzw. nach aktuellem Branchenstandard einen Performance-Bericht für neu aufgelegte Investmentvermögen und veröffentlichen diese auch. Die Leistungsbilanz beinhaltet vor allem einen Vergleich der Prognosewerte mit den tatsächlich erreichten Werten (insbesondere Ausschüttungen und Einnahmen) für die von ihm bisher aufgelegten Investmentvermögen.

Besonders hohe Aussagekraft haben die Angaben, wenn auch Misserfolge offen aufgeführt werden. Denn gerade in Krisenzeiten kann der Anbieter seine Qualität beweisen. Marktveränderungen gehören zur Realität und liegen nicht im Verantwortungsbereich des Anbieters. Sie bergen neben den Risiken auch Chancen, wenn das Fondsmanagement in der Lage ist, diese Situationen zu meistern.

Die Leistungsbilanz bzw. der Performance-Bericht ist keine gesetzliche Pflicht für Anbieter geschlossener Investmentvermögen.

> Der Performance-Bericht ist Mindeststandard seit 2013 für alle Vollmitglieder des Branchenverbandes bsi (Bundesverband Sachwerte und Investmentvermögen) für geschlossene Investmentvermögen, aufgelegt nach dem KAGB. Weiterführende Angaben können individuell vorgenommen werden. Eine umfassende Verpflichtung aller Einzelfondsdaten ist dabei nicht erforderlich, da es seitens des KAGB bereits umfassende Informationspflichten an die Anleger gibt (Jahresbericht u. a.).

Was ist beim Lesen einer Leistungsbilanz / eines Performance-Berichtes zu beachten?

Um eine Leistungsbilanz oder einen Performance-Bericht einschätzen zu können, hilft die nachfolgende Auswahl an Fragestellungen (Quelle: Magazin des VGF Verband Geschlossener Fonds e. V. Ausgabe 1 / 2012 „Das kleine Wirtschaftswunder"):

- Existiert überhaupt eine Leistungsbilanz / ein Performance-Bericht?

- Ist sie / er aktuell?

- Sind je Investmentvermögen wesentliche Zahlen für das Berichtsjahr kumuliert enthalten, z. B. Einnahmen, Ausgaben, Überschüsse, Ausschüttungen, Tilgungen, Restdarlehen?

- Werden Angaben etwa zu Investitionen, Finanzierung, Investitionsobjekten, Vermietung gemacht?

- Kennzahlen sollen nicht isoliert, sondern im Kontext gesehen werden:

  - Enthalten die Überschüsse Garantien?

  - Wurden Ausschüttungen aus den Rücklagen subventioniert?

  - Werden geringere Ausschüttungen durch erhöhte Reserven oder Tilgungen (über-)kompensiert?

  - Sind die Tilgungen „echt" oder handelt es sich um Wechselkurseffekte?

- Werden Abweichungen gut erläutert?

- Endet die Darstellung am 31.12. oder werden Entwicklungen und Zukunftsaussichten deutlich darüber hinaus beschrieben (Letzteres ist zu bevorzugen)?

- Widersprechen sich Vorwort und allgemeiner Teil einerseits und der Zahlenteil andererseits?

- Falls ein Testat von Wirtschaftsprüfern existiert: Was genau wurde geprüft?

4.3.6 Das Rating von geschlossenen Investmentvermögen

Ratings für geschlossene Fonds und geschlossene Investmentvermögen sollen den Anleger bei seiner Anlageentscheidung unterstützen. Allerdings waren bis zur Einführung des KAGB den rechtlichen und wirtschaftlichen Besonderheiten in der Fondskonzeption kaum gesetzliche Grenzen gesetzt. Und auch für die Bewertung durch die Ratingagenturen gibt es keine verbindlichen Vorgaben.

In Zusammenarbeit mit dem Branchenverband bsi ist ein unverbindlicher Ratingkodex entstanden, der als Impuls für eine Initiative zur Etablierung allgemein gültiger und international anerkannter Standards für die Analyse und Bewertung von geschlossenen Fonds und deren Anbieter zu verstehen ist. Die darin genannten Grundsätze beziehen sich bspw. auf die Unabhängigkeit der Analysten, deren Objektivität und Integrität, die Vermeidung von Interessenkonflikten oder die Beziehung zwischen den Analysten und den Initiatoren geschlossener Fonds / Investmentvermögen.

Anbieter von Ratings

Nachfolgend eine Auswahl von Anbietern für Ratings zu geschlossenen Investmentvermögen:

- TKL Fonds (www.tklfonds.de)

- G. U. B. (www.gub-analyse.de)

- Scope / Feri Eurorating (www.scope-group.com)

Kriterien der Bewertung

Zu den Kriterien der Bewertung zählen vor allem qualitative Faktoren, wie bspw. (Quelle: www.gub-analyse.de „G. U. B. Analyse-Systematik"):

- Ausschluss von K. O.-Kriterien (Fondskonzept ist unplausibel u. Ä.)
- Initiator und Management
- Investition und Finanzierung
- wirtschaftliches Konzept
- rechtliches Konzept
- Interessenkonstellation
- Prospekt und Dokumentation

Ähnlich den Ratings offener Investmentvermögen arbeiten die Anbieter auch hier mit unterschiedlichen Bewertungsstufen.

IDW-S4-Gutachten (Fassung vom 29.8.2016)

Der IDW-Standard enthält die Grundsätze ordnungsgemäßer Begutachtung der gesetzlichen Verkaufsunterlagen von Alternativen Investmentfonds.

Der IDW-S4-Standard ist durch das Institut der Wirtschaftsprüfer (IDW) entwickelt worden. Es handelt sich hierbei um ein Gutachten durch einen Wirtschaftsprüfer, das nach diesem Standard erstellt wird. Vor Einführung des KAGB war die Einholung dieses Gutachtens vor Vertriebsstart ein freiwilliger Qualitätsstandard für die Produktanbieter.

Die Vollständigkeit der Unterlagen wird dagegen nicht (mehr) geprüft. Da bspw. Mindestinhalte eines Verkaufsprospektes gesetzlich vorgegeben und deren Einhaltung bei der Vertriebsgenehmigung von der BaFin geprüft werden, begutachtet der Wirtschaftsprüfer die Plausibilität, d. h. Richtigkeit, Nachvollziehbarkeit und Klarheit (Eindeutigkeit) der Angaben in den gesetzlichen Verkaufsunterlagen (z. B. Übereinstimmung des Verkaufsprospektes mit den wesentlichen Anlegerinformationen). Eine Bewertung dieser Angaben findet aber auch durch das IDW-S4-Gutachten nicht statt.

IDW-S4-Gutachten richten sich daher ausschließlich an die Prospektverantwortlichen. Eine Weitergabe an deren gewerbliche Geschäftspartner kann vereinbart werden, soweit einem Haftungsausschluss gegenüber dem Wirtschaftsprüfer zugestimmt wird.

Das Wichtigste zusammengefasst:

Die Regulierung geschlossener Investmentvermögen durch die Einbindung in die Regelungen des Kapitalanlagegesetzbuches (KAGB) wurde aufgrund der erforderlichen Verbesserung des Anlegerschutzes vorgenommen. Davor gehörten diese Produkte zum sog. „Grauen Kapitalmarkt", was nichts anderes bedeutete, als dass es so gut wie keine Vorgaben bspw. zu Vorabinformationen für die Anleger gab. Das hat sich nun geändert. Die umfassende Information über Risiken gehört zwingend zur Information über die Chancen.

Sie kennen nun:

- Die allgemeinen Chancen geschlossener Investmentvermögen

- Die allgemeinen Risiken geschlossener Investmentvermögen

- Kriterien für die Risikoeinschätzung

- Regelungen zur Haftung des Anlegers

Sie verstehen es nach diesem Kapitel, die wichtigsten Chancen und Risiken in Ihren Anlagegesprächen kundenorientiert herauszustellen.

Sie nutzen Ihr Wissen, um Ihre Kunden bei der Einschätzung und dem Abwägen von Chancen und Risiken zu unterstützen.

Die Information Ihres Kunden über die Chancen und Risiken der Anlagemöglichkeit geschlossene Investmentvermögen gehört zu jeder Finanzanlageberatung. Dazu kann es erforderlich bzw. hilfreich sein, die im nachfolgenden Kapitel beschriebenen Fachbegriffe zu kennen.

▶ Aufgaben zum Kapitel 4.3 Chancen, Risiken und Haftung

Ihr Wissen auf dem Prüfstand:

1. Welche der folgenden Vorteile sprechen für die Anlage in geschlossene Investmentvermögen? (MC)

   a)   Kapitalgarantie

   b)   Sachwertanlage

   c)   Inflationsschutz

   d)   Transparenz der Investitionsobjekte

   e)   feste, gleichbleibende Verzinsung

   f)   Nachschusspflicht

2. Welche der folgenden Kriterien sind qualitative Faktoren zur Fondsbewertung? (MC)

   a)   Alter der Fondsmanager

   b)   wirtschaftliches Konzept

   c)   rechtliches Konzept

   d)   Immobilienmarkt-Konzept

   e)   Finanzierung

   f)   Vertriebskonzept

3. Welche dieser Risiken gehören zu den prognosegefährdenden Risiken? (MC)

   a)   Bonitätsrisiko

   b)   Vertragserfüllungsrisiko

   c)   Kostenrisiko

   d)   Managementrisiken

   e)   Haftungsrisiko

   f)   Währungsrisiko

4. Welches sind allgemeine wirtschaftliche und unternehmerische Risiken? (MC)

   a)   Eingeschränkte Fungibilität

   b)   Schlüsselpositionsrisiko

   c)   Rückabwicklungsrisiko

   d)   Risiko der fehlenden Einlagensicherung

   e)   Totalverlustrisiko

   f)   Interessenskonflikte

5. Welches Risiko ist ein anlegergefährdendes Risiko? (SC)

   a) Risiko der eingeschränkten Mitbestimmungsrechte

   b) Wertentwicklungsrisiko

   c) Kündigungsrisiko durch die Anleger

   d) Ausschüttungsrisiko

6. Welche Risiken stehen in direktem Zusammenhang mit dem Investitions-objekt? (MC)

   a) Kostenrisiko

   b) Fertigstellungsrisiko

   c) Schlüsselpersonenrisiko

   d) Fungibilitätsrisiko

   e) Kündigungsrisiko durch den Anleger

   f) Mietausfallrisiko

7. Welche Aussagen zur Nachschusspflicht bei geschlossenen Investmentver-mögen in der Rechtsform einer Investmentkommanditgesellschaft treffen zu? (MC)

   a) Keine Haftung für Verbindlichkeiten des geschlossenen Investmentver-mögens nach Ausscheiden des Anlegers

   b) Nachschusspflicht in unbegrenzter Höhe aufgrund unternehmerischer Beteiligung

   c) Eine Nachschusspflicht der Kommanditisten ist ausgeschlossen.

   d) Eine Nachschusspflicht zum Ausgleich von Verlusten bedarf der Zu-stimmung der Anlegers.

8. Welche Kriterien können zur Risikoeinschätzung eines geschlossenen Invest-mentvermögens herangezogen werden? (MC)

   a) Bonität der BaFin

   b) Einlagensicherung

   c) Rechtsform

   d) Garantiezusagen

   e) Volatilität

   f) Fremdfinanzierungsquote

9. Worauf bezieht sich eine eingeschränkte Fungibilität? (SC)

   a) Kursschwankungen

   b) Handelbarkeit der Anteile

   c) Mitbestimmungsrechte

   d) Finanzierbarkeit der Investitionsobjekte

   e) Nachschusspflicht

10. Wie hoch ist die gemäß KAGB zugelassene maximale Fremdkapitalquote in Bezug auf den Wert des geschlossenen Investmentvermögens? (SC)

    a) 20 %

    b) 40 %

    c) 60 %

    d) 80 %

    e) 100 %

4.4   Fachbegriffe

Im Zusammenhang mit geschlossenen Investmentvermögen tauchen eine ganze Reihe zusätzlicher Fachbegriffe auf. Die wichtigsten erläutere ich Ihnen in diesem Kapitel.

Andienungsrecht

Bei Leasingfonds kann ein Andienungsrecht vereinbart werden. Der Leasinggeber hat dann zum Ablauf der vereinbarten Leasingvertragslaufzeit das Recht, dem Leasingnehmer das geleaste Objekt zum Kauf anzubieten. Dieser muss das Objekt dann zum beim Vertragsabschluss vereinbarten Restwert erwerben. Bei einem Andienungsrecht entscheidet der Leasinggeber, ob er dieses Recht in Anspruch nehmen will. Liegt der Markt-Restwert bei Ablauf des Andienungsrechtes höher als der vereinbarte Restwert, so wird der Leasinggeber in der Regel das Andienungsrecht nicht in Anspruch nehmen.

Agio / Disagio

Bei geschlossenen Investmentvermögen wird der „Ausgabeaufschlag" als **Agio** (Aufgeld) bezeichnet. Auch hierbei handelt es sich um Kosten, die der Anleger zusätzlich zu seiner eigentlichen Zeichnungssumme zahlen muss und die insbesondere die Vertriebskosten und Initialkosten abdecken.

> **Initialkosten**
> *Als Initialkosten werden einmalige Aufwendungen bezeichnet, die bei der Auflage des geschlossenen Investmentvermögens einmalig anfallen. Hierunter fallen u. a. Konzeptionskosten, Gründungskosten und Marketingkosten.*

Im Zusammenhang mit einer Kreditfinanzierung gibt es die Möglichkeit, einen Teil der Zinsen mit Beginn der Kreditlaufzeit einmalig im Voraus zu zahlen. Dadurch reduziert sich der laufende Zinssatz bis zum Zinsbindungsende, und die monatliche Ratenzahlung reduziert sich entsprechend. Die Zinsvorauszahlungssumme wird als **Disagio** (Abgeld) vom auszuzahlenden Kreditbetrag abgezogen. Dies wiederum hat bei gegebenem Kreditbedarf zur Folge, dass ein höherer Kreditbetrag aufgenommen werden muss. Da Zinsen bei einer Kapitalanlage steuerlich als Werbungskosten abgesetzt werden können, bietet ein solches Disagio einen steuerlichen Vorteil, wenn der Anleger im Jahr der Zahlung mit einem erhöhten positiven Einkommen rechnet.

Annuität

Als Annuität wird eine Kreditrate bezeichnet, die sich über die Kreditlaufzeit aus einem sinkenden Zinsanteil und einem steigenden Tilgungsanteil zusammensetzt. Die Annuität ist in regelmäßigen Intervallen – in der Regel monatlich – vom Kreditnehmer an den Kreditnehmer zu zahlen.

Ausschüttung / Kapitalentnahmen

Der Anleger erhält für sein Kapitalinvestment regelmäßige Gewinnausschüttungen. Dies setzt voraus, dass tatsächlich Gewinne erzielt wurden. Reichen die erzielten Gewinne nicht für eine versprochene Ausschüttung aus, so kann eine Ausschüttung auch aus dem Gesellschaftskapital erfolgen. In diesem Fall müssen die Anleger zustimmen, da in Höhe der Ausschüttung aus Kapital ihre Haftung wieder auflebt (§ 152 KAGB).

Beirat

Eine intern verwaltete geschlossene Publikumsinvestment-KG hat einen Beirat zu bilden, der die Geschäftsführung bei der Umsetzung der Anlagebedingungen überwacht. Die Persönlichkeit und die Sachkunde der Beiratsmitglieder sollen gewährleisten, dass die Interessen der Anleger gewahrt werden. Die Bestellung und das Ausscheiden von Beiratsmitgliedern ist der BaFin unverzüglich anzuzeigen. Die Beiratsmitglieder dürfen keine Vermögensgegenstände verkaufen oder erwerben (§ 153 Abs. 3 und 4 KAGB).

Einlage

Als Einlage wird das Kapital der Anleger bezeichnet.

Fungibilität

Dies bedeutet Handelbarkeit. Diese ist bei geschlossenen Investmentvermögen sehr eingeschränkt. Die Anteile sind nicht börsennotiert und es gilt eine feste Laufzeit ohne vorzeitige Kündigungsmöglichkeit. Ein vorzeitiger Verkauf der Anteile ist nur über den Zweitmarkt möglich, sofern ein Kaufinteressent vorhanden ist und einen für den Anteilsverkäufer interessanten Preis bieten kann.

Gewinnerzielungsabsicht, Liebhaberei

Das Finanzamt erkennt Verlustzuweisung bei geschlossenen Investmentvermögen nur dann an, wenn der Anleger über die Gesamtlaufzeit eine Gewinnerzielungsabsicht nachweisen kann. Das heißt am Ende der Laufzeit müssen die positiven Einnahmen überwiegen. Dabei werden auch Kosten aus einer Fremdfinanzierung der Anteile auf Anlegerebene eingerechnet. Ist keine Gewinnerzielungsabsicht nachweisbar, so unterstellt das Finanzamt dem Anleger Liebhaberei und erkennt auch rückwirkend alle gewährten Steuervorteile ab.

Indexierter Mietvertrag, Index-Klausel

Bei gewerblichen Immobilien können die vereinbarten Mieten indexiert werden. Diese Index-Klausel beinhaltet, dass mit Veränderung des der Klausel zugrunde liegenden Index (z. B. Inflationsrate), die Mieten entsprechend anzupassen sind.

Kommanditist und Komplementär

Das KAGB sieht für geschlossene Investmentvermögen zwei zulässige Rechtsformen vor. Die Investment-AG mit fixem Kapital (hier wird der Anleger Aktionär) und die Investment-KG. In der Praxis wird am häufigsten die Investment-KG gewählt und zwar in der Rechtsform einer GmbH & Co. KG. Der Fonds-Initiator wird als GmbH Komplementär (voll haftend und für die Geschäftsführung verantwortlich) und der Anleger wird als Kommanditist zum Mitgesellschafter. Der Kommanditist haftet nur mit seiner Kapitaleinlage und trägt als Mitunternehmer alle unternehmerischen Chancen und Risiken mit.

Treuhänder und Treuhandkommanditist

Der Anleger hat neben der Möglichkeit einer direkten Beteiligung auch die Möglichkeit, sich mittelbar über einen Treuhänder am geschlossenen Investmentvermögen zu beteiligen. Der Treuhänder kann eine natürliche oder juristische Person sein. Er hat im Außenverhältnis die volle Rechtsstellung wie der Anleger und wird an dessen Stelle im Handelsregister eingetragen (der Anleger bleibt somit nach außen anonym). Im Innenverhältnis ist er gegenüber dem Treugeber (Anleger) verpflichtet, dessen Vorgaben zu folgen. Er nimmt die gesetzlichen Stimm- und Kontrollrechte für den Anleger wahr und erhält eine Treuhändervergütung.

Gesellschafter

Weitere Bezeichnung für den Anleger, Kommanditisten, Investor bzw. Zeichner.

Semiprofessioneller Anleger

Dieser Anleger steht in seiner Schutzwürdigkeit zwischen dem Privatanleger und dem professionellen Anleger. Der Gesetzgeber geht bei ihm davon aus, dass er über erhöhte Kenntnisse verfügt, um bspw. die unternehmerischen Risiken bei einem geschlossenen Investmentvermögen einschätzen zu können. Der semiprofessionelle Anleger muss bestimmte Qualifikationen nachweisen können und sich mit mindestens 200.000 € beteiligen. Semiprofessionelle Anleger dürfen sowohl in Publikums-AIF als auch in Spezial-AIF investieren.

Nebenkosten und Weichkosten

Mit der Konzeption und Auflage des geschlossenen Investmentvermögens sind eine Reihe von Kosten verbunden, die nichts zum Substanzerhalt des Investitionsobjektes beitragen. Deshalb werden diese Kosten als Weichkosten bezeichnet, die den Gewinn und die Gesamtrendite schmälern. Sie sind ein wichtiges Qualitätskriterium bei der Beurteilung und beim Vergleich der Produkte. Eine detaillierte Beschreibung der wichtigsten Kosten finden Sie in Kapitel 4.1.2 Funktionsweise.

Platzierungsgarantie

In der Platzierungsphase werden die Anteile an die Anleger vergeben. Sie endet, wenn das notwendige Eigenkapital (Geld der Anleger) vollständig eingeworben, d. h. platziert ist. Mit diesem Zeitpunkt wird das Investmentvermögen geschlossen und es können keine weiteren Anteile erworben werden. Da das Eigenkapital notwendiges Investitionskapital darstellt, stellt es ein Risiko dar, wenn dieses nicht vollständig platziert werden kann. Der Garant einer Platzierungsgarantie verpflichtet sich, zu einem bestimmten Zeitpunkt die Differenz zwischen dem bereits platzierten Eigenkapital und dem benötigten Eigenkapital zu zahlen, damit der Erwerb des Investitionsobjektes planmäßig abgewickelt werden kann.

Verkaufsprospekte

Diese enthalten umfassende Angaben für den Anleger, die wichtig für ihn sind, um das geschlossene Investmentvermögen beurteilen zu können. Gemäß KAGB zählt es zu den Pflichtverkaufsunterlagen und ist dem Anleger rechtzeitig vor Geschäftsabschluss kostenlos zur Verfügung zu stellen. Der Verkaufsprospekt muss von der BaFin geprüft und genehmigt werden. Die Prüfung umfasst jedoch nur die Überprüfung auf Einhaltung aller gesetzlichen Vorgaben, nicht eine qualitative Einschätzung seitens der BaFin.

Nachschusspflicht

Das KAGB schließt für geschlossene Publikums-AIF eine Nachschusspflicht aus. Ausschüttungen, die aus der Substanz und nicht aus tatsächlich erzielten Gewinnen vorgenommen werden und wie eine Kapitalentnahme wirken (= Wiederaufleben der Haftung für die Zahlung der Kapitaleinlage), bedürfen der Zustimmung durch den Anleger.

Investmentaktiengesellschaft (InvAG)

Sie ist eine der beiden zulässigen Rechtsformen für geschlossene Investmentvermögen, kommt aber in der Praxis so gut wie nicht vor. Sie ist im Grundsatz vergleichbar mit einer Aktiengesellschaft gemäß Aktiengesetz. Der Anleger wird hier zum Aktionär, allerdings mit denselben unternehmerischen Risiken wie bei einer Investment-KG.

Investmentkommanditgesellschaft (InvKG)

Sonderform der Kommanditgesellschaft, die den aufsichtsrechtlichen Regelungen des KAGB unterliegt. Sie ist die in der Praxis bevorzugte Rechtsform für geschlossene Investmentvermögen / Publikums-AIF.

Vertriebsanzeigeverfahren nach dem KAGB

Grundsätzlich gilt nach dem KAGB, dass geschlossene Investmentvermögen in Deutschland nur vertrieben werden dürfen, wenn die jeweilige Kapitalverwaltungsgesellschaft für den von ihr verwalteten AIF das einschlägige Anzeigeverfahren beanstandungslos durchlaufen hat. Welches Anzeigeverfahren Anwendung findet, richtet sich nach den Vorschriften für den Vertrieb und den Erwerb von Investmentvermögen in Kapitel 4 des Gesetzes, dort insbesondere in den §§ 316 ff KAGB.

Berichtspflichten für AIF-Kapitalverwaltungsgesellschaften gemäß KAGB

Die AIF-KVG müssen sich bei der BaFin registrieren lassen und werden von dieser beaufsichtigt. Sie sind gegenüber der BaFin gemäß § 44 Abs. 1 KAGB zur regelmäßigen Berichterstattung über:

- die wichtigsten Instrumente, mit denen sie handeln und
- größten Risiken und die Konzentration der von ihnen verwalteten AIF

verpflichtet, um der Bundesanstalt eine effektive Überwachung der Systemrisiken zu ermöglichen.

AIF (Alternativer Investmentfonds), Publikums- und Spezial-AIF

Bei den offenen Investmentvermögen wird zwischen den OGAW (in der Regel alle Arten von Wertpapierfonds) und den AIF (alle weiteren offenen Fondsarten, wie bspw. ein offenes Immobilien-Sondervermögen) unterschieden. Geschlossene Investmentvermögen gibt es nur in der Form von AIF. Hierbei wird nach Art des Anlegerkreises unterschieden zwischen Publikums-AIF (für alle Arten von Anlegern offen) und Spezial-AIF (nur für semiprofessionelle und professionelle Anleger zugelassen).

Geschlossener Publikums-AIF

Bezeichnung für ein geschlossenes Investmentvermögen, an dem sich u. a. Privatanleger beteiligen dürfen. Für sie gelten besondere Anlegerschutzbestimmungen und, sie dürfen nur in bestimmte Vermögensgegenstände investieren.

Bewertung

Der Gesetzgeber sieht Bewertungen in zwei Fällen vor:

- **Ankaufsbewertung**: Vor Erwerb eines Sachwertes muss dieser Vermögensgegenstand von mindestens einem externen Bewerter bewertet werden. Übersteigt der Wert des Vermögensgegenstandes die Grenze von 50 Mio. €, so sind zwei voneinander unabhängige Bewerter vorgeschrieben. Die Bewerter müssen die Vermögensgegenstände vor der Bewertung selbst besichtigen.

- **Laufende Regelbewertung**: Mindestens 1x jährlich muss eine Folgebewertung der Vermögensgegenstände stattfinden.

Zweitmarkt

Für geschlossene Investmentvermögen besteht keine jederzeitige Anteilrücknahmepflicht wie bei offenen Investmentvermögen. Dazu kommt der grundsätzlich langfristige Anlagehorizont. Es hat sich über die Jahre jedoch ein so genannter Zweitmarkt gebildet, der von den Emissionshäusern für ihre Produktanteile organisiert wurde. Früher fanden sich oft nicht genug Kaufinteressenten für die angebotenen „gebrauchten" Anteile, und es gab auch keine Qualitätskontrolle für die Preisfindung oder den Handel an sich. Mittlerweile kann man von einem gut funktionierenden Markt sprechen, denn die Emissionshäuser haben ein großes Interesse, diese Art der Flexibilität als zusätzliches Verkaufsargument für ihre Produkte anbieten zu können.

Entscheidende Faktoren für einen funktionierenden Zweitmarkt sind:

- hohe Liquidität,

- adäquate Informationen

- seriöse Bewertungen zu den angebotenen Anteilen

Mit den Möglichkeiten und Regulierungen, bspw. einer Aktienbörse, ist der Zweitmarkt für geschlossene Investmentvermögen jedoch nicht vergleichbar.

Zweitmarkt

Der Zweitmarkt ist ein Markt, an dem Geschäftsanteile (in der Regel Kommanditanteile) an bestehenden geschlossenen Investmentvermögen während ihrer Laufzeit gehandelt werden. Am Zweitmarkt werden Angebot und Nachfrage zusammengeführt. Einige Anbieter haben hierzu Handelsplattformen im Internet eingerichtet, auf denen die zu verkaufenden Anteile gelistet werden. Es existieren dabei initiatorenabhängige und -unabhängige Betreiber.

Die Fondsbörse Deutschland

Die zu den Börsen Hamburg, Hannover und München gehörende Fondsbörse Deutschland (www.zweitmarkt.de) ist die größte initiatorenunabhängige Handelsplattform in Deutschland. Das Angebot umfasst über 5.500 geschlossene Investmentvermögen.

Die Fondsbörse Deutschland Beteiligungsmakler AG betreut seit über 15 Jahren den Handel mit geschlossenen Investmentvermögen an der Fondsbörse Deutschland. Es gelten eine strenge Marktordnung und eine börsenseitige Handelsüberwachung.

Das Wichtigste zusammengefasst:

Die Welt der geschlossenen Investmentvermögen ist mit weiteren speziellen Fachbegriffen ausgestattet. Manche sind Ihnen im Verlauf dieses Buches oder Ihrer Praxis schon begegnet und manche werden Ihr Vokabular vervollständigt haben.

Sie kennen nun:

- Die wichtigsten Fachbegriffe im Zusammenhang mit geschlossenen Investmentvermögen

Sie verstehen Ihr Fachwissen als vertrauensbildende Grundlage gegenüber Ihren Kunden.

Sie nutzen Ihr Wissen, um Ihre Kunden kundenorientiert über geschlossene Investmentvermögen zu informieren.

Fachbegriffe benötigen Sie sicherlich nicht für Ihr Kundengespräch, allerdings hilft Ihnen Ihr Wissen über Fachbegriffe dabei, die Verkaufsunterlagen an der einen oder anderen Stelle im Beratungsgespräch für Ihren Kunden in eine verständliche Sprache zu übersetzen.

Ähnlich verhält es sich mit dem nächsten Kapitel. Die Beachtung der rechtlichen Grundlagen ist selbstverständlich und ist durch viele Arbeitsabläufe und Unterlagen automatischer Bestandteil des Arbeitsalltags. Doch manchmal ergeben sich Fragen. Beispielsweise wenn Ihr Kunde Sie fragt „Was soll ich denn mit all dem Papier?". Dann kann es hilfreich sein zu wissen, dass all das im Interesse des Anlegers vom Gesetzgeber vorgegeben ist. Ob Ihr Kunde dann allerdings wirklich alle Unterlagen aufmerksam liest, da hört der Einfluss des Gesetzgebers auf.

▶ Aufgaben zum Kapitel 4.4 Fachbegriffe

Ihr Wissen auf dem Prüfstand:

1. Welche Rechtsformen sind für geschlossene Investmentvermögen gemäß KAGB zugelassen? (MC)
    a) Investment-AG mit fixem Kapital
    b) Aktiengesellschaft gemäß Aktiengesetz
    c) Gesellschaft bürgerlichen Rechts (GbR)
    d) Investment-KG
    e) GmbH
    f) Sondervermögen

2. Welche Mindestbeteiligung gilt für semiprofessionelle Anleger, wenn diese in einen Spezial-AIF investieren wollen? (SC)
    a) 10.000 €
    b) 20.000 €
    c) 50.000 €
    d) 100.000 €
    e) 200.000 €

3. Welches Recht bietet einem Leasinggeber die Möglichkeit, dem Leasingnehmer das Leasingobjekt zum Laufzeitende zu einem festgelegten Preis zu verkaufen? (SC)
    a) Platzierungsgarantie
    b) Mietobjektindexierung
    c) Andienungsrecht
    d) Kaufoption
    e) Nachschusspflicht

4. Wer ist Kommanditist bei einer Investment-KG? (SC)
    a) Anleger
    b) Verwahrstelle
    c) Kapitalverwaltungsgesellschaft
    d) Initiator
    e) Emittent

5. Welche Möglichkeiten gibt es für Anleger, sich an einem geschlossenen Investmentvermögen zu beteiligen? (MC)
    a) mittelbar über die Kapitalverwaltungsgesellschaft
    b) mittelbar über einen Treuhänder
    c) unmittelbar als Direktanleger
    d) indirekt über die Verwahrstelle
    e) mittelbar über die Börse

4.5 Rechtliche Grundlagen

Die Vorteile dieser umfassenden Regulierung geschlossener Investmentvermögen für den Privatanleger sind:

- Die Bundesanstalt für Finanzdienstleistungsaufsicht (BaFin) prüft die formale Vollständigkeit und die inhaltliche Kohärenz (Widerspruchsfreiheit) von Verkaufsprospekten. Erst mit Billigung des Verkaufsprospektes durch die BaFin ist ein Vertrieb des geschlossenen Investmentvermögens zulässig.

- Die Anbieter von geschlossenen Investment-KGs unterliegen umfangreichen Aufsichts-, Bewertungs- und Berichtspflichten. Dazu zählen unter anderem:

  - die Pflicht zur Zulassung als Kapitalverwaltungsgesellschaft (KVG) bei der Bundesanstalt für Finanzdienstleistungsaufsicht (BaFin),

  - die Pflicht zur regelmäßigen (mindestens jährlichen) Bewertung der verwalteten Vermögensgegenstände. Dazu kommt ab 2015 die Pflicht zur monatlichen Meldung im Rahmen der Bundesbankstatistik über Investmentfonds,

  - die Pflicht, eine unabhängige Verwahrstelle als Kontrollinstanz zu haben,

  - die Pflicht, einen Jahresbericht gegenüber Aufsicht und Anleger abzugeben

  - sowie ausgeprägte Risiko- und Liquiditätsmanagementsysteme vorzuhalten.

4.5.1 Kapitalanlagegesetzbuch

Die alte Welt der geschlossenen Fonds wurde am 22. Juli 2013 durch die neue Welt des Kapitalanlagegesetzbuches für neu aufgelegte Produkte abgelöst.

Mit Einführung des KAGB wurde auch ein neuer Begriff eingeführt: geschlossene Investmentvermögen bzw. Alternative Investment Funds.

Das neue Gesetz setzt die EU-Richtlinie für alternative Investments (AIFM) um. Die Abkürzung AIFM ist aus der ursprünglich englischen Bezeichnung Alternative Investment Funds Manager (Verwalter alternativer Investmentfonds) abgeleitet.

Risiko- und Liquiditätsmanagement

Die Kapitalverwaltungsgesellschaft (KVG) muss gemäß §§ 29 und 30 KAGB eine von den operativen Bereichen hierarchisch und funktionell unabhängige Risikokontrollfunktion einrichten. Sie muss über Risikomanagementsysteme verfügen, die insbesondere gewährleisten, dass die für die jeweilige Anlagestrategie wesentlichen Risiken des geschlossenen Investmentvermögens erfasst, gemessen, gesteuert und überwacht werden können.

Die KVG muss ebenso über ein Liquiditätsmanagementsystem für jedes von ihr verwaltete Investmentvermögen verfügen, mit dem sie Liquiditätsrisiken überwachen und gewährleisten kann, dass eine ausreichende Liquidität für die Verbindlichkeiten des Investmentvermögens zur Verfügung steht. Für geschlossene Investmentvermögen, die keine Kredite aufnehmen, besteht keine Verpflichtung für ein Liquiditäts-managementsystem.

Berichtspflichten

Anlegern und BaFin muss jährlich ein Jahresbericht zur Verfügung gestellt werden. Ab Januar 2015 kommt eine monatliche Meldung zur statistischen Erfassung über Investmentvermögen an die Deutsche Bundesbank hinzu.

Bewertung

Mindestens 1x jährlich müssen die Anteile und die Vermögensgegenstände und maßgebliche Veränderungen, die das Anlageobjekt betreffen, bewertet werden.

Unabhängige Verwahrstelle

Diese überprüft als externe Kontrollinstanz die Geldflüsse und das Eigentum an den Vermögensgegenständen.

Kapitalverwaltungsgesellschaft (KVG)

Das KAGB beinhaltet besondere aufsichtsrechtliche Anforderungen an den Geschäftsbetrieb der KVG: §§ 29 und 30 KAGB

- Die Geschäftsführung muss aus mindestens 2 Personen bestehen, die von der BaFin als zuverlässig und fachlich geeignet beurteilt sein müssen.
- Abberufungsrecht der BaFin bei Anhaltspunkten der Unzuverlässigkeit und nachhaltigem Verstoß gegen das KAGB oder das GwG.

Dazu kommen spezielle Anforderungen an eine intern verwaltete Investment-KG:

- zwingende Bildung eines Beirates
- getrennte Verwahrung des Betriebsvermögens und des Anlagevermögens

Aufsicht des Produktanbieters

Der Produktanbieter muss eine von der Bundesanstalt für Finanzdienstleistungsaufsicht (BaFin) zugelassene Kapitalverwaltungsgesellschaft sein. Diese wird darüber hinaus auch laufend von der BaFin überwacht.

Aufsicht des Produktes

Jedes geschlossene Investmentvermögen benötigt die Zulassung durch die BaFin. Für das Vertriebszulassungsverfahren müssen folgende Unterlagen vorliegen:

- Verkaufsprospekt
- Wesentliche Anlegerinformationen (WAI)
- Anlagebedingungen

Die BaFin überprüft die formelle Vollständigkeit, d. h., ob die gesetzlichen Vorgaben eingehalten wurden und die Widerspruchsfreiheit (Kohärenz). Eine umfassende inhaltliche Prüfung durch die BaFin erfolgt nicht.

Produktregeln

Mit Einführung des KAGB gelten für nach dem KAGB neu aufgelegte geschlossene Investmentvermögen verschiedene neue Produktregeln, u. a.:

- Vorgabe der zulässigen Vermögensgegenstände und Assetklassen (Anlageklassen wie z. B. Immobilien)

- Fremdkapitalquote: max. 60 %

- Sieht das Produkt eine Mindestbeteiligungssumme von weniger als 20.000 € vor, muss eine gesetzlich vorgegebene Risikomischung eingehalten werden:

    - mindestens 3 Sachwerte zzgl. gleichmäßiger Verteilung oder Streuung des Ausfallrisikos durch die Nutzungsart

- Währungsrisiko: max. 30 % des Wertes des AIF (§ 261 Abs. 4 KAGB)

Die Verkaufsunterlagen

Sie sollen Anlegern helfen, die Qualität des ihm angebotenen geschlossenen Investmentvermögens zu beurteilen. Genauso wichtig sind diese Unterlagen aber auch als Informationsgrundlage für den Berater / Vermittler.

Die wesentlichen Anlegerinformationen (WAI)

Auch für geschlossene Investmentvermögen (Publikums-AIF) muss eine Zusammenfassung der wichtigsten Informationen in Form einer **maximal 3-seitigen** WAI erstellt und dem Kunden vor Geschäftsabschluss zur Verfügung gestellt werden.

Gemäß § 166 Absatz 1, 3 und 5 KAGB gilt:

„Die wesentlichen Anlegerinformationen sollen den Anleger in die Lage versetzen, Art und Risiken des angebotenen Anlageproduktes zu verstehen und auf dieser Grundlage eine fundierte Anlageentscheidung zu treffen … Diese wesentlichen Merkmale muss der Anleger verstehen können, ohne dass hierfür zusätzliche Dokumente herangezogen werden müssen … Die Verwaltungsgesellschaft (AIF-KVG) weist in den wesentlichen Anlegerinformationen eine Gesamtkostenquote … unter der Bezeichnung „laufende Kosten" … aus … Sofern in den Anlagebedingungen eine erfolgsabhängige Verwaltungsvergütung oder eine zusätzliche Verwaltungsvergütung für den Erwerb, die Veräußerung oder die Verwaltung von Vermögensgegenständen vereinbart wurde, ist diese darüber hinaus gesondert … anzugeben."

Die WAI müssen gemäß § 270 KAGB nachfolgende Angaben enthalten:

- Mindestangaben:

    - Bezeichnung / Name des Investmentvermögens

    - Name der Kapitalverwaltungsgesellschaft

    - Ziele und Anlagepolitik

    - Kosten und Provisionen, die mit der Anlage in geschlossene Investmentvermögen verbunden sind

- praktische Informationen (z. B. Verwahrstelle, Hinweis darauf, wo und wie weitere Informationen über das Produkt erhältlich sind)

- Sofern bereits feststeht, in welche konkreten Anlageobjekte investiert werden soll, ist neben den o. g. Mindestangaben eine Beschreibung dieser Anlageobjekte erforderlich. Stehen die Anlageobjekte noch nicht fest, ist ein entsprechender Hinweis erforderlich.

- Anstelle der bei offenen Investmentvermögen vorgeschriebenen bisherigen Wertentwicklung sind bei geschlossenen Investmentvermögen die Aussichten für die Kapitalrückzahlung und Erträge unter verschiedenen Marktbedingungen in Form einer Illustration, die mindestens drei zweckmäßige Szenarien enthält, darzustellen.

- Anstelle des bei offenen Investmentvermögen vorgeschriebenen Risiko-Ertrags-Profils haben die WAI bei geschlossenen Investmentvermögen eine Bezeichnung der Risiken und Chancen, die mit der Anlage verbunden sind, zu enthalten. Insbesondere sind die Risiken der Investitionen in die Vermögensgegenstände, in die das geschlossene Investmentvermögen investiert, zu bezeichnen. Daneben ist ein Hinweis auf die Beschreibung der wesentlichen Risiken im Verkaufsprospekt aufzunehmen.

- Hinweis auf die fehlende oder nur eingeschränkte Möglichkeit der Rückgabe von Anteilen

Während der Platzierungsphase gelten besondere Regelungen für die Verkaufsunterlagen.

Während der Platzierungsphase muss die KVG die wesentlichen Anlegerinformationen immer auf dem aktuellsten Stand halten!

Änderungen im Verkaufsprospekt sind während der Platzierungsphase durch Nachträge zu ergänzen.

Der Verkaufsprospekt

Er enthält inhaltliche Vorgaben, die auch für offene Investmentvermögen gelten.

Er enthält grundsätzliche Angaben über:

- potenzielle Risiken
- das Investitionsobjekt
- den Investitionsmarkt
- die Mittelherkunft
- anfallende Kosten
- rechtliche und steuerliche Rahmenbedingungen
- langfristige Prognoserechnungen
- die Mittelverwendung

Im Detail muss der Verkaufsprospekt gemäß § 269 KAGB folgende Informationen enthalten:

- bei geschlossenen Investmentvermögen in Form einer geschlossenen Investment-KG die Angabe, wie die Anteile übertragen werden können und in welcher Weise ihre freie Handelbarkeit eingeschränkt ist.

- Gegebenenfalls in Bezug auf den Treuhandkommanditisten:

  - Name und Anschrift der juristischen Person, Firma und Sitz

  - Aufgaben und Rechtsgrundlagen der Tätigkeit

  - seine wesentlichen Rechte und Pflichten

  - der Gesamtbetrag der für die Wahrnehmung der Aufgaben vereinbarten Vergütung

Stehen die Anlageobjekte bereits fest, in die investiert werden soll, so sind hierzu entsprechende Angaben zu machen:

- Beschreibung des Anlageobjektes

- dingliche Belastungen des Anlageobjektes

- rechtliche oder tatsächliche Beschränkungen der Verwendungsmöglichkeiten des Anlageobjektes

- Angaben zu erforderlichen behördlichen Genehmigungen und inwieweit diese bereits vorliegen

- welche Verträge die Kapitalverwaltungsgesellschaft über die Anschaffung oder Herstellung des Anlageobjektes geschlossen hat

- den Namen der Person oder Gesellschaft, die ein Bewertungsgutachten für das Anlageobjekt erstellt hat, das Datum des Bewertungsgutachtens und das Ergebnis

- die voraussichtlichen Gesamtkosten des Anlageobjektes:

  - Anschaffungs- und Herstellungskosten

  - sonstige Kosten

- Angaben zur geplanten Finanzierung:

  - Eigenmittel

  - Fremdmittel

  - untergliedert nach Zwischenfinanzierung und Endfinanzierung

  - Angaben der Konditionen und Fälligkeiten

  - Angaben, in welchem Umfang und von wem diese bereits verbindlich zugesagt sind

Der Gesellschaftsvertrag und die Satzung

Darüber hinaus hat der Gesellschaftsvertrag gemäß § 150 KAGB vorzusehen, dass

■ Ladungen zu den Gesellschafterversammlungen unter vollständiger Angabe der Beschlussgegenstände in Textform erfolgen.

■ über die Ergebnisse der Gesellschafterversammlung ein schriftliches Protokoll anzufertigen ist, von dem den Anlegern eine Kopie zu übersenden ist.

Für die Satzung einer Investment-AG mit fixem Kapital gilt gemäß § 142 KAGB ebenfalls die Schriftform und dass diese als festgelegten Unternehmensgegenstand ausschließlich die Anlage und Verwaltung der Mittel nach der festgelegten Anlagestrategie zur gemeinschaftlichen Anlage zum Nutzen der Aktionäre enthalten muss.

Die Anlagebedingungen

Die Anlagebedingungen sind gemäß §§ 143 und 151 KAGB zusätzlich zum Gesellschaftsvertrag bzw. zur Satzung zu erstellen. Eine notarielle Beurkundung ist nicht erforderlich. Verweist der veröffentlichte oder ausgehändigte oder in einer anderen Weise zur Verfügung gestellte Gesellschaftsvertrag bzw. die Satzung auf die Anlagebedingungen, so sind diese ebenfalls zu veröffentlichen, auszuhändigen oder in einer anderen Weise zur Verfügung zu stellen.

▶ Exkurs: Laufzeitverlängerung in den Anlagebedingungen geschlossener Publikums-AIF in der Rechtsform einer geschlossenen Investment-KG:

Die BaFin hat Regelungen hierzu in einem Merkblatt vom 4. Nov. 2014 konkretisiert.

Geschlossene Publikums-AIF können grundsätzlich keine unbegrenzte Laufzeit haben. In den Anlagebedingungen bzw. im Gesellschaftsvertrag ist eine konkrete Laufzeit stets konkret anzugeben.

Für den Fall, dass Anlagebedingungen die Möglichkeit einer Laufzeitverlängerung enthalten, gelten nachfolgende Regelungen:

■ Bestimmung einer Grundlaufzeit in den Anlagebedingungen

■ Etwaige Verlängerungsoptionen müssen in den Anlagebedingungen genannt sein

■ Maximale Verlängerung um bis zu 50 % der Grundlaufzeit

■ Die Summe der Grundlaufzeit und Verlängerung(en) darf nicht mehr als insgesamt 30 Jahre betragen

■ Gründe für die Verlängerung müssen in den Anlagebedingungen konkret benannt werden

■ Eine Zustimmungserfordernis der Gesellschafterversammlung mit mindestens einfacher Mehrheit der abgegebenen Stimmen muss in den Anlagebedingungen bestimmt werden

■ Ordentliche Kündigungsrechte müssen ausgeschlossen sein ◀

Der Jahresbericht

Der Jahresbericht muss innerhalb von sechs Monaten nach Geschäftsjahresende vorliegen und für Transparenz des laufenden Geschäftsbetriebes sorgen. Die gesetzlich vorgeschriebenen Inhalte eines Jahresberichtes für geschlossene Investmentvermögen entsprechen denen für offene Investmentvermögen.

Gesetzliche Grundlage siehe §§ 135 und 158 KAGB.

Haftung und Widerrufsrechte im Zusammenhang mit den Verkaufsunterlagen

Den Verkaufsunterlagen kommt im Rahmen der Informationspflichten zum Anlegerschutz eine wichtige Bedeutung zu. Das KAGB sieht hier unterschiedliche Anlegerrechte im Zusammenhang mit der Prospekthaftung vor.

Prospekthaftung und Haftung für die wesentlichen Anlegerinformationen

Die Kapitalverwaltungsgesellschaft haftet gemäß § 306 KAGB als Prospektersteller (Haftungsschuldner) sowie gesamtschuldnerisch zusammen mit gewerbsmäßigen Anteilsverkäufern bzw. -vermittlern. Die Haftung des KAGB besteht im Falle eines unrichtigen oder unvollständigen Verkaufsprospektes bzw. im Falle von irreführenden, unrichtigen oder nicht mit den einschlägigen Stellen des Verkaufsprospektes vereinbarten Angaben in den wesentlichen Anlegerinformationen. Im Unterschied zum Vermögensanlagengesetz (§§ 22 Abs. 1 Nr. 2 und 20 Abs. 1 Satz 2 VermAnlG) gibt es beim KAGB keine Regelungen zur Beschränkung oder Verjährung der Haftung.

Widerrufsrecht bei Nachträgen

§ 316 Abs. 5 KAGB enthält die Pflicht zur Veröffentlichung von Nachträgen zu Verkaufsprospekten.

Darüber hinaus besteht ein Widerrufsrecht im Zusammenhang mit Nachträgen:

*Gemäß § 305 Abs. 8 KAGB: Anleger, die vor der Veröffentlichung eines Nachtrages zum Verkaufsprospekt eine auf den Erwerb eines Anteils oder einer Aktie eines geschlossenen Publikums-AIF gerichtete Willenserklärung abgegeben haben, können diese innerhalb einer Frist von **2 Werktagen** nach Veröffentlichung des Nachtrages widerrufen, sofern noch keine Erfüllung eingetreten ist. Der Widerruf muss keine Begründung enthalten und ist in Textform gegenüber der im Nachtrag als Empfänger des Widerrufs bezeichneten Verwaltungsgesellschaft oder Person zu erklären; zur Fristwahrung reicht die rechtzeitige Absendung.*

Widerrufsrecht bei Nutzung von Fernkommunikationsmitteln für den Vertragsabschluss

Wurden bei Vertragsabschluss Fernkommunikationsmittel genutzt und wurde der Vertrag außerhalb der Geschäftsräume des Vermittlers geschlossen, so hat der Privatanleger ein 14-tägiges Widerrufsrecht.

4.5.2 Handelsgesetzbuch

Für die Aufstellung der Jahres- und Konzernabschlüsse geschlossener Investmentvermögen gelten die Bilanzierungs- und Bewertungsvorschriften des Handelsgesetzbuches (HGB) nur insoweit, als das Kapitalanlagegesetzbuch (KAGB) und die Kapitalanlage-Rechnungslegungs- und Bewertungsverordnung (KARBV) keine spezielleren Regelungen enthalten.

Im § 166 Abs. 1 HGB sind Informations- und Kontrollrechte des Kommanditisten einer Investment-KG geregelt: Der Kommanditist ist berechtigt, die abschriftliche Mitteilung des Jahresabschlusses zu verlangen und dessen Richtigkeit unter Einsicht der Bücher und Papiere zu prüfen.

Das Wichtigste zusammengefasst:

Seit Einführung des Kapitalmarktgesetzbuches unterliegen die geschlossenen Investmentvermögen einer umfassenden gesetzlichen Regulierung im Interesse des Anlegerschutzes. Die Information des Anlegers steht dabei vor allem im Vordergrund, sowohl vor als auch nach Geschäftsabschluss.

Sie kennen nun:

- Die Rahmenbedingungen des Kapitalanlagegesetzbuches (KAGB) in Bezug auf geschlossene Investmentvermögen, hinsichtlich
  - der Pflicht zur Erstellung und Veröffentlichung von Verkaufsprospekten
  - der Pflicht zur Erstellung von wesentlichen Anlegerinformationen (WAI)
  - der Pflicht dem Anleger Informationen in Form von Verkaufsprospekt, wesentlicher Anlegerinformationen (WAI) und weiterer Informationen wie dem Jahresbericht zur Verfügung zu stellen
  - der Prospekthaftung
  - der Nachträge und des Nachtragswiderrufsrechts

Sie verstehen Ihr Wissen über die rechtlichen Grundlagen als Möglichkeit, Ihren Kunden mit Hilfe der Verkaufsunterlagen bei ihrer Anlageentscheidung zu unterstützen.

Sie nutzen Ihr Wissen, um Ihre Kunden in der gesetzlich geforderten Art und Weise zu informieren.

Die rechtlichen Grundlagen haben Ihr Wissen über geschlossene Investmentvermögen abgerundet. In den letzten beiden Kapiteln geht es um die steuerliche Behandlung von geschlossenen Investmentvermögen. In den Verkaufsunterlagen finden sich u. a. steuerliche Hinweise für den Anleger, und Fragen hierzu sollten Sie durchaus beantworten können, auch wenn Sie die Steuerberatung Ihres Kunden seinem Steuerberater überlassen müssen.

▶ Aufgaben zum Kapitel 4.5 Rechtliche Grundlagen

Ihr Wissen auf dem Prüfstand:

1. Für welche Bereiche enthält das Kapitalanlagegesetzbuch (KAGB) Regelungen? (MC)

   a) Verwahrstelle

   b) Statusbezogene Informationspflichten

   c) Kapitalverwaltungsgesellschaft

   d) Beratungsprotokoll

   e) Prospekthaftung

   f) Geeignetheitsprüfung

2. Welche Widerrufsfrist gilt im Zusammenhang mit Nachträgen bei Verkaufsprospekten? (SC)

   a) 2 Werktage

   b) 2 Wochen

   c) 2 Monate

   d) 2 Jahre

3. Unter welchen Voraussetzungen ist eine Laufzeitverlängerung bei geschlossenen Investmentvermögen zulässig? (MC)

   a) Eine Laufzeitverlängerung kann maximal 2x vorgenommen werden

   b) Verlängerungsoptionen müssen im Jahresbericht genannt werden

   c) maximale Verlängerung um bis zu 50 % der Grundlaufzeit

   d) Gründe für die Verlängerung müssen in den Anlagebedingungen benannt werden

   e) Die Summe der Grundlaufzeit und Verlängerung(en) darf maximal 50 Jahre betragen

4. Welchen Umfang dürfen die wesentlichen Anlegerinformationen max. haben? (SC)

   a) 1 DIN-A4-Seite

   b) 2 DIN-A4-Seiten

   c) 3 DIN-A4-Seiten

   d) 4 DIN-A4-Seiten

   e) 5 DIN-A4-Seiten

5. Was enthält der Jahresbericht? (MC)

   a) Informationen zum laufenden Geschäftsbetrieb

   b) Wesentliche Anlegerinformationen

   c) Anlagebedingungen

   d) aktuelle Vermögensaufstellung

   e) Nachträge zum Verkaufsbericht

4.6 Steuerliche Behandlung

4.6.1 Einkommensteuer

Bis vor einigen Jahren noch galten geschlossene Investmentvermögen noch als Steuersparmodelle, da Verlustzuweisungen aus negativen Einkünften mit jeder anderen Einkunftsart verrechnet werden konnten. Heute sind Verlustverrechnungen mit positiven Einkünften nur noch innerhalb der gleichen Einkunftsart möglich (sog. horizontale Verlustverrechnung).

Als Mitunternehmer bezieht der Anleger in der Regel Einkünfte aus Gewerbebetrieb. Bei geschlossenen Immobilienfonds dagegen handelt es sich in der Regel um Einkünfte aus Vermietung und Verpachtung.

Die Abgeltungssteuer spielt hier keine Rolle, denn die Einkünfte aus geschlossenen Investmentvermögen unterliegen direkt dem persönlichen Einkommensteuersatz. Der Freistellungsauftrag wird dadurch quasi geschont und muss nicht in Anspruch genommen werden.

Die Kosten für Zinsen und Tilgungen bei einer auf Anlegerseite kreditfinanzierten Beteiligung können sich steuermindernd auswirken. Außerdem können die Abschlussgebühren in Form eines Agios als Werbungskosten abgesetzt werden. Wie immer gilt für den Anleger, im Einzelfall seinen Steuerberater hinzuzuziehen.

Tonnagesteuer

Schiffsfonds sind dagegen quasi das letzte noch verbliebene Steuersparmodell unter den geschlossenen Investmentvermögen. Grund ist die Gewinnermittlungsmethode Tonnagesteuer. Grundsätzlich erfolgt die Gewinnermittlung durch den so genannten Betriebsvermögensvergleich (bilanzieller Gewinn). Der Initiator hat jedoch die Möglichkeit, die pauschale Gewinnermittlung nach der Tonnage zu wählen. Mittels der Tonnagesteuer erfolgt die Besteuerung nur aufgrund der Größe des Schiffes, die in Tonnen des Frachtvolumens (Nettoraumzahl) gemessen wird (§ 4 Abs. 1 und 5 EStG).

Die Folge dieser Gewinnermittlungsmethode sind in der Regel vergleichsweise geringe zu versteuernde Gewinne.

Gemäß § 5a Abs. 1 EStG gilt:

„Anstelle der Ermittlung des Gewinns nach § 4 Absatz 1 oder § 5 ist bei einem Gewerbebetrieb mit Geschäftsleitung im Inland der Gewinn, soweit er auf den Betrieb von Handelsschiffen im internationalen Verkehr entfällt, auf unwiderruflichen Antrag des Steuerpflichtigen nach der in seinem Betrieb geführten Tonnage zu ermitteln, wenn die Bereederung dieser Handelsschiffe im Inland durchgeführt wird. Der im Wirtschaftsjahr erzielte Gewinn beträgt pro Tag des Betriebs für jedes im internationalen Verkehr betriebene Handelsschiff für jeweils volle 100 Nettotonnen (Nettoraumzahl)

0,92 € bei einer Tonnage bis zu 1.000 Nettotonnen, 0,69 € für die 1.000 Nettotonnen übersteigende Tonnage bis zu 10.000 Nettotonnen, 0,46 € für die 10.000 Nettotonnen übersteigende Tonnage bis zu 25.000 Nettotonnen, 0,23 € für die 25.000 Nettotonnen übersteigende Tonnage."

Die Tonnagesteuer wurde 1999 eingeführt und bietet einen klaren Vorteil für steuer-sensible vermögende Anleger.

Seit 2012 neu aufgelegte Schiffsfonds müssen sich von Anfang an für oder gegen die Tonnagebesteuerung entscheiden.

Voraussetzungen für die Tonnagesteuer

Es gibt einige Voraussetzungen, um die Tonnagebesteuerung überhaupt wählen zu können. Dazu gehören:

- Das Schiff muss im internationalen Verkehr betrieben werden.

- Die Geschäftsleitung der Schiffsgesellschaft sowie die Bereederung des Schiffes müssen in Deutschland erfolgen.

- Das Schiff muss im Wirtschaftsjahr überwiegend in einem inländischen Schiff-fahrtsregister eingetragen sein.

Auswirkung der Tonnagesteuer

Wird die Tonnagebesteuerung gewählt, so ist die Schiffsgesellschaft für mindestens 10 Jahre an diese Form der Gewinnermittlung gebunden. Danach entscheidet die Ge-sellschafterversammlung über die weitere Form der Gewinnermittlung.

Bei der Tonnagebesteuerung bleibt gemäß § 5a Abs. 5 Satz 1 EStG ein eventueller Ver-äußerungsgewinn unberücksichtigt.

Steuerlich unberücksichtigt bleiben auch alle Aufwendungen der Schiffsgesellschaft und eventuelle Verluste bei negativer Entwicklung des Schiffsbetriebes.

Auch der Anleger kann bei einem Schiffsfonds mit Tonnagebesteuerung eventuell entstehende Ausgaben (Sonderbetriebsausgaben) steuerlich nicht geltend machen. Eine Ausnahme besteht im Falle von Sonderbetriebsausgaben im Zusammenhang mit entsprechenden Sonderbetriebseinnahmen. Beruht dieser Vorabgewinn aller-dings auf einer gesellschaftsrechtlichen Vereinbarung, gilt wieder, dass dieser mit dem anteiligen Tonnagegewinn abgegolten ist.

Risiken der Tonnagesteuer

Wie bei jeder steuerlichen Regelung können sich auch die Regeln zur Tonnagesteuer im Verlauf der Fondslaufzeit ändern oder abgeschafft werden. Ist dies der Fall, so hat das negative Auswirkungen auf die Prognoserechnung.

Auch besteht grundsätzlich die Möglichkeit, dass die Finanzverwaltung entscheidet, dass die Voraussetzungen für die Tonnagebesteuerung von der Schiffsgesellschaft nicht erfüllt werden.

Steuerlicher Effekt der Tonnagesteuer für den Anleger

Die Tonnagebesteuerung macht einen Schiffsfonds für den Anleger nach wie vor zu einem Steuersparmodell. Im Schnitt sind dadurch lediglich rund 3 % der gesamten Erträge zu versteuern. Damit ist die Rendite vor und nach Steuern nahezu identisch.

Demgegenüber steht die Einschränkung, dass kein Sonderwerbungskostenabzug mehr möglich ist (z. B. Fahrtkosten zur Gesellschafterversammlung) und auch reale Verluste steuerlich nicht anrechenbar sind.

Verlustverrechnungsbeschränkung gem. § 15 b EStG

§ 15 b EStG besagt, dass Verluste im Zusammenhang mit Steuerstundungsmodellen (Erwerb nach dem 11. 11. 2005) nicht mehr mit den übrigen Einkünften im Jahre der Verlustentstehung, sondern lediglich mit Gewinnen aus späteren Veranlagungszeiträumen aus derselben Einkunftsquelle verrechnet werden können, wenn die prognostizierten Verluste mehr als 10 % des gezeichneten und aufzubringenden oder eingesetzten Kapitals betragen.

> Verluste im Zusammenhang mit einem Steuerstundungsmodell dürfen weder mit Einkünften aus Gewerbebetrieb noch mit Einkünften aus anderen Einkunftsarten ausgeglichen werden; sie dürfen auch nicht nach § 10 d EStG (Verlustrücktrag bzw. -vortrag) abgezogen werden. Die Verluste mindern jedoch die Einkünfte, die der Steuerpflichtige in den folgenden Wirtschaftsjahren aus derselben Einkunftsquelle erzielt.

Zu den hiervon betroffenen Steuerstundungsmodellen gehören auch die geschlossenen Investmentvermögen, unabhängig davon, ob sie der Einkunftsart Gewerbebetrieb oder Vermietung und Verpachtung zugeordnet werden.

Steuerstundungsmodell
Ein Steuerstundungsmodell im Sinne des § 15 b Absatz 1 EStG liegt vor, wenn aufgrund einer modellhaften Gestaltung steuerliche Vorteile in Form negativer Einkünfte erzielt werden sollen. Dies ist der Fall, wenn dem Steuerpflichtigen aufgrund eines vorgefertigten Konzepts die Möglichkeit geboten werden soll, zumindest in der Anfangsphase der Investition Verluste mit übrigen Einkünften zu verrechnen.

Die Verlustverrechnungsbeschränkung gemäß § 15 b EStG ist nur anzuwenden, wenn innerhalb der Anfangsphase die Summe der prognostizierten Verluste 10 % des gezeichneten und nach dem Konzept aufzubringenden Kapitals übersteigt.

Als Anfangsphase versteht der Gesetzgeber den Zeitraum, in dem gemäß der Fondskonzeption noch keine positiven Einkünfte erzielt werden. Somit kann die Anfangsphase vereinfacht mit der Verlustphase des geschlossenen Investmentvermögens gleichgesetzt werden.

Wichtig ist auch, dass für die Berechnung der 10 %-Verlustgrenze nicht die tatsächlich erzielten Verluste zugrunde gelegt werden, sondern die im Verkaufsprospekt modellhaft prognostizierten Verluste. Es spielt keine Rolle, ob darüber hinaus nach Inbetriebnahme des Investitionsobjektes während dieser steuerlich relevanten Anfangsphase bspw. zusätzliche oder geringere Instandhaltungskosten anfallen.

Als aufzubringendes Kapital gilt das gezeichnete Eigenkapital durch die Anleger.

Abzuziehen sind:

- als Ausschüttung gestaltete planmäßige Eigenkapitalrückzahlungen, soweit sie die aus dem normalen Geschäftsbetrieb planmäßig erwirtschafteten Liquiditätsüberschüsse übersteigen
- die modellhafte Fremdfinanzierung eines Teils des Eigenkapitals
- Teilbeträge auf die Kapitaleinlage, die nicht während der Anfangsphase zu erbringen sind

Die Regelungen des § 15b EStG gelten nicht für ausländische Immobilienfonds. Hier regelt § 2a EStG die Beschränkung negativer Auslandseinkünfte. Diese Einkünfte dürfen ebenfalls nur mit positiven Einkünften derselben Art und aus demselben Staat ausgeglichen werden.

Jede Beteiligung an einem geschlossenen Investmentvermögen zählt steuerrechtlich als separate Einkunftsquelle, und der § 15b EStG ist jeweils separat anzuwenden.

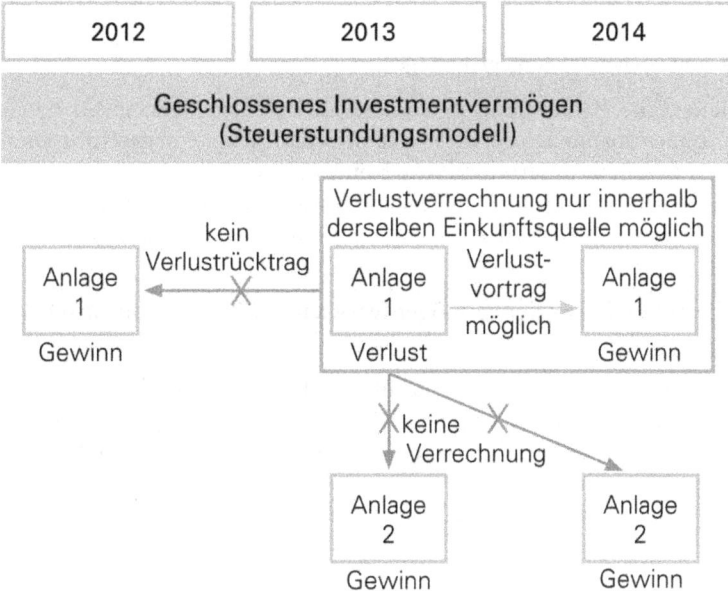

Abb. 233: Verlustverrechnungsbeschränkung gemäß § 15 b EStG

Verlustabzug auf Anlegerebene

Erzielt der Anleger aufgrund seiner Beteiligung an einem geschlossenen Investmentvermögen insgesamt (bezogen auf seine Gesamteinkünfte) negative Einkünfte, so ist unter Beachtung des § 15b EStG ein Verlustrücktrag auf das Vorjahr oder ein Verlustvortrag auf die Folgejahre möglich.

Für den Verlustabzug gelten nachfolgende Grenzen:

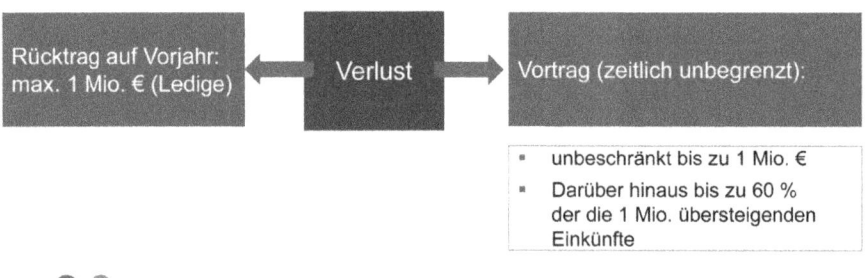

Abb. 234: Verlustabzugsgrenzen gemäß § 10d EStG

Einkunftsarten bei geschlossenen Investmentvermögen

Die einkommensteuerliche Behandlung geschlossener Investmentvermögen hängt vor allem von der Konzeption ab. Da bei den verschiedenen Arten von geschlossenen Investmentvermögen durchaus unterschiedliche Konzeptionen zulässig sind, hilft ein Blick in die steuerlichen Informationen des Verkaufsprospektes, um festzustellen, um welche steuerlich relevante Konstruktion es sich bei dem jeweiligen Investmentvermögen handelt.

Grundsätzlich ist die gewerbliche oder vermögensverwaltende Konzeption ausschlaggebend.

Zu den eindeutig gewerblichen Beteiligungen zählen: Schiffsfonds, Medien- und Gamesfonds sowie Umweltfonds. Daraus ergibt sich die Zuordnung zur jeweiligen Einkunftsart und die steuerliche Behandlung der Einkünfte (laufende Ausschüttungen und Veräußerungsgewinne):

geschlossenes Investmentvermögen (geschlossener Publikums-AIF)	
gewerblich	**vermögensverwaltend**

▪ Einkünfte aus Gewerbebetrieb gem. § 15 EStG Abs. 2 (z. B. Schiffsbeteiligungen, Umweltfonds)
 	
▪ laufende Gewinne und Veräußerungsgewinne unterliegen dem individuellen Steuersatz zzgl. Solidaritätszuschlag und ggf. Kirchensteuer
 	
▪ Steuervorteile
  ▪ Gewinnermittlung nach Tonnagesteuer (Schiffsbeteiligungen)
  ▪ beim Veräußerungsgewinn gilt ein Freibetrag (1 × im Leben) von 45.000 € (Mindestalter des Anlegers: 55 Jahre oder berufsunfähig) vermindert um den Betrag, um den der Veräußerungsgewinn 136.000 € übersteigt
  ▪ ggf. verminderter Steuersatz auf den Veräußerungsgewinn
	▪ Einkünfte aus Vermietung und Verpachtung (z. B. vermögensverwaltende geschlossene Immobilienfonds) gem. § 21 EStG
	
	▪ Einkünfte aus Kapitalvermögen (z. B. vermögensverwaltende Private-Equity-Fonds) gem. § 20 EStG
	
	▪ Sonstige Einkünfte gem. § 22 Ziff. 3 EStG (z. B. vermögensverwaltende Containerfonds)
	
	▪ laufende Gewinne unterliegen dem individuellen Steuersatz oder der Abgeltungssteuer (bei Einkünften aus Kapitalvermögen) zzgl. Solidaritätszuschlag und ggf. Kirchensteuer
	
	▪ Steuervorteile
	  ▪ Veräußerungsgewinne sind in der Regel steuerfrei, wenn die entsprechenden Haltefristen beachtet werden (z. B. 10 Jahre bei Immobilien)

Abb. 235: Einkommensteuerliche Behandlung geschlossener Investmentvermögen im Privatvermögen

Im Gegensatz zu Einkünften aus Vermietung und Verpachtung von Immobilien entstehen sonstige Einkünfte bei der Vermietung beweglicher Güter oder Gegenstände (bspw. Container).

Für Veräußerungsgewinne gilt:

- *bei vermögensverwaltenden geschlossenen Immobilienfonds:*
  - *Die Veräußerung der Immobilie ist steuerfrei, wenn sie mindestens 10 Jahre im Fondsvermögen gehalten wird. Der Anleger kommt in den Genuss dieses Vorteils, wenn er seine Fondsbeteiligung ebenfalls mindestens 10 Jahre gehalten hat.*
- *bei vermögensverwaltenden Container- und Flugzeugleasingfonds:*
  - *Bei einer Haltedauer (sowohl der Investitionsobjekte auf Fondsebene als auch der Fondsbeteiligung auf Anlegerebene) von mindestens 10 Jahren können Veräußerungsgewinne steuerfrei vereinnahmt werden.*
- *bei Einkünften aus Gewerbebetrieb:*
  - *Veräußerungsgewinne zählen bei Privatanlegern zu den außerordentlichen Einkünften, auf die nach § 34 EStG ein ermäßigter Steuersatz (sogenannte 1/5-Regelung) anzuwenden ist. Unter bestimmten Voraussetzungen kann der ermäßigte Steuersatz 56 % des Durchschnittssteuersatzes, mindestens jedoch 15 %, betragen (§ 34 Abs. 3 Satz 2 EStG).*

Bei Immobilien-Zweitmarktfonds ist ein besonderes steuerliches Risiko zu beachten: Es droht die Einstufung als gewerblicher Grundstückshändler, wenn das Investmentvermögen innerhalb von 10 Jahren mindestens 3 Fondsanteile oder mittelbar 3 Immobilien im Wert von jeweils über 250.000 € – entscheidend ist der Wert der dahinter stehenden Immobilie bei Veräußerung – verkauft. Dann muss der Anleger mit Einkommensteuer-Nachforderungen rechnen.

4.6.2 Doppelbesteuerungsabkommen

Eine weitere Besonderheit in Bezug auf die Besteuerung ist bei ausländischen geschlossenen Investmentvermögen zu beachten. Hier können Doppelbesteuerungsabkommen, welche Deutschland mit zahlreichen ausländischen Staaten vereinbart hat, Vorteile für den Anleger bieten. Je nachdem, in welchem Land der ausländische Fonds ansässig ist, kann ein Doppelbesteuerungsabkommens dazu führen, dass die im Ausland erzielten Erträge auch nur im Ausland zu versteuern sind.

Sind die Steuersätze im Ausland geringer als in Deutschland, spart der Anleger Steuern. Dazu kommen Steuerfreibeträge, die teilweise über den Freibeträgen in Deutschland liegen.

Praxistipp:

Bei der Anlageentscheidung sollte nicht der Steuervorteil den Ausschlag geben, entscheidender ist die Qualität des Investitionsobjektes und vor allem, ob dies zu einem günstigen Preis mit ausreichenden Wertentwicklungsaussichten erworben werden kann. Gerade in den letzten Jahren sind im europäischen Ausland die Preise an den Immobilienmärkten gestiegen und „Schnäppchen" selten geworden.

Bei Mieteinnahmen und Veräußerungsgewinnen beim Verkauf von ausländischen Immobilien liegt das Besteuerungsrecht in der Regel im Ausland (Belegenheitsprinzip).

Für den deutschen Anleger sind die in der Regel geringeren Eingangssteuersätze und die Freibeträge für die dort erzielten Einkünfte interessant. Letztere können natürlich pro Anleger nur einmalig ausgeschöpft werden.

Dieser Steuervorteil – sog. Optimierung der Nettorendite – greift bei einem bestehenden Doppelbesteuerungsabkommen und macht sich dann vor allem bei Anlegern mit einem höheren Einkommen und einem Steuersatz über dem ausländischen Niveau bemerkbar.

Das Risiko hierbei: Doppelbesteuerungsabkommen können sich ändern oder ganz aufgehoben werden. Dann zeigt sich, ob die Anlage auch ohne den Steuervorteil eine rentable Entscheidung war.

Genauso darf das Währungsrisiko bei Investitionen außerhalb der Euro-Länder nicht unberücksichtigt bleiben. Viele Auslandsfonds investieren bspw. in den Vereinigten Staaten von Amerika.

Der Progressionsvorbehalt

Sind im Ausland erzielte Einkünfte in Deutschland durch ein Doppelbesteuerungsabkommen von der Besteuerung befreit, so ist der so genannte Progressionsvorbehalt zu beachten (§ 32b Abs. 1 Nr. 3 EStG).

Ein Progressionsvorbehalt bedeutet, dass sich das zu versteuernde Gesamteinkommen als Berechnungsgrundlage für den individuellen Steuersatz um die im Ausland erzielten Einkünfte erhöht. Die Auslandseinkünfte bleiben durch das Doppelbesteuerungsabkommen im Inland unversteuert. Die weiteren Einkünfte werden jedoch mit dem erhöhten Steuersatz besteuert.

▶ Beispiel für die Wirkung des Progressionsvorbehaltes

Veranlagungsjahr:	2014
Einkommensteuertarif:	Grundtarif (lediger Steuerpflichtiger)
Zu versteuerndes Einkommen:	75.000 €
Zusätzliche Einkünfte, die dem Progressionsvorbehalt unterliegen:	10.000 €

Abb. 236: *Beispiel für die Wirkung des Progressionsvorbehaltes*

Arten von Doppelbesteuerungsabkommen

Berechnung der Einkommensteuer:

fiktives zu versteuerndes Einkommen
(Summe aus zu versteuerndem Einkommen
und Progressionseinkünften): 85.000 €

Einkommensteuer auf das fiktive
zu versteuernde Einkommen: 27.461 €

Progressionssteuersatz:
(27.461 € x 100/85.000 €) = 32,3070 %

Einkommensteuer auf
zu versteuerndes
Einkommen: (75.000 € x 32,3070 %) = 24.230 €

Zum Vergleich:

Einkommensteuer auf zu versteuerndes
Einkommen, wenn keine zusätzlichen
Progressionseinkünfte vorliegen: 23.261 €

Differenz durch die Belastung der
Progressionseinkünfte: 969 €

Quelle: Progressionsvorbehalt-Rechner des Finanzamtes Bayern
www.finanzamt.bayern.de; Startseite/Steuerinfos/Steuerberechnung/
Progressionsvorbehalt

Abb. 237: Arten von Doppelbesteuerungsabkommen

Wer in Deutschland steuerpflichtig ist, muss grundsätzlich sein gesamtes – auch international – erzieltes Einkommen in Deutschland versteuern. Doppelbesteuerungsabkommen sollen eine doppelte Steuerbelastung vermeiden. Doch es lohnt sich genau hinzuschauen, denn es gibt wesentliche Unterschiede bei den einzelnen Doppelbesteuerungsabkommen.

Es gilt, zwischen zwei Methoden zu unterscheiden:

■ **Die Freistellungsmethode**

Diese Methode sieht vor, dass bei einer Besteuerung der Einkünfte im Ausland in Deutschland keine weitere Besteuerung erfolgt. Allerdings werden die erzielten Einkünfte dem Gesamteinkommen trotzdem zugerechnet und können den Steuersatz für die anderen Einkünfte so erhöhen. Dies ist der so genannte Progressionsvorbehalt. Dieser Nachteil wirkt sich jedoch kaum mehr aus, wenn der Anleger bereits einen hohen Steuersatz hat.

Die Freistellungsmethode ermöglicht es dem Anleger, für seine Auslandseinkünfte, sofern er dort keine weiteren nennenswerten Einkünfte erzielt, die oft niedrigeren Eingangssteuersätze und Freibeträge zu nutzen.

■ **Die Anrechnungsmethode**

Diese Methode sieht vor, dass im Ausland erzielte Einkünfte auch in Deutschland voll versteuert werden müssen. Die ausländischen Steuern werden zwar angerechnet, aber sofern im Ausland höhere Steuern entrichtet werden mussten, gilt umgekehrt kein Rückerstattungsanspruch auf positive Differenz. Vereinfacht gesagt: diese Methode sorgt dafür, dass der Anleger auf jeden Fall den jeweils höheren Steuersatz zu zahlen hat; ein wesentlicher Nachteil für Privatanleger bei Doppelbesteuerungsabkommen, die auf dieser Methode basieren.

Praxistipp:

Anleger sollten bei der Anlage in einen geschlossenen Auslands-Immobilienfonds Zielländer bevorzugen, mit denen ein Doppelbesteuerungsabkommen nach der Freistellungsmethode existiert. Ist dies der Fall, gilt es zu prüfen, ob die Steuersätze tatsächlich im Ausland niedriger sind und ob Freibeträge ausgenutzt werden können. Als Letztes sollte sich der Anleger erkundigen, ob eine Änderung des Doppelbesteuerungsabkommens geplant ist. Dies alles bespricht der Anleger am besten mit seinem Steuerberater.

Informationen und Details zu den aktuellen Doppelbesteuerungsabkommen finden Sie im Internet unter www.bundesfinanzministerium.de unter Themen / Steuern / Internationales Steuerrecht / staatenbezogene Abkommen.

4.6.3 Gewinnerzielungsabsicht

Damit Verluste überhaupt noch anrechenbar sind, muss seit Einführung des § 15 b EStG gegenüber dem Finanzamt die Gewinn- und Überschusserzielungsabsicht – auch Einkunftserzielungsabsicht genannt – nachgewiesen werden. Der Anleger muss nachweisen, dass er sein Investment getätigt hat, um zumindest über einen längeren Zeitraum einen Überschuss zu erzielen. Kann er dies nicht nachweisen, stuft das Finanzamt die Anlage als Liebhaberei ein. Dann können entweder Verluste steuerlich nicht angerechnet werden, oder es werden eventuell bereits gewährte Steuervorteile vom Anleger zurückgefordert.

Das Finanzamt erkennt die Gewinnerzielungsabsicht an, wenn

■ die Prognoserechnung des Investmentvermögens über die geplante Gesamtlaufzeit einen Totalüberschuss der Einnahmen über die Ausgaben vorsieht und

■ auf Anlegerseite auch bei einer Finanzierung der Beteiligungssumme die Erzielung eines Totalüberschusses gewährleistet ist.

4.6.4 Übertragung, Vererbung und Schenkung

Grundsätzlich gilt bei der Berechnung des Steuersatzes für die Vererbung bzw. Schenkung auch bei Anteilen geschlossener Investmentvermögen die Abhängigkeit vom Verwandtschaftsgrad und vom Wert (siehe Kapitel 3.6.5 Vererbung und Schenkung).

Einige der geschlossenen Investmentvermögen fallen jedoch unter die Begünstigung für Betriebsvermögen. Ob und in welchem Umfang diese Begünstigung für ein geschlossenes Investmentvermögen gilt, kann dem Verkaufsprospekt entnommen werden.

Die Basis für die steuerliche Wertberechnung (Bemessungsgrundlage) bildet das bereits seit dem 1. Januar 2009 geltende Erbschaftssteuerreformgesetz. Für Vererbungen und Schenkungen ab diesem Stichtag gilt einheitlich der Verkehrswert, auch gemeiner Wert genannt, und zwar zum Zeitpunkt der Übertragung.

Der Gesetzgeber sieht hier

- Vergleichsverkäufe vor, die nicht mehr als 1 Jahr vor dem Übertragungszeitpunkt liegen oder eine

- Verkehrswertermittlung nach einem im allgemeinen wirtschaftlichen Verkehr üblichen Verfahren vor.

Verschonungsregelungen für Betriebsvermögen

Zunächst einmal müssen die Voraussetzungen erfüllt sein, um die Begünstigung für Betriebsvermögen zu erreichen.

- **Vorliegen von grundsätzlich begünstigtem Vermögen** (§ 13b Abs. 1 ErbStG)

  - inländisches sowie europäisches land- und forstwirtschaftliches Vermögen

  - inländisches und europäisches Betriebsvermögen

  - Anteile an Kapitalgesellschaften, die ihren Sitz in Deutschland oder im europäischen Ausland haben, sofern der Schenkende / Verstorbene zu mehr als 25 % an diesen Kapitalgesellschaften beteiligt war.

- **Bestehen des Vermögensverwaltungstests:**

  - Verwaltungsvermögen kleiner / gleich 50 %: Regelverschonung von 85 %

  - Verwaltungsvermögen kleiner / gleich 10 %: Verschonungsoption von 100 %

Zum schädlichen Verwaltungsvermögen gehören (§ 13b Abs. 2 ErbStG):

- fremdvermietete Immobilien

- Anteile an Kapitalgesellschaften kleiner / gleich 25 %

- Anteile an Unternehmen, die über mehr als 50 % Verwaltungsvermögen verfügen

- Wertpapiere, Pfandbriefe, Geldmarktfonds

Zu den begünstigten geschlossenen Investmentvermögen gehören in der Regel:

- Schiffsfonds

- Waldfonds, sofern sich die Waldflächen im Inland oder europäischen Ausland befinden

- gewerblich geprägte geschlossene Investmentvermögen (Produktivvermögen, wie bspw. die Beteiligung an einem Solarpark)

Die Finanzverwaltung hatte zunächst eine direkte Beteiligung mit Eintragung im Handelsregister für die Gewährung der Vergünstigung für Betriebsvermögen vorausgesetzt. Aktuelle Urteile der Finanzgerichte gewähren diese nun auch bei treuhänderisch gehaltenen Betriebsvermögen. Der Anleger muss auch aus diesem Grund die Angaben im Verkaufsprospekt beachten und ggf. seinen Steuerberater kontaktieren.

Um die Begünstigung zu behalten, müssen weitere Voraussetzungen erfüllt sein.

- Der Erbe bzw. Beschenkte muss sich für 5 bzw. 7 Jahre verbindlich verpflichten, die Anteile zu behalten. Ein nachträglicher Wechsel zwischen diesen beiden Behaltensfristen ist nicht möglich.

- Es müssen Mindestlohnsummen eingehalten werden, bezogen auf die Ausgangslohnsumme bei Übertragung für die jeweilige Dauer der gewählten Behaltensfrist. Da geschlossene Investmentvermögen in der Regel die hierfür geltende Grenze von mindestens 20 Arbeitnehmern unterschreiten, hat diese Voraussetzung (bei geschlossenen Investmentvermögen) hier keine Bedeutung.

- Bei der Regelverschonung von 85 % gilt, dass die verbleibenden steuerpflichtigen 15 % von der Besteuerung befreit werden, wenn diese nicht mehr als 150.000 € betragen (sog. Abzugsbetrag). Bei einem höheren Wert reduziert sich dieser Abzugsbetrag um die Hälfte des übersteigenden Betrages (sog. gleitende Freigrenze). Der Abzugsbetrag kann innerhalb von 10 Jahren für von derselben Person anfallende Erwerbe nur einmal berücksichtigt werden (§ 13a Abs. 2 ErbStG).

Variante	Regel-verschonung	Verschonungs-option
Abschlag	85 %	100 %
Behaltensfrist	5 Jahre	7 Jahre
Lohnsummenklausel	400 %	700 %
Abzugsbetrag	150.000 €	0 €
Verwaltungsvermögen	max. 50 %	max. 10 %
steuerpflichtig	15 %	0 %

Abb. 238: Abgrenzung Regelverschonung und Verschonungsoption

Sind die Voraussetzungen für begünstigtes Betriebsvermögen erfüllt, kommt es bis zu einer Beteiligungshöhe von 1.000.000 € aufgrund des Verschonungsabschlages in Höhe von 85 % und des Abzugsbetrages in Höhe von 150.000 € zu keiner Steuerbelastung.

Ein weiterer Vorteil gegenüber der Besteuerung von geschenktem oder vererbtem Kapitalvermögen: Der persönliche Freibetrag für Schenkung / Erbschaft wird bei begünstigtem Betriebsvermögen bis 1.000.000 € nicht verbraucht, sondern bleibt unberührt und steht für weitere Übertragungen durch Schenkung oder Erbschaft zur Verfügung.

Ab einer Beteiligungshöhe von 3.000.000 € greift der Vorteil des Abzugsbetrages nicht mehr, es gilt jedoch weiterhin die Verschonung in Höhe von 85 %.

Wegfall des Verschonungsabschlages und des Abzugsbetrages

Wird das geschlossene Investmentvermögen vor Ablauf der Behaltensfrist liquidiert, kann der Verschonungsabschlag dennoch anteilig für den Zeitraum der Übertragung bis zur Liquidation in Anspruch genommen werden oder komplett, wenn der Veräußerungserlös innerhalb von 6 Monaten wieder in ein begünstigtes Betriebsvermögen investiert und bis zum Ablauf der Behaltensfrist gehalten wird (Reinvestitionsklausel). Der Abzugsbetrag entfällt dagegen in diesem Fall vollständig.

Zum Wegfall des Verschonungsabschlages führen auch Überentnahmen von mehr als 150.000 € innerhalb der Behaltensfrist. Überentnahmen sind Entnahmen, die die geleistete Einlage und zugewiesene Ergebnisanteile übersteigen.

Anzeigepflicht, Gewinnerzielungsabsicht und Übertragung auf Minderjährige

Eine Erbschaft muss vom Erben grundsätzlich innerhalb von 3 Monaten, nachdem er hiervon Kenntnis erlangt hat, an sein zuständiges Finanzamt gemeldet werden. Bei einer Schenkung müssen Schenker und Beschenkter diese Frist beachten.

Die Gewinnerzielungsabsicht muss im Falle einer Schenkung weiterhin beachtet werden, d. h., die Gewinnerzielungsabsicht muss auf Seiten des Schenkenden bestehen. Werden zunächst steuerliche Verluste in Anspruch genommen und erfolgt dann eine Übertragung, um die Versteuerung positiver Erträge zu vermeiden, könnte das Finanzamt die Gewinnerzielungsabsicht anzweifeln.

Die Übertragung einer Beteiligung auf Minderjährige ist nur mit Zustimmung des gesetzlichen Vertreters und des Familiengerichtes möglich.

Das Wichtigste zusammengefasst:

Die steuerliche Behandlung der Erträge aus geschlossenen Investmentvermögen unterscheidet sich von der der offenen Investmentvermögen. Die Einkünfte sind im Rahmen der Einkommensteuererklärung des Anlegers mit dessen persönlichem Steuersatz zu versteuern.

Sie kennen nun:

- Die einkommensteuerliche Behandlung von geschlossenen Investmentvermögen

- Die Ertrags- und Gewinnbesteuerung

- Methoden und Auswirkungen von Doppelbesteuerungsabkommen

- Die Abgrenzung von Gewinnerzielungsabsicht und Liebhaberei

- Die erbschafts- und schenkungssteuerliche Behandlung von geschlossenen Investmentvermögen

Sie verstehen Ihr Wissen über die steuerlichen Grundlagen als Hintergrundinformation für Rückfragen Ihres Kunden.

Sie nutzen Ihr Wissen, um Ihrem Kunden im Bedarfsfall steuerliche Informationen zu geben, ohne dabei steuerberatend tätig zu werden.

Die in diesem Kapitel beschriebenen steuerlichen Grundlagen ergänzen das Grundverständnis geschlossener Investmentvermögen. Vor allem vor dem Hintergrund, dass diese Anlageklasse viele Jahre von vielen Anlegern aus rein steuerlichen Gründen, ohne sich tatsächlich mit dem Investitionsgegenstand auseinanderzusetzen, getätigt wurde.

Das nachfolgende Kapitel greift mit den stillen Reserven ein spezielles Thema bei Unternehmensbeteiligungen auf.

▶ **Aufgaben zum Kapitel 4.6 Steuerliche Behandlung**

Ihr Wissen auf dem Prüfstand:

1. Welche Voraussetzung muss erfüllt sein, damit das Finanzamt Verluste steuerlich anerkennt (Verlustverrechnung)? (SC)

   a) Wiederanlageabsicht

   b) Plausibilitätsnachweis

   c) Geeignetheitsnachweis

   d) Gewinnerzielungsabsicht

   e) Doppelbesteuerungsabkommen

2. Welche Aussage zur Verlustverrechnung ist richtig? (SC)

   a) Ein Verlustrücktrag ist bis zu 1 Mio. € (Ledige) möglich

   b) Ein Verlustvortrag ist auf maximal 1. Mio. € (Ledige) begrenzt

   c) Ein Verlustrücktrag ist ausgeschlossen

   d) Ein Verlustvortrag ist ausgeschlossen

3. Welche Aussagen zur Freistellungsmethode bei einem Doppelbesteuerungsabkommen treffen zu? (MC)

   a) Sie sieht Freibeträge bei der Besteuerung in Deutschland vor.

   b) Sie befreit den deutschen Anleger von der Besteuerung im Ausland.

   c) Sie befreit im Ausland erzielte Einkünfte von der Besteuerung in Deutschland.

   d) Es gilt der Progressionsvorbehalt.

   e) Es werden in- und ausländische Sparerfreibeträge zusammengerechnet.

   f) Einkünfte, die im Ausland erzielt wurden, müssen unter Anrechnung der ausländischen Steuern in Deutschland voll versteuert werden.

4. Welche Aussagen zur Tonnagesteuer treffen zu? (MC)

   a) Sie ist eine eigene Steuerart speziell für Schiffsfonds.

   b) Sie ist eine Methode zur steuerlichen Gewinnermittlung bei Schiffsfonds.

   c) Sie fällt auf tatsächlich erzielte Gewinne an.

   d) Sie ist eine pauschale Gewinnbesteuerung.

   e) Sie gilt für mindestens 3 Jahre.

   f) Sie gilt für mindestens 10 Jahre.

5. Welche Auswirkung hat ein Progressionsvorbehalt? (SC)

   a) Steuerverluste können nur bei vorliegender Gewinnerzielungsabsicht mit anderen Einkunftsarten verrechnet werden.

   b) Im Inland erzielte Einkünfte erhöhen die Tonnagesteuer bei im Ausland investierenden Schiffsfonds.

   c) Im Ausland erzielte Einkünfte beeinflussen den individuellen Steuersatz für die Einkünfte im Inland.

   d) Er verhindert die Doppelbesteuerung von Auslandseinkünften im Inland.

4.7 Auflösung stiller Reserven

Stille Reserven sind Eigenkapital, das nicht in der Bilanz ersichtlich ist. Zunächst wirkt sich die Bildung stiller Reserven gewinnmindernd aus. Bei ihrer Auflösung erhöhen sie jedoch den Gewinn.

Stille Reserven entstehen bspw. durch die Wertsteigerung des Investitionsobjektes. Solange kein Verkauf stattfindet, bleibt es beim bilanzierten Buchwert, und die Differenz zum real erzielbaren Objektwert läuft als stille Reserve auf. Gleiches gilt auch für erfolgte Abschreibungen auf das Investitionsobjekt. Insbesondere bei Immobilien ist dies oft der Fall.

Wird das Investitionsobjekt verkauft, müssen die stillen Reserven aufgedeckt werden und müssen, sofern es sich bei dem Investitionsobjekt um Betriebsvermögen (gewerblich geprägte geschlossene Immobilienfonds) handelt, auch voll vom Anleger (Privatinvestor / natürliche Person) mit seinem persönlichen Steuersatz versteuert werden.

Entstehung stiller Reserven

Unterbewertung von Vermögensgegenständen (Aktiva)	Überbewertung von Schulden / Verbindlichkeiten (Passiva)
■ der bilanzierte Buchwert ist niedriger als der tatsächliche Wert	■ der bilanzierte Buchwert ist höher als die tatsächlichen Kosten
■ Abschreibungen, die höher sind als die tatsächliche Abnutzung	■ Rückstellungen für in ihrer Höhe noch nicht feststehende Kosten, die dann später niedriger ausfallen als geplant
■ Wertsteigerungen, die noch nicht durch z. B. einen Verkauf realisiert wurden	

Abb. 239: Entstehung stiller Reserven

Übertragung stiller Reserven bei der Veräußerung bestimmter Wirtschaftsgüter gemäß § 6 b EStG

Um die Schmälerung des Veräußerungsgewinns durch die Auflösung und Steuerpflicht stiller Reserven zu vermeiden, regelt der § 6 b EStG mögliche Begünstigungen im Falle der Veräußerung bestimmter Wirtschaftsgüter (Grund und Boden, Gebäude oder Binnenschiffe u. a.). Diese Begünstigung besteht darin, dass der angefallene Gewinn (aus stiller Reserve) auf ein anderes Investitionsobjekt (Reinvestition nur innerhalb der gleichen Wirtschaftsgüter-Art) übertragen (d. h. mit den Anschaffungs- und Herstellungskosten steuerneutral verrechnet werden) oder vorübergehend als Rücklage eingestellt werden kann.

Am Ende ist im Falle einer 6b-Begünstigung zumindest die Reduzierung der Steuerlast möglich.

Die steuerfreie Rücklage kann am Schluss des Wirtschaftsjahres, in dem die Veräußerung stattfand, in Höhe des Veräußerungsgewinns gebildet werden. Diese sog. Reinvestitionsrücklage neutralisiert zunächst den Veräußerungsgewinn. Nach Ablauf der vorgesehenen Reinvestitionsfrist ist sie gewinnerhöhend aufzulösen.

„Soweit Steuerpflichtige den Abzug nach Absatz 1 nicht vorgenommen haben, können sie im Wirtschaftsjahr der Veräußerung eine den steuerlichen Gewinn mindernde Rücklage bilden. Bis zur Höhe dieser Rücklage können sie von den Anschaffungs- oder Herstellungskosten der in Absatz 1 Satz 2 bezeichneten Wirtschaftsgüter, die in den folgenden 4 Wirtschaftsjahren angeschafft oder hergestellt worden sind, im Wirtschaftsjahr ihrer Anschaffung oder Herstellung einen Betrag unter Berücksichtigung der Einschränkungen des Absatzes 1 Satz 2 bis 4 abziehen. Die Frist von 4 Jahren verlängert sich bei neu hergestellten Gebäuden auf 6 Jahre, wenn mit ihrer Herstellung vor dem Schluss des vierten auf die Bildung der Rücklage folgenden Wirtschaftsjahres begonnen worden ist. Die Rücklage ist in Höhe des abgezogenen Betrags gewinnerhöhend aufzulösen. Ist eine Rücklage am Schluss des vierten auf ihre Bildung folgenden Wirtschaftsjahres noch vorhanden, so ist sie in diesem Zeitpunkt ge-winnerhöhend aufzulösen, soweit nicht ein Abzug von den Herstellungskosten von Gebäuden in Betracht kommt, mit deren Herstellung bis zu diesem Zeitpunkt begonnen worden ist; ist die Rücklage am Schluss des sechsten auf ihre Bildung folgenden Wirtschaftsjahres noch vorhanden, so ist sie in diesem Zeitpunkt gewinnerhöhend aufzulösen."

(§ 6b Abs. 3 EStG)

Die so genannten 6b-Fonds sind allerdings überwiegend nur für institutionelle Anleger interessant.

Grundsätzlich führen stille Reserven dazu, dass

- bis zum Zeitpunkt ihrer Bilanzaktivierung (bspw. Verkauf des Investitionsobjektes) ein Steuerstundungseffekt besteht.

- eine Steuerersparnis entstehen kann, wenn die stillen Reserven in einem Jahr aufgelöst werden, in dem die Gesellschaft insgesamt einen Bilanzverlust aufweist.

Kann eine Begünstigung im Rahmen des § 6 b EStG in Anspruch genommen werden, so können die aufgelösten stillen Reserven im Falle der Veräußerung des Investitionsobjektes entweder mit den Anschaffungs- und Herstellungskosten eines neuen Investitionsobjektes verrechnet oder für einen begrenzten Zeitraum als Rücklage zunächst steuerneutral eingestellt werden.

Das Wichtigste zusammengefasst:

Stille Reserven wirken als Steuerstundung. Allerdings nur so lange, bis sie aufgelöst werden.

Sie kennen nun:

- die steuerliche Behandlung von stillen Reserven, insbesondere bei deren Auflösung

Sie verstehen und nutzen Ihr Wissen als Hintergrundinformation für Kundenrückfragen zur Besteuerung des geschlossenen Investmentvermögens bei Verkauf der Investitionsobjekte.

▶ Aufgaben zum Kapitel 4.7 Auflösung stiller Reserven

Ihr Wissen auf dem Prüfstand:

1. Wie nennt man Eigenkapital, welches nicht in der Bilanz ersichtlich ist? (SC)
   a) Blind-Pool-Kapital
   b) Venture-Capital
   c) Abschreibung
   d) Stille Reserve
   e) Parallelbilanz

2. Welche steuerliche Auswirkung haben stille Reserven? (SC)
   a) Steuerfreibetrag
   b) Erhöhung des persönlichen Steuersatzes
   c) Steuerstundungseffekt
   d) Anrechenbar als Werbungskosten

5 Vermögensanlagen im Sinne des § 1 Abs. 2 des Vermögensanlagengesetzes

Die letzte Produktgruppe der Finanzanlagen ist die der Vermögensanlagen im Sinne des § 1 Abs. 2 des Vermögensanlagengesetzes (VermAnlG). Sie erfordert aufgrund zusätzlicher und erhöhter Risiken einen besonderen Verbraucherschutz. Dieser wurde in den letzten Jahren schrittweise verbessert. Zuerst mit der Einführung des Vermögensanlagengesetzes und zuletzt 2015 mit der Einführung des Kleinanlegerschutzgesetzes. Die Produktbezeichnung „Fonds" ist für Vermögensanlagen gesetzlich verboten. Damit soll eine klare Abgrenzung zu den wesentlich umfassender regulierten offenen und geschlossenen Fonds / Investmentvermögen für den Verbraucher sichtbar gemacht werden.

Über das in diesem Fachbuch dargestellte und prüfungsorientierte Fachwissen empfiehlt es sich insbesondere bei den Vermögensanlagen in der Praxis die Verkaufsunterlagen sorgfältig zu lesen – dies gilt für Berater und Anleger in gleichem Maße.

Bitte beachten Sie ebenfalls, dass die nachfolgenden Grundlagen sich auf Vermögensanlagen beziehen, die für den Vertrieb an private Verbraucher vorgesehen sind. Der Bereich der gewerbsmäßigen Unternehmensbeteiligungen institutioneller Anleger ist nicht prüfungsrelevant und wird deshalb hier nicht weiter betrachtet.

> Trotz der vielen neuen Regulierungen in den letzten Jahren, unterliegen Anbieter und Emittenten von Vermögensanlagen auch weiterhin nicht der Aufsicht durch die BaFin!

Prüfstandard für Vermögensanlagen

Das Institut der Wirtschaftsprüfer (IDW) hat mit Stand 9.7.2018 den neuen Prüfstandard IDW S 14 mit den „Grundsätzen ordnungsgemäßer Begutachtung der gesetzlichen Verkaufsunterlagen über öffentlich angebotene Vermögensanlagen nach dem Vermögensanlagengesetz" verabschiedet. Diese Grundsätze richten sich insbesondere auf die Richtigkeit, Nachvollziehbarkeit und Klarheit (Eindeutigkeit) der Angaben im Prospekt und im Vermögensanlageninformationsblatt (VIB). Darüber hinaus muss der Wirtschaftsprüfer die Widerspruchsfreiheit der Angaben im Prospekt und VIB im Hinblick auf die Anlageziele und Anlagepolitik überprüfen. Eine Vollständigkeitsprüfung ist nicht erforderlich, da dies durch die BaFin erfolgt. Der Prüfbericht des Wirtschaftsprüfers nach diesen Grundsätzen kann den Vermittler bei seiner Pflicht zur Plausibilitätsprüfung unterstützen. Die Weitergabe an private Anleger ist aus Haftungsgründen verboten.

5.1 Anlageformen

Die Anlageformen, die zu den Vermögensanlagen gehören, sind im § 1 Abs. 2 Vermögensanlagengesetz definiert.

Vermögensanlagen im Sinne des Vermögensanlagegesetzes sind:

- Anteile, die eine Beteiligung am Ergebnis eines Unternehmens gewähren (z. B. stille Beteiligungen, Genossenschaftsanteile und Unternehmensbeteiligungen in der Rechtsform einer KG, BGB-Gesellschaft, OHG oder Limited)

- Anteile an einem Vermögen, das der Emittent oder ein Dritter in eigenem Namen für fremde Rechnung hält oder verwaltet (Treuhandvermögen)

- Partiarische Darlehen

- Nachrangdarlehen

- Genussrechte

- Namensschuldverschreibungen

- Sonstige Anlagen, die einen Anspruch auf Verzinsung und Rückzahlung gewähren oder im Austausch für die zeitweise Überlassung von Geld einen vermögenswerten, auf Barausgleich gerichteten Anspruch vermitteln (z. B. Direktinvestments in Container oder Rohstoffe)

Schwarmfinanzierungen – auch Crowdfunding genannt – gehören ebenfalls zu den Vermögensanlagen und können in Form des partiarischen Darlehens, eines Genussrechtes oder der sonstigen Anlagen aufgelegt werden.

Nicht zu den Vermögensanlagen gehören Einlagen im Sinne des Kreditwesengesetzes. Dazu gehören bspw. die von Banken angebotenen Sparbriefe in Form einer Namensschuldverschreibung.

In den nachfolgenden Unterkapiteln lernen Sie die einzelnen Vermögensanlagen im Detail kennen.

5.1.1 Genussrechte

Genussrechte sind rechtlich (§ 221 Abs. 3 Aktiengesetz (AktG) und § 8 Abs. 3 Satz 2 Körperschaftssteuergesetz (KStG)) betrachtet ein schuldrechtliches Kapitalüberlassungsverhältnis (Abschluss eines Genussrechtsvertrages). In Gesetzen findet sich zwar eine Erwähnung des Begriffs, aber keine Definition. Sie können dem Anleger eine Gewinnbeteiligung am Unternehmen, das die Genussrechte ausgibt, gewähren. Genussrechte können in Form von Genussscheinen börsenhandelsfähig verbrieft werden. Als Genussschein zählen sie nicht mehr zu den Vermögensanlagen im Sinne dieses Gesetzes, sondern zu Wertpapieren im Sinne des Wertpapierhandelsgesetzbuches.

Dem Anbieter von Genussrechten (Genussrechtsemittent) bietet diese Form der Unternehmensfinanzierung Vorteile gegenüber anderen Finanzierungsformen im Rahmen von:

- Mitarbeiterbeteiligungen

- Projektfinanzierungen

- Unternehmenssanierungen

Genussrechte können grundsätzlich von jedem Unternehmen und unabhängig von dessen Rechtsform ausgegeben werden.

Durch die Übertragung von Genussrechten werden dem Anleger Vermögensrechte gewährt, nicht aber Verwaltungsrechte (wie bspw. ein Stimmrecht) und auch keine Mitwirkungsrechte (wie bspw. die Teilnahme an einer Haupt- oder Gesellschafterversammlung).

Abb. 240: Genussrechte

Zu den Vermögensrechten, mit denen ein Genussrecht ausgestaltet werden kann, gehören:

- Feste oder variable, gewinnabhängige Verzinsung (Ausschüttung), d. h. der Anleger wird am Reingewinn (entspricht dem Jahresüberschuss bzw. dem positiven Ergebnis der Gewinn- und Verlustrechnung) beteiligt. Erzielt das Unternehmen keinen Gewinn, erhält der Anleger auch keine Ausschüttung. Die Genussrechtsbedingungen können vorsehen, dass die Gewinnbeteiligungen in folgenden Jahren mit Gewinn nachgefordert werden können.

- Beteiligung am Erlös der Liquidation (d. h. Verkauf oder Auflösung des Unternehmens) des Unternehmens.

- Optionsrechte (z. B. Umtauschrecht in Aktien des Genussrechtsemittenten). Diese Variante kommt in der Praxis jedoch sehr selten vor.

Welche Merkmale weisen Genussrechte auf?

	Genussrecht
Mögliche Ausgestaltungsmerkmale	gewinnabhängige Verzinsung, feste Laufzeit oder Mindestlaufzeit mit Kündigungsfrist, Gewinn- und Verlustbeteiligung, Beteiligung am Liquidationserlös, Optionsrechte, Vermögensrechte ohne Mitbestimmungsrechte, börsenfähig bei Verbriefung als Genussschein
Chancen	feste Laufzeit oder Mindestlaufzeit mit Kündigungsfrist
Risiken	Nachrangabrede im Insolvenzfall, Rückzahlungsrisiko (Totalverlust), Ausschüttungsrisiko, Kündigungsrisiko, Bonitätsrisiko, Liquiditätsrisiko
Anlegerkreis	Risikobereiter und -fähiger Anleger, der die höheren Renditechancen nutzen möchte und die damit verbundenen erhöhten Risiken einschätzen kann
Verkaufsunterlagen	Verkaufsprospekt, Vermögensinformationsblatt (VIB), beratungsprotokollpflichtig

Abb. 241: Merkmale von Genussrechten

Genussrechte können im Rahmen der gesetzlichen Vorgaben von den Anbietern (Emittenten) sehr flexibel und individuell ausgestaltet werden. Zu den wichtigsten Merkmalen können gehören:

- **Laufzeit:** Genussrechte müssen wie alle Vermögensanlagen eine Laufzeit von mindestens 24 Monaten ab dem Zeitpunkt des erstmaligen Erwerbs haben.

- **Kündigungsfrist:** Genussrechte müssen wie alle Vermögensanlagen eine ordentliche Kündigungsfrist von mindestens 6 Monaten vorsehen.

- **Kapitalrückzahlung:** Die Rückzahlung des eingezahlten Kapitals erfolgt zum Buchwert (der in der Bilanz ausgewiesene Wert des Genussrechtes), d.h in der Regel in Höhe des eingezahlten Kapitals (Ausnahme sind bspw. ertragsthesaurierende Genussrechte).

- Es gibt in der Regel keine **Mindestanlagesummen**.

- Feste oder variable, gewinnabhängige **Verzinsung**. Werden in Einzeljahren oder über die Gesamtlaufzeit des Genussrechtes keine Gewinne erzielt, besteht das Risiko, dass die Kapitalanlage nur eine geringe oder gar keine Verzinsung aufweist.

- **Verlustbeteiligung**, d. h. erzielt das Unternehmen einen Jahresfehlbetrag (Verlust / negatives Ergebnis der Gewinn- und Verlustrechnung), dann wird dieser anteilig vom in der Bilanz ausgewiesenen Genussrechtskapital abgezogen. Sofern in den Folgejahren wieder Gewinne erzielt werden, werden diese zunächst zur Wiederauffüllung des Genussrechtskapitals verwendet. Überwiegen die Verluste über die Gesamtlaufzeit des Genussrechtes betrachtet, erhält der Anleger nur einen Teil seines Kapitals zurück und muss im schlimmsten Fall komplett auf eine Kapitalrückzahlung verzichten (Totalverlustrisiko).

- **Beteiligung am Gewinn** im Falle einer Liquidation (Verkauf oder Auflösung der Gesellschaft), d. h. auch über seine Kapitaleinlage hinaus kann es hierdurch für den Anleger zu einem Zusatzertrag kommen.

- **Nachrangabrede**: Im Konkursfall (aber auch bei jeder anderen Form der Liquidation) werden die Ansprüche des Genussrechtsanlegers erst nachrangig nach allen anderen Gläubigern berücksichtigt.

- **Verbriefung als Genussschein**: dies ist möglich aber für den Genussrechtsemittenten nicht verpflichtend und bedeutet, dass die Forderungen aus Genussrechten als Genussscheine verbrieft werden können (in Form von Inhaber- oder Namenspapieren möglich) und somit übertragbar und an der Börse handelbar werden – unabhängig von der Laufzeit und der Kündigungsfrist des Genussrechtes. Ohne die Verbriefung als Genussschein gibt es außerhalb der Laufzeit und der Kündigungsfristen keine Übertragungs- oder vorzeitigen Verfügungsmöglichkeiten bei Genussrechten.

Genussrechte kombinieren in der Regel demzufolge Schuldrechte (Anspruch auf Kapitalrückzahlung) und haben dadurch einerseits einen Fremdkapitalcharakter mit Vermögensrechten (Gewinn- und Verlustbeteiligung) und andererseits auch einen Eigenkapitalcharakter. Sie zählen deshalb im Bereich der Unternehmensbeteiligungen/-finanzierungen zu den Mezzanine-Finanzierungen.

Mezzanine-Finanzierungen

Mezzanine-Finanzierungen (italienisch „mezzo" = halb) sind Unternehmensfinanzierungen, die wirtschaftlich (und auch rechtlich) betrachtet eine Mischung aus Eigenkapital und Fremdkapital sind. Sie werden deshalb auch als hybride Finanzierungen bezeichnet.

Weitere Beispiele für Mezzanine-Finanzierungen sind: Vorzugsaktien, Stille Gesellschaft, partiarisches Darlehen und Wandel- und Optionsanleihen.

▶ **Exkurs: Die handelsrechtliche Bilanzierung beim Emittenten**

Grundsätzlich wird Genusskapital als Fremdkapital bilanziert. Die Voraussetzungen hierfür sind eine Maximallaufzeit, eine feste Ablauffrist oder ein Kapitalrückzahlungsversprechen des Emittenten.

Ein Ausweis als Eigenkapital ist gemäß einer Stellungnahme des IDW (Institut der Wirtschaftsprüfer) möglich, wenn das Genussrecht nachfolgende Voraussetzungen erfüllt:

▪ Erfolgsabhängigkeit der Vergütung an den Genussrechtsinhaber,

▪ Teilnahme am Verlust bis zur vollen Höhe und

▪ Langfristigkeit der Kapitalüberlassung (mind. 5 Jahre) ohne feste Laufzeit,

▪ Nachrangabrede, d. h. Nachrangigkeit der Forderung im Insolvenz-oder Liquidationsfall gegenüber allen Gläubigern.

Kreditinstitute haben die Möglichkeit, Genusskapital als haftendes Eigenkapital auszuweisen, wenn

▪ es bis zur vollen Höhe am Verlust teilnimmt und das Institut berechtigt ist, im Falle eines Verlustes Zinszahlungen aufzuschieben,

▪ vereinbart ist, dass es im Falle des Insolvenzverfahrens über das Vermögen des Instituts oder der Liquidation des Instituts erst nach Befriedigung aller nicht nachrangigen Gläubiger zurückgezahlt wird,

▪ es dem Institut für mindestens fünf Jahre zur Verfügung gestellt worden ist,

▪ der Rückzahlungsanspruch nicht in weniger als zwei Jahren fällig wird oder aufgrund des Vertrags fällig werden kann. ◀

Welche Chancen bieten Genussrechte?

Rendite über Marktzinsniveau

Insbesondere im Vergleich zum Zinsniveau von Einlagen bei Banken, aber auch zum Kapitalmarktzinsniveau weisen Genussrechte die Chance auf höhere Renditen auf.

Sicherheiten je nach Vertragsgestaltung

In Verlustjahren entfällt eine Ausschüttung oder Zinszahlung und der Buchwert des Genussrechtskapitals wird reduziert. Für den Anleger von Vorteil ist eine Vereinbarung, die vorsieht, dass ein in Folgejahren erzielter Gewinn zu einem Nachforderungsanspruch bei den Ausschüttungen und zu einem Wiederauffüllen des Genussrechtskapitals führt.

Welche Risiken weisen Genussrechte auf?

Geringe gesetzliche Regulierung

Genussrechte unterliegen außer dem Vermögensanlagengesetz keinen weiteren gesetzlichen Regulierungen.

Bonitätsrisiko

Die Bonität des Genussrechtsemittenten spielt eine wesentliche Rolle bei Genussrechten.

Ausschüttungsrisiko (Totalverlustrisiko der Zins- bzw. Ausschüttungsansprüche)

Wenn keine ausreichenden Gewinne erzielt werden, können Ausschüttungen reduziert oder ausgesetzt werden. Das ist ein wesentlicher Unterschied zu festverzinslichen Wertpapieren, bei denen eine feste Verzinsung in jedem Fall vereinbart ist.

Wird kein Unternehmensgewinn erzielt, kann die Zinszahlung an den Genussrechtsinhaber reduziert oder ausgesetzt werden. Das ist ein wesentlicher Nachteil gegenüber einem verzinslichen Wertpapier.

Rückzahlungsrisiko (Totalverlustrisiko der Kapitaleinlage)

Erleidet das Unternehmen anhaltende Bilanzverluste, die nicht durch erzielte Gewinne wieder ausgeglichen werden, so erfolgt ggf. nur eine teilweise oder gar keine Rückzahlung des Kapitals an den Genussrechtsinhaber.

Haftungsrisiko (Nachrangabrede)

Genussrechte werden im Insolvenzfall erst nachrangig zu allen anderen Gläubigern bedient. Nur der Unternehmensinhaber wird nach dem Genussrecht bedient.

Kündigungsrisiko

Sofern ein Kündigungsrecht für den Genussrechtsemittenten vorgesehen ist, trägt der Anleger bei Ausübung das Risiko, dass es am Markt keine Anlagealternative zu vergleichbaren Konditionen gibt.

Liquiditätsrisiko

Ein Genussrecht, das nicht in Form eines Genussscheins verbrieft ist, bietet keine vorzeitige Verfügungsmöglichkeit, außer im Falle einer eingeräumten – in der Regel mehrjährigen – Kündigungsfrist.

Keine Stimm- und Mitbestimmungsrechte

Im Gegensatz zu Aktien hat der Anleger bei Genussrechten kein Stimmrecht und kein Mitbestimmungsrecht, auch dann nicht wenn das Genussrechtskapital dem Eigenkapital der Gesellschaft zugeordnet wird.

Risiko des Nachrangs

Fast alle Genussrechte sind nachrangiges Kapital, d.h. im Konkursfall erhalten die Genussrechtsinhaber ihr Kapital erst zurück, wenn die Forderungen aller anderen Gläubiger erfüllt wurden.

Für welche Anleger sind Genussrechte geeignet?

Genussrechte sind Unternehmensbeteiligungen, die sich nicht für sicherheitsorientierte Anleger und auch nicht für die klassische Vermögensbildung und Altersvorsorge von Privatanlegern eignen. Nur für entsprechend risikobereite Anleger, die eine Alternative zu verzinslichen Anlagen in einer Niedrigzinsphase suchen, eignen sich Genussrechte solider Anbieter.

Ein grundsätzliches Qualitätsmerkmal ist die Erfahrung des Emittenten mit Genussrechten und ob in der Vergangenheit Zinsen und Ausschüttungen regelmäßig gezahlt wurden und ob es zu Kapitalverlusten kam.

Ein Qualitätsmerkmal ist auch eine seriöse Werbung mit Hinweis auf die Risiken.

Genussrechte werden Privatanlegern u. a. von Unternehmen angeboten, die auf dem Gebiet erneuerbarer Energien tätig sind. Die Renditen liegen meist über dem Geld- und Rentenmarktniveau. Der Anleger sollte unbedingt die Hinweise zu den Risiken beachten, die im Verkaufsprospekt beschrieben werden müssen.

> **Genussrechte**
> *Genussrechte sind unternehmerische Beteiligungen und unterliegen dem Totalverlustrisiko. Sie sind weder für die Vermögensbildung noch für die private Altersvorsorge geeignet. Sie sind nur für risikobereite und risikofähige Anleger geeignet.*

Wie grenzen sich Genussrechte von Aktien, verzinslichen Wertpapieren und Genussscheinen ab?

Genussrechte sind eine Form der Unternehmensbeteiligung, die Eigenschaften von Aktien und verzinslichen Wertpapieren enthält.

Als Wertpapier verbriefte Genussrechte werden zu Genussscheinen, die an der Börse gehandelt werden können.

	Genussrecht	Genuss-schein	Aktie	Verzinsliches Wertpapier
Ertrag	Gewinn-abhängige Verzinsung/ Ausschüttung	Gewinn-abhängige Verzinsung/ Ausschüttung	Dividende (ab-hängig vom Gewinn und der Dividen-denstrategie des Unterneh-mens)	i. d. R. fest vereinbarter Zinssatz
Laufzeit	feste Laufzeit oder Min-destlaufzeit mit Kündi-gungsfrist	feste und unbegrenz-te Laufzeit möglich	unbegrenzt	fest vereinbarte Laufzeit; durch Börsenhandel vorzeitige Ver-fügbarkeit über Kapital möglich
Kapitalrück-zahlung	zum Lauf-zeitende oder bei Liquidation unter Berück-sichtigung der Verlust-beteiligung	jederzeit in Höhe des aktuellen Bör-senkurses	jederzeit in Höhe des aktuellen Bör-senkurses	zum Laufzeiten-de in Höhe des Anlagebetrages, bei börsenno-tierten verzins-lichen Wertpa-pieren jederzeit zum aktuellen Börsenkurs
Börsen-handel	nein	ja	ja	ja, sofern es sich um börsennotiere verzinsliche Wertpapiere handelt
Haftung im Insolvenzfall	Totalverlust-risiko des Kapitals	Totalverlust-risiko des Kapitals und- Kursverluste bei sinkender Bonität des Unterneh-mens	Totalverlust-risiko des Kapitals und Kursverluste bei sinkender Unterneh-mensbonität oder Ver-schlechterung sonstiger Aktienkurs bestimmender Faktoren	begrenzt auf den Anlage-betrag
Nachrangab-rede	ja	ja	nein	nein
Teilhaber am Unternehmen mit Stimm-rechten	nein	nein	ja	nein

Abb. 242: Abgrenzung Genussrechte von anderen Finanzanlagen

5.1.2 Stille Beteiligungen

Die stille Gesellschaft wird formlos durch einen Vertrag zwischen dem stillen Gesellschafter und der Handelsgesellschaft, an der sich der stille Gesellschafter mit seiner Kapitaleinlage beteiligt, geschlossen. Ein schriftlicher Gesellschaftsvertrag ist sinnvoll, aber nicht zwingend gesetzlich vorgeschrieben. Oft reicht die Unterzeichnung eines Zeichnungsscheines – der als Antrag auf stille Beteiligung vom Handelsunternehmen angenommen werden muss – und die Überweisung der Kapitaleinlage auf das Konto der Handelsgesellschaft.

Die rechtliche Grundlage bildet das Handelsgesetzbuch (§ 230–237 HGB). Allerdings sind hier nur Grundzüge geregelt. Eine stille Beteiligung kann somit im Einzelfall sehr individuell ausgestaltet werden.

Stiller Gesellschafter können eine oder mehrere natürliche oder juristische Personen sein. Für seine finanzielle Beteiligung am Unternehmen erhält der stille Gesellschafter eine gesetzlich vorgeschriebene und nicht ausschließbare Gewinnbeteiligung. Die Höhe wird vertraglich individuell festgelegt. Mitspracherechte erhält der stille Gesellschafter grundsätzlich keine. Eine Verlustbeteiligung kann vertraglich ausgeschlossen werden (§ 231 und § 231 Abs. 2 HGB).

Werden dem stillen Gesellschafter über die gesetzlichen Rechte hinausgehende Rechte eingeräumt, wie bspw. eine Beteiligung an der Geschäftsführung, so handelt es sich um eine atypisch stille Gesellschaft.

Die Bezeichnung „stille Beteiligung" steht dafür, dass diese Unternehmensbeteiligung nur intern relevant und bekannt ist, man spricht deshalb auch von einer so genannten Innengesellschaft (rechtliche Unterform der BGB-Innengesellschaft). Die stille Beteiligung wird weder veröffentlicht noch ins Handelsregister eingetragen und kann an Unternehmen jeglicher Rechtsform erfolgen (Ausnahme: Bei einer Aktiengesellschaft müssen auch die stillen Gesellschafter bekannt und eingetragen sein) (§ 705 ff. BGB). Auch der Unternehmer kann stiller Gesellschafter an seinem eigenen Unternehmen sein.

Für das Handelsunternehmen bietet eine stille Beteiligung nachfolgende Vorteile:

- unkomplizierte und einfache Kapitalbeschaffung, die bspw. für Neuinvestitionen oder Forschungen genutzt werden kann

- von einer Bank unabhängige Kreditaufnahme bei kurzfristigem oder langfristigem Kapitalbedarf, für die keine Sicherheiten zu hinterlegen und keine Kreditzinsen (nur Beteiligung im Falle eines Unternehmensgewinns) zu zahlen sind

- keine Änderung der Rechtsform oder des Firmennamens erforderlich

- bei der typisch stillen Gesellschaft: keine Einräumung von Geschäftsführungsrechten erforderlich

- keine Veröffentlichung der stillen Beteiligung erforderlich

- geeignet für ein Unternehmen, das ein Handelsgewerbe betreibt, z. B. Personengesellschaften (OHG, KG), GmbH & Co. KG, AG

Welche Merkmale weisen stille Beteiligungen auf?

Stille Beteiligung	
Ausge-staltungs-merkmale (typisch stille Beteiligung)	Anonyme Unternehmensbeteiligung ohne Eintragung ins Handelsregister (Ausnahme: AG), gesetzlich vorgeschriebene Gewinnbeteiligung, vertraglich ausschließbare Verlustbeteiligung, keine Mitbestimmungsrechte, keine Nachschusspflicht
Chancen	Renditen über Kapitalmarktniveau, einfache (keine notarielle Vertragsschließung) und vergleichsweise kostengünstige Beteiligungsform, Gewinnbeteiligung, Anspruch auf Kapitalrückzahlung in Form einer Abfindung
Risiken	Totalverlustrisiko der Kapitaleinlage und der Gewinnansprüche, Verlustbeteiligung (sofern nicht vertraglich ausgeschlossen), Fungibilitätsrisiko, Liquiditätsrisiko, Kreditrisiko, Haftung im Insolvenzfall mit Kapitaleinlage
Kapitalart	Mezzanine-Kapital, da Eigenschaften von Eigenkapital (Gewinn- und Verlustbeteiligung) und Fremdkapital (Anspruch auf Kapitalrückzahlung)
Anlegerkreis	Unternehmerische Beteiligung mit Totalverlustrisiko, die nur für dementsprechend risikobereite und risikofähige Anleger geeignet ist
Formen stiller Beteiligung	Typisch und atypisch stille Beteiligung und partiarisches Darlehen

Abb. 243: Merkmale von stillen Beteiligungen

Welche Merkmale weist die typische stille Beteiligung auf?

Eine typisch stille Beteiligung weist weitere grundsätzliche Merkmale auf:

- keine Mitbestimmungsrechte

- Kontrollrecht in Form eines Bucheinsichtsrechts (Jahresabschluss). Ein Qualitätsmerkmal guter stiller Beteiligungsmodelle ist eine unabhängige jährliche Mittelverwendungskontrolle.

- steuerliche Behandlung: Einkünfte aus Kapitalvermögen

- Beteiligung am Gewinn und ggf. Verlust (Basis in der Regel: Jahresabschluss des Unternehmens): Die Höhe der Gewinnbeteiligung (bzw. Verlustbeteiligung) und der Verteilungsschlüssel werden vertraglich festgelegt und beziehen sich auf die eingezahlte Nominal-Kapitalsumme.

- Für typisch stille Beteiligungen sollten ertragsstarke Handelsunternehmen bevorzugt werden, vor allem im Fall von Verlustzuweisungen. Diese können in der Regel steuerlich nicht ohne Einschränkungen geltend gemacht werden.

- in der Regel mittlere Laufzeiten (ca. 5 Jahre)

- Anspruch auf Kapitalrückzahlung: Die Rückzahlung erfolgt in Form einer Abfindung. Diese setzt sich zusammen aus dem eingezahlten Kapital, ggf. abzüglich eines Verlustanteils, zuzüglich noch nicht ausgezahlter Gewinnanteile und ggf. abzüglich zugelassener Privatentnahmen.

Welche Merkmale weist die atypisch stille Beteiligung auf?

- Mitunternehmereigenschaft durch Beteiligung am Unternehmensvermögen und auf jeden Fall an den Verlusten

- aktives Interesse eines gemeinsamen Betriebes des Handelsgewerbes

- steuerliche Behandlung: Einkünfte aus Gewerbebetrieb

- Gewinn- und Verlustbeteiligung mit der Möglichkeit, die Verlustzuweisung umfassend steuerlich als negative Einkünfte aus Gewerbebetrieb geltend zu machen

- Zusatzerträge durch Beteiligung an der Entwicklung der stillen Reserven und des Unternehmenswertes

- Diese Art der stillen Beteiligung ist für Unternehmen interessant, die noch am Anfang ihrer Entwicklung stehen und einen hohen Kapitalbedarf für Investitionen, aber die Gewinnphase noch nicht erreicht haben.

- Auch der atypisch stille Gesellschafter hat einen Anspruch auf Kapitalrückzahlung und erhält zudem einen auf seinen Kapitalanteil bezogenen Anteil an der Entwicklung der stillen Reserven und / oder der Unternehmenswertentwicklung.

- in der Regel langfristige Investition

Welche Chancen bieten stille Beteiligungen?

- anonyme Beteiligungsmöglichkeit an einem Handelsunternehmen

- Ausschluss der Verlustbeteiligung möglich

- gesetzlich vorgeschriebene Gewinnbeteiligung

- Renditen über dem Kapitalmarktniveau möglich

- einfache (kein notarieller Vertrag erforderlich) und vergleichsweise kostengünstige Unternehmensbeteiligungsform

Welche Risiken weisen stille Beteiligungen auf?

Totalverlustrisiko der Kapitaleinlage und der Gewinnansprüche

Diese Art der unternehmerischen Beteiligung ist mit einem hohen Verlustrisiko bis hin zum Totalverlust der Kapitaleinlage und der Gewinnansprüche verbunden. Der Ertrag ist abhängig von zukünftiger Unternehmensentwicklung und wirtschaftlichem Erfolg der Handelsgesellschaft und kann nicht garantiert werden.

Verlustbeteiligung (sofern vertraglich nicht ausgeschlossen)

Der stille Gesellschafter nimmt an dem Verlust nur bis zum Betrag seiner eingezahlten oder rückständigen Einlage teil. Er ist nicht verpflichtet, den bezogenen Gewinn wegen späterer Verluste zurückzuzahlen – jedoch wird, solange seine Einlage durch Verlust vermindert ist, der jährliche Gewinn zur Deckung des Verlustes verwendet (§ 232 Abs. 2 HGB).

Fungibilitätsrisiko

Es findet kein Börsenhandel statt, und auch gibt es keinen Markt für „gebrauchte" stille Beteiligungen. Der Verkauf bzw. die Vererbung an Dritte kann mit Zustimmung der Handelsgesellschaft möglich sein.

Liquiditätsrisiko

In der Regel sind stille Beteiligungen mit einer Mindestvertragsdauer ausgestattet, und eine Kündigung ist erst mit Ablauf dieser Frist möglich. Möchte der Anleger trotzdem vorzeitig Zugriff auf sein Kapital, handelt es sich um eine vertragswidrige Beendigung, und das Handelsunternehmen kann eine Entschädigung verlangen.

Haftung

Im Insolvenzfall ist der stille Beteiligte den anderen Gläubigern gleichgestellt. Es besteht keine Nachschusspflicht für den typisch stillen Beteiligten

Sofern die Kapitaleinlage in Teilen noch nicht geleistet ist, muss dies im Insolvenzfall nachgeholt werden. Bei der atypisch stillen Beteiligung kann es zu einer Haftung über die Kapitaleinlage hinaus kommen (§ 236 HGB).

Kreditrisiko

Der stille Gesellschafter ist Darlehensgeber, allerdings ohne dass das darlehensnehmende Unternehmen ihm hierfür eine Besicherung gewährt.

Kosten

Meist wird zusätzlich zur Kapitaleinlage ein Agio (Aufgeld) in Höhe von ca. 4–8 % der nominalen Kapitaleinlage vereinbart. Weiterhin können laufende Verwaltungsgebühren entstehen. Dies muss vertraglich im Detail festgelegt sein. Der stille Gesellschafter hat die Pflicht, seine Einlage (ggf. ratierliche Zahlung vertraglich vereinbar) und das Agio zu zahlen.

Fehlendes Mitspracherecht bei typisch stiller Beteiligung

Der typisch stille Gesellschafter nimmt an der Geschäftsführung nicht teil und hat somit auch keinen direkten Einfluss darauf, ob seine Einlage gewinnbringend investiert wird oder nicht.

Für welche Anleger sind stille Beteiligungen geeignet?

Die stille Beteiligung ist eine unternehmerische Beteiligung mit Totalverlustrisiko und setzt eine dementsprechende Risikobereitschaft und Risikofähigkeit des Anlegers voraus.

5.1.3 Namensschuldverschreibungen

Eine Namensschuldverschreibung wird auf den Namen einer bestimmten Person, d. h. den Namen des Gläubigers, ausgestellt.

Für den Emittenten der Namensschuldverschreibung hat dies den Vorteil, dass er seine Gläubiger namentlich kennt. Auch für den Anleger bedeutet dies einen zusätzlichen Schutz, da eine Übertragung der mit der Namensschuldverschreibung verbrieften Rechte nur durch eine ausdrückliche schriftliche Abtretung an den neuen Gläubiger möglich ist. Der Nachteil hiervon ist, dass Namensschuldverschreibungen nicht an der Börse gehandelt bzw. notiert werden können.

Namensschuldverschreibungen gibt es u. a. in zwei Varianten bezogen auf den Emittentenkreis:

- Der von Banken und Sparkassen angebotene Sparbrief bzw. Sparkassenbrief hat regelmäßig die rechtliche Form einer Namensschuldverschreibung und bietet hier dem Anleger den zusätzlichen Vorteil der Einlagensicherung. Diese unterliegen nicht dem Vermögensanlagengesetz, sondern sind Einlagen gemäß Kreditwesengesetz (KWG).

- Namensschuldverschreibungen können auch von jedem anderen Unternehmen als Möglichkeit der Unternehmensfinanzierung über Fremdkapital emittiert werden. Eine Einlagensicherung besteht bei diesen Namensschuldverschreibungen nicht. Diese Namensschuldverschreibungen unterliegen den Regelungen des Vermögensanlagengesetzes.

Namensschuldverschreibungen sind aus Sicht des Emittenten Fremdkapital. Der Anleger ist Gläubiger des Emittenten und erhält die für eine Schuldverschreibung typischen Forderungsrechte (Verzinsung und Kapitalrückzahlung). Mitsprache- oder Mitbestimmungsrechte erhält der Anleger nicht.

Welche Merkmale weisen Namensschuldverschreibungen (Vermögensanlagen) auf?

Namensschuldverschreibungen	
Mögliche Ausgestaltungsmerkmale	lauten auf den Namen des Anlegers (Gläubigers), feste Verzinsung, in der Regel feste Laufzeit, kein Börsenhandel, übertragbar nur durch Abtretung
Chancen	feste Verzinsung, erhöhte Rendite im Vergleich zum Geld- oder Kapitalmarktzinsniveau möglich
Risiken	Bonitätsrisiko, keine Einlagensicherung (Ausnahme: Sparbriefe von Banken/Sparkassen), Liquiditätsrisiko
Kapitalart	Fremdkapital
Anlegerkreis	Bei Unternehmensfinanzierung (Nicht-Banken): Risikobereiter und -fähiger Anleger, der die höheren Renditechancen nutzen möchte und die damit verbundenen erhöhten Risiken einschätzen kann
Verkaufsunterlagen	Verkaufsprospekt, Vermögensanlagen-Informationsblatt (VIB), beratungsprotokollpflichtig

Abb. 244: Merkmale von Namensschuldverschreibungen

Wie bei allen Unternehmensbeteiligungen entscheiden über die individuelle Ausgestaltung im Detail die Anlagebedingungen oder Vertragsbedingungen. Zu den wesentlichen Merkmalen von Namensschuldverschreibung gehören:

- feste Verzinsung

- in der Regel Mindestanlagesummen

- namentlich erfasste Anleger und Übertragung nur durch Abtretung

- kein Börsenhandel

- in der Regel feste Laufzeit ohne vorzeitige Verfügungsmöglichkeit

- Anleger ist Fremdkapitalgeber und wird Gläubiger des emittierenden Unternehmens

- keine Mitsprache- oder Mitwirkungsrechte
- Haftung nur in Höhe der Kapitaleinlage
- keine Nachrangabrede

Welche Chancen bieten Namensschuldverschreibungen (Vermögensanlagen)?

Die Chancen leiten sich aus den jeweiligen Ausgestaltungsmerkmalen und sind insbesondere

- feste Verzinsung
- Einlagensicherung bei von Banken oder Sparkassen herausgegebenen Sparbriefen in Form einer Namensschuldverschreibung

Welche Risiken weisen Namensschuldverschreibungen (Vermögensanlagen) auf?

Bonitätsrisiko

Die Bonität des Emittenten ist ein wesentliches Kriterium bei der Risikobeurteilung einer Namensschuldverschreibung. Da der Anleger Gläubiger ohne weitere Sicherheiten wird, entscheidet die Zahlungsfähigkeit des Emittenten darüber, ob die Zins- und Kapitalrückzahlungsvereinbarungen eingehalten werden können.

Fehlende Einlagensicherung

Bei Namensschuldverschreibungen, die nicht in Form von Sparbriefen und von einer Bank oder Sparkasse herausgegeben werden, besteht keine Einlagensicherung.

Liquiditätsrisiko

Da Namensschuldverschreibungen nicht an der Börse gehandelt werden, besteht nur eine eingeschränkte Verfügbarkeit. Die Übertragung ist nur durch Abtretung (Zession) möglich.

> **Zession (Abtretung)**
> *Als Abtretung – auch Zession genannt – wird die Übertragung einer Forderung mittels eines Vertrages vom ursprünglichen Gläubiger (Zedent) auf einen neuen Gläubiger (Zessionar) genannt.*

Totalverlustrisiko

Die Namensschuldverschreibung im Sinne des Vermögensanlagengesetzes gehört zu den unternehmerischen Beteiligungen und weist somit ein Totalverlustrisiko auf.

Wie grenzen sich Namens- von Inhaberschuldverschreibungen ab?

	Namensschuldverschreibung	Inhaberschuldverschreibung
Inhaber der verbrieften Rechte	wird namentlich erfasst	ohne namentliche Erfassung
Übertragung	durch Abtretung	durch Einigung und Übergabe
Börsenhandel	nein	ja
Einlagensicherung	nein (Ausnahme Sparbriefe von Banken/Sparkassen, sofern diese der gesetzlichen oder einer individuellen Einlagensicherung unterliegen)	nein
Laufzeit	i. d. R. fest vereinbart ohne vorzeitige Verfügungsmöglichkeit	fest vereinbart, bei Börsenhandel börsentägliche Verfügbarkeit zum jeweils aktuellen Tageskurs
Rückzahlung	erfolgt in Höhe des eingesetzten Kapitals	erfolgt in Höhe des eingesetzten Kapitals oder zum aktuellen Börsenwert bei vorzeitigem Verkauf

Abb. 245: Abgrenzung Namensschuldverschreibungen von Inhaberschuldverschreibungen

Wie grenzen sich Namensschuldverschreibungen von Namensaktien ab?

Die Namensschuldverschreibung kann nur auf vertraglichem Wege (Zession) auf einen neuen Inhaber übertragen werden. Sie kann von Unternehmen jeglicher Rechtsform ausgegeben werden.

Die Namensaktie ist ein Wertpapier, dessen Inhaber namentlich im Aktienregister einer Aktiengesellschaft eingetragen sein muss, um seine Rechte geltend machen zu können. Ansonsten ist eine Übertragung per einfacher Order ohne Zustimmung der Aktiengesellschaft möglich.

Die vinkulierte Namensaktie ist eine Sonderform der Namensaktie. Auch hier wird der Aktionär namentlich erfasst. Die vinkulierte Namensaktie darf nur mit Zustimmung der ausgebenden Aktiengesellschaft übertragen werden.

5.1.4 Genossenschaftsanteile

Genossenschaftliche Betriebe können Genossenschaftsanteile ausgeben. Mit dem Kauf eines Genossenschaftsanteils wird der Anleger Mitglied und Miteigentümer der Genossenschaft. Das Wesen einer Genossenschaft ist im Genossenschaftsgesetz (GenG) definiert:

„Gesellschaften von nicht geschlossener Mitgliederzahl, deren Zweck darauf ausgerichtet ist, den Erwerb oder die Wirtschaft ihrer Mitglieder oder deren soziale oder kulturelle Belange durch gemeinschaftlichen Geschäftsbetrieb zu fördern (Genossenschaften), erwerben die Rechte einer „eingetragenen Genossenschaft" nach Maßgabe dieses Gesetzes."

§ 1 Abs. 1 GenG

Welche Merkmale weist ein Genossenschaftsanteil auf?

Eine Genossenschaft bietet vor allem die Möglichkeit, gemeinsame wirtschaftliche Ziele innerhalb der genossenschaftlichen Kooperation zu verfolgen. Dabei behält der Einzelne seine Selbstständigkeit. Der gemeinsame Marktauftritt erhöht bspw. die Absatzmöglichkeiten für die eigenen Produkte. Die Mitglieder werden über den Erwerb von Genossenschaftsanteilen zu Eigentümern der Genossenschaft. Bei den Genossenschaftsbanken, Wohnungsbaugenossenschaften und Konsumgenossenschaften sind sie auch Kunden bzw. Mieter. Bei den gewerblichen Genossenschaften sind die Mitglieder gleichzeitig auch die Unternehmer (Einzelhändler, Landwirte, Handwerker) der Genossenschaft. Im Vordergrund steht der genossenschaftliche Förderzweck (wirtschaftliche Förderung der Mitglieder) und nicht die Zahlung einer fest vereinbarten Rendite.

	Genossenschaftsanteile
Ausge-staltungs-merkmale	Mitgliedschaft als Miteigentümer an einer Genossenschaft, Gewinnbeteiligung, keine feste Laufzeit, Recht auf Kündigung (unter Beachtung einer Kündigungsfrist) und Übertragung, kein Börsenhandel
Chancen	Gewinnzuschreibung, Mitspracherecht (Generalversammlung), genossenschaftliche Förderrechte (abhängig von der Art der Genossenschaft, z. B. Anspruch auf vergünstigten Wohnraum)
Risiken	Geringe Rendite (Genossenschaft ist auf Förderung der Mitglieder und nicht auf Gewinnstreben ausgerichtet), Verlustrisiko, Bonitätsrisiko, Nachschusspflicht im Insolvenzfall, fehlende Anlegerschutzbestimmungen (Genossenschaften sind von den diesbezüglichen Regelungen des Vermögensanlagengesetzes ausgenommen)
Kapitalart	Eigenkapital
Anleger-kreis	Abhängig von der Art der Genossenschaft. Als Unternehmensbeteiligung mit Gewinn- und Verlustbeteiligung sollte sich der Anleger der mit dieser Anlage verbundenen Risiken bewusst sein und diese tragen können
Verkaufs-unterlagen	Beitrittserklärung und Satzung. Während der Mitgliedschaft: Jahresabschluss und Lagebericht

Abb. 246: Merkmale von Genossenschaftsanteilen

Die Genossenschaft

Bei einer Genossenschaft handelt es sich um eine in ein Genossenschaftsregister (bei dem Gericht, in dessen Bezirk die Genossenschaft ihren Sitz hat) eingetragene Gesellschaft in der Rechtsform einer „eingetragenen Genossenschaft" (eG). Die Genossenschaft muss aus mindestens 3 Mitgliedern bestehen. Für Verbindlichkeiten haftet den Gläubigern nur das Vermögen der Genossenschaft.

Die Satzung der Genossenschaft muss Bestimmungen darüber enthalten, ob die Mitglieder für den Fall, dass die Gläubiger im Insolvenzverfahren über das Vermögen der Genossenschaft nicht befriedigt werden, Nachschüsse zur Insolvenzmasse unbeschränkt oder beschränkt auf eine bestimmte Summe (Haftsumme) oder überhaupt nicht zu leisten haben (§ 1 GenG, § 2–5 GenG).

Genossenschaftsregister

Die Satzung sowie die Mitglieder des Vorstands sind in das Genossenschaftsregister einzutragen. Dieses Register wird bei dem Gericht geführt, in dessen Bezirk die Genossenschaft ihren Sitz hat (§ 10 GenG).

Die wichtigsten Arten von Genossenschaften

- **Genossenschaftsbanken**: Genossenschaftliche FinanzGruppe, Volksbanken Raiffeisenbanken.

- **Wohnungsgenossenschaften**: Diese bieten ihren Mitgliedern bezahlbares und sicheres Wohnen. Der Anteil der Genossenschaftswohnungen am Mietwohnungsbestand in Deutschland beträgt ca. 10 %.

- **Raiffeisen-Genossenschaften**: Genossenschaften in der Landwirtschaft, so genannte landwirtschaftliche Waren- und Dienstleistungsgenossenschaften, die die meisten Landwirte, Gärtner und Winzer als Mitglieder umfassen.

- **gewerbliche Genossenschaften**: Waren- und Dienstleistungsgenossenschaften für den Mittelstand.

- **Konsumgenossenschaften**: Genossenschaften nach dem Motto: „von Bürgern für Bürger" zum gemeinschaftlichen Einkauf von Lebenshaltungs- oder Wirtschaftsbedürfnissen, wobei die eigene Produktion Teil dieses Konzeptes ist.

Mitgliedschaft

Zunächst muss die Satzung zum Genossenschaftsregister angemeldet werden. Danach können Mitgliedschaften

- durch eine schriftliche unbedingte Beitrittserklärung und

- die Zulassung des Beitritts durch die Genossenschaft

erworben werden (§ 10 GenG, §§ 15 und 16 GenG).

Dem Antragsteller ist vor Abgabe seiner Beitrittserklärung eine Abschrift der Satzung in der jeweils geltenden Fassung zur Verfügung zu stellen.

Darüber hinaus ist das Mitglied unverzüglich vom Vorstand in die Mitgliederliste einzutragen und hierüber unverzüglich zu benachrichtigen.

Lehnt die Genossenschaft die Zulassung als Mitglied ab, so hat sie dies dem Antragsteller unverzüglich unter Rückgabe seiner Beitrittserklärung mitzuteilen.

Die Beitrittserklärung muss vor allem eine ausdrückliche Verpflichtung enthalten, die auf die nach Gesetz bzw. Satzung geschuldeten Einzahlungen auf den Geschäftsanteil zu leisten und – sofern dies in der Satzung bestimmt ist – die zur Befriedigung der Gläubiger erforderlichen Nachschüsse unbeschränkt oder bis zu der in der Satzung bestimmten Haftsumme zu zahlen.

> Ein Verkaufsbericht oder ein Vermögensinformationsblatt ist für Genossenschaftsanteile nicht gesetzlich vorgeschrieben. Hier greift die Ausnahmeregelung des Vermögensanlagengesetzes, wonach u. a. für Genossenschaftsanteile im Sinne des § 1 Genossenschaftsgesetzes die Pflicht zur Veröffentlichung eines Verkaufsprospektes, eines Vermögensinformationsblattes und eines Jahresberichtes sowie die hierauf bezogene Pflicht zur Anlegerinformation nicht besteht (§ 2 VermAnlG).

Die Mitgliedschaft endet durch

- Kündigung der Mitgliedschaft (§ 65 GenG)

- Tod des Mitglieds (Ausnahme: die Satzung sieht eine Fortsetzung der Mitgliedschaft durch den Erben vor) (§ 77 GenG)

- Übertragung des Geschäftsguthabens ganz oder teilweise auf ein anderes Mitglied oder einen Erwerber, der anstelle des Mitglieds der Genossenschaft neu beitritt (§ 76 GenG)

- Aufgabe des Wohnsitzes (§ 67 GenG)

(sofern die Satzung die Mitgliedschaft an den Wohnsitz innerhalb eines bestimmten Bezirks knüpft. Die Kündigung erfolgt zum Geschäftsjahresende, ohne dass eine Kündigungsfrist berücksichtigt werden muss.)

Rechte und Pflichten der Mitglieder

Der Anleger wird Mitglied und Miteigentümer der Genossenschaft und erwirbt Rechte und Pflichten.

Zu den Rechten gehören:

- Inanspruchnahme der Förderleistungen der Genossenschaft

- Stimmrecht in der Generalversammlung (Jedes Mitglied hat unabhängig von der Zahl der erworbenen Geschäftsanteile eine Stimme. Die Satzung kann eine hiervon abweichende Regelung vorsehen.)

- Wahlrecht des Aufsichtsrates und des Vorstandes (aktives Wahlrecht)

- Recht auf Berufung zum Aufsichtsrat oder Vorstand (passives Wahlrecht, gilt nur für natürliche Personen)
- Gewinnausschüttung

Zu den Pflichten gehören:

- Einzahlung auf den Geschäftsanteil entsprechend der in der Satzung festgelegten Mindesthöhe
- Einhaltung der sich aus der Satzung oder den Beschlüssen der Generalversammlung ergebenden Pflichten
- Haftung für die Verbindlichkeiten der Genossenschaft
- Nachschusspflicht im Insolvenzfall im Innenverhältnis der Genossenschaft (nicht direkt gegenüber den Gläubigern, diesen haftet nur das Vermögen der Genossenschaft)

Prüfungsverband

Dieser überprüft mindestens alle 2 Jahre bei einer Bilanzsumme bis 2 Mio. € den Jahresabschluss und die Ordnungsmäßigkeit der Geschäftsführung. Bei einer Bilanzsumme, die 2 Mio. € übersteigt, muss die Prüfung in jedem Geschäftsjahr stattfinden (§ 53 GenG).

Da der Prüfungsverband nichts anderes als ein Genossenschaftsverband mit Prüfungsrechten ist, betreut er darüber hinaus seine Mitglieder in allen betriebswirtschaftlichen, rechtlichen und steuerlichen Fragen. Jede Genossenschaft muss Mitglied eines Verbandes sein, dem das Prüfungsrecht verliehen ist (§ 54 GenG).

Vorstand

Dieser muss aus mindestens 2 natürlichen Personen bestehen (Ausnahme: Bei Genossenschaften mit weniger als 20 Mitgliedern kann die Satzung auch nur 1 Vorstandsmitglied vorsehen), die von der Generalversammlung gewählt werden. Er ist für die laufende Geschäftsführung verantwortlich und vertritt die Genossenschaft nach außen gerichtlich und außergerichtlich. Mitglieder des Vorstandes müssen Mitglieder der Genossenschaft und natürliche Personen sein (§ 9 und 24 GenG).

Mitgliederliste

Der Vorstand hat die Pflicht, eine Mitgliederliste zu führen, in die jedes Mitglied der Gesellschaft mit folgenden Angaben einzutragen ist (§ 30 GenG):

- Familienname, Vorname
- Anschrift
- Zahl der übernommenen Geschäftsanteile
- Ausscheiden aus der Gesellschaft

Aufsichtsrat

Dieser muss aus mindestens 3 natürlichen Personen bestehen (sofern die Satzung keine höhere Anzahl vorsieht) und wird ebenfalls von der Generalversammlung gewählt. Ein Aufsichtsrat kann nicht gleichzeitig auch Vorstand sein. Er ist das interne Kontrollorgan der Genossenschaft, überwacht den Vorstand und nimmt bestimmte Zustimmungsrechte wahr. Auf diese Weise unterstützt er den Vorstand bei der Geschäftsführung. Auch die Aufsichtsratsmitglieder müssen Mitglieder der Genossenschaft und natürliche Personen sein.

Bei weniger als 20 Mitgliedern in der Genossenschaft kann die Satzung den Verzicht auf einen Aufsichtsrat bestimmen. Dessen Aufgaben werden dann von der Generalversammlung wahrgenommen (§§ 9 und 36 GenG).

Generalversammlung

Diese setzt sich aus allen Mitgliedern zusammen.

Vertreterversammlung

Verfügt die Genossenschaft über mehr als 1.500 Mitglieder, können diese eine aus ihrem Kreise zusammengesetzte Vertreterversammlung wählen, die aus mindestens 50 Mitgliedern bestehen muss. Dies muss die Satzung vorsehen.

Aufbau und Aufgabenverteilung einer Genossenschaft

Nachfolgend sehen Sie den grundsätzlichen Aufbau und die Aufgabenverteilung bei einer Genossenschaft.

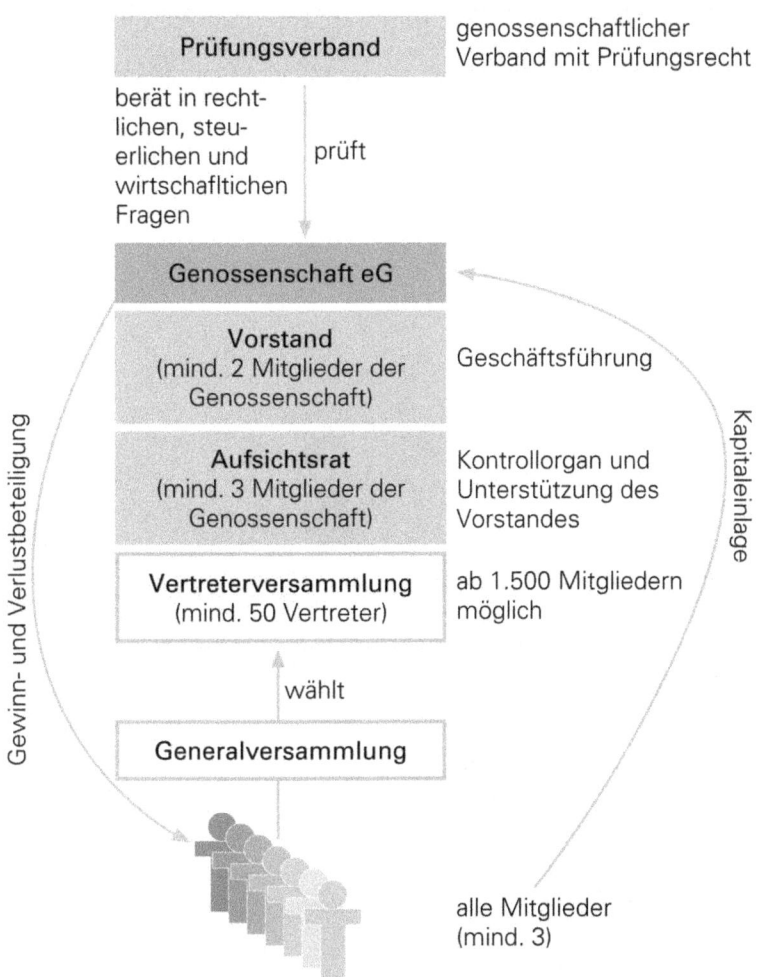

Abb. 247: Aufbau und Aufgabenverteilung einer Genossenschaft

Die Gewinn- und Verlustverteilung

Der Gewinn oder Verlust, der mit dem Geschäftsjahresabschluss festgestellt wird, ist auf die Mitglieder zu verteilen. Die Verteilung geschieht für das erste Geschäftsjahr nach dem Verhältnis ihrer auf den Geschäftsanteil geleisteten Einzahlungen, in den Folgejahren nach dem Verhältnis ihrer durch die Zuschreibung von Gewinn oder die Abschreibung von Verlust zum Schluss des vorhergegangenen Geschäftsjahres ermittelten Geschäftsguthaben. Die Zuschreibung des Gewinns erfolgt so lange der Geschäftsanteil nicht erreicht ist.

Die Satzung kann einen anderen Maßstab für die Verteilung von Gewinn und Verlust aufstellen und bestimmen, inwieweit der Gewinn vor Erreichung des Geschäftsanteils an die Mitglieder auszuzahlen ist. Bis zur Wiederergänzung eines durch Verlust verminderten Guthabens findet eine Auszahlung des Gewinns nicht statt (§ 19 Abs. 2 GenG).

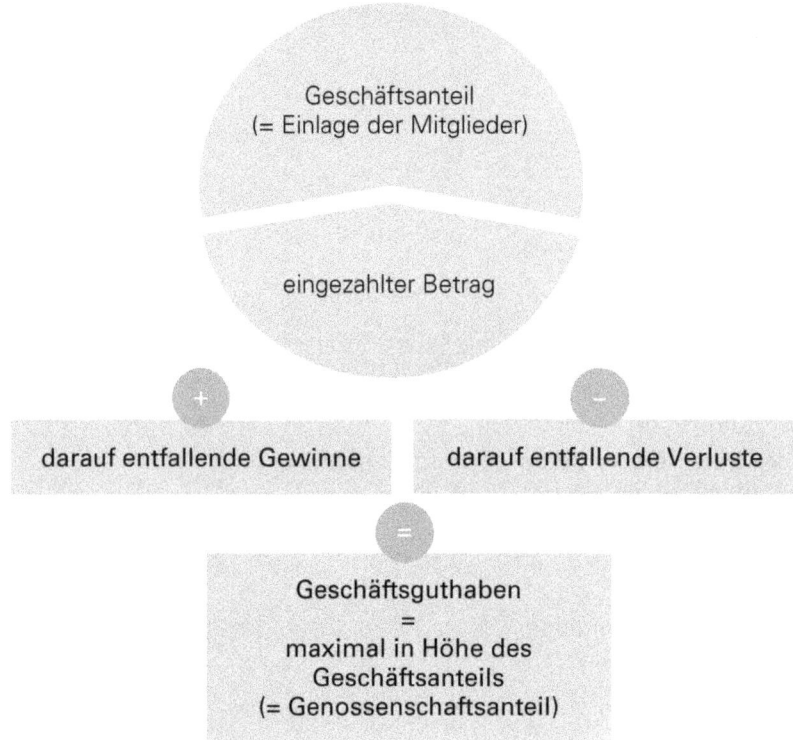

Abb. 248: Ermittlung des Geschäftsguthabens

Jahresabschluss und Lagebericht

Der Vorstand ist für die Berichterstattung verantwortlich. Jahresabschlussbericht und Lagebericht sind unverzüglich nach ihrer Aufstellung dem Aufsichtsrat und der Generalversammlung vorzulegen (§ 33 GenG).

Welche Chancen bieten Genossenschaftsanteile?

Gewinnzuschreibung

Die Genossenschaft ist verpflichtet, ihre Mitglieder am Gewinn zu beteiligen und einen erzielten Gewinn auf seine Mitglieder zu verteilen. Die Gewinnzuschreibung erfolgt solange, bis die Höhe des Geschäftsanteils (= Genossenschaftsanteil) erreicht ist.

Verzinsung des Geschäftsguthabens

Das Genossenschaftsgesetz sieht grundsätzlich keine Zinsvergütung in bestimmter Höhe für das Geschäftsguthaben vor.

Nur per Satzung kann die Genossenschaft bestimmen, dass die Geschäftsguthaben verzinst werden. Bestimmt die Satzung keinen festen Zinssatz, muss sie einen Mindestzinssatz festsetzen. Die Zinsen berechnen sich nach dem Stand der Geschäftsguthaben am Schluss des vorhergegangenen Geschäftsjahres. Sie sind spätestens sechs Monate nach Schluss des Geschäftsjahres auszuzahlen. Ist in der Bilanz der Genossenschaft für ein Geschäftsjahr ein Jahresfehlbetrag oder ein Verlustvortrag ausgewiesen, der ganz oder teilweise durch die Ergebnisrücklagen, einen Jahresüberschuss und einen Gewinnvortrag nicht gedeckt ist, so dürfen in Höhe des nicht gedeckten Betrags Zinsen für dieses Geschäftsjahr nicht gezahlt werden (§ 21 und 21a GenG).

Genossenschaftliche Förderung

Der eigentliche Vorteil von Genossenschaftsanteilen liegt in den weiteren Rechten, die vom Geschäftsbetrieb der Genossenschaft abhängen. Häufig sind dies Wohnungsgenossenschaften, die ihren Mitgliedern den Vorzug bei der Anmietung von Wohnungen, die der Genossenschaft gehören, einräumen.

Rückgabe von Anteilen

Eine Rückgabe der Anteile durch Kündigung der Mitgliedschaft zum Geschäftsjahresende ist möglich. Die Rückerstattung der Einlage erfolgt zum Ende des Geschäftsjahres der Genossenschaft. Die Kündigungsfrist muss mindestens 3 Monate betragen und kann durch die Satzung auf bis zu 5 Jahre erhöht werden (§ 65 GenG).

Tod des Mitglieds

Die Mitgliedschaft geht auf den Erben über und endet mit dem Schluss des Geschäftsjahres, in dem der Erbfall eingetreten ist. Die Satzung kann davon abweichend die Fortsetzung der Mitgliedschaft durch den Erben bestimmen (§ 77 GenG).

Welche Risiken weisen Genossenschaftsanteile auf?

Geringe Rendite

Bei einer Genossenschaft steht der Fördergedanke und nicht ein Gewinnstreben im Vordergrund. Die Mitglieder werden zwar am Gewinn beteiligt, die Gewinnausschüttung kann aber auch unterbleiben, um Investitionen zur Sicherung des Geschäftsbetriebes zu finanzieren oder um Rücklagen zu bilden.

Verlustrisiko

Bei einer Mitgliedschaft in einer Genossenschaft handelt es sich um eine unternehmerische Beteiligung, d. h. die Mitglieder sind einerseits am Gewinn beteiligt, haften andererseits aber auch für die Verbindlichkeiten der Genossenschaft. Im Insolvenzfall kann es zum Totalverlust der bereits geleisteten Einzahlung auf den Geschäftsanteil und zu einer darüber hinausgehenden Nachschusspflicht kommen.

- Bei gewerblichen Genossenschaften besteht das größte wirtschaftliche Risiko; hier ist das Risiko eines Totalverlustes des Anlagebetrages am höchsten.

- Weniger riskant ist die Beteiligung an einer Bau- oder Wohnungsgenossenschaft. Die regelmäßige Nachfrage nach Wohnraum bietet hier einen gewissen Schutz.

- Anteile von Genossenschaftsbanken bieten eine gute Sicherheit durch die bankseitige Absicherung.

Haftung

Für die Verbindlichkeiten der Genossenschaft haftet den Gläubigern nur das Vermögen der Genossenschaft. Im Innenverhältnis der Genossenschaft kann die Satzung eine Haftung der Mitglieder auch über ihren Geschäftsanteil hinaus vorsehen. Mindestens haften die Mitglieder auf jeden Fall in Höhe ihres Geschäftsanteils. Die Haftung für Verbindlichkeiten der Mitglieder gilt auch für Verbindlichkeiten, die vor Beitritt von der Genossenschaft eingegangen wurden.

In der Regel müssen die Mitglieder nicht sofort den vollen Betrag eines Geschäftsanteils (Genossenschaftsanteil) einzahlen. Der Differenzbetrag wird in Folge durch Zurechnung von Gewinnanteilen aufgefüllt. Im Falle der Insolvenz gilt jedoch mindestens die Höhe des gesamten Geschäftsanteils als Haftsumme (Geldbetrag, bis zu dessen Höhe die Genossenschaftsmitglieder im Innenverhältnis im Insolvenzfall maximal haften), d. h. der Anleger hat eine Nachschusspflicht. Die Satzung kann auch eine über den Geschäftsanteil hinausgehende Haftsumme festlegen.

Die durch die Satzung festgelegte Haftsumme darf nicht niedriger als die Höhe des Geschäftsanteils sein (§ 23 und § 119 GenG).

Nachschusspflicht im Insolvenzfall

Das Genossenschaftsgesetz sieht eine Nachschusspflicht im Insolvenzfall vor. Dies ist insbesondere zu beachten, wenn beim Kauf nur ein Teil der Beteiligung auch tatsächlich einbezahlt werden musste (§ 105 GenG).

Soweit die Ansprüche der Massegläubiger oder die bei der Schlussverteilung nach § 196 der Insolvenzordnung berücksichtigten Forderungen der Insolvenzgläubiger aus dem vorhandenen Vermögen der Genossenschaft nicht berichtigt werden, sind die Mitglieder verpflichtet, Nachschüsse zur Insolvenzmasse zu leisten, es sei denn, dass die Nachschusspflicht durch die Satzung ausgeschlossen ist. Im Falle eines rechtskräftig bestätigten Insolvenzplans besteht die Nachschusspflicht insoweit, als sie im gestaltenden Teil des Plans vorgesehen ist. Die Nachschüsse sind von den Mitgliedern nach Köpfen zu leisten, es sei denn, dass die Satzung ein anderes Beitragsverhältnis bestimmt. Beiträge, zu deren Leistungen einzelne Mitglieder nicht in der Lage sind, werden auf die übrigen Mitglieder verteilt.

Nachschusspflicht ausgeschiedener Mitglieder

§ 115b GenG

„Wird die Genossenschaft binnen sechs Monaten nach Beendigung der Mitgliedschaft eines Mitglieds aufgelöst, gilt die Beendigung der Mitgliedschaft als nicht erfolgt. Wird die Fortsetzung der Genossenschaft beschlossen, gilt die Beendigung der Mitgliedschaft als zum Schluss des Geschäftsjahres erfolgt, in dem der Beschluss über die Fortsetzung der Genossenschaft in das Genossenschaftsregister eingetragen ist (§ 75 GenG).

Sobald mit Sicherheit anzunehmen ist, dass die Insolvenzgläubiger auch nicht durch Einzie-
hung der Nachschüsse von den Mitgliedern Befriedigung oder Sicherstellung erlangen, sind die
hierzu erforderlichen Beiträge von den innerhalb der letzten 18 Monate vor dem Antrag auf Er-
öffnung des Insolvenzverfahrens oder nach diesem Antrag ausgeschiedenen Mitgliedern nach
Maßgabe des § 105 zur Insolvenzmasse zu leisten."

Eingeschränkte Anlegerschutzbestimmungen

Genossenschaftsanteile fallen unter die Ausnahmeregelungen des VermAnlG, d.h.
ein Verkaufsprospekt oder VIB muss nicht erstellt werden. Gemäß FinVermV muss
aber dennoch eine Geeignetheitsprüfung vorgenommen und ein Beratungsprotokoll
erstellt werden.

Bei Genossenschaftsbanken muss mit der Kontoeröffnung auch ein Genossenschaftsanteil erworben werden.

5.1.5 Geschlossene Unternehmensbeteiligungen nach VermAnlG

Geschlossene Unternehmensbeteiligungen, die nach den Regelungen des Vermögensanlagengesetzes (VermAnlG) aufgelegt wurden, unterscheiden sich von geschlossenen Investmentvermögen nach den Regelungen des Kapitalanlagegesetzbuches (KAGB) und sind wie folgt voneinander abzugrenzen:

Geschlossene Investment-vermögen nach KAGB	Geschlossene Unternehmens-beteiligungen nach VermAnlG
Zulässige Rechtsformen: ▪ Investment-AG mit fixem Kapital ▪ geschlossene Investment-KG ▪ Spezial-AIF	Zulässige Rechtsformen: ▪ Kommanditgesellschaft (KG) ▪ Andere Rechtsformen: ▪ GbR ▪ OHG ▪ Limited (Ltd.)
▪ unabhängige Verwahrstelle ▪ Aufsicht des Anbieters durch BaFin ▪ gesetzliche Produktregeln (z. B. Fremdkapitalquote)	▪ keine Verwahrstelle ▪ keine Aufsicht des Anbieters durch BaFin ▪ keine Produktregeln

Abb. 249: Abgrenzung geschlossene Investmentvermögen nach KAGB von geschlossenen
Unternehmensbeteiligungen nach VermAnlG

Für den Anleger ist diese Abgrenzung im Detail nicht unbedingt klar erkennbar. Der
Verkaufsprospekt enthält eindeutige Angaben, unter welche gesetzlichen Regelungen

das angebotene Produkt fällt. Durch die umfassenderen Regelungen bieten geschlossene Investmentvermögen nach KAGB für den Anleger grundsätzlich den größeren Schutz.

Anlagemärkte

Die Anlagemärkte und Anlageobjekte der geschlossenen Unternehmensbeteiligungen decken sich grundsätzlich mit den zulässigen Vermögensgegenständen der geschlossenen Investmentvermögen gemäß KAGB. Eine gesetzliche Regelung hierzu gibt es nicht.

Das Anlagespektrum umfasst in der Regel Sachwertanlagen, wie bspw. Immobilien, Schiffe, Flugzeuge, Container, Wald, Investitionen in Infrastruktur oder Private Equity (Unternehmensbeteiligungen).

Beteiligungsstruktur

Der Produktanbieter (Initiator/Emissionshaus) gründet eine Gesellschaft in der Rechtsform einer Personengesellschaft. Diese investiert das Geld der Anleger in ein oder mehrere Investitionsobjekte und bewirtschaftet dieses über eine – je nach Anlageobjekt – Laufzeit von durchschnittlich ca. 15 Jahren. Danach wird das Objekt verkauft und ein möglicher Veräußerungsgewinn anteilig an die Anleger ausbezahlt. Während der Fondslaufzeit erhalten die Anleger je nach Einnahmen-/Ausgabensituation regelmäßige Ausschüttungen. Diese sind jedoch nicht garantiert und können in der Höhe schwanken oder ganz ausgesetzt werden.

Aus Sicht des Anlegers handelt es sich um eine unternehmerische Beteiligung an der Gesellschaft. Das heißt, er ist am wirtschaftlichen Erfolg, aber auch am Verlustrisiko der Gesellschaft beteiligt. Im schlimmsten Fall kann der Anleger sein gesamtes eingesetztes Kapital verlieren.

Arten von Geschlossenen Unternehmensbeteiligungen

Geschlossene Unternehmensbeteiligungen im Sinne des Vermögensanlagengesetzes (VermAnlG) können als nachfolgende Rechtsform aufgelegt werden:

- Kommanditgesellschaft (KG)
- Gesellschaft des bürgerlichen Rechts (GbR)
- Offene Handelsgesellschaft (oHG)
- Limited

Geschlossene Unternehmensbeteiligungen in der Rechtsform einer GmbH & Co. KG oder KG

Die GmbH & Co. KG

Bei einer GmbH & Co. KG handelt es sich um eine KG, deren Komplementär eine GmbH ist. Die GmbH & Co. KG ist also eine Mischgesellschaft und verfügt selbst über keine eigenen gesetzlichen Regelungen:

- GmbH ist eine Kapitalgesellschaft gemäß GmbH-Gesetz

- KG ist eine Personenhandelsgesellschaft gemäß HGB

Zunächst muss die GmbH gegründet werden, die dann Gesellschafterin einer bestehenden oder ebenfalls zu gründenden KG wird.

Die GmbH als Komplementär ist vollhaftender Gesellschafter. Die Haftung ist allerdings auf das Gesellschaftsvermögen begrenzt (§§ 161 ff. HGB).

Die GmbH & Co. KG wird gerichtlich und außergerichtlich durch einen Geschäftsführer (Recht des Komplementärs) vertreten.

Der Anleger beteiligt sich als Kommanditist und haftet grundsätzlich nur in Höhe seiner Kapitaleinlage (sofern es sich nicht um eine geschlossene Investment-KG nach dem KAGB handelt, ist eine eventuelle Nachschusspflicht im Insolvenzfall der Gesellschaft möglich).

Die Gesellschaft mit beschränkter Haftung (GmbH)

Gesetzliche Regelung für die Gesellschaft mit beschränkter Haftung (GmbH) ist das GmbH-Gesetz.

Die wesentlichen Regelungen für eine GmbH sind:

- Stammkapital, festgelegt durch einen Gesellschaftsvertrag, von mindestens 25.000 €

- Eintragung ins Handelsregister macht die GmbH zu einer eigenen Rechtspersönlichkeit (juristische Person)

- Die Haftung gegenüber Gläubigern ist auf das Stammkapital begrenzt

- Vorgeschriebene Organe:

  - Geschäftsführung (wird von der Gesellschafterversammlung bestellt bzw. abberufen)

  - Gesellschafterversammlung (Beschlüsse sind Mehrheitsbeschlüsse und für alle Gesellschafter verbindlich)

  - Bei Gesellschaften mit mehr als 500 Mitarbeitern: Gründung eines mitbestimmenden Aufsichtsrates erforderlich

Die Kommanditgesellschaft (KG)

Die HGB-Anforderungen (§§ 161 ff. HGB) an eine KG sind grundsätzlich:

- Vertragliche Vereinigung von mindestens zwei oder mehr Personen (auch juristische Personen sind möglich) zum Betrieb eines Handelsgewerbes unter gemeinschaftlicher Firma (Name der Firma), wobei den Gläubigern gegenüber mindestens ein Gesellschafter (Komplementär) unbeschränkt (bei Privatpersonen auch mit dem Privatvermögen, bei Kapitalgesellschaften haftet das volle Gesellschaftskapital) und mindestens ein Gesellschafter (Kommanditist) beschränkt (begrenzt auf die Kapitaleinlage) haftet.

- Haftet keine natürliche Person, muss dies aus der Firmenbezeichnung heraus klar erkennbar sein (bspw. GmbH & Co. KG).

- Durch die Eintragung der KG ins Handelsregister wird sie rechtsfähig als juristische Person (§§ 161 ff. HGB).

- Eintragung aller Kommanditisten (Ausnahme: nur mittelbar über einen Treuhandkommanditisten Beteiligte) ins Handelsregister mit der Höhe ihrer jeweiligen Kapitaleinlage (Transparenz gegenüber Gläubigern hinsichtlich des haftenden Kapitals).

- Einlagen der Kommanditisten sind Eigenkapital.

- Eine Mindesteinlage ist gesetzlich nicht vorgeschrieben.

Im internationalen Recht entspricht die L. P. (Limited Partnership) der deutschen KG. Der General Partner ist hier vollhaftender Komplementär und der Limited Partner ist der nur auf seine Kapitaleinlage beschränkt haftende Kommanditist.

Geschlossene Unternehmensbeteiligungen in der Rechtsform einer GbR

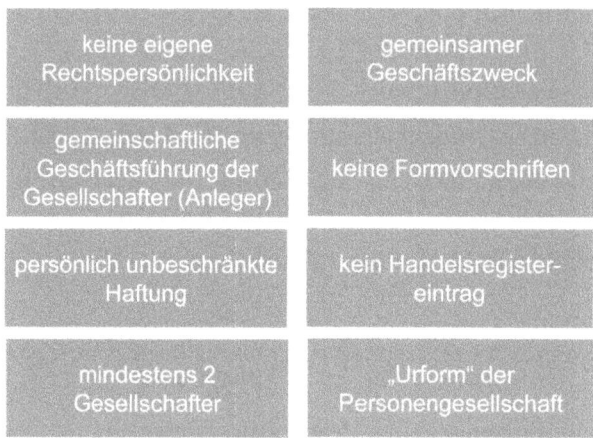

Abb. 250: Merkmale geschlossener Unternehmensbeteiligungen in der Rechtsform einer GbR

Die Gesellschaft des bürgerlichen Rechts (GbR) – auch BGB-Gesellschaft genannt – ist die „Urform" der Gesellschaftsformen und im Bürgerlichen Gesetzbuch (BGB) geregelt. Sie kann sich aus natürlichen und juristischen Personen als Gesellschafter zusammensetzen. Die Gesellschafter schließen einen Gesellschaftsvertrag mit der Verpflichtung, einen gemeinsamen Zweck in der vertraglich geregelten Art und Weise zu fördern und zu erreichen. Insbesondere gehört dazu die Leistung, d. h. Einzahlung der vereinbarten Beiträge / Kapitaleinlagen.

Der Hauptunterschied dieser Gesellschaftsform im Vergleich zu anderen Personengesellschaften, wie insbesondere der Kommanditgesellschaft, ist der Haftungsumfang. Die GbR hat keine eigene Rechtspersönlichkeit, sondern wird nach außen durch alle Gesellschafter / Anleger vertreten, die sowohl mit ihrer Kapitaleinlage als auch mit ihrem gesamten Privatvermögen haften. Kann die geschlossene Unternehmensbeteiligung in der Rechtsform einer GbR ihre wirtschaftlichen Ziele nicht erreichen, kann es zu einer entsprechend umfangreichen Nachschusspflicht über die bereits geleistete Kapitaleinlage hinaus kommen. Dazu kommt das Risiko, dass der Anleger das bereits einbezahlte Kapital nicht zurück erhält. Aus diesem Grund ist die GbR eine sehr seltene Rechtsform bei geschlossenen Unternehmensbeteiligungen, vor allem wenn die Anlegerzielgruppe Privatanleger sind.

Geschlossene Unternehmensbeteiligungen in der Rechtsform einer oHG

Die Rahmenbedingungen entsprechen denen der GbR. Gesellschafter der offenen Handelsgesellschaft (oHG) sind allerdings ausschließlich Kaufleute.

> Geschlossene Unternehmensbeteiligungen in der Rechtsform einer GbR oder oHG, die eine Nachschusspflicht vorsehen, sind zum öffentlichen Vertrieb in Deutschland nicht zugelassen (§ 5b VermAnlG).

Geschlossene Unternehmensbeteiligungen in der Rechtsform einer Limited (Ltd.)

Die Bezeichnung „Limited" (genauer: Private Limited Company by shares) ist in England die beliebteste Rechtsform. Demgegenüber steht die „Public Limited Company (PLC)". Die Limited entspricht am ehesten der deutschen Aktiengesellschaft und ihre Anteile (Aktien) sind öffentlich erhältlich.

Die anerkannte Rechtsprechung des Europäischen Gerichtshofes (EuGH) besagt, dass in Europa die Niederlassungsfreiheit eines englischen Unternehmens garantiert sein muss. Eine Zweigstelle einer englischen „Limited" ist somit auch in Deutschland möglich.

Die englische „Limited" hat sich durch ihre Vorteile zur Konkurrenz der deutschen GmbH entwickelt.

Der Doppelsitz des Unternehmens in England und in Deutschland zieht Pflichten nach sich. So können sich Erleichterungen ggf. in Nachteile verwandeln. Beispielsweise durch das Eintragungsprozedere ins deutsche Handelsregister und die Auswirkungen des deutschen Steuerrechts.

Deshalb muss ein Investment in eine „Limited" genauso kritisch wie in andere deutsche Rechtsformen geprüft werden.

Seit 1. 11. 2008 gibt es in Deutschland eine weitere Rechtsform: die deutsche haftungsbeschränkte Unternehmergesellschaft (UG) – umgangssprachlich „Mini-GmbH". Das hat dazu geführt, dass die Neugründung von „Limited" stark zurückgegangen ist.

Was sind die Vorteile einer Limited?

Die Vorteile sind:

- Schnelle und unbürokratische Gründung
- Keine notarielle Beurkundung der Gründungsdokumente oder späteren Übertragungen von Gesellschaftsanteilen, d. h. geringe Gründungskosten
- Haftung beschränkt auf das Gesellschaftskapital

- Kein gesetzlich vorgegebenes Mindeststammkapital (Mindeststammkapital 1 englisches Pfund)

Was sind die Nachteile einer Limited?

- Für die Gründung sind i. d. R Kenntnisse des englischen Gesellschaftsrechts sowie ggf. Spezialkenntnisse zum englischen Registerrecht, zur Verwaltung der englischen Unternehmensform und zum englischen Steuerrecht (ist die Limited ausschließlich in Deutschland tätig, so unterliegt sie dem deutschen Steuerrecht) erforderlich.

- Laufende Kosten, z. B. für den zwingend vorgesehenen „Secretary" der Limited oder das „Registered Office".

- Die deutsche Zweigniederlassung der Limited ist in das deutsche Handelsregister einzutragen.

- Hoher Verwaltungsaufwand, da die Buchführung nach deutschen und englischen Maßstäben erfolgen muss, auch wenn die Limited ausschließlich in Deutschland tätig ist.

- Zusatzkosten für Rechtsberatung aufgrund der Beachtung von deutschen und englischen Regelungen des Gesellschaftsrechts.

Limited-Partnership	Limited-Liability-Company
vergleichbar mit der Kommanditgesellschaft (KG)	Kombination von Haftungsbegrenzung der Gesellschafter mit der Wahlmöglichkeit einer Behandlung als Personengesellschaft.
Abkürzung als LP oder L.P.	
mind. 2 Gesellschafter	
Komplementär = General Partner	Vergleichbar mit einer GmbH
Kommanditist = Limited Partner	Abkürzung als LLC

Abb. 251: *Limited-Partnership und Limited-Liability-Company*

5.1.6 Treuhandvermögen

Zu den Vermögensanlagen im Sinne des § 1 Abs. 2 des Vermögensanlagengesetzes gehören u. a.:

„Anteile an einem Vermögen, das der Emittent oder ein Dritter in eigenem Namen für fremde Rechnung hält oder verwaltet (Treuhandvermögen)".

Bei den Anteilen handelt es sich um Beteiligungen an geschlossenen Unternehmens-beteiligungen in der Rechtsform einer GmbH & Co. KG oder KG, die nicht den Re-gelungen des KAGB unterliegen, sondern denen des Vermögensanlagengesetzes. Der Anleger kann sich entweder als Direktkommanditist beteiligen, wird dann entspre-chend selbst ins Handelsregister eingetragen und nimmt selbst an den Gesellschafter-versammlungen teil.

Die zweite Möglichkeit, sich zu beteiligen, ist der Weg über einen Treuhänder, den Treuhandkommanditisten. Der Treuhandkommanditist wird vom Anleger beauf-tragt, auf seinen Namen, aber auf Rechnung und Verantwortung des Anlegers die Kapitaleinlage in den geschlossenen Fonds zu leisten. Darüber hinaus vertritt er die Interessen dieser Anleger in der Gesellschafterversammlung und der Treuhandkom-manditist wird anstelle des Anlegers ins Handelsregister eingetragen.

Der Produktanbieter entscheidet, ob er eine Beteiligung über einen Treuhänder an-bieten möchte, wählt diesen aus und schließt einen entsprechenden Vertrag, der auch eine einmalige Anfangsvergütung (siehe Investitionsplan) und laufende Vergütung (siehe Prognoserechnung) für die Leistung des Treuhänders beinhaltet. Als Treu-handkommanditist kommen bspw. Steuerberater in Frage.

Die Einbindung eines Treuhänders ist vor allem dann von Vorteil, wenn es sich um eine Vielzahl von Anlegern handelt, die sich bspw. aus niedrigen Mindestzeichnungs-summen ergeben. Der Verwaltungsaufwand entsteht aus Namens- und Adressände-rungen, Anteilsübertragungen usw., sowie Kontoverbindungen für die Zahlung der Ausschüttungen, die ansonsten von der Fondsgesellschaft selbst erfasst werden müss-ten. Dieser Verwaltungsaufwand wird auf den Treuhänder verlagert.

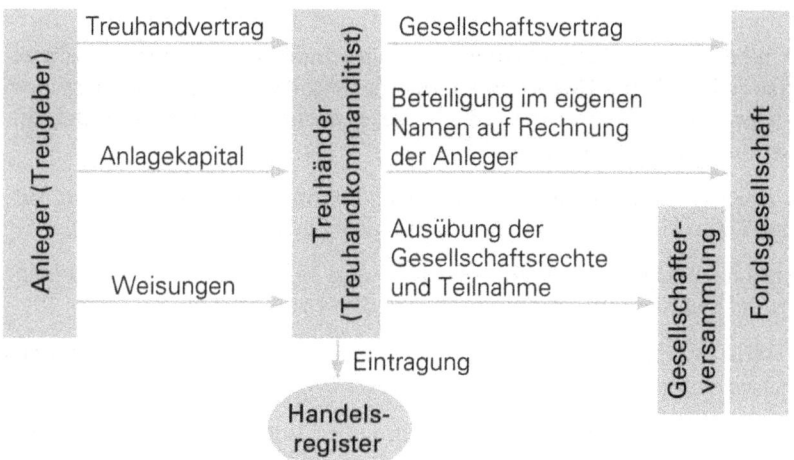

Abb. 252: Beteiligungsstruktur bei Treuhandvermögen

5.1.7 Partiarische Darlehen

Das partiarische Darlehen ist eine Sonderform des Darlehens.

Was sind die Merkmale des partiarischen Darlehens?

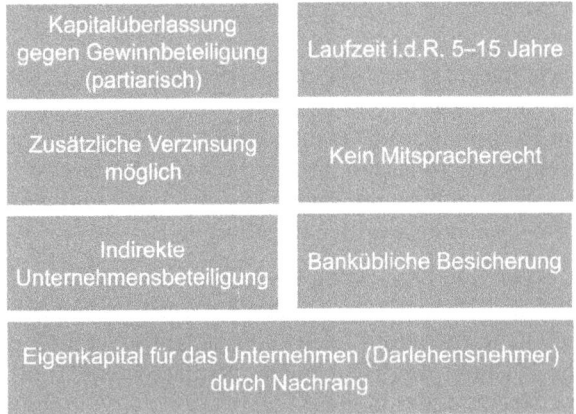

Abb. 253: Merkmale partiarischer Darlehen

Das partiarische Darlehen heißt so, weil anstelle einer Kapitalüberlassung gegen laufende Zinszahlung und Tilgung eine Kapitalüberlassung gegen Beteiligung am Unternehmensgewinn tritt. Es wird deshalb auch als Beteiligungsdarlehen bezeichnet.

Neben dieser partiarischen (gewinnabhängigen) Komponente ist eine darüber hinausgehende, vertraglich vereinbarte Verzinsung zulässig und kommt durchaus häufig vor.

Es handelt sich beim partiarischen Darlehen um eine indirekte Unternehmensbeteiligung, weil tatsächlich keine Unternehmensanteile erworben werden, sondern dem Unternehmen ein Darlehen gewährt wird. Da dieses nachrangig ist, wird es dem Eigenkapital des Unternehmens zugeordnet.

Der Anleger erwirbt keinerlei Mitbestimmungsrechte und wird auch nicht an Verlusten beteiligt. Dafür sind diese Darlehen banküblich besichert.

Die Darlehenslaufzeit liegt in der Regel zwischen 5 und 15 Jahren und es erfolgt keine laufende Tilgung. Die Kapitalrückzahlung erfolgt zum Laufzeitende.

Partiarische Darlehen, die als Vermögensanlage öffentlich vertrieben werden, müssen folgende Voraussetzungen erfüllen:

- Erstellung eines Verkaufsprospektes (Ausnahme nur unter den gesetzlich festgelegten Voraussetzungen)

- Der Vertrieb benötigt eine Erlaubnis nach § 34f GewO

- Qualifizierter Nachrang oder bankübliche Besicherung

Was ist der Unterschied zwischen einem partiarischen Darlehen und einer stillen Beteiligung?

Der Unterschied liegt in den oben beschriebenen Merkmalen des partiarischen Darlehens. Es wird ein Darlehensvertrag und kein Gesellschaftsvertrag, wie bei der stillen Beteiligung, abgeschlossen. Bei einem partiarischen Darlehen ist von einer reinen Gewinnbeteiligung ggf. unter Vereinbarung einer festen Verzinsung und somit einer rein wirtschaftlich getriebenen Kapitalanlage auszugehen.

Bei der stillen Beteiligung bezweckt der Gesellschafter durch die Einlage den gemeinsamen Betrieb eines Handelsgewerbes. Er verpflichtet sich, den Unternehmensgegenstand des Geschäftsinhabers zu fördern.

Partiarische Darlehen sind von der Prospektpflicht des Vermögensanlagengesetzes nur dann ausgenommen, wenn sie im Rahmen einer Schwarmfinanzierung angeboten werden und wenn der Verkaufspreis sämtlicher im Zeitraum von 12 Monaten angebotenen Vermögensanlagen desselben Emittenten 6 Mio. € nicht übersteigt; nicht verkaufte oder vollständig getilgte Vermögensanlagen werden nicht angerechnet (§ 2a Abs. 1 VermAnlG). Darüber hinaus gilt diese Befreiung von der Prospektpflicht nur, wenn die Vermögensanlagen ausschließlich im Wege einer Anlageberatung oder -vermittlung über eine Internet-Dienstleistungsplattform vermittelt werden, die gesetzlich verpflichtet ist, die in § 2a Abs. 3 VermAnlG genannten Anlagebeträge zu beachten.

5.1.8 Nachrangdarlehen

Was sind die Merkmale eines Nachrangdarlehens?

Bei dieser Form des Darlehens ist die Nachrangabrede – wird auch als Rangrücktritt bezeichnet – fester Vertragsbestandteil. Im Insolvenzfall des Darlehensnehmers wird der Anleger aus seiner Forderung erst bedient, wenn alle anderen Gläubiger aus der Insolvenzmasse bedient wurden.

Welche Chance bietet ein Nachrangdarlehen?

Aufgrund des erhöhten Risikos im Insolvenzfall erhält der Anleger (Darlehensgeber) eine gegenüber dem Marktzinsniveau erhöhte Verzinsung seines Darlehensbetrages.

Welche besonderen Risiken bergen Nachrangdarlehen?

Es besteht ein **Transparenzrisiko**, da der Anleger keine Informations- oder Kontrollrechte hat.

In der Regel wird die Nachrangabrede als **qualifizierter Nachrang** vereinbart, d. h. dass der Anleger auch dann keine Kapitalrückzahlung erhält, wenn die Tilgung seines Darlehens zu einer Insolvenz des Unternehmens führen würde.

Es besteht ein **Liquiditätsrisiko** durch in der Regel sehr lange Kündigungsfristen.

5.1.9 Schwarmfinanzierungen (Crowdinvesting / Crowdfunding)

Eine Schwarmfinanzierung ist eine Form der Kapitalbeschaffung insbesondere für Start-ups und junge Wachstumsunternehmen. Die Geschäftsideen hinter diesen jungen Unternehmen sind meist sehr innovativ und die Erfolgsaussichten zum Teil noch sehr offen.

Die Kapitalgeber werden in der Regel über eine Internetplattform vermittelt. Da die Beteiligungssummen meist sehr gering sind ergibt sich eine hohe Anzahl an Kapitalgebern, die deshalb als „Crowd" (engl. für Menge) bezeichnet werden.

Was sind die Merkmale von Schwarmfinanzierungen?

Nachfolgende Merkmale sind typisch für Schwarmfinanzierungen:

- Investitionen bereits ab kleinen Summen von ca. 250 €

- Vielzahl von Anlegern

- Digitale Abwicklung der Beteiligung über Internet-Plattform

- Laufzeiten i. d. R. 2–10 Jahre

- Gewinnbeteiligung

- Kapitalrückzahlung zum Laufzeitende

- Freie Wahl der Finanzierungform, häufig sind partiarische Darlehen, Nachrangdarlehen oder Genussrechte

Crowdinvesting
Als Gegenleistung für seine Investition erhält der Anleger eine Beteiligung am Unternehmensgewinn und ggf. Anteile am Unternehmen.

Crowdfunding
Als Gegenleistung für seine Investition erhält der Anleger eine nicht-monetäre Gegenleistung, d. h. keine Gewinnbeteiligung, sondern bspw. einen Einkaufsgutschein für Produkte des Unternehmens.

Welche Chancen bieten Schwarmfinanzierungen?

Nachfolgende besondere Chancen sind möglich:

- Überdurchschnittliche Renditen

- Beteiligung am Gewinn und ggf. Wertsteigerung des Unternehmens

Welche besonderen Risiken bergen Schwarmfinanzierungen?

Nachfolgende besondere Risiken sind möglich:

- **Liquiditätsrisiko** durch die gesetzliche Mindestlaufzeit von 24 Monaten, die produktbezogene Mindestlaufzeit von i. d. R. 5 Jahren und den fehlenden Handelsmarkt für diese Art der Unternehmensbeteiligung.

- **Verwässerungsrisiko:** Das Unternehmen kann weitere Gelder aufnehmen. Dann sinkt die Beteiligungsquote am Unternehmen auch für die bereits investierten Kapitalgeber.

- **Totalverlustrisiko:** Im Insolvenzfall des Unternehmens kann ein teilweiser oder kompletter Kapitalverlust drohen.

Wann greift die Ausnahme von der Prospektpflicht bei Schwarmfinanzierungen?

Das Vermögensanlagengesetz sieht u. a. für Schwarmfinanzierungen eine Ausnahme von der Prospektpflicht vor. Dazu müssen nachfolgende Voraussetzungen erfüllt sein:

- Gesamt-Emissionsvolumen max. 2,5 Mio. €

- Maximale Anlagesumme für Einzelanleger: 1.000 € bis max. 10.000 € in Abhängigkeit von dessen Einkommens- und Vermögensverhältnissen (bei Investments über 1.000 € muss der Anleger deshalb dem Anbieter i. d. R. eine Selbstauskunft vorlegen)

- Ausschließliche Vermittlung über eine Internet-Plattform

5.1.10 Sonstige Anlagen (Direktinvestments)

Was sind die Merkmale von Direktinvestments?

Der Anleger erwirbt direkt das Eigentum an einem bestimmten Sachwert. Diese Sachwerte können u. a. sein:

- Container

- Gold oder Diamanten

- Windräder

Der erworbene Sachwert wird mit dem Erwerb an den Vertragspartner zu den vertraglich vereinbarten Raten vermietet. Darüber hinaus verpflichtet sich der Vertragspartner zum Rückkauf am Laufzeitende zu einem festgelegten Preis.

Was sind die Chancen und Risiken von Direktinvestments?

Ein Vorteil sind die vergleichsweise kurzen Laufzeiten von 2 (Mindestlaufzeit für Vermögensanlagen) bis zu ca. 6 Jahren.

Eine Fremdkapitalquote ist ausgeschlossen, da es sich um eine reine Eigenkapitalbeschaffung bzw. -investition handelt.

Die feste und kontinuierliche Mietzahlung bzw. der feste Rückzahlungspreis stellen ebenfalls einen Vorteil für den Anleger gegenüber den anderen Vermögensanlagen dar. Allerdings nur so lange der Vertragspartner diesen Verpflichtungen nachkommen kann.

Im Falle einer Zahlungsunfähigkeit des Vertragspartners besitzt der Anleger immer noch das Eigentum an den Sachwerten.

Wie bei jedem Direktinvestment sollte auch hier der Anleger über Erfahrungen und Kenntnisse zum Marktumfeld der Investitionsobjekte verfügen. Nur so wird er die Qualität der Mietvereinbarung, des Rückzahlungspreises und seines Eigentums richtig einschätzen können.

Zu den Risiken zählt das Totalverlustrisiko bei einer Insolvenz des Vertragspartners und einem totalen Wertverlust des Sachwertes.

Weitere Risiken können sich abhängig vom jeweiligen Sachwert ergeben und müssen im Verkaufsprospekt beschrieben werden.

Das Wichtigste zusammengefasst:

Vermögensanlagen im Sinne des Vermögensanlagengesetzes zählen zu den am wenigsten regulierten Finanzanlagen. Als unternehmerische Beteiligungen sind sie nur für risikobereite und erfahrene Anleger geeignet.

Sie kennen nun:

- Merkmale, Chancen und Risiken von Vermögensanlagen und können diese insbesondere von geschlossenen Investmentvermögen nach dem Kapitalanlagegesetzbuch abgrenzen.

- Verschiedene Rechtsformen für Vermögensanlagen und können diese voneinander abgrenzen.

Sie verstehen Ihr Wissen zu den verschiedenen Arten von Vermögensanlagen als notwendige Grundlage, um Ihre Kunden zu diesen Finanzanlagen sachkundig beraten zu können.

Sie nutzen Ihr Wissen, um aus dem Gesamtproduktangebot, die für Ihre Kunden geeigneten Vermögensanlagen herausfiltern zu können.

Nachdem Sie nun die Arten von Vermögensanlagen und deren spezielle Chancen und Risiken kennen gelernt haben, geht es im nächsten Kapitel um die allgemeinen Chancen, Risiken und Haftungsfragen bei diesen Finanzanlagen.

▶ Aufgaben zum Kapitel 5.1 Anlageformen

Ihr Wissen auf dem Prüfstand:

1. Welche Rechte erwirbt der Anleger mit dem Erwerb von Genussrechten? (MC)
   a) Vermögensrechte
   b) Mitbestimmungsrechte
   c) Verwaltungsrechte
   d) Mitwirkungsrechte
   e) Gewinnabhängige Verzinsung

2. Welche Risiken bestehen bei Namensschuldverschreibungen? (MC)
   a) Optionsrisiko
   b) Liquiditätsrisiko
   c) Bonitätsrisiko
   d) Ausschüttungsrisiko
   e) Kostenrisiko

3. Als welche Art von Kapital werden Namensschuldverschreibungen bilanziert? (SC)
   a) Sondervermögen
   b) Eigenkapital
   c) Investmentvermögen
   d) Anlagekapital
   e) Fremdkapital

4. Welche Merkmale treffen auf die typisch stille Beteiligung zu? (MC)
   a) keine Offenlegung im Handelsregister
   b) Gewinnbeteiligung
   c) Mitwirkung an der Geschäftsführung
   d) Vorrangige Bedienung im Insolvenzfall
   e) garantierte Ausschüttung

5. Welches Merkmal trifft auf eine atypisch stille Beteiligung zu? (SC)
   a) Mitbestimmungs- und Kontrollrechte
   b) Partiarische Beteiligung am Geschäftsbetrieb
   c) Vorrangige Bedienung im Insolvenzverfahren
   d) Ausschluss der Verlustbeteiligung am Unternehmen

6. Welche gesetzlichen Regelungen gelten für Genossenschaftsanteile? (MC)
   a) Eine Genossenschaft verfügt über einen Vorstand, einen Aufsichtsrat und eine Hauptversammlung.
   b) Eine Genossenschaft verfügt über einen Vorstand, einen Aufsichtsrat und eine Generalversammlung.
   c) Der Prüfungsverband kontrolliert die Zuverlässigkeit der Mitglieder.
   d) Der Vorstand vertritt die Genossenschaft gerichtlich und außergerichtlich.
   e) Der Aufsichtsrat ist ein internes Kontrollorgan.
   f) Die Generalversammlung setzt sich aus dem Vorstand, dem Aufsichtsrat und dem Prüfungsverband zusammen.

7. In welchen Fällen kann die Mitgliedschaft an einer Genossenschaft enden? (MC)
   a) Arbeitsplatzwechsel
   b) Beitritt in eine weitere Genossenschaft
   c) Wegfall der Verbrauchereigenschaft
   d) Kündigung der Mitgliedschaft
   e) Tod des Mitglieds
   f) Aufgabe des Wohnsitzes

8. Welche Anlageform gehört zu den Vermögensanlagen im Sinne des Vermögensanlagengesetzes? (SC)
   a) Parteiische Darlehen
   b) Partiarische Darlehen
   c) Partielle Darlehen
   d) Partizipielle Darlehen
   e) Parzielle Darlehen

9. Welche Rechtsform ist für geschlossene Unternehmensbeteiligungen nach dem Vermögensanlagengesetz zulässig? (MC)
   a) Kommanditgesellschaft
   b) Investment-KG mit fixem Kapital
   c) Aktiengesellschaft
   d) Limited
   e) Einzelunternehmung

10. Welche Merkmale treffen auf das partiarische Darlehen zu? (MC)

    a) Mitspracherecht

    b) Eigenkapital für den Darlehensnehmer

    c) Nachrang

    d) Kapitalüberlassung gegen Gewinnbeteiligung

    e) Darlehensgewährung mit laufender Verzinsung

    f) Fremdkapital

11. Welches Merkmal trifft auf das Nachrangdarlehen zu? (SC)

    a) Nachrangige Gewinnbeteiligung

    b) Nachrangige Verlustbeteiligung

    c) Nachrangige Bedienung im Insolvenzfall

    d) Nachrangige Ausschüttung

12. Was sind häufige Formen eines Crowdinvesting (Schwarmfinanzierung)? (MC)

    a) Genossenschaftsanteil

    b) Genussrecht

    c) Stille Beteiligung

    d) Geschlossenes Investmentvermögen

    e) Partiarisches Darlehen

5.2 Chancen, Risiken und Haftung

Die einzelnen Arten von Vermögensanlagen unterscheiden sich zum Teil erheblich. Einige Chancen und Risiken gelten für alle Vermögensanlagen, wenn auch mit unterschiedlicher Ausprägung.

Chancen

Renditechancen

Mit einer Vermögensanlage geht der Anleger erhöhte Risiken bis hin zum Totalverlust seiner Kapitaleinlage ein. Zum Ausgleich hat er die Chance auf erhöhte Renditechancen. Denn bei Vermögensanlagen setzt sich die Rendite nicht nur aus einem vereinbarten Zinssatz oder aus Kurssteigerungen zusammen, sondern der Anleger wird mehr oder weniger direkt am Unternehmensgewinn beteiligt. Wie hoch dieser ausfallen kann, hängt von der Art des Unternehmens zusammen. Hierüber geben Verkaufsprospekt und das VIB Auskunft.

Geringe Korrelation mit anderen Finanzanlagen

Wo gibt es die besten Zinsen? Welche Anlage hat die besten Kursaussichten? Diese Fragen und die Entwicklungen am Geld- und Kapitalmarkt spielen bei Vermögensanlagen nur eine untergeordnete Rolle. Hier geht es darum, wie sich der Markt, die Branche und das Unternehmen selbst, an dem sich der Anleger beteiligen will, entwickeln werden. Erfahrene und risikobereite Anleger haben aus diesem Grund mit Vermögensanlagen eine Alternative zu Aktien oder Anleihen, da die Entwicklung dieser Marktsegmente in der Regel nicht gleichlaufend ist. In diesem Fall kann eine Vermögensanlage zur Risikostreuung eines bisher bspw. eher aktienlastigen Vermögens genutzt werden.

> **Korrelation**
> *Der Begriff Korrelation bedeutet Wechselbeziehung. Wie hängen die Entwicklungen verschiedener Märkte oder einzelner Wertpapiere voneinander oder von ihrem jeweiligen Marktsegment ab? Die Kennzahl Korrelation bewegt sich im Bereich minus 1 bis plus 1. Beträgt die Korrelation plus 1, so bewegt sich die Anlageform ziemlich exakt mit der Entwicklung des Vergleichsmarkts. Eine Korrelation von minus 1 besagt, dass sich diese Anlage eher gegenläufig zum Gesamtmarkt bewegt. Eine Korrelation von 0 steht für die Unabhängigkeit vom Marktverlauf. Praktische Bedeutung erlangt die Korrelation, wenn das Risiko eines Gesamtportfolios gesenkt werden soll.*
> *Da sich z. B. Immobilien i. d. R. unabhängig von den Entwicklungen am Aktienmarkt entwickeln, kann das Risiko eines aktienlastigen Depots durch ein Immobilieninvestment gesenkt werden.*

Risiken

Liquiditätsrisiko

Die Anlage in Vermögensanlagen ist mit einer festen Laufzeit verbunden. Jede Vermögensanlage muss eine Mindestlaufzeit von 24 Monaten ab Zeichnung durch den

Anleger haben. Eine Börse oder ein Zweitmarkt besteht für diese Art der Unternehmensbeteiligungen nicht. Der Anleger lässt sich auf eine langfristige Kapitalanlage ein und trägt das entsprechende Liquiditätsrisiko, wenn er unvorhergesehen kurzfristig sein Geld benötigen würde.

Rückzahlungsrisiko

Der Emittent der Vermögensanlage unterliegt im Rahmen seiner Geschäftstätigkeit laufenden Zahlungsverpflichtungen. Kann er diesen nicht mehr nachkommen, kann es zur Insolvenz kommen. Dies hätte für den Anleger den Teil- oder Totalverlust seiner Kapitaleinlage zur Folge.

Kündigungsrisiko

Werden Kündigungsfristen für den Anleger oder Emittenten eingeräumt, muss die Kündigungsfrist mindestens 6 Monate betragen. Eine Kündigung ist frühestens zum Ende der Mindestlaufzeit der Vermögensanlage möglich.

Kündigt der Emittent die Beteiligung, trägt der Anleger das Risiko, ob er eine vergleichbare neue Anlage finden kann.

Bonitätsrisiko des Emittenten

Die Bonität des Emittenten ist von entscheidender Bedeutung für den Erfolg der Beteiligung. Kann er seinen laufenden Zahlungsverpflichtungen und seinen Rückzahlungsverpflichtungen nachkommen? Wenn nicht, droht dem Anleger der Teil- oder Totalverlust seiner Kapitaleinlage.

Haftung

Für öffentlich vertriebene Vermögensanlagen gilt das Verbot der Nachschusspflicht. Die Haftung des Privatanlegers muss auf die Höhe seiner Kapitalanlage begrenzt sein. Der Anleger ist seinerseits verpflichtet, sein Kapital komplett einzuzahlen. Die Haftung kann wieder aufleben, wenn Ausschüttungen aus der Substanz und nicht aus einem erzielten Gewinn vorgenommen werden. Aus diesem Grund müssen die Anleger in einem solchen Fall ihre Zustimmung zu einer solchen Ausschüttung geben.

Das Wichtigste zusammengefasst:

Ähnlich den Basisrisiken der Wertpapieranlage weisen auch Vermögensanlagen im Sinne des Vermögensanlagengesetzes grundlegende Risiken und damit verbundene Chancen auf.

Sie kennen nun:

- Chancen und Risiken bei Vermögensanlagen

- Auswirkungen der (im Vergleich zu geschlossenen Investmentvermögen) eingeschränkten gesetzlichen Anlegerschutzbestimmungen bei Vermögensanlagen.

Sie verstehen Ihre Kenntnisse als ersten Schritt, um die Geeignetheit von Vermögensanlagen für Ihre Kunden einschätzen zu können.

Sie nutzen Ihr Wissen, um Ihre Kunden über diese Produktgrundlagen ausreichend informieren zu können.

In den ersten beiden Kapiteln zu Vermögensanlagen sind Ihnen bestimmt schon einige der zu dieser Anlageform gehörenden Fachbegriffe aufgefallen. Teilweise habe ich Sie Ihnen bereits an den Stellen kurz erläutert, an denen sie zum ersten Mal von mir verwendet wurden. Im nachfolgenden Kapitel finden Sie zu den wichtigsten und prüfungsrelevanten Fachbegriffen die ausführlichen Erläuterungen.

▶ **Aufgaben zum Kapitel 5.2 Chancen, Risiken und Haftung**

Ihr Wissen auf dem Prüfstand:

1. Wodurch ergibt sich die erhöhte Renditechance bei Vermögensanlagen? (SC)
   a) garantierte Kursgewinne
   b) Emittentenbonität
   c) Beteiligung am Unternehmensgewinn
   d) Fehlende Verlustbeteiligung

2. Was bezeichnet man als Korrelation? (SC)
   a) Wechselseitige Beziehung zwischen zwei Anlageformen
   b) Kursschwankungen innerhalb eines bestimmten Betrachtungszeitraums
   c) Durchschnittliche Anlagedauer einer Vermögensanlage
   d) Kennzahl für das Verlustrisiko einer unternehmerischen Beteiligung

3. Worin besteht das Rückzahlungsrisiko bei einer Vermögensanlage? (SC)
   a) Der Anleger wird zahlungsunfähig
   b) Insolvenz des Unternehmens
   c) Kein garantierter Unternehmensgewinn
   d) Unbefristete Laufzeit

4. Welche Mindestkündigungsfrist muss eine Vermögensanlage vorsehen? (SC)
   a) 1 Monat
   b) 2 Monate
   c) 3 Monate
   d) 6 Monate
   e) 12 Monate
   f) 24 Monate

5. Welche Mindestlaufzeit muss eine Vermögensanlage ab dem Zeitpunkt des erstmaligen Erwerbs vorsehen? (SC)
   a) 1 Monat
   b) 2 Monate
   c) 3 Monate
   d) 6 Monate
   e) 12 Monate
   f) 24 Monate

5.3 Fachbegriffe

Nachrangabrede

Die Nachrangabrede kommt im Insolvenzfall des Unternehmens, an dem sich der Anleger als Fremdkapitalgeber beteiligt hat, zum Tragen. Sie bedeutet, dass der Anleger erst nach allen anderen Gläubigern aus der Insolvenzmasse entschädigt wird. Die Nachrangabrede gilt gegenüber allen gegenwärtigen und zukünftigen Gläubigern.

Unternehmerische Beteiligungen mit einer Nachrangabrede weisen zum Ausgleich im Vergleich zu den Beteiligungen ohne Nachrangabrede in der Regel eine höhere Rendite aus.

Neben den Genussrechten gehört auch das Nachrangdarlehen zu den Vermögensanlagen mit Nachrangabrede.

Unterscheidung einfacher und qualifizierter Nachrang

Der einfache Nachrang ist eine reine Verteilungsregel im Insolvenzfall. Beim qualifizierten Nachrang wird darüber hinaus vereinbart, dass die Forderung auch dann nicht bedient wird, wenn die Rückzahlung einen Insolvenzgrund herbeiführen würde.

Der Anleger kann die genauen Bedingungen zu einer möglichen Nachrangabrede den Vertragsbedingungen entnehmen.

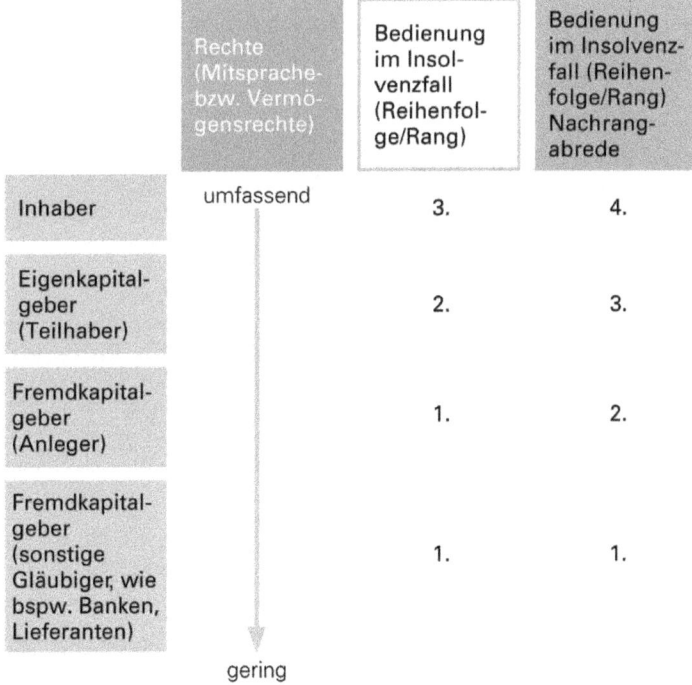

Abb. 254: Nachrangabrede (vereinfachte Darstellung)

Kohärenzprüfung

Bei der Kohärenzprüfung prüft die BaFin insbesondere, ob für das laufende und das folgende Geschäftsjahr die Vermögens-, Finanz- und Ertragslage des Emittenten, die Geschäftsaussichten sowie die Auswirkungen auf die Fähigkeit des Emittenten, seinen Verpflichtungen gegenüber den Anlegern nachzukommen, im Verkaufsprospekt widerspruchsfrei dargestellt sind (§ 8 Abs. 1 Satz 3 VermAnlG). Zu beachten ist, dass die BaFin nicht die Qualität der Angaben an sich prüft, sondern nur ob sich diese nicht widersprechen.

Insolvenzverfahren

Ein Insolvenzverfahren dient der gleichmäßigen Bedienung aller Insolvenzgläubiger. Dabei wird das gesamte Vermögen gesichert und verwertet und nach Abzug der Verfahrenskosten gleichmäßig an die Insolvenzgläubiger, die ihre Forderungen angemeldet haben, verteilt. Soweit ein Gläubiger ein Insolvenzverfahren in Gang setzt, gelten die Auswirkungen des Insolvenzverfahrens für alle Gläubiger. Der Insolvenzverwalter übernimmt als „Herr des Verfahrens" alle notwendigen Aufgaben.

Gesamtschuldnerische Haftung

Bei der gesamtschuldnerischen Haftung haften mehrere Schuldner gemeinschaftlich gegenüber einem Gläubiger. Der Gläubiger darf von jedem Gesamtschuldner die volle Leistung fordern. Aber er darf insgesamt die Leistung nur einmal fordern (§ 420 BGB).

Das Wichtigste zusammengefasst:

Sie kennen nun die nachfolgenden Fachbegriffe im Detail:

- Nachrangabrede

- Kohärenzprüfung

- Insolvenzverfahren

- Gesamtschuldnerische Haftung

Sie verstehen Ihre Kenntnisse als Hintergrundwissen, um auf Rückfragen Ihrer Kunden kompetent antworten zu können.

Sie nutzen Ihr Wissen, um in Ihren Beratungsgesprächen zu Vermögensanlagen Fachbegriffe kundenorientiert zu erläutern.

Auch wenn Ihnen der eine oder andere Fachbegriff noch etwas sperrig erscheint, so haben Sie auch mit diesem Kapitel neben dem Nutzen für Ihre zukünftige Beratungspraxis wertvolle Punktebringer für Ihre Sachkundeprüfung erworben.

Im nächsten Kapitel geht es um die gesetzlichen Regelungen für Vermögensanlagen und die rechtlichen Grundlagen, die insbesondere im Rahmen des Anlegerschutzes zu beachten sind.

▶ **Aufgaben zum Kapitel 5.3 Fachbegriffe**

Ihr Wissen auf dem Prüfstand:

1. Was bedeutet eine Nachrangabrede? (SC)
   a) Nachrangige Haftung eines Schuldners gegenüber einem Gläubiger
   b) Nachrangige Gewinnbeteiligung
   c) Gesamtschuldnerische Haftung
   d) Entschädigung im Insolvenzfall nach allen anderen Gläubigern

2. Wie nennt man die reine Verteilungsregelung im Insolvenzfall? (SC)
   a) einfacher Nachrang
   b) qualifizierter Nachrang
   c) verschobener Nachrang
   d) betraglicher Nachrang

3. Wer ist verantwortlich für die Kohärenzprüfung? (SC)
   a) Kapitalverwaltungsgesellschaft
   b) Vermittler
   c) BaFin
   d) Verwahrstelle
   e) Emittent
   f) Anleger

4. Welche Aussagen treffen auf das Insolvenzverfahren zu? (MC)
   a) Es dient der gleichmäßigen Haftung aller Schuldner
   b) Es dient der gleichmäßigen Bedienung aller Gläubiger
   c) Der Emittent sichert die Vermögensgegensstände
   d) Der Insolvenzverwalter verwertet das Vermögen
   e) Die BaFin übernimmt die Aufgaben eines Insolvenzverwalters
   f) Die Auswirkungen betreffen nur die insolventen Gläubiger

5. Was gilt im Falle einer gesamtschuldnerischen Haftung? (SC)
   a) Ein Schuldner haftet gegenüber allen Gläubigern
   b) Mehrere Schuldner haften gegenüber einem Gläubiger
   c) Der Gläubiger kann sich die geschuldete Summe mehrfach von den Schuldnern zurückzahlen lassen
   d) Der Emittent haftet gegenüber allen Anlegern

5.4 Rechtliche Grundlagen

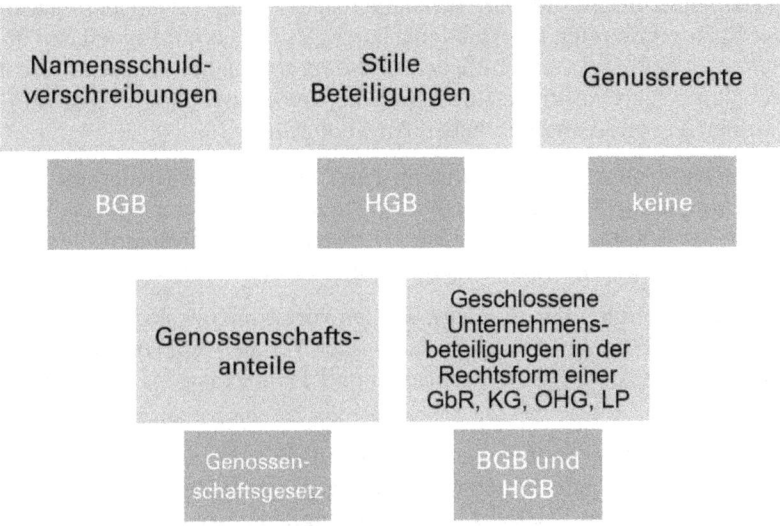

Abb. 255: Besondere Rechtsgrundlagen von Vermögensanlagen

5.4.1 Vermögensanlagengesetz (VermAnlG)

▶ Exkurs: Vermögensanlagengesetz (VermAnlG) (seit Juni 2012)

Mit dem Vermögensanlagengesetz wurde das Finanzanlagenvermittlungs- und Vermögensanlagerecht novelliert. Anbieter und Emittenten von Vermögensanlagen müssen zusätzliche Pflichten beachten. Dazu gehört die Pflicht zur Erstellung einer dreiseitigen Kurzinformation (Vermögensanlagen-Informationsblatt VIB) und die Erweiterung der Prospektprüfung durch die BaFin zu einer Schlüssigkeitsprüfung (Kohärenzprüfung).

Das Vermögensanlagengesetz gilt für alle Vermögensanlagen, die:

- im Inland öffentlich angeboten werden und
- nicht in Wertpapieren verbrieft sind und
- keine Investmentvermögen im Sinne des KAGB sind. ◀

▶ Exkurs: Geplantes Gesetz zur weiteren Stärkung des Anlegerschutzes

Derzeit durchläuft der Gesetzesentwurf noch das Gesetzgebungsverfahren und soll voraussichtlich Januar 2022 in Kraft treten.

Folgende Änderungen des Vermögensanlagengesetzes sind geplant:

- ▪ Verbot von Blind Pools.

- ▪ Neue Veröffentlichungspflichten: Verkaufsprospekte von Vermögensanlagen samt der dazu gehörenden Informationsblätter (VIB) sind künftig auf der Internetseite der BaFin zu veröffentlichen und dort zehn Jahre lang zum Abruf bereitzuhalten. Für Crowdinvestment soll die Veröffentlichungspflicht mindestens einen Tag vor dem öffentlichen Angebot gelten.

- ▪ Zusätzliche Kontrollinstanz: Einführung einer verbindlichen externen Mittelverwendungskontrolle (analog geschlossenen Investmentvermögen nach KAGB) mit der Pflicht, Berichte der Mittelverwendungskontrolleure alle sechs Monate im Bundesanzeiger zu veröffentlichen.

- ▪ Abschaffung des Emittenten-Privilegs, das den voraussetzungslosen Eigenvertrieb durch den Anbieter ermöglicht hatte. Der Vertrieb von Vermögensanlagen soll auf beaufsichtigte Anlageberater und Finanzanlagenvermittler beschränkt werden.

- ▪ Erweiterte Auskunftsrechte für die BaFin, damit diese bereits bei Verdachtsmomenten Auskünfte und Unterlagen verlangen kann, ohne dass konkrete Anhaltspunkte für einen Verstoß gegen Rechnungslegungsvorschriften vorliegen müssen. ◀

Prospektpflicht

Für Vermögensanlagen nach dem Vermögensanlagengesetz (VermAnlG) besteht eine Prospektpflicht auf Seiten des Anbieters. Der Verkaufsprospekt muss eine umfassende Darstellung der Vermögenslage und der Funktionsfähigkeit des Konzeptes über einen längeren Zeitraum enthalten. Eine Veröffentlichung des Verkaufsprospekts ist erst nach Billigung durch die BaFin zulässig. Billigungsfähig ist nur ein vollständiger, verständlicher und kohärenter Prospekt. Die BaFin ist verpflichtet im Rahmen der Verkaufsprospektprüfung die inhaltliche Kohärenz, d. h. Widerspruchsfreiheit zu prüfen.

Ausnahmen von der Pflicht zur Erstellung eines Verkaufsprospektes

Eine Vermögensanlage unterliegt **grundsätzlich** dann keiner Pflicht zur Erstellung eines Vermögensanlagen-Verkaufsprospektes:

- ▪ wenn sie höchstens aus 20 Anteilen besteht,

- ▪ innerhalb eines Jahres lediglich Anteile im Wert von nicht mehr als 100.000 € angeboten werden oder

- ▪ der Preis jedes angebotenen Anteils mindestens 200.000 € je Anleger beträgt (§ 2 Abs. 1 Nr. 3 VermAnlG).

Für **Genossenschaftsanteile** im Sinne des § 1 des Genossenschaftsgesetzes besteht keine Pflicht zur Erstellung eines Verkaufsprospektes, wenn für den Vertrieb der Anteile keine erfolgsabhängige Vergütung gezahlt wird (§ 2 Abs.1 Nr. 1 VermAnlG).

Die Ausnahme von der Pflicht zur Erstellung eines Vermögensanlagen-Verkaufsprospektes entbindet nicht von der Pflicht zur Erstellung eines Vermögensanlagen-Informationsblattes!

Auch **Schwarmfinanzierungen** können in den Genuss dieser Ausnahme kommen, wenn sie bestimmte Ausnahmen erfüllen (u. a. max. Ausgabevolumen von 2,5 Mio. €).

Vermögensanlagen, die der Finanzierung von **sozialen Projekten** dienen, sind ebenfalls unter bestimmten Voraussetzungen von der Prospektpflicht ausgenommen:

- max. Ausgabevolumen 2,5 Mio. €
- keine Provisionszahlung an den Vertrieb
- Zinssatz nicht über der marktüblichen Rendite von Hypothekenpfandbriefen mit gleicher Laufzeit wie die Vermögensanlage (zulässige Mindestverzinsung: 1,5 % p. a.)
- Festlegung der sozialen Zielsetzung in der Satzung
- Maximale Bilanzsumme von 10 Mio. € und nicht mehr als 10 Mio. € Umsatzerlöse in den 12 Monaten vor dem Abschlussstichtag

So soll sichergestellt sein, dass auch auf der Anlegerseite nicht alleine Renditeerwägungen, sondern vielmehr gemeinnützige Motive die Anlageentscheidung bestimmen.

Als **gemeinnützig anerkannte Körperschaften** im Sinne des § 52 Abs. 2 Satz 1 Abgabenordnung (AO) sowie **Religionsgemeinschaften** im Sinne des Grundgesetzes sind bei der Finanzierung ihrer Projekte in Form des partiarischen Darlehens oder des Nachrangdarlehens von der Prospektpflicht ausgenommen.

Voraussetzungen sind:

- max. Ausgabevolumen 2,5 Mio. €
- keine Provisionszahlung an den Vertrieb
- Zinssatz nicht über der marktüblichen Rendite von Hypothekenpfandbriefen mit gleicher Laufzeit wie die Vermögensanlage (zulässige Mindestverzinsung: 1,5 % p. a.)

Als Besonderheit kommt dazu, dass bei Erfüllung dieser Voraussetzungen auch kein Vermögensanlage-Informationsblatt zur Verfügung gestellt werden muss.

Aktualität der Verkaufsprospekte

Die Gültigkeit des Verkaufsprospektes wird bei öffentlichen Angeboten auf **12 Monate** beschränkt (§ 8a VermAnlG). Danach ist eine Aktualisierung durch Nachträge vorgeschrieben und auch nach Beendigung des öffentlichen Angebotes sind regelmäßig bestimmte Informationen zur Geschäftsentwicklung zu veröffentlichen.

Mindestlaufzeit und Kündigungsfrist von Vermögensanlagen

Es gilt eine Mindestlaufzeit von **24 Monaten** ab dem Zeitpunkt des erstmaligen Erwerbs und eine ordentliche Kündigungsfrist von mindestens **6 Monaten** (§ 5a VermAnlG). Für Vermögensanlagen nach § 1 Abs. 2 Nr. 1 und 2 VermAnlG (Anteile, die eine Beteiligung am Ergebnis eines Unternehmens gewähren und Treuhandvermögen) ist abweichend von dieser Regel eine Kündigung nur zum Schluss des Geschäftsjahres zulässig, sofern der Gesellschaftsvertrag oder die Anlagebedingungen nichts Abweichendes vorsehen.

Nicht zum öffentlichen Vertrieb zugelassene Vermögensanlagen

Vermögensanlagen, die eine Nachschusspflicht vorsehen, sind zum öffentlichen Angebot und Vertrieb im Inland nicht zugelassen (§ 5b VermAnlG).

Verbot der Nachschusspflicht

Dies gilt bei Vermögensanlagen, die zum öffentlichen Angebit und Vertrieb im Inland zugelassen wurden.

Werbung

Vermögensanlagen dürfen nur unter Beachtung der nachfolgenden gesetzlichen Anforderungen öffentlich beworben werden:

- Hinweis auf Verkaufsprospekt, sofern eine Prospektpflicht besteht
- Warnhinweis zum Totalverlustrisiko:

§ 13 Abs. 6 VermAnlG

„Der Erwerb dieser Vermögensanlage ist mit erheblichen Risiken verbunden und kann zum vollständigen Verlust des eingesetzten Vermögens führen".

- Warnhinweis bei variablen Renditen:

„Der in Aussicht gestellte Ertrag ist nicht gewährleistet und kann auch niedriger ausfallen."

- Kein Hinweis auf die Befugnisse – insbesondere Prüfung der Verkaufsprospekte – der BaFin
- Verbot der Werbung mit dem Begriff „Fonds"

Die BaFin kann die Werbung für eine Vermögensanlage untersagen.

Das Vermögensanlagen-Informationsblatt (VIB)

Das VIB muss ebenfalls einen Warnhinweis auf das Totalverlustrisiko enthalten.

Die Kenntnisnahme dieses Warnhinweises ist von jedem Anleger vor Vertragsabschluss unter Nennung von Ort und Datum durch seine Unterschrift mit Vor- und Familienname auf dem VIB zu bestätigen (§ 15 Abs. 3 VermAnlG).

Wird dem Anleger kein Vermögensanlagen-Informationsblatt ausgehändigt, fehlt der Warnhinweis auf das Totalverlustrisiko im VIB oder fehlt die Bestätigung der Kenntnisnahme des Anlegers, so hat der Anleger ein **Rückabwicklungsrecht**, da der Anbieter für die Aushändigung und Richtigkeit des VIB haftet (§ 22 VermAnlG).

Das VIB muss vor allem Angaben enthalten zu:

- Verschuldungsgrad (Verhältnis von Eigenkapital zu Fremdkapital) auf Basis des letzten aufgestellten Jahresberichtes

Das VIB muss das Datum der Erstellung enthalten, damit der Anleger die Aktualität des VIB nachvollziehen kann. Insbesondere wenn es sich um eine Vermögensanlage handelt, die von der Pflicht zur Erstellung eines Verkaufsprospektes befreit ist, kommt dem VIB eine besondere Bedeutung als Informationsquelle für den Anleger zu.

Widerrufsrecht

Derjenige Anleger, der Vermögensanlagen erwirbt, die nicht zur Erstellung eines Verkaufsprospektes verpflichtet sind, erhält ein Widerrufsrecht. Hintergrund sind die geringeren Informationen, die dem Anleger für seine Anlageentscheidung zur Verfügung stehen.

Dieses Widerrufsrecht besteht nur für die nachfolgenden Vermögensanlagen:

- Schwarmfinanzierungen
- Soziale Projekte
- Gemeinnützige Projekte und Religionsgemeinschaften.

Die **Widerrufsfrist** beträgt **14 Tage nach Vertragsabschluss**.

Auf das Widerrufsrecht kann nicht vertraglich verzichtet werden. Wird ein Widerruf ausgeübt, sind die gegenseitigen Leistungen zurückzugewähren, wobei für den Zeitraum zwischen der Auszahlung und der Rückzahlung des Anlagebetrages der Emittent die vereinbarte Gegenleistung gegenüber dem Anleger zu erbringen hat. Die Angabe einer Begründung ist nicht erforderlich. Das Widerrufsrecht kann **maximal für 12 Monate nach Vertragsabschluss** bestehen.

Selbstauskunft des Anlegers und Emittentengrenze für Vermögensanlagen desselben Emitttenten

Gemäß § 65 WpHG – neue Fassung ab 1.1.2018 – muss der Vermittler einer Vermögensanlage im Sinne § 2a des VermAnlG vom Kunden insoweit eine Selbstauskunft über dessen Vermögen oder dessen Einkommen einholen, um prüfen zu können, ob der Gesamtbetrag der Vermögensanlage desselben Emittenten, die vom Kunden erworben werden, folgende Beträge übersteigt:

1. 10.000 Euro, sofern der jeweilige Anleger nach seiner Selbstauskunft über ein frei verfügbares Vermögen in Form von Bankguthaben und Finanzinstrumenten von mindestens 100.000 Euro verfügt, oder

2. den zweifachen Betrag des durchschnittlichen monatlichen Nettoeinkommens des jeweiligen Anlegers, höchstens jedoch 10.000 Euro.

Auf diese Selbstauskunft kann verzichtet werden, wenn der Gesamtbetrag einer Vermögensanlage, den der Kunde bei einem Emittenten (der keine Kapitalgesellschaft ist) erworben hat, 1.000 € nicht überschreitet.

Die Vermittlung einer Vermögensanlage ist nur zulässig, wenn die o. g. Prüfung ergeben hat, dass der Gesamtbetrag einer Vermögensanlage des Anleger bei einem Emittenten, 1.000 € oder die o. g. Beträge nicht übersteigt.

Der Vermittler hat fehlerhafte oder unvollständige Angaben seines Kunden nicht zu vertreten, wenn ihm diese nicht bekannt sind (grobe Fahrlässigkeit vorausgesetzt).

5.4.2 Bürgerliches Gesetzbuch (BGB)

Das BGB ist die Grundlage des Gesellschaftsrechts und definiert eine Gesellschaft als private Personenvereinigung, deren Mitglieder sich rechtsgeschäftlich zusammengeschlossen haben, um einen bestimmten Zweck zu verfolgen.

Das BGB enthält Regelungen für Personengesellschaften:

- Gesellschaft bürgerlichen Rechts (GbR oder auch BGB-Gesellschaft genannt)
- Offene Handelsgesellschaft (OHG) als Zusammenschluss von Kaufleuten
- Kommanditgesellschaft (KG)
- Stille Gesellschaft (auch stille Beteiligung genannt)
- GmbH & Co. KG

Das BGB beinhaltet Grundsätze zum Gesellschaftsrecht:

- Grundsatz der freien Rechtsformauswahl
- Grundsatz der Vertragsfreiheit / Typenfreiheit
- Rechtsformzwang

Die Gesellschaft bürgerlichen Rechts (GbR)

Die GbR ist die Grundform der Personengesellschaften.

Das BGB regelt die Rahmenbedingungen für eine GbR:

- mindestens 2 Gesellschafter
- keine Eintragung ins Handelsregister
- keine eigene Rechtspersönlichkeit
- keine Formvorschriften
- gemeinschaftliche Geschäftsführung durch alle Gesellschafter

■ Vermögensgegenstände der Gesellschaft gehören allen Gesellschaftern und eine Verfügung hierüber ist nur gemeinschaftlich möglich.

■ Gegenüber den Gläubigern haften das Gesellschaftskapital und die Gesellschafter unbeschränkt mit ihrem Gesamtvermögen (inkl. Privatvermögen). Die Haftung besteht gesamtschuldnerisch.

■ Die Besteuerung erfolgt auf Gesellschafterebene.

Für Personengesellschaften gilt jedoch eine darüber hinausgehende, weitgehende Freiheit und Flexibilität in der Gestaltung des Gesellschaftsvertrages (§§ 705–740 BGB).

Regelungen zu Namensschuldverschreibungen

Namensschuldverschreibungen fallen unter den Sammelbegriff Schuldverschreibungen, die wiederum im Bürgerlichen Gesetzbuch (BGB) geregelt sind (§§ 793 ff. BGB).

Aufgrund der Besonderheit bei einer Namensschuldverschreibung, dass der Schuldner nur an den in der Urkunde benannten Gläubiger seine Leistungen erbringen darf, ist eine Übertragung der Rechte nur durch eine Abtretung möglich. Der bisherige Gläubiger (Zedent) tritt seine Rechte schriftlich an den neuen Gläubiger (Zessionar) ab (§ 952 Abs. 2 BGB und § 985 Abs. 1 BGB).

Weitere rechtliche Grundlagen für geschlossene Unternehmensbeteiligungen in der Rechtsform einer GbR, OHG oder KG

Bei den geschlossenen Unternehmensbeteiligungen im Sinne des Vermögensanlagengesetzes muss sich der Anleger neben den bereits beschriebenen Besonderheiten der einzelnen Rechtsformen vor allem der für diese geschlossenen Unternehmensbeteiligungen eingeschränkten Regulierung (z. B. fehlende Aufsicht durch die BaFin) bewusst sein.

Die besonderen rechtlichen Grundlagen für geschlossene Unternehmensbeteiligungen in der Rechtsform einer Gesellschaft bürgerlichen Rechts (GbR) finden sich im Bürgerlichen Gesetzbuch (BGB). Denn bei der GbR handelt es sich um keine Handelsgesellschaft, sondern vielmehr um eine Vereinigung natürlicher und juristischer Personen, die für einen gewerblichen oder nicht gewerblichen Zweck gegründet werden kann (§§ 705 ff. BGB).

Eine unbegrenzte Anzahl von Gesellschaftern finanziert durch ihre Beiträge die Gesellschaft. Grundsätzlich ist jeder Gesellschafter zur Geschäftsführung und Vertretung gegenüber Dritten gemeinschaftlich berechtigt, die Geschäftsführung kann aber auch einzelnen Gesellschaftern mittels eines Gesellschaftsvertrages übertragen werden (geschäftsführende Gesellschafter).

Die Beiträge der Gesellschafter und die durch die Geschäftsführung für die Gesellschaft erworbenen Gegenstände werden gemeinschaftliches Vermögen der Gesellschafter (Gesellschaftsvermögen).

Für die Verbindlichkeiten haften alle Gesellschafter unmittelbar, unbeschränkt und gesamtschuldnerisch.

Bezüglich der Nachschusspflicht bei Verlust regelt das BGB:

(§ 735 BGB)

„... reicht das Gesellschaftsvermögen zur Berichtigung der gemeinschaftlich Schulden und zur Rückerstattung der Einlagen nicht aus, so haben die Gesellschafter für den Fehlbetrag nach dem Verhältnis aufzukommen, nach welchem sie den Verlust zu tragen haben. Kann von einem Gesellschafter der auf ihn entfallende Beitrag nicht erlangt werden, so haben die übrigen Gesellschafter den Ausfall nach dem gleichen Verhältnis zu tragen."

5.4.3 Handelsgesetzbuch (HGB)

Im Handelsgesetzbuch (HGB) finden sich ebenfalls Regelungen für Personengesellschaften und – sofern nicht die Regelungen des KAGB Anwendung finden – weitere Vorgaben für Vermögensanlagen nach den Regelungen des VermAnlG.

Die offene Handelsgesellschaft (OHG)

- Regelungen gemäß § 161 HGB für die OHG:

- Es gelten die für die GbR gesetzlichen Regelungen mit folgenden Ausnahmen:

  - Die OHG muss als Handelsgesellschaft ins Handelsregister eingetragen werden.

  - Die OHG ist buchführungspflichtig und muss eine Bilanz und Gewinn- und Verlustrechnung erstellen.

  - Die Gewinne der OHG werden den Gesellschaftern anteilig zugerechnet und sind im Rahmen der Einkommensteuer als Einkünfte aus selbstständiger Arbeit zu versteuern.

- Die Rechtsform der OHG für ein Handelsgewerbe hat für die Gesellschafter den erheblichen Nachteil der persönlichen Haftung und wird deshalb nur selten gewählt.

- Eine OHG kommt in der Praxis vor, wenn die Gesellschafter noch nicht über genügend Geldmittel verfügen, um das Stammkapital für eine GmbH aufzubringen.

Abgrenzung GbR und OHG

Schließen sich mehrere Personen mit dem Zweck einer nicht gewerblichen Tätigkeit (wie bspw. die Zusammenarbeit zwischen Freiberuflern (Ärzte, Architekten u.a.), Ärzte-Praxisgemeinschaften, Erbengemeinschaften oder auch Arbeitsgemeinschaften im Bau oder bei der Nutzung bestimmter Anlagen) zusammen, kann die Rechtsform der GbR gewählt werden. Möchten mehrere Personen jedoch zusammen ein Handelsgewerbe betreiben (kommerzielle Gewinnerzielungsabsicht), müssen sie mindestens die Rechtsform einer OHG wählen.

Das HGB enthält darüber hinaus auch Regelungen für die stille Beteiligung (§§ 230–237 HGB).

Personengesellschaften	Kapitalgesellschaften
▪ persönlich haftender Gesell-schafter ▪ alle (persönlich haftenden) Gesellschafter sind grund-sätzlich zur Geschäftsfüh-rung berechtigt ▪ persönlicher Einsatz der Ge-sellschafter zum Erreichen des Gesellschaftszwecks	▪ Den Gläubigern gegenüber haftet nur das Gesellschafts-kapital. ▪ Gesellschaft besteht un-abhängig von Wechsel der Mitglieder / Gesellschafter. ▪ Im Vordergrund steht der Einsatz von Kapital und die Geschäftführung durch einen Geschäftsführer.

keine Eintragung ins Handelsregister	Eintragung ins Handelsregister = juristische Personen	Eintragung ins Handelsregister = juristische Personen
		Aktiengesellschaft (AG)
GbR	**OHG**	**GmbH**
Stille Gesellschaft	**KG**	Eintragung ins Genossenschafts-register = juristische Personen
	GmbH & Co. KG	**Eingetragene Genossenschaft (eG)**
	L.P. (Limited Partnership) internationale Form der KG	

Abb. 256: Gesellschaftsformen

5.4.4 Genossenschaftsgesetz (GenG)

Im Kapitel 5.1.4 Genossenschaftsanteile haben Sie schon einiges zu Genossenschafts-anteilen erfahren. Hier geht es um weitere gesetzliche Grundlagen.

Bestimmte Regelungen (vor allem die Erstellung eines Verkaufsprospektes und ei-nes Vermögensanlagen-Informationsblattes (VIB), die Haftung für fehlerhafte oder fehlende Verkaufsprospekte sowie die Erstellung von Jahresabschlüssen) des Vermö-gensanlagengesetzes gelten nicht für Genossenschaftsanteile.

Anforderungen an Informationen über die Genossenschaft gemäß Genossen-schaftsgesetz (GenG)

An die Stelle eines Verkaufsprospektes tritt gemäß Genossenschaftsgesetz bei einer Genossenschaft die Satzung. Deren Mindestinhalt ist gesetzlich festgelegt (§§ 6 und 7 GenG). Dazu gehören bspw.:

- die Firma und Sitz der Genossenschaft
- der Gegenstand des Unternehmens
- Bestimmungen über Nachschusspflichten im Insolvenzfall
- Bestimmungen über die Form für die Einberufung der Generalversammlung der Mitglieder, die Beurkundung ihrer Beschlüsse und über den Vorsitz in der Versammlung
- Bestimmungen über die Form der Bekanntmachungen der Genossenschaften
- der Betrag, bis zu welchem sich die einzelnen Mitglieder mit Einlagen beteiligen können (Geschäftsanteil), sowie die Einzahlungen auf den Geschäftsanteil
- die Bildung einer gesetzlichen Rücklage zur Deckung eventueller Bilanzverluste

Diese Satzung sowie die Mitglieder des Vorstandes sind in das Genossenschaftsregister bei dem Gericht einzutragen, in dessen Bezirk die Genossenschaft ihren Sitz hat. Die Satzung ist von diesem Gericht in Auszügen zu veröffentlichen (§§ 10 und 12 GenG).

Für die erforderliche Buchführung und die Erstellung eines Jahresabschlusses inklusive Lagebericht ist der Vorstand der Genossenschaft verantwortlich. Für falsche Angaben oder unrichtige Darstellungen sieht das Genossenschaftsgesetz Geld- und Freiheitsstrafen vor (§§ 33 und 147 GenG).

Das Genossenschaftsgesetz regelt die Rahmenbedingungen für Genossenschaften und für von diesen ausgegebene Genossenschaftsanteile:

- Errichtung der Genossenschaft
- Rechtsverhältnisse der Genossenschaft und ihrer Mitglieder
- Verfassung der Genossenschaft
- Prüfung und Prüfungsverbände
- Beendigung der Mitgliedschaft
- Auflösung und Nichtigkeit der Genossenschaft
- Insolvenzverfahren, Nachschusspflicht der Mitglieder
- Haftsumme
- Straf- und Bußgeldvorschriften

Das Wichtigste zusammengefasst:

Vermögensanlagen sind im Vergleich zu anderen Finanzanlagen weniger umfassend gesetzlich reguliert. Dennoch gibt es einige, rechtliche Rahmenbedingungen insbesondere zum Schutz ihrer Privatanleger zu beachten.

Sie kennen nun:

- Die Vorgaben des Kleinanlegerschutzgesetzes für den Schutz von Privatanlegern

- Die Rahmenbedingungen des Vermögensanlagengesetzes (VermAnlG) für Vermögensanlagen hinsichtlich der Verkaufsunterlagen, Produktausgestaltung und Vorgaben für die Werbung

- Die Rahmenbedingungen des Bürgerlichen Gesetzbuches (BGB), insbesondere für Namensschuldverschreibungen

- Die Rahmenbedingungen des Handelsgesetzbuches (HGB), insbesondere für stille Beteiligungen

- Die Rahmenbedingungen des Genossenschaftsgesetzes für Genossenschaftsanteile

Sie verstehen Ihre Kenntnisse als Hintergrundwissen, um in Ihren Beratungsgesprächen die Vorgaben des Anlegerschutzes beachten zu können.

Sie nutzen Ihr Wissen, um Ihre Kunden auf die Grenzen des Anlegerschutzes aufmerksam machen zu können.

Die Informationen zu den rechtlichen Grundlagen von Vermögensanlagen sollen Ihnen ein Verständnis für die auch in Ihren Beratungsgesprächen spürbaren Auswirkungen der verschiedenen Produktregulierungen in diesem Anlagesegment geben. Beispielsweise wann Sie Ihrem Kunden Verkaufsprospekte zur Verfügung stellen müssen und für welche Vermögensanlagen dies unter welchen Voraussetzungen nicht erforderlich ist.

Im nächsten Kapitel geht es dann in vereinfachter Form – für eine umfassende Steuerberatung ist auch bei Vermögensanlagen der Steuerberater Ihres Kunden verantwortlich und zuständig – um die steuerlichen Grundlagen von Vermögensanlagen.

▶ **Aufgaben zum Kapitel 5.4 Rechtliche Grundlagen**

Ihr Wissen auf dem Prüfstand:

1. Welche Zuordnungen treffen zu? (MC)

   a) Regelungen zu Namensschuldverssschreibungen finden sich im Handelsgesetzbuch (HGB)

   b) Regelungen zu stillen Beteiligungen finden sich im Handelsgesetzbuch (HGB)

   c) Regelungen zu geschlossenen Unternehmensbeteiligungen finden sich im Vermögensanlagengesetz

   d) Regelungen zu Genossenschaftsanteilen finden sich im Kapitalanlagegesetzbuch

   e) Regelungen zu Nachrangdarlehen finden sich im Kreditanlagegesetz

2. Welche Verkaufsunterlagen müssen dem Anleger bei Genossenschaftsanteilen zur Verfügung gestellt werden? (MC)

   a) Satzung

   b) Verkaufsprospekt

   c) Jahresbericht

   d) Vermögensanlagen-Informationsblatt

   e) Genossenschaftsanteils-Informationsblatt

3. Welche Voraussetzungen müssen erfüllt sein, um von der Pflicht zur Erstellung eines Verkaufsprospektes gemäß Vermögensanlagengesetz befreit zu sein? (MC)

   a) Ausgabe von maximal 200.000 Anteilen innerhalb von 12 Monaten

   b) Der Anteilspreis muss mindestens 100.000 € pro Anleger betragen

   c) Ausgabe von maximal 10 Anteilen derselben Vermögensanlage

   d) Der Anteilspreis muss mindestens 200.000 € pro Anleger betragen

   e) Ausgabe von maximal 100.000 Anteilen innerhalb von 12 Monaten

   f) Ausgabe von maximal 20 Anteilen derselben Vermögensanlage

4. Welche gesetzlichen Vorgaben sind beim Vermögensanlagen-Informationsblatt zu beachten? (MC)

   a) Warnhinweis zum Totalverlustrisiko

   b) Warnhinweis zur fehlenden BaFin-Aufsicht des Emittenten

   c) Warnhinweis zur Nachschusspflicht

   d) Unterschrift des Kunden

   e) Unterschrift des Vermittlers

5. Für welche Vermögensanlagen räumt der Gesetzgeber in bestimmten Fällen ein besonderes Widerrufsrecht ein? (SC)

   a) Stille Beteiligungen und gemeinnützige Projekte

   b) Nachrangdarlehen und partiarische Darlehen

   c) Crowdfunding und Limited

   d) Schwarmfinanzierungen und Finanzierungen von sozialen Projekten

   e) Genossenschaftsanteile und partiarische Darlehen

5.5 Steuerliche Behandlung

5.5.1 Einkommensteuer

Die nachfolgenden Darstellungen geben die grundsätzliche einkommensteuerliche Behandlung der hier beschriebenen Vermögensanlagen wieder. Ausführliche Beschreibungen zur Abgeltungssteuer, Gewinnerzielungsabsicht u. a. finden sich im Kapitel 4.6 Steuerliche Behandlung.

Wie immer gilt für die Finanzanlagenvermittlung, dass eine umfassende Steuerberatung den Steuerberatern vorbehalten ist. Auch bei der Anlageentscheidung sollte die steuerliche Seite nur ein ergänzendes Kriterium sein.

Typisch stille Beteiligung

Diese liegt grundsätzlich vor, wenn keine umfassenderen Mitspracherechte und keine Beteiligung am Unternehmenswert eingeräumt sind.

Zu unterscheiden ist die Besteuerung des Unternehmens an sich (nicht Gegenstand dieses Buches) und der stillen Gesellschafter. Der private typisch stille Gesellschafter erzielt mit seiner Einlage Einkünfte aus Kapitalvermögen (hier Zinsen). Die Besteuerung erfolgt mit dem Ausschüttungszeitpunkt.

Auch die Erträge aus einem partiarischen Darlehen zählen zu den Einkünften aus Kapitalvermögen. Gewinne aus der Veräußerung von stillen Beteiligungen und partiarischen Darlehen sind als Einkünfte aus Kapitalvermögen zu versteuern.

Atypisch stille Beteiligung

Die Mitspracherechte und die Beteiligung am Unternehmenswert führen bei der atypisch stillen Beteiligung dazu, dass auch die stille Beteiligung steuerlich – analog zu einer Beteiligung als Kommanditist – als echte Mitunternehmerschaft eingestuft wird.

Erträge aus einer atypisch stillen Beteiligung werden deshalb als Einkünfte aus Gewerbebetrieb behandelt. Eine Verlustbeteiligung kann bis zur Höhe der Kapitaleinlage als Werbungskosten abgesetzt werden.

Der Gewinnanteil einer atypisch stillen Beteiligung ist im Gegensatz zur stillen Beteiligung keine Betriebsausgabe / Aufwand, sondern aufgrund der Mitunternehmereigenschaft eine Ergebnisverwendung.

Der ermittelte Gewinnanteil unterliegt der Einkommensteuer (bei Personengesellschaften) bzw. der Körperschaftsteuer (bei Kapitalgesellschaften).

Abweichend im Vergleich zur stillen Beteiligung ist auch der Besteuerungszeitpunkt: nicht der Zeitpunkt der Gewinnausschüttung an sich, sondern das Jahr der Ausschüttung ist steuerlich relevant und zwar unabhängig davon, ob der Gewinn ganz, teilweise oder gar nicht an den stillen Gesellschafter ausgeschüttet wurde.

Auch der Anteil an einer eventuellen Unternehmenswertentwicklung ist für den atypisch stillen Gesellschafter steuerpflichtig. Allerdings erst in dem Jahr, in dem er seine Beteiligung beendet.

Im Rahmen der Ermittlung der Gewerbesteuer des Unternehmens sind die Gewinnanteile des stillen Gesellschafters in voller Höhe dem Gewerbeertrag zuzurechnen. Eine Besonderheit ist, dass gemäß dem Gewerbesteuergesetz (GewStG) hierfür ein Freibetrag (für natürliche Personen und Personengesellschaften in Höhe von 24.500 €) berücksichtigt werden kann.

Werden dem stillen Gesellschafter Unternehmensverluste zugewiesen, so stellen diese negative Einkünfte dar und können mit den positiven Einkünften verrechnet werden. Allerdings nur bis zur Höhe des tatsächlich einbezahlten Beteiligungsbetrages.

Zu beachten ist nachfolgende Verlustabzugsbeschränkung:

§ 15 Abs. 4 Satz 6 + 7 EStG

„Verluste aus stillen Gesellschaften an Kapitalgesellschaften, bei denen der Gesellschafter oder Beteiligte als Mitunternehmer anzusehen ist, dürfen weder mit Einkünften aus Gewerbebetrieb noch aus anderen Einkunftsarten ausgeglichen werden; sie dürfen auch nicht nach § 10 d abgezogen werden. Die Verluste mindern jedoch nach Maßgabe des § 10 d die Gewinne, die der Gesellschafter oder Beteiligte in dem unmittelbar vorangegangenen Wirtschaftsjahr oder in den folgenden Wirtschaftsjahren aus derselben stillen Gesellschaft bezieht. Dies gilt nicht, soweit der Verlust auf eine natürliche Person als unmittelbar oder mittelbar beteiligter Mitunternehmer entfällt."

Namensschuldverschreibungen

Als eine Form der Anleihe unterliegen die Zinseinkünfte aus Namensschuldverschreibungen als Einkünfte aus Kapitalvermögen der Abgeltungssteuer zuzüglich des Solidaritätszuschlags. Entsprechend gilt auch der Sparerpauschbetrag. Allerdings entfällt in der Regel die automatische Abführung der Abgeltungssteuer durch den Emittenten, und der Anleger muss deshalb die Erträge im Rahmen seiner Einkommensteuererklärung angeben und versteuern.

Üblich ist bei Namensschuldverschreibung die Rückzahlung des Kapitals zum Nominalwert. Ein Kursgewinn ist somit eher theoretischer Natur und wäre ebenfalls als Einkünfte aus Kapitalvermögen zu versteuern. Verluste können in der Regel mit anderen Einkünften aus Kapitalvermögen verrechnet werden. Voraussetzung ist ein Erwerb der Namensschuldverschreibung nach dem 1. 1. 2009.

Genussrechte

Grundsätzlich werden Genussrechte steuerlich als Fremdkapital eingestuft, wenn die Vertragsgestaltung vorsieht, dass der Genussrechtsinhaber nicht am Liquidationserlös des Unternehmens beteiligt ist. Dies hat zur Folge, dass die Ausschüttungen vom Unternehmen als Betriebsausgaben abgesetzt werden können und den körperschaftsteuerpflichtigen Gewinn reduzieren.

Steuerlich handelt es sich auf der Seite des Anlegers auf jeden Fall um Einnahmen aus Kapitalvermögen, und die Ausschüttungen unterliegen der Abgeltungssteuer und dem Solidaritätszuschlag. Gleiches gilt für einen Veräußerungsgewinn, sofern die Genussrechte nach dem 1. 1. 2009 erworben wurden. Verluste können im Fall der steuerlichen Einstufung als Fremdkapital mit anderen Einkünften aus Kapitalvermögen verrechnet werden. Als Ausnahme hiervon gilt, wenn das Genussrecht vor dem 1.1.2009 erworben wurde.

Ist der Anleger am Liquidationserlös beteiligt, wird das Genussrecht als Eigenkapital und somit aktienähnlich eingestuft. Das hat zur Folge, dass ein eventueller Veräußerungsverlust nur mit Gewinnen aus Aktien nicht jedoch mit anderen Einkünften aus Kapitalvermögen verrechnet werden kann.

Genossenschaftsanteile

Die Erträge und Gewinne aus dem Verkauf von Genossenschaftsanteilen sind Einkünfte aus Kapitalvermögen und unterliegen der Abgeltungssteuer.

Geschlossene Unternehmensbeteiligungen in der Rechtsform einer GbR

Vorausgesetzt, dass die Ausgestaltung des Gesellschaftervertrages den Gesellschafter / Anleger zum Vermieter (bei geschlossenen GbR-Immobilienfonds) oder zum Mitunternehmer (bei gewerblichen GbR-Fonds) macht, sind Einnahmen aus geschlossenen Fonds in der Rechtsform einer GbR Einnahmen aus Gewerbebetrieb. Abhängig vom vergleichbaren Anlageobjekt gelten die steuerlichen Grundlagen, die auch für die anderen geschlossenen Fondsarten gelten.

Geschlossene Unternehmensbeteiligungen in der Rechtsform einer KG

Die Einkünfte aus der Beteiligung als Kommanditist zählen grundsätzlich zu den Einkünften aus Gewerbebetrieb. Etwas anderes gilt nur für Einkünfte aus Immobilienbeteiligungen, die zu den Einkünften aus Vermietung und Verpachtung zählen.

Partiarische Darlehen

Die Einkünfte aus einem partiarischen Darlehen sind vom Anleger als Einkünfte aus Kapitalvermögen zu versteuern und unterliegen somit der Abgeltungssteuer. Für den Fall, dass das partiarische Darlehen zusätzlich mit Kontrollrechten am Unternehmen ausgestattet wird, erfolgt die steuerliche Behandlung als Einkünfte aus Gewerbebetrieb zuzüglich der Gewerbesteuerpflicht.

5.5.2 Doppelbesteuerungsabkommen

Hat das Unternehmen, an dem sich der Anleger mittels einer Vermögensanlage beteiligt, seinen Sitz im Ausland oder werden anderweitig Erträge aus Investitionsobjekten im Ausland erzielt, so können Doppelbesteuerungsabkommen zwischen den jeweiligen ausländischen Staaten und Deutschland genutzt werden.

Welche Arten es hierbei zu beachten gibt, haben Sie bereits in Kapitel 4.6.2 Doppelbesteuerungsabkommen erfahren.

5.5.3 Gewinnerzielungsabsicht

Auch für Vermögensanlagen gilt: nur wenn eine Gewinnerzielungsabsicht nachgewiesen werden kann, können auch die möglichen steuerlichen Vorteile, die mit der einen oder anderen Vermögensanlage verbunden sind, genutzt werden. Erkennt das Finanzamt die Vermögensanlage lediglich als Liebhaberei an, weil mit ihr über die Gesamtlaufzeit keine positiven Erträge erzielt wurden, so müssen alle Steuervorteile zurückbezahlt werden.

5.5.4 Die Übertragung, Vererbung und Schenkung von Vermögensanlagen

Grundsätzlich gelten die gleichen Rahmenbedingungen hinsichtlich der Erbschafts- bzw. Schenkungssteuerklassen und der zugehörigen Steuersätze, die bereits an anderen Stellen dieses Buches dargestellt wurden.

Hier werden deshalb nur noch besondere Regelungen für die sonstigen Vermögensanlagen genannt.

Die erbschafts- und schenkungssteuerlichen Regelungen für Kapitalvermögen gelten für:

- typisch stille Beteiligung
- Namensschuldverschreibung
- Genussrechte
- Genossenschaftsanteile

Namensschuldverschreibungen werden mit dem Nennwert angesetzt. Bei der typisch stillen Beteiligung, den Genussrechten und den Genossenschaftsanteilen kann entweder ein steuerlicher Wert aus anderen Verkäufen des Jahres abgeleitet werden oder es gilt der anteilige Ertragswert des Unternehmens.

Die Regelungen für begünstigtes Betriebsvermögen (siehe Kapitel 4.6.4 Übertragung, Vererbung und Schenkung) gelten für

- atypisch stille Beteiligung: Bei einer atypisch stillen Beteiligung an einer Kapitalgesellschaft muss für die Begünstigung eine Mindestbeteiligung in Höhe von 25 % vorliegen.

- Beteiligungen an geschlossenen Fonds in der Rechtsform einer Personengesellschaft, wie bspw. der GbR, OHG, KG, GmbH & Co. KG.

Das Wichtigste zusammengefasst:

Vermögensanlagen sind im Vergleich zu anderen Finanzanlagen weniger umfassend gesetzlich reguliert. Dennoch gibt es einige rechtliche Rahmenbedingungen insbesondere zum Schutz ihrer Privatanleger zu beachten.

Sie kennen nun:

- Die einkommensteuerrechtliche Behandlung von Vermögensanlagen im Privatvermögen

- Die Arten und Handhabung von Freibeträgen im Rahmen von Doppelbesteuerungsabkommen

- Die Abgrenzung der Gewinnerzielungsabsicht von der Liebhaberei

- Die erbschafts- und schenkungssteuerliche Behandlung von Vermögensanlagen

Sie verstehen Ihre Kenntnisse als Auskunftswissen, um Fragen Ihrer Kunden informativ, jedoch nicht steuerberatend beantworten zu können.

Sie nutzen Ihr Wissen, um die steuerlichen Merkmale einer einzelnen Vermögensanlage in Ihre Geeignetheitsprüfung für Ihren Kunden einbeziehen zu können.

▶ Aufgaben zum Kapitel 5.5 Steuerliche Behandlung

Ihr Wissen auf dem Prüfstand:

1. Zu welcher Einkunftsart werden die laufenden Erträge aus Genossenschaftsanteilen zugerechnet? (SC)

   a) Einkünfte aus Gewerbebetrieb

   b) Einkünfte aus nichtselbstständiger Arbeit

   c) Sonstige Einkünfte

   d) Einkünfte aus Kapitalvermögen

   e) Einkünfte aus Vermietung und Verpachtung

2. Zu welcher Einkunftsart werden die laufenden Erträge aus einer atypisch stillen Beteiligung zugeordnet? (SC)

   a) Einkünfte aus Gewerbebetrieb

   b) Einkünfte aus nichtselbstständiger Arbeit

   c) Sonstige Einkünfte

   d) Einkünfte aus Kapitalvermögen

   e) Einkünfte aus Vermietung und Verpachtung

3. Welche Vermögensart ist für die erbschafts- und schenkungssteuerliche Behandlung einer Vermögensanlage ausschlaggebend? (SC)

   a) Kapital- oder Betriebsvermögen

   b) Eigen- oder Fremdkapital

   c) Privat- oder Fremdvermögen

   d) Betriebsvermögen oder Fremdkapital

4. Welche Voraussetzung muss erfüllt sein, damit der Anleger steuerliche Vorteile einer Vermögensanlage nutzen kann? (SC)

   a) Geeignetheit der Anlage

   b) Gewinnerzielungsabsicht

   c) Risikobereitschaft

   d) Vermögenssteuerpflicht

5. Was ist bei Erträgen aus ausländischen Investitionsobjekten zu beachten? (SC)

   a) Einzelertragsbesteuerung

   b) Doppelsteuerausgleichsabkommen

   c) Doppelbesteuerungsabkommen

   d) Befreiung vom inländischen Einkommensteuerabkommen

Lösungen zu den Aufgaben

Lösungen zum Kapitel 2.1
Wirtschaftliche Grundlagen:

Aufgabe 1: a, c

Aufgabe 2: a, d

Aufgabe 3: b, e, f

Aufgabe 4: b, d

Aufgabe 5: e

Aufgabe 6: a, c, f

Aufgabe 7: b, e

Aufgabe 8: c, d, e

Aufgabe 9: a, b, e

Aufgabe 10: a, c

Aufgabe 11: a

Aufgabe 12: d

Lösungen zum Kapitel 2.2
Grundlagen über Finanzinstrumente und Kategorien von Finanzanlagen:

Aufgabe 1: c, d, e

Aufgabe 2: c

Aufgabe 3: b

Aufgabe 4: a

Aufgabe 5: b, c

Aufgabe 6: c

Aufgabe 7: a, b, c

Aufgabe 8: c

Aufgabe 9: b, d

Aufgabe 10: c, f

Aufgabe 11: e

Aufgabe 12: b, d

Lösungen zum Kapitel 2.3
Allgemeine rechtliche Grundlagen:

Aufgabe 1: a, c

Aufgabe 2: b, d

Aufgabe 3: a, e, f

Aufgabe 4: a

Aufgabe 5: a, b

Lösungen zum Kapitel 2.4
Rechtliche Grundlagen für die Finanzanlagenberatung und -vermittlung sowie Honorar-Finanzanlagenberatung:

Aufgabe 1: b, e

Aufgabe 2: a, b, e

Aufgabe 3: c, d

Aufgabe 4: c, e

Aufgabe 5: a, e, f

Aufgabe 6: d

Aufgabe 7: a, b

Aufgabe 8: c

Aufgabe 9: a

Aufgabe 10: b

Aufgabe 11: a, b

Aufgabe 12: d

Aufgabe 13: a, c

Aufgabe 14: b, d

Aufgabe 15: c

Lösungen zum Kapitel 2.5
Vermittlerrecht:

Aufgabe 1: a, b

Aufgabe 2: b, c, e

Aufgabe 3: c

Aufgabe 4: b

Aufgabe 5: a, d, e

Lösungen zum Kapitel 2.6
Wettbewerbsrecht:

Aufgabe 1: c

Aufgabe 2: a, d

Aufgabe 3: a, e

Aufgabe 4: b, e, f

Aufgabe 5: b

Aufgabe 6: b, c

Lösungen zum Kapitel 2.7
Verbraucherssschutz:

Aufgabe 1: c, e

Aufgabe 2: b, c, e

Aufgabe 3: a

Aufgabe 4: c

Aufgabe 5: b, d

Aufgabe 6: a, d, e

Aufgabe 7: a, c, e

Aufgabe 8: d, e

Lösungen zum Kapitel 3.1
Märkte für Finanzanlagen:

Aufgabe 1: b, d, f

Aufgabe 2: c, e

Aufgabe 3: b

Aufgabe 4: c

Aufgabe 5: e

Aufgabe 6: c

Aufgabe 7: b, c

Aufgabe 8: d

Aufgabe 9: e

Aufgabe 10: a

Lösungen zum Kapitel 3.2
Konzept offener Investmentvermögen:

Aufgabe 1: c, e

Aufgabe 2: c, d

Aufgabe 3: a, b

Aufgabe 4: a, d, e

Aufgabe 5: a, b, f

Aufgabe 6: b

Aufgabe 7: e

Aufgabe 8: b

Aufgabe 9: a, c, e

Aufgabe 10: c

Aufgabe 11: 22,16 €

Aufgabe 12: 21,10 €

Lösungen zum Kapitel 3.3
Fondsarten:

Aufgabe 1: c, d

Aufgabe 2: a, b, e

Aufgabe 3: a, e, f

Aufgabe 4: a

Aufgabe 5: a, d

Aufgabe 6: b

Aufgabe 7: a

Aufgabe 8: b

Aufgabe 9: d

Aufgabe 10: a, b

Aufgabe 11: c

Aufgabe 12: b

Aufgabe 13: a

Aufgabe 14: d

Aufgabe 15: b, c

Aufgabe 16: a, c, e

Aufgabe 17: c, d, f

Aufgabe 18: d

Aufgabe 19: a, d, f

Aufgabe 20: b, c, e

Aufgabe 21: c, d, f

Aufgabe 22: d

Aufgabe 23: c

Aufgabe 24: b, c

Aufgabe 25: c

Lösungen zum Kapitel 3.4
Chancen, Risiken und Haftung:

Aufgabe 1: a, d

Aufgabe 2: c

Aufgabe 3: c

Aufgabe 4: b, e

Aufgabe 5: a

Lösungen zum Kapitel 3.5
Kapitalanlagegesetzbuch (KAGB):

Aufgabe 1: b

Aufgabe 2: a

Aufgabe 3: d

Aufgabe 4: b, c, d

Aufgabe 5: c

Lösungen zum Kapitel 3.6
Steuerliche Behandlung:

Aufgabe 1: c

Aufgabe 2: b, e

Aufgabe 3: c

Aufgabe 4: c

Aufgabe 5: c, f

Aufgabe 6: b

Aufgabe 7: c, e, f

Aufgabe 8: c

Aufgabe 9: d

Aufgabe 10: b

Aufgabe 11: a

Aufgabe 12: a, c, f

Aufgabe 13: e

Aufgabe 14: a

Aufgabe 15: d

Lösungen zum Kapitel 3.7
Eröffnung, Gestaltung und Führung von Depotkonten:

Aufgabe 1: a, b

Aufgabe 2: c, d, f

Aufgabe 3: c

Aufgabe 4: b, e, f

Aufgabe 5: d

Lösungen zum Kapitel 3.8
Staatliche Förderung von offenen Investmentvermögen:

Aufgabe 1: b, c

Aufgabe 2: a, d

Aufgabe 3: c

Aufgabe 4: d

Aufgabe 5: b

Aufgabe 6: c

Aufgabe 7: a

Aufgabe 8: a, b, d

Aufgabe 9: d

Aufgabe 10: c, d, f

Aufgabe 11: a

Aufgabe 12: b

Lösungen zum Kapitel 3.9
Anlageprogramme:

Aufgabe 1: c, d, e

Aufgabe 2: c

Aufgabe 3: d

Aufgabe 4: a

Aufgabe 5: a, b, c

Lösungen zum Kapitel 3.10
Rating und Ranking:

Aufgabe 1: a, c

Aufgabe 2: a

Aufgabe 3: b

Aufgabe 4: b

Aufgabe 5: b, d

Lösungen zum Kapitel 4.1
Vertragsbeziehungen, Funktionsweise und Struktur:

Aufgabe 1: c

Aufgabe 2: a

Aufgabe 3: c

Aufgabe 4: b, e

Aufgabe 5: a, f, e

Aufgabe 6: b

Aufgabe 7: d

Aufgabe 8: b

Aufgabe 9: a, c, d

Aufgabe 10: b, e

Aufgabe 11: c, d, e

Aufgabe 12: a, c, f

Aufgabe 13: b, c

Aufgabe 14: d

Aufgabe 15: a

Lösungen zum Kapitel 4.2
Arten von geschlossenen Investmentvermögen

Aufgabe 1: c

Aufgabe 2: d

Aufgabe 3: a, c, f

Aufgabe 4: a, b, d

Aufgabe 5: b, d

Aufgabe 6: b

Aufgabe 7: a, c

Aufgabe 8: a

Aufgabe 9: a

Aufgabe 10: e, f

Aufgabe 11: c

Aufgabe 12: b, d

Aufgabe 13: b, e

Aufgabe 14: a, e

Aufgabe 15: a, c

**Lösungen zum Kapitel 4.3
Chancen, Risiken und Haftung:**

Aufgabe 1: b, c, e

Aufgabe 2: b, c, e

Aufgabe 3: a, c, f

Aufgabe 4: a, d, e

Aufgabe 5: d

Aufgabe 6: a, b, f

Aufgabe 7: a, c

Aufgabe 8: c, d, f

Aufgabe 9: b

Aufgabe 10: c

**Lösungen zum Kapitel 4.4
Fachbegriffe:**

Aufgabe 1: a, d

Aufgabe 2: e

Aufgabe 3: c

Aufgabe 4: a

Aufgabe 5: b, c

**Lösungen zum Kapitel 4.5
Rechtliche Grundlagen:**

Aufgabe 1: a, c, e

Aufgabe 2: a

Aufgabe 3: c, d

Aufgabe 4: c

Aufgabe 5: a, d

**Lösungen zum Kapitel 4.6
Steuerliche Behandlung:**

Aufgabe 1: d

Aufgabe 2: a

Aufgabe 3: c, d

Aufgabe 4: b, d, f

Aufgabe 5: c

**Lösungen zum Kapitel 4.7
Auflösung stiller Reserven:**

Aufgabe 1: d

Aufgabe 2: c

**Lösungen zum Kapitel 5.1
Anlageformen:**

Aufgabe 1: a, e

Aufgabe 2: b, c

Aufgabe 3: e

Aufgabe 4: a, b

Aufgabe 5: a

Aufgabe 6: b, d, e

Aufgabe 7: d, e, f

Aufgabe 8: b

Aufgabe 9: a, d

Aufgabe 10: b, c, d

Aufgabe 11: c

Aufgabe 12: b, e

**Lösungen zum Kapitel 5.2
Chancen, Risiken und Haftung:**

Aufgabe 1: c

Aufgabe 2: a

Aufgabe 3: b

Aufgabe 4: d

Aufgabe 5: f

**Lösungen zum Kapitel 5.3
Fachbegriffe:**

Aufgabe 1: d

Aufgabe 2: a

Aufgabe 3: c

Aufgabe 4: b, d

Aufgabe 5: b

Lösungen zum Kapitel 5.4
Rechtliche Grundlagen:

Aufgabe 1: b, c

Aufgabe 2: a, c

Aufgabe 3: d, f

Aufgabe 4: a, d

Aufgabe 5: d

Lösungen zum Kapitel 5.5
Steuerliche Behandlung:

Aufgabe 1: d

Aufgabe 2: a

Aufgabe 3: a

Aufgabe 4: b

Aufgabe 5: c

Abbildungsverzeichnis

Stichwortverzeichnis